GOLDMANN

W0060225

Raymond Castans

DAS LICHT DER PROVENCE

Leben und Werk des Marcel Pagnol

Aus dem Französischen
von Konrad Dietzfelbinger

Mit 35 Fotos

GOLDMANN VERLAG

Ungekürzte Ausgabe

Titel der Originalausgabe: Marcel Pagnol. Biographie
Originalverlag: Éditions Jean-Claude Lattès, Paris

Der Titel deutscher Fassungen der Werke von Marcel Pagnol
wurde im Text dem Originaltitel in Klammern und in
Anführungszeichen beigefügt, soweit feststellbar.
Sofern keine deutschen Fassungen vorliegen,
wurde der Originaltitel übersetzt und in Klammern,
ohne Anführungszeichen, beigefügt.

Umwelthinweis:
Alle bedruckten Materialien dieses Taschenbuches
sind chlorfrei und umweltfreundlich.
Das Papier enthält Recycling-Anteile.

Der Goldmann Verlag
ist ein Unternehmen der Verlagsgruppe Bertelsmann

Made in Germany · 1. Auflage · 11/92
Copyright © 1987 der Originalausgabe
bei Éditions Jean-Claude Lattès, Paris
Copyright © 1990 der deutschsprachigen Ausgabe
bei Verlag Langen Müller / F. A. Herbig Verlagsbuchhandlung GmbH, München
Umschlagentwurf: Design Team, München,
unter Verwendung eines Fotos des Gemäldes
»Les Saintes-Maries-de-la-Mer« von Vincent van Gogh (1888)
Druck: Presse-Druck Augsburg
Verlagsnummer: 41012
MV · Herstellung: Sebastian Strohmaier
ISBN 3-442-41012-6

Inhalt

I.

Kindheit

(1895 – 1905)

Ein arktischer Donnerstag. Augustines Abenteuer. Vorgänger des Abbé Barthélemy. Vier Volksschullehrer und eine Wiege. Die Mission des Jules Ferry. Ein Junge! Ein kleiner Schritt in Richtung Marseille. Gruß an Cyrano und an das neue Jahrhundert. Der Charme von »La Plaine«. Zauber der Hügel.

Es ist Donnerstag, der letzte Tag des Monats Februar. Draußen ist es eisig kalt.

»Ein wahrer Balsam für schwindsüchtige Geldbeutel, dieser Monat, mit seinen nur 28 Tagen!« denkt der junge Joseph Pagnol, als er am Vormittag des 28. Februar 1895 allein in seiner Wohnung sitzt.

Außerdem denkt er an das Baby, das seine Frau demnächst zur Welt bringen soll. »Es ist bald soweit«, antwortet er seinen Kollegen an der École Lakanal, wenn sie ihn nach dem Termin der Niederkunft fragen. Jetzt ist er allein zu Hause, weil seine Frau sich bei seiner Schwester Marie aufhält. Sie möchte dort die große Prüfung bestehen, vor der sie beide ziemliche Angst haben, er kaum weniger als sie. Joseph ist Volksschullehrer in Aubagne; seine Schwester Marie ist Leiterin der Schule im 14 Kilometer entfernten La Ciotat. Fünf Kinder hatten die Pagnols gehabt, Marie war das älteste, Joseph das jüngste. Doch für Joseph ist Marie mehr als nur die große Schwester. Sie hat ihn aufgezogen und seine Ausbildung überwacht. Sie hat seine Karriere in die richtigen Bahnen gelenkt. Denn sie war es, die ihm den Lehrerberuf schmackhaft gemacht hat. Marie ist unverheiratet geblieben, eine sogenannte »alte Jungfer«. Ihr Übermaß an Liebe hat sie auf Joseph übertragen, der so erfolgreich ist, auf seine Frau, die zarte, zerbrechlich wirkende Augustine, und auf das Baby, das bald geboren werden soll.

Damals war eine Entbindung noch nicht, wie heute, eine ärztliche Routineangelegenheit. Komplikationen, ja Dramen im Wochenbett waren nichts Seltenes. Verständlich also, daß Joseph, Augustine und Marie sich Sorgen machen. »Wenn diesen Kindern ein Unglück zustieße«, denkt Marie, »es würde mir das Herz brechen!« Eines Tages hatte sie ihnen vorgeschlagen: »Ich nehme sie zu mir, unsere Augustine. Wo könnte sie besser aufgehoben sein?« Augustine war einverstanden, und Joseph reagierte mit einem Seufzer der Erleichterung.

Deshalb also ist Joseph allein und kann in aller Ruhe seinen Gedanken nachhängen. Da fällt ihm ein, daß ihn Marie und Augustine in La Ciotat erwarten, denn heute ist Donnerstag.*

Die Strecke, die er mit seinem Fahrrad zurücklegen muß, sonst eine angenehme Spazierfahrt, wird heute morgen, bei dieser Kälte, zu einem wahren Leidensweg werden. In Aubagne ist es selten richtig kalt, doch wenn es einmal kalt wird, empfinden es die Einwohner schlimmer als im übrigen Frankreich. Im Augenblick liegen drei Viertel des Landes unter einer Schneedecke. In Paris laufen die Leute Schlittschuh auf der zugefrorenen Seine. Zwei Tage zuvor, am Faschingsdienstag, an dem der traditionelle Maskenzug durch die Stadt zieht, hatte in Marseille eine kurze Mistralwelle genügt, um die Straßen leerzufegen. Innerhalb weniger Minuten lag der Prado einsam und verlassen.

Joseph hat sich rasiert. Er rasiert sich zweimal die Woche, Donnerstag und Sonntag, und zwar ausgiebig, in Richtung der Stoppeln und gegenläufig. Er liebt es, seine Frau, wenn sie da ist, die frische Rasur einweihen zu lassen, indem er ihr beide Wangen zum Kuß hinhält. Auch heute soll sie seine Rasur bewundern, aber erst in über einer Stunde. Und dann sind die Stoppeln schon ein wenig nachgewachsen, seine Wangen nicht mehr so samtweich wie direkt nach virtuoser Handhabung des Rasierapparates.

Nach Beendigung der Prozedur streicht er sich mehrmals mit der Hand übers Gesicht, um zu prüfen, ob sich nicht irgendwo doch

---

* In Frankreich ist Donnerstag schulfrei (Anm. d. Ü.).

noch ein Rest Stoppeln befindet. Er betrachtet sich einen Augenblick lang im Spiegel, der am Fensterriegel in der Küche hängt. Sein Gesicht ist ein wenig pausbäckig, wirkt sogar weiblich, und um diesen Eindruck zu vertuschen, hat er sich einen ziemlich kräftigen Schnauz stehen lassen, mit aufgezwirbelten Enden. Er hat schöne hellblaue Augen, ist aber etwas kurzsichtig. Eine Haarsträhne fällt ihm locker in die Stirn.

Joseph Pagnol trocknet sich die Hände. Trotz der Kälte will er ein zuverlässiger Ehemann sein. Gerade als er gehen will, dringt unten vom Eingang her plötzlich Lärm herauf. Mit großem Krachen fliegt die Tür auf. Die Geräusche hallen durchs ganze Treppenhaus.

Joseph tritt auf den Treppenabsatz hinaus, um zu sehen, was unten los ist. Tränenüberströmt wirft sich ihm eine Frau in die Arme: Augustine! Marie folgt ihr auf dem Fuß. Ein Unbekannter, weiter unten im Treppenhaus, trägt ihr Gepäck. Nachdem Marie Atem geschöpft hat, erklärt sie ihrem Bruder keuchend, was geschehen ist. Als Augustine am Morgen aufgestanden war, spürte sie die ersten Wehen und begriff, daß das »große Ereignis« heute stattfinden würde. Da wurde sie plötzlich von Panik erfaßt und veranstaltete eine Riesenszene. Sie wollte um jeden Preis, daß ihr Kind zu Hause, in ihrer Wohnung, zur Welt kommen sollte. Marie gab zu bedenken, dafür sei es reichlich spät und außerdem ziemlich riskant, eine junge Frau in ihren Umständen so weit und in so großer Kälte zu transportieren. Aber sie stieß bei Augustine auf taube Ohren. Diese heulte, flehte, war verzweifelt. Marie läßt sich schließlich erweichen. Sie überlegt, daß sie heute, Donnerstag, nicht zur Schule muß und sich unbedenklich auf ein solches Abenteuer einlassen könnte. Ein freundlicher Nachbar, Vater eines ihrer Schüler, ist bereit, die beiden Frauen in seinem Pferdewagen mitzunehmen. Gesagt, getan! Jetzt also sind sie hier. Augustine ist erleichtert. Ihr Sohn wird zu Hause zur Welt kommen.

Denn darin sind sich alle einig: Es wird ein Junge werden.

So würde der Name Pagnol auf eine weitere Generation übertragen. Woher kamen diese Pagnols? Vermutlich aus Spanien. Wahrscheinlich wurde aus dem Beinamen »l'espagnol«, wie das in Ländern mit lateinischer Tradition nicht selten geschah, der Familienname Pagnol. Ein Pachtvertrag der Familie aus dem Jahre 1792 sah vor, daß alle männlichen Nachkommen »für alle Zeiten eine gründliche religiöse (franziskanische) Erziehung und eine zum Lebensunterhalt geeignete Ausbildung genießen« sollten, und zwar »gegen Lieferung von ca. 70 Ar Sprießkorn (nach Wahl der Panhols)« pro Jahr an besagtes Kloster. Die Leidenschaft für die Lehrtätigkeit hat in dieser Familie historische Wurzeln.

Die Pagnols waren jedoch zunächst angesehene Handwerksleute. Im ortsansässigen Handwerk waren sie in den besten Zweigen tätig, als Waffenschmiede, Munitionshersteller, Schlosser, Graveure, Lithographen.

Josephs Vater André, Sohn eines Waffenschmieds, war selbst Steinmetz von Beruf. Er wohnte mit seiner Familie in Marseille und war bei seinen Zunftgenossen im Département Bouches-du-Rhône hoch angesehen. Seinen Lebensabend verbrachte er in Pas-des-Lanciers, nicht weit von Marseille. Eine seiner Schwestern, Tante Virginie, besaß dort ein Anwesen: das Gut Sabatery. Sie ist eine echte Persönlichkeit, diese Tante Virginie.

In der Provence war es Tradition, daß die Frauen während der Mahlzeiten nicht mit ihren Männern am Tisch aßen, sondern hinter ihnen standen, um sie zu bedienen. Das hinderte manche Frauen aber keineswegs, zu Hause das Sagen zu behalten und oft sogar wie kleine Despotinnen die ganze Familie zu tyrannisieren. Tante Virginie gehört zu dieser Sorte. Bei ihr, in Sabatery, hatte Joseph Augustine geheiratet. Wäre ja noch schöner gewesen, wenn dieser Ehebund woanders geschlossen worden wäre!

In diese Familie also wird der neue Sproß am Stammbaum der Pagnols hineingeboren. Während Marie im Kamin schnell ein Feuer anzündet, um die Stube zu wärmen, holt Joseph eilig Madame Négrel, die Hebamme, deren Mann in der Nachbarschaft ein Hutgeschäft betreibt. Madame Négrel untersucht die Schwangere. Sie erklärt, es bestehe kein Grund zur Aufregung. Erst gegen Abend würde es ernst werden. Das bedeutet, daß ein langer Tag bevorsteht.

Nicht lange dauert es, und ein vierter Pagnol erscheint auf der Bildfläche: Adolphe, Maries und Josephs Bruder, das zweitälteste der fünf Pagnol-Geschwister. Wie sein Bruder ist er Lehrer an der École Lakanal, der einzigen Volksschule in der Stadt für Knaben. Da Donnerstag ist, hat auch er frei und ist herbeigeeilt, um seinem Bruder und seiner kleinen Schwägerin in ihrer schweren Stunde beizustehen. Joseph denkt: Welch ein Glück, daß heute Donnerstag ist! So kann er sich den ganzen Tag um Augustine kümmern, ohne seine Schüler im Stich lassen zu müssen – ohne zu befürchten, daß der Schulrat unerwartet im Unterricht aufkreuzt, ohne seinen Direktor, Monsieur Arnaud, um die Erlaubnis bitten zu müssen, frei zu bekommen. Er mag es nicht, um Erlaubnis bitten zu müssen.

Augustine hat es sich in ihrem Bett bequem gemacht. Marie, Joseph und Adolphe gehen in der Wohnung auf und ab. Durch das Fenster fällt der Blick auf eines der wenigen Kunstdenkmäler der Stadt Aubagne: den Springbrunnen Barthélemy. Es wäre entschieden zuviel gesagt, ihn als Meisterwerk zu bezeichnen. Er besteht aus einer ziemlich kompakten Säule, auf deren Spitze in einer Nische die Büste des Abbé Barthélemy, Mitglied der Akademie*, steht, der Aubagnes Hauptstraße und dem Springbrunnen den Namen gegeben hat.

In ihrem Bett ist Augustine inzwischen fast wieder zur Ruhe gekommen.

Marie bereitet eine Mahlzeit. Joseph greift nach dem »Petit Provençal«**, um sich die Zeit zu vertreiben, der radikalsozialistischen und freidenkerischen, d. h. extrem linken Tageszeitung von Marseille. Er ist Anhänger dieser politischen Richtung und liest diese Zeitung jeden Tag von der ersten bis zur letzten Zeile.

Obwohl der Wintereinbruch an diesem Tag fast die ganze erste Seite beansprucht, bleibt noch Platz für die Berichterstattung über die Parlamentsdebatten. Am Vortag haben die Abgeordneten über die mutmaßliche Verwendung der Millionen Francs diskutiert, die die Herzogin von Uzès der revolutionären Bewegung des Gene-

---

* Der Abbé Barthélemy wurde nach glänzenden Studien in Paris der Vertraute u. a. von Madame de Pompadour und Minister Ludwigs XV., der ihm das Amt des Konservators am Münzkabinett übergab.

** Regionalzeitung der damaligen Zeit.

rals Boulanger* hat zukommen lassen. Joseph glaubt, daß dieses skandalöse Komplott niemals richtig aufgeklärt werden wird und daß die Republik, der er sich so verbunden fühlt, wohl ein sehr zerbrechliches Gebilde bleiben wird.

Die Zeitung berichtet weiter, daß der besorgniserregende Gesundheitszustand von Alphonse Daudet sich erneut verschlechtert hat. Joseph liest das mit großem Bedauern. Alphonse Daudet ist einer seiner Lieblingsautoren. Die Schullesebücher sind voll von Auszügen aus seinen Werken: »*Les Lettres de mon moulin*« (»Briefe aus meiner Mühle«), »*Les Contes du lundi*« (Montagsgeschichten), »*Le Petit chose*« (»Der kleine Dingsda«).

»In Guyana«, so schreibt die Zeitung, »wurde Ex-Kapitän Dreyfus vor einigen Tagen an Bord des Kanonenboots ›Finistère‹ auf die Teufelsinsel überführt. Die Überfahrt fand inmitten eines heftigen Unwetters statt. Normalerweise dauert sie 45 Minuten, jetzt aber brauchte man fünf Stunden! Dreyfus wurde von den Sturzseen völlig durchnäßt und bat um eine Tasse Tee. Seiner Bitte wurde nicht stattgegeben.« Joseph ist erschüttert. Er ist fanatischer Dreyfusianer! Aber die Zeitungen berichten keineswegs über alles. Nicht einmal der »Petit Provençal«. Zum Beispiel ist kein Wort zu lesen über einen optischen Versuch, der einige Tage zuvor mit Erfolg durchgeführt worden ist und eines Tages das Leben des Kindes, das bald zur Welt kommen soll, revolutionieren würde.

Ein Ingenieur aus Lyon, Louis Lumière, hat tatsächlich vor kurzem zum ersten Mal in der Öffentlichkeit Fotografien vorgeführt, die sich, auf eine Leinwand projiziert, bewegen. Auf diese Weise hat er bewegte Bilder erzeugt, die zum Beispiel zeigen, wie Arbeiter seine Fabrik in Montplaisir in der Umgebung Lyons verlassen. Zusammen mit seinem Bruder Auguste produziert Louis Lumière dort fotografische Platten für Momentaufnahmen, die er unter der Bezeichnung »Blaue Platten« verkauft. Er hat also das Kino erfunden und den ersten Film produziert. Nicht mehr und nicht weniger. Aber an diesem 28. Februar kann niemand, außer Louis Lu-

---

* Der erzkonservative General Boulanger hat die Bewegung des Boulangismus initiiert.

mière, seinem Bruder und einigen Mitarbeitern, diese Neuerung in ihrer Tragweite beurteilen.

Es ist noch immer ungewiß, ob der künftige Pagnol ein Junge oder ein Mädchen wird. Sicher ist jedoch, daß das Kind, solange es bei seinen Eltern bleibt, das Département Bouches-du-Rhône niemals verlassen wird. Es ist das Kind eines Lehrers an einer staatlichen Volksschule. Und Lehrern ist es nicht erlaubt, während ihrer beruflichen Laufbahn die Grenzen ihres Départements zu verlassen.
So lautet das Gesetz! Es ist fast wie ein religiöses Gebot.
Als Jules Ferry und seine Mitarbeiter einige Jahre zuvor ein staatliches Ausbildungssystem schufen und die Schulpflicht einführten, hatten sie ein sehr genau definiertes Ziel vor Augen: die Republik in Frankreich, das damals zu 80 % ländlich war, bis in jedes Dorf hinein zu verwirklichen. Also mußte man jeden Kirchsprengel erobern und ihn zu einer staatlichen Gemeinde machen. Im Sinne der Reformer war der Volksschullehrer dazu ausersehen, diesen Plan zu vollziehen.
Die künftigen Lehrer wurden unter den begabtesten Kindern der unteren Schichten des Volkes ausgewählt. Zwei Jahre lang wurden sie in der Hauptstadt des Départements in der staatlichen »École normale« ausgebildet. Es wurde ihnen dort eine ebenso strenge Ausbildung zuteil wie bei den Jesuiten, und sie wurden derart indoktriniert, daß keine Gefahr einer Häresie mehr bestand. Dann schickte man sie zu den Bauern zurück, von denen sie gekommen waren, um aus diesen Bauern Republikaner zu machen. Sie besaßen nun die unfehlbarste Waffe gegen Klerikalismus, Konservatismus und Militarismus: Wissen und Bildung.
Um zu verhindern, daß sie dem Aufkommen verlockenderer Bedürfnisse erlagen, und um ihnen behilflich zu sein, dem Wunsch zu widerstehen, ihr Glück anderswo zu versuchen, in Paris beispielsweise, band man sie für immer an eine engumgrenzte Gegend. Hatte einer von ihnen Erfolg, so beendete er seine Laufbahn in einer Schule einer größeren Stadt, in der Hauptstadt des Départements vielleicht oder eines Unterbezirks, ohne jedoch, wie gesagt, das Département selbst jemals zu verlassen. Handelte es sich

dabei um das Département Bouches-du-Rhône, so war das allerdings eine keineswegs deprimierende Perspektive!

War es eine Reaktion auf die Forderungen der Franziskaner, die gemäß dem Vertrag von 1792 zwischen ihnen und den Pagnols verpflichtet waren, den Pagnol-Söhnen eine »solide religiöse Erziehung in franziskanischem Geiste« angedeihen zu lassen? Jedenfalls stürzten sich die Kinder des André Pagnol mit Begeisterung auf die republikanischen Genüsse der staatlichen Ausbildung. Vier von sechs wurden Lehrer an staatlichen Schulen. Wir kennen bereits Marie, Adolphe und Joseph. Darüber hinaus gibt es noch Joséphine, die zweite Tochter, die unmittelbar auf Adolphe folgt. Sie ist verheiratet und heißt Madame Colombelle. Mit 25 Jahren wurde sie zur Direktorin der Edgar-Quinet-Hauptschule für junge Mädchen in Marseille ernannt. Ihr Mann unterrichtet ebenfalls dort. O ja, unzählige Lehrer und Lehrerinnen werden sich über die Wiege des kleinen (oder der kleinen) Pagnol beugen. Man erwartet seine Ankunft nun mit einer Ungeduld, die sich allmählich zur Nervosität steigert.

Joseph ist das Musterbild eines republikanischen Missionars im Sinne von Jules Ferry. Als er 1885 in die École normale in Aix-en-Provence eintrat, war das Gesetz über staatliche Schulausbildung erst drei Jahre alt. Es forderte mit unerbittlicher Strenge Gehorsam.

Nach Absolvierung der Schule in Aix hätte sich Joseph eigentlich in irgendeinem gottverlassenen Winkel im hintersten Grenzgebiet des Départements wiederfinden müssen. Ein einziger ebenbürtiger Gesprächspartner wäre ihm dort sicher gewesen: der Pfarrer, das heißt: der Feind. Was also wäre ihm übriggeblieben? Ganz einfach: Er hätte sich aufs Fahrrad geschwungen und die gleichaltrige junge Lehrerin besucht, die ins Nachbardorf verbannt war, sich mit ihr über den beruflichen Alltag und über pädagogische Fragen unterhalten, Erinnerungen an den Cours Mirabeau* ausgetauscht, Kräuter in der Umgebung gesammelt, ihr den Hof gemacht, sie schließlich geheiratet!

---

* Prachtstraße mit Brunnen und altem Baumbestand in Aix-en-Provence (Anm. d. Ü.).

Seine guten Noten in der École normale verschafften Joseph ein weniger triviales Schicksal. Er fand sich nicht an den Grenzen des Départements Bouches-du-Rhône wieder, sondern an den Grenzen des Stadtgebietes Marseilles, an der Straße nach Aix. Er wurde als Hilfslehrer in einer Schule im Armenviertel La Cabucelle eingesetzt. »Ein harter Anfang!« Einer seiner Kollegen dort beglückwünschte sich zu einem beachtlichen Erfolg: Während einer seiner Vorgänger sechs ehemalige Schüler aufweisen konnte, die innerhalb von 25 Jahren hingerichtet worden waren, waren es bei ihm im Laufe von 40 Jahren nur zwei gewesen. »Dieses Ergebnis war es wert, auszuhalten«, sagte er.

Natürlich bot Joseph diese Versetzung in die Stadt eine größere Auswahl an Heiratskandidatinnen. Zweifellos ist dies einer der Gründe, weshalb die Mutter des Kindes, das in Bälde das Licht der Welt erblicken soll, keine Lehrerin, sondern eine Schneiderin ist: die hübsche Augustine mit ihren rabenschwarzen Augen.

Wie sich Joseph und Augustine kennengelernt haben? Das ist ein Geheimnis.

Augustine ist die Tochter eines Mechanikers für Dampfmaschinen, Guillaume Lansot, gebürtig aus Lorient, den seine Wanderschaft als Handwerksbursche nach Marseille geführt hatte, wo er sich zu bleiben entschloß. Er war ein Meister seines Faches, arbeitete in den Schmieden und Werften von Marseille. 1877 schickten ihn seine Vorgesetzten nach Rio de Janeiro, um dort ein Schiff wieder flottzumachen. Er starb als Opfer des gelben Fiebers.

Die Lansots sind gute Katholiken. Augustine ging als Kind zum Religionsunterricht und zur ersten Kommunion. Es machte sie sehr unglücklich, daß Joseph sie nur standesamtlich heiraten wollte. Eine Hochzeit ohne Predigt, ohne den Priester im Festgewand, ohne die Segnung der Eheringe und nicht zuletzt ohne das feierliche Schreiten am Arm des Bräutigams vom Altar zum Kirchenportal, die Eltern und Freunde als Spalier – das war keine richtige Hochzeit! Joseph aber blieb taub, und da sie ihn sehr liebte, gab sie nach.

Als der Nachmittag vorrückt, werden die Wehen stärker. Ihr Rhythmus beschleunigt sich: Adolphe rennt zu Madame Négrel, die unverzüglich auftaucht und erklärt: »Nun ist es wirklich soweit.« Endlich, um 17 Uhr, ist das so sehnlich erwartete Baby da. Es ist ein Junge. Alle gratulieren. Schon seit langem haben sich die Eltern auf den Namen geeinigt. Er soll Marcel heißen.

Die École normale in Aix hat Joseph Pagnol tief geprägt. Für ihn ist nicht der Müßiggang aller Laster Anfang, sondern die Ignoranz. Für ihn ist der Satz: »Die Menschen werden frei und gleich vor dem Gesetz geboren« ein unverrückbares Prinzip, das er höchstens auf unverbesserliche Ignoranten nicht anwenden würde.

Er geht seinen Mitbürgern am liebsten aus dem Weg. Erstens, weil sie sich im Café zu treffen pflegen, wo sie so wenig standesgemäßes Zeug wie Absinth oder Picon trinken. Zweitens, weil er sich einer Elite, den Angehörigen des Bildungswesens, zugehörig fühlt, die nur aus den ehemaligen Klassenbesten der Schule besteht. Die Zweitbesten machen Karriere im Postdienst, die an zehnter Stelle waren, werden Unteroffiziere.

Das Privileg, als Franzose geboren zu sein, stellt er keinen Moment in Frage. Er liebt sein Land, dieses, geographisch gesehen, vollkommene Sechseck, von dem drei Seiten ans Meer, drei ans Land grenzen, dieses, historisch gesehen, Licht der Zivilisation, Land des Maßes und der Vernunft, Heimat von Voltaire, Pasteur und Victor Hugo, die er alle bewundert.

Er ist Jakobiner. Bei ihm müssen die Kinder, die ihm die Republik anvertraut, nicht nur einwandfreies Französisch lernen, sondern sich auch ihren Dialekt, Vehikel des Obskurantismus, abgewöhnen. Freilich passiert es ihm selbst gelegentlich, daß er zu Hause, mit seinen Kollegen, mit seinem Vater in den verpönten Dialekt verfällt. Aber während seines Unterrichts will er ihn auf keinen Falll hören. Joseph besitzt ein literarisches Idol: Anatole France, und ein politisches: Jean Jaurès.

Natürlich kann keine Rede davon sein, den kleinen Marcel taufen zu lassen. Aber in diesem Punkt hat Augustine ernste Bedenken. Aus Liebe zu ihrem jungen Lehrer hat sie für sich selbst zwar akzeptiert, für immer im Stande der Sünde zu leben. Doch was ihren kleinen Sohn betrifft, kann sie den Gedanken, daß er im Falle eines

Unglücks in Ewigkeit dazu verdammt sein würde, im Vorhimmel herumzuirren, nicht ertragen.

Als Marcel ein Jahr alt ist, organisiert Augustine mit ihrer Familie ein Komplott, um ihn doch noch taufen zu lassen. Ihre Mutter spricht mit dem Priester von Saint-Charles darüber, der Kirche, in der sie zu beten pflegt. Wie sich denken läßt, ist der Priester entzückt über die Aussicht, eine bedrohte Seele zu retten und einen Meilenstein in seinem Kampf gegen den militanten Atheismus zu setzen. Am 12. April 1896 wird Marcel-Paul Pagnol in der Kirche Saint-Charles innerhalb der Mauern von Marseille nach dem Ritus der katholischen, apostolischen und römischen Religion getauft, ohne daß sein Vater Joseph davon weiß. Augustines Mutter, Pauline Lansot, seine Großmutter also, ist seine Taufpatin. Sein Onkel Henri, Augustines Bruder, sein Pate.

Joseph ist von Natur aus ungeduldig. Er wartet nicht ab, bis er 40 ist, um sich um die Ehre eines Postens in Marseille zu bewerben. Allerdings wird er nur halb zufriedengestellt. Man versetzt ihn nach Saint-Loup, auf halbem Wege nach Marseille, ein Städtchen sechs Kilometer hinter der Canebière auf der Straße von Aubagne: 2700 Einwohner, fünf Metzger, fünf Bäcker, vier Klubs, acht Kolonialwarenhandlungen (das heißt Lebensmittelläden), drei Cafés, fünf Schuster, drei Küfer und zwei Wagner. An der Schule von Saint-Loup unterrichten vier Lehrer. In Saint-Loup also übernimmt Joseph am 1. Oktober 1897 nach den großen Ferien den Unterricht.

Am Abend des 27. Dezember des gleichen Jahres findet in Paris das wichtigste Theaterereignis der zweiten Hälfte des Jahrhunderts statt. Schauplatz ist das Théâtre de la Porte-Saint-Martin. Im Zuschauerraum sitzen sämtliche Berühmtheiten der Zeit: Maurice Barrès, Francisque Sarcey, Henri de Régnier, Rachilde, Henry Bataille, Paul Fort, Catulle Mendès.

Sie alle bereiten dem Fünfakter in Versen, den Coquelin und seine Truppe das erste Mal spielen, einen beispiellosen Triumph. Das Meisterwerk wird bejubelt, die Schauspieler werden gefeiert, der Autor begeistert beklatscht. Für immer sind ihm Ruhm und Reichtum gesichert. Und er ist noch keine 30 Jahre alt! Ein Minister begibt sich während der Pause hinter die Kulissen, um ihm das Band der Ehrenlegion zu überreichen. Das Stück heißt »*Cyrano de Bergerac*« und der mit Ehren überhäufte Verfasser ist Edmond Rostand. Er stammt aus Marseille. Ganz Paris feiert ihn am nächsten Tag, ganz Frankreich wenige Tage später.

Der kleine Marcel Pagnol, gerade zweieinhalb Jahre alt damals, spielt im Schulhof in Saint-Loup mit seinem ersten Reifen. Das Echo des großen Abends in Paris hätte, selbst wenn es bis zu ihm durchdränge, keine Chance, von ihm beachtet zu werden. Trotzdem, was dort in Paris an diesem Abend geschieht, im alten Théâtre de la Porte-Saint-Martin, sollte seine spätere Entwicklung und sein Schicksal für immer prägen.

Die Pagnols bleiben nicht lange in Saint-Loup – kaum drei Jahre. Drei Ereignisse markieren diese Zeit:

Das wichtigste, besonders für Marcel, ist die Geburt seines Bruders Paul am 28. April 1898. Es ist ihm einfach schleierhaft, wie er zu diesem Schreihals in Windeln gekommen ist, mit dem er sich jetzt Zeit und Zuwendung seiner Mutter teilen muß. Aber er akzeptiert ihn doch ziemlich rasch.

Das zweite Ereignis ist von feierlicherem Charakter, vor allem für Joseph. Es spielt sich am 3. Januar 1900 in seinem Klassenzimmer ab. An diesem Morgen schreibt Joseph das Datum an die schwarze Tafel und beginnt seine erste Unterrichtsstunde im neuen Jahrhundert. Er verkündet, das beginnende Jahrhundert werde unter der Herrschaft der Wissenschaft stehen.

»Ihr habt das große Glück«, so spricht er zu seinen Schülern, »Wunder erleben zu dürfen, die der Menschheit das Heil bringen werden.«

Er erzählt ihnen von der Zukunft des Automobils. Man sieht manchmal welche auf der Straße nach Aubagne. Sie durchrasen Saint-Loup mit der unvorstellbaren Geschwindigkeit von 30 Stundenkilometern. Und die Einwohner des Städtchens treten vor die Türen und staunen diese vorbeizischenden Meteore an, die von kühnen Narren in Tierpelzen gelenkt werden.

Schließlich erklärt Joseph seinen Schülern, daß sie eines Tages Zeugen der Erfüllung seiner brennendsten Sehnsucht sein würden:

Die durch den Fortschritt der Wissenschaft von Armut und Not befreiten Völker der Erde würden zukünftig die schrecklichste Geißel – den Krieg – für immer abschaffen.

»Kürzlich ist das Maschinengewehr erfunden worden«, erklärt er ihnen. »Es kann 400 Kugeln pro Minute abfeuern und innerhalb weniger Stunden eine ganze Armee vernichten. Ich bin sicher, daß keine Regierung mehr einen Krieg wagen wird, der nur unter derart entsetzlichen Blutopfern geführt werden kann.«

Der kleine Marcel, noch keine fünf Jahre alt, versteht gewiß nicht viel von diesem Lehrstück beispielloser Beredsamkeit. Man darf jedoch annehmen, daß es auf die Älteren großen Eindruck gemacht hat. Denn jedesmal, wenn Marcel Pagnol später zufällig einem früheren Einwohner von Saint-Loup begegnet, der die Klasse seines Vaters besucht hat, wird er auf die Worte, die Joseph damals sagte, angesprochen. Auch darf man vermuten, daß Joseph, der auf seine Leistung nicht wenig stolz war, sie oft bei Tisch vor der ganzen Familie wiederholt hat. Sicher ist jedenfalls, daß Marcel die Reden seines Vaters fast auswendig konnte. Er sollte einmal die Gelegenheit haben, sie wieder aufzugreifen.

Und schließlich das dritte Ereignis, das den kleinen Marcel Pagnol sehr beeinflußt hat und symbolisch die Zukunft ankündigte:

Eines Tages beginnt Joseph Pagnol seinen Unterricht mit einer Grammatiklektion. Er schreibt einen Satz an die Tafel, dessen grammatikalischen Aufbau die Schüler analysieren sollen: »Die Mutter hat ihren kleinen Sohn bestraft, weil er nicht brav war.«

»Das ist nicht wahr!« ruft da eine Kinderstimme von hinten aus dem Klassenzimmer.

Es ist Marcel! Seine Mutter wollte eine Besorgung machen und hat ihn solange hier abgesetzt. Niemand hatte ihn bemerkt. Jetzt glaubt er, Opfer einer ungerechten Anschuldigung zu sein. Er protestiert aus Leibeskräften. »Aber – er kann ja lesen!« ruft Joseph aus.

Er kann tatsächlich lesen, ohne daß es ihm jemand beigebracht hätte. Für Joseph ist das der Beweis, daß sich der säkularisierte Heilige Geist auf dieses geliebte Haupt niedergelassen hat. Er ruft sofort seine drei Kollegen herbei, damit sie Zeugen dieses Ereignisses werden. Joseph hat inzwischen eine Abc-Fibel aus der Bibliothek geholt, und Marcel beginnt jetzt, die Buchstaben einen nach dem anderen zu entziffern. Sein Vater ist außer sich vor Freude. Nicht dagegen Augustine, die unterdessen zurückgekehrt ist. Für sie sind diese Männer wahnsinnig geworden. Sie sind drauf und dran, ihrem Kleinen eine Meningitis zu verschaffen. Schnell schließt sie ihn in ihre Arme und führt ihn weg. Wohl ein typisches Lehrerkind-Wunder!

Jedenfalls erwirbt sich Marcel durch diese anscheinend gewaltige Leistung lange Jahre den Ruf eines Musterschülers, des Lehrer-söhnchens.

In Zukunft wird er seine Übungstexte auswendig können, perfekte Hausaufgaben abliefern, fehlerlose Diktate schreiben und brillant alle Rechenaufgaben lösen müssen. Bei allen Aufsätzen hat er der Beste zu sein, denn die Ehre seines Vaters steht zweifach auf dem Spiel, in beruflicher Hinsicht und im Hinblick auf seine Vaterfunktion.

Joseph ist zu jedem Opfer bereit, damit sein Sohn unter diesem ständigen Druck schulischer Höchstleistungen nur ja nicht versagt.

Für Marcel wird alles und jedes zur Schulstunde. Alles dient zu seiner Belehrung: die kleinen Vorkommnisse im Haushalt, die Ereignisse auf der Straße, die Lektüre des »Petit Provençal«.

Ein Dampfstrahl zischt aus dem Kochkessel – sofort folgt ein Exkurs über Denis Papin. Die Salatblätter werden im Korb geschüttelt und drücken sich unten zusammen – Gelegenheit für eine Lektion über die Gesetze der Zentrifugalkraft. Ein Wagner in der Nachbarschaft beschlägt ein Wagenrad – Anlaß, um das Prinzip der Ausdehnung der Metalle zu erklären. Ein Winzer aus Cassis wird erstickt in seinem Weinkeller aufgefunden – Joseph nutzt das aus, um Marcel einen Vortrag über Destillation und Kohlendioxyd zu halten.

Am 1. Juni 1900 gibt es eine große Neuigkeit: Joseph wird nach Marseille versetzt! An die École Chartreux, die wichtigste Schule der Stadt. Elf Lehrer sind dort beschäftigt unter der Fuchtel eines Direktors, der selbst vom Unterricht befreit ist. Für Joseph Pagnol ist das ein außergewöhnlicher Aufstieg.

In Marseille, wo die Pagnols jetzt wohnen, sind die goldenen Jahre goldener als irgendwo sonst. Die Stadt erlebt einen wirtschaftlichen Aufschwung sondergleichen. Es ist kaum vorstellbar, was der erst 40 Jahre zuvor erfolgte Durchstich des Suez-Kanals für den Marseiller Hafen bedeutet hat. Ohne Übertreibung läßt sich behaupten, daß das Unternehmen des Monsieur de Lesseps für Marseille nicht nur ein Jahrhundert-, sondern ein Jahrtausendereignis war.

Die Bevölkerungszunahme schlägt alle Rekorde. Man kann der Stadt beim Wachsen regelrecht zusehen.

Marseille zählt damals mehr als 500000 Einwohner, darunter 100000 Ausländer: Griechen, Tunesier, Spanier, Malteser, Italiener, die alle davon träumen, Franzosen zu werden.

Marseille ist im besonderen die Hauptstadt der Franzosen außerhalb Frankreichs, des Kolonialreichs, das Joseph Pagnol mit wildem Stolz auf der an der Wand des Klassenzimmers befestigten Karte seinen Schülern zeigt. Alle Territorien, über denen die Fahne Frankreichs weht, sind darauf rot eingezeichnet. Frankreich von Algier bis Tananarive, von Tahiti bis Pondichéry, von Numéa bis Onagadougou!

Der Handel spielt für Marseille eine lebenswichtige Rolle. Daher herrscht ein ständiger Machtkampf zwischen den städtischen Behörden und dem mächtigen Unternehmerverband. Wer hier reich ist, ist schon sehr reich: Seifenfabrikanten, Reeder, Schiffsunternehmer, Transithändler. Sie residieren in den vornehmen Wohnvierteln, in Villen, die inmitten prachtvoller Parks versteckt sind und ungeheure Summen verschlingen. Wenn sie in der Stadt ausfahren, so tun sie dies in luxuriösen, von traumhaften Gespannen gezogenen Kaleschen oder in Limousinen mit imponierenden Karossen.

Die anderen – das Volk – wohnen in den Riesenkonglomeraten der großen Vorstädte, die sich unter anarchischen Bedingungen entwickeln, bis sie zu Groß-Marseille zusammengefaßt werden. In Marseille selbst wohnt man im Quartier Saint-Just, im Quartier des Aygalades, des Catalans, du Capitre, de Saint-Jérôme, de la Belle-de-Mai usw.

Auch wenn kein Kontakt zwischen ihnen besteht – obwohl sie

doch Seite an Seite leben –, sind Reiche und Arme vom gleichen glühenden Lokalpatriotismus und unersättlichen Lebenshunger beseelt, beides Folgen der legendären Überschwenglichkeit der Marseiller. Sie hegen die gleichen Ressentiments gegen die Leute aus dem Norden (nördlich von Valence!) und gegen die Pariser. Die Marseiller glauben, daß man sie in der Hauptstadt verachtet, was sie als demütigend empfinden, daß man sie für vulgär, großsprecherisch und faul hält. Aber in Marseille tut man so, als mache einem das nichts aus. Man geht aber förmlich in die Luft, wenn das Prestige oder die Ehre der Stadt angezweifelt werden.

Die Pagnols wohnen im Stadtteil »La Plaine«. Erstaunlich, daß eine staatliche Schule gerade in dieser Zeit des triumphierenden Antiklerikalismus »École des Chartreux« (Kartäuser-Schule) heißen kann. In Wirklichkeit entstammt der Name dem Weg »Grand-Chemin-des-Chartreux«, an dem die Schule liegt, eine Bezeichnung, die zum Abkürzen einlädt. Und das Viertel, in dem die Pagnols leben, heißt eigentlich »La Plaine-Saint-Michel«. Aber auch das ist zu lang und wird folglich einfach zu »La Plaine«.

»La Plaine-Saint-Michel ist ein großer Platz in Marseille. Die Sonne scheint dort heller als an irgendeinem anderen Ort der Erde ... Morgens ist Gemüsemarkt. Danach fegen Straßenkehrer, gestärkt durch ihre Apéritifs, die welken Blätter in den Rinnstein ... Gegen zwei Uhr werden die Säuglinge hierhergebracht, damit sie in der Sonne wachsen und gedeihen.«[*]

La Plaine bezeichnet darüber hinaus die Straßen, die auf den Platz münden: die Rue Saint-Savournin, die Rue des Minimes und die Rue de la Bibliothèque, »die trotz ihres Namens gar keine Bibliothek beherbergt«.[**]

Dann der Boulevard Chave, berühmt wegen des gleichnamigen Theaters dort. Es ist eine der wichtigsten Bühnen in Marseille.

Prägen wir uns diese Straßennamen gut ein. Wir werden ihnen in diesem Buch noch oft begegnen. In der Rue des Minimes nämlich lassen sich nach ihrer Hochzeit die Jauberts – Tante Rose, Augustines Schwester, und ihr Mann, Onkel Jules – nieder. Ebenfalls in

---

[*] Aus »Pirouettes«.

[**] Aus *La Gloire de mon père* (»Eine Kindheit in der Provence«, 1. Teil).)

der Rue des Minimes wohnt die Familie Cohen, tüchtige Leute, die mit Eiern und ausländischen Produkten handeln. Ihr Sohn Albert wird später im Gymnasium in Marcels Klasse sein.

Im Théâtre Chave machen in einer Laienspielgruppe Monsieur und Madame Contandin von sich reden. Sie wohnen ganz in der Nähe, über der Drogerie Rabattu. Ihr Sohn Fernand wird später als Fernandel berühmt. In Marseille richten sich die Pagnols zunächst in einer Dienstwohnung ein.

Der Ehrgeiz Joseph Pagnols, Marcel mit Brillanz die Schule durchlaufen zu sehen, ist nicht geringer geworden – ganz im Gegenteil.

Am Donnerstag und am Sonntag fühlt sich Joseph, ohne seine Schüler, nutzlos. Was soll ein Missionar, dem man seinen Auftrag entzogen hat, mit sich anfangen? Also macht er Marcel mit dem Argument, sein Sohn »dürfe nicht aus der Übung kommen«, den Vorschlag, sich an einem als schwierig eingestuften Diktat »zu versuchen«. Das Ganze inszeniert er als eine Art Spiel: er wettet zum Beispiel mit ihm über die Zahl der Fehler, die er machen wird.

Wenn beide zusammen auf der Canebière spazierengehen oder unterwegs zum Prado sind, stellt Joseph seinem Sohn Denksportaufgaben mit besonders kniffliger Lösung.

Wahrlich kein beneidenswerter Zustand, eine Schule besuchen zu müssen, an der der eigene Vater unterrichtet. Aber so ist es nun mal, und Marcel muß es akzeptieren. Er leidet jedoch darunter, zumal ihm die väterliche Verpflichtung, Klassenprimus zu sein, bei seinen Mitschülern nicht das geringste Prestige einträgt.

»Er ist der Sohn des Lehrers, da ist das ganz normal!« heißt es. Manchmal ist es sogar verdächtig.

Das Verhältnis zu seinen Mitschülern ist auch in der Pause gespannt. Marcel spürt ein gewisses Mißtrauen ihm gegenüber. Es gibt Geheimnisse vor ihm, in die er nicht eingeweiht wird.

Traurig ist für ihn sicher auch, von dem ungeheuren Gefühl der Befreiung ausgeschlossen zu sein, das jeden Nachmittag um fünf Uhr das Ende des Unterrichts begleitet: dem herrlichen Augenblick, in dem das Gefühl der wiedergewonnenen Freiheit bei den Kindern einen wahren Taumel auslöst. Jetzt beginnt das freie Leben der Straße, die berauschende Stunde, in der man nicht mehr unter den Augen des Lehrers und noch nicht unter Aufsicht der Eltern ist. Alles ist jetzt möglich, alles kann geschehen, alles gewagt werden. Allen Verboten kann man noch die Stirn bieten: Fliegen klatschen, Türklingeln wahllos betätigen, Steine auf Katzen werfen, Büchsen an Schwänze streunender Hunde binden, Freunde zum Lachen bringen, indem man Passanten hinter deren Rücken nachahmt, Äpfel vom Stand des Obsthändlers stiebitzen, das Wechselgeld beim Einkauf für sich behalten und sich mit Bonbons vollstopfen, bis einem schlecht wird. Marcel aber wohnt im Schulgebäude und muß vom Klassenzimmer aus direkt nach Hause gehen, wo er dann das Freudengeschrei der auf der Straße in die Freiheit entlassenen Freunde mitanhören kann.

Nach der Geburt einer kleinen Schwester, Germaine, ziehen die Pagnols in eine größere Wohnung in der Rue de Tivoli Nr. 33. Aber nichts ändert sich dadurch. Marcel muß an der Hand seines Vaters nach Hause trotten.

Die wirkliche Freiheit lernt Marcel erst mit neuneinhalb Jahren während der großen Ferien kennen.

Eines Tages, Ende Juli 1904, mieten die Pagnols gemeinsam mit den Jauberts, Tante Rose und Onkel Jules, in den Hügeln oberhalb Aubagnes für den Sommer eine kleine Ferienhütte; in der Provence heißen sie »Cabanons«. Joseph sagt »Villa« dazu. Für ihn bleibt es für immer das »neue Landhäuschen«. Damit beginnen für das Kind die glücklichsten Tage seines bisherigen Lebens.

Selbstverständlich versäumt Joseph, wenn Marcel aus einem verwilderten Olivenhain kümmerliche Früchte nach Hause schleppt, nicht die Gelegenheit, ihm zu erklären, eine Olive sei eine Steinfrucht. Aber der Tag ist lang und das Land weit. Marcel beginnt die Natur zu entdecken, ihre Wunder, ihre Geheimnisse, ihre Schätze. Am Abend fällt er todmüde ins Bett, ohne noch die Kraft zu haben, sich auszuziehen.

Nach dem Abschluß der Grundschule bieten sich einem guten Schüler, der seine Ausbildung fortsetzen möchte, zwei Wege: der eine führt zur Realität, der andere in die Unsicherheit. Der erste beginnt mit der Hauptschule, die Ausbildung ist praxisbezogen. Innerhalb von drei Jahren bereitet man sich dort auf die École normale in der Bezirkshauptstadt vor. Die besten Absolventen werden staatlich bedienstete Volksschullehrer. Der zweite Weg führt ins Gymnasium oder Kolleg, wo man sich auf schwierigeren Bahnen, durch die Beschäftigung mit den großen Geistern und das Training im abstrakten Denken, schließlich zur Disziplin der Disziplinen vorarbeitet: der Philosophie, die den Zugang zur Universität eröffnet. Wer bis dorthin vordringt, wird Arzt, Apotheker, Gymnasiallehrer, gehört zur Elite der Nation. Sie erkennen einander an einem Geheimcode, den nur sie beherrschen: dem Latein.

Joséphine Colombelle, Josephs Schwester, die sich aufgrund ihres Direktorinnenpostens als letzte Entscheidungsinstanz der Familie betrachtet, gibt Joseph den Rat, Marcel in die Hauptschule zu schicken. Dort würde er sich gut machen. Denn nach ihrer Ansicht läßt sich auch so, ohne Beherrschung der lateinischen Deklination »rosa, rosae etc.«, eine wunderbare Existenz aufbauen. Sie für ihren Teil hat den Sinn ihres Lebens im Feminismus gefunden. Sie kämpft für das Frauenstimmrecht und ist eine der glühendsten Suffragetten des Départements Bouches-du-Rhône. »Marcel wird«, so erklärt sie, »ein bemerkenswerter Volksschullehrer werden.« Tante Fifi gibt diese Ansicht jedem weiter, der sie hören will. Joseph allerdings stellt sich taub. Für ihn gibt es auch einen Fortschritt der Generationen. Und um diesem Fortschritt Rechnung zu tragen, muß Marcel, Sohn eines Volksschullehrers, Studienrat werden. Also soll er aufs Gymnasium gehen und Latein lernen! Ihn, Joseph, hat es immer in seinem Ehrgeiz gequält, nicht lateinisch zu können – während es diese blöden Pfaffen können! Tante Fifi indessen macht ihn darauf aufmerksam, daß Marcel ihm bei dieser Art Ausbildung viele Jahre lang auf der Tasche liegen würde, eine große Belastung für ein Volksschullehrergehalt! »Außer«, gibt Joseph zur Antwort, »er ist Stipendiat!« Also wird Marcel an dem staatlichen Stipendienauswahlverfahren teilnehmen, und dabei muß er einfach Erfolg haben. Als Ideal schwebt Joseph vor, daß Marcel den ersten Platz für die Stadt Marseille gewinnt.

Dieses Verfahren sieht jedes Jahr einen öffentlichen Wettbewerb zwischen den guten Schülern (aus einfacher Familie) vor. Sie werden von den städtischen Volksschulen vorgeschlagen oder haben ihre ersten Jahre in den unteren Klassen des Gymnasiums hinter sich; einige kommen auch von den kirchlichen Schulen (von denen es einige wenige gibt).

In diesem »Turnier« nun soll Marcel nicht nur die Farben der École Chartreux, sondern auch das Banner der Pagnols, Musterbeispiel eines Lehrerclans, verteidigen: das Banner Josephs, das der Tante Marie, Direktorin in La Ciotat, das des Onkels Adolphe, immer noch Lehrer in Aubagne, das der Tante Josephine, Direktorin in Marseille. Niemals hatte ein Kandidat eine zahlreichere und engagiertere Hilfstruppe hinter sich.

An der École Chartreux wird ein richtiger Generalstab gebildet, der den Kämpfer zum Sieg führen soll. Man trainiert Marcel wie einen Athleten, der bei den Olympischen Spielen zum Zehnkampf antritt. Monsieur Besson, sein Lehrer im letzten Grundschuljahr (dem Jahr, in dem der Stipendienwettbewerb stattfindet), übernimmt die allgemeine Betreuung. Monsieur Suzanne von der Klasse darüber trimmt ihn in Mathematik. Monsieur Bonafé ist für die Vorbereitung in der Grammatik verantwortlich. Die Geographie besorgt Monsieur Arnaud, die Geschichte Monsieur Mortier. Joseph selbst hat sich das wichtigste Fach vorbehalten: die Rechtschreibung. Der Druck auf Marcel verstärkt sich in dem Maße, in dem das schicksalhafte Datum näher rückt. Jeden Morgen vor dem Frühstück schreibt er ein Diktat. Auch am Donnerstag wird er unterrichtet. Sonntags arbeitet er zu Hause.

Am Ende aber, am Tag der Prüfung, qualifiziert er sich nur als zweiter.

Man hat den Kandidaten ein besonders heimtückisches Problem über metallische Verbindungen vorgelegt.

Marcel hat die Lösung nicht gefunden. An der École Chartreux macht der Ärger schnell der Enttäuschung Platz.

»Es handelt sich hier um ein Problem auf dem Niveau eines Realschulabschlusses. Niemals hätte man diese Aufgabe den Kandidaten des Stipendienwettbewerbs stellen dürfen!« protestieren die Trainer und Helfer Marcels.

Zu seinem Pech hatte ein anderer Kandidat die richtige Lösung gefunden. Ein Junge namens Oliva. Er war von der École Pont-de-Lodi aufgestellt worden, ebenfalls einer städtischen Schule. Die

Ehre der staatlichen Ausbildung ist also gerettet. Marcel und Oliva lernen sich im Schulhof des Thiers-Gymnasiums kennen, am Tag, als die Schule beginnt. Oliva ist ein sehr temperamentvoller junger Mann, den Marcel sympathisch findet. Aber sie haben sich nicht für den gleichen Zweig entschieden. Oliva hat die moderne Fachrichtung gewählt und lernt kein Latein. Deshalb verlieren sich die beiden Jungen schnell wieder aus den Augen.

Viel später trifft Marcel Pagnol, als er schon Mitglied der Académie Française ist, in Paris bei einem offiziellen Empfang einen Kapitän zur See. Es ist niemand anderes als der ehemalige Champion der École Pont-de-Lodi, Oliva, der Sieger im Stipendienwettbewerb. Oliva erzählt von seiner Kindheit. Er erzählt Marcel, seine Eltern seien gestorben, als er sechs Jahre alt war. Seine zwei Brüder (der eine Dockarbeiter, der andere Maurer; keiner von beiden konnte lesen oder schreiben) hatten die größten materiellen Opfer gebracht, um ihrem kleinen Bruder die Fortsetzung seiner Ausbildung zu ermöglichen. Weshalb? Eines Abends hatte ein Herr sie besucht. Es war der Schuldirektor, der Oliva unterrichtete. Er war gekommen, ihnen zu sagen, ihr kleiner Bruder sei außergewöhnlich begabt, es wäre ein Verbrechen, eine derart glänzende Intelligenz brachliegen zu lassen, und man dürfe ihn auf keinen Fall mit zwölf Jahren von der Schule nehmen, um ihn als Hilfsarbeiter auf irgendeine Baustelle in der Stadt zu schicken.

»Schon gut, schon gut«, hatten die beiden Brüder etwas eingeschüchtert geantwortet.

Dieser Lehrer hatte die rechten Worte gefunden. Er hatte es verstanden, sein Anliegen den beiden Brüdern klarzumachen. Das Resultat stand jetzt Pagnol leibhaftig vor Augen.

Die Laufbahn des kleinen Oliva war ein weiteres Ruhmesblatt für die Lehrer der Schule des Jules Ferry.

II.

Jugend

(1905 — 1914)

»Rädelsführer«. Probleme mit »rosa, die Rose«. Joseph hat Schwie-
rigkeiten. Erste Gedichte. Erfindung des Wasserflugzeugs. Verzin-
sung von Wertpapieren. Tod der Mutter. Das Abitur (mit Auszeich-
nung). Simonne mit den grünen Augen. Das ist die Liebe. Geburt
des »Fortunio«.

Schon in den ersten Tagen seiner Zeit als Gymnasialschüler macht
Marcel Pagnol eine überraschende Entdeckung: Seine Freunde bewundern ihn. Jeder ehemalige Pennäler kennt dieses Phänomen.
Im Universum des Gymnasiums gibt es zwei Arten von Königen:
den König im Klassenzimmer und den König im Schulhof. Während die Lehrer bei der Inthronisation des ersten mitwirken, wird
der zweite allein von den Kameraden gekürt. Nur er zieht alle
Gunst, Freundschaft, Zuneigung, ja sogar Liebe auf sich. Denn er
ist für die anderen zugleich der Sympathischste, Verführerischste,
Eleganteste, Mutigste, Geschickteste, Klügste, Achilleus und
Odysseus in einem ... Im Schulhof des Thiers-Gymnasiums haben
die Schüler der Sexta, der A 2, zwischen den beiden Trommelwir-
beln, die Beginn und Ende der Pause ankündigen, augenblicklich
Marcel zu ihrem König erwählt. *Er* bestimmt von nun an, welches
Spiel gespielt wird, wer mitspielen darf und wer nicht, wie die
Mannschaften zusammengesetzt sind. *Er* ist es, der an der Spitze
der Strafexpeditionen steht, die gegen die Großen von der Quarta
durchgeführt werden, wenn sie ihre Macht gegen die Kleineren
mißbraucht haben. *Er* denkt sich die Pläne für die Abenteuer am
Donnerstagnachmittag aus, von denen die Eltern nichts erfahren
dürfen. *Er* entpuppt sich als Organisator und als listenreicher »Rädelsführer«!

Wieso gewinnt er plötzlich Einfluß auf die Herzen seiner Umgebung, auf die Kleinen in kurzen Hosen?

Erstens einmal ist er schön, verkörpert die reine, edle Schönheit des Provenzalen, mit großen lachenden Augen, dem Lächeln eines Engels, langen schwarzen Haaren wie Rabenflügeln, die er gekonnt nachlässig frisiert. Stunden verbringt Marcel morgens mit dem Kamm in der Hand vor dem Spiegelschrank in seinem Schlafzimmer, um seiner Frisur den letzten Schliff zu geben. Sie muß, wie alle große Kunst, ganz natürlich wirken. In Marseille ist Schönheit sehr wichtig. (»Ihr könnt im Vieux-Port lange suchen«, sagt César im »Marius«. »Ihr mögt dort vielleicht besonders große Menschen oder besonders dicke finden – aber besonders schöne bestimmt nicht.« Schönheit ist also die Ausnahme.)

Weiter verfügt Marcel über unwiderstehlichen Charme und Humor. Er ist schlagfertig wie kein anderer, er hat ein entwaffnendes Lächeln, er kann wunderbar selbstironisch sein, seine Zuhörer dadurch erobern, daß er über sich selbst lacht.

Die zweite Erfahrung des jungen Marcel: Die Welt, die er jetzt entdeckt, und zwar mit eigenen Augen, ist keineswegs so gegensätzlich schwarz und weiß, wie sie ihm sein Vater bisher gemalt hatte. Es gibt zum Beispiel Kinder, Söhne und Töchter reicher Eltern, die trotzdem nicht weniger intelligent und fleißig als andere sind. Es gibt Schüler aus kirchlichen Schulen, die deshalb doch keine Dummköpfe sind.

Daneben gibt es auch Romanhelden, Buffalo Bill, Nick Carter, Nat Pinkerton, von denen Joseph immer wie von Minderbemittelten gesprochen hatte (um sicherzustellen, daß Marcel nichts über ihre Heldentaten las). Marcel entdeckt sie jetzt selbst in Schmökern, die ihm ein Freund ausleiht. Und ihre Abenteuer erscheinen ihm höchst interessant, aufregender jedenfalls als die ihm von Joseph empfohlenen.

Endlich sich selbst überlassen, wird Marcel von einem wahren Heißhunger nach Wissen gepackt. Er möchte entdecken, lernen, wissen. Alles interessiert ihn: die Naturwissenschaften, die Technik, die Erfindungen, die Astronomie, der Sport – alle Sportarten. Seine Neugier ist unstillbar, sprengt alle Grenzen seiner Lehrpläne. Es wäre zuwenig gesagt, daß er liest: Er verschlingt Bücher, Zeitungen, Zeitschriften, Illustrierte, alles Gedruckte, was ihm in die Hände fällt. Seine Lehrer fangen an, ihn als unaufmerksam zu tadeln. Da der Druck seines Vaters auf seine Leistungsbereitschaft nachläßt, erzielt Marcel in der Schule nur noch mittelmäßige Resultate. Sein Zeugnis am Ende des Schuljahres ist nicht gerade glänzend. Die schlechteste Note hat er in Latein. Tante Fifi triumphiert. Aber Augustine findet für die schlechten Noten ihres Sohnes sofort eine alles entschuldigende Erklärung: »Wachstumsschwierigkeiten!«

Erstaunlicherweise ist Joseph über die schlechten Noten Marcels weniger böse als erwartet. Er hat nämlich im Moment mit ganz anderen Problemem zu kämpfen. Eine fünfköpfige Familie 1906 in Marseille lediglich mit einem Volksschullehrergehalt zu ernähren, ist ein Kunststück, das geradezu akrobatische Fähigkeiten verlangt. In der Kleinstadt, in Saint-Loup, war das einfacher: Da konnte die Familie aus einem eigenen Garten schöpfen. Augustine hielt ein paar Hühner, die ihre Eierversorgung sicherten; von Zeit zu Zeit schickten Eltern von Schülern Geschenke, die ersten Kirschen, die ersten Kartoffeln ... Es gab auch das sogenannte »Präsent«: eine Schlachtschüssel mit Blutwurst, Bockwurst, zwei Cervelatwürsten und vier gespickten Steaks, die traditionsgemäß jedesmal, wenn ein Schwein geschlachtet wurde, dem Volksschullehrer überreicht wurde.

All diese kleinen Vorteile hatten das Leben auf dem Land angenehm gemacht. In der Stadt entfallen sie. Von Tag zu Tag wird die Situation schwieriger. Augustines Gesundheitszustand, der schon immer labil war, verschlechtert sich als Folge der Entbehrungen, der Überarbeitung, der Sorgen.

Wieder einmal ziehen die Pagnols um, in die Rue Terrusse Nr. 51; fast unmittelbar danach verlassen sie die Wohnung wieder, um sich in Nr. 52 einzurichten. Seine Kollegen sagen Joseph nach, er habe kein Sitzfleisch.

Auch dort halten es die Pagnols nicht lange aus. Wenig später wechseln sie zum Cours Lieutaud 117 und dann zur Rue Marengo 44. Endlich, und dann für mehr als 20 Jahre, bleiben sie am Cours Julien Nr. 7 hängen. Niemals aber sollten sie »La Plaine« verlassen.

Um sich am Monatsende über Wasser zu halten, verschafft sich Joseph hier und da kleine Nebenbeschäftigungen. Er nimmt sich der Buchführung der Geschäftsleute seines Viertels an und gibt Nachhilfestunden. Mit dem Alter und der Erfahrung haben seine politischen Überzeugungen an Absolutheit verloren. Sehr bald nach seiner Ankunft in Marseille muß er eine herbe Enttäuschung einstecken: Der Bürgermeister von Marseille, Dr. Flaissière, ein bärtiger Riese und Radikalsozialist, dessen Tüchtigkeit und Autorität ein Gegengewicht zur Allmacht des Unternehmerverbands bildeten, wird in den Kommunalwahlen von 1902 geschlagen. Wie alle seine Kollegen von der École Chartreux hatte sich Joseph im Wahlkampf für ihn eingesetzt. Es ist auch seine Niederlage.

Joseph hatte einen unaufhörlichen Kampf geführt, um Marcel nach seinen Grundsätzen zu formen. Und das Resultat? Vier Punkte von 20 im Fach Latein. Es ist ihm klar, daß er nicht den Mut aufbringt, noch einmal das gleiche mit dem kleinen Paul zu versuchen. Im übrigen haben ihn die häufigen Besuche seines Schwagers Jaubert, des Onkels Jules, der trotz seiner Frömmigkeit ein rechtschaffener und ehrlicher Mensch ist, dazu gebracht, seine eingefleischte antiklerikale Haltung aufzugeben. Insofern ist er sehr froh, in dessen Wohnung Rue de Tivoli 33 einen Nachbarn vorzufinden, der sich bereit erklärt hat, Marcel in Latein Nachhilfestunden zu geben: den Abbé Gouin, ehemaligen Priester von Accates in der Nähe von La Treille.

Eines Tages schlüpft Joseph, da er die Probleme bei der Bewältigung des Alltags leid ist, aus der moralischen Kutte des laizistischen Missionars heraus und akzeptiert einen Posten als Lehrer an der Handelsschule in Marseille. Die Bezahlung ist dort besser. Auch hat er mehr Freizeit. Er kann die Monatsenden jetzt einigermaßen überstehen, indem er zusätzlich Nachhilfestunden gibt.

Marcel bemerkt nichts von den Schwierigkeiten, mit denen sich sein Vater herumschlägt. Er lebt auf einem anderen Planeten und gehört nicht mehr zu seinem Familienverband. Er verläßt das Haus morgens um sieben und kommt erst abends nach sieben wieder zurück. Dann ißt er und geht schlafen. Sein Reich sind von nun an das Gymnasium, seine Lehrer und Klassenkameraden –

vor allem letztere. Und er hat nur einen Wunsch: seine Angehörigen um jeden Preis daran zu hindern, in dieses neue Reich einzudringen.

Marcels schulische Leistungen lassen immer mehr nach. Im Juli prangt sein Name auf der Schandliste der Repetenten (die vorletzte Silbe ist verächtlich zu betonen).

Bis dahin war Marcel allein mit Yves Bourde befreundet. In der neuen Klasse lernt er zwei weitere Jungen kennen. In Zukunft werden sie ein unzertrennliches Quartett bilden: Marcel, Yves, Fernand Avierinos und Albert Cohen.

Yves Bourde ist Sohn eines Seemanns. Sein Vater, ein Koloß von über zwei Zentnern, fährt als Chefmaschinist an Bord der »Athos«, die auf der Route Marseille-Yokohama verkehrt. Marcels erster Freund ist also ein Junge, dessen Vater im Gegensatz zu dem seinen niemals zu Hause ist. Das ist kein Zufall. Monsieur Bourde taucht nur alle drei Monate in seinem Haus auf, in den Armen Unmengen von »Made in Japan«-Dingen: Seidentücher für seine Frau und Spielzeug für die Kinder. Es sind immerhin sechs ...

Yves Bourde ist ein ziemlich mageres Bürschchen. »Zweifellos weil er zu schnell gewachsen ist.« Sein dunkler Blick ist von strahlender Offenheit. Marcel findet ihn »männlich schön, lebhaft, sogar ein wenig wild, aber immer heiter«. Jedenfalls springt bei ihrer ersten Begegnung im Pausenhof des Thiers-Gymnasiums zwischen ihnen »der Funke der Freundschaft« über. Die Zuneigung wächst noch, als Marcel erfährt, daß auch Yves Bourde seine Wochenenden und Ferien in La Treille verbringt. Seine Eltern besitzen in den Hügeln ein Haus, das seine Großmutter das ganze Jahr über bewohnt.

Albert Cohen ist klein und brünett, pausbäckig, mit glattem Haar. Stets trägt er dunkle, enganliegende Anzüge. Er hat sich regelrecht in Marcel verliebt. Für ihn ist er »ein kleiner Lord Fauntleroy des Mittelmeers«. Er bewundert »die Art, wie er morgens das Klassenzimmer betritt – oder besser die Art, wie er seinen Auftritt zelebriert«. Im Gang seines Freundes erkennt er eine »ätherische, wunderbare Anmut«.

Die Cohens wohnen im dritten Stock über ihrem Geschäft in der Rue des Minimes. Bedrückt beobachtet Albert, wie seine Mutter sich die Augen verdirbt, indem sie den lieben langen Tag ihre Eier begutachtet, bevor sie sich erschöpft nach oben begibt, um sich um Wohnung und Haushalt zu kümmern. Das Leben der Cohens ist mühselig. Ihr Geschäft läuft nicht gut. Trotzdem ist es von den vier Freunden immer Albert, der das meiste Taschengeld hat. Unter den vieren ist er der einzige, der einen Kaufmann zum Vater hat, und er zieht Vorteile aus der Tatsache, daß es bei ihm eine Ladenkasse gibt.

Nach den Schularbeiten schlendern Marcel und Albert unermüdlich die Rue des Minimes bis zur Rue Terrusse und die Rue Terrusse zurück zur Rue des Minimes.

Eines Donnerstagnachmittags erklärt Albert Marcel, während sie zwischen den Gräberreihen des israelitischen Friedhofs spazierengehen, daß sein Name Cohen »Hohepriester« bedeutet. Marcel bittet ihn, ihn nach dem Ritus der jüdischen Religion zu segnen. Mit ernster Miene segnet ihn Albert »von ganzem Herzen, die Finger der rechten Hand priesterlich in zwei Strahlen gespreizt«.

Der letzte im Bunde, Fernand Avierinos, ist ebenfalls brünett, mit dichten Brauen und vollem, wirrem Haarschopf. Avierinos ist Sohn eines Arztes. Das macht die Beziehung zu ihm sehr anziehend: In einem Alter, wo die Heranwachsenden anfangen, sich Gedanken über die Mysterien der Geburt und des Geschlechts zu machen, und zu einer Zeit, wo Eltern und Erzieher sich verschworen hatten, auf solche Fragen nicht einzugehen, ist die Freundschaft zum Sohn eines Arztes unschätzbar. Dank stundenlangen Stöberns in der Bibliothek seines Vaters lassen die Kenntnisse des kleinen Avierinos in dieser Hinsicht nichts zu wünschen übrig. Während einer Pause setzt Avierinos Marcel über den entscheidenden Punkt ins Bild. Seit der Sexta weiß Marcel *alles*. Und als er bemerkt, wie seine Mutter um die Taille wieder einmal dicker wird, ist ihm klar, worum es sich handelt. Der plötzlich anschwellende Bauch zeigt die baldige Ankunft eines zweiten Brüderchens an. Es kommt am 25. Juli 1909 zur Welt und heißt René.

Die vier Freunde haben etwas gemeinsam: Sie alle sind gute Schüler im Fach Französisch. Sie lesen viel, diskutieren noch mehr und schreiben Gedichte. In ihrem Alter ist das ganz normal. Dabei stellt sich heraus, daß Marcel der Begabteste und Ehrgeizigste ist, vor allem auch der Reifste.

Von der Quarta an verfaßt Marcel 1909 zusammen mit seinem Klassenkameraden Antoni eine Sammlung Gedichte, »*Das Buch der Natur*«, die er in Schönschrift einem Schulheft anvertraut. Die Sammlung enthält 24 Gedichte. Von ihm selbst stammen 20. Das Ganze ist ihrem Französischlehrer Monsieur Brun gewidmet. Das Gedicht am Anfang des Werkes trägt den Titel »*Das Lied der Grille*«.

> *»Ein Grillchen bin ich, klein,*
> *und wohne unterm Gras,*
> *am gelben Ackerrain*
> *weit weg vom Vogelschnäbelein.*
> *So macht das Leben Spaß.«*

Henri Becque sagte von dem Dichter François Coppée, er »schreibe Prosa, ohne es zu wissen«. Wenigstens ist er der am häufigsten in den Schullesebüchern vertretene Autor.

Marcel reimt nach seinem Vorbild. Er ist in dem Alter, in dem man glaubt, daß »die Prosaschriftsteller sich in die Prosa geflüchtet haben, weil sie unfähig sind, Verse zu schreiben«. Dann aber entdeckt er in einem Handbuch einen Auszug aus »*Pour la belle Aude*« (»Für die schöne Aude«) von Victor Hugo.

> *»Vier Tage sind verstrichen. Insel und Meeresstrand*
> *erbeben im Getöse, das brandet übers Land.«*

Daraufhin schreibt er das Gedicht »*Kampf zwischen Morholt und Tristan Loonois*«:

> *»Die Edlen treffen sich auf öder Insel kalt,*
> *die stahlbewehrten Füße, sie finden nirgends Halt.*
> *Niemand ist Augenzeuge bei diesem Kampf voll Graus.*
> *Ein Schiffchen segelt einsam weit auf das Meer hinaus.«*

Verse von bemerkenswerter Virtuosität!

Diese ungewöhnliche Begabung für gereimte Versenden nützt Marcel aus, um sich sein Taschengeld aufzubessern, das in den Taschen eines Lehrersohns immer nur sehr spärlich klimpert. Er drechselt Liebesgedichte, die ihm seine Klassenkameraden abkaufen, um sie den Mädchen vorzutragen und den Eindruck zu erwekken, sie seien ihre Verfasser, von ihrer Liebsten dazu inspiriert. Bei diesen kleinen Geschäften hat Marcel einen besonders getreuen Kunden: Albert Cohen.

Das ganze Thiers-Gymnasium ist offensichtlich von diesem Reimfieber befallen. Schuld daran ist zweifellos die Erinnerung an den berühmtesten seiner ehemaligen Schüler, Edmond Rostand, den »größten französischen Dramatiker des Jahrhunderts«. Dieser war ja vor kaum dreißig Jahren durch die gleichen Schulzimmer, die gleichen Korridore, den gleichen Pausenhof gerannt. Alles ist noch im gleichen Zustand wie damals, und bei genauerem Hinsehen würde man höchstwahrscheinlich auf einer Schulbank auf seinen eingeritzten Namen stoßen. Alle Schüler mit Sinn für Literatur träumen von diesem großen Dichterleben.

Auch Marcel. Vielleicht ist er sich dessen nicht bewußt, aber wenn er seine Aufsätze oder Briefe unterschreibt, versucht er jeden einzelnen Buchstaben seines Vornamens und Nachnamens besonders sorgfältig und schön zu malen. Das Ganze besiegelt er mit einem Schnörkel. (Daran hält er sein ganzes Leben fest.) Und genauso hatte auch Edmond Rostand unterzeichnet.

Monsieur Émile Ripert, der die Klasse in Französisch und Latein unterrichtet, pflegt ebenfalls den Kult um Edmond Rostand. Er kennt den »Cyrano de Bergerac« auswendig von der ersten bis zur letzten Zeile.

Émile Ripert gibt sich aber nicht damit zufrieden, nur bedingungsloser Verehrer des Verfassers des »Cyrano« zu sein. Er dichtet selbst, und im Verlauf des Jahres 1910, in dem Marcel von ihm unterrichtet wird, erhält er für eine Gedichtsammlung den großen Lyrikpreis der Académie française, ein Ereignis, das die ganze Marseiller Presse emphatisch feiert.

Die Brust seiner jungen Schüler – der guten vor allem – schwillt vor Stolz bei dem Gedanken, daß ihr Lehrer »ein Dichter wie Vergil und Victor Hugo ist«.

Von diesem Ruhm und dieser Ehre beeindruckt, entschließt sich Marcel, unverzüglich an ein bedeutendes Werk zu gehen, in der Art der »Légende des siècles« von Victor Hugo oder der

»*Ilias*«. Sein Werk soll in der Neuzeit spielen. Dabei scheint ihm nur ein Held würdig, von ihm besungen zu werden: Napoleon. Schnell muß er jedoch die Erfahrung machen, daß ihm der epische Atem ausgeht. Der »Empereur« will ihn einfach nicht inspirieren.

»Das wundert mich gar nicht«, sagt sein Freund Cohen. »Du bist ein Elegiker, ein Racine, Lamartine, Alfred de Musset.« Und er fügt hinzu: »Du wirst Mitglied der Académie française werden!« Émile Ripert, der auf Marcels Talent aufmerksam geworden ist, ermutigt ihn weiterzumachen. Im Gymnasium wird eine Monatszeitschrift gegründet: »La Bohème«. Marcel sendet ein Gedicht ein, das abgedruckt wird. Es ist das erste Mal, daß er einen von ihm verfaßten Text gedruckt sieht. Ein weiteres Gedicht veröffentlicht er in der Nummer 2. Eine Nummer 3 gibt es nicht mehr. Aber jetzt ist Marcel auf den Weg gebracht. Von nun an schickt er seine Verse bei der »Massilia« ein, einer Zeitschrift für Literatur, Poesie und Kunst, die zweimal im Monat in Marseille erscheint. Die »Massilia« druckt seinen Erstling »*Sommernacht*« (»Ich irre einsam durch den Wald, in dem das Wunderbare herrscht/Die Flammensterne funkeln hoch am Firmament)« in der Juninummer 1910 ab. Pagnol ist 15 Jahre alt. In der Folge überläßt er der »Massilia« ein Gedicht pro Monat.

Zur gleichen Zeit liest er Properz, Ovid und Catull, um zu prüfen, ob er wirklich, wie Cohen gesagt hat, zur Zunft der Elegiker gehört. Er hat ihre Werke in der Bibliothek des Gymnasiums entdeckt, übersetzt von Monsieur Arnaud, Professor der 1 A. Er ist hingerissen. Monsieur Arnaud hat die Gedichte in Prosa wiedergegeben. Marcel beschließt, sie in Versform zu bringen.

Das Lateinische eröffnet ihm ganz plötzlich neue Horizonte: Mit freudiger Überraschung entdeckt er, daß viele Wörter, Ausdrücke und Konstruktionen des Lateinischen direkt ins Provenzalische übergegangen sind. Sein geliebtes Provenzalisch, das Joseph aus seinem Unterricht verbannt hatte, das aber Marcel mit seinen Freunden in La Treille spricht! Auch hat er die »*Bucolica*« entdeckt, und zwar im Urtext. Sie lassen eine wahre Leidenschaft für Vergil in ihm entstehen. In Vergils Versen findet er die anmutige Welt der Hügellandschaft seiner Kinderferien wieder, die Hirten und Herden, die Quellen, Bäume und Pflanzen, die Weite des Himmels, die herrlich milden Nächte, die Stille ...

Nach dem großen Lyrikpreis für Monsieur Ripert ziert ein anderes großes Ereignis die Marseiller Chronik dieses Jahres 1910: Am 28. Mai gelingt es einem Ingenieur Henri Fabre, sich von einem See aus, dem Lac du Berre, in die Luft zu erheben und wieder zu landen, und zwar mit einem Flugzeug, dessen Räder er durch Schwimmträger ersetzt hat. Es ist das erste Mal, daß eine Maschine, die schwerer ist als Luft, von einer Wasserfläche abhebt. Henri Fabre hat das Wasserflugzeug erfunden. Marcel ist von diesem Ereignis tief beeindruckt. Die Erfindungen sind der Mythos dieses beginnenden Jahrhunderts.

In dieser Epoche, den sogenannten »goldenen Jahren«, erreichen zwei Phänomene ihren Höhepunkt: Das erste ist die Rendite, das zweite der technische Fortschritt. Überall gibt es Leute, die leben, ohne arbeiten zu müssen, deren »materielle Existenz« vom Anfang bis zum Ende ihrer Tage gesichert ist: die Rentiers. Sie verdanken diesen privilegierten Zustand ihrer Familie; die »Rente« ist eine Frucht von einem Ast des Familienstammbaums. Falls jemand diese Chance nicht hatte, also arm, in einer armen Familie geboren ist, gibt es nur ein Mittel, auch »Rentier« zu werden: Man muß eine »Erfindung« machen, die man zum Patent anmeldet und die einem dann auf Lebenszeit die Einkünfte sichert.

In diesen ersten Jahren nach der Jahrhundertwende bricht ein wahrer Erfindungswahn aus; manche Erfindungen revolutionieren die menschliche Existenz, andere sind alberne Spielereien. In den Labors und Werkstätten macht Tag für Tag irgend jemand eine Entdeckung, von der er sich eine »Rente« verspricht. Die Institute, die auf die Bearbeitung und den Schutz von Patenten spezialisiert sind, haben Hochkonjunktur.

Marcel Pagnol begreift schon sehr bald, ohne jedoch darunter zu leiden, daß ihn das Schicksal in einer Familie mit nur bescheidenen Mitteln hat zur Welt kommen lassen. Wonach sein Entschluß feststeht, daß er es einmal weiter bringen will. Noch als Kind erklärte er einmal am Familientisch: »Eines Tages werde ich reich sein«, was ihm unversehens eine Ohrfeige von seinem Vater einbrachte.

Um sein Gelübde zu erfüllen, muß er, das ist für ihn ganz selbstverständlich, irgendeine Erfindung machen. In seiner Vorstellung kann das nur im Bereich der Technik geschehen, der ihn sehr interessiert und in dem er sich für ebenso begabt hält wie in der Literatur.

Die Journalisten in Marseille beschreiben das Wasserflugzeug, das vom Lac du Berre abgehoben hat, als eine der bedeutendsten Erfindungen der Neuzeit, die für immer den Ruhm und den Reichtum ihres Landsmannes, des Ingenieurs Henri Fabre, begründen werde. Marcel liest diese Artikel im Schulhof des Thiers-Gymnasiums mit seiner ganzen jugendlichen Begeisterungsfähigkeit.

Dennoch endet dieses sonst so glückliche Schuljahr für ihn mit Tränen: Am 15. Juni 1910 stirbt seine Mutter, Augustine Pagnol. Sie stirbt den Tod der Heldinnen der Romantik: Mit 37 Jahren erlischt sie gleichsam – Lungentuberkulose, Schwindsucht. Über diesen Schmerz, den ersten in seinem jungen Leben, kommt Marcel niemals hinweg. Niemals verblaßt in seiner Erinnerung das Bild der geliebten Frau, so fein, so verletzlich, zart wie eine Modezeichnung auf dem bräunlichen Foto, das sie zur Zeit ihrer Begegnung mit Joseph hat machen lassen – mit ihren großen Augen, ihrer schmalen, an der Spitze etwas aufgebogenen Nase, ihrem sanften Lächeln, ihren mit dem Brenneisen frisierten Haaren. Und mit ihrer hochgeschlossenen Bluse, die am Hals mit einer Edelsteinbrosche geschmückt ist. Sein ganzes Leben läßt ihn das Bild nicht los, »wie er, ganz in Schwarz gekleidet, hinter einem Wagen her läuft, dessen Räder so hoch sind, daß er die Hufe der Pferde sehen kann, während die Hand des kleinen Paul mit allen Kräften die seine drückt«. Der Wagen entführt ihm seine Mutter für immer.

Nach dem Eintritt in die Sekunda setzt Marcel seine Reimversuche für die »Massilia« fort. Jedes Thema ist eine Anregung für ihn. Er schreibt die Gedichte »*Kassandra*« (»Kassandra irrt umher, am Ufer brennt der Fluß/Sie irrt umher im Kreis, durch Asche, Staub und Ruß/Auf Ilions Leichnam schon die Geier spähn herab«), »*Die Ostereier*« (»Da naht sich Ostern blumenreich/und vor den Läden stehn sogleich/die Kleinen, toll nach Süßigkeiten«), »*Die Säufer*« (»Die armen Wassertrinker, die so ihr Leben ließen/Nie lernten sie die Kunst, ein Gläschen auszugießen«), »*Der Tod des Alten* (»Jeden ereilt der Tod; ich sterbe ohne Murren. Der Mensch, er wandert nur – von der Geburt zum Tod«).

Zur gleichen Zeit kommt in Marseille eine originelle Zeitschrift heraus, »Notre Revue«, in der nur die von den besten Schülern der Stadt eingeschickten Arbeiten abgedruckt werden. Mitarbeiter ist Yves Bourde. Marcel sendet ihm ein Gedicht mit 60 Versen, »*Das Echo*«: »Freund, jede Störung sei der Waldgötter vermieden!/ Denn sie sind gut gesinnt den Traumdichtern hinieden,/Die mit dem stillen Lied besingen ihren Frieden.«

»*Das Echo*« wird veröffentlicht, und Marcel stößt in derselben Nummer von »Notre Revue« auf Verse, die er als ungewöhnlich gut empfindet. Der Verfasser ist ein junger Schüler der Edgar-Quinet-Knabenschule, Gaston Mouren. Marcel ist begeistert und beschließt sofort, seine Bekanntschaft zu machen.

Schon sehr bald nach dem Tod seiner Mutter muß Marcel feststellen, daß es in seiner Familie bergab geht. Sein Vater bricht unter den Sorgen und Lasten des Alltags zusammen: Unterricht an der Handelsschule, Nachhilfestunden, Organisation des Haushalts, Erziehung der Kinder (das jüngste, René, ist erst einige Monate alt). Er ist abweisend, angespannt, aggressiv. Seine Schwester Colombelle, seine Schwägerin und Tante Rose bieten ihm ihre Hilfe an, aber sie sind selbst überlastet. Sie haben ihren Beruf, ihr Haus, ihren Haushalt, ihre Verpflichtungen.

Im Frühjahr 1911 hält Joseph Pagnol es nicht mehr aus und entschließt sich, eine Gouvernante zu engagieren. Es ist Aimée, eine Witwe, der ihre beste Freundin Madeleine, ebenfalls Witwe, ab und zu an die Hand geht. Madeleine ist eine hübsche Frau, die eben erst die 40 überschritten hat.

Es kommt, wie es kommen muß. Im Winter schlägt Joseph, der sehr unter der Einsamkeit leidet, Madeleine vor, ihn zu heiraten. Sie willigt ein, und die Hochzeit wird am 30. Juni 1912 gefeiert. Madeleine wünscht eine kirchliche Trauung. Joseph gibt nach. Im übrigen gibt Joseph in allem nach. Er akzeptiert auch das Angebot des Direktors des Pensionats Chaix, eines katholischen Instituts, einen Englischkurs für seine Schüler zu geben.

Der Bruch zwischen ihm und Marcel vertieft sich. Joseph Pagnol hat freilich triftige Gründe für sein Verhalten. Er steht in der Blüte seiner 40 Jahre, voller Leben und Energie. Man kann ihm vernünftigerweise keinen Vorwurf machen, wenn er sein Leben neu gestalten will. Aber Marcel ist 17 Jahre alt, kein sehr vernünftiges Alter. Im Gegenteil: das Alter der Kompromißlosigkeit.

Das Sekunda-Jahr ist in der Laufbahn eines Gymnasiasten bei weitem das angenehmste. Man wird schon als Erwachsener angesehen und als solcher behandelt, ohne daß sich am Horizont des dritten Trimesters die furchterregende Perspektive des Examens abzeichnet. Wenn man sich einen guten Notendurchschnitt sichert, kann man es sich leisten, für alles Interesse zu zeigen, was nicht unmittelbar zum Lehrstoff gehört, z. B. für Mädchen, Sport, Theater, die verrufenen Dichter, die verbotenen Schmöker, die ganz oben auf den Regalen der Bibliotheken stehen, mit anderen Worten: für die Hölle. In der Sekunda lernt man Baudelaire auswendig. In der Sekunda liest man »*Lady Chatterley's Lover*«.

Für alle diese Reize ist auch Marcel überaus empfänglich. Er entdeckt die Oper.

Pierre Devaud, Chefredakteur von »Massilia«, mit deren Finanzen es nicht zum besten steht, so daß er seine Mitarbeiter nicht bezahlen kann, gibt Pagnol statt eines Entgelts für seine Gedichte die rote Karte des Theaterkritikers, die er in seinem Namen benutzen darf. Dieses magische Papier gibt dem Besitzer das Recht auf zwei kostenlose Plätze im Parterre für alle Aufführungen in allen Theatern von Marseille. Albert Cohen, der das Musiktheater über alles liebt, ist stets bereit, Marcel in die Oper zu begleiten.

An der Oper von Marseille finden in jeder Saison mehrere Galaveranstaltungen mit den berühmtesten Sängern der Oper von Paris, der Scala in Mailand und aus Covent Garden in London statt. Wenn der Ehrengast nicht rechtzeitig in Marseille eintrifft, führt man – ganz einfach – »*Tosca*« auf. Marcel erlangt so mit der Zeit eine umfassende Bildung im Bereich der großen Oper. Er sieht »*Tosca*« mehr als 50mal.

Marseille bietet natürlich auch weniger sittenstrenge Stücke als

z. B. »*Rigoletto*«, manchmal auch nacktere. Es gibt zahllose Komödientheater und Music-Halls.

Im »Gymnase« kann man gelegentlich die große Réjane oder Le Bargy bewundern. Dort sieht Marcel das erste Mal in seinem Leben eine Komödie – es handelt sich um die »*Amants*« von Maurice Donnay.*

Außerdem gibt es das »Variétés-Casino« in der Rue de l'Arbre, das »Théâtre Chave« in la Plaine, das »Palais de Cristal«, das »Grand Casino«, das »Odéon«, das »Châtelet« in der Avenue Contini. Dazu, ebenfalls an der Canebière, die berühmteste Music-Hall, wo die Stars aus Paris singen: Polin, Mayol, Dranem, Esther Lekain, Fragson etc. Es gibt das eher volkstümliche »Alcazar« am Cours Belsunce, eigentlich ein Café-Concert, ein Konzertcafé. Die Zuschauer sitzen dort an kleinen Tischen, an denen während der Aufführung Erfrischungen serviert werden.

Diese Bühnen warten oft mit einer Revue auf, dem Genre, das den lockeren und wenig sittenstrengen Geist der »goldenen Jahre« am besten repräsentiert: eine Folge von Szenen, in denen komisch verfremdet die aktuellen Ereignisse dargestellt werden. Man nimmt die Prominenten des Tages aufs Korn. Meister in diesem Fach ist ein Pariser Autor: Rip. Die Revuen bringen den berühmtesten Bühnen des Boulevards goldene Zeiten.

Cohen lehnt diese kurzlebigen spektakulären Stücke ab. Hier ist es Avierinos, der Marcel begleitet. In Marseille bringen alle Theater lokale Volksstücke »mit Marseiller Pfiff«, geschmiert mit Knoblauch und Öl. Sie sind keineswegs als oberflächlich zu bezeichnen. In ihnen treten typische Personen aus dem Volk auf: die Fischhändlerin, die Boule-Spieler, der »Fada«, der »Sidi«, der Neapolitaner. Der Auftritt des »Parisers«, der beim kleinsten Sonnenstrahl krebsrote Haut bekommt (man nennt ihn deshalb auch »la rascasse«, Seekröte), entfesselt Heiterkeitsstürme. »Wenn der Franzose nicht fähig ist, dort hinzugehen, so geht eben der Gascogner hin«, schreibt Montaigne. Hier ist es der Provenzale, der hingeht, wenn es der Anstand erfordert. Und er geht häufig hin. Im Unterricht erfahren Pagnol und Avierinos aus dem Mund von

---

* Dessen Platz er eines Tages in der Académie française einnehmen sollte.

Monsieur Arnaud, der sie in Literatur unterrichtet, daß diese Form des Theaters (bei der sie sich sehr amüsieren, obwohl es ihnen etwas peinlich ist) in Wirklichkeit die Fortsetzung einer alten römischen Tradition darstellt: der Atellanea.

Damit sind die beiden Freunde auf kulturellem Sektor wieder mit sich im reinen. Manchmal sind sie auch im Souterrain des »Café de Bohème« zu finden, wo Stummfilme vorgeführt werden. Aber das kommt selten vor. Marcel fühlt sich von dieser Art des »Schauspiels« nicht angezogen, es ist für die »Minderjährigen und Minderbemittelten«.

Zusammen mit Avierinos entdeckt Pagnol auch den Sport. Die beiden Freunde durchstreifen den Park Borély auf dem Fahrrad. In der Zeitschrift »L'Auto« lesen sie die Berichte über die Giganten der Tour de France. Sie kennen die Namen der großen Champions: Garin, Trousselier, Lapize. In Marseille ist die erste Fußballmannschaft in der Geschichte Frankreichs zusammengestellt worden: die U. S. Hellène, deren Spieler sich aus den griechischen Auswanderern rekrutieren. Doktor Avierinos, Fernands Vater, ist einer ihrer Manager und zugleich Clubarzt.

Marcels großes Sportleridol heißt Kid Francis, auch ein Landsmann aus Marseille, Europameister im Boxen. Der junge Pagnol betreibt diesen Sport ebenfalls. Die Redakteure des »Petit Provençal« nennen ihn die »edle Kunst«. Jeden Donnerstagmorgen trainiert Marcel in einem an die Académie de billard angebauten Saal im »Palais des Glaces« an der Canebière.

Gleichwohl würde man Pagnol an Feier- oder Ferientagen, an Frühlingssonntagen oder in den großen Sommerferien in der Oper oder in einem Stadion vergeblich suchen. Dann ist er nämlich mit Yves Bourde in seiner bevorzugten Domäne, seinen Hügeln. Die Freundschaft zwischen den beiden, die ein ganzes Leben andauern sollte, ist aber keineswegs frei von Rivalitäten oder Eifersüchteleien. Das kommt bei jungen Leuten, deren Eltern einander kennen und sich gegenseitig besuchen, häufig vor. Madame Bourde und Joseph lassen keine Gelegenheit aus (z. B. wenn Marcel eine Auszeichnung erhält oder Yves Primus in Physik und Chemie wird), vor ihrem Sohn die Vorzüge des anderen herauszustrei-

chen, was schließlich auch zwischen den besten Freunden Streitereien hervorrufen muß.

Yves bewundert Marcel. Er versucht ihn in allem nachzuahmen.
Er trägt die gleichen Hemden mit Dantonkragen; er frisiert sich
wie er, mit Mittelscheitel. Jedesmal, wenn Marcel mit einem Mädchen flirtet, ist auch Yves in sie verliebt.

Von La Treille und Umgebung kennt Marcel jeden Felsen, jeden
Gipfel, jedes Tal, jede Höhle, jeden Schleichweg. In der Kenntnis
ihrer Fauna und Flora ist er unschlagbar. Er kann die wissenschaft-
lichen Bezeichnungen aller Koleopteren herunterleiern. Er weiß
die silbernen Wasserskorpione von der Zikade zu unterscheiden,
den Nashornkäfer vom Hirschkäfer und vom Holzbock, er kennt
die verschiedenen Baumarten, auch wenn sie je nach Laune des
Windes unterschiedlich gewachsen sind: die Terebinthe, den Wa-
cholder, den Blasenstrauch usw.

In seinen poetischen Träumereien lokalisiert er Stück für Stück die
»Bucolica«, die er auswendig kann, in dieser Landschaft, ebenso
alle großen griechischen und römischen Dichtungen. Fasziniert
erinnert sich Gaston Mouren an einen Spaziergang in den Hügeln
mit Marcel.*

Bei den Prüfungen im Juni 1912 absolviert Marcel den ersten Teil
des Abiturs mit »gut«.

Als Heranwachsender hat er nichts von seinem Charme und seinem guten Aussehen verloren. Seine Fähigkeit, die Schulkameraden für sich einzunehmen, ist geblieben. Beim Schulbeginn im
Oktober verspürt dies ein Neuankömmling am eigenen Leib, als
er zum ersten Mal den Pausenhof des Thiers-Gymnasiums betritt.
Er fühlt sich von diesem Gesicht angezogen, »das ihm, mehr als
alles andere, die Signatur einer ungewöhnlichen und anziehenden
Persönlichkeit verleiht, mit einer Haarsträhne über der Stirn, den
aufgeweckten, schalkhaften Augen, dem feinen, durchdringenden
Blick, der ›aus dem Augenwinkel‹ kommt, wie sich die Italiener

---

* Mouren schreibt: »Ich kannte diese Hügel schon, aber er ließ sie mich in neuem
  Licht sehen. Während er sprach, öffnete sich vor mir ein Stück des antiken Griechenland. Rings um uns spürte ich die Gegenwart der ländlichen Gottheiten,
  die ganze alte Welt, die er im Vergil gefunden hatte ..., er brachte sie mir unwiderstehlich nahe in ihrer lebendigen Realität.«

ausdrücken, lebhaft und geschmeidig, zartgliedrig und mit raschen Bewegungen wie ein typischer Provenzale.«

Dieser Neue ist noch stärker beeindruckt, als er beim Besuch einer Bar in der Rue des Trois-Mages mit Pagnol entdeckt, daß sein Freund »bei diesen Menschen ebenso populär ist wie bei den ›Philosophen‹ im Thiers-Gymnasium, da er all die Eigenschaften besitzt, durch die sich ein Mensch beliebt macht und anderen vorgezogen wird«.

Nach den Prüfungen im Juli 1912 hat Marcel das Abitur – mit Schwerpunkt Philosophie – mit der Note »befriedigend« abgeschlossen. Joseph jubelt. Er ist offensichtlich »beim Abitur seines Sohnes von größerem Stolz erfüllt als bei dessen Geburt«.

Dieses Mal ist es Marcel selbst, der über seine Zukunft entscheidet. Er entschließt sich, der Familientradition zu folgen und Gymnasiallehrer zu werden, was die Freude seines Vaters noch steigert. In Marcels Augen aber gibt ihm dieser Beruf aufgrund der vielen Freizeit die Möglichkeit, sich der erträumten Schriftstellerkarriere zu widmen. Um Gymnasiallehrer zu werden, kann er zwischen zwei Wegen wählen: Entweder er entscheidet sich für das höhere Rhetorikfach »Hypokhagne« und »Khagne« und bereitet sich auf die École normale supérieure in der Rue d'Ulm und auf die »Agrégation« vor, wie es die überdurchschnittlichen Schüler tun.

Oder er erwirbt ganz einfach eine Lehrberechtigung. Nachteilig für die Studenten aus Marseille ist, daß die philosophische Fakultät ihrer Universität ihren Sitz nicht in Marseille, sondern in Aix-en-Provence hat, wo man sich einschreiben muß, wenn man sich für diesen zweiten Abschluß entscheidet.

Marcel wählt doch den ersten Weg, der ihm erlaubt, in Marseille zu bleiben. Dieser Entschluß gibt ihm die Möglichkeit, die Vorlesungen des Monsieur Poux zu hören, eines der hervorragendsten Latinisten der damaligen Zeit, an den sich Pagnol immer mit höchster Bewunderung erinnern wird. Doch der eigentliche Grund seiner Entscheidung ist letzten Endes nicht die Brillanz eines Professors. Es ist der Charme einer hinreißenden Brünetten mit grünen Augen: Simonne Collin. Sie hat feine Gesichtszüge, lächelt wunderbar und benimmt sich à la Louise Brooks. Ihre Mutter ist Lehrerin an der École Edgar Quinet, an der Tante Colombelle Direktorin ist. Im Haus seiner Familie, Rue Terrusse, hat Marcel sie eines Tages kennengelernt, als sie ihre Schwester dorthin begleitete. Joseph gibt der Schwester Englischstunden.

Das erste Mal in seinem Leben ist Marcel verliebt, und seine Liebe wird erwidert.

Den Schulbeginn 1913 muß Marcel ohne seine Freunde bewältigen. Yves Bourde und Fernand Avierinos wollen Ärzte werden; sie müssen ihr Vorphysikum an der naturwissenschaftlichen Fakultät machen. Glücklicherweise befindet sie sich in Marseille, und Marcel kann sie weiterhin sonntags besuchen. Andererseits hat er sich von Albert Cohen verabschieden müssen. Seine Eltern haben ihn, beunruhigt durch die Vorboten des Krieges, unter den größten finanziellen Opfern nach Genf geschickt, wo er sich an der juristischen Fakultät eingeschrieben hat. Er will sich dort als Anwalt niederlassen.

Während seiner »Hypokhagne«-Zeit, in der sich die Musterschüler aus den Gymnasien von Aix, Draguignan und Toulon ein Stelldichein geben, begegnet Pagnol nur einem einzigen bekannten Gesicht, einem alten Mitschüler aus seiner Philosophieklasse: Monclar Estelle (Estelle ist der Familienname, Monclar der Vorname).

Seit Beginn ihrer gemeinsamen Schulzeit hat sich Estelle bei allen Klassenarbeiten in allen Fächern immer an die Spitze gesetzt. Er gewinnt jedes Jahr die höchste Auszeichnung. Er möchte auf die École normale supérieure, Abteilung Literatur, und jedem ist klar, daß er dort mit Handkuß genommen wird. Aber alle wissen auch, daß er sich mit gleichem Erfolg bei den Naturwissenschaften bewerben würde. Er ist ein Talent, wie man es nur einmal in 30 Jahren trifft, das As seiner Generation! Trotzdem staunt er Pagnol wie ein Naturwunder an. Weil er Gedichte schreibt, die in Zeitungen erscheinen!

Wenn Pagnol davon träumt, eines Tages vom Schreiben leben zu können, so denkt er, wie erwähnt, an Edmond Rostand. Aber was ihn an dem Verfasser des »Cyrano« fasziniert, ist nicht nur sein Erfolg an sich, sondern auch die Windeseile, mit der er reüssiert hat. Falls ihm, Marcel, das gleiche Los beschieden sein soll, darf er keine Minute Zeit verlieren. Er muß sich unverzüglich an die Arbeit machen. Im übrigen hat er schon ein Stück im Kopf, ein Versdrama in vier Akten.

Der Held, dessen Schicksal er in Szene setzen will, ist Catull, der römische Dichter, in Marseille gleichzeitig berühmt und verkannt. Catull ist, wie Marcel in der Bibliothek des Gymnasiums herausgebracht hat, mit 30 Jahren in Rom gestorben, 54 vor Christi Geburt. Sein Werk ist vollständig der Lesbia gewidmet, einer für ihre Schönheit berühmten Kurtisane, deren Herzensfreund er war. In Hunderten von Versen besingt Catull ihre heiße Liebe, ihre spektakulären Zerwürfnisse, ihre leidenschaftlichen Versöhnungsszenen, wobei der Dichter im Herzen stets die Hoffnung hegt, durch seine Hingabe Lesbia vor sich selbst zu retten – eine Hoffnung, die immer wieder enttäuscht wird. Seinem Theaterstück will Pagnol den Titel »Lesbia« geben.

Pagnol schlägt Estelle vor, das Stück zu zweit zu schreiben. Estelle stimmt begeistert zu. Aber leider, leider: Dieser Partner, der bei den Klassenarbeiten immer mindestens 18 von 20 Punkten erreicht, ist, wenn es sich darum handelt, Phantasie zu entwickeln, Figuren zu erfinden, Intrigen zu konstruieren, Szenen aufzubauen, zu nichts zu gebrauchen. Wie bei seinem »Buch der Natur«, das er offiziell mit Antoni verfaßt hat, muß Pagnol nach Beendigung des Stückes feststellen, daß er praktisch alles allein geschrieben hat. »Lesbia« sollte das erste und einzige Teamwork des Gespanns Pagnol/Estelle bleiben. Ihre Zusammenarbeit war damit beendet.

Pagnol hat begriffen: Er kann nicht auf Estelle als Ersatz für seine Busenfreunde Bourde, Avierinos, Cohen rechnen, die weg sind und ihm sehr fehlen. Frage: Was macht ein »Rädelsführer« ohne seine Bande? Antwort: Er gründet eine neue. Die Gelegenheit dazu bietet sich bald.

Eines Sonntagmorgens im Januar 1914, es ist kalt und grau, trifft sich Pagnol mit einigen Freunden in der Rue Saint-Ferréol. Hier ist der Treffpunkt der Marseiller Jugend, immer vor dem Abendessen – an den Werktagen –, am Sonntag vor dem Mittagessen. Stundenlang spazieren die Jungen mit den Jungen, die Mädchen mit den Mädchen auf der Promenade in beiden Richtungen auf und ab, unaufhörlich sich begegnend, sich wieder begegnend, einander zurufend. Das ist so der Brauch in allen Städten des Midi: in Aix auf dem Cours Mirabeau, in Montpellier auf dem »Œuf«. In Marseille »macht« man die Rue Saint-Fé. Pagnol und seine Freunde sind ein bißchen in Weltschmerzstimmung.

»Was steht an? Was machen wir?« Die übliche Tour junger 20jähriger ohne Beschäftigung.

»Und wenn wir eine Zeitschrift gründen?« meint einer von ihnen, Grasset.

»Sie wird eingehen wie ›La Bohème‹«, entgegnet Pagnol.

Will er, indem er den Skeptiker spielt, die anderen zu größerem Engagement antreiben? Fähig wäre er dazu. Jedenfalls wird die Gründung der Zeitschrift an diesem Vormittag beschlossen. Sie wird zweimal im Monat erscheinen. Die erste Nummer kommt am 10. Februar 1914 heraus.

Pagnol hat den Titel gefunden: »Fortunio«. Er befindet sich gerade in seiner Musset-Periode, und die Figur des Fortunio im »*Chandelier*« symbolisiert für ihn Jugend und Leidenschaft. Chefredakteur wird Yves Bourde sein – auch das hat Pagnol bestimmt. Beide wollen sie Gaston Mouren als Mitarbeiter gewinnen, der inzwischen sein Studium abgeschlossen hat und ins Berufsleben eingetreten ist. Er ist vereidigter Waagemeister.

Die vereidigten Waagemeister bilden eine Korporation in Marseille, deren Wurzeln bis ins 13. Jahrhundert zurückgehen. Sie hatte vom König das Privileg erhalten – und es durch die Jahrhunderte bewahrt –, überall, wo das notwendig schien, Wägungen durchzuführen. Die vereidigten Waagemeister wiegen das Gold an der Börse, die Ladungen der Schiffe an den Kais, das Schlachtvieh und die am Markt gehandelten Tiere, die Kisten und Gemüse. Sie sind autorisiert, eine Gebühr auf alles zu erheben, was ihrem Eingriff unterliegt. Ihr Gutachten gibt im Streitfall den Ausschlag. Es wird von den Gerichten anerkannt und kann gegen jedermann geltend gemacht werden.

In Marseille heißt es, man könne einen vereidigten Waagemeister an seinen Händen erkennen. Sie sind von unterschiedlicher Farbe: Die eine ist rosa – sie hält von unten das Register, in das er die Warengewichte einträgt –; die andere, gebräunt von der Sonne, hält den Stift.

Gaston Mouren hat allerdings zwei Hände von gleicher Farbe. Er übt seine Funktionen auf dem Markt am Cours Julien aus, wo seine Arbeit schon vor Sonnenaufgang, gegen drei Uhr früh, beginnt. Um acht Uhr ist er fertig. Er kann sich also den ganzen restlichen Tag seinen Hobbys widmen, der Dichtung, der Musik, dem Theater.

Mouren ist einverstanden, beim »Fortunio« mitzumachen. Auch andere Freunde aus dem Gymnasium schließen sich Pagnol an: Marcel Nalpas, Jean Caillol, Marcel Gras, der über hohe dichterische Begabung verfügt.

Gaston Mouren engagiert seinerseits zwei Mitarbeiter. Der erste, Charles Corbessas, auch er von »La Plaine«, ist Schauspielschüler für das tragische Fach. Er ist schön wie ein junger Gott, mit einer herrlichen Stimme. Der andere heißt Julien Coutelen und ist der Sohn des Besitzers der Mehlfabrik, in der Vater Mouren arbeitet. Coutelen ist der reichste im Bunde, er hat sogar ein Auto.

Natürlich braucht die Zeitschrift einen Arbeitsraum. Bourde treibt schließlich einen auf, eine Mansarde im obersten Stock eines Bürgerhauses an der Rue Marengo. Man kann dort aus dem Fenster aufs Dach klettern und den Bewohnerinnen des benachbarten Hauses Anzüglichkeiten zurufen: Es handelt sich um ein Nonnenkloster. Man kann sogar, wenn man sich soweit wie möglich über das Sims vorbeugt und riskiert, sich den Hals zu brechen, den Passanten drunten auf die Köpfe spucken, ein Vergnügen, das niemals seinen Reiz verliert.

Bei den »Redaktionskonferenzen« setzen sich die zuerst Gekommenen aufs Bett, die nächsten auf eine halb aus der Kommode gezogene Schublade, die als Bank dient. »Fortunio« braucht natürlich auch einen erwachsenen Geschäftsführer. Marcel bittet einen Freund seines Vaters darum, Fortuné Valien, Lehrer an der École Chartreux; dieser akzeptiert.

Nun hat Marcel also wieder seine Bande. Denn er ist es, der die Mannschaft anführt. Ohne seine Zustimmung wird niemand beim »Fortunio« engagiert. Nichts erscheint auf den Seiten des Blattes, dem er nicht sein Plazet gegeben hätte. Er hat seinen natürlichen Enthusiasmus und Optimismus wiedergefunden. Seines Erfolges sicher, berechnet er im voraus die Anzahl der künftigen Leser des

»Fortunio«: die Familienmitglieder sämtlicher Mitarbeiter, alle Studenten, alle Kunden an den Zeitungskiosken wird diese Marseiller Zeitschrift zunächst aufhorchen lassen, schließlich überzeugen. Schon sieht er den Verkehrsstau in der Rue Marengo vor seinem inneren Auge, verursacht durch die lange Schlange von Interessenten, die ein Abonnement haben wollen ... Die anderen sind zufrieden, ihm zuzuhören.

Am 10. Februar 1914 erscheint die erste Nummer. Sie wird für 25 Centimes verkauft. Oder vielmehr – sie wird nicht verkauft. Niemand kauft sie. Es ist ein Flop.

Dieser unvorhergesehene Fehlschlag beeinträchtigt Marcels Redefluß und Optimismus in keiner Weise.

»Die Öffentlichkeit«, so erklärt er, »ist zu sehr überrascht worden. Wir müssen ihr Zeit lassen, uns zu entdecken, uns kennen- und schätzen zu lernen.« Seine Überredungskunst reißt die Freunde mit, vor allem aber, was wichtiger ist, den Drucker, der einverstanden ist, die Begleichung seiner Rechnung aufzuschieben.

Für die dritte Nummer schlägt Gaston Moren vor, einen seiner Freunde mit in die Mannschaft aufzunehmen, einen vereidigten Waagemeister wie er selbst, am Markt am Cours Julien. Es ist ein ehemaliger Schüler des Thiers-Gymnasiums. Sein Abitur hat er mit der Note »gut« bestanden. Er ist klein und dicklich, mit eisernem Willen, und heißt Jean Ballard. Pagnol trifft sich mit ihm in der Unterführung unter dem Cours Lieutaud. Sie werden sich einig. Der Neue reicht einen Text ein, der am 25. Mai in der vierten Nummer erscheint.

»Sie wird eingehen«, hatte Pagnol prophezeit, als Grasset ihm den Vorschlag gemacht hatte, eine Zeitschrift zu gründen.

Eines Tages weigert sich der Drucker, bei einem schon so beträchtlichen Schuldenbetrag weiteren Kredit einzuräumen. Ein Konzert der Freunde, veranstaltet, um weiteres Geld an Land zu ziehen, bringt nicht den erhofften finanziellen Erfolg.

»Fortunio« muß eingestellt werden. Bei ihrem Treffen am 10. April 1914 ist keine fünfte Nummer da.

Am 2. August des gleichen Jahres wartet ein ganz anderes Treffen auf Frankreich und die Franzosen.

III.

Mannesalter

(1914—1922)

Fest und Schlachtfest des Krieges. Marcels Leidenschaft. Soldat in Nizza. Aufseher in Digne und in Tarascon. Ehemann in Marseille. Exil in Pamiers. Zurück in der Provence. »Fortunios« Wiedergeburt. Im Vieux-Port. »Fortunios« dritte Geburt. Lesung von »Catulle«, »Tonton« und »Battling Pegula«.

Am 2. August 1914, dem Tag der Kriegserklärung, ist Marcel Pagnol genau 19 Jahre, fünf Monate und zwei Tage alt. Er wird nicht eingezogen, auch nicht seine Freunde vom »Fortunio«. Sie sind zu jung, mit Ausnahme von Jean Ballard, der aber dienstuntauglich ist. Sie sind der Ansicht, daß der Krieg längst zu Ende und gewonnen sein wird, bevor er sie persönlich erreichen könnte. In dieser Euphorie werden sie durch die offizielle Propaganda bestätigt. Allgemein glaubt man, daß der Krieg nur ein kurzer Krieg sein wird. Und, natürlich, ein frischer und fröhlicher Krieg!

Die Franzosen stecken sich Blüten aufs Gewehr, überzeugt, daß Berlin innerhalb von 14 Tagen genommen und die Männer im Herbst wieder in der Heimat sein werden.

Die Vorstellung, daß der Sieg ohne ihre Beteiligung errungen wird, bereitet Marcel Pagnol und seinen Freunden kein schlechtes Gewissen. Sie sind Patrioten, aber keine fanatischen Patrioten. Keiner von ihnen engagiert sich mehr als nötig.

Die Einwohner von Marseille erliegen diesem Optimismus um so bereitwilliger, als der Krieg ihrer Stadt fast ein festliches Gepräge gibt. Die Aktivitäten haben sich verzehnfacht, Prosperität herrscht an allen Ecken und Enden. Als erstes stellt sich der Vieux-Port als zu klein heraus. Auf den Schiffen, die den normalen Verkehr bewältigen sollen und jetzt viel öfter fahren, müssen zusätzlich die Truppentransporte abgewickelt werden. Soldaten aus Algerien, Tunesien, Marokko und dem ganzen Kolonialreich werden an Land gebracht. Bald folgen die Truppen aus den Commonwealth-Ländern.

Tag für Tag ziehen vor der Menge der beifallrufenden Schaulustigen Regimenter am Quai Rive-Neuve vorbei, Musik und Trommelwirbel an der Spitze. Die Ankömmlinge tragen Käppis, Barette, Turbane, Tropenhelme, Feldmützen oder die *chéchia*, die rote Mütze der Kolonialsoldaten. Unter die tiefen Töne der Hörner und Trompeten mischen sich die schrillen Klänge der Pfeifen und Dudelsäcke. Die Caféterrassen und Bars sind übervoll. Der Schlager hat Hochkonjunktur.

Schnell aber kommt die Ernüchterung. Schreckliche Nachrichten treffen seit Ende des Monats ein: Am 19. und 20. August hat eine blutige Schlacht bei Morhange stattgefunden – eine wahre Schlächterei. Die Franzosen standen unter dem Befehl des Generals de Castelnau; die Deutschen gewannen die Oberhand. Das 141. Infanterieregiment, das in der Schlacht 20 Offiziere und mehr als 1400 Unteroffiziere und Mannschaften verlor, bestand zu drei Vierteln seiner aktiven Kräfte aus Soldaten aus Marseille und der Provence. Das Krähen des gallischen Hahns klingt jetzt merklich schwächer. Keine Rede ist mehr von einem blitzschnellen Vormarsch nach Berlin. Noch schlimmer: In Paris zeiht der Senator Gervais die Leute aus dem Süden der Feigheit; sie seien unfähig, sich zu schlagen.

Dieses Mal kocht die Canebière vor Zorn.

Für Marcel Pagnol, der jetzt jeden Augenblick mit seiner Einberufung rechnet, nehmen sich die ersten Kriegsmonate wie große Ferien aus. Er ist ganz mit seiner Liebe zu Simonne beschäftigt. Die beiden jungen Leute treffen sich täglich. Julien Coutelen, der Marcel geradezu anbetet und dessen Leidenschaft für Erfindungen teilt, fährt das Liebespaar in seinem Auto spazieren, geschützt vor indiskreten Blicken.

Aber es gelingt ihnen nicht, inkognito zu bleiben. Eines Nachmittags, als sich Simonne und Marcel im Wagen Coutelens in einen einsamen Schlupfwinkel verirrt haben, überrascht sie ein Passant, ein Freund Josephs (was er hier bloß macht?), genau wie im zweiten Akt des »*Marius*« Honorine Fannys Zimmer betritt und sie in den Armen des »bösen Räubers« Marius, dieses Schuftes, erblickt. Der Passant erkennt Marcel natürlich. Da er über einen gut entwickelten moralischen Sinn verfügt, kann er den Mahnungen seines Gewissens nicht widerstehen und informiert Joseph über das Verhalten seines ältesten Sohnes. Daraufhin überwacht Joseph Marcels Korrespondenz. Ein Brief fällt ihm in die Hände – er liest ihn. Das Dokument läßt keinen Zweifel an der Art der Beziehungen zwischen Marcel und Simonne. Die Szene, die sich jetzt abspielt, könnte einer gut komponierten Komödie entstammen, und sie führt, genau wie in einer gut komponierten Komödie, unvermeidlich zum Eklat.

Joseph ist wütend. Marcel hat »ein reines, unschuldiges Mädchen vom rechten Weg abgebracht«! Noch schlimmer: eine Minderjährige! Ein Vergehen, das ihn vor Gericht bringen kann. Simonne ist aus einem protestantischen Haus, das höchstes Ansehen im Viertel genießt. Sie versäumt niemals den Sonntagsgottesdienst. Was die Situation noch ernster macht, ist die Tatsache, daß Marcel dieses junge Mädchen nicht bei Freunden oder auf einem Empfang kennengelernt hat, sondern in der eigenen Wohnung am Cours Julien. Ihre nichtsahnenden Eltern hatten sie in vollem Vertrauen dorthin geschickt. Daher läuft Joseph Gefahr, seinerseits als Komplize seines Sohnes betrachtet zu werden. Er, Joseph, der Lehrer, Komplize bei der Verführung Minderjähriger! Das ist zuviel! Marcel muß verrückt geworden sein, sie beide in diese Situation zu bringen. Es gibt keine andere Erklärung. Marcel, sein Sohn, ist verrückt geworden.

Dieser Hysterie begegnet Marcel mit allergrößter Ruhe. Er erklärt, daß er, erstens, bei seiner Beziehung zu Simonne niemals das Gefühl gehabt habe, ein Verbrechen zu begehen. Und daß, zweitens, wenn es denn ein Verbrechen gewesen sein soll, nach seinem Eindruck das Opfer, als einmal die ersten Hemmungen überwunden waren, voll und ganz nachgegeben habe.

Der ruhige Ton seines Sohnes und seine stille Entschlossenheit machen Joseph noch zorniger. Seine Stimme zittert, und das flekkenlos reine Mädchen, Muster aller Tugenden, wird plötzlich zu einer Nichtswürdigen, einer Lasterhaften, einer Hure.

Worauf Marcel, immer mit leiser Stimme, antwortet, er dulde es nicht, daß sein Vater das junge Mädchen beleidige, das er liebe. Sie habe ihm den klarsten Beweis gegeben, daß sie nicht ist, was sein Vater von ihr behauptet. Schließlich verkündet Marcel seinem Vater, er habe die Absicht, sie zu seiner Frau zu machen.

Joseph platzt vor Wut.

»Niemals!« ruft er aus. »Niemals, hörst du! Diese Kreatur kommt nicht über meine Schwelle! Niemals werde ich das dulden!«

Marcel ist viel beunruhigter wegen der Szene, die Simonne bei sich zu Hause, bei ihren Eltern durchzustehen haben wird. Er schreibt einen Brief an ihre Schwester Aimée: »Schon bei dem Gedanken, man würde sie vielleicht zum Weinen bringen, könnte ich die ganze Welt umbringen!« Er ist entschieden sehr verliebt. Er schließt mit Blick auf Monsieur und Madame Collin: »Ich bin ebenso ehrenhaft und intelligent wie irgendein anderer.«

Um ganz deutlich zu machen, daß seine Absichten lauter sind und sein Entschluß unwiderruflich ist, kratzt er all seine Ersparnisse zusammen, borgt sich Geld bei Coutelen, Bourde und Mouren und schenkt seiner künftigen Frau einen Verlobungsring. Von da an hat er, ruiniert und verschuldet, nur noch einen Gedanken im Kopf: Geld verdienen, und zwar schnell, viel Geld verdienen. Aber wie? Wie Edmond Rostand! Indem er ein Theaterstück schreibt! Er sucht Mouren auf und macht ihm den Vorschlag, zu zweit und in größter Eile ein Versdrama in drei Akten zu verfassen. Das Thema: der Krieg!

»Ich kümmere mich um den ersten Akt«, erklärt Pagnol. »Du schreibst den zweiten. Den dritten und letzten verfassen wir gemeinsam.«

Es wird ein Zeitstück werden. Marcel hat auch schon einen Titel: »*Les Vieux*« (Die Alten). Den Inhalt hat er im Moment nur in sehr vagen Umrissen im Kopf.

»Worauf es hier ankommt«, führt er aus, »sind die Verse. Sie müssen etwas ganz Besonderes sein. Wir müssen uns des langen und breiten über bravouröse Heldenstückchen auslassen, die Vaterlandsliebe beschwören, die Liebe zur Heimat, den Abscheu vor den barbarischen Eindringlingen, den Opfermut. Der Ton muß immer erhaben sein, selbst wenn es furchtbar kitschig ist.«

Und wieder wird er von seinem Temperament mitgerissen: »Du mußt dir darüber klar sein, Gaston: Wir werden ein Vermögen an Land ziehen, schwer reich werden!« Das Unternehmen wird allerdings nicht ausgeführt.

Von der Mannschaft des »Fortunio« muß Jean Ballard als erster einrücken. Er wird zu einem Hilfsdienst versetzt. Marcel Pagnol ist am 17. Dezember an der Reihe. Er wird in Nizza dem 163. Infanterieregiment eingegliedert. Einige Tage später findet er sich als Bewacher eines Materialmagazins wieder, ausstaffiert mit einer Schiffchenmütze, einer kurzen Jacke und einer hellblauen Hose, die ihm zwei Nummern zu groß ist (mager und schmächtig wie er ist). Der ehemalige kleine König des Pausenhofs des Thiers-Gymnasiums, der Exdirektor und Chefredakteur des »Fortunio«, hat jetzt als einziges Auditorium 300 Petroleumlampen, eine verkupferte und geputzte Gesellschaft, auf die er aufpassen muß und die sich als absolut unzugänglich für sein Temperament und seinen Humor erweist.

Dafür werden aber seine Kleider bis zu den Unterhosen und zum Unterhemd und er selbst für Wochen mit dem durchdringenden Geruch von Petroleum imprägniert.

»Man riecht mich kommen«, sagt er gerne und lacht dabei.

Diese Prüfung dauert einen Monat. Nach Ablauf dieser Frist kommt Marcel Pagnol müde, deprimiert und krank ins Krankenhaus, wegen schwacher Konstitution. Schließlich schickt ihn die Wehrbehörde in Nizza wieder nach Hause.

Nach Hause, d. h. Marseille, das bedeutet Wohnung bei Joseph. Marcel hat nicht vor, sehr lange dort zu bleiben. Er ist in dem Alter, wo man sich selbst über Wasser halten kann, bewirbt sich um den Posten des Aufsehers in einem Internat und wird angenommen. Allerdings befindet sich das Gymnasium in Digne, Hauptstadt des Département Basses-Alpes. Das bedeutet, weit weg von Simonne.

Damals werden Entfernungen nicht in Kilometern, sondern in Eisenbahnstunden gemessen. Die Entfernung zwischen Digne und

Marseille zu bewältigen erfordert allerhand Aufwand. Man muß den Omnibus nehmen, der an jeder Bahnstation hält, dann umsteigen, den Anschlußzug abwarten, den man durchaus auch verfehlen kann. Aber es ist keine Frage für unseren Helden, so oft wie möglich das Mädchen zu treffen, das er sich zur Frau erkoren hat. Er schreibt ihr flammende Liebesbriefe. Während er die Schlafräume, die Refektorien, die Pausenhöfe oder Studiensäle überwacht, schwört er sich, daß er sich im kommenden Schuljahr in eine Stadt versetzen läßt, die näher an Marseille und Simonne liegt. Marseille sieht er erst in den Sommerferien wieder, ein Marseille mit neuem Gesicht. Das Gewimmel im Hafen ist bunter denn je. »Im Mai 1915 warten 50 Schiffe – 22 im Hafen, 28 auf der Reede – auf einen Platz am Kai, um ihre Ladung zu löschen. Im Juni ankern 43 Dampfer mit Flaggen aus aller Herren Länder im Estaque.«

In der Stadt haben Niedergeschlagenheit und Trauer den Jubel verdrängt. Viele Matrosen aus Marseille sind bei Torpedoangriffen deutscher U-Boote umgekommen. In allen Stadtteilen sind Behelfsunterkünfte für die Flüchtlinge aus den in die Hände des Feindes gefallenen Ostprovinzen eingerichtet worden, ebenso für die Griechen, die aus den Kampfgebieten um Saloniki geflohen sind. Die Krankenhäuser sind voll von Verwundeten von der Front. Auch die deutschen Kriegsgefangenen müssen irgendwo untergebracht werden. Sie werden in Zeltlager gesteckt. Täglich teilen Dutzende von Telegrammen Familien mit, daß einer der Ihren aus Marseille erschossen oder vermißt ist. Oft trägt eine ganze Straße, ein ganzes Viertel Trauer.

Den Freunden vom »Fortunio« ist inzwischen klar: Sie werden diesem Krieg nicht entrinnen können. Auch Gaston Mouren und Marcel Gras müssen die Stadt verlassen, der eine kommt zur Artillerie in Sainte-Foy-lès Lyon, der andere zu den Zuaven.*

Marcel gilt noch als untauglich und wird ans Gymnasium in Tarascon als Hilfslehrer auf Probe für Englisch versetzt. Sein Gehalt: 1600 Francs im Jahr. Mehr konnte er nicht erhoffen.

Wenn man in Tarascon, wie zu Tartarins Zeiten, noch auf Mützen

---

* Soldaten der leichten französischen Infanterie in türkischer Tracht (Anm. d. Ü.).

Jagd machte, so wäre heute die begehrteste Trophäe das Eisenbahnermodell mit dem Schirm aus Knautschleder. Tarascon ist tatsächlich in erster Linie ein Eisenbahnknotenpunkt, wo sich die drei großen Strecken Paris–Marseille, Paris–Montpellier und Marseille–Bordeaux schneiden. Alle Schnell- und Eilzüge halten hier. In eineinhalb Stunden erreicht Marcel direkt Marseille, in zwei Stunden die große Universitätsstadt Montpellier. Jetzt also schreibt er sich nicht in Aix-en-Provence, sondern an der Fakultät dieser Stadt ein, um sich auf seine »licence de lettre« vorzubereiten. Am 8. November 1915 wird er angenommen.

Am Gymnasium von Tarascon sind, wie überall, alle Professoren und Hilfslehrer unter 50 Jahren eingezogen. Als Ersatz sind pensionierte Lehrer auf Vertragsbasis angestellt worden. Wenn sie in den Gängen des alten Gebäudes Pagnols Weg kreuzen, halten sie ihn im allgemeinen nicht für ein Mitglied des Lehrkörpers, sondern für einen Schüler. Der Hausmeister verwehrt ihm eines Tages sogar den Zutritt zum Lehrerzimmer.

Marcel seinerseits fühlt sich tatsächlich den Schülern viel näher als seinen Kollegen. Ab und zu muß er sich mit Gewalt zurückhalten, um nicht an einem Schülerstreich teilzunehmen. Einige dieser alten Professoren sind richtige Originale. Da gibt es Monsieur Floret, Lateinprofessor, der ein Epos von 2000 Versen geschrieben hat, eine moderne »Äneis«. Niemals hat er es jemanden lesen lassen, weil er nie jemandem begegnet ist, den er für fähig hielt, seinen Wert richtig einzuschätzen. So lebt er in zweifachem Glück: einmal, weil er dieses Jahrhundertwerk geschrieben hat. Zum zweiten, weil er der einzige ist, der es kennt und genießen kann.

Dann ist da ein schon pensionierter Aufseher, Monsieur Boucoiron, der wieder eingestellt worden ist. Von ihm ließ sich Pagnol bei der Konzeption der Figur des Tamise im ›Topaze‹ inspirieren.

Pagnol ist seiner Bestimmung als Erfinder inzwischen nicht untreu geworden. Er entwirft Pläne für eine revolutionäre Bootskonstruktion: den »Zé«. Eine Gruppe von Schülern meldet sich freiwillig, den Zé zu bauen. Das Schiff ist fertig, jetzt gilt es, es vom Stapel laufen zu lassen. Aber wo? Auf der Rhône? Das ist zu riskant. Die Konstrukteure haben kein bedingungsloses Vertrauen zu ihrem Boot. Nach einiger Überlegung wählen sie die stillen Gewässer des Lac de la Brèche in der näheren Umgebung. Kaum ist der »Zé« vom Stapel gelassen, bohrt er sich kopfüber in den Grund. Kapitän Pagnol geht als letzter von Bord. Seine Ehre ist gerettet.

Einige Monate später entdecken die Schüler während eines Spaziergangs am Ufer des Sees, dessen Spiegel gesunken ist, das Wrack des Zé, das wie die Arche Noah auf dem Berg Ararat in den Zweigen einer toten Trauerweide gestrandet ist.

Marcel macht sich wieder ans Schreiben. Er hat mit einem Theaterstück begonnen, dessen autobiographischer Charakter kaum zu leugnen ist. Sein Titel: »Le Droit d'aimer« (Das Recht zu lieben). Er läßt einen jungen Mann und ein junges Mädchen auftreten, die einander leidenschaftlich lieben. Ihre Eltern sind gegen die Verbindung. Sie müssen drei Jahre warten, bevor sie heiraten können. Der junge Mann ruft aus – à la Rostand: »Unsere Liebe ist zu groß, als daß sie die Zeit fürchten müßte!«

Besonders interessante Verse darin lauten:

»Mein Name werd' im ganzen Frankenreich bekannt,
O Mina. Und ich hoffe sehnlich, daß im Land
Einst überall erstrahlt mein Geistesheldentum,
Damit du mit mir teilen mögest meinen Ruhm.«

Am 28. Februar 1916 wird Marcel Pagnol 21. Er kann also jetzt Simonne ohne Zustimmung seines Vaters heiraten. Die Angelegenheit duldet keinen Aufschub. Sie wird am 2. März, seinem ersten Urlaubstag am Gymnasium, erledigt.

Simonne und Marcel heiraten in Marseille im alten Rathaus am Vieux-Port, wo später – laut Filmdrehbuch – Panisse Fanny heiraten wird.

Um ihrer Familie einen Gefallen zu tun, insbesondere ihrer Tante Mélanie, die sehr gläubig ist und auf deren Hilfe in den ersten Monaten des neuen Haushalts Simonne ein bißchen rechnet, hat sie eine kirchliche Trauung angeregt. Sie findet noch am gleichen Tag in der Kirche an der Rue Grignan statt. Pfarrer Fraissinet vollzieht die Zeremonie, ein Freund der Familie Collin. Simonne war seine Schülerin in der Sonntagsschule.

Mit Schulbeginn im Oktober 1917 steigt Marcel Pagnol eine Rangstufe höher. Er hat jetzt Anspruch auf einen Posten als Lehrer mit »licence«. Sein Gehalt wird erhöht, er erhält die Stelle eines Fachbereichsleiters für Literatur und Englisch am Gymnasium in Pamiers, der Hauptstadt des Département Ariège, eine Beförderung, die allerdings wenig Verlockendes für ihn hat.

Pamiers liegt für jemanden aus Marseille am Ende der Welt. Von Pamiers aus ist es nicht mehr möglich, wie von Tarascon aus, am Donnerstag zwischen zwei Expreßzügen einen Abstecher zu machen und eine Prise Luft vom Vieux-Port oder von La Plaine zu schnuppern. So reisen sie also ab, Simonne und er, in dieses ferne Land, dessen Berge nicht mehr die Alpen sind, sondern die Pyrenäen, dessen Bewohner mit einem so rauhen Akzent, so ganz anders als das weiche Provenzalisch, sprechen, daß man sie nur mit Mühe versteht, das im Winter eisig kalt und vom Frühjahr an drükkend heiß ist – mit einem Wort: ins Exil!

Einmal pro Woche fährt Pagnol mit dem Zug nach Mirepoix, 20 Kilometer entfernt, um in der Hauptschule Englischunterricht zu geben. Er ist noch magerer und bleicher geworden. Niemand würde ihm seine 22 Jahre ansehen. Und wieder ist er von ehrwürdigen Professoren umgeben. Er betont den Unterschied zu diesen Herren noch durch seine sehr persönliche Art sich zu kleiden, er kommt z. B. regelmäßig ohne Hut und Handschuhe ins Gymnasium. Und wenn, dann mit Melone und Seidenhandschuhen.

Auch seine pädagogischen Methoden sind verblüffend. In seinem Unterricht doziert er niemals. Er spricht zu seinen Schülern ohne vorbereitetes Konzept, erzählt ihnen aufregende Geschichten. Sein natürlicher Charme verbindet sich mit dem Talent eines Schauspielers. Die Klasse ist sein Publikum. Genauso wie im Thiers-Gymnasium und beim »Fortunio« geraten hier alle, die ihm zuhören, in seinen Bann. Für lange Zeit behalten sie diesen Professor, »der nicht wie die anderen ist«, in bewundernder Erinnerung.

Obgleich ihn in Nizza die Militärärzte wegen schwacher Konstitution nach Hause geschickt hatten, wurde Pagnol Marcel, Soldat zweiter Klasse, dreimal zu seinem Regiment zurückbeordert.

Alle drei Male wird er, immer aus denselben Gründen, für untauglich erklärt und darf an die Schule zurückkehren. Ein Problem ist nur, daß im ausgebluteten Frankreich der Jahre 1917/18, in dem das Leiden jedes Maß überschritten hat, in dem man in jeder Familie um einen Sohn, einen Gatten, einen Vater zittert – falls man nicht schon um ihn trauert –, ein junger Mann mit gesunden Armen und Beinen, der offensichtlich unbeschwert 800 Kilometer von der Front im Hinterland lebt, unausbleiblich zu einem Skandal werden muß, einer unerträglichen Provokation, die Neid, Ärger, Zorn, ja Gewalt hervorruft. Pagnol ist sich dessen sehr wohl bewußt und tut alles, um unbemerkt zu bleiben. Wenn er weiterhin schreibt, so denkt er natürlich vorerst nicht daran, seine Werke zu veröffentlichen. Er verläßt sein Haus nur, um ins Gymnasium zu gehen, und nach dem Ende des Unterrichts kehrt er sofort wieder zurück. Simonne erledigt unterdessen Einkäufe, Besorgungen und Behördengänge.

Am Tag nach dem Waffenstillstand begeht Marcel während der Siegerparade in Pamiers seinen einzigen Fehler: Er mischt sich unters Volk. Eine Frau in Schwarz stürzt sich wütend auf ihn und verabreicht ihm eine schallende Ohrfeige.

Anfang Juli 1919 wird Pagnol seine Ernennung ans Mignet-Gymnasium in Aix-en-Provence zum neuen Schuljahr mitgeteilt. Er freut sich königlich, als er am Morgen des 15. Juli auf den Anlagen vor dem Bahnhof Saint-Charles steht, seine Frau im Arm und das langsam erwachende Marseille vor Augen.

Yves Bourde und Julien Coutelen kommen sie abholen. Yves Bourde hat den Krieg als Hilfsarzt hinter sich gebracht. Jetzt hat er sein Studium an der medizinischen Fakultät wieder aufgenommen, wo er zu den besten Studenten gehört. Da Simonne und Marcel nicht wissen, wo sie schlafen sollen, bietet er ihnen seine Junggesellenwohnung in der Rue de la Palud Nr. 33 an.

Julien Coutelen lebt im Überfluß. Er hat etwas Vermögen von seinem Vater geerbt und die Tochter eines bedeutenden Juweliers aus der Rue de Rome geheiratet. Er lebt in einer prachtvollen Wohnung am Boulevard de la Madeleine und lädt Marcel und Simonne ein, so oft bei ihm zu essen, wie sie mögen.

Die beiden Freunde Marcel und Julien werden schnell wieder von ihrem früheren Dämon gepackt. 14 Tage später haben sie eine neue Erfindung gemacht: ein Kinderspielzeug, ein kleines Schiff, ein Unterseeboot, das sich bewegt, indem ein Gummiband an der einen Seite abrollt, während es sich gleichzeitig auf der andern wieder aufwickelt. Sie sind davon überzeugt, daß sie mit diesem kleinen Wunderwerk, für das sie ein Patent angemeldet haben, ihr Glück machen werden. Marcel demonstriert die Erfindung in den Brunnen von La Plaine vor den gebannt zuschauenden Kindern des Viertels, in Erwartung eines Industriellen, der ihnen Gewinne in Millionenhöhe auszahlen wird. Und tatsächlich, das Ding funktioniert. Pagnol hat das Perpetuum mobile erfunden. Es ist nicht das letzte Mal, daß ihm das glückt.

Marseille erlebt schwierige Zeiten. Die Aktivitäten im Hafen sind nach Kriegsende rapide zurückgegangen. Die beiden vereidigten Waagemeister vom »Fortunio«, Ballard und Mouren, haben keine Arbeit mehr. Die auf die gewogenen Waren erhobenen Gebühren reichen kaum aus, den Lebensunterhalt für zwei Drittel der Zunftmitglieder zu sichern.

Trotz aller Probleme bewahren sich die Marseiller ihre Freude an Feiern und Festen. Im Moment sind sie vor allem mit den Vorbereitungen für die große Kolonialausstellung beschäftigt, die 1922 in ihrer Stadt stattfinden soll. Und wie zum Zeichen ihres Vertrauens in die Zukunft beginnen die großen Unternehmer mit dem Bau eines riesigen Flugplatzes ganz in der Nähe in Marignane.

Eine Frage allerdings spaltet die Bevölkerung der Stadt in zwei leidenschaftlich rivalisierende Lager: Sollen die Platanen an der Allee de Meilhan gefällt werden oder nicht? Die Opferung dieser prachtvollen Bäume würde die Verlängerung der Allee zur Rue Canebière und zur Rue Noailles ermöglichen. Man würde auf diese Weise vom Vieux-Port bis zur reformierten Kirche eine einzigartige, herrliche Avenue schaffen, die »Canebière«. Die Platanen werden gefällt, die berühmte Canebière wird gebaut.

Marcel hat unterdessen einen neuen, unzertrennlichen Freund gewonnen: Arno-Charles Brun. Er hat nach seinem Abitur eine Arbeit in der Zollverwaltung angenommen. Arno-Charles Brun ist genauso schlagfertig wie Pagnol, kann ebenso gut formulieren, und er ist witzig, ein Meister des Wortspiels. Ein echter Marseiller. Niemand, Pagnol vielleicht ausgenommen, kann besser als er Geschichten erzählen über die Stadt und ihre Bewohner, die trotz momentaner Schwierigkeiten ihren natürlichen Frohsinn bewahrt haben.

Marcel und Charles mögen beide das Theater und sind ganz besessen von der klassischen Tradition der Mittelmeerländer. Daher beschließen sie, ihre Talente zu vereinen und zusammen eine Tragödie in Versen, »*Odysseus bei den Phäaken*«, zu schreiben.

Einige Wochen nach seiner Ankunft in Aix hat Pagnol, der schon viel zuviel Zeit verloren zu haben glaubt, bereits den Drucker gefunden, der ihm ermöglicht, »Fortunio«, wieder aufleben zu lassen. Am 15. Februar 1920 wird die erste Nummer – Chefredakteure sind Pagnol und Arno-Charles Brun – an den Kiosken in Aix und Marseille zum Verkauf angeboten. Die neue Ausgabe besteht wie die erste aus einigen Seiten Texten und Gedichten, eingebunden in einen kartonierten grünen Umschlag mit der Aufschrift: FORTUNIO. Gegründet 1914. Neue Folge Nr. 1.

Diesen Phönix »Fortunio« schreibt Marcel Pagnol fast ganz allein. Arno-Charles Brun trägt hin und wieder eine »Chronik des eisernen Zwickers« bei, eine exquisite Blödelei. Ein dritter Mitarbeiter hat sich hinzugesellt, Dr. Eyriès. Dabei handelt es sich um einen Sonderling, einen 50jährigen Bohemien, der nach 30 Berufsjahren immer noch die Mentalität eines Medizinstudenten besitzt. Unglücklich verheiratet, tröstet sich Dr. Eyriès schnell über sein Pech hinweg, indem er behauptet, er wolle lieber gehörnt sein als blind, und sammelt pornographischen Schund. Er verfügt über einen ausgeprägten Sinn für Provokation. So kann es ihm bei Gelegenheit Spaß machen, an Türglocken zu ziehen oder die Asche seiner Zigarre in einen Milchtopf abzustreifen, der auf einem Fenstersims steht. Dieser alte Lausbub besitzt jedoch beträchtliche Bildung. Er hat in Paris gelebt, Moréas und Jules Lafforgue kennengelernt. Auch brüstet er sich damit, einst Verlaine eine deftige Zote angedreht zu haben.

Am Tag, an dem Pagnol in der Druckerei den Umbruch der neuen »Fortunio«-Ausgabe überwacht, taucht oft der Gehilfe auf, um ihn zu informieren, Monsieur Arno-Charles Brun habe angerufen (oder auch Dr. Eyriès); er habe keine Zeit gehabt, den angekündigten Artikel oder Bericht zu verfassen. Marcel Pagnol solle also nicht mit ihm rechnen. Diesem bleibt also nichts anderes übrig, als in einer Ecke des Büros eine ganz neue Fortsetzungsserie zu ersinnen, denn schließlich kann man den Lesern keine leeren Seiten zumuten. Titel der Serie: »*Die Memoiren des Jacques Panier.*« Die Geschichte spielt in Marseille im Plaine-Viertel. »Sie berichtet über die Abenteuer des Louis Peluque, Schüler im Thiers-Gymnasium. Die Straßenjungen nennen ihn ›der Kaiser‹, seine Mitschüler ›der Philosoph‹. Jeden Tag sieht man ihn um fünf Uhr in La Plaine auf einer Bank gegenüber der Rue Saint-Savournin sitzen ...«

Der »Fortunio« von Marseille hatte es auf vier Nummern gebracht. Der in Aix erreicht fünf, und auch das nicht ohne Schwierigkeiten!

Dieses Jahr kauft Pagnol »weder einen Hut noch einen Anzug noch ein Paar Schuhe. Der Drucker mußte bezahlt werden.«

Nach den Osterferien erhält Pagnol die Nachricht, daß er zum Schuljahrsbeginn im Oktober nach Marseille, seine Heimatstadt, versetzt sei, an die Zweigschule des Thiers-Gymnasiums, Boulevard Saint-Charles. Sein neuer Titel: Hilfslehrer und Internatsaufseher.

Sein Aufenthalt in Aix hat also nur ein Jahr gedauert. Ein kleines Erlebnis war ausschlaggebend, das allerdings im Augenblick in seiner Bedeutung von ihm gar nicht erkannt wurde. Es war womöglich lediglich das Pausenthema des Lehrerkollegiums. Für das Schicksal von Marcel Pagnol sollte es aber eine überragende Rolle spielen.

An diesem Morgen nämlich klopft es sehr früh an die Tür des kleinen Appartements, das Marcel und Simonne in Aix in den oberen Etagen eines Mietshauses bewohnen. Marcel springt aus dem Bett und öffnet. Vor ihm steht der Pedell des Gymnasiums, völlig außer Atem. Er ist die Treppe hinaufgesprungen, immer vier Stufen auf einmal. Der Direktor lasse Monsieur Pagnol bitten, sofort ins Gymnasium zu kommen. Monsieur Haudressy, Englischlehrer in der Prima, habe sich krank gemeldet. Monsieur Pagnol solle seine Stunde um acht Uhr übernehmen.

Pagnol wäscht sich in aller Eile, zieht sich an und stürzt in die Schule. Als er das Klassenzimmer betritt, fällt sein Blick auf zwei Stühle, die nebeneinander am Katheder stehen. Er weiß, was diese ungewöhnlichen zwei Stühle bedeuten: ein Inspektor ist im Anmarsch, um zu prüfen, ob Monsieur Haudressys Unterricht nach den Prinzipien der Pädagogik erfolgt. Der Direktor begleitet ihn üblicherweise bei diesem Zeremoniell. Marcel regt sich indessen nicht auf. Er glaubt, daß der Inspektor, da der zu Inspizierende nicht da ist, eben woanders hingeht. In spätestens einer Minute würde sicher der Pedell kommen und die beiden sinnlos gewordenen Stühle wieder mitnehmen.

Aber nichts dergleichen geschieht.

Die Tür geht auf. Es ist aber nicht der Pedell, sondern Monsieur Pottel, Hauptinspektor für Englisch, in Begleitung des Direktors. Dieser überschlägt sich geradezu, um die Abwesenheit des richtigen Lehrers zu entschuldigen. Er sei erst am Morgen davon in Kenntnis gesetzt worden, so daß keine Zeit mehr gewesen sei, den Herrn Inspektor zu informieren. Seine Verwirrung geht allmählich in quälende Angst über, ein Schauspiel, an dem sich Monsieur Pottel augenscheinlich mit Vergnügen weidet.

Die Ausführungen des Direktors münden schließlich in den Vorschlag, man solle am besten die Inspektion verschieben. Was der Herr Inspektor darüber denke?

»Nun denn«, gibt der Herr Inspektor zur Antwort, »da Monsieur Haudressy krank ist, so werden wir eben Monsieur ...« (er deutet auf die Aushilfe) ... »Pagnol«, fällt ihm der Direktor ins Wort, »Monsieur Pagnol, Hilfslehrer ... Pagnol. P-A-G-N-O-L.«

»Gut Monsieur, fangen Sie an«, sagt der Inspektor zu Pagnol. »Tun Sie so, als wären wir gar nicht da.«

In dieser Stunde ist »Hamlet« dran, ein Stoff, den Marcel gut beherrscht. Er legt sich mit aller Kraft ins Zeug, mit der ganzen Unerschrockenheit seiner Jugend. Der Inspektor scheint sich zu amüsieren. Etwa deshalb, weil Pagnol auch ihn mitreißt? Oder weil er erstaunt ist über die Art, wie Pagnol Shakespeare interpretiert? Oder vielleicht, weil der Direktor offensichtlich über die Freiheiten entrüstet ist, die sich der junge Ersatzlehrer mit den Regeln der herkömmlichen Pädagogik herausnimmt? Niemand wird das je erfahren! Jedenfalls nehmen Stunde und Inspektion doch einmal ein Ende. Der Inspektor erhebt sich, der Direktor desgleichen. »Monsieur«, sagt Monsieur Pottel zu Pagnol, »das war sehr interessant. Sehr lebendig; Ihre Analyse der Figur des Hamlet hat mir sehr gut gefallen. Meinen herzlichen Glückwunsch! Ich glaube, Sie haben eine große Zukunft als Lehrer vor sich. Sie sollten sich um die ›Agrégation‹ bewerben. Sicher werden Sie dabei Erfolg haben. Im übrigen will ich Ihnen die Wege ebnen. Nirgends kann man sich besser auf diese schwierige Prüfung vorbereiten als an der Sorbonne. Ich werde mich dafür einsetzen, daß Sie nach Paris versetzt werden. Wie war noch mal Ihr Name?«

»Pagnol«, wirft hastig der Direktor ein, der sich im siebten Himmel glaubt. »Pagnol, P-A-G-N-O-L.«

»Sehr gut«, beendet der Inspektor das Gespräch. »Monsieur Pagnol, Sie können auf mich zählen.«

Pagnol hat dieses Gespräch fast schon vergessen, als er am 15. Juli mit Simonne wieder in Marseille eintrifft, wohin er für den Schuljahrsbeginn im Oktober versetzt worden ist – und dieses Mal endgültig, jedenfalls ist das ihre Meinung. Joseph, sein Vater, nimmt Simonne und ihn mit offenen Armen auf. Nach dem Waffenstillstand hat Joseph wieder eine Position an einer staatlichen Schule angenommen. Er ist jetzt Direktor einer Grundschule. Der frühere Groll zwischen den beiden Männern ist allmählich geschwunden. Joseph ist überglücklich, die Liebe seines Sohnes wiedergewonnen zu haben, seines so glänzenden Sohnes, der sein Studium so erfolgreich abgeschlossen hat und im Begriff ist, die ehrgeizigen Hoffnungen zu erfüllen, die er stets in ihn gesetzt hat: Er wird Gymnasialprofessor werden. Paul, Germaine und René empfangen freudig den großen Bruder, der in den Schoß der Familie zurückgekehrt ist. Nur ein Schatten liegt über dieser Idylle: Marcel akzeptiert entschieden Madeleine nicht. Er kann ihr nicht verzeihen, daß sie in seiner Familie den Platz der Mutter eingenommen hat.

Marcel und Simonne brauchen eine Wohnung. Simonnes Schwester Aimée, Gymnasiallehrerin in Aix-en-Provence, hat ihr Appartement in La Plaine behalten und stellt es ihnen leihweise zur Verfügung. Sie wohnen also ab jetzt Rue Croix-de-Régnier Nr. 15. Direkt gegenüber liegt das Haus der Eltern von Arno-Charles Brun. Das neue Schuljahr läßt sich ohne Probleme an. Nach dem ersten Kälteeinbruch erscheint Marcel im Gymnasium mit einem überdimensionalen Umhang, der ihm bei den Schülern den Spitznamen »Judex« einbringt. Das ist der Held einer Filmreihe von Louis Feuillades, die den Kinos der Stadt goldene Zeiten beschert. Judex ist der Zorro dieser Zeit.

Da Marcel es nicht lange ohne irgendwelche Pläne aushält, tauchen bald zwei neue Pläne auf, an denen nun sein Herz hängt.

Zunächst – und das duldet keinen Aufschub – will er ein Stück schreiben und aufführen lassen. Aus dem Stück, das er vor ein paar Monaten mit Arno-Charles Brun in Angriff genommen hatte, ist nichts geworden. Er hat selbst mehr als die Hälfte davon geschrieben, ohne daß sein Partner – dessen Faulheit nun wirklich zu weit geht – auch nur einen Satz zu dem begonnenen Werk beigesteuert hat. Eines Tages hatte Pagnol die Geduld verloren und zu Brun gesagt: »Also, ich habe jetzt mein Soll erfüllt. Jetzt bist du dran bis zum Schluß.«

Brun versprach ihm das Blaue vom Himmel: alles würde in ein paar Wochen fertig sein. Aber seitdem ist »*Odysseus und die Phäaken*« um keine Zeile gewachsen. Pagnol gibt auf.

Auf den Rat Gaston Mourens, der seinerseits mit einem Theaterstück sein Glück versucht hat, und zwar einem »*Villon*« in einem Akt, entschließt sich Pagnol, die Arbeit an »*Lesbia*« wieder aufzunehmen, dem Werk, das er zusammen mit Estelle einmal hatte schreiben wollen und von dem immerhin mehr als drei Viertel fertig sind. Von seinem alten Freund ist er ohne jede Nachricht. Er fürchtet das Schlimmste – daß er nämlich in irgendeinem Schützengraben im Osten gefallen ist. Einige Zeit später erfährt Pagnol, er habe im Alter von 20 Jahren in Paris Selbstmord begangen.

Pagnol wünscht sich vor allem anderen – jetzt mehr denn je –, daß »Fortunio« wieder erscheinen könnte. Beide Projekte setzt er in die Tat um.

Was den »Fortunio« betrifft, so gilt es zuerst, die alte Garde der ersten beiden Ausgaben zusammenzutrommeln, was nicht zu schwierig ist.

Gaston Mouren ist aus dem Krieg mit dem Bart eines assyrischen Priesters, schwarz und viereckig, zurückgekehrt, »ein Bart aus Eisenspänen«.

Jean Ballard hat seinem Umfang noch etwas zugesetzt. Und um

den redseligen Arno-Charles Brun zu finden, braucht Pagnol nicht lange zu suchen. Auch Marcel Gras, Mitarbeiter der ersten Ausgabe, erscheint bald wieder auf der Bildfläche.

Nun sind es also fünf Männer, die sich am 31. Oktober 1920 zum ersten Mal in einem kleinen Raum der Brasserie du Chapitre versammeln, um eine Entscheidung über den Neubeginn des Abenteuers zu treffen.

Drei weitere Freunde, unter ihnen der Dr. Eyriès, stoßen beim zweiten Mal hinzu. Sie bilden die Gruppe der acht, die sich selbst die »Gründungsmitglieder« nennen.

Am 21. November liest Gaston Mouren, der »Ideologe der Mannschaft«, den »acht« das Statut vor, das er für die neue Gesellschaft entworfen hat.

»Jedes Gründungsmitglied verpflichtet sich, 750 Francs in 15 Raten à 50 Francs zu zahlen.

Die Redaktion tagt jeden Sonntagvormittag.

Es ist selbstverständlich, daß jedes Mitglied während der Debatten des Verwaltungsrates die Möglichkeit hat, frei und unmittelbar seine Ansicht zu Gehör zu bringen. Um jedoch die knapp bemessene Zeit bestmöglich auszunützen, verpflichten sich alle, die Diskussion nicht unnötig zu verwirren oder zu stören, gegenseitige Rücksicht zu üben und ihre jeweilige Meinung im Geiste reiner Aufrichtigkeit zu äußern, die das Unterpfand gesunder Kritik ist. Ein Imbiß wird reihum von jedem Mitglied vorbereitet. Jedes Mitglied ist verpflichtet, Abonnenten zu werben.«

Marcel Pagnol wird einstimmig zum Direktor und Chefredakteur gewählt; Marcel Gras zum Schatzmeister; Gaston Mouren zum Generalsekretär. Jean Ballard ist verantwortlich für Öffentlichkeitsarbeit, Arno-Charles Brun für die Presse.

Bei ihrer dritten Versammlung kann Pagnol mit guten Neuigkeiten aufwarten. Erstens ist es ihm gelungen, zu einem wirklich lächerlichen Preis das für die Auflage der ersten sechs Nummern erforderliche Papier zu kaufen. Zweitens hat er in der Rue de l'Izoard Nr. 25 einen Drucker namens Frua ausfindig gemacht, der an der Sache interessiert ist, die Zeitschrift zu einem relativ vernünftigen Preis verlegen will und vor allem einverstanden ist, ihnen lange Zahlungsfristen einzuräumen.

Die erste Nummer des »Fortunio« der dritten Folge trägt das Datum vom Januar 1921. Ihre Aufmachung ist wesentlich anspruchsvoller als die der beiden Vorgänger. Die Autoren haben sich dabei von einem Muster inspirieren lassen, das im literarischen Leben des Landes tonangebend ist: »Le Mercure de France«. Ihr Blatt ist ein Miniatur-»Mercure«.

Bei der Jagd nach Abonnenten entpuppt sich Jean Ballard als außerordentlich effizient.

Ballard brilliert auch in seiner Rolle als Public-Relations-Manager. Er hat seine kleinen und großen Beziehungen zu den Schifffahrtsgesellschaften und den Apéritif-Fabrikanten. Tacos, die Füllfederhalter-Firma, und die »Weinkellereien der Provence« versorgen ihn mit Anzeigen, die im »Fortunio« erscheinen sollen. Sehr schnell wird er in den Augen aller Beteiligten der zweite Mann nach Marcel, ein Titel, den dieser offiziell bestätigt. Auf dem Umschlag der Zeitschrift steht: literarischer Direktor, Marcel Pagnon; Geschäftsführer, Jean Ballard.

Dank seiner Tüchtigkeit wird der erste Vertrag mit dem Drucker eingehalten, dann erneuert. »Fortunio« leistet sich sogar einen Firmensitz, ein altes schäbiges Zimmer in einem Mietshaus an der Rue Pisançon, das gleichzeitig als Büro der Zeitschrift und als Konferenzraum dient. Trotzdem bleibt das finanzielle Gleichgewicht immer bedroht.

Ein glücklicher Zufall im Leben Pagnols sollte es konsolidieren.

Beim ersten Teil der Prüfungen zum Abitur im Juni 1920 fällt ein junger Gymnasiast aus Marseille, Charles Richard, durch. Sein Vater stellt ihm zwei Möglichkeiten zur Wahl, sich auf die Prüfungen im Oktober vorzubereiten:

»Entweder absolvierst du einen Paukkurs, oder du begibst dich zu einem Studienaufseher.«

Der junge Richard entscheidet sich sofort für die Lösung, die ihm größtmögliche Freiheit gewährt: den Studienaufseher.

Im verlassenen Saint-Charles-Gymnasium (die Ferien haben begonnen) macht er den Pedell ausfindig. Er fragt ihn, ob er nicht zufällig einen Studienaufseher kenne, der ihn unter seine Obhut nehmen könnte.

»Jetzt ist niemand mehr da«, antwortet der Zerberus, fügt aber nach ein paar Sekunden hinzu: »Doch, warten Sie. Sie könnten sich an Pagnol wenden. Sie finden ihn im Büro des ›Fortunio‹, Rue Pisançon.«

Auf einem Pappschild an einer halboffenen Tür in der letzten Etage eines Hauses der Rue Pisançon steht: »Fortunio, literarische Monatszeitschrift«. Der junge Richard tritt ein. Totale Unordnung im Zimmer. Niemand ist zu sehen. Er ruft in den leeren Raum hinein:

»Monsieur Pagnol?«

»Er ist tot«, antwortet eine Stimme aus einer Nachbarwohnung. Der Besucher ist schon im Begriff, sich leise wieder aus dem Staub zu machen, als er im Rücken jemanden sagen hört:

»Ich bin Pagnol«, und dann: »Achten Sie nicht auf diese alte Verrückte. Es ist unsere Hauswirtin. Ihr Zustand hat auch einige Vorteile. Z. B. sind es schon sechs Monate, daß sie vergessen hat, die Miete anzumahnen. Sie ist die Verfasserin eines großen lyrischen Freskos in elf Akten, und wir haben ihr eingeredet, wir würden dieses Opus kommenden Winter in der Oper spielen lassen.«

Die gediegene Kleidung des jungen Charles steht in starkem Kontrast zu der des Studienaufsehers und Journalisten, der eine ihm über die Füße fallende Hose trägt, »Gesellschaftskleidung von der Stange«. Er steht ohne Weste da, und sein Hemd mit weitoffenem Kragen läßt »einen langen Hals sehen, an dem der Adamsapfel unaufhörlich auf und nieder hüpft wie der Aufzug in einem Kaufhaus«.*

»Zehn Francs für die Stunde«, fährt Pagnol fort. »Wäre dein Vater einverstanden?«

»Sicher«, sagt der junge Mann.

In wenigen Minuten sind der Aufseher und der Prüfling Freunde, ja Kumpel.

Auf der Stelle schlägt der eine dem anderen vor, ihm sogleich eine Stunde im Bilboquet** zu geben, in dem er Meister ist.

---

* Aus: Carlo Rim »*Mémoires d'une vieille vague*« (Gallimard).
** Geschicklichkeitsspiel, bei dem eine durchbohrte Kugel mit einem spitzen Stock aufgefangen werden muß.

Der Ausdruck »Vatersöhnchen«, der im allgemeinen unterstellt, der Sohn eines klugen bzw. reichen Vaters sei eine Niete, läßt sich auf den jungen Richard nicht anwenden. Doch ist sein Vater tatsächlich ein bekannter Mann. Es ist Marius Richard, Direktor des »Petit Provençal«, der großen linken Tageszeitung von Marseille, der Lieblingslektüre Joseph Pagnols. Marius Richard kann auf eine glänzende Karriere zurückblicken. Er hatte sein Berufsleben als Volksschullehrer begonnen. Zuerst unterrichtete er an verschiedenen Dorfschulen, dann ging er in die Politik. In Nîmes wurde er mit hohen Posten in der Stadtverwaltung betraut und organisierte große kulturelle Veranstaltungen. Bald wurde er Korrespondent des »Petit Provençal«, und schließlich kam er in die Hauptredaktion in Marseille. Dort schrieb er sich förmlich bis an die Spitze.

Der Unterricht, den Marcel Pagnol seinem jungen Schüler angedeihen läßt, ist natürlich wieder wenig konventionell. Aber was der junge Richard darüber seinem Vater erzählt, macht diesen neugierig auf den seltsamen Nachhilfelehrer.

Gleich bei der ersten Begegnung mit Pagnol ist Vater Richard völlig von diesem eingenommen. Er erkennt sich in diesem Rastignac* aus La Plaine wieder, der aus der gleichen Umgebung wie er stammt. Er bewundert seine Leidenschaft für die Literatur, seine umfassende Bildung, seine treffenden Formulierungen. (»Vergil«, sagt Pagnol, »muß man mit der Nase lesen: Er duftet nach Ziegenkäse und Thymian!«) Einen wunderbaren Journalisten würde dieser Mann abgeben! Auch sein hartnäckiger Versuch, in Marseille eine so ambitionierte Zeitschrift erscheinen zu lassen, macht ihn sehr sympathisch. Der utopische Charakter dieser Unternehmung entgeht Richard keineswegs, doch ist das nur ein weiterer Zug, der ihn für Pagnol einnimmt. Richard weiß aus eigener Erfahrung, welche Anstrengungen es Pagnol gekostet haben muß, die Zeitschrift dreimal neu erstehen zu lassen. Was für eine Verbissenheit steckt dahinter! Sofort entschließt sich Monsieur Richard, »Fortunio« zu unterstützen. Der reiche und mächtige »Petit Provençal« wird seinen schmächtigen Bruder unter seine Fittiche neh-

---

* Figur aus dem »Père Goriot« von Balzac (Anm. d. Ü.).

men. Jedesmal, wenn in Zukunft ein Verantwortlicher der Zeitschrift sich vor irgendeiner technischen, wirtschaftlichen, werbemäßigen oder finanziellen Schwierigkeit sieht, stehen ihm die Einrichtungen des »Petit Provençal« zu Diensten. Und Pagnol hat diese Vergünstigungen angenommen, ohne im geringsten zu befürchten, daß »Fortunio« dabei seine Unabhängigkeit und völlige Freiheit preisgeben könnte. Ein Ende nehmen jetzt für Gaston Mouren, den Schatzmeister, die schlaflosen Nächte vor den Fälligkeitsterminen.

Monsieur Richard steht Pagnol sogar so wohlwollend gegenüber, daß er im darauffolgenden Oktober ein erneutes Versagen seines Sohnes bei den Abiturprüfungen hinnimmt, ohne Pagnol daran die Schuld zu geben.

Pagnol gelingt es schnell, seinen Schüler zu trösten:

»Schau, die größten Männer hatten kein Abitur: Rabelais, Montaigne, Racine, Voltaire. Sie hatten kein Abitur! Und hat sie das daran gehindert, es doch zu etwas zu bringen?«

An diesem Tag gesellt sich Charles Richard, alias Carlo Rim, zur Mannschaft des »Fortunio«.

Er bringt in das Unternehmen seine Bildung, seine Jugend, seinen Humor, seine Liebe zur Literatur ein. Und vor allem ein außergewöhnliches Talent als Zeichner und Karikaturist.

Eines Sonntags sind Marcel und Simonne Pagnol eingeladen, den Tag in Montolivet im Landhaus der Familie Richard zu verbringen. Die Richards haben darauf bestanden, daß Marcel seinen Vater Joseph mitbringt. Es kommt zu einer rührenden Begegnung zwischen den beiden ehemaligen Schülern der Ausbildungsstätten für Volksschullehrer in Nîmes und Aix-en-Provence. Auf der einen Seite ein Mann, der die goldene Regel des Jules Ferry befolgt hat und sein ganzes Leben ein armer Schullehrer geblieben ist. Auf der anderen ein Mann, der den Versuchungen des Jahrhunderts erlegen ist und sein Glück gemacht hat. »Und es ist nicht dieser zweite«, so stellen Pagnol und Carlo Rim jeder bei sich fest, »der glücklicher wirkt.«

»Fortunio« zieht wieder um. Er residiert jetzt Rue Venture Nr. 1, zwei Schritte vom Vieux-Port, genau gegenüber einem der meistbesuchten »Liebes-Häuser« von Marseille.

Dort verkündet eines Abends im Lauf der wöchentlichen Konferenz Marcel Pagnol seinen Freunden, er habe soeben sein Stück »*Catulle*« fertiggestellt – ein Versdrama in vier Akten – und wünsche es ihrem Urteil zu unterbreiten. Sie sollen die ersten Zuhörer sein. Eine außerordentliche Versammlung wird angesetzt, in deren Verlauf das Werk gelesen werden soll. Charles Corbessas, Schauspielschüler fürs tragische Fach, soll es vortragen.

Am Tag vor diesem Ereignis, über dessen Bedeutung sich die ganze Mannschaft im klaren ist, bittet ein junger Journalist aus Marseille, Paul Nivoix, um die Gunst, der Veranstaltung beiwohnen zu dürfen.

Paul Nivoix stammt aus dem Viertel am Vieux-Port, er ist dunkelhaarig, hat aber schon mit einer beginnenden Glatze zu kämpfen. Er ist Chefredakteur des »Spectator«, eines lokalen Wochenblattes, das über die Theateraktivitäten der Stadt lückenlos informieren will. Von der Oper bis zum letzten Schlagerschuppen – Paul Nivoix schlüpft in jedes Etablissement durch den Künstlereingang. Er kennt die ganze Bühnenwelt vor und hinter den Kulissen. Das ist eine angenehme, aber wenig gesicherte Existenz. Die finanzielle Lage des »Spectator« nimmt sich etwas weniger günstig aus als die des »Fortunio«. Paul Nivoix also wird »die Presse« bei dieser ersten Lesung des »*Catulle*« vertreten.

Man drängt sich an diesem Abend in dem kleinen Raum in der Rue Venture. Die ersten Ankömmlinge haben die einzige Sitzgelegenheit mit Beschlag belegt, ein Sofagestell. Die anderen lassen sich auf dem Boden nieder, und alle sind ganz Ohr bei der Lesung des ersten Versdramas des Mannes, den sie einhellig als den Begabtesten unter sich betrachten.

Jeder von ihnen kennt die Geschichte Catulls. Pagnol hat sie ihnen hundertmal erzählt. Er hat nur den Namen der Kurtisane, der Geliebten des Dichters, geändert, sie heißt nicht mehr Lesbia, sondern Clodia.

Zwischen Clodia und Catull besteht die gleiche ewig sich wiederholende Beziehung wie zwischen Carmen und Don José: »Liebst du mich nicht, bin ich entflammt. Und liebst du mich, nimm dich in acht!«

Catull, der wegen Clodias Untreue wahnsinnig vor Schmerz ist, glaubt doch an die Reinheit ihrer Seele und will sie, gegen ihren Willen, vor sich selbst retten. Vergeblich.

Der provenzalische Akzent in Corbessas' Stimme, der die Vokale nachklingen läßt, lockert den mechanischen Rhythmus der Alexandriner etwas auf. Jeder Vers erscheint in metrischer Vollkommenheit, und der Rezitator läßt sie auf der Zunge zergehen, wie man es ihm auf der Schauspielschule beigebracht hat. Manche gelingen ihm besonders gut, dann genießen sie die Anwesenden kennerisch und applaudieren mit einem »Ah!« oder »Bravo!«. Corbessas beendet den Vortrag. Catull haucht den letzten Seufzer aus mit den gewagten Worten:

> »Der Ewigkeit Genuß
> ist wen'ger als ein Kuß!«

Kaum ist der Satz gesprochen, da wird Pagnol auch schon begeistert beglückwünscht, bejubelt, umarmt. Nach einhelliger Ansicht ist dieses Wagnis ein Meisterstück geworden. In ganz Frankreich gibt es nur ein Theater und eine Schauspieltruppe, die würdig wären, ein Werk von solchem Anspruch aus der Taufe zu heben: die Comédie Française in Paris.

Mitgerissen durch die allgemeine Begeisterung, teilt Paul Nivoix diese Ansicht. Als sich die Teilnehmer nach dieser historischen Sitzung unten auf dem Bürgersteig der Rue Venture wiederfinden, ist es fast ein Uhr früh. Eine wunderbare Nacht liegt über der Stadt, der Himmel ist übersät mit Sternen, die Luft mild und duftend. Nivoix schlägt Pagnol vor, ihn zu Fuß nach Hause zu begleiten.

Die Unterhaltung der beiden jungen Leute, beide leidenschaftliche Theaternarren, dauert bis in die Morgendämmerung. Sie schreiten endlos die menschenleere Allee Meilhan ab, hin und her, her und hin. Als sie sich trennen – mit der Versicherung, sich bald wiederzusehen –, ist es heller Tag. Jetzt glaubt Pagnol, all seine Ideen über die Situation des Theaters und seine Zukunft als Dramatiker noch einmal überprüfen zu müssen.

Bis dahin hat er immer nur Absolventen der Universitäten, Lehrer oder Studenten getroffen, Menschen also, für die die dramatische Kunst mit Namen wie Sophokles, Shakespeare, Molière, Beaumarchais, Musset, Rostand verbunden ist. Für sie ist zwar ein Stück ein literarisches Werk, das zum Zweck der Aufführung vor einem Publikum geschrieben ist, das man aber auch drucken und lesen kann.

Paul Nivoix hat da eine pragmatischere Auffassung. Er kennt das Theater, hat Kontakt zu Autoren, Direktoren, Schauspielern, Leuten also, für die das Theater ein Beruf ist, ein Mittel, Geld zu verdienen, im Falle des Erfolges reich zu werden. Um aber dieses Ziel zu erreichen, müssen die Stücke zuallererst gespielt werden. Der Platz auf den Plakatsäulen ist beschränkt und wird erbittert verteidigt.

»Wenn du deine Stücke in Versen schreibst«, sagt Nivoix zu Pagnol, »vergrößerst du die Schwierigkeiten nur. Es ist sehr schön, Molière oder Edmond Rostand zu sein, aber Augier, Becque oder Mirbeau ist auch nicht schlecht!«

Pagnol ist ganz dieser Meinung.

»Und *sie* werden gespielt«, fährt Nivoix fort: »*Le Gendre de M. Poirier*‹ (Der Schwiegersohn des Monsieur Poirier), ›*La Parisienne*‹, ›*Les Affaires sont les affaires*‹ (Geschäft ist Geschäft). Das ist Theater, wie es dem heutigen Publikum gefällt. Und ein solches Theater mußt du schreiben, wenn du willst, daß man deine Stücke spielt.«

Paul Nivoix hat die Idee zu einer Komödie und schlägt Pagnol vor, sie mit ihm gemeinsam zu schreiben. Es ist die Geschichte einer Frau ohne Vermögen, verheiratet mit einem milliardenschweren Industriellen, der überraschend stirbt. Während ihrer Ehe bestand Gütertrennung, und das einzige Mittel für die Witwe, dem Ruin zu entgehen, ist, vor Ablauf von neun Monaten ein Kind in die Welt zu setzen, das als dasjenige des seligen Gatten gelten kann. Dann nämlich würde sie mit der Verwaltung des Erbes beauftragt. Da sie aber nicht schwanger ist, bleibt ihr nichts übrig, als sich ein Kind machen zu lassen, und zwar sofort, die Sache ist dringlich!

»Aber das ist doch nichts anderes als ein Boulevardstück!« ruft Pagnol aus.

»Wenn du meinst«, gibt Nivoix zu und fährt fort:

»Um sich dieses Kind machen zu lassen, braucht sie einen Partner, der nicht die geringste Ahnung von all dem hat, weder jetzt noch später. Nun hat sie einen Schwager, Bruder ihres Mannes, ein wenig zurückgeblieben. Sie ist sich sicher, daß er insgeheim in sie verliebt ist. Und sie bietet sich ihm an. Aber er weigert sich. Er will unberührt bleiben.«

»Aber wirklich«, sagt Pagnol noch einmal, »das ist ein Boulevardstück!«

»Na und«, antwortet Nivoix. »Hauptsache, wir werden gespielt mit diesem Boulevardstück, und es bringt uns Honorare ein.«

Dieser Argumentation kann sich Pagnol nicht verschließen. Er tut sich mit Nivoix zusammen, der sich im Unterschied zu Estelle oder Charles Brun wie ein richtiger Co-Autor verhält und seinen Anteil zu dem Gemeinschaftsunternehmen beiträgt. Er hat gute Ideen zum Aufbau des Stückes, erfindet treffende Pointen. Diese Arbeit, Schulter an Schulter, verstärkt die gegenseitige Hochschätzung. Bei diesem Tempo ist das Stück schnell fertig. Sie geben ihm den Titel eines Boulevardstückes: »Tonton«. Und sofort machen sie sich an ein zweites, dessen Handlung diesmal von Pagnol stammt. Er hat sie im aktuellen Sportgeschehen entdeckt: Ein Skandal droht im Boxmilieu der Hauptstadt, dessen trauriger Held einer der großen Champions der Zeit ist, Sam Mac Vea. Pagnol hat immer wieder die Boxhandschuhe angezogen und in den Hallen an der Canebière einige Exemplare des zwielichtigen Gesindels kennengelernt, das im Umkreis des Boxrings sein Wesen treibt: Organisatoren, Manager, Trainer. Er kennt sich aus in gewissen Praktiken, die sich hinter dem Rücken und auf Kosten der Boxer abspielen. Der Stoff, den er Nivoix vorschlägt, hat als Hauptfigur Cassebois, einen anrüchigen Manager. Dieser frischfröhliche Ganove, trotz allem sympathisch, hat das Glück, auf einen handsamen jungen Burschen aus Marseille zu stoßen, der ziemlich naiv, aber für den Boxsport begabt ist. Er verpaßt ihm ein modisches Pseudonym, »Battling Pegula«, kauft sich alle Gegner, denen er ihn entgegenstellt, und so führt Cassebois seinen Schützling von Kampf zu Kampf bis zum Titel des Europameisters. Cassebois ist entschlossen, diese Situation skrupellos bis zum letzten auszuschlachten. Aber leider verliebt sich gerade an diesem Tag der junge Boxer bis über die Ohren in ein Marseiller Mädchen, das ihm das Versprechen abnimmt, nie mehr zu boxen. Man stelle sich die Verzweiflung des armen Cassebois vor! ... Nivoix und Pagnol nennen das Stück: »*Battling Pegula et son manager*« (Battling Pegula und sein Manager).

Pagnol sieht in dieser Skizze die Gelegenheit, sich erstmals der Gattung des satirischen Gesellschaftsstückes zuzuwenden, dem Genre, zu dem er sich am meisten hingezogen fühlt.

»Es ist gut und schön, Stücke zu schreiben, aber sie müssen auch gespielt werden!«

Diese Melodie wiederholt Paul Nivoix Pagnol unermüdlich bei jedem ihrer Arbeitstreffen. Und er fügt hinzu:

»Aber wir werden niemals gespielt werden, solange wir in Marseille bleiben. Was willst du im Milieu dieser Böotier schon groß anfangen? Für Leute unseres Schlages ist hier kein Auskommen. Nur in Paris winkt uns die Chance, die wir verdienen. Hier gehen wir vor die Hunde. Wir müssen nach Paris ›hinauf‹ ziehen!«

Und das tut er schließlich auch. Eines Morgens verkündet er Pagnol:

»Ich ziehe nach Paris ›hinauf‹. Ich warte dort auf dich!«

Nach »Paris hinauf ziehen« – dazu kann sich Pagnol nicht so leicht entschließen. Ein solches Abenteuer ist in seinen Augen doch mit vielen Risiken behaftet. Es würde für ihn bedeuten, mit seiner Vergangenheit zu brechen, mit dem so geliebten Marseille, mit seinen Freunden, der vertrauten Atmosphäre, in der Simonne und er groß geworden sind und die zwar erhebliche Unannehmlichkeiten für sie bereithält, aber auch große Vorteile. Sie stellt immerhin eine Zuflucht dar, einen sicheren Schlupfwinkel im Fall eines harten Schicksalsschlages. Wenn man Kind eines Beamten ist, entwickelt man unbewußt ein starkes Bedürfnis nach Sicherheit. Er müßte auch der Schule den Rücken kehren. Seine Stellung als Hilfslehrer am Thiers-Gymnasium garantiert ihm zwar nur bescheidene, aber immerhin sichere Einkünfte. Simonne ihrerseits hat einen Posten als Sekretärin in der Bahnhofsverwaltung von Saint-Charles gefunden, was ihren Finanzen sehr zugute kommt.

Marcel hat jedenfalls Probleme mit dem Geldbeutel. Da ist sein monatlicher Beitrag für den »Fortunio« – 50 Francs –, den er nur mit großer Mühe aufbringen kann. Er ist schon einige Monate im Verzug. Das Echo der Zeitschrift beim Publikum, das immerhin bisher die nackte Existenz des »Fortunio« ermöglicht hat, gibt jedoch keineswegs zu Hoffnungen Anlaß, daß er sich jemals ohne die Zuschüsse der Gründer wird über Wasser halten können. Überdies hat sich Marcel in der Euphorie nach der Lesung des »Catulle« in der Rue Venture unklugerweise dazu entschlossen, auf Kosten des Autors einen Sonderdruck von 100 Exemplaren bei Mistral in Cavaillon vornehmen zu lassen, der auch künftig den »Fortunio« druckt. Das bedeutet für sein Monatsgehalt einen schweren Aderlaß.

Um diesen neuen Verpflichtungen nachkommen zu können, hofft er, ein paar Nachhilfeschüler zu finden. Aber sie sind selten, und es gibt zu viele Anbieter.

Außerdem ist Paris weit, sehr weit ...!

Trotzdem geistert es durch seine Träume, und bei jeder Gelegenheit fallen ihm die Worte Paul Nivoix' wieder ein. Auch Freunde vom »Fortunio« reden ihm zu, das Abenteuer zu riskieren. Es ist doch zu verlockend!

In diesen letzten Julitagen des Jahres 1922 erhält Pagnol, schon in den Ferien, die Nachricht, er sei mit Verfügung seines Ministers vom 24. Juli als Hilfslehrer ans Condorcet-Gymnasium nach Paris versetzt worden. Er solle sich dort zum Schulbeginn im Oktober einfinden. Monsieur Pottel, Inspektor in Aix, hat weder seinen Vorschlag noch sein Versprechen vergessen.

Eine Stelle am Condorcet-Gymnasium ist normalerweise die Krönung einer Karriere. Doch in diesen Nachkriegsjahren stellt sich die große Schwierigkeit, eine preiswerte Wohnung in der Hauptstadt zu finden, wo das Leben sehr teuer geworden ist. Die verdienten Professoren, die eher ein Anrecht auf Beförderung hätten, zögern daher, ihre Rechte geltend zu machen. Und daher hat die Personalabteilung des Ministeriums keine Bedenken, junge Absolventen mit »licence« auf solche Posten zu versetzen.

Eines Abends gegen Ende September erscheint die ganze Bande des »Fortunio«, vervollständigt durch die Arztfreunde Yves Bourde und Fernand Avierinos, am Bahnhof Saint-Charles, kurz vor der Abfahrt des Nachtexpreßzuges nach Paris. Sie sind gekommen, um Marcel und Simonne Pagnol zu verabschieden, die ihrer neuen Bestimmung entgegenfahren. Arno-Charles Brun, Julien

Coutelen, Marcel Gras beteuern ihrem Freund hoch und heilig, daß sie bald nachkommen wollen. Für Gaston Mouren und Jean Ballard kommt das nicht in Frage. Ihr Beruf als vereidigte Waagemeister hält sie in Marseille fest.

Der Zug fährt ab, winkende Hände ...

Die Freunde, die auf dem Bahnsteig zurückbleiben, sind alle »im innersten und einhellig überzeugt, daß Marcel, einmal in Paris, schnell von sich reden machen wird. So kraftvoll erscheint ihnen die in ihm verkörperte Kombination von Talent, Energie und Ehrgeiz.«*

---

* Gabriel d'Aubarède.

IV.

Ankunft in Paris

(1922—1923)

Paris am Ende der Nacht. Petit chose*. »Comoedia« *und* »Bon-soir«. *Béraud. Der Club der Lyoner. Streit zwischen Ballard und Pagnol.* »Fortunio« *als Trägerrakete. Zur Kenntnis genommen von den Großen: Antoine – Sylvain – De Max – Dullin – Pitoëff. Erdstrahlen.* »Tonton« *wird ein Flop.*

»Paris ist das wimmelnde Leben. Stell' Dir einen Sonntagsspazier-gang auf der Canebière vor. Und wenn Du die Canebière verläßt, eine neue Canebière, und so weiter, bis sich der Blick am Horizont verliert. Und immer ist Sonntag ... Genauso ist es ... Was die Mög-lichkeit eines literarischen Erfolges anbelangt, so habe ich das si-chere Gefühl, daß es in Paris leicht ist, Erfolg zu haben, viel leich-ter, als wir gedacht hätten! ... Alles, was man braucht, ist Talent ...«
So beginnt der erste Brief, den Pagnol, der nach Paris »hinauf« ge-fahren ist, an den in Marseille gebliebenen Ballard schreibt. Könnte man sich optimistischer ausdrücken?
Die Strecke Marseille–Paris im Eisenbahn-Nachtexpreß zurück-zulegen, ist 1922 mehr als eine Reise: Es ist eine Expedition. Der Zug verläßt den Bahnhof Saint-Charles abends gegen sieben Uhr und hält am Bahnsteig der Gare de Lyon am nächsten Tag kurz vor acht Uhr morgens. Marcel und Simonne klettern aus dem Abteil, beladen mit Koffern und Schachteln. Sie sind ganz erschöpft, völ-lig gerädert vom stundenlangen Sitzen auf ihrem Fensterplatz drit-ter Klasse.
Es regnet: Kein Zweifel möglich – sie sind in Paris. Niemand holt sie am Bahnsteig ab. Sie haben keine Verwandten, auch keinen ent-

---

* *»Petit chose«* (»Der kleine Dingsda«), Erzählung von A. Daudet (Anm. d. Ü.).

fernten, weder in Paris noch in seiner engeren oder weiteren Umgebung; keine gemütliche oder vertraute Bleibe, wo sie sich provisorisch für ein, zwei Tage einrichten könnten, um wieder Atem zu schöpfen. Nicht nur auf der Landkarte ist Paris weit von Marseille entfernt. Man fühlt sich dort auch wahrhaftig wie auf einem anderen Planeten.

In seinem Notizbuch hat sich Marcel drei Adressen notiert: die von Paul Nivoix am Montmartre, die der Pariser Wohnung von Monsieur Richard in der Villengegend im Westen der Hauptstadt und schließlich die der Pariser Büros des »Petit Provençal« an den großen Boulevards.

Zunächst aber muß er zum Condorcet-Gymnasium und sich beim Direktor vorstellen. Sie geben ihr Gepäck im Bahnhof auf, und Simonne begleitet ihn zur Schule.

Der Direktor des Condorcet-Gymnasiums, Monsieur Chancornac, ist zunächst überrascht von dem extrem jugendlichen Aussehen seines neuen Mitarbeiters. Er hätte ihm niemals die 25 Jahre zugetraut, die in der Personalakte ausgewiesen sind. Alle werden ihn für einen Schüler halten! Aber er kann sich der Wirkung der intensiv leuchtenden Augen des jungen Mannes nicht entziehen. Das gleicht das jugendliche Alter wieder aus. Den Rest erledigt der einnehmende provenzalische Akzent. Im großen und ganzen hat der Direktor nach dieser ersten Begegnung einen guten Eindruck von Marcel.

Die Verwaltung des Gymnasiums teilt dem Neuankömmling die Stundenpläne und seine Arbeitsbedingungen mit. Man gibt ihm die Adresse eines Hotels in der Nähe, das seinen Verhältnissen entspricht, d. h. erschwinglich ist. Dort kann er sich fürs erste einquartieren und eine Wohnung suchen.

Niemand verhehlt ihm, daß das schwierig sein wird: »Wohnungen sind rar.« Marcel befolgt den Ratschlag und zieht mit Simonne in das angegebene Hotel.

Paris steht noch unter dem Schock eines Geschehens, das sich am Sonntag zuvor ereignet hat – eine echte nationale Katastrophe.

Im Buffalo-Stadion hatte sich Georges Carpentier, der im Moment populärste französische Champion im Boxen, gegen einen drittrangigen Kämpfer geschlagen geben müssen, einen Schwarzen aus Marseille, Battling Siki. Er verlor so auf einen Schlag seine drei Titel: den des Frankreich- und Europameisters aller Kategorien und des Weltmeisters im Mittelgewicht.

Marcel ist ein Anhänger Carpentiers. Diese Niederlage schmerzt ihn heftig. Was ihn aber wundert, ist die Bedeutung, die die Presse ihr beimißt. Sogar »Le Temps«, die nüchterne Tageszeitung des Comité des Forges (dessen Chefredakteur Adrien Hébrard seinen Mitarbeitern empfiehlt: Meine Herren, spielen Sie die Angeödeten!), widmet dem Ereignis vier Spalten. Marcel glaubt, daß, wäre er ein paar Monate früher nach Paris gekommen, dies eine einzigartige Gelegenheit gewesen wäre, ein Theater für »Battling Pegula« zu interessieren.

Er denkt gar nicht daran, die Höhen des Père-Lachaise zu ersteigen und – Paris im Visier – gleich Rastignac* auszurufen: »Jetzt gilt's für uns beide!« Balzac gehört nicht zu seinen Lieblingsautoren. Aber seit ihm die Vorsehung den Lehrerposten am Condorcet-Gymnasium verschafft hat, hört er nicht auf, über einen Plan zur Eroberung der Hauptstadt nachzugrübeln.

Er will in drei Schritten vorgehen: Erstens will er sein schriftstellerisches Talent und seine Begabung als Dramatiker zur Geltung bringen (mit oder ohne Nivoix) und seinen Lebensunterhalt damit bestreiten können; dann will er erreichen, daß »Catulle« auf einer angesehenen Bühne gespielt wird, an der Comédie Française, im Odéon, bei Sarah Bernhardt oder auch bei den Chorégies d'Orange. Endlich hat er vor, den Umzug aller Freunde aus Marseille nach Paris »hinauf« zu bewerkstelligen, vor allem den von Gras und Arno-Charles Brun, und die Aufführung des »Villon« von Mouren zu betreiben.

»Ich träume«, schreibt Pagnol, »von einem organisierten Aufmarsch!«

Unterdessen muß er Schüler bei den abendlichen Hausaufgaben beaufsichtigen, eine Aussicht, die ihn beunruhigt. Bis dahin hatte er nur in Institutionen bescheidenen Zuschnitts gearbeitet. In Digne, Tarascon und Pamiers handelte es sich um kleine Schulen in unbedeutenden Städtchen. Auch noch in Aix waren sie am Mi-

---

* Figur aus dem Balzac-Roman *Le Père Goriot* (»Vater Goriot«) (Anm. d. Ü.).

gnet-Gymnasium alles in allem nur 20 Lehrer und Aufseher gewesen. Und in Marseille war er in einer kleinen Zweigschule beschäftigt gewesen. Das Condorcet aber weist ganz andere Dimensionen auf, es ist eine andere Welt. Mit 50 Lehrern und fast 1000 Schülern ist es die wichtigste Schule der Stadt. Pagnol fürchtet, sich dort sehr einsam zu fühlen. Niemals im Leben ist er sich so sehr als »Petit chose« vorgekommen wie in diesen Stunden.

Einige Tage nach Schulbeginn, als Marcel in der Lehrerbibliothek in einer der letzten Nummern der »Nouvelle Revue Française« blättert, stößt er auf einen Artikel mit der Überschrift »Nach Mitternacht in Genf«, signiert Albert Cohen. Marcel war ohne Nachricht von seinem Freund aus dem Thiers-Gymnasium geblieben, seit dieser nach dem Abitur Marseille verlassen hatte. Es scheint ihm ein Wink des Schicksals zu sein, daß sie also beide im gleichen Jahr in Paris Fuß gefaßt haben. Pagnol schreibt Albert, dieser antwortet. Er ist Schweizer Staatsbürger geworden, Rechtsanwalt in Genf, und hat seinen Artikel per Post zu Gallimard geschickt. Er war überrascht und überglücklich, ihn angenommen und gedruckt zu sehen. Er verspricht Marcel, ihn auf seiner nächsten Reise nach Frankreich zu besuchen.

Eines Abends Mitte Oktober wartet Paul Nivoix auf ihn in einem vor dem Tor des Gymnasiums parkenden Auto. Nivoix ist erst seit sechs Monaten in Paris, doch hat er diese Zeit offensichtlich gut genutzt. Alles an ihm verrät den Mann von Welt: die Gepflegtheit, der Anzug, die Schuhe und vor allem der Wagen. Es ist ein Gelegenheitskauf, aber er ist bezahlt, er gehört ihm. Die beiden Freunde fallen einander in die Arme, stoßen dann in einem Café auf das Wiedersehen an. Nivoix erzählt Pagnol, er arbeite bei der »Comoedia«. Er sei gekommen, ihm eine sehr gute Nachricht zu überbringen: Er habe »Tonton« Henri Vilbert zu lesen gegeben, einem Marseiller Schauspieler, der sich auf dem Boulevard einen Namen gemacht habe, und der sei bereit, das Stück zu spielen. Er stelle nur eine Bedingung: Seine Rolle solle von seinem eigenen Autor Louis Raine bearbeitet werden (das ist niemand anderer als sein Bruder). Das sei ein Mann vom Fach, man verdanke ihm »Le Cavalier Lafleur«, einen ungeheuer erfolgreichen Militärschwank. Die Mitarbeit von Raine würde bedeuten, daß die Autorenhonorare durch drei, nicht mehr nur durch zwei geteilt werden müssen.

Pagnol zaudert nicht lange und stimmt zu. Was »*Tonton*« angeht, ist er gar nicht eitel. Wenn er nur überhaupt ein Honorar bekommt – was für ein unverhoffter Gewinn! Seine finanzielle Situation ist immer noch angespannt. »Übrigens«, sagt Nivoix im Moment ihres Abschieds, »laß mir einen ›*Catulle*‹ zukommen. Lugné-Poe, dem ich davon erzählt habe, will ihn lesen.«

Das ist allerdings eine Wucht! Lugné-Poe will seinen »*Catulle*« lesen! Marcel glaubt seinen Ohren nicht zu trauen! Lugné-Poe ist einer der angesehensten Theaterdirektoren in Paris. Er ist Inhaber des Théâtre de l'Œuvre. Er war es, der Ibsen, Strindberg, d'Annunzio in Frankreich bekannt, der Claudel, Maeterlinck und Jarry groß gemacht hat. Und er will den »*Catulle*« lesen!

Das ist das Verblüffende an Nivoix: Er hat ein einzigartiges Talent, sich Beziehungen zu verschaffen. Pagnol bewundert ihn sehr. Unvergleichlich ist er, wenn es darum geht, fest verschlossene Türen zu öffnen, in exklusivste Kreise einzudringen, das Mißtrauen der zugeknöpftesten Leute zu überwinden. Erst sechs Monate ist er in Paris, und schon haben ihm seine Gewandtheit, sein Gespür, seine Heiterkeit, sein Humor und sein provenzalischer Akzent alle literarischen Salons, Künstlervereinigungen, Redaktionsstuben geöffnet. Noch mehr aber: Er ist ein zuverlässiger Freund.

»Ich glaube nicht, daß er jemals zu einem Verrat fähig wäre«, schreibt Pagnol über ihn. »In Zeiten wie diesen ist das ein großes Plus. Er verdient fast das Kreuz der Ehrenlegion!«

Einige Tage vor Pagnols Abreise aus Marseille hat ihn der Redaktionsausschuß des »Fortunio« offiziell damit beauftragt, sich in Paris im Interesse der Zeitschrift um die Theaterberichte zu kümmern und Kritiken über alle in der Hauptstadt uraufgeführten Stücke zu schreiben. Diesen Auftrag hat Pagnol mit um so größerer Begeisterung angenommen, als in diesem Jahr 1922 im Theater neuer Wind weht.

Denn 1922 bringen Georges und Ludmilla Pitoëff am Théâtre des Arts am Boulevard des Batignolles das erste Mal ein Stück von Tschechow in Frankreich zur Aufführung: »*Die Möwe*«. Ebenfalls 1922 empfängt Jacques Copeau feierlich den großen russischen Regisseur Stanislawski in seinem Théâtre du Vieux-Colombier, dessen Ideen die dramatische Kunst weltweit revolutionieren sollten. 1922 übernimmt Louis Jouvet unter der Ägide von Jacques Hébertot die Direktion der Comédie des Champs-Élysées an der Avenue Montaigne. In seinem Büro liegen zwei von Jules Romains und Jean Giraudoux signierte Manuskripte. Und 1922 zeigt Charles Dullin aus Lyon im alten Théâtre Montmartre, das nun Théâtre de l'Atelier heißt, das zündende Stück eines in Frankreich noch unbekannten Autors: Luigi Pirandellos *La Volupté de l'honneur* (»Die Wollust der Anständigkeit«). Als kleiner Aufpasser aus Marseille, vom Ehrgeiz verzehrt, besessen von dem brennenden Wunsch, auf dem Theater zu reüssieren, hätte man kaum einen günstigeren Moment für den Auftritt in der Hauptstadt finden können!

Die Intensität dieser neuen dramatischen Kunst beeinträchtigt allerdings nicht im mindesten das florierende bürgerliche Theater. Dessen goldene Jahre haben nach dem Krieg begonnen und dauern unverändert an. Jeden Abend spielen Sarah Bernhardt, Lucien Guitry, Yvonne de Bray, Victor Boucher, Marthe Regnier vor brechend vollen Häusern die Werke von Henry Bataille, Henry Bernstein, Paul Géraldy, Tristan Bernard, Robert de Flers. Alice Cocéa tanzt immer noch den Phi-Phi, den sie am 11. November 1918, dem Tag des Waffenstillstands, kreiert hat. In den Varietés spielt das große Komikertalent des Tages, Max Dearly, seit sechs Saisons die gleiche Klamotte *Mon Bébé.* Das Haus wird und wird nicht leerer.

Dieses Theaterleben im Paris der zwanziger Jahre ist so lebendig, daß zwei Tageszeitungen sich ihm ganz verschrieben haben: »Comoedia« und »Bonsoir«. Die »Comoedia«, wo Paul Nivoix als Redaktionssekretär arbeitet, ist konventioneller als der »Bonsoir«, akademischer. Die Redaktionsräume befinden sich in einem herrschaftlichen Haus an der Ecke von Rue und Palace Saint Georges.* Gabriel Boissy, der Chefredakteur, ist ein angesehener Autor. In den Korridoren begegnet man wichtigen Leuten, Jean

---

* Heute steht dort das Théâtre Saint-Georges.

Sarment, Paul Géraldy, Edmond Sée. Aber soweit es ihm seine Arbeitszeit erlaubt, springt Nivoix immer wieder zu den Kollegen von der Konkurrenz vom »Bonsoir«, hinüber, die seinem Naturell eher entsprechen.

Die Atmosphäre beim »Bonsoir«, Rue Royale Nr. 25, ist viel weniger steif. »Bonsoir« wird am Nachmittag verkauft und gehört zur Gruppe des »Œuvre«, der von Gustave Théry gegründeten linksintellektuellen Tageszeitung, für die mit dem Slogan geworben wird: »Dumme lesen ›L'Œuvre‹ nicht!« Chefredakteur beim »Bonsoir« ist ein echter polnischer Prinz, der sich zu einem waschechten Pariser Autor gemausert hat: Alfred Savoir. Aber der entscheidende Mann im Hause ist Henri Béraud, ein junger Schriftsteller aus Fourvières bei Lyon, der drei Zentner wiegt, wie Oscar Wilde aussieht und recht zufrieden mit sich selbst ist – übrigens nicht ohne Grund. Er ist eine große Begabung als Romanautor und Journalist und brilliert vor allem, wo Polemik gefragt ist. Soeben hat er einen Roman veröffentlicht »Le Martyre de l'obèse«, erster Anwärter auf den nächsten Prix Goncourt (er erhält ihn auch). Er ist das Idol der damaligen nonkonformistischen jungen Journalisten. Als Chefideologe der Mannschaft gilt Pierre Scize; sein Pseudonym lautet nach dem Viertel am Ufer der Saône, wo er geboren ist, und bevor er zum Journalismus kam, war er Geschäftsführer im Vieux-Colombier von Jacques Copeau. Des weiteren trifft man im Hause Michel Duran, ebenfalls aus Lyon, der als Bühnenbildner bei seinem Landsmann Charles Dullin arbeitet; und der letzte im Bunde ist Marcel Achard, ein liebenswürdiger, heiterer junger Mann aus Sainte-Foy-lès-Lyon, der sich dem Theater verschrieben hat. Er hatte eine Stelle als Souffleur im »Vieux-Colombier«. Lugné-Poe hat im »L'Œuvre« einen Einakter von Achard veröffentlicht: *La messe est dite*«. Sein zweites Stück liegt in der Dramaturgie im »Atelier«. Alles in allem ist die Mannschaft des »Bonsoir« ein »Club von Lyonern«. Als Pagnol über Nivoix ihre Bekanntschaft macht, kann er nicht umhin, sich zu fragen: Warum sollte es keinen Club von Marseillern geben? Seine Idee eines »Aufmarsches« ist also keine Utopie.

Für Pagnol wäre der beste Weg zu diesem Ziel, seinen Freunden aus Marseille in Paris Geltung zu verschaffen, d. h. den »Fortunio« als »Trägerrakete« zu benützen. Es käme nur darauf an, den »Fortunio« auf Landesebene konkurrenzfähig zu machen – was Pagnol für durchaus möglich hält und was im Falle eines Erfolges ein gutes Geschäft sein dürfte. Es ist höchste Zeit, daß die Zeitschrift ein wenig Gewinn abwirft, statt ihre Mitarbeiter immer nur Geld zu kosten.

Pagnol hat den »Fortunio« immer als sein Eigentum betrachtet. Er war es, der ihn gegründet und zweimal hat wiederaufleben lassen, er hat den größten Teil der Texte beigesteuert und das meiste Geld investiert. Und ihm ist es zu verdanken, daß Monsieur Richard eine Zuneigung für das Blatt gefaßt, es unterstützt und, man könnte sagen, gerettet hat.

Schließlich war es Pagnol geglückt, in einem Augenblick, da finanzielle Nöte die Existenz der Zeitschrift wieder einmal bedrohten, mit Monsieur Sarnette, dem Geschäftsführer der Druckerei Mistral in Cavaillon, einen Vertrag auszuhandeln, nach dem der »Fortunio« gratis gedruckt werden sollte. Die Bezahlung sollte nur aus den Gewinnen erfolgen. Schon früh machen sich die Qualitäten Pagnols als Geschäftsmann bemerkbar.

Die gesamte Mannschaft des »Fortunio« akzeptiert Pagnols Status als Primus inter pares, doch hat das seinen Grund nicht so sehr in seinen objektiven Verdiensten als in seiner persönlichen Autorität, seinem beeindruckenden Auftreten, seiner Beredsamkeit, seinem Charisma – also in Merkmalen, die in 800 Kilometern Entfernung viel von ihrer Überzeugungskraft verlieren. Es gibt einen Mann in Marseille, den diese »Tyrannei des Charmes« schon immer sehr gestört hat: Jean Ballard. Erstens ist er der dienstälteste Redakteur, zweitens war er immer der bessere Schüler gewesen. Alle, die geschäftlich mit Ballard zu tun hatten, bescheinigen ihm eine starke Persönlichkeit. »Klein und gedrungen, mit dichtem Haar, von matter Gesichtsfarbe wie die Leute aus der Umgebung von Arles, mit provenzalischem Akzent und ausladenden Gesten ..., so sehen Leute aus, die von fixen Ideen besessen sind, durchtriebene Heilige, verschlagene Helden.«[*]

---

[*] Louis Brauquier.

Ballard ist der Ansicht, man könne nicht von Paris aus eine Zeitschrift leiten, die in Marseille redigiert und in Cavaillon gedruckt wird. Nach der Abreise Pagnols erhebt er den Anspruch, Chef des »Fortunio« zu sein. Und er verhält sich auch so. Die anderen lassen ihn gewähren.

Für Ballard stellt sich keine Sekunde lang die Frage, ob man die Zeitschrift auf Landesebene vertreiben solle. »Fortunio« soll ein Marseiller Druckerzeugnis sein und bleiben und weiterhin ein Forum für junge Dichter und Schriftsteller aus dem Süden bilden. Seine Aufgabe muß es sein, der besonderen literarischen Sensibilität des mediterranen Frankreich Ausdruck zu verleihen.

Es ist für Ballard nicht akzeptabel, daß man den »Fortunio« als Sprungbrett für seine Mitarbeiter in die Hauptstadt benutzt. »Fortunio« darf nicht als Mittel betrachtet werden, sondern als Selbstzweck. Auch wenn seine Existenz ständig bedroht bleiben sollte. Bis jetzt hat er es geschafft, sich über Wasser zu halten, er wird es auch weiterhin schaffen.

Der Kleinkrieg zwischen Pagnol und Ballard dauert 15 Monate. Als wichtigstes Argument für eine Übersiedlung des »Fortunio« nach Paris nennt Pagnol die Tatsache, daß die Umstände dafür noch nie so gut waren wie jetzt, nie mehr so gut sein würden.

»Le Mercure de France« steckt in einer Krise. Paul Léautaud hat ihm den Abschied gegeben, um seine Mitarbeit dem großen Konkurrenten, der N.R.F., anzutragen. Und diese Zeitschrift muß sich ihrerseits gegen eine gewaltige Kampagne zur Wehr setzen, die gegen sie selbst und André Gide, ihren eigentlichen Mentor, seitens einer Gruppe von Schriftstellern unter Leitung Henri Bérauds geführt wird. Sie werfen ihrem Gegner vor – dessen ethische Position sie rundweg ablehnen –, sich skandalöse Vorteile von öffentlichen Institutionen zu verschaffen, als da sind (so behaupten sie) ungerechte Bevorzugungen und versteckte Subventionen. Sie sind zum »Kreuzzug der Mißvergnügten« angetreten.

»Mein Ziel ist«, so schreibt Henri Béraud, »eine Gruppe von Persönlichkeiten zu bekämpfen, die mit der Unterstützung Dutzender von Ministern, ebenso vieler Prälaten und eines hochgepäppelten Vatersöhnchens darauf hinarbeitet, bei uns einen hugenottischen Snobismus einzuführen.« Er zieht gegen die Schriftsteller vom Leder, »die die Wörter nur in der vierten oder fünften Bedeutung gebrauchen, mit der sie im Larousse stehen«.

Marcel Pagnol bewundert Henri Béraud, der wie er aus der Provinz stammt, ebenso ehrgeizig ist und wie er aus bescheidenen Verhältnissen kommt: Er ist der Sohn eines kleinen Bäckers. Seinen Erfolg in Paris verdankt er ausschließlich seinem Fleiß und seinem Talent. Nur dadurch ist er zu Ruhm und Vermögen gekommen: Genauso sieht der Traum des Marcel Pagnol aus!

»Einzigartig ist sein Intellekt, einzigartig sein rhetorisches Talent«, schreibt er über ihn. »Er blickt den Dingen auf den Grund. Er ist alles andere als ein Dummkopf ... Er schwimmt geradezu im Geld!« Überdies nimmt sich die Auseinandersetzung zwischen Béraud und Gide ein wenig wie der Aufstand der Provinz gegen Paris aus. Pagnol hat sich sofort zwischen den Parteien entschieden, und er glaubt, hier biete sich die ersehnte Gelegenheit, »Fortunio« in Paris zu etablieren. Wie? Indem Béraud die Spalten der Zeitschrift geöffnet werden, so daß er seine Polemik darin entfalten kann.

Es steckt ein kleiner Don Quichotte in diesem Aufpasser am Condorcet, dem es nicht gelingt, bis zum Monatsersten mit seinem Gehalt auszukommen, der ein Zimmer in einem kümmerlichen Hotel bewohnt, »mit löchrigen Hosen herumläuft« und dann seine von Schulkameraden redigierte Zeitschrift zu einem Konkurrenzblatt der nationalen Institution N.R.F. ausbauen will. Aber wer mit 25 nicht ein wenig Don Quichotte in sich trägt, hat von der Zukunft wenig zu erwarten.

Ballard will von dem ganzen Plan nichts hören. Ein für allemal verwirft er die Idee, den »Fortunio« in eine »Anti-N.R.F.« von Paris umzuwandeln. Sein Ehrgeiz ist es im Gegenteil, daraus die N.R.F. von Marseille, des Südens und des mediterranen Frankreich zu machen. Außerdem bewundert er Gide.

Um Pagnol und seinen Projekten einen Riegel vorzuschieben, hat Ballard bereits die Strategie für einen Abnutzungskrieg entworfen. Er setzt sie Schritt für Schritt in die Tat um, ohne den Marsch irgendwann zu beschleunigen oder zu verlangsamen, ohne sich selbst oder dem Gegner jemals eine Ruhepause zu gönnen, ohne sich auch nur einen Augenblick von seinem Ziel ablenken zu lassen: der Eliminierung Pagnols.

Die Eröffnung der Feindseligkeiten kommt für Pagnol völlig überraschend. Auf dem Einband des »Fortunio« ist plötzlich die Funktion Ballards geändert.

Er ist jetzt nicht mehr »Geschäftsführer«, sondern einfach »Direktor«, was seine Inbesitznahme der Zeitschrift zum Ausdruck bringt. Vorläufig noch figuriert Pagnol als »literarischer Direktor«, aber bald heißt es nur noch »kommissarischer literarischer Direktor«. Entgegen dem Statut werden jetzt Texte veröffentlicht, ohne daß man sie ihm vorlegt, das Layout wird gemacht, ohne daß er gefragt wird.

Was kann Pagnol gegen diesen Gewaltstreich ausrichten? Nichts, oder so gut wie nichts. Er schreibt einen Brief nach dem anderen, an Ballard, Mouren, Eyriès, Brun. Er drückt seine Mißbilligung, seinen Ärger, seinen Protest aus, legt Beschwerde ein, stellt Forderungen, schlägt Krach. Er verlangt, daß man ihm seine Rechte nicht vorenthält, ihm die Kosten der Zeitschrift vorrechnet, ihn über Auflagenhöhe und Verkaufszahlen informiert, die genaue Zahl der Abonnenten, den Preis der Abonnements vorlegt – er erhält nicht einmal eine Antwort auf seine Briefe. Und wenn eine Antwort kommt, dann nicht auf die Fragen, die er gestellt hat. Oder wenn wirklich auf diese Fragen eingegangen wird, so geschieht es ausweichend.

Um seine Machtposition weiter auszubauen, feuert Ballard im Dezember die mit Pagnol befreundeten Mitglieder des Gründungsrates. Als Antwort auf Pagnols Protest droht er mit der Einstellung des »Fortunio«.

Pagnol weist das grundsätzlich zurück. Noch hat er ein paar Trümpfe in der Hand. So gehört ihm der Titel: »Fortunio«. Die wenigen Abonnenten haben sich durch den Namen Pagnols gewinnen lassen. Mit ihm persönlich hat der Drucker in Cavaillon den berühmten, so vorteilhaften Vertrag abgeschlossen, der fast an ein Wunder grenzt, wenn man die katastrophale Situation des »Fortunio« in Betracht zieht.

Pagnol weiß sehr wohl, daß sich alles schnell einrenken würde, wenn er Weihnachten nach Marseille hinunterfahren könnte. Aber das kommt nicht in Frage. Eine Eisenbahnfahrkarte dritter Klasse Paris–Marseille und zurück würde ihn zwei Drittel seines Monatsgehalts kosten. Er hat keinen Pfennig übrig und keine Hoffnung, daß sich diese Situation rasch ändern könnte. Im letzten Moment nämlich hat Vilbert seine Zusage zurückgezogen, »*Tonton*« zu spielen. Auf der anderen Seite hat Nivoix einen Filmproduzenten aufgetrieben, der »*Battling Pegula*« verfilmen will. Er möchte aber eine Titeländerung vornehmen, das Stück soll »Boxe« heißen. Pagnol darf sich nicht aus Paris entfernen, für den Fall, daß etwas aus der Geschichte wird.

Außerdem hat er gerade eine Wohnung gefunden, in Neuilly, Rue du Marche Nr. 8, ein kleines Zweizimmerappartement im dritten Stock. Mit Simonne muß er dort seine Habseligkeiten hinschaffen, einige von Kollegen geliehene Möbel hinschleppen und sich einrichten. Schließlich wird er krank. Er bekommt Augen-, Zahn- und Bauchschmerzen ...

Im »Fortunio« vom 1. Januar 1923 beginnt Pagnol offiziell mit seinen Theaterberichten. Er unterzeichnet mit dem Pseudonym J.-M. Roche. In einem Vorwort erklärt er, zukünftig würden die Rezensionen der in Paris uraufgeführten Stücke, für die er verantwortlich sei, unter zwei Rubriken erscheinen: »Theater« und »Geschäft«.

»Unter der Rubrik ›Theater‹ werde ich Stücke besprechen, die um ihrer selbst willen und von unabhängigen Schriftstellern geschrieben sind.

Unter der Rubrik ›Geschäft‹ werde ich meinen Lesern über die Produktionen der zeitgenössischen Theaterindustrie berichten und versuchen, den Handelswert der angebotenen Produkte abzuschätzen.

Aber um jedes Mißverständnis auszuschließen: Ich beabsichtige nicht, die Autoren an den Pranger zu stellen, die für das Publikum und ihr Geld arbeiten.«

Er fügt hinzu (aus Vorsicht oder als Geständnis?): »Ich werde nicht böse darüber sein, wenn ich es in dieser Branche selbst zu etwas bringe, falls ich die Voraussetzungen dazu habe.«

Diesen ersten Artikel widmet er der »*Antigone*« von Jean Cocteau, die in den ersten Dezembertagen Premiere hatte.

»Ich werde auf dieses Stück noch zurückkommen, das ich mir ein zweites Mal ansehen möchte, um mein Urteil zu präzisieren«, schreibt er abschließend. »Ich glaube, es handelt sich da um ein Meisterwerk.«[*]

Diese erste Nummer des neuen Jahres erscheint mit erheblicher Verspätung in Paris.

Pagnol ist entzückt, seine sehr gut plazierten Theaterberichte darin zu finden, doch entdeckt er auch mit Befremden das Signet eines Unbekannten, Gabriel d'Aubarède, dessen Beitrag übernommen worden war, ohne daß man ihn gefragt oder ihm das Manuskript vorgelegt hätte. Zwar hält ihn Pagnol für begabt, aber immer schwerer fällt es ihm, die gegen ihn ins Werk gesetzten Manöver zu schlucken.

Im nächsten »Fortunio« publiziert d'Aubarède eine Lobeshymne auf André Gide.

Die Taktik Ballards liegt auf der Hand. Er arbeitet darauf hin, in der Mannschaft die Freunde Pagnols einen nach dem andern auszubooten und durch eigene Leute zu ersetzen.

Vier Nummern später debütiert ein neuer Mitarbeiter auf den Seiten der Zeitschrift: Marcel Brion. Ihn kennt Pagnol gut – er war ein Schulfreund –, und er mag ihn. Marcel hat oft mit ihm über Literatur und Theater diskutiert.

Danach verloren sie einander aus den Augen. Pagnol hätte sich sehr gefreut, ihn im »Fortunio« wiederzufinden, wenn sich Brion nicht bedauerlicherweise in diesem ersten Artikel als Anhänger Gides entpuppt hätte.

Daraufhin wendet sich Pagnol ganz offiziell an den Verwaltungsrat der Zeitschrift.

Er verlangt die Autorisation für die Gründung einer Pariser Ausgabe des »Fortunio«, für die er die volle Verantwortung übernehmen würde, in organisatorischer wie in literarischer Hinsicht. Er würde ihn ganz nach eigenem Gutdünken redigieren, sobald die Verkaufserlöse und Einnahmen aus Anzeigen zum Wert von

---

[*] Es ist sicher von Interesse, daß J.-M. Roche (Pagnol) in der »Fortunio«-Nummer vom 1. Februar 1923 im Hinblick auf das Stück *Le Blanc et le noir* von Sacha Guitry, das ebenfalls Premiere hatte, schreibt: »Es ist das brillanteste Werk dieser Saison.« Doch verliert er kein Wort über den Schauspieler, der in der Hauptrolle Triumphe feiert, ja er erwähnt ihn nicht einmal namentlich: Es handelt sich um Raimu.

400 Abonnements aufgelaufen wären. In der Zwischenzeit könnte er in der Marseiller Edition jeweils eine Anzahl Seiten austauschen, und diese Anzahl würde sich in dem Verhältnis erhöhen, wie sich Einnahmen aus der Pariser Ausgabe ergäben.

Man würdigt ihn keiner Antwort, worüber er hell empört ist.

All das könnte im Grunde lächerlich wirken: Es handelt sich ja letzten Endes um den Machtkampf innerhalb der Redaktion einer Zeitschrift, von der keine 500 Exemplare abgesetzt werden und die jedes Monatsende knapp am Bankrott vorbeischlittert.

Doch für Pagnol ist sie der Schlüssel zum Erfolg. Für ihn und seine Freunde! Er ist ja erst 27 Jahre alt!

Glücklicherweise läuft am Condorcet-Gymnasium alles bestens. Wie überall hat sich auch hier Pagnol schnell alle Herzen erobert: das des Direktors Monsieur Chancornac, des zweiten Direktors Monsieur Constant, seiner Kollegen, der Lehrer und Hilfslehrer, des Verwaltungspersonals.

Monsieur Chancornac hat rasch begriffen – und hält damit nicht hinter dem Berg –, daß Monsieur Pottel, der Inspektor für Englisch, sich einer großen Illusion hingab, wenn er meinte, die Versetzung Pagnols nach Paris würde bedeuten, daß dieser sich dort unter den besten Bedingungen auf die »Agrégation« vorbereiten würde. Es ist ganz klar, daß das, was den jungen Pagnol eigentlich interessiert, nicht der Lehrbetrieb ist. Er hat ganz andere Pläne im Kopf, was ihn freilich in den Augen des Direktors nur noch sympathischer macht.

Eines Tages berichtet ihm Marcel, der von dieser Sympathie erfahren hat, über den »Fortunio«. Der Direktor macht ihm sofort den Vorschlag, seine Zeitschrift der amerikanischen Stiftung zur Förderung der französischen Literatur zu empfehlen, die jedes Jahr zwölf Stipendien zu je 12.000 Francs für Initiativen dieser Art vergibt. Er glaubt, ihm eines vermitteln zu können.

Pagnol für seinen Teil ist sehr in seinem Element unter diesen erfahrenen und gebildeten Gymnasiallehrern. Während der Pausen leiht er ihren Gesprächen ein offenes Ohr, und während er ihren Plaudereien zuhört, hat er den Eindruck, »sich bei so edel denkenden und differenziert argumentierenden Menschen wie im römischen Senat zu befinden«.*

Eines Morgens hört Pagnol bei seiner Ankunft im Gymnasium, daß am Abend in seiner Abwesenheit nach ihm gefragt worden sei. Der Pedell beschreibt ihm den Besucher: eine Art Riese, schon in vorgerücktem Alter. Er hat seinen Namen hinterlassen – er klingt wie der Vorname Antoine. Pagnol denkt zunächst an einen Scherz und geht der Sache nach. Als sich herausstellt, daß es sich nicht um einen Scherz handelt, sondern daß Antoine, der große Antoine in eigener Person, nach ihm gefragt hat, schlägt Marcel das Herz bis zum Halse. Denn in der großen Welt des Theaters ist Antoine – der alte Löwe – eine namhafte Figur. Dieser Koloß mit hellen Augen, mächtigem Hals und dem Gesichtsausdruck eines Julius Cäsar, Erfinder des Théâtre libre, hat alle Gesetze der dramatischen Kunst über Bord geworfen, die heiligsten Konventionen hinweggefegt, neue Formeln aufgestellt, Autoren, Schauspieler, Direktoren, Kritiker in seine Wirbel hineingezogen und so ein halbes Jahrhundert lang unangefochten die Pariser Szene beherrscht. Als Direktor des Odéon, wo er sich ruiniert hat, hat er all die jetzt berühmtesten Schauspieler entdeckt, ausgebildet und ihnen seinen Segen mitgegeben. Aber auch zittern gemacht! Seine Wutanfälle sind sprichwörtlich geworden. Über 100 Stücke hat er inszeniert und Zola, die Goncourts, Barrès, Courteline, Loti auf die Bühne gebracht. Dieses Denkmal also ist von seinem Sockel herabgestiegen, um einen unbekannten jungen Mann kennenzulernen, nur weil ihm eines seiner Stücke, »*Catulle*«, zufällig in die Hände gefallen ist, er es gelesen hat und seinen Verfasser für einen Mann von großem Talent hält. Antoine ist damals Kritiker der Tageszeitung »L'Information« und hält jeden Sonntagnachmittag in seinem Appartement an der Place Dauphine Nr. 22 eine Art Salon.

---

* Später einmal äußert Marcel Pagnol gegenüber Henri Jeanson: »Übrigens muß ich sagen, ohne mich rühmen zu wollen, daß ich in all den Gruppen, in denen ich eine Funktion ausgeübt habe (der Kommission der Schriftstellervereinigung, der Académie française, der Jury des Grand Prix littéraire in Monaco, der Jury des Festivals in Cannes), immer zu den Intelligentesten gehörte. Gut und schön – aber im Lehrerzimmer des Condorcet-Gymnasiums war ich der Dümmste.« (In »*Soixante-dix ans d'adolescence*« – [70 Jahre lang jung], Édition Stock.)

Dort treffen sich Georges de Porto-Riche, François de Curel, Edmond Sée, Max Reinhardt, Émile Fabre, der Verwalter der Comédie Française, Jacques Copeau, René Rocher, Charles Méré. Man ist dort »unter Leuten vom Bau«. Antoine gibt Ratschläge und Anweisungen, entscheidet, interveniert und verurteilt. Niemals kümmerte er sich groß darum, ob er sich Feinde machte. Und deren gab es viele. Er lädt Pagnol zu sich ein, und nächsten Sonntag ist es soweit. Pagnol eilt zu Antoine.

Marius Richard, Vater von Carlo Rim, kümmert sich ebenfalls um den »Catulle«. Er unterhält freundschaftliche Beziehungen zu vielen Künstlern der Comédie Française. In den Anfängen seiner politischen Karriere hatte er in Nîmes dafür zu sorgen, daß die großen populären Festspiele zur Aufführung kamen. Jedes Jahr organisierte er in der Zeit zwischen der Pfingst-Corrida und der Weinlese-Corrida in den 2000jährigen Arenen ein Festival, das sich als Konkurrenz zu den Chorégies d'Orange verstand. Mounet-Sully, de Max, Albert Lambert und Sylvain kamen dorthin, um zu spielen: »L'Arlésienne« (»Das Mädchen von Arles«), »Phädra oder »König Ödipus«. Marius Richard hatte Pagnol gebeten, ihm einige Exemplare seines »Catulle« zu überlassen.

Einige Tage nach dem Besuch von Antoine fährt eine prächtige Limousine am Portal des Condorcet-Gymnasiums vor. Der Chauffeur springt vom Sitz und reißt seinem Fahrgast die Türe auf. Sylvain ist es, der aussteigt, der große Sylvain, dienstältester Schauspieler am Théâtre Français, einer der berühmtesten Schauspieler der damaligen Zeit. Ungeheures Aufsehen! In demselben Ton, den er auf der Bühne annimmt, um das »Er hätte sterben sollen« des alten Horace hervorzudonnern, fragt er nach Monsieur Marcel Pagnol.

»Das Staunen des Direktors und die Bestürzung der Oberaufseher waren mir gar nicht unangenehm«, schreibt Pagnol an einen Freund. Sylvain hat sich ganz einfach die Mühe gemacht, ihn zu sich in sein Haus in Asnières zum Essen einzuladen, ihn, den unbekannten Autor des »Catulle«, den er bewundert und im Théâtre Français spielen will.

Pagnol beschreibt dieses Essen in einem Brief an einen Freund:
»Als Paul Fort eintrat, stellte Sylvain mich vor und sagte zu ihm:

›Meister, ein großer Dichter steht vor Ihnen!‹

Paul Fort musterte mich mindestens 20 Sekunden lang mit merkwürdig ernstem Gesicht. Ich fühlte mich recht unbehaglich. Dann sagte er langsam und wie im Traum: ›Das brauchen Sie mir nicht zu sagen. Das springt ja in die Augen.‹ Ich wurde rot bis unter die Haarwurzeln.

Das Essen war ausgezeichnet: Langusten, Hähnchen, Champagner usw. Aber ich aß nur wenig und trank überhaupt nichts, um kaltes Blut zu bewahren. Paul Fort ließ mich gar nicht mehr aus den Augen. Er wollte, daß ich ihm über ›*Catulle*‹ erzählte, ihm alles rezitierte, was ich auswendig wußte.«

Doch die ganze Illusion ist dahin, als Madame Sylvain, auch sie Schauspielerin, und zwar an der Comédie Française, Pagnol, den sie zurückbegleitet, versehentlich erklärt, sie für ihren Teil bewundere das Stück, aber ihr Mann habe keine Zeile davon gelesen. »Doch bin ich sicher«, fügt sie hinzu, »wenn er es liest, findet er es toll.«

In Wirklichkeit interessiert sich Sylvain gar nicht für »*Catulle*«. Was er will, ist, sich das Wohlwollen von Marius Richard und des »Petit Provençal« zu sichern. In Marseille soll ein großartiges Freilichttheater gebaut werden, und Sylvain möchte gerne, daß ihm der Direktorposten übertragen wird. Auch wäre er erfreut, wenn es »Théâtre Sylvain« genannt würde. Was dann auch geschieht.

Marcels Enttäuschung währt nicht lange. Am folgenden Sonntag begegnet er bei Antoine Charles Méré, einem der Stammgäste in diesem Kreis und zukünftigem Dramatiker, ebenfalls aus Marseille. Er hat »*Catulle*« wirklich gelesen. Er findet, daß es ein sehr gutes Stück ist, und ist der Ansicht, Pagnol solle es der Dramaturgie in der Comédie Française vorlegen. »Übrigens ist Ihnen eine Stimme schon sicher«, fügt er hinzu. »Ich habe de Max Ihr Manuskript lesen lassen, und es gefällt ihm sehr.«

Bei »Molière«* wird de Max als die Nr. 1 unter den Gesellschaftern angesehen. Seine Inszenierungen des »*Nero*,« des »*Polyeuctes*« und des »*Hamlet*« haben ihm unvergleichliches Prestige und größten Einfluß verschafft.

---

* Bezeichnung für die Comédie Française (Anm. d. Ü.).

»Besuchen Sie ihn auf meine Empfehlung«, sagt Méré zu Pagnol. Dieses Mal ist Marcel ein wenig vorsichtiger. Doch schließlich besucht er de Max. Seinen Besuch schildert er in einem Brief an Mouren.

»Der große Künstler, der, wie man mir sagte, ganz allein lebt und niemandem die Tür öffnen mag, empfing mich herzlich wie einen Sohn und zeigte eine derartige Begeisterung, daß ich schon fürchtete, er würde mir einen seiner legendären Anträge machen. Aber nichts dergleichen geschah.«

Marcel schöpft neue Hoffnung.

Nivoix hat eine andere Idee, wie man den »*Catulle*« auf die Bühne bringen könnte.

Es gibt in Paris Dutzende von Liebhaber-Vereinigungen für Kunst, Literatur und Theater. Sie organisieren Vorträge, Gesprächsrunden, Konzerte, Besuche mit Vorträgen. Überdies bieten sie Theaterabende an, an denen sie für eine einzige Aufführung unveröffentlichte Stücke präsentieren, bestimmt für die bedeutendsten Berufsschauspieler. Diese Abende bedeuten für Autoren, Schauspieler und vor allem Direktoren ein ganz unschätzbares Forum für Experimente und Beobachtungen. »Warum nicht ›*Catulle*‹ von einer dieser Gruppen spielen lassen?« Nivoix kennt z. B. Jean Garat, den Vorsitzenden der bedeutendsten dieser Organisationen, des »Rings der Freunde der Kunst«.

Für die Osterferien macht Marius Richard Pagnol ein Freundschaftsgeschenk, eine Gratisreise Paris–Marseille und zurück. Sofort nach seiner Ankunft am Bahnhof Saint-Charles begibt sich Pagnol zur Rue Venture. Er schlägt Ballard und Mouren eine außerordentliche Sitzung des Verwaltungsrates von »Fortunio« vor, und alles läuft, wie er es immer vermutet hatte: Seine Autorität, sein Charme, seine Überzeugungskraft bringen die Mehrheit der Anwesenden auf seine Seite. Er erhält die prinzipielle Ermächtigung, seine Pariser Ausgabe herauszubringen. Darauf hat er nur gewartet. Sofort kehrt er nach Paris zurück, wo sich die Auseinandersetzung Béraud/Gide herrlich zugespitzt hat. Pagnol ist weiterhin entschlossen, sich mit dem »Fortunio« in diesen Streit einzumischen.

»Im Oktober«, schreibt er an Mouren, »wird der Streit hitzig und verbissen werden. Auf der einen Seite Gide, Proust, Claudel, Romains, auf der anderen Béraud, Porto-Riche, France, Bernstein, ›Le Mercure‹ und Paul Fort. Wir werden eine klare und dezidierte Haltung einnehmen müssen. Verhalten wir uns klassisch-ruhig, trotzdem modern. Kampf der Vernebelung, der Windmacherei, dem Snobismus!«

Ballard läßt sich nicht erschüttern. Er antwortet mit der »Brauquier-Bombe«, wie es die Freunde nennen. Louis Brauquier ist ein junger Marseiller Dichter von beachtlicher Begabung. Aber jedermann in Marseille weiß, daß Pagnol und er sich nicht riechen können. Für Brauquier, der Rimbaud und Mallarmé als seine Meister verehrt, ist Pagnol mit seiner Bewunderung für Vergil, Victor Hugo und Edmond Rostand ein dummer Schwätzer. Und damit hält Brauquier bei jeder sich bietenden Gelegenheit auch nicht hinter dem Berg. Brauquier hat soeben für seine Gedichtsammlung »*Loin de Suez*« den Prix Jane Catulle-Mendès, damals eine Art Prix Goncourt der Dichtung, erhalten.

Ohne jemanden darüber zu informieren, widmet Ballard Louis Brauquier und seinem Werk eine gesamte Nummer des »Fortunio«. Das ist eine Kränkung, die Pagnol niemals verzeiht, weder dem einen noch dem andern. Trotzdem reagiert er nicht. In der unbedingten Gewißheit, daß vor Ablauf eines Jahres die Partie für ihn entschieden sein, daß also ein überregionaler »Fortunio« definitiv in Paris herauskommen und sich blühend entwickeln wird, bleibt er gelassen und zufrieden. Er wird durch die Tat beweisen, daß die Geschichte funktioniert! Die Marseiller Ausgabe dürfte dann wie ein verdorrter Ast abfallen. Und Ballard kann zu seinen Gedichten und Waagen zurückkehren. Inzwischen schläft aber Ballard nicht und nimmt seinen Vorteil wahr. Schon hat er einen Redakteur »auf seiner Linie« engagiert, Maurice Bourdet, dessen Vater, Direktor der royalistischen Tageszeitung »Le Soleil«, politischer Gegner von Marius Richard ist.

Fast genau in diesem Moment setzen die drei Freunde vom »Fortunio«, Carlo Rim, Marcel Nalpas und Julien Coutelen, zum Sprung an, verlassen Marseille und siedeln nach Paris über. Carlo Rim veröffentlicht einen Band mit Zeichnungen, Nalpas schließt einen Roman ab, und Coutelen – ist ruiniert. Er hat das ganze Vermögen durchgebracht, das ihm sein Vater hinterlassen hat. In der Hauptstadt hofft er »sich zu sanieren«. Marcel empfängt sie mit offenen Armen. »Endlich«, sagt er, »sind euch die Augen geöffnet worden! Endlich habt ihr begriffen, daß man es nur in Paris zu etwas bringen kann!«

Und anstelle einer Begrüßungsrede entwickelt er eine »Theorie der Erdstrahlen«, auf die er das ganze Leben über halb im Ernst, halb im Scherz immer wieder zurückkommt.

Die flüssige Masse im Innern unseres Erdballs, so erläutert er, sendet Strahlen aus, die durch die Erdkruste hindurch tief in jeden von uns eindringen und das Wachstum und Verhalten jeder Zelle unseres Körpers beeinflussen.

Anders läßt sich das Phänomen Paris nicht erklären, die unvergleichlich herrliche Heimat der schöpferischen Intelligenz und der Künstler. Warum gerade Paris und nicht Berlin? Oder Rom? Oder Wladiwostok? Weil Paris bekanntermaßen auf ausgedehnten sandigen Schichten erbaut ist, die von den Strahlen mit ungeheurer Wucht durchdrungen werden. Und wer nach Paris kommt und nur einen Funken Genie in sich trägt, der wird es dort dank der besonderen Erdstrahlen entfalten können wie nirgends sonst.

Zum Beispiel kommst du als kleiner ukrainischer Jude mit einem gewissen Talent zum Maler nach Paris und wirst ein Chagall. Oder du bist nichts als ein begabter Pianist in Warschau, kommst du aber nach Paris, schon wirst du ein Chopin.

Aber Vorsicht: Falls du überhaupt keine Begabung hast, kann Paris auch nichts für dich tun. Du bleibst dann dein Leben lang Gasableser oder Schaffner in der Metro. Jedoch nur in Paris kann aus dir ein Offenbach, Nijinski, Picasso oder Apollinaire werden.

Paul Nivoix spielt für seinen Landsmann, Mitautor und Freund weiterhin die Rolle eines Wegbereiters. Er verhilft ihm zur Bekanntschaft mit den Pariser Theatern, wo er seine großen und kleinen Schlupflöcher hat. Pagnol wird gerngesehener Besucher im Atelier Dullins, worauf er sehr stolz ist.

»Gestern abend«, so schreibt er an Mouren, »war ich zwei Stunden dort und strich den Himmel für das Bühnenbild ›Huon de Bordeaux‹ blau an.«

Er macht auch die Bekanntschaft der Pitoëffs. Eines Abends trifft er in deren Theater genau in dem Augenblick ein, als Georges Pitoëff die Übersetzung des »*Hamlet*« vorgelesen hat, mit der er Gide beauftragt hatte. Er findet sie erbärmlich schlecht und will sie Gide zurückschicken. Pitoëff schlägt Pagnol als »Englischlehrer und Dramatiker« spontan vor, sich selbst in dieser Übung zu versuchen. Pagnol ist selig. Er schreibt an Arno Brun.

»Betet für mich. Alles scheint bestens zu laufen. Wir sind eben in Paris, wo der Himmel voller Geigen hängt, wie Hamlet selbst sagt.«

Aber das Projekt verläuft sich im Sand.

Eines Abends kreuzt Nivoix, der Pagnol Fahrstunden als Vorbereitung auf den Führerschein gibt, freudestrahlend an ihrem Treffpunkt auf. Ihr »*Tonton*« soll gespielt werden! Aber nicht in Paris – in Marseille. Nivoix hat einen Brief von Monsieur Franck, dem Direktor der »Variétés«, bekommen, der sich entschlossen hat, das Stück aufzuführen. Premiere soll Ende August sein. Das ist kein sehr guter Termin, doch Monsieur Franck garantiert den Autoren 15 Vorstellungen und im Erfolgsfall eine Wiederaufnahme mit unbegrenzter Dauer im Oktober.

Schon ist Pagnol im Begriff, die Erklärung für die Autorenvereinigung zu unterschreiben, als er doch zögert. Im Herzen hegt er ja die Hoffnung, daß »*Catulle*« einmal in der Comédie Française gespielt wird. Auf dem Theater mit einer Boulevardkomödie den Anfang zu machen, schließt nach seiner Überlegung das Risiko ein, als Dramatiker nicht für voll genommen zu werden. Außerdem fürchtet er, daß, wenn das Stück in Marseille gespielt wird und sein Name auf den Plakaten erscheint, es hämische Bemerkungen von Ballard und Brauquier regnen wird. Es gibt noch einen anderen, zweifellos sehr triftigen Grund für diese Haltung. Denn im letzten Augenblick hat Raine dem Stück noch einen Untertitel verpaßt. Es heißt jetzt: »*Tonton, ou Joseph veux rester pur*« (Tonton oder der keusche Joseph). Nivoix fand die Idee interessant und hat zugestimmt, ohne sich etwas Böses zu denken. Aber es ist einfach unmöglich, daß Marcel auf den Plakaten in Marseille als Autor einer Posse in Erscheinung tritt, deren komische Hauptfigur den Vornamen seines Vaters trägt, mit dem er seit seinem Aufenthalt in Paris wieder ganz normale, ja herzliche Beziehungen unterhält. Fast jede Woche schreibt Marcel seinem Vater einen langen Brief, in dem er bis ins einzelne sein neues Leben schildert. Und Joseph antwortet postwendend. Nein, ausgeschlossen. Marcel kann diese Klamotte, mit deren Proben demnächst begonnen werden soll, nicht mit seinem Namen zeichnen.

Im letzten Moment erfindet Nivoix ein dem klassischen Theater entlehntes Pseudonym für ihn: Castro.

»Tonton« hat am 30. August 1923 im Théâtre des Variétés Premiere. Es ist eine riesige Pleite. Die Marseiller Zeitungen widmen ihm am nächsten Morgen kaum mehr als ein paar verächtliche Zeilen. Marcel war gut beraten, seinen Namen nicht unter dieses abenteuerliche Stück setzen zu lassen! Das Stück bringt es nicht über die geplanten 15 Veranstaltungen hinaus.

Für Pagnol ist diese Erfahrung, auch wenn es ein Fehlschlag war, keineswegs ganz ohne Nutzen. Er hat die Atmosphäre bei den Proben sehr genossen und die Bekanntschaft einer talentierten Schauspielerin gemacht, mit der Franck die Hauptrolle besetzt hat. Ihr Vater, der Schauspieler Louis Rouffe, war seinerzeit der Debureau* Marseilles gewesen. Sie heißt Alida. Pagnol hat sich ihren Namen notiert.

Und schließlich trägt ihm »Tonton« die hübsche Summe von 700 Francs ein, fast viermal soviel wie sein Monatsgehalt am Condorcet. Und dies als Autorenhonorar, noch dazu nur ein Drittel des Gesamthonorars für einen Flop, der nur 15mal vor zu drei Vierteln leerem Haus gespielt worden ist! Seit der Volksschule ist Pagnol seine außergewöhnliche Virtuosität im Gebrauch der Regeldetri und im Kopfrechnen geblieben. So rechnet er mit größter Schnelligkeit aus, was ihm ein Stück, dessen alleiniger Verfasser er wäre und das mit Erfolg eine ganze Saison gespielt würde, einbringen könnte. Die Summe macht ihn schwindeln.

---

* Hauptfigur in einem Stück von Sacha Guitry (Anm. d. Ü.).

V.

Eroberung von Paris

(1923 — 1926)

Magere Bilanz. Appell an die Freunde in Marseille. Fruchtloser Widerstand. Verlorene Schlacht. »Knock« und Marcel Achard. Abschied vom »Fortunio«. Henri Jeanson. Simonne welkt dahin. Tod eines Freundes. »Les Marchands de gloire«, Kurzer Triumph. Eroberung Oranes. Aus »Phaéton« wird »Jazz«.

Zum Schuljahrsbeginn im Oktober 1923, dem Jahrestag seiner Ankunft in der Hauptstadt, steht Marcel Pagnol wieder vor seinen Pennälern im Klassenzimmer. Wollte er jetzt Bilanz über diese ersten zwölf Monate in Paris ziehen, so würde sie recht mager ausfallen.

Sicher, im Condorcet genießt er von seiten der Direktoren, des Lehrkörpers und des Personals schmeichelhafte Wertschätzung. Obwohl er immer noch nur Studienaufseher ist, ist er gleichwohl zum Hilfslehrer für Englisch und zum Klassenlehrer der Quarta ernannt worden. Und er wird nicht als gewöhnlicher Hilfslehrer behandelt. Denn es ist bekannt, daß er schreibt, publiziert. Seine Kollegen sind davon überzeugt, daß er einmal ein berühmter Schriftsteller werden wird.

Im Paris der Literatur und des Theaters kennt er jetzt eine Menge Leute. André Antoine, Charles Dullin, Henri Béraud, de Max, Paul Fort betrachten ihn als ihren Freund. Aber von den vielen Versprechen, die man ihm macht, sind bisher nur sehr wenige eingelöst worden. Immer noch ist er nur der kleine Lehrer, immer noch arm und verschuldet wie eh und je.

»Ich verbrauche für Essen und Schlafen 50 Francs mehr, als ich verdiene«, schreibt er. »Das klingt nach Zola.«

Simonne und er sind wieder in das eher schäbige Hotel von ihren

Anfängen zurückgezogen. Ihre Wohnung in Neuilly haben sie aufgegeben, weil die Fahrtkosten einfach zu hoch waren; so konnten sie die Miete während der Ferienmonate sparen. Sie suchen, bisher ohne Erfolg, ein anderes Domizil in ihrem eigenen Viertel. Ihre Mahlzeiten nehmen sie in den gleichen Restaurants ein, für 3.50 Francs das Menü (mit »Käse« oder »Dessert«). Simonnes Gesundheitszustand ist dadurch nicht besser geworden.

Das Abenteuer des »*Tonton*« ist mit höchst mäßigem Erfolg zu Ende gegangen. Bis jetzt ist es Marcel nicht gelungen, seinen »*Catulle*« der Dramaturgie der Comédie-Française einzureichen. In diesem Punkt versteht er überhaupt nichts mehr. Jedesmal, wenn er Émile Fabre bei Antoine trifft, wenn er ein Glas mit de Max trinkt, versichern sie ihm, daß sich »alles gut anläßt«. Aber alles bleibt beim alten.

Aus dem Film, der nach »*Battling Pegula*« gedreht werden und »Boxe« heißen sollte, ist nichts geworden. Um den Stoff anderen Direktoren anzubieten, haben Pagnol und Nivoix noch einmal den Titel geändert. Jetzt heißt das Stück »*Un direct au cœur*« (Ein Direkter aufs Herz), und aus Battling Pegula ist Kid Marc geworden.

Ballard in Marseille hat seine Position beim »Fortunio« weiter verstärkt.

All dies hätte Pagnol zu dem Schluß verleiten können, Paris sei schließlich doch nicht so leicht zu erobern, wie es ihm in den ersten Wochen nach seiner Ankunft schien. Er hätte ohne weiteres den Mut verlieren können. Aber weit gefehlt! Er ist sich ganz sicher, die Schlacht um die Pariser Ausgabe der Zeitschrift doch noch zu gewinnen. »Im Jahr 1924«, schreibt er, »wird sich ›Fortunio‹ mausern und seinen endgültigen Triumph feiern.« An seine in Marseille gebliebenen Freunde ergeht ein regelrechter Tagesbefehl:

»Schraubt die Kappen von euren Füllfederhaltern! Kitzelt die jungfräulich weiße Haut eures Schreibpapiers! Jetzt wird geschafft, geschafft!«

Sich selbst stürzt er ohne Schonung von Leib und Leben in den Kampf. Er entwirft Werbeprospekte zum Druck bei Sarnette, zeichnet ihr Layout, schreibt Werbetexte für Abonnenten, für die

Presse. In den Buchhandlungen aller Pariser Stadtviertel läßt er die Zeitschrift zum Verkauf auslegen.

»Ich bin unglaublich unverschämt geworden«, schreibt er. »Meistens hellt sich aber die eisige Miene der Pariser auf, wenn sie den Einband betrachten. Dann sagen sie zu mir: ›Aha, du bist also aus Marseillö! Die Canebièrö!‹ Und ich nehme diese unerwarteten Scherze mit diskretem und geschmeicheltem Lächeln zur Kenntnis!«

Am Tag, an dem es ihm gelungen ist, den »Fortunio« in allen Buchläden der Arkaden des Odéon zum Verkauf auslegen zu lassen, schreibt er nach Marseille: »Überall werden wir ausgestellt sein, zwischen dem ›Mercure‹ und der N.R.F.«

Auch strengt er sich sehr an, neue Inserenten zu finden. Monsieur Bonnet, der Leiter der Vertriebsabteilung des »Petit Provençal«, teilt ihm Namen und Privatadressen der Werbechefs mit, die die Werbebudgets der Firmen oder großen Handelshäuser für die literarischen Zeitschriften »Mercure« oder »N.R.F.« verteilen: der Modefirmen, Schreibzeugfabrikanten, Verlage, Schreibmaschinenfirmen, Kurverwaltungen.

»Wir müssen all diesen Leuten ein Werbegeschenk von vier Nummern machen«, erklärt Marcel Pagnol seinen Freunden in Marseille.

In der Folge schickt er selbst diesen Firmen einen Brief, dessen Muster Monsieur Bonnet ihm überlassen hat.

Marcel Pagnol trifft Vereinbarungen mit den großen Tageszeitungen »L'Intran«, »Paris-Midi«, »Comoedia«, »Bonsoir«, »Les Nouvelles littéraires«. Jeden Monat soll in ihren Spalten gratis der Verkauf des »Fortunio« in Paris angezeigt werden, während im Austausch dafür Anzeigen im Pariser Teil der Zeitschrift abgedruckt werden. Pagnol will außerdem eine große Kampagne zur Gewinnung von Abonnenten starten.

Sein neuer Freund Jean Garat, Vorsitzender des »Rings der Freunde der Kunst«, hat ihm eine vollständige Liste aller Mitglieder samt deren Adressen zur Verfügung gestellt. Die gleichen wertvollen Unterlagen hat Pagnol auch von anderen Vereinigungen dieser Art erhalten: den Mussetisten, den Escholiers, den Meuniers, dem »Cercle de l'oranger«, dem »Ring der Kunst und Literatur«, dem »Bund für Kunst und Literatur«; ebenso hat ihm der Vorsitzende der Vereinigung der Provenzalen in Paris, Monsieur Frissant, Einblick in seine Listen gegeben.

»Diese Listen enthalten insgesamt 3500 Namen. Nach meinen Erfahrungen werden 75 % davon Abonnenten«, schreibt Pagnol in seinem naiven Optimismus. »Aber das wäre zu schön, um wahr zu sein. Doch auch wenn es nur 33 % wären, so hätten wir schon 1000 Abonnenten mehr. Doch in Anbetracht dieser Umstände muß unser Vertrieb vorzüglich funktionieren. Unsere Nummern müssen pünktlich erscheinen, und alle nur denkbaren Dienstleistungen müssen geboten werden.«

Er fährt fort: »Wenn wir es nur richtig anstellen, so können wir noch vor Ablauf eines Jahres unsere Berufe an den Nagel hängen.«

Simonne, Carlo Rim, Jean Garat und Marcel schreiben in dem schlecht beleuchteten kleinen Hotelzimmer der Pagnols bis spät in die Nacht eigenhändig die Adressen auf die Umschläge mit Gratissendungen.

Leider zieht die Direktion in Marseille nicht mit. Keiner Bitte Pagnols, auch nicht der kleinsten, wird entsprochen. Er erreicht nicht einmal, daß auf dem Einband von »Fortunio« eine Pariser Adresse steht.

Sarnette, der Drucker in Cavaillon, hat keine Eile. An Entschuldigungen fehlt es ihm nicht. Im Vertrag ist vorgesehen, daß er nur aus den Gewinnen der Zeitschrift bezahlt werden soll. Aber bis jetzt hat er keinen Sou gesehen. Außerdem erscheint »Fortunio« niemals zum richtigen Termin, dem 1. oder 15. jeden Monats, sondern am 3., 4. oder 5., 19. oder auch 20. Die Abonnenten beginnen natürlich zu reklamieren. Die Gratissendungen, die den Inserenten zustehenden Freiexemplare, werden nicht zugestellt. Selbstverständlich erhält Pagnol auch nie die erbetenen Prospekte, Rundschreiben, Formulare, nicht einmal das Briefpapier. Er ist wütend.

»Ich flehe, ich jaule, ich schreie es heraus: um Gottes willen, BRIEFPAPIER! Seit sechs Monaten bitte ich darum«, so schreibt er.

Diese Aktivitäten nehmen seine ganze Zeit in Anspruch. Um an seinem eigenen Werk weiterzuarbeiten, bleiben Pagnol nur die

Stunden, in denen er am Condorcet die Studienaufsicht führt. Im allgemeinen kommt er zu spät zu seiner Arbeitsstelle. Eines Tages bittet ihn der stellvertretende Direktor, sich doch größerer Pünktlichkeit zu befleißigen.

»Aber, lieber Herr Direktor«, gibt er zur Antwort, »ich komme doch pünktlich zu spät!« Jeden Nachmittag zwischen 16.30 und 19 Uhr arbeitet Pagnol an seinen Stücken, während seine Schüler ihre Hausaufgaben machen. Er hat drei Komödien in Arbeit, eine davon in Kooperation mit Paul Nivoix. Die anderen beiden will er unbedingt alleine schreiben.

Er bearbeitet seine Fortsetzungsserie »*Le Mariage de Peluque*« für die Bühne. Er wirft die ersten Dialoge eines Stückes mit dem Titel: »La Belle et la bête« (später »*Topaze*«) aufs Papier. Er schreibt einen Roman: »*La Petite fille aux yeux sombres*« (»Das Mächen mit den dunklen Augen«). Er verfaßt eine Reihe von »Contes ingénus« (offenherzige Geschichten): »L'Infame Truc«, »L'Affaire Lagneau«, »L'Œut«, »Mon ami François«, wobei er auf seine Erinnerungen an die Gymnasialzeit zurückgreift. Es ist ihm geglückt, sich die Sympathie seiner Schüler zu sichern. Wieder einmal fühlt er sich, was seinen Charakter und sein Alter betrifft, diesen näher als den Kollegen Professoren und Aufsehern. Es passiert ihm sogar manchmal, daß er zum Komplizen bei Schülerstreichen wird.

Eines Tages hört Pagnol zufällig während der Pause, wie der Mathematikprofessor über das Thema spricht, das er am nächsten Tag seinen Schülern als Klassenarbeit stellen will. Mitten in der Studienzeit gibt er dann plötzlich in seinem Englisch mit dem Akzent der Canebière völlig unerwartet folgende Erklärung ab:

»That doesn't concern me. But if I was some guys, I know I'll read again the three cases of equality of triangles.«

Unter seinen Schülern gibt es einen ausgemachten Faulpelz, der gleichzeitig einer seiner Lieblinge ist: Jean Rigaux.* Sein Vater singt an der Oper. Er hat bei der Uraufführung von »*Pelléas und Mélisande*« von Claude Debussy gesungen. Vater Rigaux schenkt seinem Sohn Freikarten für alle großen Boxveranstaltungen in

---

* Es handelt sich um den späteren Chansonnier.

Paris. Der junge Jean nimmt seinen Professor dorthin mit, damit er endlich den von ihm bewunderten Champions zujubeln kann. Das ist Pagnol nur durch diese Freundschaft möglich, denn die Eintrittspreise für Spektakel dieser Art gehen weit über seine Verhältnisse.

Die Jagd nach Abonnenten des »Fortunio« endet mit enttäuschenden Resultaten. Von 136 in Paris lebenden angeschriebenen Marseillern haben nur zwölf subskribiert. Das finanzielle Gleichgewicht der Zeitschrift ist bedroht, und die Hoffnung Marcels, seine Pariser Ausgabe zu etablieren, stellt sich immer mehr als Schimäre heraus. Auch seine gesundheitlichen Schwierigkeiten nehmen kein Ende. Aber das alles reicht nicht, ihn zu entmutigen.

»Ich kämpfe verzweifelt«, schreibt er, »gegen die Kälte und die Schlaflosigkeit in fremden Betten, die allmähliche Vergiftung in den Kneipen und die Armut, die mich nach und nach aufreibt. Im Laufe der Zeit stellt sich heraus, wie schädlich die Kost der Chartiers* ist: Migräne, Koliken, Aufstoßen mit Galle sind die Folge. Aber immer noch lächle ich, immer noch bin ich voller Energie. Ich werde Erfolg haben, daran ist nicht zu rütteln.«

Um seinen Pariser »Fortunio« zu retten, hat Pagnol jeden Tag eine neue Idee. Er will eine »Künstler- und Konzertvereinigung Fortunio« gründen, eine »Theatergruppe Fortunio«, die für ihre zahlenden Gäste Abende veranstalten soll. Er will eine »Gemäldeausstellung Fortunio« auf die Beine stellen. Er will den großen Verlagen vorschlagen, zu reduzierten Preisen Bücher mit einem Schutzumschlag »Fortunio« zu verkaufen, was durch entsprechende Werbeanzeigen in der Zeitschrift abgegolten werden würde. Er will in Marseille im Palais de la Bourse einen »Kongreß der literarischen Zeitschriften« veranstalten.

Auch denkt er daran, einen »Fortunio«-Verlag zu gründen, der die Werke der Mitarbeiter der Zeitschrift publizieren soll. Jetzt wird Pagnol bewußt – ein brutales Erwachen! –, daß außer Mouren mit seinem *»Villon«*, Carlo Rim und Nalpas keiner seiner Freunde aus Marseille bisher einen Roman, ein Stück, eine Gedichtsammlung fertiggestellt hat. Nicht Gras, nicht Caillol, auch nicht Corbessas, Brun oder selbst Ballard. Unter solchen Umständen führt er sei-

---

* Die »Bouillons Chartier« waren damals eine billige Restaurantkette.

nen Kampf in Paris doch ganz umsonst! Hingerissen von seinen Träumen und Leidenschaften hat er seine Zeit verloren, seine Kräfte verschwendet, sein Geld verbraucht! Er hat sich in Schulden gestürzt, um Schriftsteller bekannt zu machen, die gar nicht schreiben, Amateure, die sich lieber treiben lassen, als ihr Los in die eigenen Hände zu nehmen. Diese bittere Wahrheit löst einen schrecklichen Wutanfall bei ihm aus:

»Wo sind nun eure großen Meisterwerke, ihr Tagediebe?« fragt er in einem Brief.

»Wirf doch einmal einen Blick zurück«, schreibt er an Ballard, »und sage mir, ob du nicht entsetzt sein mußt. 28 Jahre alt und nur ein paar exzellente Gedichte, dazu ein Dutzend spiegelglatt geschliffene Seiten Prosa! Das ist alles!«

Am meisten enttäuscht ihn Arno-Charles Brun. Denn ihm hatte er immer das größte Talent zugetraut. Am heftigsten schreibt er denn auch an ihn:

»Und Charles? Der Schriftsteller im Konditional, der große Projektemacher im Königtum Mélindes, Erzkanzler der königlichen Form des Optativs, Vogt im Reich der schönen Möglichkeiten – was tut er eigentlich? Ach Du lahme Ente, faule Kiste, alte Galeere, morscher Schrottkahn! O Du Dreckskerl, zeig doch endlich, was in Dir steckt!«

Und er schließt:

»Wer mit 30 Jahren nichts geschrieben hat, ist ein Versager, mit 35 ist er endgültig weg vom Fenster.«

Die »Fortunio«-Nummer vom 1. Januar 1924 bietet Pagnol alias J.-M. Roche Gelegenheit zu einem kritischen Festschmaus. Im Abstand von nur einigen Tagen hatten nämlich zwei neue Werke junger Autoren Premiere gehabt: *Knock ou le triomphe de la médecine* (»Dr. Knock oder der Triumph der Medizin«) von Jules Romains in der Inszenierung Louis Jouvets an der Comédie des Champs-Élysées und *Voulez-vous jouez avec moi* (»Darf ich mitspielen«) von Marcel Achard, ein Stück, in dem dieser selbst im Théâtre de l'Atelier in der Inszenierung von Charles Dullin auftritt.

Roche-Pagnol schreibt:

»In ›Knock‹ zeigt sich die Tiefe des Ewig-Menschlichen, die in jedem Meisterwerk durchscheint. Hier ist es die ganze Leichtgläubigkeit der Menschen, unsere Liebe zur eigenen kleinen Person, unsere niederträchtige Furcht vor dem Tod, unsere unheilbare Torheit ... Für mich als Zeitgenossen dieses bewundernswerten Scharlatans hat er tausendmal mehr Bedeutung als diese Ärzte mit spitzen Hüten (aus dem ›Eingebildeten Kranken‹); sein Stethoskop und seine Stirnlampe gehen mich viel direkter an als diese altertümlichen Klistierspritzen, die übrigens so lustig auch nicht sind. Was die psychologische Wahrheit anbelangt, so tut es Knock Purgon und jedem anderen Helden gleich, der der Wahrheit des Menschlichen entsprungen ist. Er ist typisch und echt, einfach lebendig. In allen drei Akten muß man lachen. Und immer wieder schlagfertige Repliken, wunderbar geglückte Wendungen, die die Dialoge reizvoll machen und immer wieder irgendeinem alten Herrn im Parkett einen wahren Freudenschrei entlocken. Ein schöneres Lob kann es nicht geben!«

»*Voulez-vous jouez avec moi*« stellt seiner Meinung nach eine zwingende Empfehlung für den Verfasser dar. »Die Dialoge sind temperamentvoll, geschmeidig und witzig. Manche Antworten kommen wie aus der Pistole geschossen, der Ton des Stückes ist ungeheuer originell. Das ist Theater, wirkliches Theater, modernes Theater!«

Diese zweifache Lobeshymne hat einen doppelten und gegensätzlichen Effekt. Béraud ärgert sich grün, unerträglich sind ihm die anerkennenden Worte im »Fortunio« über Jules Romains, der zu der verabscheuten Gruppe bei der N.R.F. gehört. Seiner Meinung nach ist dieser Artikel unter dem Einfluß von Gabriel d' Aubarède geschrieben worden. Denn er weiß nicht, daß J.-H. Roche Pagnol bedeutet. Zum Ausgleich schließen die beiden Marcels, Pagnol und Achard (dem gegenüber Pagnol das Geheimnis seines Pseudonyms gelüftet hat), eine musterhafte, unverbrüchliche Freundschaft, die mit ihrem Glanz beider Leben erfüllen sollte, bis zum Tod.

Achard führt Pagnol bei Jeanson ein. Dieser ist erst kürzlich zur Mannschaft der Lyoner beim »Bonsoir« hinzugestoßen und spielt die Rolle des häßlichen kleinen Entleins. Er ist der waschechte »Pariser« unter ihnen. Seine Begabung zur Respektlosigkeit und seine spottlustige Schnoddrigkeit haben ihm in Paris einen gewissen Ruhm und einige solide Feindschaften eingebracht. Jeanson lädt Pagnol zu sich ein. Es wäre zuviel gesagt, wenn man von einem »Salon« bei ihm spräche. Aber als Gegenstück zu den Sonntagnachmittagen bei Antoine, wo sich die Arrivierten treffen, handelt es sich bei Jeanson in einer verrauchten Etagenwohnung im Faubourg Saint-Honoré um die Begegnung der Männer der neuen Welle.

Die neue Literatur und das neue Theater treffen sich dort, teilen ganze Nächte lang Kritik und Tadel aus, verreißen oder beweihräuchern alles, was in den Buchhandlungen ausliegt und auf die Bühnen kommt. Jeder Tumult und Exzeß ist dort erlaubt, besser: gefragt. Man sieht Schriftsteller, Dramatiker, Journalisten; Blaise Cendrars, Francis Carco, Bernard Zimmer, Jean Galtier-Boissière, André-Paul Antoine ..., ebenso Schauspieler: René Simon, den Sieger im Wettbewerb des Conservatoire, Henri Chomette, bei dessen englischer Eleganz es den Anwesenden den Atem verschlägt: »Er trägt hochgeschlossene gestärkte Kragen, in deren Schlitz eine Krawatte gepreßt ist, während der Kragen selbst den Hals zusammenpreßt.« Es ist der spätere Regisseur mit Pseudonym René Clair.

Auch ein junger, großer schlanker Dandy mit blondem Haar und blauen Augen findet sich dort ein, Stève Passeur, der Pagnol sehr sympathisch ist. Seine Diskussionsbeiträge sind mager, dann aber aggressiv, oft unwiderlegbar, immer stichhaltig.

In materieller Hinsicht geht es den Pagnols jetzt viel besser. Simonne hat eine Stelle gefunden, sie arbeitet in der Verwaltung des Condorcet als Sekretärin des stellvertretenden Direktors. Sie haben nun auch eine annehmbare Wohnung gefunden, ganz in der Nähe des Gymnasiums, am Boulevard de Clichy.

In psychischer Hinsicht allerdings geht es nicht so gut. Das Verhältnis zwischen den Eheleuten hat sich merklich abgekühlt. Simonne erträgt das Leben in Paris nur schlecht, fern von Marseille, ihrer Familie, ihren Freunden, der ganzen Umgebung, an die sie so gewöhnt ist. Es fehlt ihr die Sonne. Die leidenschaftliche Liebe, durch die sie mit Freuden ins »Exil« in Pamiers einwilligte, hat viel an Kraft verloren. Außerdem gehörte Marcel in Marseille nur ihr allein. Dort waren sie unzertrennlich gewesen.

In Paris sah sie sich plötzlich von Angesicht zu Angesicht einem schrecklichen Rivalen gegenüber: dem Ehrgeiz ihres Mannes. Vom Wirbel seiner Aktivitäten mitgerissen, hat Marcel keine Minute mehr für sie übrig. Er muß »Fortunio« in Paris Fuß fassen lassen, dem Théâtre Français seinen »Catulle« zu lesen geben, Nivoix aufsuchen, um mit ihm an ihrem neuen Stück zu arbeiten. In aller Herrgottsfrühe verläßt Marcel das Haus und kommt erst spät in der Nacht zurück. Vor dem Antritt ihrer Stelle als Sekretärin im Gymnasium hatte Simonne über Monate hinweg den ganzen Tag lang auf ihn gewartet, allein in ihrem Hotelzimmer, dann in ihrer Wohnung: düstere Tage, die nicht enden wollten. Seit sie arbeitet, langweilt sie sich weniger, aber Marcel sieht sie deshalb nicht öfter. Er ist immer woanders, bei Béraud, Antoine, Dullin, Jeanson, zu Besuchen, die er um nichts in der Welt versäumen möchte. Simonne begleitet ihn niemals, und Marcel insistiert nicht, daß sie mitkommt. Es liegt ihr nichts daran. Diese Welt der Schauspieler und Schauspielerinnen wird niemals die ihre sein, das fühlt sie deutlich. Sie hat Angst davor, daß man sich über sie lustig macht, über ihre Ansichten, ihre Kleidung, ihre Manieren, ihren Akzent. Marcel fühlt sich im Gegensatz dazu dort wohl wie ein Fisch im Wasser. Ohne sie ist Marcel »der junge, hoffnungsvolle Autor«. Mit ihr wird er mit einem Schlag zu dem kleinen Aufpasser vom Condorcet. Und das genügt, um die heißeste Liebe zu kühlen. Simonne hat erkennen müssen, daß ihr Mann nicht mehr zu ihr gehört. Dazu kommt noch ein Mißklang anderer Art: Marcel möchte ein Kind, Simonne nicht.

Eines Abends trifft Marcel vor dem Gymnasium Gabriel d'Aubarède, der am Ausgang des Studiensaals auf ihn gewartet hat. D'Aubarède hat einen Roman verfaßt, der bei Gallimard veröffentlicht werden soll. Er erklärt Pagnol, er habe sich entschlossen, Marseille zu verlassen und sich für seine künftige literarische Produktion in Paris niederzulassen. Er teilt ihm mit, auch Marcel Brion und Maurice Bourdet seien zu dieser Entscheidung gelangt und würden an einem der nächsten Tage eintreffen. Ironie des Schicksals: Der Rat, den Pagnol seinen Freunden vom »Fortunio« tausendmal gegeben hat, nämlich nach Paris »hinauf« zu ziehen, wird jetzt von denjenigen befolgt, die von Ballard gegen ihn angesetzt worden sind. Sogar Louis Brauquier* kommt schließlich noch. Daß Pagnol ihn mit offenen Armen aufgenommen hätte, läßt sich nicht gerade behaupten. Aber als sie sich eines Tages zufällig auf der Straße begegnen, geht Brauquier mit ausgestreckten Händen auf ihn zu. Die beiden schließen Frieden, jedenfalls sieht es so aus.

Am 14. April 1924 wird Marius Richard auf einer Landstraße im Département Var Opfer eines sehr schweren Autounfalls. Er wird ins Krankenhaus nach Saint-Tropez gebracht und stirbt dort in der Nacht auf den 25. April. Dieser Schicksalsschlag trifft Pagnol hart, er wird durch ihn unwiderruflich gezeichnet. Er hatte für Marius Richard fast die Empfindungen eines Sohnes. Denn dieser Mann war es, der als erster an sein Talent glaubte und ihm gleichzeitig eine Chance gab, ja auch ein Vorbild für ihn darstellte, wie man zu Erfolg gelangen konnte. Von all dem war jetzt mit einem Schlag nichts mehr da. Es ist das erste Mal in Pagnols Leben, seit er es selbst gestaltet, seit er selbst die Bedingungen für die Zukunft, für seinen »Erfolg« setzt – und mit welcher Sorgfalt und gleichzeitig Verbissenheit! –, daß er mit dem Tod Bekanntschaft macht, diesem plötzlichen und endgültigen Aus, daß ihm klar wird, wie sehr mit dieser Gegebenheit gerechnet werden muß. Es ist das erste Mal, daß er sich dieses ständig über unseren Köpfen schwebenden Damoklesschwertes bewußt wird, dessen Herabsausen jeden Augenblick möglich ist und alle unsere Hoffnungen, Kämpfe, Berechnungen zu einem lächerlichen Nichts macht.

---

* Gabriel d'Aubarède schrieb zahlreiche Romane, von denen einer mit dem großen Preis der Académie française ausgezeichnet wurde. Er wurde Chefredakteur der »Nouvelles littéraires«. Marcel Brion veröffentlichte viele Romane, zumeist des phantastischen Genres, sowie kunstgeschichtliche und kulturgeschichtliche Werke über europäische Themen; 1964 wurde er in die Académie française gewählt. Maurice Bourdet wurde zunächst vom »Petit Parisien« angestellt und wurde dann Chefredakteur beim »Poste-Parisien«, dem Radiosender der Gruppe. Er wurde deportiert und starb in einem Lager. Das Zentrum von Radio-France, 116, Champs-Élysées, wo vor dem Krieg der »Poste-Parisien« untergebracht war, wurde nach ihm benannt. Louis Brauquier arbeitete in der Messageries maritimes, einer großen Schiffahrtsgesellschaft, und verbrachte den größten Teil seines Lebens in Häfen in jedem Winkel der Erde. Er veröffentlichte zahlreiche Gedichtsammlungen und gilt als einer der großen zeitgenössischen französischen Dichter. Er ist auch ein großer Maler.

An Arno Brun schreibt er:

»Ich muß immer an diese Straßenkurve denken, die seit 50 Jahren auf ihn gewartet hat. Und er wußte nichts davon, während vielleicht die Steine im Straßengraben davon wußten. Denkst Du etwa an die Zimmerdecke, die Du im Tod vor Augen haben wirst? Sie existiert aber schon jetzt, und gerade kriecht vielleicht eine Fliege darüber hin.«

Um nur etwas zu tun, um sich von der drohenden Depression nicht überwältigen zu lassen, stürzt sich Pagnol in die Arbeit. Es war ihm die Idee zu einem neuen Stück gekommen, er spricht mit Paul Nivoix darüber, und beide machen sich an die Arbeit. Fast jeden Abend, jedenfalls jeden Sonntag, trifft er sich mit seinem Freund in der kleinen Wohnung in der Rue Taitbout, und stundenlang bosseln sie an ihren Dialogen. Das Werk soll »Le Héros de paille« heißen. Außerdem schreibt Pagnol weiter fleißig die Theaterberichte im »Fortunio«. Aber sein Herz ist nicht mehr bei der Sache. Jean Ballard hat die Schlacht endgültig gewonnen. »Fortunio« bleibt ein Kind Marseilles, und die finanziellen Schwierigkeiten nehmen kein Ende.

Am 25. Februar 1925 schreibt Pagnol seinen Rücktrittsbrief und sendet ihn an den »Ideologen« Mouren:

»Ich verlasse Euch ohne irgendwelchen Groll im Herzen und im besten Einvernehmen, als Freund, als alter Kamerad. Wir werden uns später immer wieder auf den Wegen des Schicksals begegnen, und für jeden von uns wird das eine Freude bedeuten. Ich kehre Euch den Rücken, weil Ihr Euch seit drei Jahren beharrlich weigert, wirklich ein ernsthaftes Leben als Schriftsteller anzufangen, wozu Ihr alle Fähigkeiten hättet; weil für Euch das Schreiben nur ein Spiel ist, zwar eine exquisite Unterhaltung, aber eben nur eine Unterhaltung ... Ich sage Euch dies an dieser Stelle noch einmal, wie schon so oft, in aller Freundschaft und Liebe. Denn es trifft Euch wirklich eine Schuld: Ihr entschuldigt Euch vor Euch selbst mit materiellen und Familienrücksichten usw. Ihr spürt eben keine Berufung zum Schreiben in Euch, wie sie mir geholfen hat, über Kälte und Elend hinwegzukommen. Um so schlimmer für Euch ... Ich kann nichts dafür. Amen.«

In der öffentlichen Meinung Frankreichs vollzieht sich in diesen

Jahren 1924—1925 ein tiefgreifender Meinungsumschwung. Die Triumphstimmung, die dem Sieg von 1918 gefolgt war, ist endgültig vorbei. Vergessen sind die Trompetenklänge und die Paraden! Man hat die Zahlen der Toten erfahren, hat die Schilderungen der Überlebenden gehört. Man ist sich darüber klargeworden, daß der Triumph der Armeen Blut, Opfer und Leid gekostet hat. Das Bündnis der Linken hat die Parlamentswahlen des Jahres 1924 gewonnen. Wenn man wissen will, ob ein Dorf national oder rot gesinnt ist, so genügt es jetzt, einen Blick auf den Bronzesoldaten auf dem Kriegerdenkmal zu werfen. Im ersten Fall steht er aufrecht, im zweiten liegt er ausgestreckt und tot da. In Paris greift das Stück *Le Tombeau sous l'Arc de Triomphe* (»Das Grab unter dem Arc de Triomphe«) eines jungen Autors aus Carcasson, Paul Raynal, zum erstenmal ein explosives Thema auf: den Gegensatz zwischen denen, die die Hölle an der Front erlebt, und denen, die vom Faulbett der Etappe aus immer wieder zu Patriotismus und Heldentum angefeuert haben. Die Aufführung in der Comédie Française hat lebhaften Wirbel in der Öffentlichkeit hervorgerufen.

Das Stück, zu dem Pagnol die Idee gekommen war, das er Paul Nivoix zur gemeinsamen Arbeit vorgeschlagen hatte und an dem sie nun beide schreiben, befaßt sich mit einem ähnlichen Stoff. Es dramatisiert die Geschichte zweier Männer aus Marseille, Vater und Sohn, die Marcel gut gekannt hat. Der Sohn war mit ihm in der Schule und dessen Vater mit seinem Vater befreundet: Volksschullehrer auch er, ein vorbildlicher Volksschullehrer, unerschütterlich an den moralischen Grundsätzen festhaltend, in denen er erzogen war, Feind jedes Säbelrasselns und Weihrauchwedelns, Feind der Kapitalisten und Bourgeois. Dieser Mann liebte seinen Sohn, sein einziges Kind, mit leidenschaftlicher Liebe. Der Sohn wurde 1914 einberufen und fiel 1916 bei Verdun. Er war nach dem Ehrenkodex der Armee öffentlich belobigt worden.

Als der Vater das offizielle Telegramm erhielt, wäre er fast das Opfer eines Gehirnschlags geworden. Er brauchte mehrere Monate, um seine Gesundheit wiederzugewinnen. Und dann setzte sich Schritt für Schritt die fixe Idee in seinem Hirn fest, er sei der Vater eines Helden. Alles, was er bisher so heftig bekämpft hatte:

die Armee, den Ruhm, das Vaterland, den Ehrenkodex – verteidigte er jetzt, noch schlimmer: er verherrlichte es sogar. Im ersten Glied aller patriotischen oder soldatischen Demonstrationen tauchte er auf. Schließlich ging er in die Politik und wurde Kandidat einer nationalistischen Partei auf dem ersten Listenplatz.

Diese Situation und ihre Entwicklung schildern Pagnol und Nivoix in den ersten beiden Akten. Die Handlung wird bereichert durch die Einführung eines Spekulanten und Kriegsgewinnlers, eines Heereslieferanten, zynisch und skrupellos: Berlureau. Zu Beginn des Stückes repräsentiert Berlureau für den Vater das absolute Böse. Am Ende des zweiten Aktes willigt er ein, daß Berlureau seinen Wahlkampf finanziert. An dieser Stelle – als der Vater im Begriff ist, sich auf eine Wahlversammlung zu begeben – kommt es zum Knalleffekt des Stückes: Der Sohn und Held war nicht tot, sondern hatte nur das Gedächtnis verloren. Jahrelang war er in deutschen und französischen Krankenhäusern behandelt worden, bis er das Gedächtnis wiedererlangt hatte. Jetzt kehrt er nach Hause zurück. Die Situation, auf die er stößt, die Tatsache, daß sein Vater sein Verschwinden ausnutzt, die Gemeinheit der Drahtzieher im Hintergrund versetzen ihn in Schrecken. Aber leider kann er nichts mehr dagegen machen. Und jetzt verschlingen auch ihn die Umstände. Aus Müdigkeit und Ekel läßt er sich in den Wirbel mit hineinziehen.

Wirklich kein optimistisches Stück!

Diesmal hat sich das Team Pagnol/Nivoix ganz der großen Tradition des satirischen Theaters von Henri Becque und Octave Mirbeau verschrieben. Antoine, dem die beiden Autoren das fertige Werk vorlesen, findet es vorzüglich. Zwei angestammte Pariser Theaterdirektoren, Robert Trébor und André Brulé, interessieren sich dafür, und zwar für das ganz neue Théâtre de la Madeleine, das sie errichtet haben. Es war 1922, im Jahr der Ankunft Pagnols und Nivoix' in Paris, fertig geworden. Trébor und Brulé finden nur den Titel »Le Héros de paille« (Der Held aus Stroh) nicht gut und wollen ihn ändern. Gabriel Signoret, ein Mann aus dem Süden (aus Cavaillon), der sein Debüt als Schauspieler in Marseille am Théâtre de La Plaine gegeben und seitdem der Stolz der Pariser Bühnen geworden ist, ist bereit, das Stück zu inszenieren. Drei

Schauspieler der ersten Riege: Constant-Rémy, Suzy Prim und André Berley, werden für die Hauptrollen engagiert.

Unter dem Titel »*Les Marchands de gloire*« (»Die Händler des Ruhms«) geht das Stück am 15. April 1925 vor einem illustren Publikum zum erstenmal über die Bühne. Monsieur Edmond Herriot, Präsident des Ministerrates, hatte zu kommen versprochen. Im letzten Moment mußte er absagen. Zwei Tage vorher war seine Regierung des linken Bündnisses gestürzt worden. Aber der Wissenschaftsminister, Monsieur Francis Albert, ist da. Am Eingang verfehlt er eine Stufe im Aufgang des Treppenhauses und fällt der Länge nach hin. »Das Kabinett stürzt ein zweites Mal«, schreibt Pierre Bénard, der im »Bonsoir« seinen ersten Auftritt als Premierenkritiker hat.

Elvire Popesco, strahlend vor Schönheit, beherrscht das Parkett in Begleitung von Louis Verneuil. Die Colette sitzt in einer Loge. Auf dem Balkon ist Pierre Benoît an der Seite von Lugné-Poe und Henri Duvernois zu sehen. Alle großen Kritiker sind vertreten: Robert de Flers vom »Figaro«, Lucien Dubech vom »Candide«, Jane Catulle-Mendès von der »Presse«. Freund Arno-Charles Brun ist eilends von Marseille angereist. Jean Ballard hat ihn gebeten, die Kritik für den »Fortunio« zu schreiben.

Marcel verbringt den Abend zitternd hinter den Kulissen und lauscht mit gespitzten Ohren auf jede kleine Reaktion im Hause. Und es reagiert wohlwollend, dieses Haus. Das Premierenpublikum, gewöhnt, in diesem Theater leichte Kost zu sehen, akzeptiert ohne Protest die schärfsten Pointen. Es lacht. Es applaudiert.

André Berley spielt Berlureau, den Spekulanten. »Er wird sie alle kleinkriegen«, hat André Brulé als Kenner prophezeit. Er behält recht. Berley »kriegt sie alle klein«. Vor allem, als er zu dem geretteten und heimgekehrten Sohn sagt: »Die wichtigste Eigenschaft eines Helden ist, gestorben und begraben zu sein« – brechen Tumulte hinten im Saal aus. Ein junger Unteroffizier, der laut seine Mißbilligung herausschreit, wird vom Ordnungsdienst hinausgeschafft.

Am Ende der Aufführung und nach dem Fallen des Vorhangs bricht frenetischer Applaus aus. Die Schauspieler bringen es auf fünf, sechs, sieben, acht Vorhänge. Nach Meinung der Zuschauer erlebt das Théâtre de la Madeleine einen Triumph sondergleichen. Die zweite Aufführung, zu der alle Pariser Schauspieler eingeladen sind, wird am nächsten Tag ebenso begeistert aufgenommen. Bei jeder Pointe, die ins Schwarze trifft, gibt Lucien Guitry in der ersten Reihe das Zeichen für eine Salve von Bravos.

Leider hält die Begeisterung nicht lange an. Die Vorbestellungen werden rückläufig, und das Publikum hält sich zurück. Jeden Abend kommen weniger Zuschauer.

»Beifall spenden sie wie 1000«, konstatiert Trébor bitter, »aber zahlen tun sie kaum wie 30.«

Das Stück wird alles in allem 13mal gespielt. Einziger Trost für Marcel Pagnol ist der in »Le Temps« veröffentlichte Artikel. Er ist vom Kritiker des Blattes, dem gefürchteten André Divoire, gezeichnet.

»Ich müßte mich sehr täuschen«, schreibt er, »wenn nicht beide (Nivoix und Pagnol) gemeinsam oder jeder für sich – oder zumindest einer von ihnen – sich einen großen Namen beim Theater machen würden.«

Ein weiterer Premierenbesucher ist rundweg begeistert: Antoine. Was er auf der Bühne des Madeleine gesehen und gehört hat, hat in allen Punkten den Eindruck bestätigt, den er beim Lesen des Stückes hatte. Alles: die festumrissenen Charaktere, die Atmosphäre des Stückes, der Ton der Dialoge, die Kunst, inmitten und trotz der Theaterkonventionen das Leben selbst darzustellen – dies ist genau das, was ihm gefällt, was er selbst gerne getan hätte, wofür er sich in seiner langen Laufbahn stets eingesetzt hat. Und er für seinen Teil weiß genau, daß es Pagnol ist, dem das Stück seine eigentliche Qualität zu verdanken hat.

Man spielt die »*Marchands de gloire*« auch in Belgien, und die Schauspieler werden dort mit dem gleichen enthusiastischen Beifall von ebenfalls viel zu wenigen Zuschauern bedacht. Andererseits ist es in Moskau ein voller Erfolg, wo das Korsch-Theater, das einen Korrespondenten in Paris hatte mitstenografieren lassen, es zur Übersetzung gab und ohne reguläre Vereinbarung aufführte. Diese Vorstellungen bringen den Autoren nichts ein. Es reicht für Pagnol noch nicht, um den Lehrberuf an den Nagel zu hängen und sich ganz seiner Kunst widmen zu können.

Im Augenblick ist er übrigens in ein ganz anderes Abenteuer verstrickt, diesmal von der gefühlsmäßigen Sorte. Pagnol hat eine junge Schauspielerin kennengelernt, Orane Demazis, für die er von Tag zu Tag lebhafteres Interesse empfindet. Sie gehört zum Ensemble des Charles Dullin. Als er ihr in den Kulissen des Théâtre de l'Atelier begegnete, spielte sie eine der Hauptrollen in einem Drama von Prosper Mérimée: »L'Occasion«.

Orane Demazis hat die Schauspielschule mit ehrenvoller Nennung absolviert. In diesem Jahr teilten sich zwei hochbegabte junge Talente, Marie Bell und Madeleine Renaud, den ersten Preis. Orane ist die älteste Tochter einer in Algerien ansässigen großbürgerlichen Familie. Ihrer Geburtsstadt Oran zu Ehren hat sie den Vornamen ihres Pseudonyms gewählt. Man darf sich nicht durch ihr zartes und schüchternes Auftreten täuschen lassen. In Wirklichkeit ist sie ein fester Charakter und besitzt großen Mut. Beim Tod ihres bankrotten Vaters war sie es, die das Schicksal der Familie in ihre Hände nahm. Sie gab ihr Studium an der Universität auf und nahm Schauspielunterricht, während sie gleichzeitig ihren und ihrer Familie Lebensunterhalt als Hauslehrerin verdiente. Sie ist direkt, ein wenig rechthaberisch, manchmal aggressiv.

Pagnol, der noch keineswegs von seinem zweifachen Komplex des »Petit chose« und des »Provinzlers« befreit ist, träumt davon, eine Schauspielerin als Freundin zu haben, Star eines großen Pariser Theaters. Er macht ihr ausgiebig den Hof. Jeden Nachmittag macht er sich in Begleitung von Carlo Rim zur Place Dancourt auf den Weg, um sie am Ende der Proben im Werkraumtheater zu erwarten. Zu dritt gehen sie dann die Straße am Hang des Montmartre hinunter bis zur Gare Saint-Lazare, wo sie sich trennen. Marcel geht nach Hause, während Orane und Carlo Rim einen Bus Richtung Westen der Hauptstadt nehmen. Er wohnt dort in Passy, sie in Boulogne. Und auf der ganzen Fahrt spielt Carlo Rim den Figaro für seinen Freund Marcel.

»Er liebt dich«, sagt er zu Orane. »Er ist verrückt nach dir. Du hast Glück. Morgen ist er der größte Dramatiker französischer Zunge. Gib ihm keinen Korb!«

Aber leider glückte es diesem verliebten größten französischen Dramatiker der Zukunft nicht, bei der Rollenverteilung für »*Les*

Marchands de gloire« die Auserwählte seines Herzens berücksichtigen zu lassen. Er hatte sich gewünscht, sie sollte die Yvonne spielen, die junge Cousine des Helden. Trébor lehnte kategorisch ab, mit der keinen Widerspruch duldenden Härte, mit der erfolgreiche Direktoren oft gegenüber Anfängerautoren auftreten. Marcel schwört sich aber, sie in sein nächstes Stück einzuschleusen, für das er schon Thema und Titel gefunden hat: »Phaéton«. Dieses Stück will er ganz allein, ohne Co-Autor, schreiben. Er setzt das Paul Nivoix ganz offen auseinander, der auch ohne weiteres mit der bei ihm selbstverständlichen Liebenswürdigkeit den Standpunkt seines Freundes versteht. Er selbst möchte ja ebenfalls seine Schriftstellerkarriere vorantreiben. Die Ära des Teams Nivoix/Pagnol ist zu Ende. Die beiden Männer bleiben aber weiterhin die besten Freunde.

Pagnol lebt nicht mehr mit seiner Frau zusammen. Simonne behält weiterhin das Appartement in der Avenue de Clichy, während Pagnol eine Bleibe in der Rue du Faubourg-du-Temple gefunden hat, in einer Art vergammelter Werkstatt unter dem Dach eines alten Mietshauses, ein »Luft«schloß im wahrsten Sinne des Wortes, in dem sich die Winde ein Stelldichein geben.

Ende August 1925, einen Tag nach der letzten Vorstellung von »*Marchands de gloire*«, fährt Marcel Pagnol nach La Treille, um dort die Ferien zu verbringen. Es sollen Arbeitsferien werden. Denn er möchte seinen »Phaéton« fertigstellen, dessen Handlung er in dem ihm gut vertrauten Universitätsmilieu angesiedelt hat. Held des Stückes ist ein Griechischprofessor an der Fakultät in Aix-en-Provence, Monsieur Blaise; seine demnächst erfolgende Berufung an die Sorbonne ruft unvermeidlich Neid hervor, insbesondere den Neid seines Dekans. Diese Berufung verdankt Blaise einem Glücksfall, dem er durch Fleiß kräftig nachhalf. Als junger Gymnasiallehrer hatte er während eines Ägyptenaufenthalts in einem Kloster einen »Palimpsest« entdeckt, d. h. einen Text, der über einen noch älteren, mit Bimsstein ausradierten griechischen Text geschrieben war. Es war ihm geglückt, den gelöschten Text wieder lesbar zu machen, und er kam zu der Gewißheit, es handle sich hier um ein berühmtes verschollenes Werk des Platon: »Phaéton«. 20 Jahre seines Lebens hatte er damit verbracht, den Text zu rekonstruieren. Seine Arbeit wurde von den größten Graecisten der Erde gewürdigt. Aber gleich zu Beginn des Stücks erfährt man, daß ein Professor der Universität Edinburgh unwiderleglich bewiesen hat, daß Blaise einem Irrtum erlegen ist und der dem Platon zugeschriebene Text von einem Grammatiker des 1. Jahrhunderts, Parnossios, stammt, der sich einen Spaß daraus machte, Nachdichtungen zu schreiben.

Mit einem Schlag löst sich für Blaise das Resultat von 20 Jahren Forschung, Arbeit, Verzicht und Entbehrung in ein lächerliches Nichts auf.

Jetzt erscheint vor Blaises Augen der Geist des jungen Mannes, der er einst war und dessen Jugend, Vergnügen, Freude und Lust er seinem Ziel geopfert hat: alles, was das Glück seines Lebens hätte ausmachen können. Der Geist fordert Rechenschaft. Alle Opfer waren vergebens, einem kindischen Traum, einem dummen Ehrgeiz hatte er geopfert. Und jetzt ist es zu spät, sich zurückzuholen, was verloren ist. Blaise, der eine heimliche Liebe für eine junge Studentin im Herzen trägt, entschließt sich, sie zu heiraten, aber sie zieht ihm einen jungen Kommilitonen vor. Sein Leben endet unwiderruflich in totalem Bankrott. Der alte Professor verkommt völlig und stirbt in einem Anfall von Wahnsinn.

Wieder ist André Antoine der erste, dem Marcel sein Stück zu lesen gibt. Er findet es sehr geglückt. Er freut sich, daß ihn sein Instinkt nicht getrogen hat und er wirklich einen neuen großen dramatischen Autor entdeckt hat. Er verspricht Pagnol, dafür zu sorgen, daß »Phaéton« in Paris aufgeführt wird. Das sei ihm Herzenssache!

Einige Tage darauf teilt Paul Nivoix Pagnol mit, er habe einen Direktor gefunden, der ihr Stück über den Boxsport aufführen wolle: »*Un direct au cœur*«. Marcel ist über diese Neuigkeit nicht allzu begeistert. »*Un direct au cœur*« hat er bereits zur Seite gelegt. Er ist sich nicht mehr sicher, ob es ein gutes Stück ist. Auf keinen Fall wäre ihm mit einem Mißerfolg gedient, der auch die Aufführung seines »Phaéton« gefährden könnte.

Nivoix beruhigt ihn. Wenn »*Tonton*« in Marseille gespielt worden ist, so soll es jetzt der Norden sein, wo der von Nivoix aufgetriebene Direktor »*Un direct au cœur*« aufführen will. Raymond Boulay, ein Möbelgroßhändler, der die Schauspielerin Suzanne Rissler geheiratet hat, hat das Théâtre de l'Alhambra in Lille gekauft. Er möchte sich dort als Direktor mit »*Un direct au cœur*« einführen und ist von einem Erfolg felsenfest überzeugt. Immer schon war im Norden das Boxen ein beliebter Sport, und die »Tricks im Boxring« bilden das Hauptthema aller Kneipengespräche der Region. Boulay will die Sache groß aufziehen. Er hat schon Pierre Bertin, den jugendlichen Liebhaber von der Comédie Française, für die Rolle des Boxers Kid Marc unter Vertrag. Für Cassebois, den gewissenlosen Manager, steht er in Verhandlungen mit André Berley, der den Berlureau in »*Les Marchands de gloire*« gespielt hat.

Unter diesen Umständen kann Pagnol nicht nein sagen. Am 12. März 1926 wird »*Un direct au cœur*« im Alhambra in Lille uraufgeführt. Die Zeitungskritiken der Region fallen zufriedenstellend aus, und das Stück kommt ganz gut an. Aber die »Karriere« des Stückes endet dort, genau wie es Pagnol sich gewünscht hatte. Es bleiben kaum Erinnerungen an dieses Unternehmen zurück, nur eine Freundschaft sollte überdauern, die mit Raymond Boulay.

Inzwischen hat Antoine eine Möglichkeit gefunden, den »Phaéton« spielen zu lassen. Unter seinen alten Freunden aus der Zeit des Abenteuers am Théâtre libre gibt es eine ganz ungewöhnliche Persönlichkeit, mit der er stets eng verbunden geblieben war: Rodolphe Darzens. Sein Leben ist, wenn man den Berichten Glauben schenken darf, ein außerordentlich spannender Roman, bei dem immer eine Szene noch abenteuerlicher ist als die andere. Geboren in Moskau von französischen Eltern, ausgestattet mit herkulischen Kräften, hatte er seine Familie im Alter von 18 Jahren verlassen, um einer Traumfrau von Zigeunerin zu folgen, in die er vernarrt war. Als Bärenführer zog er zu Fuß durch Polen und Deutschland und kam nach Paris. Er wurde der Freund Verlaines. Darauf war er als Boxmanager Betreuer eines Schweizer Mittelgewichtlers, der damals gerade seine Laufbahn begann und dann Schauspieler wurde: Michel Simon. Er wurde Sportjournalist, außerdem Verfasser eines Dramas in freien Versen »*L'Amante du Christ*«, das von Antoine 1889 im Théâtre libre uraufgeführt wurde. Eine letzte Wendung nahm sein abenteuerliches Leben, als er das frühere Théâtre des Batignolles unter dem neuen Namen Théâtre des Arts übernahm. Er genießt in Paris keinen sonderlich guten Ruf. Es wird behauptet, die Schauspieler, die bei ihm auftreten, könnten sich, wenn das Stück schlecht liefe, nicht sicher sein, ob sie ihre Gagen erhielten. Auch wird behauptet, er engagiere für bestimmte Rollen gerne Schauspielerinnen von nur mäßigem Talent, deren Väter – falls es sich nicht um Herren handelt, die an ihnen interessiert sind – reich genug sind, um einen Teil seiner Vorstellungen zu finanzieren.

Rodolphe Darzens hielt aber in allen riskanten Lebenslagen seinem alten Meister André Antoine immer unverbrüchliche Treue. Und diesem Mann empfiehlt Antoine den »Phaéton«. Darzens entschließt sich sogleich, das Stück zum Fest aufzuführen. Ohne Zeit zu verlieren, engagiert er zwei Stars. Der erste ist Harry Baur. Er soll die Rolle des Blaise, des alten Professors, spielen. Der zweite ist Pierre Blanchar, der den Geist des jungen Mannes darstellen wird.

Am Ende des Schuljahres 1925/26 ist Marcel Pagnol völlig erschöpft. Immer schlechter kommt er mit seinen Verpflichtungen als Studienaufseher für Englisch zurecht. Von Tag zu Tag verspätet er sich mehr zum Unterrichtsbeginn. Häufig meldet er sich krank. Da er von Simonne getrennt lebt, ist es ihm peinlich, ihr jedesmal zu begegnen, wenn er mit dem stellvertretenden Direktor eine Verwaltungsangelegenheit zu regeln hat.

Als Ausgleich dazu hat sich seine finanzielle Situation, die seit seiner Ankunft in der Stadt solchen Druck auf ihn ausgeübt hatte, entscheidend gebessert. Die Aufführung von »*Un direct au cœur*« in Lille hat ihm einiges an Honoraren eingebracht. Die Wiederaufnahme der »*Marchands de gloire*« in den Folies dramatiques in Belleville war zwar ein Fehlschlag, doch hat der geschädigte Direktor Fernand Rivers, um seine Verluste wieder gutzumachen, eine Tournee durch die großen Städte des Ostens organisiert, die erfolgreich verlief. Die Autorenvereinigung teilte Pagnol mit, sein Stück werde auch in den Vereinigten Staaten vom Ensemble des Guild-Theaters in New York gespielt. Die Gesamtsumme, die ihm all diese Vorstellungen einbringen, ist zwar nicht übermäßig hoch, entspricht aber dem Einkommen mehrerer Jahre am Gymnasium.

»Das macht es mir möglich«, schreibt er an Brun, »auf großem Fuß mit meinem Auto zu leben.«

Da trifft Marcel eine Entscheidung von historischer Bedeutung: Er gibt seine Stelle als Hilfslehrer und Studienaufseher auf. Aber er tritt nicht aus dem Schuldienst aus – nicht nur aus Klugheit: Er denkt auch an seinen Vater. Der gute Mann hatte seine ganz aus Volksschullehrern bestehende Familie vor den Kopf stoßen müssen, um seinen Sohn nicht nur auf die École primaire supérieure, sondern auch aufs Gymnasium zu schicken, dessen Besuch viele Jahre erforderte. Er hatte sich schwere Opfer auferlegt, damit sein Sohn das Ziel erreichen konnte. Und er ist so stolz darauf, daß er Gymnasialprofessor ist! Marcel hätte niemals den Mut gehabt, ihm klipp und klar zu sagen, er habe jedes Band zur Schule zerschnitten.

Im öffentlichen Unterrichtswesen gibt es die Möglichkeit, sich »auf unbestimmte Zeit ohne Gehalt beurlauben« zu lassen. Diese Möglichkeit nimmt er wahr und teilt das seinen Vorgesetzten Ende August mit. Das Schuljahr wird im Oktober 1926 am Condorcet ohne ihn beginnen.

Alle Theaterautoren kennen die berühmte Formel: »Also, mein Stück ist angenommen – jetzt fangen die Schwierigkeiten an.« Die Bestätigung dieses Satzes läßt im Fall Pagnol nicht auf sich warten. Seit seiner Rückkehr aus den Ferien gibt es Reibereien mit Darzens. Dem Direktor des Théâtre des Arts gefällt der Titel nicht. »›Phaéton‹, das besagt gar nichts«, kritisiert er. »Man hält es ganz gewiß für den Namen einer Pferdekutsche oder eines Fiakers.« Aber Marcel besteht auf »Phaéton«. Die Diskussionen ziehen sich endlos hin, keiner der Kontrahenten weicht einen Schritt zurück. Eines Tages hat Rodolphe Darzens eine Idee, die er einfach genial findet. Das Stück soll »*Jazz*« heißen.

»Aber warum ausgerechnet ›*Jazz*‹? fragt Pagnol.

»Weil ›*Jazz*‹ ein kurzes Wort ist, modern klingt, up to date ist«, erklärt der Direktor.

Es ist richtig: Paris entdeckt soeben die synkopische Musik der Schwarzen aus New Orleans, und der Charleston ist der neueste Modehit. Vor einigen Monaten erst haben Josephine Baker, Sidney Bechet und ein ganzes Ensemble von Tänzern und Musikern im Théâtre des Champs-Élysées die berühmte Revue nègre aufgeführt. Die Hauptstadt liegt im Jazz-Fieber.

»Aber ›*Jazz*‹«, beharrt Pagnol und will nicht nachgeben, »hat doch gar nichts mit meinem Stück zu tun!« »Die Ansicht, der Titel eines Werkes müsse irgend etwas mit seinem Inhalt zu tun haben, ist veraltet und nachgerade lächerlich«, gibt Darzens zurück, der einfach auf jeden Einwand eine Antwort hat. »Was für die Werbung zählt, ist ausschließlich ein möglichst zugkräftiger Titel. Im Augenblick kenne ich nichts Zugkräftigeres als ›*Jazz*‹.«

Marcel willigt schließlich ein. Soll das Stück also »*Jazz*« heißen! Er nützt die Lage aus, um Darzens mitzuteilen, er habe schon die Schauspielerin gefunden, die die Rolle der Cecile, der jungen Studentin, spielen soll: Orane Demazis. Darzens ist einverstanden.

In dem Moment, als die Sache zu laufen beginnt, gesteht Darzens Marcel, daß die Inszenierung von »*Jazz*« eine bedeutende Summe erfordere: Er habe aber keinen Sou. Marcel erschrickt heftig. Nicht so Darzens, der offensichtlich an derartige Situationen gewöhnt ist und bisher noch immer seinen Kopf aus der Schlinge gezogen hat. Genau das geschieht auch in diesem Fall wieder, dank dem Eingreifen von André Antoine.

Antoine weiß nämlich, daß jedes Jahr während der Wintersaison die Paläste und vor allem die Spielsäle im Fürstentum Monaco von den Milliardären der ganzen Welt überschwemmt werden und daß das Fürstentum dann in seinem Theater oder seiner Oper Stücke von hohem Bekanntheitsgrad aufführen läßt, ohne sich im geringsten um die Rentabilität zu kümmern.

Direktor des Grand Théâtre de Monaco ist René Blum, ein Freund von ihm. Er ist der Bruder des Sozialistenführers. Antoine gibt Blum »Phaéton«, jetzt »*Jazz*«, zu lesen. René Blum gefällt das Stück, er gibt sein Plazet. »*Jazz*« wird geprobt werden, aber dann zu einer Galaaufführung ans Grand Théâtre de Monaco kommen, das alle Dekorationen und Unkosten bezahlt und das Stück mit allen Requisiten wieder an Darzens und das Théâtre des Arts für eine symbolische Summe zurückverkauft.

Schon bei der ersten Probe tut sich eine neue Kluft auf, diesmal zwischen Pagnol und Harry Baur. Dieser verlangt nämlich den

Wegfall des fünften Aktes, in dessen Verlauf Blaise sich in einem Kabarett am Montparnasse vollaufen läßt, bevor er in einem Anfall von Wahnsinn stirbt. Harry Baur gefällt dieser Schluß nicht. Nach seiner Ansicht raubt er der Geschichte jede Glaubwürdigkeit. Er raubt dem Versager-Professor bestimmt auch jede Sympathie des Publikums. Mit einem Wort, der Schluß paßt nicht zum sonstigen Stück. Marcel besteht auf seinem letzten Akt. Darzens nimmt Harry Baurs Partei. Antoine wird als Schiedsrichter angerufen und plädiert für einen Kompromiß: Das Stück soll mit allen fünf Akten in Monaco gespielt werden, danach wird eine endgültige Entscheidung entsprechend den Reaktionen des Publikums gefällt.

Am Tag vor der Premiere von »Jazz« in Monaco bittet René Blum Henry Bernstein, er möge so gut sein und für das Programm, das in der Halle verkauft werden soll, ein paar Worte über den Autor des Stückes schreiben. Damals ist Bernstein der bedeutendste Dramatiker in Paris. Jedes Jahr bildet sein neues Stück in Paris das Ereignis der Saison. Bernstein ist bereit, sich für »Jazz« einzusetzen. Das bedeutet für Pagnol die höheren Weihen als Bühnenautor.

Von höchster Warte aus schreibt Bernstein:

»Ich sage diesem Theatermann, bei dem im wahrsten Sinne des Wortes von einer echten Berufung gesprochen werden kann, eine große Laufbahn voraus. ›Jazz‹ kündigt diese Laufbahn ganz eindeutig schon an, ja mit unumstößlicher Gewißheit.«

Was freilich die Premiere in Monte Carlo mit unumstößlicher Gewißheit zutage bringt, ist, daß in der Auseinandersetzung mit dem Autor Harry Baur im Recht ist. Das Stück ist zu lang, der letzte Akt muß gestrichen werden.

Am Tag der Premiere in Monte Carlo trifft Pagnol nach der Aufführung im Foyer des Theaters einen Herrn, dessen Gesicht ihm bekannt vorkommt. Der Herr erkennt Pagnol, zweifellos anhand des Fotos auf dem Programm, geht auf ihn zu, legt ihm die Hände auf die Schultern und sagt mit leichtem spanischem Akzent:

»Sie sind ein echter Dramatiker. So was verliert sich niemals und läßt sich auch nicht lernen!« Damit verschwindet er.

»Wer war das?« fragt Marcel den Inspizienten.

»Was«, gibt dieser zur Antwort, »den kennen Sie nicht? Das ist Blasco Ibanez!«*

Die Pariser Premiere von »*Jazz*« mit dem gestrichenen letzten Akt findet am 21. Dezember statt. Die Kritiker ergehen sich in Lobeshymnen – und diesmal folgt das Publikum. Das Stück bringt es auf 100 Vorstellungen, was für diese Zeit eine Seltenheit ist.

Von da an ist Marcel vor jedem finanziellen Problem in Sicherheit. Er braucht sein Ausscheiden aus dem Schuldienst nicht zu bereuen.

Einige Jahre später schreibt ihm ein Berliner Agent, er möge ihm das Stück schicken. Der große deutsche Schauspieler Emil Jannings möchte es lesen. Was Jannings aber an »*Jazz*« vor allem interessiert, ist gerade der fünfte Akt, von dem Harry Baur nichts wissen wollte. Marcel schickt ihm die erste Version zu. Nach einigen Monaten erfährt er, Jannings wolle sein Stück nicht spielen. Er muß in einem Film mitspielen, dessen Handlung dem fünften Akt sehr ähnelt. Der Film ist »*Der Blaue Engel*« von Joseph von Sternberg, eines der Meisterwerke des deutschen Films. Er wird erst 1930 gedreht. Professor Unrat ist der deutsche Bruder des Blaise. Ein Anklang? Ein Plagiat? Marcel Pagnol sollte niemals die Wahrheit erfahren.

---

* Blasco Ibanez ist damals ein weltweit bekannter spanischer Schriftsteller, Verfasser von u. a. »*Arènes sanglantes*« und »*Quatre chevaliers de l'apocalypse*«.

VI.

Topaze

(1926—1928)

Zwei Schritte von Orane. Die neuen Musketiere. Ein reicher jun-
ger Mann. Intermezzo des Perpetuum mobile. Ein Stück für Paris,
eines für Marseille. Max Dearly. Max Maurey. Simonne Volterra.
Antoine greift ein. »Topaze« hat Premiere. Ruhm und Reichtum.

Einige Monate lang hatte Marcel Pagnol in einem regelrechten
Loch in einem Hinterhof der Rue d'Orsel gewohnt, zwei Schritte
vom Théâtre de l'Atelier. Nun, wenige Tage vor der Premiere von
»Jazz«, zieht er um in ein Appartement am Boulevard Murat 122,
zwischen der Porte de Saint-Cloud und den Seine-Kais.
Diesmal sieht es so aus, als ob er sich für lange Zeit einrichten
wollte. Es ist allerdings keineswegs der große Luxus: Die Wohnung ist winzig, nur 28 Quadratmeter groß.
»Ich bezahle«, schreibt er an einen Freund, »pro Jahr und Quadratmeter 100 Francs, für eine Küche, ein Badezimmer und zwei
Zimmerchen, zwei Zimmer, weil eine Wand das Ganze trennt,
ohne indessen den Wohnraum zu vergrößern.« Das neu errichtete
Mietshaus gehört der Stadt Paris. Ein kleiner Garten im Innenhof
mit großen Bäumen verleiht der Anlage ein wenig Charme. Da
sich die Wohnung im Erdgeschoß befindet und nur ein Fenster
hat, das auf den Boulevard Murat hinausgeht, dringen Luft, Sonne
und Licht nur spärlich herein. »Ich muß das Fenster mit dichten
Vorhängen zuziehen, sonst lassen sich die Gaffer auf dem Trottoir
mit Klappstühlen nieder und genießen das Schauspiel, das ihnen
drinnen geboten wird!«
Zwar ist das Leben in diesem Viertel nicht anders als in einem anderen der Pariser Quartiers. Aber wie alle Siedlungen des sozialen
Wohnungsbaus, die in den Nachkriegsjahren in der Pariser Peri-

pherie erbaut worden waren, ist das Haus selbst alles andere als kleinbürgerlich. Menschen aus allen Ländern Europas haben hier Zuflucht gefunden.

»Man sieht hier«, schreibt Pagnol, »sehr viele russische Familien aus St. Petersburg, Kiew, Moskau, Odessa; auch Tscherkessen, Ägypter, Deutsche, Polen, Spanier, Holländer, Amerikaner ..., aus ihrer Heimat vertrieben durch den Terror der russischen Revolution, die Prohibition oder die Polizei. Die ganze Welt liegt direkt vor meiner Haustür. Wenn ich an meinem Fenster sitze, kann ich die Lebensweise aller Völker der Erde kennenlernen. Ohne Uniform, ohne Gehalt, ohne Diplomatenkoffer bin ich der französische Konsul am Boulevard Murat!«

In dieser Umgebung fühlt sich Pagnol sehr wohl. Er hat provinzielle Verhaltensweisen bewahrt und nimmt seine Gewohnheiten von La Plaine wieder auf. Er besucht die Bistros im Viertel, ruft die Kellner im Café bei ihren Vornamen. Seine Besorgungen macht er am Markt an der Porte de Saint-Cloud, wo er alle Verkäufer mit Namen kennt. Und alle begrüßen ihn mit »Monsieur Pagnol«. Sie wissen, daß er früher Lehrer war. Manchmal kommen die Kinder, die im Hause wohnen, zu ihm und bitten ihn, ihnen bei der Lateinübersetzung zu helfen oder ihre Geometrieaufgaben zu lösen. Das macht ihn überglücklich. An Sommerabenden sitzt er auf einer Bank im Garten, und die Nachbarn »kommen aus der Kühle ihrer Wohnungen und fordern mich zum edlen Schachspiel heraus«.

Im ersten Stock, »über der Zimmerdecke«, wohnt ein junger Mann, von dem Monsieur Lelièvre, der Hausmeister, mit Toulouser Akzent behauptet, auch er sei Schriftsteller und heiße André Malraux. Übrigens entdeckt das scharfe Auge des Monsieur Lelièvre bei seinen beiden Mietern eine gewisse Ähnlichkeit – ohne daß er sie deswegen verwechselte. Beide haben sie bleiche, ausgezehrte Gesichter, feurige Augen und schwarze Haare, wobei gelegentlich eine Strähne in die Stirn fällt. Und um beider magere Körper flattern weite Mäntel, die in der Hüfte durch einen Gürtel zusammengehalten werden.

Wenn Pagnol nach Paris hineinfährt, setzt er sich einen schwarzen Filzhut mit breiter Krempe auf, der sein Gesicht halb verdeckt. Er ist jetzt 31 Jahre alt. Immer noch sieht er wie 20 aus: Es ist seine Zeit des »Bonaparte auf der Brücke von Arcole«. Die Formulierung stammt von Marcel Achard.

Warum dieses Exil im äußersten Westen der Stadt? Natürlich: Seit er dem Condorcet den Rücken gekehrt hat und nicht mehr für die Theaterberichte im »Fortunio« verantwortlich ist, braucht er sich nicht mehr um Stunden- oder Fahrpläne zu kümmern, was für ihn immer ein Alpdruck war. Dennoch: Der Boulevard Murat 122 scheint weitab vom interessanten Stadtgeschehen zu liegen. Was nur bedingt stimmt: Eben zwei Schritte von hier, in Boulogne, wohnt nämlich Orane Demazis, am Quai du Pont-du-Jour.

Die Romanze zwischen den beiden jungen Leuten hat an Intensität zugenommen. In Wirklichkeit heißt Orane Marie-Louise. Marcel macht daraus Micou-Jolie. Ihr Verhältnis ist offiziell, alle ihre Freunde wissen Bescheid. Nie sieht man den einen ohne den anderen. Sie haben den gleichen Geschmack, mögen die gleichen Theaterstücke, die gleichen Bücher. Und im Alltag ist Orane für Marcel die vollkommene Gefährtin. Sie richtet ihm die Wohnung ein, kümmert sich um seine Wäsche, kocht für ihn. Unter ihrem Einfluß wird er erst zum wirklichen Pariser. Sie veranlaßt ihn, seine Zelluloidkragen in den Mülleimer zu werfen, diese lächerlichen Überbleibsel seiner Zeit als »Pauker«. Doch obwohl sie jede Stunde des Tages mit ihm verbringt, weigert sie sich, zu ihm zu ziehen. Abends geht sie nach Boulogne in ihre eigene Wohnung.

Sie will ihre Unabhängigkeit bewahren, ihre Freiheit als Schauspielerin, das Recht, ihre Karriere nach ihrem Gutdünken zu gestalten. Überdies hätte sie, falls sie mit Pagnol zusammenlebte, das Gefühl, ihre Familie, Schwester und Bruder im Stich zu lassen, die so sehr auf sie angewiesen sind. Niemals würde sie sich von ihnen trennen, nicht einmal im Urlaub. So glücklich sie ist, Marcels Freundin zu sein – als seine Mätresse will sie doch nicht gelten. Um so weniger, als er vor dem Gesetz noch ein verheirateter Mann ist. Er hat versucht, sich scheiden zu lassen, aber seine Frau Simonne will nichts davon wissen. Sie ist weiterhin praktizierende Katholikin und glaubt an die Worte: »Was Gott zusammengefügt hat, das soll der Mensch nicht scheiden.« Außerdem kann sie Marcel nicht verzeihen, daß er sie verlassen hat, und will ihm jede

Möglichkeit erschweren, sein Leben neu einzurichten. Ein Antrag auf Scheidung gegen eine Ehefrau, die dessen Berechtigung bestreitet, bedeutet in der damaligen Zeit monatelangen Behördenkrieg und Querelen. Marcel hat wirklich anderes zu tun, als sich durch ein Paragraphengestrüpp hindurchzuschlagen.

Pagnol akzeptiert offensichtlich bereitwillig das von Orane gewünschte Arrangement. Der ausgeprägte Ordnungssinn seiner Freundin hatte ihm nämlich etwas angst gemacht. Er für seinen Teil hat gar nichts gegen eine gewisse Anarchie im Alltagsleben, und die dauernde Anwesenheit einer Frau hätte diese Freiheit – das ist seine Befürchtung – bedroht. Um so mehr, als sich jetzt schon drei seiner engen Freunde um ihn gruppiert haben: Marcel Achard, Stève Passeur und Henri Jeanson. Der Boulevard Murat 122 ist zum Treffpunkt dieser vier Musketiere geworden.

Marcel Achard trägt zwar noch nicht die riesige runde Brille, die ihn später zum bevorzugten Objekt der Karikaturisten macht, doch zeigt er schon das charmante Lächeln, mit dem er zum Schwarm von ganz Paris werden sollte. Er ist eher schmächtig, kämmt sich einen Mittelscheitel, wirkt schüchtern, zurückhaltend und nervös. Dullin hatte ihn in einem Büro einsperren müssen, damit er überhaupt sein *»Voulez-vous jouez avec moi«* fertigschrieb. Sein Erfolg befreite ihn schließlich von einer finanziellen Misere, die er nur mit Mühe ertragen konnte. Seinen Humor hatte er deshalb jedoch nie verloren.

Wenn später eine seiner Figuren von »diesen Monatsenden, die volle drei Wochen dauern« sprach, so wußte er, was er ihr in den Mund legte. Mit dieser Art Sentenzen sind übrigens seine Dialoge üppig gespickt. Sie wurden überall von Mund zu Mund weitergereicht. Von einer ziemlich mittelmäßigen Schauspielerin, mit der er einige Wochen zusammenlebte, sagte er: »Sie ist sogar in den Szenen schlecht, die sie mir macht.«

Stève Passeur ist ebenso wortkarg, wie Achard gesprächig ist. Er stammt aus Sedan, seinen Vornamen verdankt er seiner irischen Familie. Die Eigensinnigkeit seiner Landsleute und ihre Vorliebe für phantastische Träume hat er niemals verloren. Stève Passeur ist die neueste Entdeckung von Lugné-Poe, den er durch seine zynischen und sarkastischen Stücke für sich eingenommen hat. Poe

hält ihn für die größte Hoffnung des französischen Dramas –
einen französischen Pirandello. Im Œuvre hat er für ihn sein erstes
Stück *La Maison ouverte* inszeniert, das zweite ist bereits angenommen: *La Traversée de Paris à la nage*.
Dullin möchte das dritte: *Pas encore ...* im Théâtre de l'Atelier
aufführen.
Henri Jeanson ist wie Pagnol Sohn eines Volksschullehrers und
ehemaliger Stipendiat. Entschiedener und mutiger Nonkonfor-
mist, hat Jeanson allen hohlen Ehren und der borniertem Mittel-
mäßigkeit einen gnadenlosen Kampf angesagt. Er lebt in einem
Zustand ständiger Empörung, der sich unter seiner Feder in unwiderstehlich aggressive Schlagworte umsetzt.
Seine Artikel im »Bonsoir«, kurz, frech und durchschlagend, sind
reiner Sprengstoff und bilden die Ansätze für einen neuen, von
ihm entwickelten Stil, der eine ganze Generation von Journalisten
prägen sollte.
Unter den vier jungen Leuten entsteht bald über bloße Freundschaft hinaus eine fröhliche Komplizenschaft. Der Zufall will es,
daß jeder von den vieren in diesem Jahr 1927 an dem Stück arbeitet, das die erste Stelle im jeweiligen Gesamtwerk einnehmen
sollte. Für Pagnol ist das *La Belle et la bête*, d. h. *Topaze*, Marcel Achard schreibt an *Jean de la Lune* (*Jean der Träumer*),
Stève Passeur an *L'Acheteuse* (*Mann wird verkauft*) und Jeanson an *Toi, que j'ai tant aimé*.
Die Abende, an denen sie sich am Boulevard Murat 122 treffen,
sich Szenen vorlesen, die sie gerade geschrieben haben, sich gegenseitig um Rat fragen, sind keineswegs von gegenseitiger Beweih-
räucherung geprägt. Es herrscht vielmehr eine herzliche Scho-
nungslosigkeit, die erfrischend und fruchtbar ist.
»Lieber Monsieur Stève Passeur«, beginnt zum Beispiel Jeanson,
»dessen nächster Flop Monsieur Lugné-Poe endgültig ruinieren
wird ...« usw.
Und an Marcel Achards Adresse gerichtet, sagen sie gerne:
»Wenn du nicht zugibst, daß du nur ein Dummkopf aus Lyon
bist ...«
Das Theater, seine Gesetze, seine Logik, seine Philosophie, ist für
sie unendlicher, unerschöpflicher Gesprächsstoff.

»Wenn der Vorhang hochgeht«, verkündet Pagnol, »geht es nur um die eine Frage: Vögeln sie oder vögeln sie nicht? Vögeln sie, handelt es sich um eine Komödie, vögeln sie nicht, um eine Tragödie.« Oder auch:

»Wenn du eine Handlung auf die Bretter bringst, dann muß auch wirklich gehandelt werden! Immer wenn du Nebenfiguren erklären läßt, was die Hauptfiguren gesagt oder getan haben, ist schon die Luft raus.«

Für sie ist das Ereignis des Jahres weniger der 20. Mai, an dem ein 25jähriger Amerikaner in Bourget landet, nachdem er die erste Flugzeugüberquerung des Atlantik vollbracht hat (obwohl sie durchaus Sinn für die außerordentliche Publikumswirksamkeit der Worte haben, die er bei der Landung des Flugzeugs ausspricht: I am Lindbergh), als vielmehr am 6. Juli das Bündnis zwischen dem Vierergespann Baty, Dullin, Jouvet und Pitoëff.

Eines Morgens klopft ein fünfter Musketier bei Pagnol an die Tür. Er hat gehört, daß Pagnol dort wohnt, und ist gerade in eine riesige Wohnung im siebten Stock des benachbarten Mietshauses eingezogen. »*Jazz*« hat ihm großen Eindruck gemacht, so daß er unbedingt den Verfasser kennenlernen will. Er heißt Jacques Théry. Im Unterschied zu Pagnol, Achard, Passeur oder Jeanson, die alle aus bescheidenen Verhältnissen kommen und lange Zeit als des »Teufels rußiger Bruder« durchs Leben gehen mußten, ist Jacques Théry schon mit einem Goldstück im Mund auf die Welt gekommen.

Seine Familie ist steinreich.

Jacques Théry ist auch Dramatiker, aber ein Autor von besonderer Art. Es sind zwar schon mehrere Komödien von ihm aufgeführt worden, aber nur eine stammt von ihm allein: »*Blanchefleur*«, die im Théâtre de la Potinière Premiere hat. Die anderen sind von anderen, erfolgreichen Autoren geschrieben worden, allerdings nach Ideen von ihm. Zum Beispiel wird einer der großen derzeitigen Bühnenschlager, »*Le Dompteur ou l'Anglais tel qu'on le mange*« als »Komödie von Alfred Savoir nach einer Idee von Jacques Théry« angekündigt. Théry schlägt Pagnol eine Zusammenarbeit dieser Art vor. Sie wird ohne Umschweife abgelehnt. Théry besitzt

Takt genug, um nicht weiterzubohren. Pagnol ist er sympathisch, die beiden Männer beschließen, sich nicht aus den Augen zu verlieren.

Am Beispiel von Jacques Théry nimmt jetzt Pagnol, der, ohne es zu wissen, immer noch ein armer junger Mann ist, wahr, wie sich die Existenz eines reichen jungen Mannes ausnimmt. Théry wirft mit Pointen, aber auch mit Geld um sich. Die hübschesten Schauspielerinnen sind seine Geliebten, er überhäuft sie verschwenderisch mit Geschenken. Wie ein Verrückter rast er mit den teuersten Autos durch die Straßen. Seine Wohnung ist vollgestopft mit den erlesensten Luxusmöbeln. Zur persönlichen Bedienung verfügt er über eine Köchin, ein Zimmermädchen und einen Butler. Jeden Abend gibt er große Diners für 20 Personen, die er mit Kaviar und Champagner traktiert. Er bittet Pagnol, sich stets als seinen Gast zu betrachten, auch in seiner Abwesenheit – ein Angebot, das gelegentlich ausgenutzt wird. Die Köchin Célestine schwärmt für den Marseiller Akzent, kocht für Pagnol seine kleinen Lieblingsgerichte, und während er sie sich schmecken läßt, erzählt sie ihm von ihrer unglücklichen Ehe.

Am 6. Oktober ereignet sich etwas, das den fünf Freunden in seiner Tragweite nicht recht bewußt ist, das aber entscheidenden Einfluß auf ihr Schicksal haben sollte. In Hollywood präsentieren Warner Brothers einem ausgewählten Publikum den ersten »Tonfilm«: »Le Chanteur jazz«. Vorlage für den Film ist das Leben Al Jolsons, eines Vorsängers in der Synagoge, der Zirkusartist geworden ist und in der Music-Hall auftritt. Wenn für Pagnol und seine Freunde diese historische Filmvorführung kein Thema ist, so einfach deshalb, weil sie nichts davon wissen. Die Neuigkeit ist noch nicht bis zu ihnen vorgedrungen. Die Presse reagiert höchstens mit kurzen Notizen, und Theaterautoren haben für das Kino nur Verachtung übrig.

Marcel Pagnol arbeitet noch immer an »La Belle et la bête«, vier Jahre sind es jetzt im ganzen. Das erste Mal erwähnt er das Stück 1923 in einem Brief an Jean Ballard. Die Aussicht, es dem Urteil der Öffentlichkeit aussetzen zu müssen, lähmt ihn total. Seiner Ansicht nach hat er nach »Les Marchands de gloire« und »Jazz« nicht mehr das Recht, sich einen nur halben Erfolg zu leisten (was auch ein halber Mißerfolg wäre). Ja er entwickelt sogar eine »Theorie des dritten Stückes«.

Wenn die Freunde ihn wegen seiner »Impotenz« verspotten (nicht ohne gewisse Untertöne), antwortet Pagnol mit gespieltem Ernst: »Es liegt auf der Hand, meine Herren, daß Ihr Geist, oberflächlich wie er ist, die Bedeutung des dritten Stückes in der Laufbahn eines Autors einfach nicht begreifen kann. Das dritte Stück ist das Werk, das er auf der Grundlage einer gewissen Erfahrung verfaßt, ohne daß aber diese Erfahrung die jugendliche Frische und schöpferische Phantasie schon erstickt hätte. Mit diesem dritten Stück gelangt ein Autor also auf den Gipfel seines Schaffens. Bedenkt übrigens: ›Le Cid‹ ist das dritte Stück von Corneille, ›Cyrano de Bergerac‹ das dritte Stück von Edmond Rostand.«

Am Ende solcher Tiraden täuschen die drei Freunde immer ein lautes Schnarchkonzert vor.

Nicht all seine Kräfte verwendet er aber für die letzten Arbeiten an »La Belle et la bête«.

Was tut er in der übrigen Zeit?

Zunächst treibt er seine Forschungsarbeiten für die berühmte Erfindung voran, die ihm zu einem Vermögen verhelfen soll und die er niemals aufgegeben hat. Seine Werkstatt und sein Labor hat er sich im Badezimmer eingerichtet. Aller verfügbare Raum ist von einem geheimnisvollen, komplizierten und umfangreichen Apparat ausgefüllt. Metallische Arme, die sich nach allen Richtungen ausstrecken, versetzen den Besucher in Bestürzung, drohen ihm die Augen auszustechen. Auf bestimmte Schnüre am Boden darf man um Himmels willen nicht treten, weil sonst die Anstrengung einer ganzen Woche umsonst wäre. Als Marcel Achard Pagnol bittet, ihm das Ziel dieser Arbeiten genau zu erklären, antwortet er scherzend: »Ich suche nach der Formel für das Perpetuum mobile.«

Monatelang danach stellt ihm sein Freund bei jeder Begegnung die Frage:

»Und, hast du es erfunden?«

»Was?«

»Das Perpetuum mobile.«

»Ja, vorgestern, vorgestern war es mir eingefallen. Aber am Abend habe ich es wieder vergessen.«

»Dieses Perpetuum mobile«, konstatiert Achard, »scheint ja von betrüblicher Unbeständigkeit zu sein.«

Aber Vorsicht! Im Hirn Pagnols handelt es sich wahrlich nicht um einen bloßen Scherz. Er arbeitet ganz ernsthaft daran, einen Explosionsmotor auf neuer Grundlage zu entwickeln.

An einen Verwandten schreibt er: »Seit Jahren arbeite ich an einem neuen Motor, den ich im Prinzip erfunden zu haben glaube. Ich schmiede selbst die Ersatzteile und mache so meine Versuche. Von Zeit zu Zeit springen mir die Stücke einer Röhre ins Gesicht. O ihr reinen, einsamen Freuden!«

Dann mischt er weiter im Literaturbetrieb mit. Er hat noch nicht verwunden, daß ihm die Pariser Ausgabe des »Fortunio« nicht geglückt ist. Er interessiert sich sehr für die Entwicklung der »Cahiers du Sud«. Niemals hat sein Briefwechsel mit Jean Ballard aufgehört.

Er schreibt ihm: »Ich habe ein Buch mit Versen von Gaillard in die Hand bekommen. Das ist ein wirklicher Dichter. Da ist Musik, Bildkraft und Geheimnis darin. Ich habe sein Buch Bekannten zum Lesen gegeben. Aber ich muß Dir leise gestehen, daß ich erlebt habe, wie manche von ihnen die Arme in die Höhe warfen – und keineswegs aus Bewunderung! Doch habe ich auch andere erlebt, die von diesen Gedichten sehr angerührt waren. Mir gefallen sie, obwohl ich nicht alles verstehe, sie sagen wirklich etwas aus.«*

Marcel Pagnol hat noch Ideen für andere Stücke: »Pirouettes«, »Bien-Aimé«. Aber er arbeitet ohne rechten Glauben daran. Die unglückliche Ehe der Célestine, Köchin bei Jacques Théry, regt ihn zu einer bitteren Posse an, die aber seiner Meinung nach nie-

---

* André Gaillard, ein hochbegabter, mit 30 Jahren verstorbener Dichter, prägte mit seiner Handschrift die »Cahiers du Sud«. Diesen neuen Titel gab Jean Ballard 1925 dem »Fortunio«, den er nach dem Ausscheiden Marcel Pagnols weiter erscheinen ließ. Unter dem Einfluß Gaillards schlossen sich die »Cahiers du Sud« der surrealistischen Bewegung an und spielten in der Entwicklung der französischen zeitgenössischen Dichtung eine entscheidende Rolle. Trotz größter Schwierigkeiten gelang es Jean Ballard, die »Cahiers du Sud« fast ein halbes Jahrhundert lang herauszugeben. Alle großen französischen Dichter des 20. Jahrhunderts tauchen im Inhaltsverzeichnis auf: Valéry, Saint-John-Perse, Supervielle, Desnos, Joé Bousquet, Eluard, Crevel, Follain, Michaux usw. Die letzte Nummer der »Cahiers du Sud« erschien im Dezember 1966.

mals gespielt werden wird. Trotzdem macht es ihm Spaß, sie auszuarbeiten. Als unverbesserlicher Perfektionist schreibt er Szenen aus »*Jazz*« um, das auf Tournee gehen soll. Und schließlich gibt er sich noch einer ganz mysteriösen Tätigkeit hin. Nur Orane Demazis weiß Bescheid, den Freunden erzählt er nichts davon. Pagnol schreibt ein Stück, das in Marseille spielt. Die Idee dazu kam von Pierre Blanchar, der, im algerischen Philippeville geboren, Marseille gut kennt. Er hat sein Kapitänspatent für Hochseeschiffahrt an der École d'hydrographie vorbereitet, dann entschloß er sich, Schauspieler zu werden.

Eines Abends speisen Pagnol und Blanchar zusammen und verlieren sich in einem langen Gespräch über diese von beiden so geliebte Stadt. Marcel redet sich heiß, erzählt vom Vieux-Port, der Pont Transbordeur, vom Rive-Neuve, von La Plaine und findet dabei, vom Heimweh übermannt, so sprechende Worte, so glückliche Formulierungen, daß Blanchar plötzlich ganz hingerissen ausruft:

»Du mußt ein Stück über Marseille schreiben!«

Ein Stück über Marseille, warum nicht? Pagnol erinnert sich an das Abenteuer mit »*Tonton*«. Alles in allem keine allzu schlechte Erinnerung. Es fallen ihm seine Spekulationen über die Honorare ein, die er eingestrichen hätte, wenn das Stück weitergelaufen und er der einzige Verfasser gewesen wäre. Warum nicht einen neuen Versuch wagen? Warum nicht im Ton der lokalen »Revuen« eine Komödie schreiben, die nur in Marseille und im Falle eines Erfolges auch in Avignon oder Toulon gespielt werden würde?

Selbstverständlich ist ungeheuer wichtig dabei, daß kein Mensch in Paris, kein Theaterdirektor, kein Schauspieler, kein Kritiker jemals von diesem Werk erfährt, das nur aus finanziellen Gründen das Licht der Welt erblicken soll. Pagnol möchte in der Welt des Theaters als ernst zu nehmender Autor gelten. All sein Ehrgeiz richtet sich auf »*La Belle et la bête*«. Er möchte, daß es auf einer großen Bühne von großen Schauspielern gespielt wird. Um nichts in der Welt würde er es zulassen, daß er aufgrund einer Indiskretion in die Reihen der Provinz-Possenschreiber oder der Verfasser von Revuen für Music-Halls eingeordnet wird. Deshalb also muß dieser Theaterplan strikt geheim bleiben. Wie bei »*Tonton*« wird er das Stück mit »Castro« signieren.

Er setzt sich an die Arbeit. Da ein klassischer Humanist seine Ausbildung niemals verleugnen kann, baut Pagnol seine Komödie auf einer dem klassischen Theater entliehenen Konstellation auf: ein junges Mädchen, um dessen Gunst sich ein junger Mann und ein Tattergreis in die Haare geraten. Es ist das Thema der »*Schule der Frauen*« und des »*Barbier von Sevilla*«. Heldin soll eine Muschelverkäuferin vom Vieux-Port sein, der jugendliche Liebhaber ein Barkeeper, der Tattergreis ein reicher Kaufmann vom Quai de Rive-Neuve, der auf Lieferungen für die Marine spezialisiert ist. Seinen jungen Helden – Marius – konzipiert Pagnol als romantische Seele, einen Marseiller Bruder der Helden Hugos oder Mussets. Sein Schicksal wird von einer fremden Macht bestimmt – dem Fernweh –, das sich als stärker erweist als die Liebe. Auch sie ist eine »Kraft, die in die Weite drängt«.

Dieses Thema der Reise ans Ende der Welt ist in der damaligen Literatur und am Theater weit verbreitet. Man findet es bei Sarment, Morand und Vitrac. Mallarmés Vers »Flieht fern von hier, o flieht! So wie berauschte Vögel ...« könnte über diesem Jahr 1925 als neue Formel für die Zeitkrankheit dieses Jahrhunderts stehen.

In der ersten Nummer des »Fortunio« von Aix-en-Provence hat Arno-Charles Brun eine Erzählung veröffentlicht: die Geschichte eines jungen Mannes, dessen Vater, ein reicher Industrieller, sich zurückziehen und ihm die Leitung seiner florierenden Unternehmen übertragen möchte. Der Sohn ist in einem Hause aufgewachsen, dessen Wände mit Gemälden bedeckt sind. Sie erzählen das Leben seines Großvaters als Hochseekapitän bei der Handelsmarine. Er wird immer in großer Uniform porträtiert. Auf Zeichnungen sieht man die großen Segler, die er kommandiert hat: Die »Reine-des-Anges«, »Notre-Dame-des-Anges«. Auch gibt es Karten von fernen Meeren, übersät mit Inseln mit verführerischen Namen, und von merkwürdigen Himmelsstrichen dort am Ende der Welt. Diese Umgebung hat auf das Gemüt des jungen Mannes wie ein Zaubertrank gewirkt. Entgegen dem Wunsch seines Vaters wird er Seemann.

Diese »Krankheit« des Marius beschwört auch der Dichter Louis
Brauquier in Versen in seiner Sammlung *»Au-delà de Suez«*:
»Die Götter, die Gewässer und das Meer, die flücht'gen Schiffe
Gespräche an den Theken, an denen Menschen lehnen,
Der öde Kai, wenn lange die Schiffe weggeglitten;
Die Abende am Hafen, mir schweigsame Gefährten:
Sie haben mich der Menschen Gemeinschaft ganz entfremdet
Und mich verführt allmählich zur Buhlschaft mit den Schiffen.
Heimliche Kuppler ihr, gesandt von der Besatzung,
Wie gut verkauft ihr mir die weiten Horizonte!«*
Man sieht, es fehlt dem Marius nicht an literarischen Taufpaten.
Alle Theaterautoren denken, während sie ihre Stücke schreiben,
an einen idealen Interpreten. Bei *»Marius«* macht Pagnol keine
Ausnahme von dieser Regel und stellt sich ihn in Gestalt seines
Freundes vom »Fortunio« vor, des schönen Charles Corbessas
von La Plaine, der seinen *»Catulle«* so gut verkörpert hatte.
In dem Maß, wie seine Arbeit vorankommt, kommen Pagnol Far-
ben, Gerüche, Bilder in Erinnerung. Die Wonnen und Wunder der
Kindheit und Jugend sind tief im Gedächtnis und im Herzen ein-
gegraben, tiefer, als er vermutet hätte.
»Ich wußte nicht, daß ich in Marseille verliebt war«, schrieb er spä-
ter.
»Oft ist es erst die Ferne, die uns eine Liebe bewußt macht.«
Alltägliche Redewendungen, die er längst vergessen glaubte, fließen ihm zwanglos in die Feder. Das ganze bunte Völkchen der kleinen Welt Marseilles, das die Verfasser der Revuen im Alcazar

---

* In einem Interview, das er Edith Mora von den »Nouvelles littéraires« 1959 gab,
sagte Pagnol in Anwesenheit des Chefredakteurs – kein anderer als Gabriel
d'Aubarède, ehemaliger Mitarbeiter des »Fortunio«: »Marius habe nicht ich erfunden. Weißt du noch, d'Aubarède? Wie Louis Brauquier uns in Marseille mit
seinem Meer, seinen Inseln, seinen Schiffen den Mund wäßrig machte? Wir
machten uns über ihn lustig, denn er selbst verreiste nie. Jeden Tag pilgerte er
brav ins Büro und kritzelte sein Papier voll. Und doch – eines Tages war er verschwunden ... Weit weg, nach Australien. Und weißt du, was er dort machte? Er
pilgerte brav in ein Büro und kritzelte sein Papier voll. 20 Jahre lang! Also, wie
ihr seht, für meinen Marius brauchte ich nur ihn zu beobachten und andere
Leute in meiner Nähe und aufzuschreiben, was sie sagten.« (Les Nouvelles littéraires, 16. Juli 1959)

durch ständige Wiederholung auf wenige griffige Typen reduziert haben, gewinnt in seiner Phantasie neues Leben, und nicht so, wie es schon unzählige Male dargestellt worden war, sondern so, wie es wirklich ist, frei von allen Klischees, mit seinen Vorzügen und Fehlern, Leidenschaften und Plänen, seiner Größe und seiner Unscheinbarkeit. Er braucht nichts anderes zu tun, als es einfach leben zu lassen. Es ist ein »Stück vom Leben«, wie sein Meister André Antoine es liebt. Ein »Théâtre libre von Marseille«, bereichert durch den Akzent, das Temperament und die Sonne!

Pagnol schließt die Arbeiten an »*Marius*« (»Zum Goldenen Anker«) und *La Belle et la bête*« genau gleichzeitig ab. Zum letzten Schliff an dem zweiten Stück hat, ohne es zu wissen, Théry ihn veranlaßt. Während eines Gesprächs über den alt gewordenen Pauker in der Pension Muche, der am Ende, elender denn je, in den prächtigen Räumen seines alten Gymnasiums noch einmal auftaucht, verspricht sich Théry und nennt den Alten Topaze.

»Nicht Topaze«, verbessert ihn Pagnol. »Tamise!«

Aber Topaze gefällt ihm. Eigentlich ist er noch gar nicht zufrieden mit dem Namen der Hauptfigur: Monsieur Martinet. Die Symmetrie Topaze/Tamise dagegen kommt ihm sehr geglückt vor. Sofort trifft er seine Entscheidung: Der durch fragwürdige Tricks reichgewordene Pauker wird neu getauft, und mit ihm die ganze Komödie. Aus »*La Belle et la bête*« wird »*Monsieur Topaze*«.

Pagnol läßt die beiden Stücke sauber abtippen, und einige Tage später hält er von beiden sieben Exemplare in der Hand. Er versteckt die Manuskripte des »*Marius*« bei sich in einem Wandschrank, wo sie niemand suchen wird. Denn im Augenblick kommt es ihm nur darauf an, »*Monsieur Topaze*« den Theaterdirektoren und Intendanten vorzulegen. Natürlich auch Antoine.

Die Sache fängt schlecht an. Pierre Blanchar, der am Théâtre Sarah-Bernhardt spielt, gibt ein Exemplar der Komödie seinen Direktoren, den Gebrüdern Isola. Sie lesen sie und geben sofort ihr Urteil ab: »Das« gefällt ihnen nicht, »das« hat keine Chance, jemals auf einer Bühne, die etwas auf sich hält, aufgeführt zu werden.

Pagnol hat ein weiteres Exemplar Rodolphe Darzens überlassen, der, wie berichtet, »Jazz« unter abenteuerlichen Umständen inszeniert hatte. Darzens ist immer noch Direktor am Théâtre des Arts. Er ist begeistert von dem Stück. Sofort nach Beendigung der Lektüre schickt er das Manuskript an René Blum, der sich seinerseits ohne Zögern bereit erklärt, es, wie »Jazz«, in Monte Carlo auf die Bühne zu bringen.

Darzens bittet Marcel Pagnol, ihn aufzusuchen. Er möchte noch am selben Tag die Annahmebestätigung unterzeichnen. Aber Marcel sagt weder ja noch nein.

Der Grund ist, daß er daneben auch ein Manuskriptexemplar der Comédie des Champs-Élysées zu Händen von Louis Jouvet, Firmin Gémier vom Odéon und Victor Boucher vom Théâtre de la Michodière übergeben hat. Alle drei lesen das Stück innerhalb von 48 Stunden. Und alle drei halten es für vorzüglich. Aber keiner von ihnen gibt eine klare Antwort, keiner schlägt einen Termin vor – jeder hat seine Gründe.

Jouvet hat soeben mit dem »Siegfried« von Jean Giraudoux den Erfolg errungen, auf den er sich, wie er sagt, am meisten zugute hält. Es ist für ihn klar, daß er jetzt nicht gleich ein neues Stück inszenieren kann.

Gémier zögert: »Paßt dieses Stück wirklich zum Odéon?« Und Victor Boucher wünscht eine Anzahl von Änderungen. Außerdem macht er geltend, er könne ohne Zustimmung seines Kompagnons keine Verpflichtungen eingehen.

All diese Spiegelfechtereien sind von Pagnol vergessen, als der Telegrammbote an seine Tür klopft und ihm eine Nachricht in zwei Zeilen aushändigt: »Bin interessiert an Ihrem Stück. Möchte Sie so bald wie möglich sprechen. Max Dearly.«

Max Dearly ist damals der populärste Theaterstar in Paris. In allen Sparten: als Komiker in Music-Halls, als Schauspieler in Boulevardstücken und leichten Komödien – hat er Triumphe gefeiert. Er hat auf die Musik von Offenbach den berühmten »Valse chaloupée« inszeniert, die Mistinguett bekannt gemacht und Van Dongen beeinflußt. Er ist der von Flers und Caillavet bevorzugte Interpret und hat Hunderte von Malen »Miquette et sa mère«, »Le Roi«, »Le Bois sacré« gespielt. Obwohl gebürtiger Pariser, hat er in London debütiert, und von seinem Aufenthalt in England ist seiner Stimme ein näselnder Klang geblieben, der seinen Sätzen einen selten komischen Akzent gibt.

»Wenn Max Dearly ›Monsieur Topaze‹ spielen würde – das wäre eine Chance!« schießt es Pagnol durch den Kopf.

Aber Orane Demazis ist da ganz, ja wirklich ganz anderer Meinung. Der bloße Name Max Dearly erzeugt in ihr heftigste Ablehnung. Sie möchte eine Schauspielerin im Dienst des großen Theaters sein, nur große Autoren und große Texte interpretieren. Für sie ist Max Dearly und die leichte Muse, bei der er Triumphe feiert, das Schlimmste vom Schlimmen, das Ende der Kunst.

»Also wirklich«, sagt sie zu Pagnol, »du willst doch nicht im Ernst, daß ›Monsieur Topaze‹ wie ein vulgärer Hit am Boulevard gespielt wird! Es kann nicht sein, daß du an so etwas denkst!«

Nun, Pagnol denkt genau an so etwas. Auf keinen Fall will er sich wie seine Freunde Achard und Passeur ins Ghetto der Theater der Avantgarde sperren lassen. Er hegt ehrliche Bewunderung für Dullin oder Pitoëff, aber seit er in Paris ist, sieht er ihre Schwierigkeiten, rentable Aufführungen von Meisterwerken zu inszenieren, die doch niemals über 50 Vorstellungen hinauskommen.

Übrigens ist er keineswegs der Ansicht, daß sich Bernstein, Duvernois, Capus, Savoir oder Bataille, die er inzwischen kennengelernt hat, jemals etwas durch den Erfolg ihrer Boulevardstücke vergeben haben, einen Erfolg, der schließlich auch ihren Ruhm und ihr Vermögen ausgemacht hat. Noch ist das Kind in ihm lebendig, das einst am Familientisch verkündet hat: »Eines Tages werde ich reich sein!« Er hat das Gefühl, hier biete sich ihm eine einmalige Chance, und er ist nicht der Mann, sie zu verpassen.

Daher also versetzt ihn das Telegramm Max Dearlys in einen solchen Zustand unruhiger Euphorie. Eiligst begibt er sich zum vereinbarten Treffen im Théâtre de Paris in der Rue Blanche, wo Max Dearly in einer Operette auftritt.

»Ihre Komödie kommt mir gerade recht.« Mit diesen Worten empfängt ihn der Schauspieler in seinem Umkleideraum. »Ich soll in Nizza die Leitung des Théâtre du Palais de la Méditerranée übernehmen. Das ist ein gerade erbautes, ganz ansehnliches Gebäude an der Promenade des Anglais. Wir haben die Absicht, es mit Ihrem ›Monsieur Topaze‹ einzuweihen. Ich werde das Stück dort unten einen Monat lang spielen. Danach bringe ich es während eines weiteren Monats hier im Théâtre de Paris zur Aufführung ... Und wir werden einen solchen Schlager daraus machen, daß auch nach meinem Ausscheiden der Siegeslauf des Stückes nicht gebremst wird. Das Theater findet leicht einen guten Nachfolger für meine Rolle. Sie werden Jahre um Jahre auf den Plakaten stehen. Was sagen Sie dazu?«

Pagnol sagt nicht viel dazu. Er findet es herrlich, daß Max Dearly sein Stück spielen will, ist aber enttäuscht, daß das in Nizza sein soll. Er zögert, das Angebot anzunehmen, hat jedoch gleichzeitig Angst abzulehnen. Zum Glück bleibt ihm gar keine Zeit, eine Antwort zu geben. Der Inspizient klopft an die Garderobentür:

»Monsieur Dearly, noch 30 Sekunden, dann sind Sie dran.«

Max Dearly muß sich sputen, wenn er seinen Auftritt nicht verpassen will.

»Denken Sie darüber nach«, sagt er zu Pagnol und stürzt hinaus in die Kulissen. »Besuchen Sie mich wieder!«

Die Unschlüssigkeit Pagnols ist nur von kurzer Dauer. Von André Antoine kommt die Mitteilung, er wolle ihn ganz dringend sprechen. Pagnol eilt stehenden Fußes zur Place Dauphine. Kaum hat er den Mund geöffnet, ruft Antoine ihm schon zu:

»›Monsieur Topaze‹, ganz ausgezeichnet! Ein Stück für Les Variétés!«

Marcel Pagnol ist einen Moment sprachlos. Les Variétés ist eines der größten Boulevardtheater, doch spielt man dort vor allem ziemlich oberflächliche Salonkomödien, grob gestrickte Unterhaltungs- und Boulevardstücke. Seiner Ansicht nach ist sein Stück von ganz anderer Qualität, er will damit viel höher hinaus ...

Antoine sieht die Verwirrung im Gesicht seines Besuchers und errät den Grund:

»Um Himmels willen, bitte inszenieren Sie keinen zweiten ›Fall Boubouroche‹!«

Marcel steht mit offenem Munde da. Antoine fährt fort:

»Ja wirklich. Als mir Georges Courteline ›Boubouroche‹ brachte, glaubte er, er habe eine Tragödie geschrieben. Er wollte Mounet-Sully. Mein Verdienst ist es, ihm klargemacht zu haben, es handle sich vor allem um eine Komödie. Mit ›Monsieur Topaze‹ ist es das gleiche. Die Entdeckung, daß die Welt der Politik und Wirtschaft durch und durch korrupt ist, ist sicher für Ihren so sympathischen und naiven kleinen Pauker ein schreckliches Drama. Aber für den Zuschauer haben Sie ein komisches, ein sehr komisches Stück geschrieben. Das ist der Grund, weshalb ich sage: ein Stück für Les Variétés! Der Direktor der Variétés ist mein guter Freund Max Maurey. Sofort nachdem ich Ihr Manuskript gelesen hatte, habe ich es ihm mit ein paar Bemerkungen zugeschickt. Ich habe ihm erklärt, eine wie hohe Meinung ich von Ihnen und Ihren Arbeiten habe, habe ihm auch auseinandergesetzt, warum ›Monsieur Topaze‹ gerade in sein Theater gehört. Es ist mir gelungen, ihn zu überzeugen. Er erwartet Sie!«

Max Maurey stellt das Muster eines Boulevard-Direktors dar. Elegant bis in die Schnurrbartspitzen, die er mit dem Brenneisen frisiert, blendend aussehend, hat er alle Entwicklungsstufen einer typischen Pariser Persönlichkeit durchlaufen. Als Sohn wohlhabender Bürger des ersten Arrondissements kann er blendende Examina vorweisen. Nach Absolvierung der École centrale entschied er sich, Journalist zu werden, und arbeitete als Nachrichtenredakteur beim »Gil Blas«. Einmal duellierte er sich mit schwerem Säbel. Zwischen der Oper und der Madeleine gründete er die Capucines, wo leichtbekleidete Mädchen freizügige Komödien spielen. Im Grand-Guignol war er Direktor. Dort nehmen sich die Stücke wie kuriose Sandwiches aus: Zwei Akte voller Schrecken und Grauen, in denen sich die Akteure peitschen, foltern, die Augen auskratzen, die Glieder ausrenken, die Eingeweide herausreißen und in einer Orgie von Blut erwürgen, geben den Rahmen ab für eine kleine Einlage der leichten Muse. Max Maurey hat selbst einige derartige Erzeugnisse verfaßt. Den Höhepunkt seiner Karriere hat er mit der Übernahme der Direktion des Théâtre des Variétés erreicht.

Max Maurey empfängt Marcel Pagnol in seinem düsteren Arbeitsraum, zu dem man durch die in Rokokostil gehaltene Passage des Panoramas hinaufsteigt, zwei Schritte von der Kreuzung Montmartre entfernt. Er bestätigt dem jungen Autor, was dieser schon von Antoine erfahren hat. Er ist bereit, »Monsieur Topaze« in seinem Theater zu spielen. Er unterzeichnet den Kontrakt, den man in der Autorenvereinigung das »Bulletin de reception« (Bestätigung der Annahme) nennt. Für Pagnol ist das ein großer Augenblick. Am gleichen Abend noch findet die Feier des Tages in dem kleinen Zwei-Zimmer-Appartement am Boulevard Murat statt. Auf Marcels und Orane Demazis' Einladung hin begießen all ihre Freunde das Ereignis ausgiebig.

Marcel Pagnol sucht Max Dearly noch einmal auf und erklärt ihm, was sich in der Zwischenzeit getan hat. Dearly beglückwünscht ihn in seiner großzügigen Art. Das Théâtre des Variétés kennt er gut. Lange Zeit stand er dort an der Spitze des Programms. Er hat »Azais« und »Mon bébé« uraufgeführt.

»Papa Antoine hat recht«, sagt er zu Pagnol. »Man kann sich keine bessere Umgebung für ›Monsieur Topaze‹ wünschen. Und machen Sie sich keine Sorgen: Wir sehen uns wieder. Es wird ein anderes Stück von Ihnen in der Rue Blanche aufgeführt werden.«

Marcel hatte noch eine andere Idee gehabt: Er hatte Max Dearly für Nizza und das Palais de la Méditerranée sein Marseille-Stück »Marius« übergeben. Aber niemals sollte er erfahren, ob Max Dearly es wirklich gelesen hatte. Sicher ist aber, daß sich das Manuskript ein paar Tage später in einem Stapel anderer Manuskripte befindet, die im Büro von Simonne Volterra darauf warten, gelesen zu werden, was zwar möglich, aber keineswegs wahrscheinlich ist. Simonne Volterra leitet gemeinsam mit Léon Volterra das Théâtre de Paris.

Wir befinden uns in den ersten Tagen des Jahres 1928, die Welt des Theaters ist von einer Periode verhältnismäßiger Ruhe gezeichnet, wie sie jedes Jahr auf Weihnachten und Neujahr folgt. Simonne Volterra, die Chefin, ist allein dort in der Rue Blanche. Ihr Mann mußte daheim in ihrer Wohnung in Neuilly bleiben, eine böse Grippe fesselt ihn ans Bett. Um sich zu zerstreuen, beginnt Simonne in einem Manuskript zu lesen, das ganz oben auf dem Stapel liegt. Ohne Zweifel ist es der Titel, der sie reizt: »Marius«. Sie stammt selbst aus dem Süden und hängt an ihren Jugenderinnerungen. Sie liest die ersten Szenen, ist hingerissen. Verschlingt die folgenden. Am Ende ist sie ganz und gar gewonnen. Sie bringt das Stück ihrem Mann.

»Lies das«, sagt sie. »Da ist Sonne drin. Es wird dich gesund machen.«

Zwar ist Léon Volterra nicht so begeistert wie seine Frau, aber auch er findet die Komödie reizvoll. Er entschließt sich, sie im Gedächtnis zu behalten. Im Moment hat er in seinem Theater keine freien Termine, aber man wird sehen. Übrigens könnte diese Geschichte aus Marseille, so überlegt er, im Bedarfsfall ein ganz hübsches Libretto für eine Operette abgeben. Mit einer guten Musik, z. B. von Messager oder Scotto, müßte ein Erfolg daraus zu machen sein. Man könnte es auch auseinandernehmen und in eine Revue verwandeln. Es enthält eine Menge Szenen, eine köstliche Kartenpartie beispielsweise, die man ohne weiteres einzeln spielen könnte. Raimu wäre exzellent dafür. Er steht für dieses Jahr mit den Volterras unter Vertrag und spielt genau diese Art Show in einem anderen Theater, das ihnen gehört: im Marigny.

Natürlich muß Simonne mit dem Autor Kontakt aufnehmen. Aber wie und wo? Es steht keine Adresse auf dem Manuskript. Aber Marcel läßt sich über die Autorenvereinigung leicht finden. Am 6. Januar empfängt ihn Simonne Volterra. Sie beglückwünscht ihn zu seinem Stück, erzählt ihm von Raimu. Sie rät ihm, ihm sein Manuskript zu schicken. Am Ende unterzeichnet sie den Vertrag über »Marius« für das Théâtre de Paris.

Also zwei Stücke, gleichzeitig geschrieben, an zwei Theatern in Paris im Abstand von nur wenigen Tagen angenommen! Pagnol ist außer sich vor Freude, eine Freude, die freilich nicht alle seine Freunde teilen. Einigen von ihnen bereitet es doch etwas Unbehagen, daß die großen Boulevardtheater ihm so großzügig ihre Tore öffnen und daß sich Pagnol so ohne Rücksicht auf Verluste hindurchdrängt. Hinter den Kulissen des Œuvre, des Atelier, des Mathurins macht man ihm leise Vorwürfe wegen dieser »Untreue« gegenüber dem »guten« Theater, dem sich seine Freunde verschrieben haben. Wenn er noch seine Theaterberichte im »Fortunio« schriebe, so fragen sich manche, würde er dann seine eigenen Stücke unter der Rubrik »Theater« oder »Geschäft« einordnen? Louis Jouvet hält mit seiner Enttäuschung nicht hinter dem Berg, ebenso Rodolphe Darzens. Eines Tages begegnet Pagnol Gaston Baty, einem der vier Direktoren des »Kartells«.

»Offensichtlich wollen Sie Ihr neues Stück in den Variétés spielen lassen«, sagt Baty.

»Das stimmt«, entgegnet Pagnol.

»Dann sind Sie fürs Theater verloren«, seufzt Baty. »Sie laufen dem Geld hinterher. Das zerreißt mir das Herz.«

Allein Marcel Achard nimmt ohne jeden Hintergedanken am Glück und der Freude seines Freundes Anteil und ist einfach begeistert über diesen Absprung in Richtung einer großen Karriere, die er ja schon immer vorausgesehen hatte.

Es macht wirklich Spaß, »Pagnol im Glück« zu beobachten.

Aber plötzlich schlägt alles in sein Gegenteil um. Der Enthusiasmus Max Maureys für *Topaze* schwindet zusehends. Schon bereut er die Voreiligkeit, mit der er das Stück angenommen hat. So etwas ist nicht ungewöhnlich. Wenn der Premierentermin eines neuen Stücks näherrückt, werden die Theaterdirektoren nervös, mutlos und unschlüssig. Max Maurey macht keine Ausnahme von dieser Regel. Er fürchtet, sein Freund Antoine könnte sich getäuscht haben, er selbst sei zu schnell seinem Einfluß erlegen. Wieder und wieder, mehrere Male, liest er die Komödie. Er gibt sie seinem Inspizienten, seinem Buchhalter, seiner Sekretärin, seinem Kassierer zu lesen.

Langsam bildet sich unter dem Theaterpersonal und Max Maureys Mitarbeitern eine kleine Verschwörung gegen »Monsieur Topaze«. Die Meinung wird laut, »Monsieur Topaze« sei kein Stück für das »Haus«. Das Publikum des Theaters setze sich aus gehobenen, feinsinnigen Bürgern zusammen, so heißt es. In den Stücken, die diese Leute dort zu sehen gewohnt seien, kämen normalerweise jugendliche Helden im Smoking auf die Bühne, reife Männer im dunklen Anzug oder jugendliche Liebhaberinnen in großer Abendtoilette. Die »Arme-Leute-Atmosphäre« der Pension Muche wird ihnen bestimmt nicht gefallen. Die Probleme dieser jämmerlichen Pauker können sie doch einfach nicht interessieren. Und über manche Dialogsätze werden sie schockiert sein ...

»Außerdem«, so wird hinzugefügt, »liegt es nicht in der Tradition der Variétés, Stücke von neuen Autoren anzukündigen. Wer kennt schon diesen Pagnol! Dem Vernehmen nach sind zwei Stücke von ihm gespielt worden. Aber wo? Man hat kaum etwas darüber gehört!«

Mit einem Wort, Max Maurey ist es nicht mehr ganz geheuer,

»*Monsieur Topaze*« aus der Taufe heben zu sollen. Wie könnte er sich diesen Pagnol und sein Stück wieder vom Hals schaffen?

Für einen Direktor gibt es in einer solchen Situation ein elegantes Mittel, sich aus der Klemme zu ziehen: ein Stück zu inszenieren, dessen enormer Erfolg es Jahr um Jahr auf dem Spielplan hält. Im allgemeinen wird dann der Autor, der als nächster an der Reihe ist, ungeduldig und bittet um die freundliche Erlaubnis, sein Stück woanders unterbringen zu dürfen. Aber so etwas ist leichter gesagt als getan.

Maurey hofft auf dieses Mittel, indem er ein Salonstück von zwei Modeautoren, Louis Verneuil und Georges Berr, auf die Bühne bringt. Sein Titel: »*Mademoiselle Flute*«.

Es wird ein großer Reinfall.

Pagnol wird erneut bei den Variétés vorstellig.

Maurey windet sich. Gerade habe man ihm das Geschäft der Saison angeboten, eine Komödie von Sacha Guitry, »*Un Miracle*«, und der nächste Trumpf dabei ist: Als Hauptdarsteller steht ihm der im Augenblick berühmteste jugendliche Held zur Verfügung, Pierre Fresnay, der soeben mit einem Skandal der Comédie Française gekündigt hat. Der sich daran anschließende Prozeß hielt ganz Paris in Atem. Es ist klar, daß Max Maurey weiß, für wen er sich angesichts dieses unbekannten Pagnol auf der einen und den Herren Sacha Guitry und Pierre Fresnay auf der andern Seite zu entscheiden hat.

Die Premiere von »*Monsieur Topaze*« wird also ein weiteres Mal verschoben. Pagnol beißt sich vor Zorn auf die Lippen. Auch André Antoine ist ärgerlich. Er nimmt vor Maurey zwar kein Blatt vor den Mund, ändert dessen Meinung aber nicht. Pagnol ist um so unglücklicher, als er auch nicht die Spur einer Nachricht von den Volterras und von Raimu erhält, denen er sein anderes Stück angeboten hat. Seine Sorge ist, daß nach der ersten Begeisterung »*Marius*« in einer Schublade verschwindet, aus der er nicht leicht wieder hervorgeholt werden kann. Und er ist damit keineswegs im Irrtum.

»*Un Miracle*« wird in den Variétés aufgeführt und ist eine riesige Pleite. Weder der Name Sacha Guitry noch das Können und der Ruhm Pierre Fresnays retten das Stück. Für den einen wie den anderen bedeutet »*Un Miracle*« einen der wenigen Mißerfolge in ihrer Laufbahn.

Wieder erscheint Pagnol in der Passage des Panoramas, aber nur, um sich von Maurey wieder vertrösten lassen zu müssen. Das nächste Stück ist schon in Planung, wieder ein Salonstück: »*La Fille et le garçon*« von Georges Dolley. Erneuter Protest des Autors von »*Monsieur Topaze*«, erneute Intervention von Antoine. Und wieder ein Mißerfolg für die Variétés: »*La Fille et le garçon*« ist ein Flop.

Diesmal nimmt Antoine höchstpersönlich die Dinge in die Hand. Er erscheint vor Maurey wie das Standbild des Komturs und ermahnt ihn, die gegenüber seinem jungen Schützling eingegangenen Verpflichtungen auch einzuhalten. In Paris sind die Zornesausbrüche Antoines gefürchtet, und tatsächlich: Maurey gibt nach. Freilich nicht leichten Herzens. Er kündigt an, man werde mit den Proben zu »*Monsieur Topaze*« von Monsieur Marcel Pagnol in den ersten Septembertagen beginnen. Mitte Oktober wird dann die Premiere sein.

Es wäre falsch zu behaupten, das Abenteuer von »*Monsieur Topaze*« hätte in gegenseitiger Harmonie und mit frischem Elan begonnen. Da Maurey das Stück nur gezwungenermaßen in Arbeit nimmt, ist klar, daß er auch das kleinste Risiko zu vermeiden bestrebt ist. Seiner Meinung nach ist die Pleite unvermeidlich. Also muß er dafür sorgen, wenigstens die Kosten möglichst gering zu halten. Maurey hat es vor allem eilig, sich diesen Grünschnabel Pagnol, der so unerträglich von sich selbst überzeugt ist, vom Halse zu schaffen.

Damals war es die Regel, daß jedes Theater am Boulevard für jeweils ein Jahr ein eigenes Ensemble engagierte. Jeder der dazugehörigen Schauspieler war fähig, die unterschiedlichsten Rollen zu übernehmen. Das Ensemble konnte daher in seiner Gesamtheit die Aufführung aller vorgesehenen Stücke sicherstellen, und zwar um so leichter, als es sich immer um die gleiche Art Stücke handelte.

Von ihrer ersten Begegnung an geraten sich Maurey und Pagnol in die Haare. Zuerst geht es darum, welcher Darsteller den Topaze spielen soll. Für Maurey ist das keine Frage. Es ist die Hauptrolle des Stückes, und sie wird von André Lefaur übernommen, dem Star der Truppe.

Pagnol ist ganz und gar nicht einverstanden. Seiner Ansicht nach ist Lefaur viel zu alt.

»Topaze«, so erklärt er, »darf die 40 nicht überschritten haben. Wäre er älter, hätte er längst begriffen, daß Monsieur Muche, sein Direktor, ein Schweinehund ist. Er würde nicht mehr an die strengen moralischen Grundsätze glauben, die er seinen Schülern einzuprägen sucht. Oder er wäre zumindest ein Dummkopf, ein verzweifelter Fall. Andererseits muß er noch sehr unschuldig sein, um sich so leicht in eine Abenteurerin verlieben zu können.

Pagnol wagt kaum damit herauszurücken, daß er die Rolle schon seinem Freund René Simon versprochen hat, der im Vergleich zu Lefaur den Vorzug hat, so alt wie die Figur des Stückes zu sein.

Aber für Maurey kommt es gar nicht in Frage, einen Schauspieler von außerhalb zu engagieren.

»Lefaur spielt, und damit basta!«

André Antoine beruhigt Pagnol.

»Lefaur wird seine Sache sehr gut machen. Vergessen Sie nicht, daß die Hauptfigur während des ganzen Stückes auf der Bühne steht. Sie werden vergeblich nach einem jungen Darsteller Ausschau halten, der in der Lage ist, diesen Marathonlauf durchzustehen!«

Pagnol gibt nach. Und ist bald ganz beruhigt. Lefaur macht ihm schon bei der ersten Probe einen vorzüglichen Eindruck.

Die Rolle der Suzy hat Max Maurey Jeanne Renouardt zugedacht, auch sie Mitglied des Ensembles. Doch ihr Vertrag läuft aus, und sie verläßt die Truppe. Max Maurey engagiert Jeanne Provost, die für ihre Schönheit und Eleganz berühmt ist.

»Dies sind nicht einmal ihre wichtigsten Vorzüge«, erklärt Lefaur. »Sie ist eine jener seltenen Schauspielerinnen, die auf der Bühne offensichtlich auch begreifen, was sie spielen!«

Aus seinem Munde ist das kein kleines Kompliment. Jeder Schauspieler in Paris weiß, daß Lefaur eher ein Weiberfeind ist. Man sagt auch, Maurey sei auf Jeanne Provost verfallen, weil ihr der Ruf vorausgeht, kein Glück zu haben. Tatsächlich hat sie im Augenblick mehrere Mißerfolge hinter sich. Um so schneller wird er

Marcel Pagnol und sein Stück wieder loswerden. Um die Regie kümmern sich, wie es an den Boulevardtheatern Brauch ist, die Schauspieler selbst, der Inspizient und der Autor. Falls es Zweifel über die Bedeutung einer Szene, über die Betonung in einem Satz gibt, springt Marcel Pagnol im Zuschauerraum auf und klärt die Lage.

Für die kleinen Rollen werden gewöhnlich Stückverträge mit den Schauspielern abgeschlossen. Wichtig ist dabei, daß sie keine großen Forderungen stellen. So kommt es, daß einem gewissen Pierre Larquey, der einen Amateurwettbewerb gewonnen hat, seines Zeichens Spielzeugkaufmann, die Rolle des Tamise anvertraut wird. Nie wieder kehrte er in seinen alten Beruf zurück. Für die Figur des würdigen Alten, des Erpressers, der nur in einer Szene auftritt, ist der Inspizient Saint-Paul vorgesehen. Es gibt in Paris eine Schule für Kinderschauspieler, geleitet von Rognoni, einem ehemaligen Darsteller am Théâtre Français. Seine Schüler bilden im ersten Akt die Klasse von Topaze.

Am Tag, an dem der Drucker den ersten Abzug des Plakats ins Büro des Direktors bringt, finden Maurey und Pagnol, daß die Gestaltung des Titels »*Monsieur Topaze*« nicht sehr geglückt ist. Vielleicht eignet sich überhaupt der Titel in seiner jetzigen Form schlecht für eine gute graphische Lösung.

»Und wenn wir das Wort ›Monsieur‹ einfach wegließen?« meint Pagnol. »Wenn wir das Stück einfach ›*Topaze*‹ (›Das große Abc‹) betiteln würden?«

»Das wäre vielleicht gut«, überlegt Maurey, »aber wie soll dann das Publikum wissen, daß es sich um den Namen der Hauptfigur handelt?«

»Und Knock?« gibt der Autor zu bedenken. »Wußte irgend jemand, was oder wer ›*Knock*‹ ist, als man den Titel sah? Und doch hat das nicht verhindert, daß das Stück ein Triumph wurde.«

Nun, alle sind einverstanden: »*Topaze*« allein ist besser. Der Drucker zieht mit seinem Entwurf ab und verbessert ihn.

Solange die Proben dauern, herrscht in den Kulissen und auf der Bühne immer dickere Luft.

Durch die jüngsten drei Mißerfolge ist die Moral der Truppe sehr angeschlagen. André Lefaur, dem das Stück ehrlich gefällt und der an den Erfolg glaubt, bemüht sich am Nachmittag, seinen Kollegen ein wenig Optimismus einzuflößen. Aber seine Anstrengungen haben keinen Erfolg.

Am 7. Oktober, d. h. zwei Tage vor der Premiere, wird der Vorverkauf eröffnet. Vorläufig keineswegs ein Renner. Das ist um so besorgniserregender, als am gleichen Tag der Präsident der Republik, Gaston Doumergue, im Grand Palais die 22. Automobilausstellung eröffnet, die immer viele Menschen aus der Provinz nach Paris lockt und erfahrungsgemäß am Abend die Theatersäle füllt. Eine Gelegenheit, Höchsteinnahmen zu erzielen.

Aber das in den Variétés angekündigte Stück interessiert offenbar niemanden.

Als er während einer Probenpause allein im Zuschauerraum sitzt, bemerkt Marcel Pagnol im schwachen Licht, das die Bühne erhellt, zwei Gestalten im blauen Arbeitsanzug, die sich mit einem Zollstock auf der Fläche zu schaffen machen und Zahlen in ein Notizbuch schreiben. »Was macht ihr da oben?« fragt er.

»Wir nehmen die Maße für die Dekorationen des nächsten Stückes«, antwortet der eine von ihnen.

»Ich bin noch gar nicht tot, und sie nehmen schon die Maße für meinen Sarg«, sagt Pagnol abends zu Orane.

Am Abend vor der Premiere faßt Max Maurey alles, was er sich zur Ermutigung seines Autors abringen kann, in dem Satz zusammen:

»Am Theater weiß man nie etwas mit Sicherheit voraus, nicht einmal einen Flop!«

Am 9. Oktober erlebt Paris ein glanzvolles Ereignis: Maurice Chevalier hat ins Claridge an den Champs-Élysées eingeladen, bevor er in die Vereinigten Staaten abreist. In der Nacht will er sich in Le Havre an Bord der »Île-de-France« einschiffen. In allen großen Städten Amerikas soll er singen und auch Ernst Lubitsch in Hollywood treffen, um mit ihm *Die lustige Witwe* zu drehen. Es wird drei Jahre dauern, bevor er wieder nach Frankreich zurückkommt. Sein Abschiedsfest nimmt die Dimensionen eines nationalen Ereignisses an. Alle Zeitungen widmen dieser Abreise mehrere Spalten ihrer Titelseite.

Nach dem Empfang im Claridge begibt sich der Großteil der

Gäste in die Variétés. Max Maurey hat sich zum Meister in der Kunst entwickelt, ein exquisites Premierenpublikum zusammenzutrommeln. Alle bedeutenden Kritiker sind anwesend: Pierre Brisson, Robert Kemp, Franc-Nohain, Fortunat Strowski, ebenso die Berichterstatter Pierre Bénard, James de Coquet. Man sieht die Freunde des Autors aus Paris: Marcel Achard, Stève Passeur, Léopold Marchand, Henry Jeanson; aus Marseille: Carlo Rim, Paul Nivoix, Gabriel d'Aubarède. Der Inspizient hat sie im Parkett und auf den Rängen verteilt, damit sie bei Bedarf die Begeisterung ihrer Sitznachbarn anheizen können. Unnötige Vorsichtsmaßnahme!

Kurz nach 21 Uhr hebt sich der Vorhang. Als er das erste Mal, drei Stunden später, fällt, spendet der ganze Zuschauerraum stehend den Schauspielern und dem Autor nicht enden wollende Ovationen.

Die Zeitungen überschlagen sich am nächsten Tag, um die Vorzüge des Werkes und des Autors Pagnol in den schmeichelhaftesten Worten herauszustreichen. Die Kritiker vergleichen ihn mit Émile Augier, Henri Becque, Mirbeau, Labiche, Courteline.

Maurice Rostand schreibt:

»Insgeheim glaubte ich das Beifallsklatschen Molierès und Marivaux' zu hören.«

Und Fortunat Strowski läßt sich folgendermaßen vernehmen:

»Dem herrlichsten Sieg das kürzeste Preislied. Für einen derart vollständigen Triumph fehlen mir die Worte.« Und weiter heißt es: »Der durchschlagende Erfolg, den in den Variétés Marcel Pagnol mit seinem Stück ›Topaze‹ davongetragen hat, läßt mich an die überraschende Ankunft Lindberghs denken, einen Coup, der ohne großen Wirbel in aller Zurückhaltung erfolgte. Marcel Pagnol, vor vier Jahren aus dem Süden zugezogen, ein junger Universitätsabsolvent, landet mit einer Komödie in fünf Akten im Arm und großer Schüchternheit im Herzen in den Variétés. Wie Lindbergh könnte er, bescheidener Student mit großer Zukunft, sagen: I am Pagnol!«

Mit einer Zeitverschiebung von 30 Jahren und in einem Abstand von 200 Metern hat Paris auf den großen Boulevards eine neue »Nacht des Cyrano« erlebt. Zum zweiten Mal hat sich ein junger

30jähriger aus Marseille an einem Theaterabend die Anerkennung und das Herz der Hauptstadt erobert. Die Parallele »Cyrano«/ »Topaze« zeigt sich nicht nur in der Herkunft und im Schicksal der beiden Autoren, sondern sogar in ihren Werken.

»›Cyrano de Bergerac‹«, hatte André Antoine behauptet, »ist ein Nachzügler der Romantik. 50 Jahre nach der Uraufführung von ›Hernani‹ schuf Edmond Rostand mit seinem Stück das Meisterwerk, an dem sich alle Romantiker vergeblich versucht hatten.«

Im gleichen Sinn erweckt »Topaze« den Eindruck eines »Nachzüglers« des satirischen Theaters, für das Pagnol 30 Jahre nach »Les Affaires sont les affaires« das eigentliche Meisterwerk geschrieben hat.

Die Premierensäle, in denen die Freunde des Autors jeweils zahlreich vertreten und geschickt verteilt sind, empfangen ein uraufgeführtes Werk manchmal mit Enthusiasmus, der dann aber nicht einmal bis zum nächsten Abend anhält. Das hat einen Journalisten zu der Bemerkung veranlaßt: »Paß auf, daß der Triumph auch wirklich ein Erfolg wird!«

Genau das geschieht im Fall von »Topaze«. Das Stück ist der absolute Renner der Saison. Die Nachricht verbreitet sich wie ein Lauffeuer in Paris. Schon am nächsten Tag bildet sich in der ersten Stunde nach Öffnung der Vorverkaufskassen eine Warteschlange vor dem Schalter, die bald 50 Meter auf den Boulevard Montmartre hinausreicht. Die Leute bringen sich fast um in ihren Beifallsbezeugungen für André Lefaur, Jeanne Provost und ihre Kollegen. Die Agenten aus dem Ausland geben sich die Klinke in die Hand. »Topaze« wird in alle Weltsprachen übersetzt. In Paris bringt jeden Abend der Inspizient an der Hauptsäule des Peristyls vor den Variétés ein Schild mit der Aufschrift »Ausverkauft« an – es läßt sich denken mit welcher Genugtuung. Überall in Theaterkreisen spricht man von nichts anderem als von »Topaze«, seinem Erfolg und seinen phänomenalen Einnahmen.

Pagnol jubelt.

Er schreibt: »Das Publikum, das gute, echte, breite Publikum, das nicht einmal den Namen des Autors kennt, das sein Geld ausgibt, um sich zu amüsieren, das lacht und weint ohne Hintergedanken: das ist das Schöne daran, und das macht mich so glücklich!«

An Allerheiligen kommt auch Joseph Pagnol nach Paris, um einer Vorstellung von »*Topaze*« beizuwohnen.

Er findet das Stück sehr gut. Die moralischen Grundsätze, die darin enthalten sind und denen er voll zustimmt, machen ihn überglücklich. Und doch fühlt er sich nicht ganz behaglich. Die Dimensionen, die das Leben seines Sohnes angenommen, die Kraft, mit der er Paris erobert hat, der Erfolg – und auch die ersten Anzeichen des Reichtums – schüchtern ihn ein. Nach dem Theater hat Marcel seinen Vater zum Abendessen in eine große Brasserie an den Boulevards eingeladen. Da endlich stellt Joseph Marcel nach langem Zögern die Frage, die ihn schon monatelang quält:

»Also Marcel, wenn ich richtig verstanden habe, gehst du nicht mehr ins Gymnasium?«

»Nein ...«, gibt Marcel zur Antwort, »ich habe mich ohne Gehalt beurlauben lassen.«

»Ohne Gehalt?« wiederholt Joseph und mustert die Luxuseinrichtung des Etablissements ringsum.

»Ohne Gehalt!«

Dann, nach einem Augenblick des Schweigens:

»Und wovon lebst du dann?«

Einige Tage danach betritt Léon Volterra sein Büro im Théâtre de Paris und fragt seine Frau Simonne:

»Daß ich's nicht vergesse – dieser Typ, der diesen Wirbel bei Maurey verursacht hat, dieser ... wie heißt er doch – Pagnol, richtig. Hat uns dieser Pagnol nicht ein Stück angedreht, das in Marseille spielt?«

»Ich glaube ja«, antwortet sie. »Es ist ja schon mehrere Monate her. Ich werde es nachprüfen.«

Simonne Volterra kramt in dem Schrank mit den Manuskripten in Wartestellung, von denen wenige die Chance haben, überhaupt jemals ihr Schattendasein aufzugeben. Sie zieht ein Bündel Papiere aus dem Stapel. Und liest den Titel vor: »*Marius*«, Stück in fünf Akten von Marcel Pagnol.

»Das ist es«, sagt sie. »Es ist derselbe Autor.«

»Gut«, sagt Volterra. »Es ist Zeit, Verbindung mit ihm aufzunehmen.«

»Ich war gerade dabei, es zu tun«, gibt die Chefin zur Antwort.

VII.

Marius und Raimu

(1929—1930)

»Marius« bei den Volterras. Raimu beansprucht César. Die Seeigel
»Bei Titin«. »Topaze« total. Paris hofiert den Vieux-Port. Moby
Dick in Saint-Tropez. Kittys schöne Augen. Die Topazette. Geburt
von Jacques und »Fanny«. Der »sprechende« Film. Beginn einer
neuen Ära.

Als Marcel in der Rue Blanche Simonne und Léon Volterra gegen-
übersitzt, ergreift dieser mit der für ihn charakteristischen Offenheit das Wort:
»Das mit ›Marius‹ geht in Ordnung. Als nächstes sind Sie im Théâtre de Paris an der Reihe.«
Das bedeutet im Klartext, daß, sobald die Einnahmen aus dem
momentan auf dem Programm stehenden Schauspiel, einer Ope-
rette von Messager, »Coups de roulis«, sinken, »Marius« an seine
Stelle tritt. Die Proben können dann beginnen. Es ist jetzt Ende
November. Volterra denkt, daß es im Januar soweit sein wird. An-
fang März soll »Marius« Premiere haben.
»Es wird unsere große Frühjahrsinszenierung werden«, fügt Vol-
terra hinzu. Und weiter:
»Wir könnten auch schon über die Rollenverteilung sprechen.
Haben Sie irgendwelche Ideen?«
»Ja«, antwortet Pagnol.
»Ich höre.«
»Also, für die Rolle des Marius denke ich mir Pierre Blanchar. Er
kennt das Stück und wäre einverstanden. Er hat in Marseille gelebt
und beherrscht den Akzent.«
»Blanchar, gut!« unterbricht ihn Volterra und fährt fort:
»Für die Fanny habe ich Gaby Morlay unter Vertrag. Die Rolle ist
ihr wie auf den Leib geschrieben.«

»Nein«, entgegnet Pagnol.

Gaby Morlay ist der neue Star der Boulevards und sammelt geradezu Erfolge. Pagnols Weigerung und der Ton, in dem er sie vorbringt, überraschen Simonne Volterra. Als sie ihn damals zur Vertragsunterzeichnung empfing, war er so schüchtern, so unbeholfen, so ... provinziell gewesen. Aber natürlich hat es in der Zwischenzeit die überaus erfolgreiche Aufführung von »Topaze« gegeben, und es ist nicht mehr der gleiche Pagnol, der hier vor ihr sitzt: nicht mehr der kleine aus dem Condorcet ausgeschiedene Aufpasser. Er ist nun ein Erfolgsautor, war ein Niemand, jetzt ist er eine Berühmtheit, war arm, jetzt ist er reich. In der Rue Blanche ist er mit seinem neuen Auto vorgefahren, dem ersten, das er nicht gebraucht gekauft hat: ein Hispano-Suiza.

»Fanny«, erklärt sich Pagnol deutlicher, »soll von Orane Demazis gespielt werden!«

An die Marotten seiner Autoren ist Volterra gewöhnt. Er weiß, daß man hier mit direktem Vorgehen nicht weiterkommt. Über Fanny wird man später noch einmal reden.

»Für Panisse stelle ich mir Victor Francen vor«, sagt Volterra.

Victor Francen ist der große Spezialist für die Rolle des 40jährigen Verführers. Er ist ein alter Knabe, der sich gut gehalten hat und immer noch Erfolge bei der Weiblichkeit vorweisen kann. Für die Rolle des Panisse wäre er sicher geeignet, wenn er Provenzale wäre. Aber leider ist er Belgier ...

Pagnol erklärt mit Nachdruck und sehr offen: »In ›Marius‹ müssen alle Figuren mit möglichst reinem provenzalischen Akzent sprechen. Das zwingt uns, als Darsteller ausschließlich Leute aus Marseille, Toulon oder Arles zu nehmen. Jedenfalls bestimmt keinen Belgier.«

»Haben Sie einen Vorschlag für die Rolle des Panisse?« fragt Volterra.

»Ja«, gibt Pagnol zur Antwort. »Raimu war im Gespräch.«

»Raimu?«

»Ich bin sicher, daß er vorzüglich ist.«

Raimu spielt gerade im Théâtre de Paris in »Coups de roulis«.

»Das ist auch meine Ansicht«, wirft Simonne Volterra ein.

»Vorsicht«, gibt da Volterra zu bedenken, »Raimu mag zwar ein

ausgezeichneter Schauspieler sein, aber er ist auch eine Riesenner-
vensäge. Bitte, ich habe euch gewarnt. Kommt dann nicht und
weint mir etwas vor!«

Pagnol bleibt bei seinem Vorschlag. Er möchte Raimu. Raimu
steht in den Vierzigern, und wenn er auch übereinstimmend als exzellenter Schauspieler gilt, so hat er sich doch als Darsteller von
Hauptrollen noch nicht ins erste Glied hinaufgespielt.

Er ist in Toulon als Sohn eines Teppichhändlers geboren. Schon
früh fühlte er sich zum Theater hingezogen. Er war Souffleur, Komiker in der Armee, Sänger in Konzertcafés. Sein Landsmann
Félix Majol, der Interpret des Chansons »*Mains des femmes*«, veranlaßte ihn zur Übersiedlung nach Paris, wo er ihn in sein Ensemble aufnahm. Er hatte soeben das Concert parisien gekauft
und führte es unter seinem Namen weiter.

Pierre Brisson, Kritiker der Zeitung »Le Temps«, hatte Raimu in
einer Revue gesehen und ihm geraten, zum Theater zu gehen. Die
große Réjane bewunderte ihn und stieß ins gleiche Horn.

Und: »Bei Ihrem Talent, Menschenskind, was suchen Sie da in der
Music-Hall?« sagte Lucien Guitry.

Also tastete sich Raimu vorsichtig zur Komödie vor. Er spielte in
der Premiere von »*Faisons un rêve*« mit Sacha Guitry, von »*L'École
des cocottes*« mit Max Dearly und übernahm eine Rolle im »*Roi*«
von Flers und Caillavet und in »*Monsieur Chasse*« von Feydeau.
Aber Nebenrollen machen einen eben nicht zum großen Star, und
Auftritte bei Wiederaufnahmen ebensowenig. In »*Coups de roulis*« steht Raimu immer noch nicht ganz oben auf den Plakaten.

Alles läuft einfach zu gut, und die Schwierigkeiten lassen nicht
mehr lange auf sich warten.

Pierre Blanchar ist zum vorgesehenen Termin nicht frei. Nur wenige Tage zuvor hat er eine Rolle angenommen, die ihm Henry
Bernstein in seinem nächsten Stück angeboten hatte. Die Suche
nach einem Interpreten des Marius geht also weiter.

Raimu seinerseits ist ganz einverstanden, in dem Stück zu spielen,
aber Panisse, nein, der kommt für ihn nicht in Frage. Wenn, dann
muß es César sein.

Volterra, seine Frau, Pagnol, dann alle drei zusammen versuchen ihn umzustimmen. Sie reden auf ihn ein, erklären, César sei eine zweitrangige Figur, und die eigentlichen Helden seien Marius und Panisse. Vergebens, Raimu bleibt stur.

»Die wichtigste Persönlichkeit«, gibt er zur Antwort, »die Persönlichkeit, die alle überstrahlt, ist diejenige, um die sich alles dreht. Und hier dreht sich alles um César. Ich spiele den César oder gar nicht!«

Seine Argumentation ist nicht dumm, aber er hat auch noch andere Gründe. Er möchte den Panisse nämlich nicht spielen, weil er weiß, daß der alte Knacker eine bemitleidenswerte Figur ist. Und daß sie infolgedessen niemanden zum Lachen bringen wird.

»Kannst du dir vorstellen, wie ich Fanny in der Ecke der Auslage auflauere und ihr den Hof mache?« vertraut er sich einem Freund an.

Außerdem kennt Raimu als alter Bühnenhase den Vorteil, den man aus dieser Art Rollen ziehen kann, selbst wenn César nur eine Nebenrolle ist. Während die Helden im Vordergrund gezwungen sind, die Handlung voranzutreiben, haben die dummen »Auguste« im zweiten Glied Zeit und Muße, die Lacher auf ihre Seite zu bringen. Raimu hat in dieser Hinsicht bereits alle Effekte ausgezählt, die sich mit den Rollen des César, der Honorine, des Escartefigue oder des Monsieur Brun erzielen lassen. Und er weiß genau, daß die Rolle des Panisse ihrem Darsteller keine solche Gelegenheit bietet.

Ohne Zweifel hat Raimu auch instinktiv erkannt, daß Pagnol, möglicherweise unbewußt, im Text des César seine persönliche Sicht der Vaterfigur verarbeitet hat: der mediterrane Vater, insbesondere der Chef des Clans und des Stammes, die Autorität, die für die Aufrechterhaltung der Ordnung sorgt. Diese überragende Bedeutung des Vaters zieht sich als Konstante durch Pagnols gesamtes Werk. Man kann sie in »Angèle«, »La Fille du puisatier« (»Die Tochter des Brunnenmachers«), »Naïs« und sogar in »Manon des sources« (»Gottes liebe Kinder«) wiederfinden. Die Liebe zwischen Fanny und Marius ist offensichtlich weit weniger bewegend als die Leidenschaft Césars für seinen Sohn, und wenn am Ende das Schicksal grausam erscheint, so weniger weil es die beiden Liebenden trennt, sondern weil es den Sohn dem Herzen des Vaters entreißt. Dies alles hat Raimu bereits beim ersten Lesen des Manuskripts empfunden.

Pagnol gibt schließlich nach. Und in dem Augenblick, da alle mit seiner Übernahme der Rolle des César einverstanden sind, wirft sich Raimu selbst zum Chef des Ensembles auf. Er betrachtet sich von da an als Leiter des Unternehmens und fordert als solcher den Bühnenbildner auf, über den Eingang zur Bar die Aufschrift »Bei César« zu setzen.

Einige hundert Meter vom Théâtre de Paris gibt es in der Rue La Bruyère ein Restaurant »Bei Titin«. Diese kurze Bezeichnung weist gleichzeitig auf den Vornamen des Besitzers, die Entstehung des Lokals und seine Spezialitäten hin. Die an der Tür angeschlagene Menükarte enthält geröstete Barben, Tintenfische in schwimmendem Fett, Pieds paquets. Jeden Tag, an dem sie ankommen, werden die Seeigel von Carry-le-Rouet verspeist. Titin spricht mit dem Akzent von Belle-de-Mai und unterhält herzliche Beziehungen zu seiner Kundschaft. Einmal pro Woche bereitet er für einige Auserwählte persönlich die Bouillabaisse. Bei ihm treffen sich die Schauspieler der Volterras zum Mittagessen. Der Stammgast, auf den er mit dem größten Stolz blickt, ist ohne Zweifel Monsieur Raimu, für den er sich bis zur Lobhudelei hinreißen läßt. Es genügt, daß Raimu die Brauen runzelt: Schon stürzt Titin herbei, um ihm den kleinsten Wunsch von den Augen abzulesen. Damals wurde in diesen Räumlichkeiten Theatergeschichte gemacht: »Hier vollzieht sich eines der bedeutendsten Ereignisse in der Theaterwelt des 20. Jahrhunderts: die Geburt der Freundschaft zwischen Pagnol und Raimu.«

Auch Marcel Pagnol läßt sich nicht lange bitten, Stammgast in diesem Lokal zu werden. Hier sitzen er und Raimu sich beim Mittagessen gegenüber und diskutieren die Rollenverteilung für »*Marius*« bis ins letzte Detail, bevor sie sie von Volterra bestätigen lassen.

Niemand in Paris kennt besser als Raimu »die Schauspieler mit möglichst reinem provenzalischem Akzent«, wie sie Pagnol braucht. »Bei Titin« entscheidet sich, daß Paul Dullac für den Escartefigue, Alida Rouffe (die bei der Uraufführung des *»Tonton«* in Marseille mitgewirkt hat) für die Honorine, der kleine Maupi für die Rolle des Chauffeurs und Henri Vilbert – der junge Neffe des Stars – für die des Polizeiagenten engagiert wird. Hier »Bei Titin« gibt Raimu Pagnol den Rat, im Odéon einen Schauspieler aufzusuchen, der dort im *Chotard et compagnie* von Roger Ferdinand spielt und nach seiner Meinung einen perfekten Panisse abgeben würde.

»Am Odéon?« wundert sich Pagnol.

»Genau, am Odéon.«

»Hat er den Akzent?«

»Er stammt aus Venelles bei Aix.«

Also tritt Fernand Charpin in die Truppe ein. Jetzt fehlt nur noch ein Marius.

Raimu denkt an Berval, einen jungen Star von der Music-Hall, schön wie ein olympischer Gott. Pagnol würde gerne Charles Corbessas eine Chance geben, dem er die Rolle bei einer Uraufführung in Marseille zugedacht hatte. Er läßt ihn zum Vorsprechen nach Paris kommen. Aber da erfahren die beiden, daß Volterra, beunruhigt darüber, daß Tag für Tag ohne Lösung verstreicht, bereits Pierre Fresnay engagiert hat. In heller Aufregung beklagt sich Raimu bei jedem, der es hören will:

»Das wäre genauso blödsinnig, wie wenn man einen elsässischen Protestanten einen Wirt in Marseille spielen lassen würde!«

Er ruft Titin zum Zeugen an:

»Bitte, Titin, sag' mir, alter Junge, kennst du einen einzigen protestantischen Wirt in Marseille?«

»Ich kenne keinen«, schwört Titin und legt die Hand aufs Herz ...

Was Raimu nicht weiß, ist, daß Pierre Fresnay vor zwei Jahren seinen Militärdienst im 141. Infanterieregiment in Marseille abgeleistet hat und perfekt den provenzalischen Akzent beherrscht.

Während sie die pikant gewürzten Speisen Titins gemeinsam genießen, kommen Marcel Pagnol und Raimu einander näher, lernen einander verstehen und schätzen. Raimu ist zwölf Jahre älter als Pagnol, dessen jugendliches Aussehen den Altersunterschied noch betont. Seinem legendären Mißtrauen zum Trotz fällt er dem Charme seines Gesprächspartners zum Opfer. Er ist entzückt, einen Autor gefunden zu haben – für ihn eine Seltenheit –, der ihm zuhört. Und kein beliebiger Autor, sondern der von *»Topaze«*!

Übrigens ist Pagnol für ihn noch viel mehr als ein Autor, nämlich ein Professor! Er hat bis zum Alter von 20 Jahren auf der Schulbank gesessen, man kann ihn alles fragen! Auf welchen Stern am Himmel wird man nach dem Tode versetzt? Wie viele Hektoliter Wasser enthält das Mittelmeer? Pagnol fällt es wirklich schwer, auf solche Fragen Antworten zu geben, ohne seinen Freund zu enttäuschen. Daß dieser Autor-Professor ihn, Raimu, diesen Quasi-Analphabeten, diesen alten Kretin, als Gesprächspartner ernst nimmt, das schmeichelt ihm. Zudem ist dieser Pagnol so fröhlich, so jung, so optimistisch, so lebhaft! Und wie er erzählen kann! Ein einziges Gesprächsthema beherrscht ihre Mahlzeiten: das Theater. Jeder bewundert den anderen wegen seiner weiten Kenntnisse in diesem Fach, die Raimu durch Erfahrung, Pagnol durch sein Studium erworben hat. Am Tag der ersten Lesung des Stückes durch das gesamte Ensemble – Mitte Januar 1929 – sind sie schon Freunde.

Die Proben beginnen. Die Intelligenz und Liebenswürdigkeit Fresnays beseitigen bald die Vorurteile Raimus ihm gegenüber. Raimu legt die Auftritte fest, weist die Standorte an, bestimmt die Gänge, veranlaßt Änderungen im Ton und in der Stimme, macht die Nuancen deutlich. Seine Kollegen sind fasziniert von seiner Kompetenz, seiner Erfahrung, seiner ausgefeilten Technik. In jede Rolle kann er sich hineinfühlen.

»Er könnte auch die Fanny spielen«, meint Fresnay. Raimu überredet Pagnol und Volterra, das Stück um einen ganzen Akt zu kürzen, der ihm überflüssig zu sein scheint (und es auch ist). Zum Ausgleich nimmt er eine Szene wieder herein, die er im ersten Manuskript, das Pagnol ihm ins Théâtre Marigny gebracht hatte, gelesen und die Pagnol wieder entfernt hatte, weil sie ihm den Schwung der Handlung zu bremsen schien. Es handelt sich – man höre und staune – um die berühmte Kartenpartie.

All diese Regieanweisungen gehen nicht ohne Wutanfälle vonstatten. Die Zornesausbrüche Raimus sind Legende. Pierre Fresnay versteht sie und erklärt sie folgendermaßen:

»Auf seinem Gebiet hatte Raimu immer recht. Und da das Theater derjenige Bereich ist, wo Fehler, die dem Mangel an gesundem Menschenverstand entspringen, im Überfluß vorkommen, gab es

für ihn Gelegenheit noch und noch, sich an Absurditäten zu stoßen. Die Verteidigung seines Standpunktes mit vernünftigen Argumenten war aber nicht seine Stärke, und so blieben die Zornesausbrüche sein einziges Mittel, eine Überzeugung durchzusetzen,
die er als richtig erkannt hatte.«

Am 9. März 1929, dem Tag der Premiere des »Marius« im Théâtre de Paris, geben die Variétés die 150. Vorstellung von »Topaze«,
und immer noch hängt das Schild »Ausverkauft« jeden Abend am
Theatereingang. An diesem Abend wird »Topaze« ebenfalls in
London, Berlin, Rom, Budapest gespielt. In Moskau, Kopenha-
gen und Zagreb wird es einstudiert. Denis d'Ines und Jacques
Baumer haben mit der Agentur Karsenty Verträge abgeschlossen, die Aufführungen in allen großen Städten Frankreichs vorsehen.

Victor Boucher wird für »Topaze« auf den Plakaten des Théâtre
des Galeries in Brüssel und Lüttich angekündigt. Raymond Boulay, Direktor des Alhambra in Lille, der »Un direct au cœur« angenommen hatte und seitdem Pagnol freundschaftlich verbunden
blieb, hat sich bei ihm die Rechte für eine Tournee durch alle
Städte der Provinz erworben. Er vertraut die Rolle des Topaze
einem Schauspieler aus Marseille, Antoine Arnaudy, an, mit dem
er sich assoziiert. Auf der Tournee Boulay/Arnaudy sollten mehr
als 1000 Vorstellungen des Stückes gegeben werden. Das ist ein Erfolg ohne Beispiel.

Das Premierenpublikum bereitet »Marius« den gleichen triumphalen Empfang wie »Topaze« fünf Monate zuvor. Es ist fraglich,
wem die größeren Ovationen gelten, Raimu oder Pagnol. Am
nächsten Tag reagiert die Kritik noch emphatischer als bei »Topaze«.

Lucien Dubech, verantwortlich für die Theaterberichte beim
»Candide«, gibt die erhellendste Analyse des Stückes:
»Man hat uns großartige literarische Theorien über Auftritte und
Abgänge aufgetischt. Aber Monsieur Pagnol macht weder Theo-
rien noch Literatur, sondern er hat ein bewegendes und in aller
Einfachheit tiefes Drama geschaffen. Ein Drama, bei dem alle
Empfindungen echt sind, alle Umschwünge in tiefen Gefühlen

"L'honneur, c'est comme les allumettes ça ne sert qu'une fois" (Marius actIII)

Marcel Pagnol

Marcel Pagnol in La Treille während der Aufnahmen zu »Manon des Sources« (1952) im Alter von 57 Jahren. *(Coll. Jacqueline Pagnol)*

Obere Reihe:
Marcel Pagnol mit zweieinhalb Jahren (1897), fünf Jahren (1900), 14 Jahren (1909)
und 29 Jahren (1924).

Gegenüberliegende Seite:
Marcel Pagnol, 24 Jahre alt,
mit einer Gruppe Freunden
in der Garrigue in der Umgebung von Marseille. Die
rechts auf dem Felsen sitzen-
de Frau ist Simonne Collin,
die er 1916 heiratete.
(Coll. Jacqueline Pagnol)

Joseph Pagnol mit Familie.
Marcel rechts, stehend. Seine
Mutter hält seine kleine
Schwester Germaine auf dem
Schoß. Bruder Paul steht links

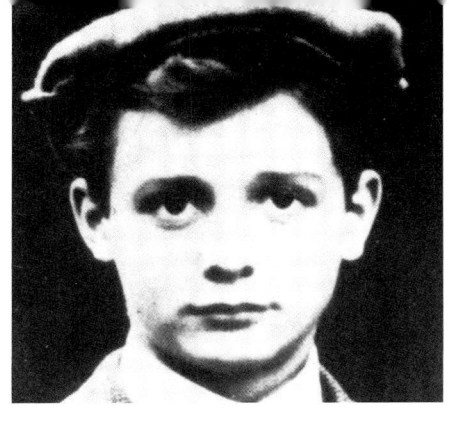

Links: Marcel Pagnol und Raimu in der Garderobe Raimus während der Aufführung des »Marius« im Théâtre de Paris (1930).
Mitte: Marcel Pagnol mit Jean Ballard am Quai des Belges in Marseille (1932). *(Stadtarchiv Marseille)*
Rechts: Marcel Pagnol, Orane Demazis und Pierre Fresnay während der Aufnahmen zu »Fanny« in Marseille (1932).

Orane Demazis im
»Schpountz« (1933).

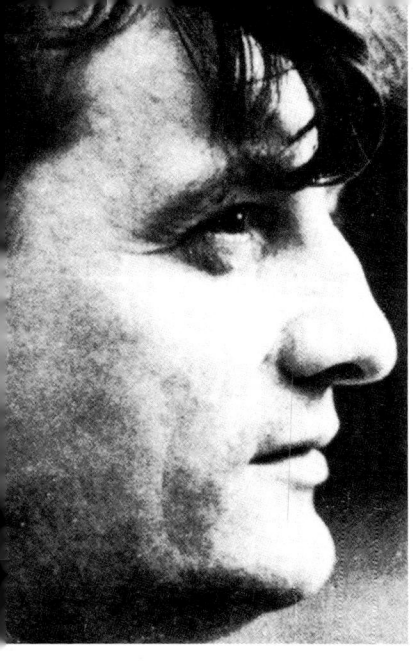

Raimu und Pierre Fresnay im Film
»Marius«, von der Paramount nach
dem Stück Marcel Pagnols produziert (1931).

Oben links: Marcel Pagnol zur Zeit
der Dreharbeiten an »Jofroi« (1933).
Unten: Yvonne Pouperon.

Oben rechts: Vincent Scotto in
»Jofroi« (1933). *(Coll. André Bernard)*
Unten: Kitty Murphy (1929).

Marcel Pagnol und Jean Giono während der Aufnahmen zu »Regain«.
(Coll. André Bernard)

Fernandel als Panturle, der Scherenschleifer, in »Regain«.
(Coll. André Bernard)

wurzeln und alle Charaktere groß angelegt sind. Natürlich hat dieser Barkeeper seine Fehler, natürlich hat jene Austernöffnerin menschliche Schwächen. César betrügt im Spiel, und Honorine vom Vieux-Port ist gewiß kein Engel. Wenn jedoch das Wesentliche auf dem Spiel steht, kommt das Eigentliche der Seele zum Vorschein, und Komplimente bedeuten dann nichts mehr. Das ist eines der schönsten Komplimente, das Monsieur Pagnol verdient, und er verdient allerhand Komplimente!«

Zur Kennzeichnung der Dialoge in »Marius« bedient sich Franc-Nohain eines Verses von Musset über Molière:

»Entzückt vernahm ich diese reine Harmonie,
Aus klarem Menschensinn sprach einfach das Genie.«

Was sich an diesem Abend des 9. März im Théâtre de Paris abspielt – schon an dem Abend selbst ist es zu spüren –, ist weit mehr als die triumphale Premiere einer neuen Komödie, weit mehr als die Weihen für einen bedeutenden Autor und einen großartigen Schauspieler.

Zwei Faktoren haben dem Abend seine Bedeutung gegeben. Der erste ist, daß aus einem Text eine ganze Gruppe legendärer Figuren geboren wurde, denen ihr Schöpfer ein so intensives Leben einhauchte, daß sie aus der bloßen Fiktion in den lebendigen Alltag des Volkes eingingen, in seine mythische Welt. César, Honorine, Marius, Panisse, Escartefigue, M. Brun und Fanny haben nicht nur ihre Plätze in der Galerie der Volkshelden der französischen Literatur und des französischen Theaters eingenommen, neben Panurge, Scapin, M. Jourdain, Polichinelle und Figaro, sondern es ist ganz so, als ob sie real existierten. Für die Zuschauer sind es wirkliche Vettern aus Marseille, für die sie große Zuneigung empfinden. »Ihr Leben kenne ich besser als das meines Onkels Joseph«, versichert Marcel Achard.

Und Raimu bemerkt mit seiner außergewöhnlichen Treffsicherheit:

»Was Pagnol zu einem bedeutenden Dramatiker macht, ist, daß er eher das Publikum repräsentiert als die Zunft der Autoren.«

Der zweite Faktor ergibt sich aus dem ersten. Raimu hat sich so sehr mit einer Rolle identifiziert, die ihm auf den Leib geschrieben ist, daß er diese Maske niemals mehr vollständig ablegen kann. Er spielte im Lauf seiner Karriere noch weitere 40 verschiedene Rollen: den Kapitän Hurluret von Courteline, den Tartarin von Alphonse Daudet, den von Balzac geschaffenen Colonel Chabert; für Pagnol stellte er noch den Bäcker und den Brunnenbauer dar. Aber deshalb blieb er doch immer, ein für allemal, César, der Limonadenverkäufer vom Vieux-Port.

Am 17. März schreibt Pagnol an seinen Vater:

»Lieber Papa, ich wollte erst ein wenig abwarten, bevor ich Dir von Marius erzählte. Erst wollte ich sehen, welche Wirkung das Stück auf das eigentliche Publikum hat. Inzwischen weiß ich es. Es ist ein unglaublicher Erfolg, ich bin völlig verblüfft. Schon um zehn Uhr morgens stehen sie Schlange vor der Theaterkasse, die um elf Uhr öffnet. Unsere Einnahmen sind gewaltig. Jetzt, siehst Du, hat mich der große Erfolg mit diesen beiden Stücken eingeholt. Du erinnerst Dich an den Brief, in dem ich Dir letztes Jahr schrieb, ich würde einen großen Coup landen. Nun also, es ist soweit, ich habe gewonnen, und das weit durchschlagender, als ich jemals hoffen konnte.«

Stève Passeur gegenüber gesteht Marcel Pagnol:

»Wenn ›Marius‹ am Premierenabend von ›Topaze‹ nicht schon fertig gewesen und von den Volterras angenommen worden wäre, hätte ich ihn höchstwahrscheinlich niemals geschrieben. Und jedenfalls keinem Theater anzubieten gewagt. Nichts ist schwieriger, als einen solchen Erfolg noch zu überbieten, nichts ist lähmender für einen Autor. Nach seinem triumphalen ›Cocu magnifique‹ (›Der Hahnrei‹) hat Crommelynck nie mehr etwas geschrieben. Nach seinem ›Cyrano de Bergerac‹ hat es fünf Jahre gedauert, bevor Edmond Rostand ›L'Aiglon‹ (›Der junge Aar‹) schreiben konnte; und nach ›L'Aiglon‹ weitere zehn Jahre, bis der ›Chantecler‹ fertig wurde.«

Der gleichzeitige Triumph von »Topaze« und »Marius« ist ein in der Geschichte des Theaters einmaliger Zwillingserfolg. Aber es schließt sich ihm ein weiterer Erfolg an: Die Texte der beiden Stücke erscheinen als Bücher, verlegt bei Eugène Fasquelle. Auf diese Weise faßt Pagnol im angesehensten Pariser Verlag Fuß und setzt seinen Namen auf die Liste der illustren Autoren dieses Hauses: Émile Zola, Maurice Maeterlinck, Octave Mirbeau und vor allem Edmond Rostand. Um das Glück voll zu machen: Die beiden Bücher erreichen schnell gewaltige Auflagenhöhen.

Pagnols Ruhm in Paris steht im Zenit. Er ist einer der Könige der Stadt. Edmond Herriot, die Mistinguett, André Citroën, Aga Khan reißen sich um die Ehre, ihn, der vor einigen Monaten nichts als ein kleiner Pauker vom Condorcet war, neben Henry Bernstein oder Sacha Guitry zu Tisch zu laden. Bei diesen Stadtdiners entpuppt sich Pagnol als der brillanteste und geistreichste Gast. Man könnte ihm stundenlang zuhören, er strahlt förmlich vor Glück und Lebensfreude.

Pagnol nimmt diese weltlichen Ehren völlig ungezwungen hin, ja er scheint sie richtig zu genießen. Orane Demazis kann das nicht verstehen; sie fühlt sich dabei sehr unbehaglich. Immer wenn sie in einem Boulevardstück erfolgreich ist, hat sie insgeheim das Gefühl, damit ihre Kunst zu verraten, ihre Berufung, ihren Lehrer Charles Dullin, ihre Kollegen vom Théâtre de l'Atelier. Da sie nicht mit provenzalischem Akzent spricht, hat Pagnol Fannys Text zwei Sätze hinzugefügt, in denen sie erzählt, sie sei in Algerien aufgewachsen. Er hatte sie gebeten, doch ein wenig die Sprechweise der Leute von Oran hervorzuheben. Sie lehnte ab.

Ihre Beziehung hat sich gewandelt. Im Grunde seines Herzens hatte Pagnol niemals wirklich Oranes Weigerung akzeptiert, ganz mit ihm zusammenzuleben und mit ihrer Familie zu brechen. In jedem Urlaub fährt sie mit ihrer Mutter und ihrer Schwester weg und läßt Pagnol allein. Niemals wollte sie wirklich seine Frau sein, während er sich ein Kind von ihr gewünscht hatte. Darin haben auch Erfolg und Reichtum sie keines Besseren belehrt. Oft genießt Pagnol sein Leben abends in vollen Zügen in Luxusrestaurants und Nachtlokalen, während Orane auf der Bühne steht. Er hat neue Freunde gewonnen: Pierre Benoît, dessen Romane neue Auflagenrekorde erzielen, Jean Cocteau, den er bei de Max kennengelernt hat und dessen Begabung er bewundert, und einen erst kürzlich nach Paris zugezogenen jungen Schriftsteller, zehn Jahre jünger als er selbst, der seine Arbeiten nur mit der ersten Silbe seines Namens signiert: Sim. Er ist Belgier, kommt aus Lüttich, und er heißt Simenon. Ihre Eskapaden ziehen sich oft bis tief in die Nacht hinein. Orane bleibt nach dem Ende der Vorstellung nur übrig, ein Taxi zurück nach Boulogne zu nehmen.

Hinter den Kulissen des Théâtre de Paris geht es einigermaßen lebhaft zu, anders als bei den Variétés, wo Ordnung und konzentrierte Ruhe herrschen, wo die von der Bühne abgegangenen Schauspieler sich in ihre Zimmer einsperren und lesen, ihre Post erledigen usw. Hier aber könnte man den Eindruck gewinnen, sich auf einem Markt am Vieux-Port zu befinden. Man ruft einander zu und gratuliert sich gegenseitig. Einige erzählen sich Anekdoten oder spielen Karten im Foyer. Schauspieler aus Marseille, die in Paris gastieren, wollen ihre Freunde besuchen und erzählen Neuigkeiten aus der Provence. Bei jeder neuen Begegnung mit ihm entdeckt Pagnol einen neuen, oft überraschenden Aspekt der legendären Persönlichkeit Raimus.

Eines Abends trifft Pagnol hinter den Kulissen Pierre Fresnay, der ihn bittet, mit ihm in seine Garderobe zu kommen. Er möchte mit ihm unter vier Augen sprechen und setzt ihm ein Problem auseinander, das ihn sehr beschäftigt. Es gibt in dem Stück am Ende des zweiten Aktes eine Szene, in der Marius vor seiner nächtlichen Einschiffung und Abfahrt, die ihn für mehr als sechs Monate abwesend halten wird, nicht den Mut aufbringt, das seinem Vater mitzuteilen. Während er mit ihm zusammen ist (das letzte Mal, denkt er), kann er dem Bedürfnis nicht widerstehen, ihm ein plötzliches Geständnis zu machen: »Papa, ich habe dich lieb.«

César ist völlig überrascht. Derartige Gefühlsbezeugungen sind zwischen ihm und seinem Sohn nun wirklich nicht üblich. Er begreift nicht, weshalb Marius sich dazu hinreißen ließ, eine so natürliche und eindeutige Tatsache auszudrücken, über die doch nie ein Zweifel bestand. Alles, was ihm als Reaktion einfällt, ist: »Ich auch, ich hab' dich auch lieb, du alter Dummkopf!« Woraufhin er ihn umarmt und auf die Stirn küßt.

Fresnay erzählt Pagnol, daß Raimu ihn seit einigen Tagen nicht mehr auf die Stirn küßt, was der Szene viel von ihrer Intensität nimmt.

Pagnol sucht Raimu in seiner Garderobe auf und fragt ihn nicht ohne umständliche Präliminarien, ob es irgendeinen Grund dafür gibt, die Regieanweisung für diese Szene zu ändern.

»Einen Grund?« fragt Raimu zurück. »Ich glaube schon, daß ich einen Grund habe.«

»Aha, und worin besteht dieser Grund?« bohrt Pagnol weiter.

»Tja, mein Grund, mein Grund ist, daß ich eben ein ehrenwerter Mensch bin.«

»Ein ehrenwerter Mensch? Was soll das heißen?«

»Genau das, was es heißt. Ich bin eben ein ehrenwerter Mensch, und ich weigere mich, weiter die Rolle eines homoerotischen Vaters zu spielen!«

Einige Tage zuvor hatte Raimu eine bekannte Persönlichkeit getroffen, einen Großhändler in Stoffen von den Champs-Élysées und notorischen Homosexuellen, der ihm gesagt hatte:

»Wenn Sie Marius umarmen, hat man ganz den Eindruck, als wollten Sie mit ihm schlafen.«

Nach diesem Schock hatte Raimu sofort aufgehört, Marius zu küssen.

Also hatte Raimu monatelang Tausende von Zuschauern mit einem Spiel gerührt, das er in aller Unschuld ausführte, ohne die Bedeutung davon zu verstehen.

Von nun an ist Pagnol bei den Volterras zu Hause. Man hat ihm in der Rue Blanche ein Büro eingerichtet, neben dem der Besitzer. Volterra fasziniert ihn. Er ist wirklich eine ganz außergewöhnliche Persönlichkeit. Mit zwölf Jahren schon war er in der Theaterbranche tätig: Auf dem Bürgersteig in Straßburg vor dem Eingang zur Scala, einem wahren Kleinod im Jugendstil, verkaufte er Theaterprogramme. Es wird ihm ein genialer Einfall zugeschrieben. Er gab nämlich einem Zuschauer, der ihn fragte »Was macht es?« die berühmte Antwort: »Ich zahle sechs Sous dafür.« Das weist auf einen beträchtlichen Geschäftssinn hin, auch wenn ihm diese Formel, so erzählt man, eines Abends die Bemerkung eines Kunden einbrachte: »Du läßt dich bestehlen, mein lieber junger Freund.« 20 Jahre später umfaßte das Volterra-Imperium das Théâtre de Paris in der Rue Blanche, das Casino de Paris in der Rue de Clichy, das Théâtre Marigny auf den Champs-Élysées, das Perroquet, ein beliebtes Nachtlokal unter einem Dach mit dem Casino, das Gaîté-Rochechouart und das Alhambra in Brüssel.

Jedes dieser Etablissements besitzt seinen eigenen Verkauf. Und jeden Tag besucht Léon Volterra reihum seine Pariser Domänen. Nicht jedoch, bevor er im Morgennebel nach seinen Pferden beim Training gesehen hat. Er besitzt einen ansehnlichen Reitstall für Rennpferde, und seine Farben – roter Kittel mit weißem Rand, weiße Ärmel und rote Mütze – haben Siege in allen Hippodromen Frankreichs und Englands davongetragen.

Zusätzlich zu seinen Theatern, seinen Music-Halls und Lokalen gehört Volterra in Paris noch der Luna-Park, die französische Ausgabe des Wiener Praters oder von Long Island in New York, dem Vorläufer von Disneyland und Disneyworld. Pagnol versäumt keine Gelegenheit, ihn dorthin zu begleiten. Auf einem Gelände von mehreren hundert umzäunten Hektar an der Porte Maillot stellt der Luna-Park ein herrliches Dauervolksfest dar, mit Manegen, Schießständen, Wurfspielen, Ringkämpfern, dem Museum Dupuytren und dem ganzen kleinen Universum der absonderlichsten Sehenswürdigkeiten: dem Vogelmenschen, dem Gummimann, dem lebenden Skelett, der Frau mit Bart, der Frau mit dem Fischschwanz, der Frau ohne Kopf, der Frau mit zwei Köpfen, dem Liliput-Dorf. Eine seltsame, fremde Welt – man verwendet bereits das Wort »surrealistisch« –, die Pagnol mit lebhaftester Anteilnahme in Augenschein nimmt.

Im Var haben die Volterras ihr Schloß, einen riesigen Bau aus rötlichem Stein, errichtet auf dem Grat von Kap Camarat, einige Kilometer von Saint-Tropez. Zu Neujahr ist Pagnol dorthin eingeladen. Er trifft dort Kollegen, aus denen rasch Freunde werden: Rip, den großen Autor von Revuen, auch begabter Karikaturist, der sein Porträt zeichnet; Yves Mirande, den Autor von »*Chasseur de chez Maxim*« und der unwiderstehlichen »*Mémoires d'outre-bombe*«, Saint-Granier und Le Suyeux, der durch einen einzigen Schlager, »*Ramona*«, reich geworden ist.

Saint-Tropez ist damals noch ein großes Fischerdorf in einer Traumlandschaft, bekannt nur einigen Eingeweihten, die dort Häuser gekauft haben. Der große englische Schauspieler Charles Laughton wirft jedes Jahr mit seiner Jacht im Hafen Anker, um sich für einen Monat zu erholen. Die Colette wohnt dort in »La Treille muscate«. Am Ufer kann man Charles Vildrac und Léon-Paul Fargue begegnen. Zahlreiche Maler – Marquet, Matisse, Bonnard, Dunoyer de Ségonzac – besitzen Häuser in der Gegend. An Sommerabenden kommt manchmal die Mistinguett und tanzt unter den Platanen.

In Saint-Tropez gibt es auch ein Café de Paris, sein Wirt ist Aristide aus dem Var. Pagnol trifft dort René Clair, der Stammgast ist. Oft nimmt Aristide seine beiden Kunden in seinem kleinen Boot zum Fischen mit. In Pagnols Anekdoten-Repertoire gibt es eine Geschichte, in der Aristide als Held eines legendären Abenteuers auftritt, als eine Art Kapitän Ahab des Mittelmeers, der einem Thunfisch der Gattung »Papagal« – er spielt die Rolle des Moby Dick – auf den Fersen ist.

»Es war ein tüchtiger Junge«, erzählte Pagnol. »Eines Morgens kommt seine Frau ganz aufgeregt zu uns und sagt, er wolle sein Zimmer nicht mehr verlassen, sei Opfer einer Nervenkrise, alles ekle ihn an. Wir suchen ihn auf. ›Geht ihr nur fischen‹, sagt er, ›ich habe keine Lust mehr dazu. Zu nichts habe ich mehr Lust. Ich möchte nur noch sterben.‹ Wir reden auf ihn ein. Endlich willigt er ein, uns zu begleiten, aber nicht zum Fischen; er will nur das Boot steuern! Wir setzen ihm hart zu, doch die Angelleine auszuwerfen, und murrend tut er es auch. Sogleich fängt er einen riesigen Fisch. Aber kaum hat er ihn an Bord gezogen, als der Fisch einen gewaltigen Schlag mit dem Schwanz tut und verschwindet. Aristide macht das nichts aus, im Gegenteil, er ist entzückt. ›Das ist ein Papagal, ein weißer Thunfisch mit blauen Streifen! Ich kenne das Verhalten des Papagals. Ich werde ihn wieder fangen!‹ Von diesem Augenblick an ist Aristide völlig geheilt. Jeden Morgen steht er um vier Uhr früh auf und verfolgt fanatisch die Spur seines Papagals. Inzwischen fahren wir zurück nach Paris. Eines Tages kommt ein Telegramm von Aristide: ›Papagal gefangen‹, dann folgen herrliche Fotos, auf denen Aristide triumphierend einen riesigen Fisch in den Händen hält. Wir kehren nach Saint-Tropez zurück und finden wieder einen ganz verzweifelten Aristide vor, der sich weigert, das Zimmer zu verlassen.

Er empfängt uns mit den Worten: ›Ich will nur noch verrecken. Wir müssen ja alle einmal verrecken. Du auch, Marcel, du wirst auch bald verrecken‹, und so in einem fort. Da kommt mir eine Idee. Ich bitte ihn um weitere Fotos von dem gefangenen Papagal.

Er holt sie aus einer Schublade. Ich betrachte sie genau und sage ihm dann: ›Aristide, soll ich dir meine Meinung sagen? Gut. Dieser Papagal ist gar nicht deiner. Deiner war viel größer.‹ René Clair haut in die gleiche Kerbe. ›Wirklich, Aristide, das ist nicht deiner. Deiner war mindestens doppelt so groß!‹ Mit einem einzigen Sprung ist Aristide auf den Beinen und macht sich auf die Jagd nach seinem Papagal. Und bestimmt zwei Jahre lang hat er ihn verfolgt, natürlich ohne ihn wiederzufinden. Und dabei war er fröhlich wie ein Sonntagskind. Und die Moral von der Geschicht': Jag' ständig deinen Papagal, doch fang' ihn besser nicht!«

Das Théâtre de Paris und das Casino de Paris bilden gemeinsam ein einziges Gebäude. Die eine Fassade geht zur Rue Blanche, die andere zur Rue de Clichy hinaus. Die beiden Zuschauerräume liegen Rücken an Rücken, symmetrisch zu der zwischen ihnen befindlichen Mauer, die als Rückwand für den einen dient, während beim anderen zwei Bühnen davor stehen. Eine eiserne Tür in dieser Mauer verbindet die beiden Häuser. Obwohl sie aus Sicherheitsgründen normalerweise geschlossen bleiben muß, wird sie aus Gründen der Sympathie manchmal geöffnet: Ein Techniker, ein Elektriker des Theaters, ein Feuerwehrmann vom Dienst versucht sein Glück bei den Tänzerinnen im Casino. Die Inspizienten drücken dabei ein Auge zu.

Durch dieses Türchen schleicht Marcel Pagnol eines Abends, um mit eigenen Augen zu prüfen, ob die Tiller's Girls, die Volterra aus London für teures Geld engagiert hat, wirklich die Lobeshymnen verdienen, die dieser seit langem auf sie singt. Sie verdienen sie. Es sind 16 insgesamt, alle unglaublich hübsch, und keine versteht ein Wort Französisch. Pagnol frischt sofort sein Englisch wieder auf, das er am Condorcet unterrichtet und das den Akzent von La Plaine niemals ganz verloren hat. Von diesem Tag an benutzt er alle Abende die verbotene Tür. »Du liebe Zeit«, sagt Saint-Granier, der die Revue für das Casino verfaßt hat, »du bist in eine dieser Kleinen verliebt?«

»Nicht in eine, in alle 16«, gibt Pagnol zur Antwort. Aber er übertreibt. Er interessiert sich doch besonders für eine Londonerin mit blauen Augen: Kitty Murphy. Für gewöhnlich drängeln sich reiche großzügige Herren um die Mädchen in den Music-Halls, sie machen ihnen Geschenke und führen sie nach den Vorstellungen in schicke Restaurants aus. Selten sind sie so jung und gutaussehend wie Pagnol. Kitty jedenfalls hat sich noch mit überhaupt keinem verabredet. Und wie wundervoll er über die Liebe spricht! Kitty ist erst 18 Jahre alt und hat ein empfindsames Herz. Unnötig zu sagen, daß sie sofort verrückt ist nach ihrem kleinen Franzosen. Eines Abends läßt sich Kitty im Ballett der Tiller's Girls vertreten und Marcel erscheint nicht im Theater. Und auch in den nächsten Tagen sieht man sie nicht, weder ihn noch sie. Jeder weiß jetzt Bescheid. Offen bleibt nur: Wohin hat sich das Liebespaar verzogen, um die Romanze geheimzuhalten? Alle ihre Freunde – Orane Demazis eingeschlossen – sind davon überzeugt, daß sie sich im Süden aufhalten, höchstwahrscheinlich in La Treille. Falsch! Sie sind im Sarthe-Gebiet, genauer in Malicorne, bei Raymond Boulay, dem Direktor des Alhambra in Lille. Ihm gehört dort ein ausgedehntes Grundstück, das ein kleiner Fluß durchquert, und in der Mitte steht ein großes Gebäude, fast schon ein Schloß: La Taronnière. Raymond Boulay ist seit der Uraufführung von *»Un direct au cœur«* Marcels Mäzen Nr. 1. Die Tournee von *»Topaze«*, die er organisiert hat, läuft überall mit großem Erfolg. Hundertmal schon hat er Marcel Pagnol eingeladen, ihn zu besuchen. Hundertmal hat er ihm erklärt: Wenn er eines Tages den Wunsch nach einem stillen Plätzchen haben sollte, um an seinem nächsten Stück zu schreiben, stünde ihm La Taronnière zur Verfügung. Er könne sich dort wie zu Hause fühlen, egal ob er, Raymond Boulay, auch da wäre oder nicht. Und Marcel brauche nicht die geringsten Bedenken zu haben. Sein Besuch wäre eine große Ehre für ihn selbst wie für sein Haus. Pagnol braucht nun zwar kein Refugium, um ein Stück zu schreiben. Trotzdem ist Raymond Boulay nicht weniger erfreut, daß er sein Angebot annimmt.

Auf La Taronnière erlebt Pagnol mit Kitty das vollkommene Glück. Er war schon fast müde geworden von dem Marathonlauf durch die große Gesellschaft, zu dem ihn sein Erfolg verdammt hatte.

»Ich bin immer noch der gleiche«, schreibt er, »genauso unbürgerlich und genauso verrückt. Der Reichtum hat mich nicht verändert, nicht einmal meinen Wortschatz. Ich hatte einfach alle Arten von Schnorrern satt, die einen kaltschnäuzig um Geld angehen, um ihre Geschäfte wieder in Gang zu bringen, das Leben ihrer kranken Mutter zu retten oder das Familienvermögen zurückzukaufen, das versteigert werden soll: Immer sind es mindestens 50.000 Francs, fast nie weniger als 100.000.«

Fern von Paris findet er wieder zu dem ungebundenen Leben zurück, wie er es liebt, ohne jeden Zwang durch Terminkalender oder Etikette. Den ganzen Tag schweift er über Land, entdeckt die Landschaft des Westens, die sich so sehr von der Hügellandschaft seiner Heimat unterscheidet. Hier ist die Erde reich und fruchtbar. Die üppigen grünen Wiesen machen einen ganz schwindlig. Bäume gibt es, hoch wie Kathedralen, die Wälder sind dunkel und tief, und es tut wohl, sich darin zu verlieren und zu träumen.

Wenn es regnet, was oft der Fall ist, steht Marcel zu seiner Zerstreuung ein riesiger, in eine Werkstatt umgewandelter und gut eingerichteter Hangar zur Verfügung. Seine Bastelleidenschaft und Liebe zur Technik hat nicht nachgelassen. Niemals hat er seinen Ehrgeiz aufgegeben, »eine Erfindung zu machen«. Ganze Tage verbringt er mit Löten, Schmieden und Verbinden von Teilen ...

»Ich habe mich aufs Land zurückgezogen«, schreibt er an Julien Coutelen. »Ich säge, fische, lese, schreibe und, vor allem, ich arbeite an der Konstruktion eines neuen Motors, den ich im Prinzip erfunden und von dem ich Dir möglicherweise schon in Aix, zur Zeit der Gummi-Unterseeboote, erzählt habe. Leider, leider, sie sind auf Nimmerwiedersehen untergetaucht!«

Und dann ist ja Kitty da. So schwierig der Alltag mit Orane geworden war, kompliziert und voller Spannungen, so leicht geht es mit Kitty. Sie ist jung, schön und frisch, hat keine »Zustände«, ist glücklich und freut sich, es zu sein. Sie ist von vornherein mit allem einverstanden. Sie liebt Marcel aus ganzem Herzen, und nichts anderes zählt für sie.

In einem plötzlichen Entschluß richtet sich Marcel für ständig in La Taronnière ein. Raymond Boulay ist hoch erfreut darüber und stellt ihm ein Büro und eine Wohnung zur Verfügung. Eines Tages verkündet die süße Kitty Marcel eine große Neuigkeit: Sie ist schwanger. Also werden sie ein Kind haben! Marcel jubelt vor

Freude: Seit Jahren träumt er davon, ein Kind zu haben. Seine Frau Simonne hatte keines gewollt, was nicht wenig zum Scheitern ihrer Ehe beigetragen hatte. Orane wollte auch keines, jedenfalls nicht, ohne verheiratet zu sein. Kitty hätte ihm kein schöneres Geschenk ihrer Liebe machen können.

Da ergibt sich für Pagnol die Gelegenheit, sich endgültig im Sarthe-Gebiet niederzulassen. In den ersten Wochen des Jahres 1930 erfährt er, daß ein La Taronnière benachbarter Besitz, Le Moulin d'Ignères in Parcé, von seinem Eigentümer, einem Dachdeckermeister der Gegend, zum Verkauf angeboten wird. Pagnol schaut sich die Liegenschaften an: eine Gruppe ziemlich großer Gebäude inmitten von vier Hektar Wiesen und Wald. Es gibt ein großes Herrenhaus, Unterkünfte für das Personal, Nebengebäude und Schuppen. Auch eine Weizenmühle ist vorhanden, alle Einrichtungen funktionieren. Als er sich über das Inventar informiert – »Eine vierzylindrige Maschine Modell Deschamps und Houlbert mit doppeltem, schon angefressenem Verteiler, Trichtern und Riemenscheiben. Eine kleine Trommel zum Beuteln und Zerstoßen. Eine Beutelschleuder in Schraubenform« – fühlt sich der Bastler in ihm in seinem Element.

Von dem umliegenden Land geht eine wunderbare Stille und Klarheit aus. Die Sarthe, die das große Mühlrad antreibt, umspült den Fuß der Gebäude, und Marcel könnte unmittelbar aus dem Fenster seines Zimmers nach Barschen und Gründlingen angeln. Er zögert nicht lange und schließt das Geschäft ab.

In der ruhigen Abgeschiedenheit von La Taronnière, dann seiner Mühle hat Pagnol ein neues Stück in Arbeit genommen: »*Fanny*«. Er ist schon gut vorangekommen.

Eine Bemerkung Léon Volterras hatte ihm die Idee dazu gegeben. »Stell' dir vor«, hatte ihm dieser eines Tages erklärt, »wenn nach der Vorstellung die Zuschauer von ›*Marius*‹ ihre Mäntel, Hüte und Regenschirme abholen, überschütten sie die Garderobieren mit Fragen: Was passiert dann? Verreist Marius für lange? Was macht César, wenn er die Abreise seines Sohnes bemerkt? Ist er da nicht wie vor den Kopf gestoßen? Entschließt sich Fanny nicht doch, Panisse zu heiraten? Und was geschieht an dem Tag, an dem Marius zurückkommt? Die Fragen hören gar nicht auf. Und so geht es jeden Abend. Die drei Damen wissen nicht, was sie antworten sollen. Mit dem Hausmeister des Theaters ist es dasselbe. Wenn er die Tür zur Rue Blanche absperrt, löchern ihn die letzten Besucher, die an der Straße auf ein Taxi warten, mit Fragen.«

Pagnol war darüber keineswegs überrascht. Er selbst kannte diese Fragen bereits von Freunden und zufälligen Bekanntschaften.

Es ist deshalb sehr verlockend für ihn, eine Komödie zu schreiben, die die Wißbegierde des wunderbaren Publikums von »*Marius*« befriedigt. Trotzdem wagt er sich noch nicht so recht daran. Achard und Passeur gegenüber erklärt er:

»Ein Stück, das nur die Fortsetzung eines anderen über das gleiche Thema und mit denselben Personen ist, ist bisher immer nur ein zweitrangiges Werk gewesen, nichts als aufgewärmter Kaffee.«

Als Einwand verweist Achard auf Beaumarchais' »*Barbier von Sevilla*« und »*Figaros Hochzeit*« – zwei unsterbliche Meisterwerke!

»Gut«, entgegnet Pagnol, »sie haben zwar dieselben Hauptpersonen, erzählen aber doch verschiedene Geschichten. Auch spielen sie nicht zur gleichen Zeit und am gleichen Ort. Mein Stück aber sollte im Gegenteil genau in dem Augenblick beginnen, wo ›*Marius*‹ aufhört.«

»Es würde sich schon um ein eigenständiges Stück handeln – nicht nur um eine Fortsetzung –«, beendet Passeur die Diskussion, »wenn eine ganz neue Geschichte erzählt würde und ein Zuschauer, der ›*Marius*‹ niemals gesehen hätte und nichts davon wüßte, sie verstehen und sich dafür erwärmen könnte.«

Für dieses Problem hat Pagnol jetzt eine Lösung gefunden. Marius ist ja verreist, und Panisse, sein Rivale, allein zurückgeblieben. Fanny, die Marius liebt und auf ihn warten möchte, hätte für sich allein nicht die Kraft, den Anträgen des Panisse und dem Druck ihrer Mutter zu widerstehen. Außer – es tritt ein neuer Umstand ein, ein Hindernis für Panisses Absichten, das für sie ein Grund mehr wäre, nicht einzuwilligen. Dieses Hindernis soll das Kind sein, das ihr Marius vor der Abreise hinterlassen hat, ohne es zu wissen.

In Ignères arbeitet Pagnol vormittags in seinem Arbeitszimmer an »*Fanny*«, nachmittags in seiner Werkstatt an der »Topazette«. So hat er seine Erfindung getauft, ein neues Automobil, das er entworfen hat: mit drei Rädern, drei Sitzplätzen, drei Türen, drei PS und drei Litern auf 100 Kilometer. Vorgesehener Preis: 3000 Francs. Mit Hilfe von Teilen, die er allen möglichen existierenden oder ausrangierten Modellen entnommen, bei Schrotthändlern gekauft und eigenhändig umgeschmiedet hat, hat er inzwischen den Prototyp zusammengebaut. Die Komödie und das Gefährt werden in der gleichen Woche fertig.

Pagnol fährt auf einen Sprung nach Paris und liest das Stück den Volterras vor, die ganz hingerissen sind. Pagnol hat das Spiel gewonnen. Mit den gleichen Personen und im gleichen Rahmen ist es ihm geglückt, ein Werk zu schreiben, das nicht nur eine Fortsetzung ist, sondern eine völlig neue Komödie mit eigener Handlung, aus einem Guß und originell. Was die Premiere betrifft, so heißt es allerdings Geduld haben. Denn es kommt nicht in Frage, daß »Fanny« von einer anderen Truppe aufgeführt wird als »Marius«. Und »Marius« steht noch auf dem Spielplan. Das Stück überschreitet soeben die Marke von 300 Vorstellungen, und immer noch gehen die Einnahmen kein bißchen zurück. »Fanny« muß deshalb bis zur nächsten Saison warten. Es geht nicht anders. Am Abend begibt sich Pagnol hinter die Kulissen des Théâtre de Paris, um Raimu, Charpin, Maupi – und anderen – nicht von »Fanny«, sondern von seiner Topazette zu berichten, auf die er ebenso stolz ist wie auf seine Komödie. Pagnol streicht die Vorzüge seiner Erfindung dermaßen überzeugend heraus, daß alle den Wagen kaufen wollen. Er verspricht jedem ein Exemplar.

Einige Wochen danach, in den ersten Maitagen des Jahres 1930, ereignet sich etwas, das den tiefsten Einschnitt in Marcel Pagnols Laufbahn, ja vielleicht in seiner Biographie überhaupt bedeutet: Im Palladium in London, einem der berühmtesten Theatersäle der Stadt, sieht er zum erstenmal einen Kinofilm: »Broadway Melody«, wobei ein Wunder geschieht: Während der Star Bessie Love (und das gilt gleichermaßen für alle anderen Schauspieler) spricht, während man sieht, wie sich ihre Lippen bewegen, hört man zugleich ihre Worte! Man vernimmt ihre Stimme! Man versteht, was sie sagt! Keine Notwendigkeit mehr, den Fluß der Bilder zu unterbrechen, um das Gesagte schriftlich durch zwei Textzeilen, weiß auf schwarz, mitzuteilen. Für Pagnol ist das »die« Offenbarung. Er ist so aufgewühlt, daß er sich den Film zweimal anschaut, um sicher zu sein, nicht zu träumen.

Seit Pagnol im Alter von 16 Jahren in Marseille eine Zigeunerin getroffen hatte, die ihm aus der Hand las und voraussagte, er werde den Tod durch Ertrinken sterben, hat er einen Horror vor Schiffen. Er überwand aber diese Phobie und entschloß sich, den Kanal zu überqueren, weil er vor zwei Tagen Pierre Blanchar begegnet war, der gerade aus London zurückkam und begeistert von seiner Entdeckung im Palladium schwärmte.

»Marcel, glaube mir, das kannst du dir nicht vorstellen! Es ist einfach fabelhaft! Bild und Ton – beides gleichzeitig. Es ist die absolute Perfektion – das kannst du dir nicht entgehen lassen. Du wirst vor Schreck auf den Hintern fallen. Das schlägt alle Rekorde!«

Auf der Fahrt im Zug zurück nach Boulogne weiß Pagnol, daß Blanchar nicht übertrieben hat.

Aber dieses neue Kino hätte er leicht auch entdecken können, ohne das geringste Risiko des Ertrinkens einzugehen.

Der erste Film, in dem man »100prozentig französisch spricht und singt«, ist einige Monate vorher in Paris angelaufen. Sein Titel ist *La Route est belle«,* Hauptdarsteller ist André Baugé, Bariton von der Opéra Comique. Aber da die Einrichtungen, um einen Film dieser Art vorzuführen, ein Vermögen kosten – 500.000 Francs an Leihgebühren für eine zehnjährige Verwendung des Western-Electric-Verfahrens* –, gibt es nur zwei französische Unternehmen, die den Mut für dieses Wagnis aufbringen: Louis Aubert in Paris und die Richebés in Marseille. Das Ereignis war trotz ungeheuren Aufsehens in der Öffentlichkeit an Pagnol in seiner Einsiedelei an der Sarthe unbemerkt vorbeigegangen. Erstaunlich ist eher, daß Volterra und Blanchar nichts davon erfuhren. Aber es ist ja bekannt, daß ein tiefer Graben die Theaterleute von den Filmleuten trennt. Die einen setzen ihre Ehre darein, die anderen und ihre Arbeit völlig zu ignorieren. Zum Beispiel wissen sie auch nicht, daß seit mehreren Monaten gewaltige Arbeiten in Saint-Maurice in den Vororten östlich der Hauptstadt im Gange sind.

---

* 1 Franc entsprach im Jahre 1930 2,08 Francs 1987.

Paramount, eine der größten Filmgesellschaften Hollywoods, baut dort riesige Studios, die, ausgestattet mit den modernsten technischen Ausrüstungen, im industriellen Maßstab Tonfilme für das Publikum im alten Europa produzieren sollen.

Nach Paris zurückgekehrt, versucht Pagnol Volterra zu erklären, warum das, was er soeben in London erlebt hat, eine Revolution in ihrem Metier bedeutet. Volterra ist durch den feurigen Vortrag Pagnols sichtlich beeindruckt.

Pagnol führt nämlich aus: »Diesen Abend z. B. sehen vielleicht 1500 Zuschauer den ›Marius‹. Aber jeder von ihnen bekommt eine andere Seite des Stückes mit, je nachdem ob er einen Sitz in der ersten oder der 20. Reihe, vorne oder an der Seite, im Parkett oder im Rang gekauft hat. Im Tonfilm dagegen sehen alle dasselbe. Und alle vom besten Platz aus: dem nämlich, an dem der Regisseur die Kamera postiert hatte. Sie hören die Sätze alle gleich laut. In Szenen, bei denen geflüstert werden soll, flüstern die Darsteller auch wirklich – und der ganze Saal versteht sie. Noch besser: Wenn sie wollen, daß man sieht, wie einer Person eine Träne über die Backe rollt, sehen sie alle Zuschauer auch tatsächlich.«

»Aber was wird dann aus dem Kino, ich meine, dem Stummfilm?« fragt Volterra.

»Es wäre doch blödsinnig«, erwidert Pagnol, »wenn ein von seiner Krankheit Geheilter sich wie vor seiner Heilung benehmen wollte, wenn ein Lahmer, der plötzlich wieder gehen kann, weiter hinken würde! Der Film kann jetzt sprechen, und er wird auch sprechen. Der Stummfilm ist eben zum Tode verurteilt. Alle Theaterautoren werden sich auf den Tonfilm stürzen. Machst du dir einigermaßen klar, welche Möglichkeiten sich ihnen dabei auftun?«

»Du glaubst, daß sie nicht mehr fürs Theater schreiben werden?«

»Soll ich dir ehrlich meine Meinung sagen? Ich bin der Ansicht, daß das Kino dem Theater nicht nur seine Autoren stehlen wird, sondern auch seine Schauspieler und Zuschauerräume. Das kannst du mir glauben. Wir sind im Vorstadium einer Revolution und müssen uns darauf vorbereiten.«

Sein Gesprächspartner kann darauf nur mit einigen Floskeln antworten, gemischt aus Skepsis und Ironie. Er spielt auf die Herkunft Pagnols aus Marseille an, die ihn immer zu Übertreibungen veranlaßt. Als aber Marcel sich von seinen Schlußfolgerungen partout nicht abbringen läßt, produziert Volterra einen schrecklichen Wutausbruch à la Raimu.

Einige Tage später feiert man im Théâtre des Variétés die 500. Vorstellung von »Topaze«.

Bei dieser Gelegenheit bittet die Tageszeitung »Le Journal« Pagnol, ihr einen Artikel zur Feier des Tages zu liefern.

Pagnol läßt den Chefredakteur wissen, es erscheine ihm schwierig, eine Würdigung seiner eigenen Leistungen zu schreiben. Ersatzweise schlägt er ihm vor, einen Text über seine jüngsten Erlebnisse in London zu verfassen: die Geburt des Tonfilms. Das Angebot wird angenommen.

Unter dem Datum des 17. Mai erscheint der Artikel im »Journal«. Pagnol wiederholt darin im großen und ganzen, was er schon Volterra auseinandergesetzt hatte, und erläutert, welche Schlüsse er daraus zieht.

Der arme Mann hat keine Vorstellung davon, in welches Wespennest er da getreten ist!

Sobald der Artikel schwarz auf weiß zu lesen ist, ruft ihn sein Freund Stève Passeur an, sagt, er habe seine Hirngespinste gelesen und frage ihn hiermit, ob er völlig den Verstand verloren habe. Einige Stunden später Gezeter wie im Tollhaus. Die Theaterleute weigern sich, ihm die Hand zu geben. Die Filmleute beschimpfen ihn als Provokateur oder zumindest als Narren, bei dem man sich fragt, in was er sich da einmische.

Pagnol hätte darauf gefaßt sein müssen.

Wenn er schreibt, daß die neue Erfindung den Dramatikern plötzlich beträchtliche neue Mittel an die Hand gibt, so sagt er damit gleichzeitig, daß das Theater sehr gefährdet ist, jedenfalls unter den Bedingungen, unter denen es bis jetzt existiert, während der Stummfilm ohne weiteres zum Tode verurteilt ist.

Am meisten krumm nehmen es die Filmleute. In der nagenden Ungewißheit, was aus ihrer Kunst und ihnen selbst werden soll, geben sie sich alle Mühe, die Folgen der Neuheit herunterzuspielen, statt sich ihr zu stellen. Für sie ist und bleibt der Tonfilm einfach ein Stummfilm, zu dem eben das gesprochene Wort hinzukommt. Nichts weiter. Das Wort ist alles in allem nur eine Ergänzung, bestenfalls ein Mittel, auf die Einblendungen zu verzichten.

Und Pagnol verkündet demgegenüber mit dem ganzen Gewicht seines Prestiges, seiner Erfahrung und seines Erfolgs: »Der Tonfilm soll auch tönen!« Er verhält sich nicht anders als das Kind in Andersens Märchen. Er sagt die Wahrheit: »Der König ist nackt.« Aber diese Art der Enthüllung hat schon immer Skandale hervorgerufen.

»Sie schreien so laut, weil sie die Hosen voll haben«, sagt Pagnol. Die Vertreter des alten Stummfilms versuchen noch lange, ihr Dogma aufrechtzuerhalten, und verdammen alle als Ketzer, die nicht daran glauben: Sie schaffen in ihrem Bereich tatsächlich eine Atmosphäre der Inquisition. Sie haben sich eine Formel ausgedacht, die den Tonfilm als das absolute Böse brandmarken soll: »Konserventheater«.

Der Streit breitet sich in Windeseile aus und will gar kein Ende nehmen.

Das Kind, das Kitty und er mit so großer Ungeduld erwarten, kommt Mitte September zur Welt. Große Freude! Es ist ein Junge! Mit Stolz stellt Marcel fest, daß der kleine Finger der rechten Hand etwas verwachsen ist. Dieses Merkmal findet sich von Generation zu Generation bei allen Pagnols. Es wird auf den Namen Jacques getauft. Da sein Vater noch immer mit einer anderen Frau verheiratet ist, erhält das Kind den Familiennamen der Mutter, Murphy. Es ist ein wundervolles Baby und trinkt mit gutem Appetit.

Anfang Oktober legen Simonne und Léon Volterra Marcel ihren Spielplan für die Saison 1931 im Théâtre de Paris vor. »Marius« soll noch bis Ende Januar gespielt werden. Léon Volterra ist noch an frühere Verträge gebunden und muß zu diesem Zeitpunkt eine Komödie von Yves Mirande und André Picard inszenieren, die 1920 uraufgeführt wurde: »Un Homme en habit«. Raimu wird die Hauptrolle spielen.

Im Oktober soll dann das Stück abgesetzt werden. Darauf ist eine Wiederaufnahme von »Marius« mit 50 Vorstellungen geplant, was dem Ensemble Zeit für die notwendigen Proben zu »Fanny« verschaffen soll. Ende November soll dann »Fannys« Premiere starten.

Mit diesem Programm ist Pagnol ohne weiteres einverstanden.

Der triumphale Erfolg von »Topaze« dauert an. Gerade hatte das Stück am Broadway Premiere. Es gibt nur noch drei Länder auf der Erde, wo es nicht gespielt worden ist: China, die Türkei und Griechenland, wo es aber auch schon angekündigt ist.

Die Gesamtzahl der Aufführungen in weniger als zwei Jahren überschreitet 4000. Die Gesamteinnahmen allein in Frankreich betragen fast 20 Millionen Francs. Weltweit sind es über 100 Millionen.

Im November teilt Marcel Pagnol Volterra mit, Paramount habe gerade die Filmrechte für »Topaze« und »Marius« von ihm erworben.

Als erstes soll »Marius« im Frühjahr in den Studios von Saint-Maurice gedreht werden. Paramount plant den Film in drei Fassungen: einer französischen, einer deutschen und einer schwedischen.

Um nicht ins Hintertreffen zu geraten, meldet sich Raimu zu Wort. Auch er möchte beim Tonfilm mitmachen. Er hat einen Vertrag mit Roger Richebé unterzeichnet, einem jungen dynamischen Produzenten, dessen Familie mehrere Kinos im Süden besitzt und der soeben nach Paris gezogen ist. Raimu soll für ihn in sechs Filmen im Lauf von zwei Jahren spielen. Er fängt mit »Le Blanc et le noir« an, nach dem Lustspiel von Sacha Guitry, das er 1922 erstmals auf die Bühne gebracht hat.

In der Sprache des Theaters gibt es den Begriff »tradiertes Extempore«. So nennt man einen Ausdruck, einen Satz, eine Bemerkung, die nicht im ursprünglichen Text enthalten sind, sondern irgendwann von einem Schauspieler im Feuer der Begeisterung erfunden worden sind und einen komischen oder auch rührenden Effekt gehabt haben, weshalb er sie dann auch in den folgenden Vorstellungen anbringen darf.

In »Marius« hat Raimu ein solches »Extempore« eingebracht. Als César im Begriff ist, sich zu entfernen, und von seinen Plänen berichtet, die er für den freien Nachmittag hat, spricht er in die Kulissen: »Vielleicht gehe ich ins Kino.«

Raimu fügte die folgenden von ihm selbst stammenden Sätze an: »Ja, ins Kino. Aber nicht in einen Tonfilm, Rhabarber, Rhabarber ... Das sind doch alles Gauner. Sie behaupten, man spreche dort, aber man versteht kein einziges Wort.«

An dem Tag, an dem Raimu seinem Ensemble mitteilt, er sei engagiert worden, um in einem Tonfilm mitzuspielen, läßt er sein »Extempore« weg. Und greift es niemals wieder auf.

VIII.

Es lebe das Kino!

(1931 – 1933)

Die Filmfabrik. Turm zu Babel in Saint-Maurice. Der Tatar aus
Olivoi. Volterras Zorn. Raimu gefeuert. Pagnol vernichtet. Topaze
verraten. Raimu wiedergefunden. Handwerker-Kino. Ein Bäcker
im Pullmanwagen. Gionos Stern. »Fannys« Erfolg. Geburt von
Jean-Pierre.

Die in Saint-Maurice von der Paramount errichteten Studios des
Réservoirs, die an Ort und Stelle die für das europäische Publikum
bestimmten Filme produzieren sollten, waren bis ins Detail dem
amerikanischen Modell nachgebaut.
Wir sind inzwischen an diese unmenschliche Welt der Filmindustrie gewöhnt, diese riesigen nebeneinanderstehenden Hallen, an
denen breite Betonstraßen entlanglaufen und die von hohen, endlos langen Mauern umschlossen sind. Durch ein beeindruckendes
großes Tor, bewacht von einem Catcher in Admiralsmütze, gelangt man ins Innere. Aber niemand dringt hier ein ohne einen
Ausweis mit Foto und einer Anzahl Unterschriften und Stempel.
Wenn ein Besucher angibt, drinnen eine Verabredung mit einem
der Gewaltigen zu haben, läßt man ihn nicht ohne genaue Nach-
prüfung seiner Angaben passieren, und auch dann noch mit offen-
sichtlichem Widerstreben. Luxusautos vor dem Eingang entstei-
gen sogenannte »executives« mit sorgengefurchten Gesichtern
und dicken Zigarren, oder Stars, z. B.: Marcelle Chantal, Meg Lemonnier, Henry Garat, Käthe von Nagy ... Vor dem fest verram-
melten Tor warten Schlangen von bedauernswerten Statisten
ganze Tage lang bei Regen oder Sonnenschein wie vor der Pforte
des Paradieses, in der Hoffnung, angesprochen oder aufgerufen
zu werden. Die einzige Möglichkeit, mit der sie nicht mehr rechnen, ist die Unaufmerksamkeit oder das Mitleid des Zerberus.

Die Paramount hat dort acht Aufnahmeräume von gigantischen Ausmaßen sowie ein Laboratorium errichtet. Auch befindet sich hier ein Direktionsgebäude mit Büros und Konferenzräumen, ferner ein Restaurant. Inmitten des Ganzen steht auf einer kleinen, von einem Gitter umgebenen Kiesfläche von einigen Metern Durchmesser, abends angestrahlt und aus grünen, gelben und roten Steinen zusammengesetzt, eine Miniaturnachbildung des Paramount-Vulkans. Man sieht ihn vor jedem von der Firma produzierten Film im Vorspann auf der Leinwand: das Totem der Gesellschaft. Es könnte ein deprimierender Ort sein, ist es aber nicht. Denn eine internationale, vielfarbige, vielsprachige »Fauna« erfüllt ihn mit munterem Leben, schreiend, lachend, kreischend und schnatternd. Es sind Schauspieler aus allen Ländern Europas, Tschechen, Italiener, Schweden, Ungarn, Deutsche, die für ihre Ursprungsländer die jeweiligen Filmfassungen spielen sollen. Sie kommen, spielen und gehen wieder.

In wenigen Monaten hat sich die Lage in den Kinos vollständig verändert. Das Publikum will keine Stummfilme mehr sehen. In ganz Europa sind in den Vorführräumen Lautsprecher installiert worden. Und plötzlich gibt es gar nicht genug Tonfilme, um den Bedarf zu befriedigen. Es müssen deshalb schleunigst zu Hunderten neue fabriziert werden. In den Paramount-Studios in Saint-Maurice dreht man Tag und Nacht ohne Unterbrechung, von Montagmorgen acht Uhr bis Freitag um Mitternacht. Das Wochenende ist nur frei, weil die Einrichtungen gewartet werden müssen.

Diese gigantische Maschinerie zur Produktion von Programmen will aber mit Stoffen gefüttert sein. Für jeweils einen Monat sind die Dramatiker von ganz Paris angeworben worden: Tristan Bernard, Rip, Achard, Stève Passeur, Yves Mirande. Alfred Savoir, ehemaliger Chefredakteur beim »Bonsoir« und jetzt Dramatiker, leitet die Dramaturgie. Er ist ein außergewöhnlicher Bursche, der alles durcheinanderwirbelt, voller Humor, berühmt für seine witzigen Aussprüche. Einem Kritiker, der in seiner Anwesenheit äußerte, ein Erfolg sei niemals leicht, gab er zurück: »Ein Reinfall auch nicht.« Über Lugné-Poe, der ihn entdeckt hatte, sagte er: »Wenn ich nicht undankbar wäre, würde ich mich ihm sehr erkenntlich zeigen müssen.«

Diese Paramount-Gesellschaft, die ihre Autoren gerne wie subalterne Angestellte behandelt – gut bezahlt, aber kaum beachtet –, und ihre Produktionen wie Waren, mit denen man beliebig schalten und walten kann, macht mit Pagnol eine große Ausnahme. Bob Kane, der Leiter der Firma in Europa, ein amerikanischer Riese mit dem Benehmen eines Cowboys, empfindet für Pagnol seit ihrer ersten Begegnung und auf den ersten Blick freundschaftliche Gefühle, und darin ist er nicht der einzige. Er hat ihn zum »Supervisor« ernannt und ihm den Platz zu seiner Rechten an dem für die Direktoren, die großen Götter, reservierten Tisch in der Kantine eingeräumt, wo die Drehbuchautoren nicht zugelassen sind. Das bedeutet für Pagnol das einzigartige Privileg, das so streng bewachte Tor zu den Studios zu durchschreiten, wann und wie er will, und nach Belieben ins Innere der Festung vorzudringen. Die besten Voraussetzungen also, um das neue Land zu erforschen, das ihn so anlockt: das Kino.

Die Vorführungen der drei »Marius«-Fassungen sind für Ende Frühjahr geplant. Die französische Version soll »Marius« heißen, der deutsche Film »Zum Goldenen Anker«, der schwedische »Langtan til havet« (»Der Ruf des Meeres«). Wichtige Einzelheiten sind noch zu regeln. Bob Kane macht Filme nur wie in Kalifornien üblich, d. h., er will die französische Fassung von Schauspielern spielen lassen, mit denen ein Jahresvertrag besteht. Er bezahlt sie, also sollen sie auch arbeiten. Sie besitzen bereits Dreherfahrungen, insofern wird es schnell gehen. Kane hat seine Rollenverteilung schon perfekt. Marius: Henry Garat; Fanny: Meg Lemonnier; Honorine: Marguerite Moreno; César: Victor Francen, usw. Marcel Pagnol, dem man erlaubt hat, bei den Dreharbeiten dabeizusein, lehnt rundheraus ab. Seiner Meinung nach darf der Film nur von dem Ensemble gespielt werden, das das Stück uraufgeführt und schon über 500mal dargeboten hat. Eine andere, schwerer zu befriedigende Forderung Pagnols: Er verlangt Prozente von den Einnahmen des Films. Unerhört für Hollywood, daß ein Autor derartige Forderungen stellt! Aber Marcel bleibt hartnäckig. Natürlich will er im Falle eines Erfolgs auch mehr Geld verdienen, aber in erster Linie kommt es ihm darauf an, auf diesem Weg über den vertrieblichen Einsatz des Films auf dem laufenden zu bleiben und sich so mit dem finanziellen Aspekt der Filmbranche vertraut zu machen.

Jeden Tag geht Pagnol ins Studio. Er untersucht jedes verbotene Terrain. Im Laboratorium läßt er sich in die Geheimnisse der Filmstreifen, der Chemie beim Entwickeln, der Entwicklung selbst, der Herstellung von Kopien einweihen; dann stellt er seine Beobachtungen im Montageraum an. Es bleibt ihm nur noch übrig, seine Ausbildung als Regisseur zu absolvieren. Da kommt auch schon der Lehrmeister, Bob Kane stellt ihn ihm vor. Es ist Alexander Korda aus Ungarn, der seine Karriere in seiner Heimat begonnen hat, um dann nach Hollywood auszuwandern. Für die Dreharbeiten zu »Marius« wurde er nach Europa zurückgeholt.

Die Paramount hatte die Rechte an dem Stück vor Bob Kanes Ankunft in Paris erworben. Deshalb hatte er es trotz seiner Freundschaftsbeweise gegenüber Pagnol nicht für nötig gehalten, einen Abend dranzugeben, um sich das Stück anzusehen. Er hat eine triftige Entschuldigung: Er versteht kein Wort Französisch. Aber Korda begibt sich gleich am Abend seiner Ankunft in Begleitung Marcel Pagnols ins Théâtre de Paris. Zwischen ihnen beiden entsteht sofort das Einvernehmen, das überall unter Künstlern die Schöpferischen gegen die Vermarkter, die Gaukler gegen die Buchhalter zusammenschweißt. Korda findet die Schauspieler in »Marius« ganz vorzüglich. »Es wäre einfach dumm«, erklärt er, »den Film nicht mit ihnen zu drehen.« Und Raimu ist seiner Ansicht nach einer der besten Schauspieler der Welt.

Ein Pariser Ereignis, das durch die Presse geht, bestätigt Pagnols Standpunkt durchschlagend. Ein unabhängiger französischer Produzent, Georges Marret, hat das Lustspiel »Jean de la Lune« (»Jean der Träumer«) von Marcel Achard mit im Kino unbekannten Theaterschauspielern auf die Leinwand gebracht: Madeleine Renaud, Michel Simon, René Lefèvre. Jean Choux, der Regisseur, hat sich genauestens an die Dialoge des Autors gehalten. Der Film läuft im Colisée an den Champs-Élysées an und ist ein ungeheurer Erfolg. Bei jeder Vorstellung müssen Leute zurückgewiesen werden. Alle Einnahmerekorde werden geschlagen. »Jean de la Lune« bleibt 24 Wochen auf dem Programm. Das macht Bob Kane sehr nachdenklich. Schließlich beugt er sich den Einwänden Pagnols.

Die französische Fassung soll mit Raimu, Orane Demazis, Pierre Fresnay, Charpin und ihren Partnern gedreht werden.

Auch Pagnols zweite Forderung wird letzten Endes erfüllt: Er wird an den Einnahmen des Films beteiligt, Hollywood hat seine Zustimmung gegeben. Die Hochachtung Bob Kanes für Pagnol nimmt damit nur noch zu: Er ist also nicht nur ein begabter Autor, sondern auch ein außergewöhnlicher Geschäftsmann.

Alles scheint in bester Ordnung, als eine auf den ersten Blick unüberwindliche Schwierigkeit auftritt: Der Vertrag zwischen Raimu und Richebé enthält eine Exklusivklausel, nach der dieser nicht für andere Produzenten spielen darf. Die Angelegenheit nimmt sich um so schlimmer aus, als in allen Städten im Umkreis von Marseille, von Toulon bis Nîmes, Arles und Aix-en-Provence, die Kinotheater Richebés in Konkurrenz mit denen der Paramount stehen. Pagnol erhält den Auftrag, mit Richebé zu verhandeln. Es kommt zu harten und langwierigen Auseinandersetzungen. Um zu einem Ende zu kommen und seinen Partner dazu zu bewegen, seine anfängliche Weigerung zurückzunehmen, ruft Pagnol aus: »Aber unter Landsleuten aus Marseille sperrt man sich doch nicht so!« Richebé muß laut auflachen. Die Angelegenheit ist geklärt. Raimu darf in »Marius« spielen, aber der Film soll in den Städten des Südens nur in Richebés Kinos, nicht in denen der Paramount, laufen.

Alexander Korda bereitet sich auf die ersten Drehtage vor. Zunächst unterhält er sich eingehend mit Pagnol.

»Von der Sprache«, erklärt er Pagnol, »verstehe ich nichts. Du bist der Dramatiker, du bist der Spezialist des Wortes. Wir werden den Film zu zweit machen: Ich komponiere die Bilder, du den Text.« Diese Offenheit gefällt Pagnol.

Raimu seinerseits, dessen erste Reaktion auf Korda eher von Mißtrauen geprägt war (»Sie haben einen Tataren aus Olivoi kommen lassen«, erzählt er jedem, der es hören will, »um einen Film über Marseille zu drehen«), ist schnell von der Kompetenz des Regisseurs überzeugt und von seiner großen Höflichkeit beeindruckt. Korda wird im übrigen vom ganzen Ensemble akzeptiert. Er ist ein Lebemann, trinkt und ißt gerne, er singt, spricht und erzählt Anekdoten (»Die Ungarn«, erklärt er, »sind die Marseiller Mitteleuropas«). Er hat sich in allen Hauptstädten der Alten und Neuen Welt umgetan, in Budapest, Wien, Berlin, Paris, New York, und sofort die überschäumende kosmopolitische Atmosphäre Marseilles verspürt.

Die drei Filmfassungen werden gleichzeitig gedreht. Bei jeder Szene beginnen die französischen Darsteller. In den ersten Tagen hat Korda gewisse Probleme mit ihnen. Sie spielen wie im Theater, sprechen zu laut. Einer der Tonmeister erklärt sogar, es sei ihm unmöglich, die ganz tiefen Töne der Stimme von Monsieur Raimu aufzunehmen.

»Das ist peinlich«, gibt Korda zur Antwort, »peinlich vor allem für Sie, da ich Monsieur Raimu nicht ersetzen kann, Sie aber sehr wohl.« Damit ist die Sache erledigt.

Nach dem dritten Tag erklärt sich Pagnol, der sich selbst in die Tonkabine gesetzt hat, zufrieden. Die Schauspieler haben den richtigen Ton gefunden. Sobald man eine Szene auf französisch im Kasten hat, betreten die deutschen Darsteller die Szene. Als letzte kommen die Schweden dran. Jetzt übergibt Korda die Aufnahmeleitung dem skandinavischen Regisseur John W. Brunius. Während der Pausen oder der Einstellung der Scheinwerfer kann man in der Kantine drei Césars, drei Panisses, drei Escartefigues im gleichen Kostüm betrachten, »unfähig, Worte miteinander zu wechseln, außer ›Gin‹ und ›Whisky‹«. Die Dreharbeiten sind in weniger als fünf Wochen beendet. Es gibt keine einzige Außenaufnahme, keine einzige Einstellung in Marseille selbst. Während der ganzen fünf Wochen ist Pagnol Korda niemals von der Seite gewichen, und dieser hat keine einzige Aufnahme gedreht, ohne ihm zu erklären, was er machte und warum er es so machte.

Diese außergewöhnliche Behandlung, die hier einem Autor zuteil wird, und die Achtung vor seinem Werk, die dem üblichen Stil Hollywoods so zuwiderlaufen, erzeugen Groll im Stab der Reservoir-Studios. Fast alle »Direktoren« kommen aus dem alten Stummfilm und bewahren ihm eine gewisse Anhänglichkeit. Pagnols Erklärungen machen sie einfach wütend. Für sie ist »Marius« ein Tonfilm, der zu große Töne spuckt. Nur die Freundschaft Bob Kanes und die Autorität Kordas können verhindern, daß die Anwesenheit Pagnols auf der Bühne bis zum letzten Drehtag einen Eklat provoziert.

Nach Kordas Abreise zieht sich Marcel Pagnol seinerseits in seine Mühle an der Sarthe zurück. Er nimmt das Leben mit Kitty und ihrem Söhnchen, dem kleinen Jacques, wieder auf, das Leben, wie er es so liebt, Natur, Jagd, Fischfang und Werkstatt. Er hat Dutzende von neuen Ideen für Erfindungen, u. a. eine Sicherheitsbremse für Autos, die er zum Patent anmelden will: Wenn bei einer zu schnellen Bremsung die vier Bremsen des Autos blockieren, fährt beim Drücken eines Knopfes am Armaturenbrett unter dem Fahrzeug ein enormer Fuß aus, der es hochhebt und seinen Schwung stoppt.

Von Zeit zu Zeit bringt der Briefträger aus Malicorne Pagnol eine Filmzeitschrift, in der sich die durch seinen berühmten Artikel im »Journal« ausgelöste Polemik fortsetzt. Seine Gegner haben noch immer nicht klein beigegeben, ihre Angriffe sind weiterhin scharf und strotzen gelegentlich vor Ungerechtigkeiten. »Soll doch Monsieur Pagnol«, so schreiben sie, »sich mit seinen Aufschneidereien die Taschen füllen, aber das Kino den ernstlich Schaffenden und wahren Künstlern überlassen!«

Bei der Wiederaufnahme des »*Marius*« und den Proben für »*Fanny*« im Oktober erlebt Pagnol einen neuen Raimu: eingebildet, dominierend. Seit ihrer Trennung hat sich in Raimus Leben eine grundsätzliche Änderung vollzogen: Er ist jetzt ein Filmstar. Die drei ersten Produktionen Richebés: »*Le Blanc et le noir*«, »*Mamselle Nitouche*« und »*La Petite chocolatière*«, in denen er mitspielt, laufen in den Kinos. Und seitdem wird er auf der Straße erkannt, in Paris und in der Provinz. Jeder weiß, wer er ist, bittet ihn um ein Autogramm. In drei Monaten haben drei Filme mehr für seine Popularität getan als 20 Jahre Music-Hall oder Theater. Das kann einem Schauspieler schon den Kopf verdrehen!*

»*Marius*« läuft am ersten Mittwoch im Oktober im riesigen Pari-

---

* Paul Olivier erzählt, daß Raimu eines Tages auf der Rückreise von Toulon, ganz stolz auf seine neue Berühmtheit, auf einer Caféterrasse einen Gast bemerkt, der ihn unaufhörlich anstarrt. Schließlich wendet sich Raimu ihm zu:
»Sie wissen, wer ich bin, nicht wahr?«
»Aber natürlich«, antwortet der andere, »Sie sind der Sohn von Monsieur Muraire, dem Teppichhändler an der Place de la Liberté.«

ser Lichtspielhaus der Paramount an. Marcel Pagnol ist damals schon so bekannt, daß auf dem im Kinosaal verteilten Programm nicht Raimu abgebildet ist, sondern er, vor dem Hintergrund des Vieux-Port und der Kirche Notre-Dame-de-la-Garde.

Von der ersten Woche an schlägt der Film auch die Rekorde von *Jean de la Lune*. Das gleiche geschieht entsprechend bei allen Filmpremieren in Marseille, Lyon, Bordeaux, überall in der Provinz, in der Schweiz, in Belgien, in Nordafrika. Allein in den Monaten November und Dezember überschreiten die Einspielerlöse 50 Millionen Francs. Im Theater bedurfte es zweier Jahre triumphaler Erfolge, bis *Topaze* diese Ziffer erreicht hatte. Überall schlagen sich die Kinoinhaber darum, *Marius* aufs Programm setzen zu können. Aber dieser grandiose Erfolg entwaffnet Pagnols Widersacher keineswegs. »Zugegeben«, so heißt es, »dieser Film ist ein Riesenerfolg. Zugegeben, er gefällt dem Publikum. Zugegeben, die Zuschauer sind hingerissen. Aber es handelt sich nicht um echtes Kino!«

Pagnol rechnet sich aus, daß die Erlöse aus *Marius* den Herstellungskosten von sieben oder acht Filmen ähnlicher Bedeutung gleichkommen. Er zieht die naheliegende Schlußfolgerung: Er muß Produzent werden! Nur daß er leider vorläufig die Filmrechte an *Topaze* schon an die Paramount verkauft und eine Option auf *Fanny* unterzeichnet hat.

Bei den Proben für *Fanny* im Théâtre de Paris gibt es gleich zu Anfang Ärger. Pierre Fresnay findet die Rolle des Marius zu kurz (er hat nur eine Szene im letzten Akt) und gibt sein Manuskript zurück. Etwas Ähnliches hatten Pagnol, Volterra und Raimu allerdings erwartet. Alida Rouffe ist erkrankt und läßt wissen, sie könne die Rolle der Honorine nicht wieder übernehmen – das ist schon ernster. Für diese Figur wird nun Madame Chabert, eine alternde Schauspielerin aus der Revue-Szene Marseilles, engagiert, deren Hauptstärke keineswegs Bescheidenheit ist. Glücklicherweise haben Pagnol und Orane Demazis in Saint-Maurice unter den Statisten für *Marius* für die Rolle der Tante Claudine ein echtes Naturtalent entdeckt, eine Schauspielerin von großzügigem Naturell und ungewöhnlichem Talent: Milly Mathis.

Die Proben sind bereits fortgeschritten. Schon wird das Datum der Premiere ins Auge gefaßt, als sich die größte Katastrophe ereignet: die Affäre Raimu!

Die Wiederaufnahme des »*Marius*« im Théâtre de Paris leidet unter der gleichzeitigen Vorführung des Paramount-Films. Nur an den Samstagabenden hängt noch das Schild »Ausverkauft« draußen. An den Matinees am Sonntag ist der Saal nur halb voll. Raimu hat diese Vormittagsvorstellungen schon immer verabscheut, dieses aus älteren Leuten bestehende, halb schlafende Publikum. Die Idee, sich in einem Theater einzusperren, während es draußen hell ist und sogar manchmal die Sonne scheint, geht zutiefst gegen seine Natur. Hinzu kommt die Tatsache, daß sich, wenn er mit Prozenten an den Einkünften beteiligt ist, sein Honorar bei diesen Vorstellungen gelegentlich sehr reduziert. Oft klingelt am Sonntag um 12.30 Uhr das Telefon im Büro des Inspizienten. Er muß die Mitteilung entgegennehmen, daß aus einem stets anderen, aber immer sehr triftigen Grund »Monsieur Raimu nicht in der Lage ist, seinen Verpflichtungen für die Vormittagsvorstellung nachzukommen«. Die Minute, in der das Telefon klingelt, ist raffiniert gewählt: Es ist noch früh genug, um Ersatz herbeizuholen, aber zu spät, um Volterra zu informieren, der schon abgereist ist, um seine Pferde in Longchamp oder Auteuil laufen zu sehen. Eines Sonntags im November kommt Volterra um 14 Uhr zur Rue Blanche zurück, zweifellos, weil sein Pferd aufgeben mußte. Da fällt sein Blick auf einen Anschlagzettel über dem Salzfaß: »Monsieur Raimu spielt in der heutigen Matinee-Vorstellung nicht. Monsieur Dullac übernimmt seinen Part.« Unvermittelt gerät er in fürchterliche Wut.

»Warum spielt Monsieur Raimu nicht?« fährt er den Inspizienten an.

»Sein Onkel ist gestorben«, antwortet der Inspizient.

»Was? Sein Onkel ist gestorben?«

»Das hat man mir am Telefon gesagt.«

»Wer ist man?«

»Man.«

»Aha, sein Onkel ist gestorben«, rast Volterra weiter. »Ich kann mir schon denken, wo er ihn begräbt, seinen Onkel, unser lieber

Monsieur Raimu! Und mit wem er ihn begräbt! Er begräbt ihn mit einer prachtvollen Blondine ›Bei Laurent‹, läßt sich dabei ein Dutzend Austern schmecken und leert eine Flasche Champagner. Genau, ›Bei Laurent‹ an den Champs-Élysées, wohin ich mich jetzt stehenden Fußes begebe. Und ich schwöre dir, ich bringe ihn dir zurück, den Monsieur Raimu, ob sein Onkel gestorben ist oder nicht!«

Einige Minuten später stürzt Léon Volterra »Bei Laurent« herein, ohne daß sich seine Wut im mindesten gelegt hätte.

Tatsächlich ist Raimu da, in eleganter Begleitung und im Begriff, Austern zu verzehren. Volterra geht direkt auf ihn zu und fährt ihn mit denkbarster Schärfe an. Raimu, sehr erregt, weil er im Beisein einer Frau so heruntergeputzt wird, bleibt ihm nichts schuldig, und bald werden die beiden Männer handgreiflich. Das Personal stürzt herbei, um sie zu trennen, doch mit höchstmöglicher Schonung. Denn beide sind bevorzugte Stammgäste. Es muß so vorgegangen werden, daß weder der eine noch der andere verprellt wird. Schließlich ißt Raimu zu Ende, und Volterra kehrt, außer sich vor Wut, ins Théâtre de Paris zurück.

Am gleichen Abend erhält er ein Telegramm von Raimu. Darin teilt ihm dieser mit, er solle sich, statt sich in die Angelegenheiten seiner Angestellten zu mischen, lieber genauer und aus der Nähe darum kümmern, was sich in seinem eigenen Hause, in seiner unmittelbaren Umgebung abspiele. Volterra öffnet das Telegramm in Gegenwart seiner Frau, die sofort begreift, daß die Anspielungen Raimus einen Angriff auf ihre persönliche Ehre bedeuten. Da beschließen die beiden Ehegatten, sich von ihrem Star zu trennen. Mitten in der Nacht wird Pagnol darüber informiert. »Dieses Individuum setzt mir niemals mehr den Fuß über die Schwelle eines meiner Theater«, läßt ihn Volterra wissen. Am nächsten Tag hängt der Inspizient einen Zettel ans Schwarze Brett: »Wegen zu häufiger Abwesenheit Raimus wird sein Vertrag annulliert.«

Die Proben für »Fanny« sind genau auf 14.30 Uhr angesetzt. Vorzeitig sind die Schauspieler auf der Bühne. Sie haben alle die Notiz am Schwarzen Brett gelesen, sagen aber nichts. Wie gewöhnlich kommt Raimu herein, ein Lächeln auf den Lippen, das Manuskript in der Hand. Tiefes Stillschweigen ringsum! Raimu kapiert nicht, was los ist. Er blickt in die Runde, sucht den Blick der anderen. Alle weichen ihm aus. Eine Stimme dringt aus dem Zuschauerraum herauf, die Stimme Volterras:

»Monsieur Raimu, sehen Sie einmal nach, was am Schwarzen Brett steht!«

Raimu geht konsterniert hinaus. Einige Minuten verstreichen. Er kommt zurück, sehr bleich, sehr ruhig, fragt lediglich mit tonloser Stimme:

»Wem soll ich das Manuskript geben?«

»Dem Inspizienten.«

»Gut.«

Und er verläßt das Haus.

Pagnol wohnt dem Vorgang bei, ohne einzugreifen. Er meldet keinen Widerspruch an, versucht nichts, um diesen Bruch zu verhindern. Warum? Jede Freundschaft, auch die festeste, hat ihre Höhen und Tiefen, und die Freundschaft zwischen Raimu und Pagnol steckt in einer Krise. Sein neuer Status als Star tut Raimu entschieden nicht gut. Oft verkündet er in den Bistros der Rue Blanche, »Bei Titin«, er sei es, er allein, dem »*Marius*« seinen Erfolg zu verdanken habe, er sei es gewesen, der die Kartenpartie wieder in den Text eingeführt habe, usw. Dieses Geschwätz wurde, das war unvermeidlich, Pagnol von guten Freunden hinterbracht, und er nahm es übel.

Ist Pagnol jetzt von der fixen Idee besessen, zu zeigen, daß »*Marius*« auch ohne Raimu den gleichen Erfolg gehabt hätte? Und daß »*Fanny*« den Beweis dafür liefern soll? Wer weiß? Andererseits aber ist sicher, daß er bei einer Intervention keine Chance gehabt hätte, den Bruch Volterra/Raimu aufzuhalten. Die Kluft zwischen dem Schauspieler und seinem Direktor ist zu tief. Zehn Jahre lang sprechen die beiden Männer kein Wort mehr miteinander, und niemals mehr arbeiten sie zusammen.

Am Tag darauf schlägt Volterra Pagnol vor, für die Rolle des César Harry Baur zu engagieren, den Schauspieler, der an der Uraufführung von »*Jazz*« beteiligt war. Harry Baur stammt aus Marseille und spricht mit provenzalischem Akzent. Und am Theater ist er ein noch größerer Star als Raimu. Zufällig ist er frei. Pagnol stimmt zu.

Die Premiere von »*Fanny*« geht am 5. Dezember 1931 über die Bühne. Harry Baur ist ein perfekter César. Das Publikum bereitet dem Stück einen herzlichen Empfang. Auch die Presse am nächsten Tag ist enthusiastisch. »Ein Meisterwerk«, schreibt Paul Reboux im »Paris-Soir«. »Eine Parforcejagd«, erklärt Lucien Dubech im »Candide«. »Ein durchschlagender Erfolg«, stellt Léon Treich im »Ordre« fest. Eine einzige Dissonanz ist in diesem Triumphkonzert zu hören: Pierre Brisson im »Temps« äußert einige Vorbehalte, indem er auseinandersetzt, eine Fortsetzung sei niemals so gut wie der Anfang. Darauf erwidert Pagnol scherzhaft:

»Monsieur Brisson spricht ganz zu Unrecht von einer Fortsetzung. Er selbst ist eine Fortsetzung, nämlich die von Francisque Sarcey.«*

Das Bonmot wurde Brisson hinterbracht. Noch lange Zeit danach waren sich die beiden Männer spinnefeind.

Der Erfolg von »*Fanny*« scheint perfekt zu sein. Doch in den folgenden Tagen sprechen die Zuschauer, die Harry Baur applaudiert hatten, während der Pause an der Bar oder beim Hinausgehen im Foyer immer nur von Raimu. Da wird Pagnol klar, daß »*Fanny*« nicht das gleiche Echo auslösen wird wie »*Marius*«. Es ist eine zu große Umstellung für das Publikum, daß die ursprünglichen Schauspieler des Marius und der Honorine ausgewechselt wurden. Aber Pagnol tröstet sich schnell darüber hinweg. Er hat jetzt nur noch das Kino im Kopf. Wenn »*Fanny*« auf der Bühne weniger gut läuft, so kann er um so rascher einen Film daraus machen.

Als in den ersten Tagen des Jahres 1932 Marcel Pagnol von der Paramount die Nachricht erhält, demnächst werde mit den Dreharbeiten für »*Topaze*« begonnen, kreuzt er recht selbstbewußt in Saint-Maurice auf: Die Einspielergebnisse der französischen Fassung von »*Marius*« sind beträchtlich, während viele Paramount-Filme des Jahres 1931 ein Verlustgeschäft waren. Daher erwartet er, wie ein Triumphator empfangen zu werden. Nichts dergleichen

---

* Francisque Sarcey, einer der großen französischen Theaterkritiker, war für die Theaterkritik im »Temps« in den Jahren 1867 bis 1897 verantwortlich gewesen. Einige Jahre später wurde Pierre Brisson, sein Enkel, sein Nachfolger.

geschieht. Niemand beglückwünscht ihn. Niemand erinnert sich an »Marius« und seinen Erfolg. Er hat das Gefühl, in eine Falle geraten zu sein. Und so ist es auch wirklich. Bob Kane ist zwar immer noch sehr liebenswürdig. Aber der Cowboy mit den blauen Augen hat viel von seinem Einfluß verloren. Und die Manager in seinem Umkreis legen Wert darauf, Pagnol auf den Platz zurückzuverweisen, den er nach ihrer Meinung niemals hätte verlassen dürfen: den Platz des Autors, was beim amerikanischen Film das fünfte Rad am Wagen bedeutet. Befehle von der Muttergesellschaft in Hollywood treffen ein. Die größte Schwäche des Stummfilms war gerade auch seine Stärke gewesen: Er war international. Die großen Gesellschaften, mit der Paramount an der Spitze, hegen die Befürchtung, das neue Kino könnte ihnen ihr Monopol auf dem Weltmarkt streitig machen. Deshalb ist es das Gebot der Stunde, Filme zu drehen, in denen wenig gesprochen wird, die man also leicht vervielfältigen kann. Ungeheure Interessen sind im Spiel, denen gegenüber die schönen Theorien und Visionen Pagnols wenig zählen.

Es kommt gar nicht in Frage, ihm mit »Topaze« ähnlich freie Hand zu geben wie mit »Marius«. Um ihm zu zeigen, daß man nichts mit ihm im Sinn hat, engagiert man gleich zu Anfang einen Autor, Léopold Marchand, der die »Dialoge zum Film schreiben« soll. Natürlich ist beabsichtigt, Marchand die Dialoge des Stückes weniger umschreiben als sie kürzen zu lassen. In Saint-Maurice ist man der Ansicht, Pagnol selbst sei zu dieser Selbstverstümmelung nicht in der Lage. Zum Glück aber kennen und schätzen Pagnol und Marchand einander. Marchand ist über die Behandlung Pagnols durch die Paramount sehr unglücklich. Aber das kommt für ihn nicht überraschend: Er hat schon in Hollywood gearbeitet und kennt die Gepflogenheiten dort. Nach beendeter Arbeit sind die beiden gute Freunde wie eh und je. Was sehr für die Geschicklichkeit und den Takt Léopold Marchands spricht. Von dieser Seite her läuft also alles gut.

Mehr Schwierigkeiten gibt es bei der Regie. Dieses Mal läßt die Paramount einen 20 Jahre zuvor in die USA ausgewanderten Franzosen aus Hollywood kommen: Louis Gasnier, einen alten Filmhasen. Gasnier hat seinen ersten Film 1904 gedreht. Es gab für ihn

Zeiten des Ruhms. Max Linder war seine Entdeckung. Pearl White verhalf er zum Start. Er wurde zum Fachmann Nr. 1 für die »Serials« (Filmfolgen), die den großen Gesellschaften ein Vermögen einbrachten. Mit den zwölf Folgen der »Mysterien von New York«, den 13 der »Sieben Perlen«, den 15 des »Dritten Auges« hat er Säle über Säle gefüllt. Mehr als 60 Filme, davon 55 Stummfilme, gehen auf sein Konto. Er ist überaus zufrieden mit sich, seiner Karriere, seinen Triumphen, seinem Vermögen, und als er Pagnol zum ersten Mal begegnet, hat er den Eindruck, dieser grüne Lümmel erweise ihm und seiner Bedeutung entschieden zuwenig Respekt. Aber im Grunde ist er darüber nicht allzu erstaunt. Gasnier gehört zu der Klasse von Franzosen, die in Amerika aufgestiegen sind und mit einer gewissen Verachtung auf ihre in Frankreich gebliebenen Landsleute herabschauen. Pagnol verkörpert all das, was er aus tiefstem Herzen haßt: das Theater und die Dramatiker. Die Auslassungen seines Gegenübers über den endgültigen Tod des Stummfilms, von denen er gehört hat, sind auch nicht geeignet, das Verhältnis zu verbessern. Es wäre noch beschönigend zu sagen, daß zwischen den beiden Männern kein Funke überspringt. Pagnol kehrt den Studios von Saint-Maurice enttäuscht den Rücken. Am nächsten Tag erhält er die Mitteilung, Louis Jouvet werde die Rolle des Topaze spielen. Diese Wahl billigt er. Seiner Ansicht nach hat es Lefaur zwar dank seiner Routine geschafft, den Nachteil des für diese Rolle zu hohen Alters auf der Bühne wettzumachen, aber auf der Leinwand würde ihm das kaum gelingen. Wie Korda im Falle von »Marius«, engagiert Gasnier die Schauspieler, die das Stück auf dem Theater aus der Taufe gehoben haben: den temperamentvollen Pauley als Castel-Bénac, Pierre Larquey als Tamise, Marcel Vallée als M. Muche. Für die Rolle der Verführerin, Suzy Courtois, gibt er der hübschesten Schauspielerin der neuen Generation eine Chance: Edwige Feuillère. Als eine der beiden hinreißenden jungen Frauen, die die Sekretärinnen des Topaze spielen, beginnt auch sie bei diesem Film eine große Karriere, sowohl im künstlerischen als auch im privaten Bereich. Es ist Jacqueline Delubac.

Gasnier macht sich an die Arbeit. »Ich lege Wert darauf«, sagt er, »wirkliches Kino zu machen.« Wirkliches Kino heißt für ihn,

Theaterszenen in Außenaufnahmen, optische Gags und Bilder umzusetzen. Mit ihm ist nicht zu rechnen, wenn es gilt, die »Bedürfnisanstalt auf Rädern« oder die »Straßenkehrmaschine à la Topaze« vor das innere Auge zu rufen, ohne sie direkt zu zeigen. Was auf der Bühne feine Ironie ist, wird bei ihm auf der Leinwand zum plumpen Spaß. Louis Jouvet macht gute Miene zu diesem bösen Spiel, so gut es eben gehen will. Es ist seine erste Erfahrung mit dem Kino. Von diesem »Topaze« will Marcel Pagnol vom ersten Tag an nichts wissen. Er läßt sich auf keine Diskussion mit Gasnier ein, besucht ihn nicht, hat ihm eben nichts zu sagen.

Der Film kommt in die Kinos. »Gasnier hat ›Topaze‹ ermordet«, sagt Pagnol. Er ist fest entschlossen, am Tag, an dem sein Vertrag mit der Paramount ausläuft, für diese Verhunzung Revanche zu nehmen.

Nach diesem schmerzlichen Abenteuer ist es fast eine Erleichterung für ihn, zu hören, daß die Paramount ihre Option, die sie auf »Fanny« erworben hatte, nicht ausnutzen will. Seit »Marius« wartet Pagnol auf die Gelegenheit, selbst als Produzent zu arbeiten. Hier bietet sie sich. Er selbst wird »Fanny« produzieren. Aber in dem Moment, als er drauf und dran ist, sich in dieses Wagnis zu stürzen, scheint es ihm doch zu riskant, es ganz alleine zu tun. Um einen Film zu realisieren, bedarf es eines logistischen Systems: eines Stabs, der Apparaturen, Lokalitäten. Über nichts dergleichen verfügt er. Und es kommt darauf an, mit »Fanny« sehr schnell herauszukommen, um das Prestige auszunützen, das aufgrund der Erlöse des »Marius« mit seinem Namen bei den Verleihern und Kinoinhabern verknüpft ist. Es gibt nur ein Mittel, das Problem zu lösen: sich mit einem schon etablierten Produzenten zusammenzutun. Sofort fällt ihm Richebé ein, sein Landsmann aus Marseille, mit dem er sich bei der Regelung der Vertragsaffäre Raimu so gut verstanden hat und der in weniger als zwei Jahren zu einem der größten Filmmagnaten Frankreichs aufgestiegen ist. Die beiden Männer haben sich seit ihrer ersten Begegnung öfter getroffen und unterhalten die besten Beziehungen.

Erst 28 Jahre alt, leitet Roger Richebé die angesehenste und aktivste Produktionsgesellschaft in Paris, die »Braunberger-Richebé Films«. Er besitzt Studios in Billancourt, Büros und eine Verleihgesellschaft. Fünf Filme hat er schon produziert, drei davon mit Raimu, zwei von Jean Renoir, »*On purge bébé*« und »*La Chienne*« (»Die Hündin«). Eine ganze Schar von Regisseuren und Regieassistenten hat er um sich versammelt: die Brüder Prévert, Jacques und Pierre, und die Brüder Allégret, Marc und Yves. Er hat Schauspieler engagiert: Janie Marèze, Georges Flamant, Michel Simon. Und er hat einen jungen Komiker aus Marseille zum ersten Mal in einem Film auftreten lassen: Fernandel.

Als Marcel Pagnol ihm in einem Boulevardcafé den Vorschlag macht, gemeinsam »*Fanny*« zu produzieren, geht Richebé ohne Umstände darauf ein. Zur Produktion von »*Fanny*« gründen sie die Gesellschaft Les Films Marcel Pagnol. Bleibt Pagnol nur noch übrig, Volterra mitzuteilen, er habe die Absicht, im Sommer »*Fanny*« zu drehen. Wie sich denken läßt, wird das einigermaßen kühl aufgenommen.

Der Montag, 6. Juni 1932, an dem in den Studios in Billancourt die ersten Dreharbeiten für »*Fanny*« beginnen, stellt ein historisches Datum dar. Es ist mehr als ein Film, der hier das Licht der Welt erblickt – es ist ein herrliches Abenteuer, voll Freude, Lachen, Emotionalität, Sonne, Erfüllung und Glück. Und es sollte sich über ein ganzes legendäres Jahrzehnt fortsetzen, mit denselben Personen. Damit ist es einzigartig in der Weltgeschichte der siebten Kunstgattung, des Films. Dieser Tag markiert den Beginn eines filmgeschichtlichen Epos mit Marcel Pagnol und seiner Truppe als Hauptfiguren. (Wie bei Molière könnte man vom »Hause Pagnol« sprechen.)

Einige Tage zuvor hat die Wiederbegegnung von Pagnol und Raimu stattgefunden. Jeder, der die beiden kannte, mußte befürchten, daß sie explosiv verlaufen würde. Aber nichts dergleichen passiert. Richebé erweist sich als exzellenter Diplomat. Kein falscher Ton stört das Wiedersehen. Die beiden Männer umarmen sich wie Brüder, und alles ist vergeben und vergessen.

Am ersten Drehtag erscheinen sie gemeinsam im Studio. Alle Mitglieder der Pagnol-Truppe stammen aus Marseille, Toulon, Arles, Aix-en-Provence, Nizza. Sie kennen sich alle, sind gemeinsam ins Alcazar, ins Casino de Bandol, ins Palais de la Mediterrannée in

Nizza, ins Théâtre de Verdure in Toulon gegangen. Alle geben sie ihrer Freude Ausdruck, in Bälde zusammenarbeiten zu können, schlagen sich herzlich auf die Schultern und küssen sich ab. Da ist der elegante Charpin, die ungestüme Alida Rouffe, die freizügige Milly Mathis, Henri Vilbert, Edouard Delmont, Maupi.

Vor allem ist da auch Vincent Scotto, ein Marseiller vom Rive-Neuve, den Pagnol und Richebé gebeten haben, die Musik zu dem Film zu schreiben. Er ist ein schmächtiger Mann von lebhaftem und trockenem Humor, mit kohlschwarzen Augen und Haaren und einem Sarrasin-Profil. Im Laufe von 20 Jahren hat er im Faubourg Saint-Martin auf seiner Gitarre, die er niemals aus den Händen läßt, mehr als 1500 Chansons komponiert. All die berühmten Stars der Music-Hall von Polin bis zu Josephine Baker, dazwischen Fragson, Polaire, Dranem, Max Dearly, die Mistinguett, Chevalier, haben seine Refrains gesungen. Manche von ihnen, z. B. »*Rosalie! elle est partie!*« oder »*Caroline, Caroline, mets tes p'tits souliers vernis*« sind so vollständig in das Liedgut des Volkes eingegangen, daß man denkt: Das muß ein Volkslied sein! Aber nein, es ist von Vincent Scotto! Auch Scotto trifft an diesem Montag zum ersten Mal auf die Leute um Marcel Pagnol. Und verläßt sie nie wieder.

Auf der anderen Seite der Kamera stehen die »Pariser«. Der Regisseur Marc Allégret hat als Assistenten seinen Bruder Yves und als Scriptgirl eine hübsche Brünette mit schwarzen Augen: die kleine Gourdji. Sie hat eine große Karriere als Journalistin, Drehbuchautorin und Schriftstellerin vor sich. Eines Tages wird sie sogar Ministerin, als Françoise Giroud. Sieben Drehwochen sind geplant, eine davon für Außenaufnahmen. Dieses Mal geht die Reise wirklich nach Marseille. Sehr schnell stellt sich heraus, daß sich Marcel Pagnol mit Allégret nicht so gut versteht wie mit Alexander Korda. Allégret ist Pagnol zu mondän, zu intellektuell. Er ist gewohnt, Pariser Bürger im Smoking zu filmen, nicht kleine Krämer mit Schürze aus Marseille.

Jeden Tag greift Marcel Pagnol intensiv in die Dreharbeiten ein, was Allégret nur schlecht erträgt. Roger Richebé muß zwischen den beiden den Friedensstifter spielen. Eines Tages bemerkt Pagnol inmitten der Zuschauer, die am Vieux-Port den Dreharbeiten zusehen, ein bekanntes Gesicht. Es ist André Gide, der Marc und Yves Allégret, seine Neffen, besucht. Pagnol geht auf ihn zu und begrüßt ihn: ein einziger Händedruck. Niemals mehr in ihrem Leben begegnen sich die beiden.

Das Drehbuch sieht eine Szene vor, in der Fanny, nachdem sie vom Arzt erfahren hat, daß sie schwanger ist, durch Marseille läuft, bis zur Notre-Dame-de-la-Garde, um dort zu beten. Diese Szene zu drehen bringt beträchtliche Schwierigkeiten mit sich. Da die Aufnahmen auf der Straße gemacht werden müssen, wäre es notwendig, Passanten aufzuhalten und einen Ordnungsdienst einzurichten. Pagnol ist aber nicht einverstanden. Warum so kompliziert? Er läßt eine Kamera auf einem Lastwagen installieren. Orane führt die Bewegung der Kamera. Diese folgt ihr einfach, mitten durch die Fußgänger, den Verkehr, die Straßenbahnen, die Autos. Es handelt sich um eine der längsten und erfolgreichsten Fahrten in der Geschichte des französischen Films. Als sich Richebé über diese Gewalttour wundert, gibt ihm Pagnol zur Antwort:

»Es gibt ein amerikanisches Sprichwort: Jedermann weiß, daß die Sache unmöglich ist. Da kommt ein Dummkopf daher, der es nicht weiß – und er dreht das Ding.«

Während der Dreharbeiten für *Fanny* hat Kitty Marcel nicht begleitet. Eine Reise nach Marseille kam für sie nicht in Frage. Sie scheut die Hitze, und ihre Haut verträgt die Sonne nicht, wie das bei jungen Engländerinnen häufig der Fall ist. Hinzuzufügen ist, daß die große Flamme der Leidenschaft, die zwischen ihnen, Marcel und ihr, brannte, in den ersten Monaten ihres Zusammenlebens schon mehr und mehr abgekühlt ist. Marcel hat so viele andere Interessen. Und in Wirklichkeit hat er niemals ganz mit Orane Demazis gebrochen. Die gemeinsame Arbeit hat sie wieder zusammengebracht. Im Laufe der Proben für *Fanny* im Théâtre de Paris haben Marcel und Orane einander wiedergefunden. Während der Herstellung des Films können all ihre Freunde deutlich die Wiederaufnahme der Liaison beobachten. Und Kitty ist schnell vergessen.

In den ersten Julitagen ist der Film fertig. Unter den Namen der Männer, die am 14. Juli dieses Jahres zum Ritter der Ehrenlegion geschlagen werden, ist auch der von Marcel Pagnol. Diese Auszeichnung verdankt er Anatole de Monzie, dem Unterrichtsminister, einem brillanten Kopf, tolerant, gebildet, Freund der Dichtkunst und der Dichter, Paul Valérys, Tristan Bernards, Léon-Paul Fargues, kurz, eine der markantesten Persönlichkeiten des radikalsozialistischen Intellektualismus dieser Epoche.

Zu Carlo Rim, der ihn beglückwünschen kommt, sagt Pagnol: »Kein Grund zur Aufregung, ich bin 37. Edmond Rostand wurde mit 29 zum Ritter geschlagen.«

Noch ein anderer Schriftsteller wird am gleichen Tag zum Ritter der Ehrenlegion ernannt: Jean Giono. Von Sacha Guitry erhält Pagnol einen einigermaßen erstaunlichen Gratulationsbrief:

»Ich drücke Ihnen die Hände, werter Ritter, und ich habe wohl das Recht, Ihnen den Bruderkuß zu geben. Ich habe Übung darin, und ich bin einer von denen, die sich sehr über Ihre Triumphe freuen. Aber wenn Sie Gutes über das Kino sagen, blutet mir das Herz. Sie Undankbarer!«

Marcel Pagnol erlebt einen Zeitabschnitt größter Euphorie. Die Liebe, das Theater, das Kino, die Geschäfte: alles glückt ihm. Er ist berühmt, mit Ehren überhäuft, beneidet und anerkannt, er ist reich. Jeden Tag fühlt er sich mehr Herr über sein Schicksal. Im Herzen hegt er sehr ehrgeizige Pläne. Ein Telegramm zerreißt brutal dieses unverschämte Glück. Es trägt den Poststempel Lüttich, 28. Juli, und teilt Pagnol mit, soeben sei sein Bruder Paul gestorben. Der »kleine Paul«, sein drei Jahre jüngerer Bruder, war noch ein Kind, als sich die ersten Anzeichen der Krankheit einstellten, die ihm eine normale Existenz unmöglich machte. Er litt an Epilepsie. »Fallsucht« nannte man es damals. Joseph hatte mit wehem Herzen in eine des Sohnes eines Volksschullehrers nicht würdige Ausbildung einwilligen müssen. Paul wurde in eine Landwirtschaftsschule geschickt, die er als ausgebildeter Schäfer verließ. Joseph hatte eine Ziegenherde gekauft und ihm das Wächteramt und die wirschaftliche Nutzung anvertraut. Paul ließ sie in den Hügeln um La Treille weiden. Er war der letzte Schäfer vom Étoile – Étoile heißt der Berg oberhalb Aubagne. Marcel hegte für Paul eine tiefe Zuneigung. Er, der vom Glück so Begünstigte, litt unter der ungerechten Behandlung, die das Schicksal seinem Bruder zuteil werden ließ. Bei jeder seiner Reisen in den Süden suchte Marcel auch Paul auf, je nachdem, auf welchem Weideplatz sich dieser gerade befand ... Und niemals unterließ er es, ihm ein Geschenk mitzubringen. Eines Tages hatte Marcel in Paris zum Zeitvertreib eine Ausstellung von Zuchtvieh besucht und war vor einem Ziegenbock, wie es hieß libanesischer Herkunft, stehengeblieben, in seinen Anblick versunken. Ein herrliches Tier mit prachtvollen Hörnern! Es kam zur Versteigerung des Tieres, und Marcel hatte zum Scherz mitgeboten. Schließlich wurde ihm der Bock zugesprochen. Was tun? Die Antwort lag auf der Hand. Er hatte ihn Paul geschickt, nach La Treille. Bei seinem nächsten Besuch hatte er einen stolzen Paul angetroffen. Sein neuer Pflegling hatte sich einen schmeichelhaften Ruf erworben und alle Rekorde der Gegend gebrochen. Er war der beste Deckbock, den man dort jemals gesehen hatte. Seine Brunst beim Deckakt war derart gewaltig, daß alle Bauern der Umgebung ihre Ziegen zu ihm brachten: eine hübsche Einnahmequelle für Paul.

Aus Paul war ein Mensch des echten provenzalischen Schlages geworden: sehr groß, schmal gewachsen, sein feines Gesicht zierte ein kurzer blonder Bart. Beim Gehen stützte er sich auf einen langen Zedernstab. Seine Hügel verließ er nur einmal, nämlich um sich in Lüttich einem chirurgischen Eingriff zu unterziehen, der ihn von seinem Übel befreien sollte. Er starb auf dem Operationstisch.

Der Film »*Fanny*« kommt Anfang Oktober in Paris in die Lichtspielhäuser. Über der Fassade des Marigny-Kinos an den Champs-Élysées zeigt eine erleuchtete Fläche in riesigen Buchstaben: »›Fanny‹ von Marcel Pagnol«. Das bringt Marc Allégret in Wut. Er schreibt ein Telegramm an Richebé und protestiert gegen diese Art, »sein« Werk anzukündigen. Pagnol läßt ihm die Antwort zukommen: »Ich wußte gar nicht, daß ich ›*Fanny*‹ nicht geschrieben habe.«

Schon in den ersten Tagen ist klar, daß es ein Erfolg wird. Die Leute drängen sich vor den Schaltern. Die Einnahmen aus »*Fanny*« überbieten noch die aus dem »*Marius*«. »Daraus folgt«, gibt Pagnol zu bedenken, »daß es ein Fehler war, zu glauben,

›*Fanny*‹ sei auf der Bühne nur deshalb nicht so gut gegangen, weil es eine Fortsetzung war.«

Roger Richebé, umsichtiger Leiter der noch sehr jungen Gesellschaft »Les Films Marcel Pagnol« erklärt seinem Partner, man müsse unverzüglich die Gewinne aus »*Fanny*« wieder anlegen. Pagnol ist ganz einverstanden, doch hat er kein Drehbuch zur Hand, jedenfalls kein fertiges. Wieder einmal ist er von der Lähmung befallen, die sich nach jedem Erfolg bei ihm einstellt, er muß jetzt erst mit »*Fannys*« Erfolg zu Rande kommen. Richebé macht ihm den Vorschlag, die Filmrechte an einem populären Roman von Georges d'Esparbès zu erwerben: »*Les Demi-soldes*«, ein Bestseller. Die nostalgische Napoleonwelle verkauft sich gut. Pagnol willigt ein, aber nur mit verächtlichem Achselzucken.

Vorläufig lockt ihn ein anderes Abenteuer.

Sein Freund Raymond Boulay, Nachbar im Sarthe-Gebiet, hat sich ebenfalls entschlossen, in die Filmbranche einzusteigen. Er möchte einen Film aus dem Stück »*Un direct au cœur*« machen und so die Komödie von Nivoix und Pagnol, die er in seinem Alhambra in Lille uraufgeführt hat, auf die Leinwand bringen. Boulay ist eine draufgängerische Persönlichkeit. Seine Absicht ist, seinen Film ganz allein bei sich zu Hause in La Tarronnière herzustellen. Für die Außenaufnahmen stehen ihm der Park, die Wege, die Wiesen und Wälder zur Verfügung, und eine Filmbühne kann er in einer Scheune aufstellen. Er will sich Scheinwerfer und einen Lautsprecherwagen leihen, außerdem elektrische Anlagen installieren. Das ist mit einem Ingenieur schon abgesprochen. Er plant, sich seine Techniker aus dem Norden kommen zu lassen.

Die handwerkliche Seite dieses Unternehmens reizt Pagnol. Er ermuntert Boulay, schreibt ihm die Adaption der Handlung und die Dialoge. Er bietet ihm die Patenschaft über den Film an. Wieder sieht er mit Entzücken das angeblich amerikanische Sprichwort bestätigt, das er gerne zitiert und sicher selbst erfunden hat: »Jeder weiß, daß es unmöglich ist ...« usw. Dieses Mal ist derjenige, der es nicht wußte und jetzt im Begriff ist, das Ding zu drehen, Raymond Boulay. Er überträgt die Regie des Films Roger Lion, einem ehemaligen Mitarbeiter der Gaumont-Gesellschaft, und sein Partner Antoine Arnaudy spielt zwischen zwei Tourneen des »*Topaze*« den

Cassebois, den korrupten Manager. Der Film wird gedreht, ganz fertiggestellt. Aber am Ende ist es nur eine Fehlgeburt, und Pagnol zieht sich zurück. Er zieht seine Lehren aus dieser Erfahrung. Wenn *»Un direct au cœur«* mißlungen ist, so deshalb, weil seine Handlung nichts wert ist. Hätte man aber einen guten Stoff, so könnte man auch unter den einfachsten Verhältnissen Meisterwerke schaffen.

In Brüssel wohnt Marcel Pagnol der triumphalen Präsentation seines Films *»Marius«* bei. Vor der Abreise kauft er in der Buchhandlung der Gare du Midi die soeben erschienene Nummer der N.R.F. Bequem ausgestreckt im Pullmanwagen durchblättert er sie. Sein Blick fällt auf einen Artikel, der seine Aufmerksamkeit erregt: *»La Femme du boulanger«* (Die Frau des Bäckers). Er selbst hat eine Geschichte über einen ähnlichen Stoff geschrieben: »Le Boulanger Amable« (»Der Bäcker Amable«). Wie bei anderen Geschichten, die er während der Abendaufsicht im Condorcet verfaßt hat und die in seiner Schublade liegen, etwa »L'Infâme Truc« und »L'Affaire Lagneau«, plant er, eines Tages ein Drehbuch daraus zu machen.

»La Femme du boulanger«, der im N.R.F. veröffentlichte Artikel, ist ein kurzer Text von vier Seiten, Auszug aus einem Buch *»Jean le Bleu«* (»Der Träumer«), das demnächst bei den Éditions Bernard Grasset erscheinen soll. Der Autor ist Jean Giono.

Pagnol kennt das Werk Gionos sehr gut. In einer Epoche, in der die französische Literatur, von Mauriac bis Montherlant, eine ihrer Glanzzeiten erlebt, hält er ihn für einen der größten französischen Autoren. Er bewundert seine Begabung, den Reichtum seines Wortschatzes. Pagnol hatte schon immer eine Leidenschaft für Wörter, seit seiner frühesten Kindheit. »Heimlich legte ich in einem kleinen Heft eine Sammlung an«, so schreibt er, »wie andere Briefmarken sammeln. Ich schwärmte für ›Granate‹, ›Dunst‹, ›Griesgram‹, ›wurmstichig‹, besonders für ›Kurbel‹, und sagte mir diese Wörter immer wieder vor, um ihren Klang auszukosten.« Was Pagnol an Giono so fasziniert, ist, daß er mit Hilfe dieser Wörter auf einzigartige Weise den alltäglichen Lebenskampf der Menschen des Hochlandes in den Rang eines Epos erhebt: der Menschen, die so hartnäckig in ihren Zielen und so abgehärtet durch Arbeit sind, dieser Bauern, Holzarbeiter und Hirten mit ihrem gediegenen Charakter, die in ihrer konservativen Einstellung die Tradition ihrer Väter bewahren und immun gegen die Verführungskünste des Fortschritts sind, indem sie sich an »echte Reichtümer« halten. Auch Pagnol kennt Menschen dieses Schlages. Er hat sie in seinen Hügeln immer wieder angetroffen.

Zwischen Pagnol und Giono gibt es zahlreiche Gemeinsamkeiten und Übereinstimmungen. Beide sind sie unübertreffliche Erzähler. Beide sind erfüllt von der »festen und ernsten Liebe zum realen Alltag«, beide haben eine Vorliebe fürs Handwerkliche, was bei der Arbeit nichts anderes bedeutet als die Vorliebe, allein zu schaffen. Beide sind sie geprägt durch ihre klassisch-lateinische Bildung, ihre Leidenschaft für Vergil, und Giono kommt Pagnol wegen ihrer gemeinsamen Treue zu dem Mantuaner oft wie ein Vetter aus dem Gebirge vor. Ihre Lebenswege mußten sich einfach kreuzen. In seinem Schnellzug Brüssel–Paris träumt Pagnol einen Traum: Da es so aussieht, als ob Giono sich niemals einer anderen Einrichtung als einer Druckerei bedienen wird, warum sollte dann er, Pagnol, nicht der Mann sein, der seine Geschichten auf die Leinwand bringt! Er »erspürt« sie so gut!

Im Laufe der Woche kauft Marcel Pagnol bei Bernard Grasset auf eigene Rechnung die Filmrechte an den fünf dort erschienenen Romanen Gionos: »*Colline*« (»Der Hügel«), »*Regain*« (»Ernte«), »*Un de Baumugnes*« (»Der Berg der Stummen«), »*Le Serpent d'Étoiles*« (»Die Sternenschlange«) und »*Jean le Bleu*« (»Der Träumer«). Jean Giono ist offensichtlich über dieses Geschäft hoch erfreut. Aus Manosque schreibt er an Pagnol und gibt ihm freie Hand, seinem Werk zu entnehmen, was ihm gefällt.

Die Partnerschaft Pagnol/Richebé, zur Produktion von »*Fanny*« ins Leben gerufen und jetzt ohne rechten Sinn, geht nun ihrem Ende entgegen. Richebé hat keine Lust, Filme nach Texten von Giono zu machen, wie ihm sein Partner vorschlägt. Das Ganze kommt ihm zu »literarisch« vor, d. h. nicht ernst genug. Er möchte im Gegenteil »*Les Demi-soldes*« produzieren, aus denen inzwischen »*L'Agonie des aigles*« geworden ist, und dabei selbst

Regie führen. Um ihn dabei zu unterstützen und gleichzeitig ihre Trennung unter möglichst freundschaftlichen Vorzeichen vorzubereiten, schreibt ihm Pagnol die Dialoge dafür.

»L'Agonie des aigles« (Der Todeskampf der Adler), eine Produktion von Roger Richebé mit Dialogen von Marcel Pagnol, wird im Frühjahr 1933 in den Studios in Billancourt mit den bedeutendsten Pariser Schauspielern gedreht: Pierre Renoir, Annie Ducaux, Jean Debucourt, Constant Rémy. Im Augenblick der Premiere, im November, ist die Trennung von Pagnol und Richebé beschlossene Sache. Sie teilen das Gesellschaftsvermögen. Richebé behält »Les Demi-soldes«, Pagnol »Fanny«.

Da verkündet Pagnol feierlich, er werde jetzt endgültig vom Theater Abschied nehmen. In Zukunft wolle er all seine Energie als Dramatiker in den Film – ausschließlich in den Film – stecken. Diese Erklärung wirbelt, in allen Zeitungen verbreitet, großen Staub auf, es hagelt Schmähungen auf ihren Verfasser von seiten seiner alten Freunde vom Theater wie auch seiner neuen vom Film. Die ersten nennen ihn einen Undankbaren, Renegaten und Verräter.

Die zweiten schreien: »Das Kino, das uns Pagnol servieren will, das kennen wir zur Genüge. Es besteht darin, daß er eine Kamera im Souffleurkasten installiert, zu kurbeln anfängt, und das Ergebnis davon nennt er dann Film. Nein, nein, lieber Herr Pagnol, das hat mit Film nichts zu tun! Wir wiederholen es: Es ist Konserventheater!«

Auch aus Toulouse, Nizza und Orléans handelt sich Pagnol Proteste ein. Doch nehmen sich überall auf der Welt die Filmleute seines Werkes an. »Fanny« wird in Italien gedreht, ebenso in Deutschland, wo der große Schauspieler Heinrich George den César spielt. In Hollywood produziert David Selznick »Topaze« mit John Barrymore in der Hauptrolle, der auf der Höhe seines Ruhms steht, und Myrna Loy als Suzy. Die Beendigung einer ägyptischen Fassung steht in einem Studio in Kairo in Aussicht.

Anfang September 1933 gründet Marcel Pagnol eine neue Filmproduktionsgesellschaft: »Les Auteurs Associés«. Einige Tage später läßt er seinen Freunden die Nachricht über eine Zeugung ganz anderer Art zukommen: Orane Demazis hat einem Sohn das Leben geschenkt, Jean-Pierre. Da es Pagnol immer noch nicht geglückt ist, seiner Frau Simonne die Einwilligung zur Scheidung abzuringen, kann auch dieser Sohn nicht seinen Namen tragen, sondern heißt wie die Mutter. Jean-Pierre Burgard. Und dabei bleibt es dann auch.

IX.

Ein neues Kino

(1933–1934)

*Les Auteurs Associés. Augier wird aufgeschnürt. Rückkehr nach La
Treille. »Jofroi«. Ein Bauer namens Scotto. Provenzalische Beru-
fung. Auftritt von Poupon und Blavette. Respekt vor Courteline.
Mißerfolg Raimus als Tartarin. Vom Glück, Filme zu machen. Die
Entdeckung Fernandels durch* »Angèle«.

Les Auteurs Associés: das sind neben Marcel Pagnol Marcel
Achard, Stève Passeur, Roger Ferdinand, von denen mehrere
Stücke mit Erfolg aufgeführt worden sind, sowie Arno-Charles
Brun, der sich endlich entschlossen hat, der Zollverwaltung Adieu
zu sagen, Marseille zu verlassen und Pariser zu werden.
Die Anspielung auf die Gesellschaft der »Artistes Associés«, die
1907 in Hollywood von den Stars Mary Pickford, Douglas Fairbanks, Charlie Chaplin und dem Regisseur David Griffith ins
Leben gerufen wurde, ist von Pagnol beabsichtigt. Die vier bedeutendsten Persönlichkeiten des amerikanischen Kinos hatten ihre
Gesellschaft gegründet, um die Schauspieler und kreativen Film-
schaffenden vom Joch der Produzenten zu befreien. Mit dem gleichen Ziel will Pagnol bestätigen, daß der Tonfilm – »der in keiner
Weise eine Perfektionierung des Stummfilms darstellt, sondern
eine völlig andere Kunstform, eine neue Kunstform ist« – von nun
an Sache der Dramatiker sein soll, und er gibt seiner neuen Gesellschaft den dieser Absicht entsprechenden Namen. Pagnol besitzt
an dieser Gesellschaft die überwältigende Aktienmehrheit.
Aus seinen zwei Filmabenteuern, für die er persönlich verantwortlich war: »*Fanny*« mit Roger Richebé und »*Un direct au cœur*« mit
Raymond Boulay, hat er zwei wertvolle Lehren gezogen:
Erstens, daß das Kino sehr viel Geld einbringen kann – daran ist

er verständlicherweise sehr interessiert. Zweitens, daß das »handwerkliche« Kino keine Unmöglichkeit ist – das reizt ihn noch mehr. Er betrachtet sich in erster Linie als »Handwerker«. Was er über alles liebt, ist, zu arbeiten, selbst zu arbeiten: mit dem Verstand; mit Schreibwerkzeug; mit den Händen, mit seinen Werkzeugen, mit seinen Geräten. Er wird sich vom eigenschaffenden Produzenten zum eigenschaffenden Regisseur, eigenschaffenden Eigentümer von Filmstudios, eigenschaffenden Ingenieur, Kopierer, Kulissenbauer usw., schließlich zum eigenschaffenden Bankier und Geschäftsmann entwickeln.

Noch am gleichen Tag, an dem die Gründung der Auteurs Associés angekündigt wird, beginnt Pagnol für die erste Produktion des Hauses zu drehen: »*Le Gendre de M. Poirier*« (Der Schwiegersohn des M. Poirier) von Émile Augier und Jules Sandeau.

Warum gerade dieses Stück? Weil es sich um ein Gesellschaftsstück handelt. Pagnol hat seine provenzalische Berufung noch nicht entdeckt. Sicher, da ist »*Marius*«, da ist »*Fanny*«. Aber es ist bekannt, was der Anlaß für das erste Stück war, und nur der ungeheure Erfolg hat ihn dann dazu bewogen, das zweite zu schreiben. Abgesehen davon, daß diese Werke viel eher Marseiller Stücke sind als Stücke aus der Provence, handelt es sich nach Pagnols Ansicht bei »*Marius*« und »*Fanny*« nur um Betriebsunfälle in seiner Laufbahn als Bühnendichter, wundervolle Betriebsunfälle, gewiß, aber ohne Zukunft. Mit weit größerem Stolz blickt er auf seinen »*Topaze*«. Auf dieser Linie möchte er weitermachen. Für derart satirische Gesellschaftsstücke fühlt er sich vor allem begabt; in Form von »*Un direct au cœur*«, »*Jazz*« und »*Les Marchands de gloire*« markieren sie seinen Ausgangspunkt.

Außerdem zeigt sich, daß die Wiederaufnahme von »*Le Gendre de M. Poirier*« in der Comédie Française glänzend besetzt ist: mit dem Altstar Léon Bernard, ferner mit Annie Ducaux, Jean Debucourt und Maurice Escande. Pagnol engagiert sie alle vier, samt ihrem Kollegen, seinem Freund Charpin, der das Stück lange Zeit im Odéon gespielt hat. Er dreht im Sarthe-Gebiet, in Malicorne, auf dem Grundstück Raymond Boulays oder auf seinem eigenen in der Mühle. Die ganze Filmmannschaft, Schauspieler und Techniker, wird in Sablé einquartiert.

Pagnol leitet die Dreharbeiten mit erstaunlicher Führungsqualität. Beim Filmen trägt er wie eine Flagge seine weiße Mütze, die in allen Zeitungen immer wieder erwähnt wird.

»Ich schnüre Augiers Paket nur auf«, erklärt er. »Ich habe keine Zeile an seinem Text verändert. Und ich werde ihn in vollem Umfang in meinen Film übernehmen.« In dieser Äußerung steckt eine Herausforderung an die Partisanen des rein visuellen Films.

Dessen Vertreter können mittlerweile nicht mehr anders, als das Theater zu Hilfe zu rufen, da niemand mehr Stummfilme sehen möchte. Jean Renoir hat »*On purge bébé*« von Feydeau verfilmt und »*Boudu sauvé des eaux*« von Fauchoix, Maurice Tourneur »*Les Gaietés de l'escadron*« von Courteline und Robert Florey »*Le Blanc et le noir*« von Sacha Guitry. Selbst René Clair, der als leuchtendes Vorbild gegen Pagnol ins Treffen geführt wird, dreht »*Le Million*«, ein Stück von Georges Berr und Guillemaud, zwei Meistern des Boulevards.

Bei Pagnol überstürzen sich die Pläne. Er möchte »*Der eingebildete Kranke*« mit Raimu auf die Leinwand bringen, »*Les Affaires sont les affaires*« (»Geschäft ist Geschäft«) von Octave Mirbeau mit Léon Bernard, »*L'Arlésienne*« von Alphonse Daudet mit Raimu, Demazis und Pierre Blanchar, »*Knock*« von Jules Romains mit Louis Jouvet und »*Dardamelle*«, ein Lustspiel von einem wenig bekannten Autor, Émile Mazeaud, das aber zum Repertoire der Comédie Française gehört. Er hat es sich angesehen und es außerordentlich amüsant gefunden.

Sitz der Auteurs Associés ist ein großbürgerliches Haus, Rue Fortuny Nr. 13. Es liegt im Herzen der Plaine Monceau, einem um 1900 sehr beliebten Wohnviertel. Charles Gounod, Guy de Maupassant, Edmond Rostand und die große Sarah Bernhardt haben ganz in der Nähe gewohnt.

Pagnol hat im Umkreis der Auteurs Associés wieder eine verschworene Gruppe alter Freunde versammelt. Die Geschäftsführung der Gesellschaft ist Charles Corbessas anvertraut worden, der seinerzeit den »*Catulle*« vorgetragen hatte und jetzt der Schauspielerei endgültig den Rücken gekehrt hat. Charles Fasquelle hat die Personal- und Verwaltungsangelegenheiten übernommen. Er ist der Sohn von Pagnols Verleger, der nach den Bucherfolgen von »*Topaze*«, »*Marius*« und »*Fanny*« unter dem Titel »*Pirouettes*« die berühmte Fortsetzungsserie »*Les Mémoires de Jacques Panier*« veröffentlichte, die Pagnol für den »Fortunio« in Aix verfaßt hatte. Auch Marcel Gras, Verfasser von Gedichten für den ersten »Fortunio«, tritt als Produktionsleiter in die Mannschaft ein. Als Verantwortlichen für Werbung und Presse hat Pagnol einen jungen Mann von La Plaine in Marseille engagiert, einen hochbegabten Zeichner, dessen Karikaturen im »Cyrano« oder im »Petit Marseillais« mit Toé signiert werden. Aus Marseille läßt er seinen um 14 Jahre jüngeren Bruder René nachkommen, um auch mit ihm zusammenzuarbeiten. Arno-Charles Brun ist zum Leiter der Dramaturgie ernannt worden.

Es läßt sich leicht vorstellen, welch unbeschwerte Fröhlichkeit im Hause herrscht. Pagnol sagt oft, der Einrichtungsgegenstand, der in der Rue Fortuny am meisten benutzt werde, sei der Pingpong-Tisch. Das ist nicht ganz falsch. Denn Tischtennis ist zur Zeit die große Mode. Corbessas ist ein sehr starker Spieler, Pagnol ist auch nicht ungeschickt. Viele Angelegenheiten bei den Auteurs Associés werden beim Sich-gegenseitig-Zuspielen der kleinen Zelluloidbälle geregelt.

Pagnol hat sich eine Wohnung im ersten Stock vorbehalten und sich in einer Veranda im zweiten ein Direktionsbüro eingerichtet, das sehr schnell, nach der Arbeit am Nachmittag, zum Treffpunkt der Freunde wird. Marcel Achard, Stève Passeur, Vincent Scotto, Roger Ferdinand, Raimu und Paul Olivier geben sich hier wie damals in der Provinz im Grand Café beim abendlichen Apéritif ein Stelldichein.

Auch Albert Cohen taucht bei jedem seiner Aufenthalte in Paris hier auf. Mit Marcel, Brun, Corbessas und Toé tauscht er die Erinnerungen an La Plaine und die Rue des Minimes aus. Cohen arbeitet an seinem ersten Roman »*Mangeclous*« (»Eisenbeißer«). Diese Versammlungen ziehen sich bis spät in die Nacht hinein. Stundenlang sitzen die Freunde da und hören gebannt Pagnols Monolog zu, den er wie einen Faden Scheherezades weiterspinnt. Wenn sie sich trennen, dann versprechen sie einander stets, am nächsten Tag wiederzukommen.

Die Kinoprogramme enthalten damals immer einen kürzeren Vorfilm, der den Hauptfilm ergänzt. Als Stoff zum Vorfilm von »*Le Gendre de M. Poirier*« wählt Pagnol eine Novelle von Jean Giono mit einem Dutzend Seiten, »*Jofroi de la Maussan*«, die er dessen letztem Buch »*Solitude de la pitié*« (»Einsamkeit des Mitleids«) entnimmt. Es ist die Geschichte eines uralten, etwas verrückten Bauern, Jofroi, der Fonse, einem seiner Nachbarn, seinen Obstgarten verkauft, ihm aber verbietet, die Bäume darin umzuhauen. Es sind Pfirsichbäume, so alt, daß sie schon lange keine Früchte mehr tragen. »Das ist doch kein Grund, sie zu vernichten«, behauptet Jofroi. Zunächst versucht er Fonse mit seinem Gewehr einzuschüchtern, dann greift er zu einer teuflischen Erpressung: Wenn sich Fonse weiterhin von seinen »baum-mörderischen« Absichten nicht abbringen läßt, will Jofroi Selbstmord begehen, so daß Fonse lebenslang die Verantwortung für seinen Tod wird tragen müssen. »*Jofroi*« soll im ganzen 20 Minuten dauern. Dies ist das erste Mal, daß Pagnol direkt für die Leinwand schreibt. Er setzt die Erzählung in ein Drehbuch um: entwickelt die Personen neu, verfaßt die Dialoge. Vor allem hat er einen Entschluß gefaßt, über den er sich sehr freut: Er möchte »*Jofroi*« ganz in La Treille filmen. Denn er hat große Sehnsucht nach der Provence und ihrer Sonne. Für den ganzen »*Jofroi*« plant Pagnol nur zwei Innenszenen – in einem Notariat und im Hause von Fonse. Alles übrige will er draußen drehen, im Freien.

Niemand kennt La Treille besser als er, seine Lage, seine abschüssigen Straßen, die Landschaft der Umgebung, die Aussichtspunkte, die geheimen Pfade. Schon während er die Szenen von »*Jofroi*« schreibt, ist Pagnol klar, wo er sie jeweils drehen wird.

»*Jofroi*« ist für ihn ein kleiner Film, eine Filmskizze. Eines Tages kommt ihm beim Abendapéritif in der Rue Fortuny – alle Freunde sind bei ihm versammelt – eine Idee.

»Und wenn wir selbst, nur wir selbst diesen Film machten?« fragt er in die Runde. »René könnte den Pfarrer spielen, Corbessas den Lehrer, Toé den Antoine. Leicht finden sich in Marseille, sogar in La Treille drei oder vier Typen, die man anheuern könnte.«

Die Dreharbeiten würden dann praktisch eine Landpartie unter Freunden sein.

»Wir müssen nur noch jemanden finden, der den Jofroi spielt«, meint Pagnol abschließend.

»Warum nicht ich?« läßt sich eine Stimme aus dem Hintergrund vernehmen. Es ist Vincent Scotto, der inzwischen Mitglied des Freundeskreises geworden ist.

»Warum nicht?« gibt Pagnol zur Antwort.

»Kannst du wirklich in einer Komödie spielen, Vincent?« fragt jemand.

»Und ob!« erwidert Scotto. »Du hättest mich nur in der ›Pastorale des santons‹* sehen sollen! Ich kann jetzt noch alle Rollen auswendig!«

»Also gut, abgemacht, du übernimmst den Jofroi«, sagt Pagnol.

Einige Tage später ändert Marcel seine Meinung wieder und kommt zu einer vernünftigeren Lösung: Er will jetzt »Jofroi« doch mit wirklichen Schauspielern drehen.

Unglücklicherweise hat sich Scotto schon in den Charakter und das Verhalten des alten Bauern eingearbeitet, ja die Rolle schon auswendig gelernt, hat sich als alter Mann, als Jofroi, geschminkt und gekleidet und so fotografieren lassen. Die Fotos zeigt er Pagnol und möchte seine Ansicht dazu hören. Pagnol wagt nicht, seine Zusage wieder zurückzunehmen, er würde Scotto dadurch zu sehr verletzen. Also soll der Film jedenfalls mit ihm in der Hauptrolle begonnen werden. Sollte Scotto zu schlecht sein, kann man ihn immer noch durch jemand anderen ersetzen.

Vincent Scotto nimmt die Angelegenheit »Jofroi« sehr ernst. Am nächsten Tag stellt er Pagnol einen Anwärter für die Rolle des Fonse vor. Es ist Henri Poupon, Sänger aus der Music-Hall, natürlich aus Marseille, Autor und Darsteller. Er hat den Text zu einigen hinreißenden Chansons geschrieben, die sehr erfolgreich waren, z. B. »Je sais que vous êtes jolie«, sowie Monologe und Revuen für das Alcazar. Doch ist Poupon mit seinen Samtaugen und seiner Räubernase besonders als Sänger der Liebling der jüngsten Café-Konzerte. Scotto schwört auf sein Talent, und Pagnol engagiert ihn.

Noch am Tag vor Drehbeginn liegt die Besetzung nicht ganz fest.

---

* Provenzalisches Krippenspiel (Anm. d. Ü.).

Der Treffpunkt der Künstler von Music-Hall und Varieté in Marseille ist eine Bar in der Canebière: Le Noailles. Scotto und Poupon treffen dort einen Stammkunden des Lokals, Liebhaber der Music-Hall und des Kinos. Poupon kennt ihn. Im bürgerlichen Leben ist er Koch und stellt Konserven her. Sie machen ihm den Vorschlag, mitzukommen und »den Statisten zu spielen«. Der andere willigt ein, teils aus Neugierde, teils um seiner Frau eine Freude zu machen, teils um sich gefällig zu erweisen, vor allem aber, weil er fast stirbt vor Sehnsucht, einmal im Leben »Künstler zu sein« – aber er hat noch nie gewagt, das einzugestehen. Sein Name ist Charles Blavette. Schon bei seinem ersten Versuch vor der Kamera ist Marcel Pagnol von seinem Temperament und seinem Aussehen hingerissen und entschließt sich, ihm die Rolle des Antoine zu geben, eines Bauern, die drittwichtigste Rolle in dem Film.*

Mit einem Gemisch aus Freude und Rührung sieht Marcel Pagnol La Treille wieder. Es ist herrliches Wetter, einer jener Spätherbsttage, wie man sie nur im provenzalischen Hinterland findet. Eine milde Sonne übergießt die Landschaft mit goldenem Licht und läßt die feinsten Farbnuancen hervortreten. Von Paris aus ist Pagnol oft hiergewesen. Die Bauern sind seine Freunde. Viele haben ihn als Kind gekannt, rufen ihn beim Vornamen und duzen ihn. Alle beteiligen sich an dem Film wie an einem Fest. Vincent Scotto entpuppt sich als erstaunlicher Schauspieler, ein Naturtalent. Er hat sich mit einem Schlag in seine Rolle hineingefunden und versöhnt durch eine entwaffnende Menschlichkeit damit, daß die Figur, die er spielt, verrückt ist. Seine Aussprache läßt nichts zu wünschen übrig, keine Silbe wird verschluckt. Was seine Partner betrifft, Poupon und Blavette, so würde niemand auf die Idee kommen, daß es keine Bauern sind. Und dann noch ihr provenzalischer Akzent, ein reiner Ohrenschmaus!

Der gute Tyrand aus Toulouse allerdings, Bariton an der Oper,

---

* Blavette erzählt in seinen Erinnerungen: »Damit (mit dem Vorschlag von Poupon) konnte ich zunächst gar nichts anfangen. Dann aber wandte sich Poupon listig an meine Frau: ›Es wird dir Spaß machen, Paquita, wenn du deinen Mann auf der Leinwand siehst‹, und in diesem Stil ging es weiter. Da sagte meine Frau zu mir: ›Na los doch, Charles, wenn du ihnen behilflich sein kannst!‹«

spielt den Pfarrer und fühlt sich inmitten all dieser Leute aus Marseille etwas verloren. Er macht gelegentlich Textfehler. Einmal muß fünfmal hintereinander eine Szene aufgenommen werden, in der er eine Schachtel Dominosteine auf den Tisch wirft. Da schlägt er vor: »Spielen wir doch eine Partie Belote!« Die Szene muß noch ein sechstes Mal gedreht werden. Aber niemand denkt im Traum daran, ihm das übelzunehmen. Einen Riesenspaß macht Pagnol sein neuer Lautsprecherwagen. Den ganzen Tag sperrt er sich darin ein. Suzanne de Troye, die Chefcutterin, gibt neben der Kamera das Signal zum Beginn der Aufnahmen. Erst wenn eine Szene im Ton stimmt, gibt sie Pagnol zur Aufnahme frei. Falls diese dann mißglückt, gibt er den Schauspielern Anweisungen. Auf diese Weise geht es mit dem Film ohne besondere Störung voran. Alle Mitarbeiter, Schauspieler, Techniker, Mechaniker, Elektriker, sind in La Treille oder der unmittelbaren Umgebung einquartiert. Zu den Mahlzeiten kommen sie bei Pagnol, bei seinem Bruder René oder bei Willy Factorovitch zusammen, dem Chefkameramann, der für die Verfilmung des »M. Poirier« engagiert war und seitdem ein für allemal zu Pagnols Mannschaft gehört – ferner bei Roger Corbeau, dem Fotografen, und Scotto, Blavette oder Poupon. Bei der Platzverteilung am Tisch gibt es keine irgendwie geartete Rangordnung. Jeder setzt sich dahin, wo er will. Erinnerungen werden ausgetauscht, Anekdoten erzählt.

Der ganze Film atmet diese Einfachheit der zwischenmenschlichen Beziehungen, diese entspannte Atmosphäre, dieses Glück eines gemeinsamen Lebens und gemeinsamer Arbeit.

Alles in allem dauern die Aufnahmen für »Jofroi« in La Treille zwölf Tage. Das ist eine kurze Zeit im Leben eines Mannes. Und doch haben sie für Pagnols Schicksal große Bedeutung. Denn während er so seine Hügel durch die Blende der Kamera wiederentdeckt und engstens mit Gionos Geist in Berührung kommt, wird ihm allmählich seine eigentliche Berufung bewußt: »der Provence ihr unvergängliches Epos zu schenken«.*

Als Vorfilm zu »Léopold le bien-aimé«, einem Film, den Arno-Charles Brun nach Jean Sarment soeben im Sarthe-Gebiet für Les

---

* André Bazin.

Auteurs Associés gedreht hat, entschließt sich Pagnol für den Stoff »*L'Article* 330«, eine der bekanntesten und witzigsten Einakterkomödien von Georges Courteline. Die Handlung spielt von Anfang bis Ende im Gerichtssaal, wo der Prozeß gegen einen unbescholtenen Pariser, »La Brige«, geführt wird. Welcher Tat ist er angeklagt? Er habe, während er unter seinem Bett einen verlorenen Manschettenknopf suchte, den Fußgängern auf der Rolltreppe der Weltausstellung von 1900 seinen Hintern gezeigt, die tatsächlich in Höhe der Fenster des ersten Stocks der Mietshäuser an den Champs-de-Mars vorüberlief. Robert Le Vigan ist Darsteller des La Brige.

Wie schon bei »*Le Gendre de M. Poirier*« behält Pagnol auch bei diesem Film den Text Courtelines unverändert bei. Dieser war 1929 gestorben. Pagnol schreibt an seine Frau:

»Sehr verehrte gnädige Frau, ich höre, die Bestimmungen der Société (des auteurs) verpflichten mich, Ihnen ein Manuskript von ›*Article* 330‹ zuzusenden. Aber ich werde mich hüten, mich lächerlich zu machen, bin ich doch weder ein russischer noch ein deutscher oder amerikanischer Regisseur. Ich bin einfach unfähig, in den Text eines klassischen Autors einzugreifen. Das Manuskript meines Films steht bei Ihnen in der Bibliothek: Es ist der Text von Georges Courteline in der von ihm autorisierten Fassung. Ich habe allen Respekt davor und werde nichts daran ändern.« Er nimmt diese Gelegenheit zum Anlaß, neuerlich die Rolle des Autors klar zu definieren, und fährt fort:

»Lassen Sie mich hinzufügen, daß ich in einem Anflug von Tollkühnheit, die hart an Dummheit grenzt, die Neuerung einführen werde, den Namen des Meisters in Buchstaben, die viel größer sind als die des meinen, auf die Plakate zu setzen. Ich werde sogar eine Fläche für ihn vorsehen, die der für die Schauspieler entspricht, ein Wahnsinn, der vielen unbegreiflich vorkommen mag, von den Schriftstellern im allgemeinen aber gebilligt werden wird.«

Und die Polemik gegen seine Theorien über das Kino, sein sogenanntes »Konserventheater«, veranlaßt ihn zu folgender Erklärung: »Nicht deshalb werden Filme gedreht, um die Arlésienne in Lebensgröße vorzeigen zu können! Ich kenne zwar Leute, die sich bei Dreharbeiten für den ›Cid‹ schämen würden, wenn sie die Schlacht gegen die Mauren nicht ganz genau nachstellen könnten – es sind natürlich dieselben, die in ›Article 330‹ eine Großaufnahme vom Hintern des La Brige bringen würden. Aber ich halte mich da raus!«

Um Raimu einen Gefallen zu tun (er ist der Hauptdarsteller), hat sich Pagnol einverstanden erklärt, eine Bearbeitung und die Dialoge des »Tartarin de Tarascon« nach Daudet zu verfassen. Raymond Bernard, Sohn von Tristan, der Filmemacher geworden ist, soll den Film drehen. Viele von Pagnols Freunden wirken bei dem Film mit, ehemalige Darsteller in »Marius« und »Fanny«: Fernand Charpin, Milly Mathis, Mouriès, Blanche Poupon und Henri Vilbert.

Leider gehört auch Raymond Bernard zu der Clique, die »realistisches Kino« machen will. Der von Pagnol bearbeitete Tartarin erlebt seine Abenteuer in der Phantasie, ohne Tarascon jemals zu verlassen. Das aber kommt diesen Leuten langweilig und »unfilmisch« vor. Tartarin ohne Afrika, Wüste, Löwen und Bauchtänzerinnen ist für sie kein Kino. Pagnol hatte bewußt diese Basarexotik vermieden. Jetzt bringt man sie wieder hinein. Er protestiert – vergeblich. Das Resultat: Trotz seiner vier Haupttrümpfe, Daudet, Tartarin, Pagnol und Raimu, wird der Film doch ein Flop. Die Kritik zerreißt ihn in der Luft. Pagnol nimmt das zum Anlaß, René Bizet, den Kritiker des »Jour«, einen seiner härtesten und schärfsten Gegner, anzugreifen.

Er schreibt: »Sie sagen, der in Algerien spielende Teil wirke blaß ... Seit Monaten wiederholen Sie unaufhörlich: Zuviel Text, zuviel Dialoge! Bilder wollen wir sehen! – Also läßt der Regisseur die Hälfte der Dialoge weg und sucht eindrucksvolle Bilder – findet sie auch –, und zwar nach Ihren Vorschlägen, Ihren Forderungen. Und wenn dann der Film herauskommt, wer mäkelt daran herum? Sie! Sie führen die Leute auf eine falsche Fährte und schimpfen dann: Ihr seid auf dem Holzweg! Das ist nicht fair! ... Da Sie mir recht geben, indem Sie dem ersten Teil des ›Tartarin‹ Lob spenden – der von mir stammt –, und die beiden anderen Teile verreißen – die ›realistisches Kino‹ sind –, habe ich auch das Recht festzustellen, daß René Bizet, mein Intimfeind, offenbar in unser Lager übergelaufen ist: Jetzt fehlt uns nur noch sein Geständnis.«

Pagnol hat den Fehlschlag seines »Fortunio« auf nationaler Ebene nie verwunden. Die Sehnsucht nagt an ihm, wieder ein Publikationsorgan zu besitzen. Daher gründet er mit Les Auteurs Associés eine neue Monatszeitschrift, »Les Cahiers du film« (Filmhefte). Da ihm eine Zusammenarbeit nur mit Freunden möglich ist, engagiert er Gabriel d'Aubarède, den früheren Mitarbeiter vom »Fortunio«, als Chefredakteur. Und was den Druck betrifft, so wendet er sich an seinen alten Freund Sarnette von »Bei Mistral« in Cavaillon, der den »Fortunio« und die 100 Exemplare der ersten Ausgabe des *»Catulle«* gedruckt hatte.

Grundsätzlich hat Pagnol diese »Cahiers du film« ins Leben gerufen, um für seine Produktionen zu werben und Verständnis zu wecken. Besonders möchte er seine Theorien über den neuen Film in ihnen darlegen. Das versucht er durch eine Folge von Artikeln zu erreichen, die er etwas bombastisch »Pariser Cinematurgie« nennt, in Anlehnung an Lessings »Hamburgische Dramaturgie«, eine Ende des 18. Jahrhunderts veröffentlichte Essayfolge, die auf die Entwicklung des Theaters nicht nur in Deutschland, sondern weltweit beträchtlichen Einfluß hatte. In seinem ersten Leitartikel für die am 15. Dezember 1933 erschienene 1. Nummer der »Cahiers« nimmt Pagnol seine 1930 im »Journal« veröffentlichten Feststellungen wieder auf, die seinerzeit einen Skandal verursacht hatten. Für ihn ist das die beste Gelegenheit, die Regeln dieser neuen Kunstgattung darzustellen, die zu entdecken er im Begriff ist und die ihn so in ihrem Bann hält.

Er schreibt: »Die Regisseure des Stummfilms haben ihre Arbeit und ihr Leben der Suche nach Möglichkeiten gewidmet, Stoffe unter Verzicht auf das gesprochene Wort zu erzählen. Jetzt von ihnen zu fordern, auf diese Möglichkeiten wieder zu verzichten, wäre zuviel verlangt. Es war nur zu natürlich, daß sie die Bedeutung der neuen Erfindung möglichst herunterspielen mußten. Und das haben sie denn auch getan und tun es heute noch ... Der Tonfilm indessen bringt für die Regisseure die Notwendigkeit mit sich, Dialoge einzubauen. Das Schreiben von Dialogen aber setzt eine ganz besondere Begabung voraus. Also ist der Tonfilm auf die Mitarbeit der Bühnenautoren angewiesen. Das heißt aber keineswegs, daß der neue Film unbedingt ›Konserventheater‹ sein müßte. Der Tonfilm stellt den Dramatikern ungeahnte Mittel zur Verfügung, und in kurzem wird der technische Fortschritt ihnen noch weitere an die Hand geben, z. B. den Farbfilm (Pagnol widmet ihm einen ganzen Abschnitt). An ihnen, den Dramatikern, wird es liegen, dieser neuen Kunstform den Einfluß zu verschaffen, der ihr zukommt, ihre Gesetze, ihre Ästhetik, ihre Technik zu definieren, ihr alle nur denkbaren Chancen einzuräumen und schließlich Meisterwerke zu schaffen.«

Die ersten Filme der Auteurs Associés, »*Le Gendre de M. Poirier*« und »*Leopold le bien-aimé*«, gelangen in die Lichtspielhäuser. Der Name Marcel Pagnol im Vorspann weckt die Aufmerksamkeit des Publikums, um so mehr, als einige etwas unbedenkliche Kinobesitzer in ihren Ankündigungen eine Korrektur anbringen: Vor einigen Kinos in Marseille liest man »*Le Gendre de M. Pagnol*« (Der Schwiegersohn des Monsieur Pagnol). Aber die Zuschauer, die in der Hoffnung kommen, den gleichen Spaß, die gleichen Empfindungen und die gleiche Freude zu erleben wie damals bei »*Marius*« und »*Fanny*«, verlassen das Kino rasend enttäuscht. Sie haben das Gefühl, hintergangen worden zu sein, und sind böse: »Das ist Betrug!« heißt es in Briefen an die Rue Fortuny. Und ein Kinoinhaber aus Toulouse schreibt: »Wenn das die Filme Marcel Pagnols sind, dann könnt Ihr sie Euch in Zukunft an den Hut stekken!« Beide Filme sind finanzielle Mißerfolge.
Einzig »*Jofroi*« kommt ungeschoren davon. Trotzdem ist einer unzufrieden: Jean Giono. Er erträgt es nur schlecht, mitansehen zu müssen, daß die »Bearbeitung« seines Werkes einen so großen Erfolg hat. Er hat das Gefühl, man habe ihm den Stoff abgejagt und dann nur etwas aufgeputzt, oder man habe ihm seine Figuren gestohlen. Wütend schreibt er: »Der Film (er sagt nicht ›Pagnol‹, sondern ›der Film‹) hat sich des Stoffes bemächtigt, ja, das ist das richtige Wort, hat ihn aber nicht wie einen Freund, sondern wie eine Beute behandelt ..., er hat ihn annektiert, verschlungen und völlig verändert.« Als Jean Giono sich später wieder beruhigt hatte, erzählte er eines Tages, die Idee zu »*Jofroi de la Maussan*« sei ihm durch eine Geschichte gekommen, die sich wirklich in Redortiers, einem Dorf in der oberen Provence, zugetragen habe. Als

der Film in einem Kino in Manosque lief, habe er ihn sich mit zwei Bauersleuten angesehen, die das Abenteuer am eigenen Leibe erlebt hatten: Aus dem einen habe er den Fonse gemacht, den Käufer des Obstgartens, die andere war die Frau desjenigen, dem er den Namen Jofroi gegeben hatte und der inzwischen gestorben war. »Sie haben sich genauestens auf der Leinwand wiedererkannnt«, berichtete Giono. »Noch schlimmer: Sie hatten sich ausgesöhnt. Aber jetzt, nach dem Film, gerieten sie wieder in Streit und redeten mehrere Monate kein Wort mehr miteinander.«

Infolge dieser Flops gibt Pagnol seiner Firma Les Auteurs Associés den Laufpaß. Es kommt für ihn nicht mehr in Frage, die Stücke anderer zu verfilmen. Er produziert nur noch den »*Knock*« von Jules Romains, um Louis Jouvet einen Gefallen zu tun, der selbst bei diesem Film Regie führt.

Für die Zukunft gründet er die Société des films Marcel Pagnol. Unter diesem Markenzeichen kommen seine Produktionen von nun an heraus. Jetzt gibt es keine Mißverständnisse mehr. Es wird sich um »echte«, hundertprozentige Pagnols handeln. Er schreibt selbst das Drehbuch, verfaßt die Dialoge und führt Regie. Hocherfreut ist Pagnol über den Erfolg von »*Jofroi*«. Es war seine Aufnahmeprüfung, und er hat sie bestanden. Er kennt aber den Anteil genau, den Jean Giono am Erfolg des Films hat. Pagnol bewahrt diese Rückkehr zu seinen Hügeln in schönster Erinnerung. Wie glücklich sie dort alle waren! Er hat dort den Zauber der »natürlichen Kulissen« entdeckt. Jeder, der den Film sah, war ganz außer sich über die herrliche Schönheit seiner Bilder. Willy Factorovitch, der Chefkameramann, dem Pagnol in dieser Hinsicht ein Kompliment machte, enthüllte ihm das Geheimnis:

»Ich habe gar kein so großes Verdienst daran«, erklärt Willy mit seinem osteuropäischen Akzent. »In diesem Land hier wären alle Kameramänner Genies. Die Luft ist von ganz besonderer Beschaffenheit, es gibt nicht die geringste Feuchtigkeit. Daher werden die Fotos hier immer außergewöhnlich gut. Die Farben sind trotzdem keineswegs grell. Die Felsen sind nicht mehr weiß, sondern etwas bläulich. Auch die Grüntöne sind weich. Es ist eine Landschaft in milden Farben, doch harten Konturen. Einfach ideal!« Alles drängt also Marcel Pagnol, das schöne Abenteuer des »*Jofroi*« zu wiederholen. Dieses Mal aber nicht nur für zwölf Tage und einen kurzen Vorfilm. Nein, es soll ein großer Film werden, d. h. mit mindestens sechs Wochen Aufnahmearbeiten. Pagnol gibt seine nächste Produktion bekannt. Es soll »Angèle« sein, nach »Un de Baumugnes« (»Der Berg der Stummen«), einem Roman Jean Gionos. Der Film soll ganz in La Treille gedreht werden.

Seit seiner ersten Lektüre trägt sich Pagnol mit dem Gedanken, »Un de Baumugnes« zu verfilmen. Jean Giono erzählt darin die Geschichte Angèles, einer jungen Bäuerin und einzigen Tochter des Clarius, eines Bauern auf La Doulore. Clarius ist ein Mann von Grundsätzen, fordernd und hart anderen und sich selbst gegenüber, von fanatischem Gerechtigkeitssinn und Ehrgefühl. Zwei junge Männer lieben Angèle von ganzem Herzen: Albin, ein Landarbeiter aus den Bergen, und Saturnin, der etwas zurückgebliebene Knecht auf dem Hof, der weiß, daß seine Liebe hoffnungslos ist, und das auch akzeptiert. Es gibt noch einen dritten Mann, einen Windbeutel aus Marseille. Er verführt Angèle, sie flieht mit ihm, bekommt ein Kind von ihm, und er zwingt sie zur Prostitution. Saturnin gelingt es, sie zu retten und zu ihrem Vater zurückzubringen, doch dieser gestattet ihre Rückkehr nur unter der Bedingung, daß niemand jemals von ihrer Schande erfährt. Zu diesem Zweck zwingt er Angèle, den Rest ihres Lebens mit ihrem Baby eingesperrt im Keller des Bauernhofs zu verbringen. Aber die Liebe und der Mut Albins befreien sie aus dem Keller.

In diesem Roman Gionos hat Pagnol die zwei Themen gefunden, die ihm am Herzen liegen: das des Vaters – des Pater familias, des Führers des Stammes und Clans, verantwortlich für dessen Überleben, Wächter der Ehre und Wahrer der Gesetze – und das der ledigen Mutter und der Ungerechtigkeit ihres Schicksals. Außerdem findet sich in »Un de Baumugnes« eine Figur, die ihn aufs höchste interessiert: Saturnin, der »Fada«. Das Wort ist provenzalischen Ursprungs und bedeutet eigentlich: »von Feen besessen«. Saturnin ist Ruy Blas' Bruder, der Erdenwurm, der sich nach den Sternen sehnt, auch der Bruder des Quasimodo, der toll ist vor Liebe zu Esmeralda. Der »Arme an Geist«, der alles rettet, wenn alles schon verloren scheint, ist ein Motiv, das bei Pagnol öfter wiederkehrt.

Freunde machen Pagnol darauf aufmerksam, daß ein Bauernhof in der Umgebung von La Treille zum Verkauf steht. Es ist ein riesiges, ganz einsames Gebäude, aber noch gut erhalten, auf einem Grundstück von 25 Hektar und liegt genau im »Vallon de Marcellin«. Dieses Tal verdankt seinen Namen, wenn man der Legende Glauben schenken darf, einem alten Haudegen der Grande Armée, einem Grenadier, der es vom Kaiser höchstpersönlich als Geschenk erhalten hatte. Pagnol kennt die Stelle gut. »Es ist ein merkwürdiger Platz«, sagt er. »Der Mistral pfeift hindurch.« In Wahrheit pfeift er ganz und gar nicht. Es ist der geschützteste Platz im ganzen Hügelland. Als Junge hat sich Marcel oft hierher verkrochen, um nach einem tollen Jagen Atem zu schöpfen.

Pagnol kauft das ganze Anwesen. Hier will er »*Angèle*« drehen, von Anfang bis Ende. Aber vor Beginn der Dreharbeiten gilt es, das Haus einzurichten, neu zu tapezieren, Decken einzureißen und Balken zu entfernen, um die Scheinwerfer installieren zu können, sowie für die Kamera Löcher in die Mauern zu brechen. Es gilt, Anbauten zur Unterbringung der Schauspieler und Techniker zu erstellen und um die ersten Kopien zu ermöglichen. Pagnol übergibt all diese Aufgaben dem Maurermeister von La Treille, Marius Broquier, den er schon als Kind in kurzen Hosen kannte. Dann verschwindet er. Man sucht ihn in Paris, Marseille, im Sarthe-Gebiet, doch hält er sich an der Ardèche, in Saint Agrève, auf, wo er mit Orane in einer kleinen Familienpension wohnt und in Ruhe und unerkannt sein Drehbuch schreibt.

Angèle soll von Orane Demazis gespielt werden. Das ist vom ersten Tag an beschlossene Sache. Möglicherweise hatte Pagnol »*Un de Baumugnes*« nur erworben, um ihr diese Rolle geben zu können. Den Text hat er ganz auf sie zugeschnitten.

Poupon soll den Clarius übernehmen. Seine Leistungen im »*Jofroi*« haben Pagnol beeindruckt. Er kennt keinen anderen Darsteller, der diese Rolle spielen könnte. Denn es bedarf einer großen seelischen Kraft, um diesen Clarius darzustellen: eigensinnig, mißtrauisch, eingeschlossen in seinen Ehrvorstellungen und seinem Unglück wie zwischen den Mauern seines Bauernhofes, getrieben von unerbittlichen moralischen Grundsätzen, die ihn zu unerträglicher Grausamkeit zwingen. Das ist keine Figur für

Raimu. Niemals wäre Raimu als Bauer glaubwürdig, noch weniger als grausamer Mensch. Nein, Poupon paßt genau auf den Clarius. Und er ist gerade frei und einverstanden.

Doch wer könnte den Saturnin spielen? Genau wie César im *Marius* ist Saturnin der Angelpunkt der Handlung, steht aber gleichzeitig außerhalb. Bekanntlich sind das die dankbarsten Rollen. Im Umkreis von Pagnol gibt es nur einen Kandidaten für den Saturnin, Michel Simon. Er hat soeben eine ziemlich ähnliche Figur in *L'Atalante* von Jean Vigo gespielt. Leider hat ihm sein Erfolg ein wenig den Kopf verdreht, und bei einer Besprechung in der Rue Fortuny stellt er exorbitante Ansprüche, so daß Pagnol ihn bittet, erst noch darüber nachdenken zu dürfen.

Es ist gerade der Zeitpunkt, wo ein gewisser Fernandel von sich reden macht (auch er aus La Plaine in Marseille), ein Sänger und Komiker der Music-Hall, der im Kino soeben seine ersten aufsehenerregenden Auftritte gehabt hat. Sein Fach: die tumben Narren. In *Le Blanc et le noir* hat er einen Kretin gespielt, in *On purge bébé* von Renoir einen Idioten, einen Rohling in *Les Gaietés de l'escadron* von Maurice Tourneur und einen geistig Zurückgebliebenen in *Le Rosier de Mme Husson* von Robert Deschamps. Dieser *Rosier*, der erste Film, in dem er die Hauptrolle hatte, war ein großer Erfolg gewesen. Fernandel filmt gerade im Studio für *Le Train de* 8 h 47 von Courteline, als er ein Telegramm von Marcel Pagnol erhält, worin dieser ihn bittet, ihn möglichst schnell in der Rue Fortuny aufzusuchen. Er beeilt sich und unterzeichnet noch am selben Tag den Vertrag.

Einige Tage später trifft Fernandel im Haus Pagnols in Begleitung seines langjährigen Freundes Andrex ein, der ebenfalls engagiert wird. Blavette gibt Nachricht, man könne auf ihn zählen. Für die Rolle eines Landarbeiters und Taglöhners übernimmt Pagnol einen alten Hasen der Music-Hall, der in den Kneipen aller Herren Länder seit Jahren als komische Nummer und exzentrischer Sänger aufgetreten ist. Auch hat er zweifelhafte Tourneen organisiert und war Generalinspizient im Alcazar des Monsieur Franck. Überall in Fachkreisen nennt man ihn nur den »Onkel«. Er hatte für Pagnol schon zwei kleine Rollen gespielt, in *Marius* den zweiten Offizier von der »Malaisie« und in »*Fanny*« den Doktor Venel. Es ist Edouard Delmont.

Ende April 1934 fallen Pagnol und sein »Kreis« im Vallon de Marcellin ein. Alle »Ehemaligen« vom »*Jofroi*« sind da: die Mannschaft der Techniker, Willy als Chefkameramann, Suzanne de Troye als Cutterin, Roger Corbeau als Standfotograf sowie Henri Poupon, Charles Blavette und Annie Toinon. Sofort stellt sich wieder die frühere ungezwungene Atmosphäre ein. Alles beginnt von neuem, alles, worauf sie so großen Wert legen: die Arbeiten ohne genauen Stundenplan, die Boules- und Belote-Spiele, die unvorhergesehenen Pausen, wenn Pagnol plötzlich eine Szene umschreiben will, die gemeinsamen Mahlzeiten, die endlosen Gespräche. Manchmal sind es auch die Grillen, die die Dreharbeiten unterbrechen. Sie wimmeln im ganzen Tal und lärmen dermaßen, daß sie an den Hundstagen in den Nachmittagsstunden die Stimmen der Schauspieler übertönen.
Also wird alles abgebrochen und Siesta gemacht. Man spielt Boule oder Karten. Lebensfreude total! Trotzdem gibt es einen, der sich in dieser Gemeinschaft unbehaglich fühlt: Fernandel. Er gehört nicht wirklich dazu, hat aber auch nichts dazu getan, das zu ändern. Er ist wie eine Mimose. Bevor ihn das Schicksal mit Ruhm und Vermögen überhäufte, hatte er mit Erniedrigung und Armut Bekanntschaft machen müssen.
Die niemals schlafende Ironie Pagnols verletzt ihn bisweilen. Noch ist er seiner neuen Lage als Star nicht gewachsen, und im Gegensatz zu Raimu leidet er tatsächlich dem »Professor« Pagnol gegenüber an seiner mangelnden Bildung. Er hat das Gefühl, wahnsinnig viel Zeit zu verlieren, denn für den Tag nach Beendigung der Dreharbeiten hat er schon einen Vertrag unterschrieben. Er soll mit den Proben zu einer neuen Operette, »*Ignace*«, in den Variétés in Marseille beginnen, und hat Angst, sich zu verspäten.
Pagnol seinerseits ist sich keineswegs sicher, ob Fernandel nicht ein Mißgriff war. War es nicht doch ein zu großes Risiko, einen Komiker für eine dramatische Rolle zu engagieren? Giono hatte sich sofort gegen diese Wahl ausgesprochen! Unter dem Siegel der Verschwiegenheit vertraut Pagnol seine Sorgen einigen Freunden

an – die nichts Eiligeres zu tun haben, als seine Bedenken Fernandel zu hinterbringen!

Manchmal wird ihm auch ein scharfes Wort Pagnols über seine Person unverzüglich zugespielt. Und im stillen wächst sein Zorn. Mehr als einmal steuern sie so haarscharf am Eklat vorbei.

Die Dreharbeiten locken viele Zuschauer aus der Umgebung, von Allauch, Les Camoins und sogar Aubagne ins Vallon de Marcellin, unter ihnen ein paar junge Burschen, denen die Lektüre von Filmmagazinen ein wenig den Kopf verdreht hat. Sie stolzieren in der Nähe der Kameras einher, in der Hoffnung, durch ihre ganze Erscheinung, ihr Verhalten oder ihre Schönheit auf sich aufmerksam zu machen und eventuell engagiert zu werden. Willy hat ein Wort erfunden, mit dem er sie heimlich charakterisiert: die »Schpountze«. Die Elektriker der Mannschaft haben einen besonders aufdringlichen »Schpountz« entdeckt, auf den sie sich erbarmungslos einschießen. Jeden Tag fordern sie ihn auf wiederzukommen. Sie reden ihm ein, er habe ein einzigartiges Talent – was er natürlich glaubt –, er sei ein neuer Charles Boyer; Pagnol interessiere sich für ihn und wolle Probeaufnahmen mit ihm machen, sobald der Film fertig sei. Ja, sie gehen noch weiter: Sie schließen einen falschen Vertrag mit ihm ab, stellen ihm in Aussicht, ihn nach Hollywood zu schicken … Beim Abendessen lacht immer der ganze Tisch über diese Tagesnachrichten …

An einem Spätnachmittag – die Grillen schweigen im Tal, und die Truppe begibt sich mit beginnendem Feierabend zu Tisch – tritt die von allen angebetete Suzanne de Troye mit einem Gast herein: ein Koloß mit schmalen Schultern und mächtigem Bauch, spitzem und ein wenig kahlem Schädel, der hocherfreut zu sein scheint, hier eingeführt zu werden. Es ist Jean Renoir, für den Suzanne ebenfalls Filme schneidet, abwechselnd mit denen Pagnols.

Der Gast läßt sich schnell von der Atmosphäre an der Tafel anstekken und erklärt dann dem Gastgeber den Grund seines Besuches. Gerade habe er ein Drehbuch fertiggestellt, das er »à la Pagnol« inszenieren wolle, das heißt ganz im Rahmen natürlicher Kulissen in der Provence und mit den Schauspielern von Pagnols Filmen. Die Hauptrolle möchte er Charles Blavette übertragen, außerdem Delmont und Andrex engagieren. Pagnol sieht in diesem Projekt ein großes Kompliment seitens einer seiner Künstlerkollegen – eines der größten. Die Abendunterhaltung mündet in ein allgemeines Erzählen von Anekdoten, worin Pagnol ein überragender Meister ist, Renoir aber durchaus auch seinen Mann steht. Renoir fährt nachts auf den steinigen Straßen des Hügellandes wieder weg. Nach Beendigung von »Angèle« machen Blavette und seine Freunde sofort mit dem neuen Renoir weiter: »Toni«.

Während der ganzen Dreharbeiten an »Angèle« sitzt Marcel Pagnol schon bei Sonnenaufgang, wie es seine Gewohnheit ist, im Büro. Er arbeitet bereits an einem anderen Stoff, einem Film, dessen Titel für ihn feststeht: »*Le Premier amour*« (Die erste Liebe).

Die von ihm erfundene Handlung spielt in den Urzeiten des Menschengeschlechts, als dauernde Gefahren das Überleben bedrohten und daher noch kein Mensch jemals auch nur an ein individuelles Verhalten gedacht hatte. Niemand hatte persönliche Gedanken, Wünsche oder Bedürfnisse. Das Individuum war der Stamm, in dessen Schoß Frauen und Kinder allen gemeinsam gehörten.

Aber eines Tages gab es einen Mann, der dieses Gesetz mißachtete. Er deutete auf eine Frau und sagte: »Diese da will ich für mich, für mich ganz allein. Ich töte jeden, der sie anrühren sollte, und verzichte auf alle anderen Frauen.« Der Stamm verstößt ihn. Aber das Weib seiner Wahl folgt ihm. Sie beide sind die Erfinder der Liebe.

Aber jetzt müssen sie, allein zu zweit, alle Gefahren bestehen, sich gegen die wilden Tiere und die entfesselten Elemente zur Wehr setzen. Ihr Verstand entwickelt sich, da er gezwungen ist, Lösungen für die ihm gestellten Aufgaben zu finden. Und so entsteht die Intelligenz. Der Mensch wird Herr über das Feuer, das ihm ein Überleben ermöglicht. Da bricht ein prähistorischer Waldbrand aus, der den Stamm mit Untergang bedroht. Der verbannte Mann und die Frau retten ihn.

Für Pagnol ist »*Le Premier amour*« vor allem eine Handlung des dramatischen Theaters. Durch ihre Verfilmung möchte er eine der »außergewöhnlichen Möglichkeiten« ausnützen, die das neue Kino« – er wird es nicht müde zu wiederholen – »den Dramatikern zur Verfügung stellt«. Es handelt sich um die erste Filmoper.

Honegger ist einverstanden, sich mit ihm ins Abenteuer zu stürzen und die Musik zu komponieren.

Pagnol hat es satt, und, was mehr zählt, es ist ihm zu teuer, jeden Abend die tagsüber belichteten Filme zur Entwicklung und zum Kopienziehen von Marseille nach Paris schicken zu müssen. Der Zufall will es, daß er in Marseille einem seiner alten Schulfreunde vom Gymnasium, Albert Assouad, begegnet. Assouad war ein vorzüglicher Schüler in Physik und Chemie gewesen. Nach seinem Abitur mit Schwerpunkt Mathematik hatte er ein Diplom als Chemieingenieur erworben. Die beiden Freunde diskutieren stundenlang, alles, was mit Naturwissenschaft zusammenhängt, interessiert Pagnol. Dabei stellt Marcel fest, daß sein ehemaliger Mitschüler ein erstaunliches Wissen über das Kopienziehen von Filmen besitzt. Zehn Jahre zuvor hatte Assouad am Quai de Rive-Neuve Nr. 12 ein Modellabor mit dem Schild »Filmkopieranstalt« eingerichtet. Über die Entwicklung der Filmtechnik hat er sich jeweils auf dem laufenden gehalten und sich angepaßt. Rasch ist eine Vereinbarung getroffen. Von jetzt an ist es Assouad, der in Marseille die Filmstreifen von »Angèle« bearbeitet.

Einige Tage danach macht er Pagnol darauf aufmerksam, daß in der Impasse des Peupliers, nur wenige Meter vom Prado-Rondell entfernt, eine alte verlassene Schneidemühle zum Verkauf steht: ein paar zerfallene Gebäude rings um einen Hof. Vor allem befindet sich ein Brunnen in der Mitte, der im Überfluß Wasser in der Temperatur von 16 Grad zur Verfügung stellt. »Das ist die ideale Temperatur zur Entwicklung und zum Abziehen von Fotografien«, erklärt Assouad. Pagnol kauft das ganze Anwesen. Er richtet Arbeitsplätze für vier Kopiererinnen von Debrie ein und stellt Assouad an, indem er ihm die Leitung der so ins Leben gerufenen Laboratoires Marcel Pagnol überträgt. Da noch ein wenig Spielraum bleibt, ergänzt er die Anlage durch ein Miniatur-Aufnahmestudio. Damit hat er den ersten Schritt zurück auf heimatlichen Boden getan, in Richtung auf eine endgültige Niederlassung in der Hauptstadt seiner Heimat, Marseille.

Gelegentlich geht Pagnol mit Orane, René, Suzanne de Troye und Toé im kleinen Restaurant von La Treille essen: Es liegt auf einer

Terrasse mit schattenspendenden Platanen, an den Abhang geschmiegt, im Hintergrund ein prachtvolles Panorama.

Der Kellner, der sie bedient, ein junger Mann aus Marseille, den seine Eltern donnerstags und sonntags dorthin »an die gute Luft« schicken, besitzt den »Kopf eines Komikers«.

»Er sieht aus wie Fernandels Bruder«, sagt Toé.

»Er sieht aus, als ob er in einem Film mitspielte«, fügt Orane hinzu.

Eines Abends plaudert Monsieur Chauvet, der Wirt, mit den Gästen und erzählt Pagnol, er habe fünf gründliche Lehrjahre in den besten Häusern an der Küste und unter den geschicktesten und anspruchsvollsten Chefs verbracht, und doch bereite er, seit er hier sei, nur noch Schnellgerichte für ausgehungerte eilige Sonntagswanderer.

»Es ist schrecklich«, seufzt Monsieur Chauvet zum Schluß, »unser Beruf geht vor die Hunde.«

Diese Unterhaltung inspiriert Pagnol am nächsten Tag zu der hübschen Geschichte von Cigalon, einem modernen Vatel, dem außergewöhnlichen Meisterkoch, der die ausgefallensten und phantastischsten Gerichte, wie sie auch von den größten Kennern der kulinarischen Kunst niemals erdacht worden waren, zubereitet und eines Tages, rasend enttäuscht davon, daß es einfach keine Gäste gibt, die sein Talent wirklich zu schätzen wissen, sich entschließt, nur noch für sich selbst zu kochen.

»Wenn ich ein Omelett mache, entehre ich mich selbst, und wenn ich wirklich ein schönes Gericht zubereite, überanstrenge ich mich umsonst!« sagt er.

Sollen sich doch die plumpen Fresser woanders den Bauch vollschlagen. Aber eines Tages stellt sich ein wahrer Kenner der Kochkunst bei ihm ein, den er mit »Herr Graf« tituliert und der einen Festschmaus, eines Königs würdig, bei ihm bestellt. Cigalon stürzt an seinen Herd und kocht die raffiniertesten Spezialitäten. Der andere verzehrt sie genießerisch, gibt fachmännische Kommentare dazu und macht ihm Komplimente. Als jedoch Cigalon ihm die Rechnung präsentiert, muß der Kunde gestehen, er sei völlig pleite. Es ist ein Gauner aus Marseille, ein Buchmacher, der seine Kunden geprellt hat und von ihnen bedroht wird. Er will sich für einige Monate im Gefängnis in Sicherheit bringen und ist auf dieses sehr angenehme Mittel verfallen, sich festnehmen und verurteilen zu lassen.

Neben der Filmoper erfindet Pagnol auch die Filmfabel.
Filmoper und Filmfabel, das sind die Lieblingsbeschäftigungen Pagnols als Autor. Aber der Erfinder Pagnol, der stets mit einem offenen Auge schläft, hat noch ein anderes Steckenpferd: den Farbfilm. Eines Tages wird es unvermeidlich soweit sein. Warum soll nicht er es sein, der ihn erfindet?
Auch Assouad träumt davon. In der vierten Nummer der »Cahiers« teilt Pagnol mit, Albert Assouad habe in seinem Labor in der Impasse des Peupliers ein sogenanntes »Tonbandverfahren« entwickelt, das einen Film mit »Farben versehen könne, die auf die Handlung abgestimmt« seien. Pagnol rechnet damit, es schon bei »*Angèle*« anwenden zu können. Die Dreharbeiten sind bereits beendet, und Suzanne de Troye ist dabei, den endgültigen Schnitt vorzunehmen. Der Nachmittag und der ganze folgende Tag nach der Rückkehr Pagnols nach Paris sind ausgefüllt mit Gesprächen der Freunde. Es erscheinen in der Rue Fortuny Raimu, Richebé, Maupi, Roger Ferdinand, Stève Passeur, der soeben sein neues Stück »*Je vivrai un grand amour*« (»Ich will einer einzigen Liebe leben«) beendet und es schon bei Mathurins untergebracht hat. Auch Henry Jeanson ist da. Er hat das Theater zugunsten der Zeitungsredaktion verlassen. Unter dem Pseudonym Huguette ex-Micro ist er zuständig für die Filmkritik beim »Canard enchaîné«, was Pagnol ihm nur schwer verzeihen kann.[*]
Eine große Lücke macht sich bei diesen Begegnungen bemerkbar: Marcel Achard. Er ist in Hollywood. Ernst Lubitsch hat ihm gekabelt, er solle mit ihm seinen nächsten Film, »*Die lustige Witwe*« mit Maurice Chevalier, vorbereiten. Er hatte ihm eine goldene Brücke gebaut, und Achard war hinübergeflitzt. Er blieb und arbeitet jetzt für Chaplin.

---

[*] Jeanson hatte dieses Pseudonym in ironischer Anspielung auf Huguette Duflos gewählt, eine große Theaterschauspielerin, die sich nach ihrer Scheidung als »Huguette ex-Duflos« zur Schau stellte.

Vincent Scotto taucht eines Abends in der Rue Fortuny auf und bringt einen jungen Mann mit: schwarze Augen, die Haare sorgfältig mit Pomade bearbeitet, die Schultern etwas zu stark ausgestopft. Er stellt ihn den Anwesenden vor.

»Das ist der große Star von morgen«, sagt er. »Er probt gerade im Casino de Paris. Varna hat ihn für seine neue Revue ›Parade de France‹ engagiert. Er verfügt über eine Stimme – etwas Vergleichbares habe ich in meinem ganzen Leben nicht gehört. Er stammt aus Ajaccio. Sein Name: Tino Rossi.«

»Herzlich willkommen«, begrüßt Pagnol den jungen Mann. »Er wird alle kleinkriegen«, fährt Vincent Scotto fort. »Ich habe zwei Chansons für ihn geschrieben, in Anlehnung an korsische Volkslieder: ›Vieni, vieni‹ und ›Corse, île d'amour‹.«

»Und wenn Sie sie uns vorsingen würden?« schlägt der Hausherr vor.

Tino Rossi hat sich noch niemals lange bitten lassen, wenn es ums Singen ging. In Marcel Pagnols Büro liegt immer eine Gitarre bereit, auf der er zu seinem Vergnügen manchmal die gerade beliebten Schlager spielt. Scotto greift sie sich, und Tino legt sich für die Freunde voll ins Zeug mit den beiden Schlagern seiner künftigen Show. Es ist wahr, er hat eine erstaunliche Stimme, weich und mit großem Schmelz. Alle beglückwünschen ihn.

An seinem Premierenabend im Casino de Paris »kriegt« Tino Rossi tatsächlich alle »klein«. Der ganze Saal klatscht ihm zehn Minuten lang stehend Beifall. Einen Monat danach singt ganz Frankreich »Vieni, vieni« und »Corse, île d'amour«.

Tino wird einer der treuesten Gefolgsleute Pagnols und sollte es bis zum Schluß bleiben.

Die große Premiere von »Angèle« findet am zweiten Mittwoch des September 1934 im Odéon-Lichtspielhaus in Marseille, direkt an der Canebière, statt. Pagnol selbst hatte auf diesem symbolischen Ort bestanden. Es ist ein gewaltiger Erfolg. Den gleichen Empfang bereitet Paris dem Werk einige Wochen später. Die Vorführungen beginnen gleichzeitig am Agriculteurs auf dem rechten und im Bonaparte auf dem linken Ufer, und der Film bleibt, exklusiv für diese beiden Kinos, über Monate auf dem Programm.

Es ist ein Triumph – vor allem für Fernandel!

»Ein großer Darsteller ist geboren«, schreibt die Kritik. »Wir wußten, daß wir an Fernandel einen vorzüglichen Komiker haben. Aber mehr noch: Wir haben an ihm einen genialen Schauspieler. Anrührend, erschütternd, grandios, fabelhaft:« Mit Adjektiven höchster Begeisterung wird seine Leistung bedacht. Es ist ein wenig ungerecht im Hinblick auf Orane Demazis, Poupon, Servais, Andrex, besonders Delmont. Sehr ungerecht jedoch für Pagnol, der bei diesem Regen von Lobsprüchen ganz vergessen wird, was ihn schon ärgert. Fernandel aber erlebt Stunden intensiven Glücks.

»Wenn meine Darstellung des Saturnin«, schreibt er an Pagnol, »zu Ihrer vollen Zufriedenheit gelungen ist, so verdanke ich das Ihrem Dialog ... Ich fürchte mich nicht, dies überall auszusprechen. (Angèle) markiert den Beginn einer neuen Epoche des Films.«

Fernandel ist der erste, der, zugleich mit dem Publikum, sich dessen bewußt wird. Zugleich auch mit Jean Renoir, der einige Wochen später feststellt: »Ich halte Marcel Pagnol für den größten Filmregisseur der Gegenwart.«

Um gerecht zu sein: Während die Kritik im allgemeinen von ihrer eingefleischten Abneigung gegen Pagnol und sein Werk nicht loskommt, gibt es doch einige Journalisten, die »Angèle« als Meisterwerk einstufen und von der »bewundernswerten Leistung«[*] Pagnols sprechen, dem »großen Atem«[**] des Werkes.

Eines Tages wird es von »Angèle« anerkennend heißen: »... eine erstaunliche Beherrschung der Kamera, eine wohltuend klare Ausstattung, die feinste Vollendung des Schnitts und der Tonmischung: Man wird schon auf einen Ford oder Vidor zurückgehen müssen, um eine ähnliche Durchsichtigkeit, ähnlich ruhige, niemals gewaltsame Kraft und ähnliche Größe zu finden, die sich aus einer gelassenen Heiterkeit bei der Betrachtung der Wirklichkeit ergibt.«[***]

---

[*] Henry Agel im »Ciné-Magazine«.
[**] Valéry Jahier.
[***] Claude Beylie.

Oder auch:

»Sein unglaublicher Erfolg hat uns lange Zeit die unbestreitbare Neuartigkeit seines Schaffens übersehen lassen.«*

Ein halbes Jahrhundert danach sagte Jean-Luc Godard bei einer offiziellen Feier**, auf welcher der ganze französische Film vertreten war: »Das ist einer der schönsten Filme, die je gedreht worden sind.«

Pagnols Kino, sauber, authentisch – dieses Kino, das später als »Kino in Reinkultur« bezeichnet wurde –, es begann mit *»Jofroi«*, der die Prämissen setzte, und gelangte mit *»Angèle«* das erste Mal zur Meisterschaft.

---

* André S. Labarthe.
** Soirée des Césars 1987.

X

Schöpferische Epoche

(1935−1937)

Starautor. Filmprogramme. »Pagnol-Total«. »Merlusse« (bravo).
»Cigalon« (buh). Giono als Guru. »Topaze« Nr. 2. Kurze Karriere.
Wiederbegegnung am Rive-Neuve. Triumph von »César«. »Re-
gain«. Neubau eines Ruinendorfes. Marguerite Moreno. Honeg-
ger. Genialer Fernandel.

Nach dem Erfolg von *»Angèle«* besitzt Marcel Pagnol eine so
marktbeherrschende Stellung beim Film wie vor und nach ihm
kein Autor und Regisseur. Er ist beim großen Publikum ungeheuer beliebt. Nach Meinung der Kinobesitzer zieht sein Name
auf einem Filmplakat die Zuschauer mindestens ebensosehr an
wie der von Raimu, Charles Boyer oder Greta Garbo. Er ist Starautor, und zwar der einzige. Eine schmeichelhafte Stellung, wenn-
gleich nicht immer angenehm.
Die Schauspieler – eine Spezies mit höchster Sensibilität und
einem überentwickelten Ego – ertragen es nur schlecht, daß jemand von der anderen Seite der Kamera ihnen einen auch noch so
kleinen Teil an dem ihnen zugeschriebenen Erfolg streitig macht.
Marcel Pagnol hatte in dieser Hinsicht Schwierigkeiten mit Raimu
bei *»Marius«* und jetzt mit Fernandel bei *»Angèle«.* Am liebsten
würde er seine Lorbeeren nicht mehr mit seinen Stars teilen müssen.
Überdies würde er gerne die Regeln ändern, die die Verleiher dem
Filmwesen aufoktroyiert haben. Die obligatorische Beschaffenheit der Kinovorstellungen (ein großer Film, ergänzt durch einen
kurzen Vorfilm) scheint ihm eine Zwangseinrichtung zu sein, die
die Kreativität beeinträchtigt und es nicht gestattet, weniger ergie-
bige Stoffe zu verfilmen (für einen Großfilm müßte man sie künst-

lich aufblähen) bzw. Stoffe für einen Vorfilm zu verwenden, die dafür zu lang wären und die man daher kürzen müßte. Er weiß z. B., daß in vielen Kinos »*Jofroi*« mit Kürzungen vorgeführt wurde, weil die Länge dieses Films keine zwei Vorführungen am Nachmittag erlaubt hätte. Pagnol kommt nun eine Idee: Warum nicht Filme mittlerer Dauer (etwa eine Stunde) drehen, die jeweils zu zweit ein vollständiges Programm bilden würden?

»Kein Star wird sich dazu herablassen, einen solchen Film mittlerer Dauer zu drehen«, wird als Einwand vorgebracht.

»Dann verzichten wir eben auf sie«, entgegnet Pagnol. »Der Erfolg von Vincent Scotto in ›*Jofroi*‹ sollte uns eines Besseren belehren. Poupon, Maupi, Blavette und Delmont können ohne weiteres einen Film mittlerer Dauer verkraften. Es ist sogar eine Chance für sie. Sie werden uns wesentlich billiger kommen als Raimu oder Michel Simon. Und sie werden sich vorzüglich schlagen.«

Dieses Prinzip der Filme mittleren Umfangs, gespielt von halben Stars, paßt bestens zu Pagnols unkonventionellem Arbeitsstil. Beim Drehen läßt er sich gerne Zeit und wiederholt Szenen, die ihm mißglückt zu sein scheinen. Bei Poupon, Blavette oder Delmont, mit denen er Jahresverträge hat, bringt das keine Probleme mit sich. Anders wäre es bei Stars, die genau für die Dauer der Herstellung eines Films engagiert sind und deren Terminkalender im voraus zu streng eingeteilt ist. Pagnol ist sich bewußt, daß seine Stellung als Starautor es ihm ermöglicht, diese Neuerung durchzusetzen.

»Aber mit welchen Namen in Großbuchstaben soll man dann auf den Filmplakaten werben?« fragt Corbessas.

»Ganz einfach, ›Pagnol‹«, antwortet Toé.

»Wir fangen sofort an«, sagt Pagnol. »Wir werden in La Treille ›*Cigalon*‹ mit Poupon verfilmen.«

Immer wieder freut sich Pagnol königlich, wenn er nach Marseille zurückfahren kann. Er trifft dort seinen Vater. Joseph Pagnol hat seine Laufbahn mit dem Posten des Direktors der bedeutendsten Volksschule für Knaben der Stadt gekrönt. Mit großem Stolz blickt er auf den Erfolg seines Sohnes und auf dessen Vermögen. Lange Zeit hatten die Reisen nach Marseille Pagnol auch Gelegenheit gegeben, Paul zu besuchen. Paul gibt es nicht mehr, dafür ist aber Germaine da. Die »kleine Schwester« hat Monsieur Gombert, einen Bankdirektor, geheiratet und hat eine kleine Tochter mit ihm. Jedesmal schaut Marcel auch bei Onkel Jules und Tante Rose vorbei. Ihr Sohn Pierre ist Notar und residiert in der Rue Saint-Ferréol im Herzen Marseilles. Was die alten Freunde betrifft, so befindet sich zwar Albert Cohen immer noch in Genf, wo er in der Verwaltung des Völkerbunds arbeitet und auch weiterhin literarisch tätig ist. Aber Yves Bourde ist in Marseille geblieben, und mit ihm gibt es immer ein Wiedersehen. Yves Bourde ist jetzt Chirurg und lehrt als Professor an der medizinischen Fakultät. Dr. Avierinos ordiniert in einem der prachtvollen Gebäude am Boulevard d'Athènes, direkt am Fuße der monumentalen Treppe der Gare Saint-Charles. »Ich bin der erste Arzt in Marseille – wenn man mit dem Zug ankommt«, pflegt er zu sagen.

Marcel Pagnol steigt in Marseille im Hôtel de Noailles an der Canebière ab; aber seine erste Mahlzeit nimmt er bestimmt bei Fernand Avierinos ein.

Bei jedem seiner Besuche nehmen die alten Freunde Marcel Pagnol mit offenen Armen auf. Über einen langen Zeitraum hatte man ihn bald mit Orane Demazis, bald mit Kitty Murphy auftauchen sehen, ohne daß man sich viel dabei dachte. »Das sind eben so die Sitten in Paris und beim Film.« Seit einigen Wochen begleitet ihn jedoch eine andere junge Frau. Sie war in den Pariser Büros seiner Gesellschaft angestellt und in sein persönliches Sekretariat versetzt worden. Sie heißt Yvonne Pouperon und ist von so spontanem und fröhlichem Naturell, daß sie von allen in der Rue Fortuny nur »die kleine Vonette« genannt wird. Geboren ist sie auf Madagaskar in einer Beamtenfamilie, kam dann zum Studium nach Paris und blieb dort. Schnell hat sie sich die Herzen der Freunde in Marseille durch ihre Heiterkeit, Sorglosigkeit und Schlagfertigkeit erobert. Sie betet Pagnol an und verzeiht ihm im voraus alle Extravaganzen und Launen, ja sie lacht nur darüber und gibt sie auf ihre drollige Weise den Freunden zum besten.

In Marseille überwacht Marcel Pagnol den Aufbau seines Labors in der Impasse des Peupliers. Die Arbeiten machen zufriedenstellende Fortschritte. Ihr Ende ist absehbar. Tagsüber gelingt es ihm, sich nach La Treille abzusetzen, um sich die Naturkulisse einzuprägen, wo er drehen will. Jedesmal begegnet er dabei dem jungen Mann aus Marseille, der Fernandel aufs Haar gleicht. Der Bursche hat entschieden ein Gesicht für den Film. Und erst der Akzent! Eines Tages kann Pagnol nicht mehr widerstehen und fragt:

»Hättest du Lust, bei einem Film mitzumachen?«

»Das ist mein sehnlichster Wunsch«, antwortet der junge Mann.

»Na gut, einverstanden, ich engagiere dich. Wir unterzeichnen einen Vertrag.«

Auf diese Weise stößt Jean Castan zu der Truppe. Zum ersten Mal spielt er im »Cigalon« den Neffen der Wirtin eines Restaurants in La Treille, eine Rolle, die er in Wirklichkeit auch war. Er tritt später in fast allen Pagnol-Filmen dieser glorreichen Epoche auf, bis zu dem Tag, da er diejenige Figur übernimmt, die dann am Anfang seiner steilen Karriere steht: Fernandels Bruder in »Le Schpountz«.

Innerhalb von 14 Tagen schreibt Pagnol die Dialoge für den »Cigalon«. Leuten, die sich darüber verwundert zeigen, erklärt er: »Was soll's, hier handelt es sich nicht um ›Phädra‹. Ich werde sie an Ort und Stelle verbessern, je nachdem, wie die Dreharbeiten verlaufen.« Diese Arbeitsmethode wendet er in Zukunft immer häufiger an. Selten hat er so viel Spaß am Schreiben gehabt. Er tobt sich so richtig aus. Die Antworten, die er seinem größenwahnsinnigen Koch in den Mund legt, reißen ihn selbst mit. Die verrücktesten Possen fallen ihm ein, die ausgefallensten Streiche. Es passiert ihm sogar wie Marcel Achard – und oft hat sich Pagnol aus diesem Grund über ihn lustig gemacht –, daß er über seine eigenen Späße lachen muß.

Er denkt bei diesen Pointen an Henri Poupon. Seit »Angèle« ist Pagnol davon überzeugt, daß Poupon ein neuer Raimu ist, der sich in den Filmen, die er nach Texten Gionos drehen möchte, den Allergrößten als ebenbürtig erweisen wird und über eine unglaublich weit gespannte Skala von Ausdrucksmöglichkeiten verfügt, von der schlichtesten Herzensgüte bis hin zur grausamsten Bosheit. Wenige Schauspieler sind in der Lage, eine ähnliche Wucht und Ausdruckskraft in ihr Spiel zu legen. Außerdem gefällt ihm der Mann an sich. Sein Humor, sein Zynismus, seine Späße machen ihn zu einem herrlichen Gesellschafter. Unter all den Leuten von der Music-Hall mit immenser Begabung, aber oft gänzlich ungebildet, besticht Poupon durch seine fundierte Bildung. Er hat viel gelesen und kann sogar schreiben. Pagnol hat vor, mit Poupon auch den zweiten »mittleren Film« zu drehen, das Zwillingsstück zu *Cigalon*«. Es ist die Geschichte eines Paukers vom Gymnasium, eine seiner *contes ingénus*«, die er während der Abendaufsicht im Condorcet geschrieben hat: »*L'Infâme Truc*«.* Doch soll sie einen anderen Titel erhalten.

Die Arbeiten an der Impasse des Peupliers sind gerade in dem Augenblick abgeschlossen, als Jean Renoir seine Außenaufnahmen für *Toni*« beendet hat. Der Komplex besteht aus zwei Hauptgebäuden. In dem einen sind zwei kleine Aufnahmeräume errichtet worden, und darüber hat sich Pagnol ein Appartement eingerichtet, in dem er während seiner Aufenthalte in Marseille wohnen will. Das andere enthält die Entwicklungslabors und Kopierräume. Außerdem sind Büros für René Pagnol und Toé vorgesehen sowie ein Schneide- und ein Vorführraum.

Jean Renoir hat »*Toni*« zu 80 % im Freien inszeniert. Da ihm noch einige Szenen zu drehen bleiben, wird ihm die Ehre zuteil, die neuen Studios Marcel Pagnol einzuweihen, ein etwas pompöser Name für diese improvisierten Einrichtungen. Aber man ist eben in Marseille!

Mitte November beginnt Marcel Pagnol in La Treille auf der Terrasse des Restaurants, dessen Wirt ihn zu seiner Geschichte inspiriert hat, mit den Dreharbeiten zu »*Cigalon*«. Die Außenwand des Gebäudes ist frisch gestrichen. Auf ihr prangt die Inschrift »Cigalon's« (mit Apostroph und s nach englischem Muster, um die Eigentumsverhältnisse zu kennzeichnen, wie etwa bei Maxim's) »Konservenspezialitäten«. Roger Corbeau, Suzanne de Troye und René Pagnol sind anwesend. Assouad fungiert als Aufnahmeleiter. Mit Ausnahme von Henri Poupon, Blavette, Annie Toinon und Madame Chabert stammen alle Schauspieler aus Marseille und ge-

---

* Auch der Text von »L'Infâme Truc« ist nicht unveröffentlicht geblieben und 1928 in der Weihnachtsnummer der Fotozeitschrift »Jazz« erschienen, gegründet und geleitet von Carlo Rim.

hören Ensembles der Umgebung an. Die Dreharbeiten gehen zügig voran. Gegen seine Gewohnheit verändert Pagnol nichts an seinem Text. Da die Darsteller ihn schon bis zum Überdruß kennen, verlieren sie keine Zeit. Denn Pagnol hat es eilig. Er hat die Schulbehörden Marseilles dazu bewegen können, ihm Dreherlaubnis für »*L'Infâme Truc*«, jetzt »*Merlusse*«, in den Räumen des Thiers-Gymnasiums zu erteilen, und zwar während der Weihnachtsferien, wenn sie leerstehen. Das erste Mal in seiner Laufbahn ist Pagnol von einem fixen Datum für den Beginn der Dreharbeiten an einem Film abhängig.

Der Held von »*Merlusse*« (korrekter wäre es, von einem Antihelden zu sprechen) ist ein Gymnasialhilfslehrer, ein finsterer Koloß, dicht behaart und etwas schmuddelig, Kollegen und Schülern gleichermaßen unsympathisch, mit einem Wort: ein Ekel. Niemand mag ihn, niemand besucht ihn, man bezeichnet ihn nur mit seinem Spitznamen Merlusse. Die Schüler haben ihn so getauft, weil sie behaupten, bei all seinen schlechten Eigenschaften stinke er auch noch. Er verpeste alles mit seinem Kabeljaugeruch (Merlusse ist das provenzalische Wort für Kabeljau).

Die Handlung spielt am Weihnachtsabend. Der Film beginnt am Spätnachmittag in den Räumen des Internats des Thiers-Gymnasiums, als der allgemeine Ausgang der Internatsinsassen beendet ist. Die wenigen Schüler, die geblieben sind, die niemand abholt und die sich allein in dem eisigen Schlafsaal aufhalten müssen, sind wirklich die verlassensten Geschöpfe auf Gottes Erdenwelt in dieser Nacht, da in allen Familien gemeinsam fröhlich die Geburt des Herrn gefeiert wird. Wie um ihre erbärmliche Lage noch zu verhöhnen, fügt es ein böser Zufall in letzter Minute, daß dem schrecklichen Merlusse die Aufsicht im Studiensaal, im Refektorium und im Schlafsaal zufällt. Für die verratenen und verkauften Kleinen im Schlafsaal, die jetzt ihrem gräßlichen Tyrannen ausgeliefert sind, nimmt der Heilige Abend die Form eines Alptraumes an. Sie zittern allein schon bei dem Gedanken, irgendein Geräusch zu machen, und sind mucksmäuschenstill. Einige schluchzen in sich hinein, schlafen aber schließlich doch ein.

Aber beim Aufwachen – ein Wunder! Jedes Kind findet in seinen

Schuhen ein speziell auf seine Sehnsüchte zugeschnittenes Geschenk! »Das war der Weihnachtsmann«, sagt einer von den Kleinsten. Aber das Geheimnis wird rasch gelüftet. Merlusse hat sein wahres Wesen enthüllt. Er hat ein Herz aus Gold. Im Grunde ist er unglaublich schüchtern und macht den Schülern nur angst, weil er selbst Angst vor ihnen hat. Doch jetzt konnte er das Unglück der vergessenen Kinder nicht mehr mitansehen. So schenkte er jedem etwas, was alle so dringend brauchten: ein wenig Wärme, ein Zeichen der Zuneigung.

Am Morgen des 25. Dezember richten Pagnol und seine Mannschaft das Thiers-Gymnasium für ihre Zwecke her und beginnen mit den Dreharbeiten zu »Merlusse«. Poupon hat sich für seine Rolle ein wahres Horrorgesicht zugelegt: einen struppigen Bart und eine Brille, von der ein Glas schwarz gefärbt ist und ein hervorquellendes Auge verdeckt.

Da er in der Nähe des Gymnasiums wohnt, maskiert er sich zu Hause und erscheint fertig geschminkt auf der Filmbühne.

Als er eines Tages in dieser Aufmachung durch die Straßen des Viertels geht, begegnet ihm ein Mädchen:

»Oh, was für ein schöner Bart«, ruft es aus.

»Willst du ihn?« fragt Poupon.

Er reißt sich den falschen Bart ab und drückt ihn ihm in die Hand. Erschrocken läuft das Mädchen davon ...

Für die Rolle von Lehrern oder Aufsehern ohne Text holt sich Pagnol Freunde heran. Sein alter Genosse Fernand Avierinos spielt in dem Film einen Gymnasialprofessor. Zum ersten Mal tritt in »Merlusse« auch ein halbberuflicher Schauspieler auf, der den Beruf eines Konditors unter dem Namen Bourrely ausübt, sofern er nicht gerade dreht oder in einer Music-Hall der Umgebung singt. Sobald er »in Kunst macht«, nennt er sich Rellys. Er hatte schon in »Angèle« eine kleine Rolle gehabt, aber zu seinem Pech war die Szene, in der er auftrat, dem Schneidemesser zum Opfer gefallen. In »Merlusse« spielt er den Hausmeister des Internats. In seiner längsten Szene wischt er allein einen Korridor der Schule, wobei er nach Art von Tino Rossi »Marinella« singt. Dieser Auftritt reicht aus, seine einzigartige Begabung zu demonstrieren, er ist eine außergewöhnliche Erscheinung auf der Leinwand. Der ganze »*Merlusse*« wird im Laufe der Ferien, also in einer einzigen Woche, auf Zelluloid gebannt. Bleiben noch einige Szenen, die Pagnol in seinen Studios dreht. An dem Tag, an dem er zum ersten Mal »*Cigalon*« mit dem ganzen Stab des Hauses im Zusammenhang sieht, erklärt Pagnol am Ende der Vorführung in aller Seelenruhe, das Ganze sei »sehr schlecht« geraten, er wolle alles noch einmal machen. Da tut sich ein weiteres Problem auf mit »*Merlusse*«, diesmal technischer Art. Ein ganz neuer, erst für diesen Film angeschaffter Tonwagen hat Pagnol einen Streich gespielt. Ein Teil des Tonbandes gibt nichts wieder. Also müssen mehrere Szenen noch einmal gedreht werden. Jetzt aber ist das Thiers-Gymnasium leider wieder von Lehrern und Schülern bevölkert. Die Neuaufnahmen können also erst während der großen Ferien im September gemacht werden.

Als die Wiederaufnahme der Dreharbeiten an »*Cigalon*« beginnt, teilt Pagnol den Schauspielern mit, er habe sich entschlossen, Änderungen in der Besetzung vorzunehmen. Nicht mehr Henri Poupon soll den Cigalon spielen, sondern Antoine Arnaudy. Charles Blavette übernimmt jetzt einen der Gendarmen, dessen Text verlängert wurde. Außerdem ist es Pagnol geglückt, Alida Rouffe zu engagieren, die während der ersten Drehzeit nicht frei war. Poupon muß sich mit der neuen Rolle des Filous und Zechprellers begnügen. Aber warum diese Änderungen? Befürchtet Pagnol, daß das Schlagwort vom »Kino Marcel Pagnol«, das er in die Welt setzen will, umgewandelt wird in ein Schlagwort vom »Kino Henri Poupon«? Man wird es nie erfahren. Die Vorstellung Pagnol-Total, bestehend aus »*Merlusse*« und »*Cigalon*«, hat am 23. Dezember 1935 im Cinéma Marivaux an den Champs-Élysées in Paris Premiere. Das feine Paris und die ganze Filmwelt sind anwesend: Jean Renoir, Françoise Rosay, Léon-Paul Fargue, Jacques Feyder, Annabella, Jean Muart, Anatole de Monzie, Georges Simenon ... »*Merlusse*« wird zuerst gezeigt. Als das Licht nach dem Wort »Ende« wieder angeht, rauscht donnernder Beifall auf, ein nicht enden wollender Orkan von Bravos. Die Gäste stürzen auf den Autor und die Schauspieler zu, schütteln ihnen die Hände und bezeigen ihre höchste Sympathie. Alle Welt findet Poupon »genial«, Pagnol »so großartig wie noch nie«. Begeisterung schlägt hoch und rauschender Jubel. Als das Licht wieder ausgeht, setzen sich die Leute, ganz gespannt auf »*Cigalon*«. Aber da, plötzlich, eine Katastrophe! Eisige Kälte lähmt die Zuschauer nach und nach, gelegentliches Murmeln kündigt einen großen Flop an. Niemand zieht mit, kein einziger Lacher. Endlich kommt das Ende. Kein einziges Bravo! Die Leute sind peinlich berührt. Jeder überlegt sich, wie er am besten verschwinden könnte, ohne Pagnol zu begegnen. Aber in dieser Hinsicht gibt es keine Probleme: Er hat sich schon selbst durch eine Hintertür davongestohlen. Am nächsten Morgen hebt die Kritik »*Merlusse*« besonders rühmend hervor, den »*Cigalon*« macht sie schonungslos nieder. Sogar André Antoine, der Pagnol von der ersten Stunde an bedingungslos die Stange gehalten hat, spricht von einem »schlecht gelungenen Scherz«. Man gibt zu bedenken, daß Arnaudy für diese Rolle nicht geeignet sei. Pagnol versucht diesem allgemeinen Protest die Stirn zu bieten, indem er verkündet: »Von allen meinen Filmen ist ›*Cigalon*‹ derjenige, der jedenfalls mich am meisten zum Lachen gebracht hat.« Diese Aussage sollte er später noch korrigieren: »›*Cigalon*‹ hat niemanden zum Lachen gebracht, nur mich, mich aber ungeheuer!« Nichts verabscheut Pagnol mehr als den Mißerfolg. So schnell wie möglich will er diese Schlappe wiedergutmachen. Er braucht dringend einen Erfolg, einen großen Erfolg. Äußerst selten hat ein Autor zum richtigen Zeitpunkt in seiner Schublade oder unter seinen in Arbeit befindlichen Projekten ein Stück, dessen Erfolg von vornherein gesichert ist. In seinem Fall jedoch ist es so. Um die Marktstellung, die ihm »*Angèle*« aufgebaut, »*Cigalon*« leicht unterminiert hat, wieder zu stabilisieren, besitzt er die absolute Waffe: »*César*«.

Die Zuschauer im Théâtre de Paris hatten am Ende der Vorstellungen von »*Marius*« immer eine Auskunft darüber gewollt, was aus den Personen des Stückes nachher geworden war. Es waren Dutzende, die das wünschten. Jetzt, beim Film, sind es Tausende, die nach der Vorstellung von »*Marius*« und »*Fanny*« die gleichen Fragen stellen. Es will nicht in ihren Kopf hinein, daß die Dinge zwischen Marius und Fanny so stehenbleiben sollen, wie sie am Ende des Films sind: daß die beiden jungen Leute, die einander lieben, für immer getrennt sein sollen. Jeden Tag treffen Briefe in der Rue

Fortuny ein, in denen eine Fortsetzung verlangt und gefragt wird, wann mit ihr zu rechnen sei.

Für diesen dritten Teil des Triptychons bietet sich der Titel »César« an. Es gab eine Zeit, wo ihn Pagnol fürs Theater schreiben wollte. Am 3. März 1935 hatte ihm Raimu auf einem Bogen mit dem Briefkopf »Brasserie de Verdun, 23, rue Paradis, Marseille« einen seltsamen Vertrag unterzeichnet:

»Im Zeitraum zwischen dem 30. November 1935 und dem 1. März 1936 verpflichte ich mich, die Rolle des César (Theaterstück) in dem Stück zu spielen, das du verfassen wirst und mir heute versprochen hast. Ich werde diese Rolle so lange spielen, wie das Stück auf dem Spielplan bleibt.«

Aber Pagnol kommt von dieser Idee wieder ab und schreibt dieses Theaterstück nicht. Er entschließt sich, »César« direkt für die Leinwand zu schreiben und dann zu verfilmen. Aber leider, leider: Der Plan stößt auf ein unüberwindliches Hindernis. Raimu, Pierre Fresnay und Charpin sind seit »Fanny« große Filmstars geworden, haben Engagements für Filme übernommen und sind nicht vor mehreren Monaten verfügbar. Pagnol weiß nur zu gut, daß er »César« nur mit ihnen verfilmen kann. Niemals würde es das Publikum hinnehmen, wenn Marius oder Panisse plötzlich von anderen Darstellern mit fremden Gesichtern gespielt würden. Also muß Pagnol den Zeitpunkt abwarten, wo sie alle gleichzeitig frei sind. Und das ist erst ab Mai 1936 der Fall.

Der Erfolg von »Jofroi« und der Triumph von »Angèle« reizen Pagnol, ein weiteres Mal auf Jean Giono zurückzukommen. Dieser ist im Begriff, in ein etwas verrücktes Abenteuer hineinzuschlittern. Sein Werk hat über die literarischen Kreise hinaus Wellen geschlagen. Um sein Œuvre herum hat sich eine Art früher Ökologiebewegung gebildet und weiterentwickelt, mit pantheistischem Einschlag; sie hat ihn zu ihrem Führer, Idol, Papst und Guru erwählt. Jedes Jahr kommen junge Leute aus ganz Europa und »pilgern« zu Fuß nach Manosque. Damen der Londoner Gesellschaft, die von der Theosophie enttäuscht sind, schließen sich ihnen an und singen Lobeshymnen auf Giono, die zwar ernst gemeint sind, aber manchmal das Lächerliche streifen. Dieser denkt nicht daran, die Leute zu enttäuschen. Denn er fühlt sich im Aufwind der Zeit und gefällt sich in seiner Rolle.

Es kommt vor, daß er an der Spitze von Gruppen gläubiger Anhänger die Landschaften durchwandert, die seine Werke und seine Philosophie geprägt haben, ihren »wahren Reichtümern« entgegen. Die damals aufkommende Bewegung der Jugendherbergen verehrt in ihm einen ihrer Anreger.

Nach langen Überlegungen wählt Pagnol unter den Romanen Gionos, an denen er Filmrechte besitzt, »Regain« zur Verfilmung aus. Er ist sich über die gewaltigen Dimensionen dieses Projektes im klaren. Es wird Monate der Vorbereitung bedürfen, und Schwierigkeiten aller Art werden sich auftürmen. Im Gegensatz zu »César« handelt es sich hier um eine Partie, die längst nicht im vorhinein gewonnen ist. Aber gerade das reizt Pagnol. In »Regain« bietet sich eine Gelegenheit, neue Wege zu erkunden, auf Neuland vorzustoßen, das der Tonfilm erschließt. Also legt Pagnol seinen Terminkalender für 1936 fest. Im Mai soll »César« gedreht werden, »Regain« Weihnachten in einem Jahr.

Und bis dahin will er die Zeit durch die Verfilmung von »Topaze« überbrücken.

Diesen Film betrachtet Pagnol wie eine Schuld, mit der er in Verzug ist. Sich selbst ganz persönlich hat er das Versprechen gegeben, ihn zu realisieren, und zwar an dem Tag, an dem er mitansehen mußte, wie Louis Gasnier sein Werk mißhandelte. Damals schwor er sich, Revanche zu nehmen und »Topaze« nach seinen eigenen Vorstellungen zu drehen. Diese aber hatte er entwickelt, während er »Le Gendre de M. Poirier« verfilmte. Inzwischen haben sie sich geändert. Es hat »Jofroi« und »Angèle« gegeben, Filme, die ihm eine freiere Verarbeitung des Stoffes erlaubten, mehr auf die Leinwand zugeschnitten. Nichtsdestoweniger hat er seinen Film schon angekündigt, hat Schauspieler und Techniker engagiert, ist also praktisch schon gezwungen zu drehen, und zwar mit Schauspielern aus der Gegend, aus Marseille, die schon fast mit zur Familie gehören: Antoine Arnaudy übernimmt auch vor der Kamera die Rolle des Topaze, mit der er über tausendmal auf der Bühne während der Tourneen Boulay/Arnaudy aufgetreten ist. Henri Poupon spielt den ehrwürdigen Greis. Und die

Rolle der Baronin Pitart-Vergnolles fällt Alida Rouffe, der Honorine in »Marius«, zu – was keine sehr gute Lösung ist. Der Film hat
in Paris im Ciné-Opéra Premiere und bleibt acht Wochen exklusiv
auf dem Programm. Danach wird er abgesetzt, der Vertrieb wird
überhaupt eingestellt. Denn in diesem Augenblick hat die Paramount ihrerseits den Film von Louis Gasnier mit Louis Jouvet
herausgebracht. Das hat einen Prozeß zur Folge. Hatte Pagnol das
Recht, einen neuen »Topaze« zu drehen? Hatte die amerikanische
Gesellschaft noch das Recht, ihre Version zu vermarkten? Die Angelegenheit wird durch einen Vergleich bereinigt, dem zufolge die
Paramount Marcel Pagnol die Originalstreifen von »Marius« und
»Topaze« überläßt, die sie ohnehin nicht weiter nutzen durfte, da
die Frist zur Nutznießung der Rechte verstrichen war. Umgekehrt
sollte die Société des Films Marcel Pagnol den Film von Louis Gasnier zu einem späteren Zeitpunkt wieder anlaufen lassen. Aber
niemand hat jemals »Topaze« mit Arnaudy, Poupon und Alida
Rouffe wieder gesehen.
Am 28. Februar, seinem 41. Geburtstag, wird Marcel Pagnol zum
dritten Mal Vater. Vonette schenkt ihm eine Tochter, Francine. Die
ganze Rue Fortuny feiert fröhlich ihr Geburtsfest. Sie ist in doppeltem Sinne ein Kind des Hauses.

Am Sonntag vor dem ersten Drehtag für »César«, dem 10. Mai
1936, vollzieht sich in Frankreich ein politisches Ereignis von erheblicher Tragweite: Die Parlamentswahlen erbringen einen
Linksrutsch zugunsten der in der Volksfront zusammengeschlos-
senen Gruppen. Der sozialistische Führer Léon Blum bildet die
Regierung.
In Marseille schart Pagnol all seine Leute in der Rue Jean-Mermoz
um sich: Raimu – César, Fresnay – Marius, Charpin – Panisse,
Dullac – Escartefigue, Vattier – M. Brun, Orane – Fanny, Alida
Rouffe – Honorine, Milly Mathis – Tante Claudine. Niemand hat
sich der Aufforderung entzogen. Daß sich, fünf Jahre nach der
Verfilmung durch Korda, acht Jahre nach der Premiere des »Ma-
rius« im Théâtre de Paris, hier alle Schauspieler, jeder in seiner
Rolle, wiederbegegnen können – und zwar für sämtliche Rollen –,
ohne daß einer gestorben, verschwunden ist, den Beruf aufgege-

ben hat oder in andere Himmelsstriche gewechselt ist: das ist viel mehr als eine Glanzleistung, es ist eine Art Wunder. »Es ist Pagnols unverschämtes Glück«, sagen seine Freunde. Es ist jedenfalls einzigartig in der Geschichte des Films.

In Marseille verschlechtert sich das Klima im Aufnahmeraum für »*César*« jedoch unversehens. Seit Raimu Star geworden ist, ist er mehr denn je der »Miesmacher«, als den ihn Volterra vom ersten Tag an hingestellt hat. Er bevormundet alle, ist autoritär, ja tyrannisch und terrorisiert die Kollegen, mit denen er zusammenarbeitet. Schon hat er durch einige Regieassistenten zweiten Ranges, die sich allen seinen Launen fügten, einige dumme Schnitzer vor der Kamera produziert. Aber Marcel Pagnol denkt nicht daran, sich das bieten zu lassen. Die Arbeiten finden häufig im Freien statt, was Raimu haßt. Aber im Studio ist es nicht besser. Die Einrichtungen in der Impasse des Peupliers bieten nicht im entferntesten den gleichen Komfort wie die Studios in Saint-Maurice oder Billancourt, und Raimu beklagt sich lautstark darüber. Auch sagt ihm die Arbeitsweise Marcel Pagnols ganz und gar nicht zu, der sich im Tonwagen aufhält und ihm im letzten Moment noch Textänderungen zumutet, für ihn der Gipfel der Unverschämtheit. »So jedenfalls verhält sich kein wirklicher Regisseur«, verkündet er mit Stentorstimme, »ein Regisseur wie z. B. André Hugon, Pierre Colombier oder André Berthomieu.« Auf diese Weise vermehren sich die Reibungspunkte zwischen dem Regisseur und seinem Darsteller. Sie sind eher rhetorischer als wirklich tiefgehender Natur, lassen aber bei dem einen wie dem anderen doch Spuren zurück.

Anfang August stößt Pagnol ein erleichtertes »Uff« aus. »*César*« ist fertig! Jetzt kann er sich in das Abenteuer »*Regain*« stürzen.

Marcel Pagnol und Jean Giono: unmöglich, sich in diesem Sommer 1936 eine Gemeinschaft von Autoren vorzustellen, die berühmter sein könnte. Beide befinden sich im Zenit ihrer Karriere. Marcel Pagnol, mit einer glänzenden Aureole umgeben, ist nach »*Topaze*«, »*Marius*« und »*Fanny*«, vor allem auch nach dem märchenhaften Erfolg von »*Angèle*«, unbestritten der beliebteste, meistimitierte und berühmteste Filmer Frankreichs.

Jean Giono sonnt sich ebenfalls in der Gunst des Publikums. Die sozialen Neuerungen der Volksfrontregierung – besonders die Gewährung von bezahltem Urlaub – haben seinem Werk eine neue Wirksamkeit und Dimension gegeben. Die Bewegung des »Zurück zu den wahren Reichtümern«, die er mit ins Leben gerufen hat, hat ziemlichen Einfluß gewonnen. Die Zahl der Jugendherbergen hat sich vervielfacht. In allen Provinzen schwärmen Millionen Franzosen in alle Richtungen aus, zu Fuß, mit dem Fahrrad oder Tandem, im Auto und in Ferienzügen, voller Sehnsucht danach, alles hinter sich zu lassen, nach einem gesunden Leben, nach Wind, reiner Luft und klarem Wasser. Viele haben in ihrem Rucksack ein Exemplar der »Serpent d'Étoiles« oder von »La Colline«. Und allen leuchtet als Ziel ihrer Reise der Stern Gionos, der sie leitet.

Als Pagnol von Bernard Grasset die Filmrechte an den fünf Romanen Gionos kaufte, war er in dem Vertrag davon ausgegangen, daß Giono bei der Bearbeitung und Erstellung der Drehbuchfassungen seiner Texte mitarbeiten würde. Das geschah aber weder bei »Jofroi« noch bei »Angèle«. Nachdem Pagnol aber nun seine Absicht zur Verfilmung von »Regain« bekanntgegeben hatte, ließ ihn Giono wissen, dieses Mal wolle er an dem Film mitwirken. Er habe den Wunsch, sich mehr auf das Kino einzulassen und es besser kennenzulernen. Pagnol sieht dieser Kooperation eher wohlwollend entgegen. Er hat sich nämlich hier eine Aufgabe gestellt, deren Dimensionen ihm allmählich doch etwas unheimlich vorkommen. »Regain« ist das poetische Epos Jean Gionos. Die eigentlichen Helden sind die Erde selbst, die Berge, der Wind auf den Hochebenen, die Sonne, die Bäume, überhaupt die Natur und das Fließen der Zeit. Dem Niveau dieses grandiosen Gemäldes soll nun Pagnols Kamera gerecht werden. Ja, Giono ist ihm sogar hoch willkommen. Sie werden zu zweit alle Hände voll zu tun haben, um den Ansprüchen dieses Werkes gerecht zu werden.

An dem für die Arbeit am Drehbuch vereinbarten Tag kommt Giono in Paris an. Pagnol empfängt ihn mit offenen Armen in der Rue Fortuny. Er stellt ihm ein Büro zur Verfügung. Arno-Charles Brun hält sich bereit, ihm bei der Arbeit zu helfen.

Doch werden sich Pagnol und Giono schnell darüber klar, daß sie beide Einzelgänger sind; keiner von ihnen ist gewöhnt, sich den Vorstellungen eines anderen unterzuordnen. Die ersten gemeinsamen Sitzungen sind wenig konstruktiv.

Arno-Charles Brun versucht mit seiner natürlichen Herzlichkeit, bei den Auseinandersetzungen ein wenig auszugleichen. Ohne besonderen Erfolg.

Am fünften Tag erklärt Giono mit Entschiedenheit, er könne das Leben in der Stadt nicht länger aushalten, er ersticke darin und wolle wieder abreisen, in die klare Luft seiner Alpenberge. Pagnol gibt er in bezug auf »Regain« freie Hand und spricht ihm sein unumschränktes Vertrauen aus.

Also muß sich Pagnol ganz allein ans Werk machen. Unter dem symbolischen Titel »Regain« (Grummet) – dem zweiten Graswuchs nach der ersten Mahd – zeichnet Gionos Roman die Geschichte eines Bergdorfes nach, das zu sterben und von der Landkarte und aus dem Gedächtnis der Menschen zu verschwinden droht, aber plötzlich wieder zum Leben erwacht.

Das Land, wo das geschieht, heißt Aubignane. Alle Einwohner haben es nach und nach verlassen, vertrieben von der Grausamkeit der Natur, auf der Flucht vor Kälte, Wind, Schnee und vor der stechenden Sonne des Spätsommers. Sie sind aus ihren Häusern fortgezogen, in denen sie geboren wurden, die ihre Vorfahren mit ihrer Hände Arbeit erbaut und wo diese Generation um Generation gelebt, geliebt und gelitten hatten. Sich selbst überlassen blieben ihre Äcker, Obst-, Wein- und Olivengärten. Nur noch zwei Menschen wohnen in dem Dorf, es ist leer geworden wie eine taube Nuß. Zwei Menschen: ein Mann und eine Frau. Es ist Panturle, ein Riese in den besten Jahren. »Man könnte sagen: ein Baumstrunk, der seinen angestammten Ort im Wald verlassen hat.« Sie ist eine Greisin, fast eine Hexe, und heißt La Mamèche. Ein festes Band knüpft sie an diese menschenfeindliche Erde: Ihr Ehemann ist dort gestorben, verunglückt bei einem Erdrutsch, als er einen Brunnenschacht grub. Und ihr Kind starb an einer giftigen Pflanze.

Der hartnäckige, opferfreudige Einsatz der Mamèche verschafft Panturle eine Frau in gebärfähigem Alter: Arsule. Und jetzt lebt das Dorf wieder auf.

Pagnol möchte seinen Film genau in der Gegend drehen, in der auch der Roman spielt. Es ist Haut-Redortiers: »Wie ein Wespennest an den Abhang der Hochfläche geklebt«, einige Häuserruinen, »ebenso entsetzlich anzusehen wie ein von Füchsen zerfleischtes Gesicht.« Es liegt in den Alpen der Haute-Provence, in der Nähe von Banon, Kanton Fortcalquier. Pagnol organisiert eine Entdeckungsreise in dieses Berggebiet. René Pagnol, Charley Pons, sein Inspizient, Willy, Marius Broquier und ein Fotograf begleiten ihn. Unmittelbar nach der Ankunft muß sich die Mannschaft von der Unmöglichkeit überzeugen, dort zu drehen. Der Ort ist für Lastwagen unpassierbar. Die Labors, in denen die Filme entwickelt werden müssen, wären viel zu weit entfernt. Kein Schauspieler, kein Techniker würde das Leben hier akzeptieren, in Wind und Kälte, in Einsamkeit und Unbequemlichkeit während der ganzen Drehzeit. Ein letztes Argument von Willy besiegelt den Entschluß: Die tägliche Einstrahlung der Sonne ist zu kurz. Man könnte nur zwei Stunden pro Tag drehen.

Da wendet sich Pagnol an Broquier und sagt:

»Also gut, Marius. Der Fotograf wird Aufnahmen von allen Ecken und Winkeln in diesen Ruinen machen, von diesen geborstenen Fassaden, den zerbröckelnden Mauern, den aufgerissenen Wegen, den eingesunkenen Treppen. Du schreibst dir die Maße auf, die Verhältnisse und Entfernungen, und baust alles auf den Barres-de-Saint-Esprit wieder zusammen.«

Die »Barres-de-Saint-Esprit« sind eine steile Felsenkette im Étoile-Massiv, die sich in wenigen Kilometern Entfernung von La Treille wie ein hochragender Schiffsbug über dem Vallon de Marcellin in den Himmel erhebt.

Broquier ist perplex.

»Marcel, du spinnst. Ich bin nur ein Maurer. Ich kann neue Häuser bauen, aber keine Ruinen. Das habe ich nicht gelernt!«

»Dann lernst du es eben«, gibt Marcel mit altbewährter Überzeugungskraft zurück. »Drei Monate haben wir Zeit. Ich möchte noch vor Jahresende zu drehen beginnen.«

Einige Tage danach stehen Pagnol, Broquier und Willy an den Barres-de-Saint-Esprit. Jetzt geht es darum, auf dem Gelände das künftige Aubignane abzustecken, sich über den Verlauf der Wege, den Ort des Hauses von Panturle, des Brunnens und schließlich der Kirche klarzuwerden, ganz am äußersten Ende der Felsenkette, d. h. genau an der Stelle, wo der Mistral seine größte Stärke entwickelt. Broquier muß solide bauen. Pagnol möchte einen Glockenturm von 20 Metern Höhe haben.

Dann entscheidet Pagnol über die Rollenbesetzung. Arsule, die Frau, die dank La Mamèche nach Aubignane kommt und dort Panturle begegnet – sie bildet die Wurzel des »Grummet«, des neuen Lebens –, ist ein elendes Wrack, eine ehemalige Varietésängerin, die von einem reisenden Jahrmarktshändler in einem Café in Sault bei Manosque sitzengelassen wurde. Dort wurde sie von Gédémus aufgelesen – aufgenommen wäre zuviel gesagt –, einem umherziehenden Scherenschleifer, und sie folgte ihm. Tagsüber zieht sie ihm seinen Karren, abends kocht sie ihm die Suppe, nachts schläft sie mit ihm. Nach ihrem Erfolg in »Angèle« scheinen Orane Demazis und Fernandel prädestiniert, die Arsule und den Gédémus zu spielen. Pagnol spielt sogar einen Augenblick mit dem Gedanken, den Film »Arsule« zu nennen.

Fernandel hat zwar seit »Angèle« nur in Possenstücken gespielt, ist aber trotzdem zum Star Nr. 1 des französischen Kinos aufgestiegen. Innerhalb von zwei Jahren ist er in zwölf Filmen aufgetreten, wobei er im letzten, »Les Rois du sport«, eine höhere Gage als Raimu erhalten hat. Darauf ist er nicht wenig stolz. Er ist überglücklich, wieder in einem Pagnol-Film auftreten zu können. Die Figur des Gédémus gehört, wie César in der Trilogie oder Saturnin in »Angèle«, zu den Rollen, deren Darsteller ständig im Vordergrund agieren, ohne direkt in die Handlung verstrickt zu sein. Eine ideale Situation!

Nach Pagnols Meinung kann La Mamèche nur von einer außergewöhnlichen Tragödin bewältigt werden – die Figur hat ein Kaliber, für das keine der Schauspielerinnen seiner normalen Truppe ausreichendes Format besitzt. Für ihn gibt es nur einen Star, der imstande wäre, der Wucht und den Dimensionen der Rolle gerecht zu werden: Marguerite Moreno.

Ebenso schwierig ist es, einen Darsteller für die Figur des Panturle zu finden. Nach langem Zögern engagiert Pagnol Gabriel Gabrio, den Spezialisten für gedemütigte und brutale Riesen. Im Stummfilm hatte er den Jean Valjean und Cesare Borgia gespielt.

Um das Ensemble zu vervollständigen, greift Pagnol auf seine Getreuen zurück: Delmont, Poupon, Blavette, Milly Mathis.

Am 4. Oktober 1936 beginnt Marius Broquier auf den Barres-de-Saint-Esprit mit den Bauarbeiten für Aubignane. Mit ihm kommen gut 40 Mitarbeiter: Maurer, Zimmerleute, Holzhauer, Steinmetzen, Steinbrucharbeiter und Sprengmeister für die Felsen. Alle sind aus der Umgebung, mit entsprechenden Namen: Pauletti, Gochero, Massela, Martinez, Baille, Bourelly, Dovi, Coucini, Orlando, Olive genannt »Pèbre«, Saracco oder Fellini. Pagnol schaut regelmäßig vorbei. Eines Tages taucht er in Begleitung Gionos auf, der von dem Umfang der Unternehmung höchst beeindruckt ist und den ganzen Tag bleibt. Die Kühnheit und die Begeisterung Pagnols veranlassen ihn dazu, sich auf der Stelle mit ihm auszusöhnen.[*]

Während Mitte November die Arbeiten oberhalb von La Treille fortschreiten, erlebt Marcel Pagnol in Paris einen neuen Triumph. »César« hat an den Boulevards im Ciné-Opéra Premiere. Von der ersten Vorstellung an bildet sich eine mehrere hundert Meter lange Schlange am Schalter. Und so geht es 20 Wochen lang. In allen französischen Städten schlagen sich die Kinobesitzer um die Ehre (und den Vorteil), auf den Reklameflächen vor ihren Häusern den Anschlag »César« anzubringen. Er trägt das Signet Albert Dubout.

Albert Dubout ist damals der populärste Zeichner Frankreichs. Seine Karikaturen mit Textzeile erscheinen jede Woche in den bei-

---

[*] Dieser Besuch hat Jean Giono zu einer Erzählung, »Naissance d'Aubignane« (Entstehung von Aubignane), inspiriert. Er schreibt: »Hier galt es, steinerne Bogen zu errichten und im gleichen Moment auch schon zu zerstören. Wenn sonst eine Mauer vom Erdboden in die Höhe emporwächst, so erweckt sie immer die Vorstellung von Dauer und Zukunft. Aber hier handelte es sich darum, Ruinen zu erbauen. In dem Maße, wie sich eine Wand unter den Händen der Maurer erhob, zerbröckelte sie ihnen auch schon vor Altersschwäche unter den Händen, ja auch in ihrer Vorstellung ... Sie stellte das bäuerliche Leben selbst in der Zeit dar, die jahrhundertelang über die Häuser hinwegzieht, über Geburt und Tod ganzer Geschlechter, über den Auszug der Jungen, die verlassen im Wintersturm daliegenden Gehöfte, die Bäume, die durch die Mauern wachsen, das Unkraut, das auf den Wegen wuchert ...«

den großen literarischen und humoristischen Wochenzeitungen »Candide« und »Ric et Rac«. Auch er stammt aus Marseille, gehört aber zu den Stillen im Lande. Unter seinen Künstlerkollegen ist er berühmt für seine außerordentlichen Fähigkeiten im Schweigen. Stunden kann er verbringen, ohne ein Wort zu sagen. Er ist unschlagbar in der Darstellung von Menschenmengen. Dubout versteht es, auf der Fläche einer Zeitungsseite mehr als 1000 Menschen unterzubringen (das ganze Heer der Philister, die Arena von Nîmes während einer Corrida), und dabei behält jeder seine eigene Physiognomie, seinen besonderen Körperbau und seine Haltung. Auch mit Farben kann er wunderbar umgehen. Sein Plakat für »César« zeigt Panisses Beerdigung auf den Kais des Vieux-Port. »Er ist unser Dürer«, pflegt Pagnol zu sagen. Von diesem Tag an gehört Dubout zur Mannschaft. Pagnol beauftragt ihn mit einer Zeichnung für jeden Film, den er in Zukunft drehen wird, und für alle, die er schon gedreht hat – im Falle ihrer Wiederaufnahme.

In der auf Weihnachten folgenden Woche installiert Marius Broquier ganz in der Spitze des Kirchturms von Aubignane zwei falsche Glocken aus Zement, die jeweils 150 Kilo wiegen. Die neu erbauten Ruinen sind fertig. Nichts fehlt, weder die alte Mühle noch der Backofen und die verlassene Schmiede, auch nicht das im Wind ächzende rostige Schild vor dem letzten zugesperrten Laden oder der naiv gemalte Kreuzweg auf den verfallenen Mauern der alten Kirche.
Schon am nächsten Tag macht Pagnol die ersten Aufnahmen für »Regain« im Hause Panturles. Es herrscht eine Eiseskälte. Nie hat der Mistral auf den Barres-de-Saint-Esprit so sehr gewütet; es ist, als ob er die Qualität der Arbeit Broquiers und seiner Leute prüfen wollte. Das Gebälk stöhnt und ächzt, aber der Wind muß sich geschlagen geben. Die Ruinen von Aubignane halten stand, kein Stein läßt sich herausbrechen.
Marguerite Moreno, Orane Demazis, Marcel Pagnol, Fernandel, Gabriel Gabrio, alle Schauspieler und Techniker sind für die Dauer der Dreharbeiten in den um den Bauernhof von »Angèle« im Vallon de Marcellin errichteten Gebäuden untergebracht. Dort

befinden sich auch die Produktionsräume. Aber dieses Mal ist Winter, ein sehr harter Winter. Keine Rede vom Pétanque-Spiel – statt dessen spielen sie Belote. Pagnol und seine Gefährten leben in ihrem Refugium völlig isoliert, wie Robinsons vom Festland abgeschnitten. Sobald die Karten beiseite gelegt sind, suchen sie Pagnol auf, um ihm zuzuhören, denn von seinen Geschichten kann keiner jemals genug kriegen. Am Kamin breitet sich eine Stimmung des Wohlbehagens aus, wie sie die alten Freunde schon kennen und für die die neuen, die »Pariser«, Marguerite Moreno und Gabriel Gabrio, sofort sehr empfänglich sind. Dieses Mal fühlt sich Fernandel ganz in seinem Element und nimmt an der allgemeinen Fröhlichkeit teil. Pagnol seinerseits hat jetzt gegenüber der Person Fernandels nicht mehr die geringsten Vorbehalte, ja er bereut sogar das Mißtrauen, das er ihm früher entgegenbrachte. Die beiden Männer sind wie in gemeinsamen Flitterwochen.

Bei der Unterzeichnung des Vertrages für »*Regain*« hatte Pagnol Fernandel gebeten, ihm die Option auf einen weiteren Film einzuräumen. Schon bei ihrer ersten Begegnung auf dem Drehgelände teilt er Fernandel mit, er wolle diese zweite Produktion sofort nach Fertigstellung der ersten in Angriff nehmen.
»Ich habe dir eine herrliche Rolle zugedacht«, sagt Pagnol seinem Darsteller.
»Daran zweifle ich nicht«, erwidert Fernandel. »Und welche ist es?«
»Sie kommt in einem Film über das Kino vor.«
»Ja, sicher, aber was soll ich darin spielen?«
»Einen ›Fada‹, einen Verrückten.«
»Aha«, meint Fernandel, »das bin ich gewohnt. Hast du schon einen Titel?«
»Ja«, gibt Pagnol zur Antwort, »›Le Schpountz‹«.
Fernandel hat begriffen. Den wirklichen »Schpountz« hat er während der Dreharbeiten zu »*Angèle*« kennengelernt. Seitdem ist das Wort in die Sprache der Pagnol-Leute eingegangen. Die Schpountze vermehren sich epidemisch in dieser Epoche des triumphierenden Kinos und der großen Stars. Fernandel bewahrt in seiner Brieftasche den Brief der Mutter eines Schpountz aus Pé-

zenas auf. »Mein Sohn möchte Filmschauspieler werden«, schreibt sie. »Können Sie mir ein Studio in der Nähe von Pézenas empfehlen, damit er abends nach Hause kommen kann?«

»Wir werden in der Impasse des Peupliers drehen«, schließt Pagnol, um Fernandel herumzukriegen. Denn er weiß, nichts freut diesen mehr, als in seiner Heimatstadt Marseille zu sein. Nur dort fühlt er sich wirklich wohl.

Eines schönen Morgens kommt in den von Wind durchwehten Ruinen von Aubignane eine Art Riese auf die »Regain«-Mannschaft zu, ebenso groß und kräftig wie Gabriel Gabrio. Es ist aber nicht sein Double, sondern Arthur Honegger, den Pagnol mit der Musik zu seinem Film beauftragt hat. Er hatte ihm nachdrücklich erklärt, er erwarte von ihm mehr als nur einige Melodien, die die Bilder begleiten. Es solle ein eigenständiges Werk werden, eine symphonische Partitur, die eines Tages auch ins Repertoire der großen Orchester eingehen könnte. In seinem Drehbuch hat Pagnol weite Passagen ohne Dialoge vorgesehen, »wo die Musik die Worte ersetzen soll«. Pagnol hat Honegger zu einem einwöchigen Besuch bei der filmenden Truppe eingeladen, damit er sich ein besseres Bild von Rahmen und Charakter von »Regain« machen könne. Er bleibt volle 14 Tage da, glücklich, mit den in den Bergen ganz verlorenen Schauspielern und Technikern leben zu dürfen. Gelegentlich legt er mit Hand an, stemmt sich mit der Schulter gegen einen im Wege liegenden Felsblock und stürzt ihn in den Abgrund oder macht den im Schlamm steckengebliebenen Tonwagen wieder flott. Noch lange danach spricht er von seinem Glück, der Geburt eines Werkes beigewohnt zu haben, »bei dem jeder alles geben konnte, was in ihm steckte«.

Diese Partitur, für die sich der Komponist an Ort und Stelle inspirieren lassen will, soll nach Pagnols Absichten auch am Drehort selbst aufgenommen werden. Er möchte ein Symphonieorchester mit 150 Mitgliedern einladen, das dann mit Honegger als Dirigenten die Musik zu dem Film auf den Barres-de-Saint-Esprit überspielen soll. Die brausenden Orchesterklänge würden sich mit dem Sausen des Mistrals in den Ruinen, dem Ächzen der Häuser und Bäume, dem ganzen trostlosen Geheul dieser Landschaft mischen! Aber der Plan ist doch zu kompliziert und Pagnol läßt ihn wieder fallen. Seine überragende Idee bleibt nur ein verrückter Traum. Am letzten Drehtag für »*Regain*« zeigt sich Pagnol erschöpft und besorgt. War es nicht vielleicht doch ein Irrweg, sich so aufs Gebiet des Grandiosen und Epischen zu begeben? Jedenfalls fühlte er sich dabei niemals so recht wohl. Oft hatte ihm Giono vorgeworfen, er habe seine Figuren in »*Jofroi*« und »*Angèle*« »pagnolisiert«. Hatte er sich jetzt in »*Regain*« möglicherweise selbst »gionisieren« lassen? Von Anfang an war ihm die Kluft bewußt gewesen, die die Pariser Filmschauspieler von seinen gewohnten Darstellern trennte. Natürlich hatte er versucht, sie auszufüllen. Mit Marguerite Moreno war ihm das teilweise gelungen. Denn sie besitzt außergewöhnliche Fähigkeiten, und die Mamèche ist eine unwirkliche Figur, fast ein Phantom. Mit Gabriel Gabrio aber war es mißglückt, er wurde, was die Lebensechtheit seiner Rolle betrifft, von Delmont, Blavette und Poupon an die Wand gedrückt. Mit einem Wort, Pagnol ist sehr froh, daß dieses Abenteuer zu Ende geht. So etwas soll ihm nicht noch einmal passieren!

Sehr fröhlich stimmt ihn daher die Aussicht, mit »*Schpountz*« sich wieder auf ureigenem Pagnolschem Boden zu befinden, einem Film, strotzend von Dialogen, den er mit eigenen Händen bei sich zu Hause drehen kann, mit seinen eigenen Stars: Fernandel, Orane Demazis, Charpin; mit seinen Freunden: Suzanne de Troye, Willy, Roger Corbeau; und mit seinen Komikern: Blavette, Maupi, Delmont, Vattier usw.

Dieses Jahr 1937, das für Pagnol mit Kälte und Sturm in den Ruinen von Aubignane beginnt, markiert in der Geschichte des französischen Films einen Höhepunkt. 1937 ist das Jahr der »*Grande illusion*« (»Die große Illusion«) von Jean Renoir, und nach »*Drôle de drame*« (»Ein wunderbarer Fall«) und »*Quai des brumes*« (»Hafen im Nebel«) auch das Jahr des Gespanns Carné/Prevert. Sacha Guitry dreht seinen ersten Superfilm, »*Les Perles de la couronne*« (»Die Perlen der Krone«). Julien Duvivier bereitet, nach »*Pépé le Moko*«, »*Carnet de bal*« vor. Innerhalb dieser reichen und euphorischen Produktion fällt auf, daß Pagnol mit seiner »Société des Films Marcel Pagnol« eine der solidesten, leistungsfähigsten und kreativsten Firmen Frankreichs aufgezogen hat, ohne jemals seinen »handwerklichen« Arbeitsstil aufzugeben. Und immer arbeitete er nur mit Freunden zusammen. Das verdankte er seiner Begabung und seinem Ansehen, sicher, aber ebensosehr seinem unternehmerischen Schwung, seinem Instinkt für gute Geschäfte und seiner ungewöhnlichen Fähigkeit, diese Geschäfte auch abzuwickeln.

Der Beruf des Produzenten ist ein merkwürdiger Beruf. Man stellt sich darunter beim Film oft bedeutende, selbstzufriedene, manchmal ungebildete Männer vor, deren Tätigkeit darin besteht, die Herstellung von Filmen, welche doch von anderen, den Autoren, gemacht werden, zu organisieren und die Filme zu vermarkten. Der Beruf ist nicht ohne Risiken. Aber nicht der Produzent trägt sie. »Aha, die Produzenten!« hat Jeanson einmal gesagt. »Ich habe viele kennengelernt, die Bankrott gemacht haben. Aber kein Armer war darunter!«

Die in orientalischen Basaren üblichen Methoden sind sozusagen noch als ehrenhaft zu bezeichnen, verglichen mit dem Geschäftsgebaren der Filmleute – das gilt nicht nur für Paris, sondern auch für London und Hollywood: getürkte Rechnungen, krasse Irreführungen, nicht gedeckte Schecks, nicht eingehaltene Verpflichtungen, Mauscheln unter dem Tisch, Provisionen unter der Hand – dies alles ist dort gängige Münze. Wenn Pagnol dabei Erfolg gehabt hat, so deshalb, weil er sich seinerseits mit der größten Unbefangenheit an die Geschäftsregeln des Krämers von La Treille gehalten hat. Er weiß, daß es sich bei der Welt des Films um eine gefahrvolle Welt handelt, und hat sie mit einer Klugheit und einer Wachsamkeit betreten, die schon fast an Mißtrauen grenzen. In der Rue Fortuny genauso wie in der Impasse des Peupliers hat er Auge und Ohr überall, hält sich über alles auf dem laufenden. Er besitzt ein bewundernswertes Gedächtnis, rechnet mit Höchstgeschwindigkeit. In jedem Augenblick hat er die Einnahmen aus allen seinen Filmen in allen Kinos parat, wo sie vergangene Woche gelaufen sind. Er kennt die Anzahl der Kopien, die in Umlauf sind: 57 allein von »*César*«, davon sieben in Nordafrika und drei in der Schweiz. Die Preise für Zement, Holz, Eisen und Filmstreifen sind ihm geläufig, mit eigenen Augen hat er die Kostenvoranschläge für den Bau Aubignanes studiert und ihre Genauigkeit überprüft. Auch die Ausführung hat er überwacht. Zwei Männer helfen ihm bei diesen Aufgaben: Der eine ist sein Vater, Joseph Pagnol, der seit seiner Pensionierung ein Büro in den Studios bezogen hat. Und wie ist der andere, Charley Pons, in die unmittelbare Nähe Pagnols gelangt? Aus Zufall. Als Sohn einer Familie, die schwere Zeiten durchgemacht hatte, hatte sich Charley Pons durch die mondänen Casinos der Gegend hindurchgetanzt, hatte Boxkämpfe organisiert und war als Schauspieler bei Ausfällen eingesprungen. In dieser Eigenschaft hatte er sich auf der Terrasse in La Treille eingefunden, wo Pagnol die zweite Version von »Cigalon« drehte. Er ist ein bemerkenswert guter Pétanque-Spieler. Seine Umgangsformen und sein praktischer Sinn haben Pagnol bewogen, ihn in seine Technikermannschaft aufzunehmen, zum Generalinspizienten und schließlich zum Direktor des Außenpostens Impasse des Peupliers zu ernennen. Er erfüllt seine Aufgaben mit seltenem Pflichtbewußtsein und seltener Strenge, was jedoch im Showgeschäft sehr nützliche Eigenschaften sind. Er ist zu einer der wichtigsten Stützen des Chefs geworden und wird es auch bleiben, ein Musterbeispiel für Loyalität und Hingabe.

Pagnol hat Maurice Chevalier das Versprechen gegeben – er sitzt ihm seit Jahren damit im Nacken –, ein musikalisches Lustspiel für ihn zu schreiben. Er hat ihn schon x-mal versetzt, aber jetzt ist es Chevalier geglückt, ihn zu stellen. Während eines Essens hat ihm Marcel Pagnol von einer Drehbuchidee erzählt, die er mit sich herumträgt: »Le Roi de Bandol«. Poupon hat ihn darauf gebracht. Dieser wohnt, wenn er nicht dreht, in einem kleinen Hotel an dem hübschen Bahnhofsgebäude von Var, dessen Eigentümer, ein Freund von ihm, keine Miete verlangt. Zur Winterszeit, wenn Bandol verlassen ist, hat er selbstverständlich Anspruch auf das beste Zimmer des Hauses, im ersten Stock mit Balkon aufs Meer. Je mehr sich aber das Hotel mit Sommergästen füllt, muß er Etage um Etage weichen, bis er im August, wenn alles besetzt ist, in einer Mansarde unter dem Dach mit Blick nach hinten landet. »Dieses Leben eines auf und ab springenden Flaschenteufelchens macht mich kaputt«, beklagt er sich bei Marcel Pagnol.
Aus dieser Rolle glaubt Pagnol das Drehbuch für ein Musical

bauen zu können. Maurice Chevalier ist begeistert und gibt sofort seine Zustimmung. Von da an hängt er unablässig am Telefon und bedrängt Pagnol, ob denn sein Stück Fortschritte mache. Pagnol sagt immer »ja«, doch das ist gelogen. Denn im Moment liegt sein Hauptinteresse ganz woanders. Es hat sich für ihn die Gelegenheit ergeben, in Marseille Studios zu errichten, die ihrem Umfang nach mit denen von Billancourt, Saint-Maurice oder von Victorine in Nizza konkurrieren könnten. Diese Möglichkeit bieten die eher provisorischen Anlagen der Impasse des Peupliers nicht, denn ihre beiden Aufnahmeräume (»so groß wie die Hälfte meiner Garderobe in den Variétés«, sagt Fernandel) gestatten fast nur begrenzte Einstellungen. Nichts anderes hatte Pagnol bisher getan, und mit welcher Akrobatik hatte das geschehen müssen!

Im Prado-Viertel, Rue Jean-Mermoz, ist ihm nun ein Haus zum Kauf angeboten worden, das an zwei verlassene Lager grenzt, die einem ehemaligen Wein- und Spirituosenhändler als Niederlassung dienten. Diese Lager könnte er sehr günstig und langfristig mieten.

Nach seinen Plänen sollte es möglich sein, hier drei Aufnahmeräume von je 450 Quadratmetern einzurichten, Schneideräume, einen Zuschauerraum, eine elektrische Schaltzentrale, ferner in den Höfen eine Kulissenwerkstatt und eine Malerwerkstatt zu bauen, und im Hause selbst könnte man eine Wohnung, Büros und eine Kantine fürs Personal unterbringen. Der freigewordene Raum in der Impasse des Peupliers würde dann für die Kopieranstalt verwendet werden, für die die bisherigen Räume zu eng geworden sind.

Marcel Pagnol kauft das Haus, mietet die Lager und entwirft die Arbeitspläne. So wie er es sieht, könnte, wenn alles gutgeht, im Mai 1938 die offizielle Einweihung der Studios Marcel Pagnol, diesmal der wirklichen, stattfinden.

Und bis dahin ist noch viel zu tun.

XI.

Epoche des Ruhms

(1937—1940)

»Le Schpountz«. *Hellzapopin in der Provence. Superstar Fernandel. Studios Marcel Pagnol. Abschied von Orane! Poupon? Raimu? Wer soll den Bäcker spielen? Und wer die Bäckerin? Ein »Marius« nach Yankee-Art. Ginette stimmt für Jules. Und Jules für »M. Brotonneau«. Josette Day erscheint auf der Bildfläche.*

Am Tag vor dem Drehbeginn für »*Schpountz*« hat Marcel Pagnol noch keine Zeile des Dialogs geschrieben. Aber er behauptet, den Film vollständig im Kopf zu haben. Das stimmt: Bis zum Ende improvisiert er und gibt jeden Abend den Schauspielern den Text für die Szenen, die am nächsten Tag gedreht werden sollen.

Mit »*Topaze*« war der Eindruck entstanden, Pagnol werde der Moralist seiner Epoche werden. Aber der Erfolg seiner in Marseille spielenden Stücke und die Entdeckung seiner provenzalischen Berufung hatten seiner Begabung andere Wege gewiesen. Er betrat ein neues Gebiet. Nichtsdestoweniger hat er sich seine erste Vorliebe für das Genre des komischen Gesellschaftsstücks bewahrt. Und sein Sinn für Ironie hat nichts an Schärfe verloren. Die Welt des Films bietet ihm tagtäglich Hunderte von Gelegenheiten, ihn anzuwenden. Ihre Bewohner bilden den seltsamsten Zoo, den man sich denken kann. Er stößt darin auf die absurdesten Situationen und wird Zeuge der bizarrsten Abenteuer. Das gibt ihm die Idee ein, an seine frühen Theaterstücke wieder anzuknüpfen und ein weiteres großes satirisches Werk zu schaffen: »*Le Schpountz*«, den »*Topaze*« des Kinos. Es ist die Geschichte des Film-»*Fada*«, des Verrückten, dem er während der Dreharbeiten zu »*Angèle*« begegnet ist, aber ausgestaltet und weitergesponnen. Der Held heißt Irénée. Er ist der Neffe eines Dorfkrämers, der von seinem Onkel aufgezogen wird. Er bildet sich ein, Gott habe ihn von der Wiege an zum Star bestimmt. Eine Gruppe von immer zu Scherzen aufgelegten Filmleuten, mit Außenaufnahmen in dieser Gegend beschäftigt, spielt ihm einen Streich und schließt einen fiktiven Vertrag mit ihm ab. Doch Irénée nimmt die Sache ernst und taucht in den Studios in Paris auf, um sie mit seiner Gegenwart zu beehren. Die Spaßvögel, die die Posse in Gang gesetzt haben, beschließen, sie weiterzuführen. Irénée wird als General des Kaiserreichs kostümiert und muß einen albernen Text lernen. Dann wird er veranlaßt, unversehens in einem Aufnahmeraum zu erscheinen, wo ein wirklicher Regisseur einen wirklichen Film über Napoleon dreht und wo seine unerwartete Ankunft ungeheure Verwirrung stiftet. Sie haben in ihrer Rücksichtslosigkeit vor, dieses ziemlich grausame Spielchen fortzusetzen. Aber Françoise, das Scriptgirl des Films, bekommt Gewissensbisse und gesteht ihm die Wahrheit. Man findet eine Beschäftigung als Requisiteur für ihn, bis zu dem Tag, wo man sich einen neuen Scherz mit ihm erlaubt, der aber diesmal glücklich endet. Françoise, die in ihm ein Naturtalent fürs komische Fach entdeckt hat, verschafft ihm eine Rolle in einem Melodram, die er völlig ernst nimmt, in der Meinung, es handle sich um eine Tragödie. Durch sein unfreiwillig spaßiges Spiel produziert er ein Meisterwerk der parodistischen Schauspielkunst. Es ist ein gewaltiger Erfolg. Damit ist er nun wirklich zum Star geworden und mit den höheren Weihen des Erfolgs versehen. Er kauft sich ein Auto und fährt zu seinem Onkel zurück, als Wunderkind, das reich geworden ist.

Indem er die Naivität seines Helden ausnutzt, entwirft Pagnol hier eine geniale Skizze der Illusionswelt des Films, gleichzeitig erschreckend und unwiderstehlich. Es ist ein Entwurf, der gar nicht klassischer sein könnte. Sein Schpountz ist der Bruder des Persan von Montesquieu, des Candide von Voltaire, des Gulliver von Swift.

Der »Schpountz« macht Marcel das größte Vergnügen. Hier ist es ihm möglich, seiner Erfindungsgabe und seinem Sinn für Komik freien Lauf zu lassen. Der Film gibt ihm überdies Gelegenheit, im Triumphzug in seine Stadt und sein Dorf zurückzukehren. Er dreht in Marseille, Impasse des Peupliers, und überall im Umkreis von La Treille, in Eoures, in Les Camoins. Auf beiden Seiten der Kamera arbeiten alte Freunde mit ihm zusammen.

In einer Pause improvisiert Fernandel, um die Kollegen zum Lachen zu bringen, eine »Sprechübung in der Schauspielschule«, indem er nacheinander in feierlichem, zerstreutem, angstvollem, tragischem, komischem usw. Ton den Artikel aus dem Strafgesetzbuch vorliest: »Jedem, der zum Tode verurteilt ist, soll das Haupt abgeschlagen werden.« Die Freunde winden sich vor Lachen. Ohne zu zögern baut Pagnol die Nummer in den Film ein. Ein anderes Mal erzielt Fernandel in der Kantine einen Heiterkeitserfolg mit dem Lied: »Ich hab' die Liebe nie verstanden!«, ein Nonsens-Song des Texters Jean Manse. Pagnol fügt auch diese Nummer einer Szene hinzu.

Pierre Brasseur ist unterwegs zur Côte d'Azur und schaut bei den Dreharbeiten herein, um seinem Freund Robert Vattier die Hand zu drücken. Pagnol hat soeben eine Szene geschrieben, in der ein Kameramann auftritt, ein aufgedrehter Homosexueller, der von allen Cousine genannt wird. Er liest sie den Schauspielern vor. Brasseur, damals schon ein großer Star, bietet sich an, selbst die Rolle zu spielen. Die Idee, eine überdrehte Tunte darzustellen, macht ihm Spaß. Gesagt, getan. Er wird für zwei Tage engagiert. Am Morgen des dritten reist er ab. Da stellt sich heraus, daß Cousine noch in zwei anderen, noch nicht gedrehten Szenen auftreten muß. Macht nichts, ein anderer Schauspieler wird einspringen.

Die Dreharbeiten ziehen sich hin. Eines Morgens teilt Fernandel mit, er müsse ab kommendem Montag ein anderes Engagement wahrnehmen. Da schickt Pagnol seine ganze Truppe in Urlaub, bis sein Star zurück ist. Während dieses Zwischenaktes nimmt er noch Änderungen am Charakter seines Helden vor. In einem Wort: Die absurden Situationen, die die Darsteller in diesem Film spielen, um die merkwürdigen Zustände beim Kino aufs Korn zu nehmen, durchleben sie selbst in der Wirklichkeit während der Dreharbeiten. Gelegentlich ist »Schpountz« mit »Hellzapopin« verglichen worden. Jedenfalls ist dieser Film in einer ähnlichen Atmosphäre gedreht worden wie die berühmte amerikanische Burleske, und er wurde schließlich auch in höchst beschwingter Stimmung fertiggestellt.

Am 13. Oktober 1937 findet in Paris im Marignan-Kino an den Champs-Élysées die Premiere von »*Regain*« statt. Das Publikum bereitet dem Film nicht den gleichen Empfang wie seinerzeit »*Angèle*« oder »*César*«. Kritisch wird angemerkt, er sei zu lang, er dauert ja immerhin zweieinhalb Stunden. Aber auch »*Angèle*« und »*César*« hatten zweieinhalb Stunden gedauert, und niemand hatte sich darüber aufgeregt. Die Zuschauer sind einfach etwas verwirrt durch das stark symbolische Geschehen, die großen Gebirgsaufnahmen, die Begleitmusik dazu und die absichtlich langsam voranschreitende Handlung. Manchmal entsteht der Eindruck, Pagnol habe zeigen wollen, daß auch er die Arbeit mit der Kamera, die Kunst der Schwenks und Einstellungen und der großen Totale beherrsche, also auch wirkliches Kino machen könne, was einige ihm immer wieder bestritten hatten. »*Regain*« enthält eine Fülle von wunderbaren Szenen: z. B. wo Gaubert, der alte Schmied, in der Stadt auf dem Sterbebett liegt und Panturle die letzte eigenhändig geschmiedete Pflugschar übergibt, die dann die Erde von Aubignane zu neuem Leben aufreißt; oder wo Gédémus für die Frau, die ihm genommen wurde, den Preis eines Esels fordert; auch in den letzten Bildern sind zahlreiche großartige Augenblicke enthalten. Aber das Publikum findet nicht das, was es von Pagnol erwartet. Und es sieht so aus, als ob auch er sich bei dieser Leistung nicht in seinem Element gefühlt hätte. Oft kann man sich des Eindrucks nicht erwehren, es handle sich um zwei Filme in einem: In dem einen spielen Fernandel, Blavette, Poupon und Delmont, in dem anderen Marguerite Moreno und Gabriel Gabrio, dessen Tapsigkeit keineswegs an einen ungehobelten Hinterwäldler erinnert, sondern eher wie das Unbehagen eines Schauspielers wirkt, der sich in eine Welt verirrt hat, zu der er nicht gehört: die Welt von Pagnol und Giono.

In Marseille kauft Pagnol ein Lichtspielhaus: das Chatelet, Avenue Cantini, im Castellane-Viertel. Er hat dort die Möglichkeit, »Previews« nach Art Hollywoods zu organisieren: An einem beliebigen Abend werden die Zuschauer nach dem normalen Programm unversehens eingeladen, einen noch nicht freigegebenen Film anzuschauen, bevor er in die Kinos kommt. Produzent und Regisseur können so die Reaktion im Zuschauerraum testen und dementsprechend den Schnitt noch ändern, eine unnötige Aufnahme wegschneiden oder eine zu lange Szene kürzen.

Durch diesen Kauf des Chatelet demonstriert Pagnol noch deutlicher seine Wahl Marseilles als Schwerpunkt seiner Aktivitäten. Immer häufiger hält er sich dort auf, immer länger werden die Aufenthalte. Jeden Tag begibt er sich dann in die Rue Jean-Mermoz, wo gebaut wird. Es ist bekannt, wie gerne er mit eigener Hand zupackt. Immer wieder kann man ihn im Arbeitsanzug überraschen, wie er Seite an Seite mit den Arbeitern die Maurerkelle führt. Der für die Beendigung der Bauarbeiten vorgesehene Termin, April 1938, wird eingehalten. Genau zu diesem Zeitpunkt hängt über dem Eingang das Schild »Studios Marcel Pagnol«. Also kann im Mai mit dem Drehen begonnen werden. Was aber soll gedreht werden?

Selbstverständlich hat Pagnol diese Studios nicht nur zur eigenen Benutzung errichtet. Es ist nicht leicht, eine solche Unternehmung rentabel zu machen. Falls man die Teams, Techniker, Mechaniker, Elektriker das ganze Jahr über beschäftigen will und Wert darauf legt, daß in den Gebäuden, den Labors und Werkstätten ohne Unterbrechung gearbeitet wird, muß man auch andere Produzenten gewinnen, die dort ihre Filme herstellen. Aber wie Interessenten für Einrichtungen finden, die noch gar nicht existieren? Pagnol wird zunächst schon selbst in der Rue Jean-Mermoz anfangen müssen. Es bleibt ihm nichts übrig, als sich an einen neuen Film zu machen, diesmal mittlerer Länge.

Der Fehlschlag des »*Cigalon*« hat ihn doch nicht von seiner Idee abbringen können, Programme nur mit Filmen von Pagnol und mit Schauspielern aus seinem Stamm vorzulegen, die keine großen Stars sind. Er besitzt noch immer die Filmrechte an der Erzählung Gionos, die er per Zufall vor fünf Jahren in der N.R.F. gelesen hat: »*Aurélie et le boulanger*« (»Aurelie und der Bäcker«). Giono selbst beschreibt diesen Bäcker als »kleinen schlanken, rothaarigen Mann ... Stets trug er ein Matrosenhemd, weiß mit blauen Streifen, das ihm immer etwas zu groß war. Denn es war für Leute mit weit vorgewölbtem Brustkorb verfertigt, während der seine im

Gegenteil eingedrückt war, und so hing ihm das Hemd schlaff unter dem Halse herab.«

Als Pagnol diese Zeilen zum ersten Mal las, dachte er sofort: »Das wäre eine Rolle für Maupi!« (der übrigens ein blau-weiß-gestreiftes Hemd in einigen Szenen in »*Fanny*« und »*César*« trägt). Schnell ist sein Entschluß gefaßt: Nach den Dreharbeiten zu »*Jofroi*« mit Scotto, zu »*Merlusse*« mit Poupon, zu »*Cigalon*« mit Arnaudy will er »*La Femme du boulanger*« mit Maupi verfilmen.

Um sein Drehbuch in aller Ruhe schreiben zu können, verkriecht sich Pagnol im September in der Nachsaison in einem einsamen Hotel in Villard-de-Lans. Die Romanze mit Vonette ist zu Ende. Pagnol reist ab und nimmt Orane Demazis und ihren Sohn Jean-Pierre mit. Er begibt sich an die Arbeit.

Schon während der ersten Federstriche für den Text Maupis fühlt Pagnol, wie sich in ihm allmählich ein Wissen verdichtet, das seit seiner Lektüre im Schnellzug Brüssel–Paris noch undeutlich geschlummert hatte. Ohne Zweifel war es diese unbewußte Ahnung, die ihn an diesem Tag so überwältigt und veranlaßt hatte, die Rechte an der Erzählung zu erwerben. Hinter dem Stoff des zum Hahnrei gemachten Bäckers zeichnet sich in feinen Umrissen eine Hymne auf das Brot als Lebenselixier des Menschen ab, die Giono auf diesen Dutzend Seiten niedergelegt hat. So bietet sich hier Pagnol die große Gelegenheit, einen ewigen Mythos zu verfilmen und ein großes Volksepos zu schaffen, von dem er oft gesprochen, oft geträumt hat. Aber damit ist natürlich Maupi aus dem Spiel! Und von wegen mittlere Länge! Ein Film ganz normaler Dauer entsteht hier auf Pagnols Papier. Pagnol ist von seinem Thema ganz besessen.

Wer aber soll dann den Bäcker spielen? Rellys, meint Pagnol, wäre ganz ausgezeichnet. Warum gerade Rellys? Weil er, bevor er zum Theater ging, Bäcker war. Pagnol weiß, wie wichtig die Echtheit des Verhaltens speziell für seine Filme ist. Außerdem ist Pagnol schon seit langem von Rellys' Begabung überzeugt und will ihm eine Chance geben.

Der Gedanke an Rellys als Bäcker hält drei Tage vor – nicht länger. Er hat nur dazu gedient, in Pagnol eine Selbstverständlichkeit zu verdrängen, die ihn vielleicht ein wenig stört, die er aber letzten

Endes doch akzeptiert: Es gibt auf der Welt nur einen Schauspieler, der dem Bäcker das eigentliche Format geben könnte, und das ist Raimu. An ihn denkt Pagnol, während er seine Dialoge fertigstellt. Die gesamte Niederschrift hat ihn alles in allem elf Tage gekostet, ein Zeichen dafür, bis zu welchem Grad ihn der Stoff gefesselt hat.

Während dieses Aufenthaltes in Villard-de-Lans vollzieht sich die endgültige Auflösung der Beziehung zwischen Pagnol und der Frau, die zwölf Jahre lang die erste Rolle in seinem Leben und in seinen Stücken und Filmen gespielt hat. Zwölf lange, oft turbulente Jahre. Höchstwahrscheinlich hat die Lage Pagnols als noch verheirateter Mann dazu beigetragen, daß sich kein besseres Verhältnis zwischen beiden entwickeln wollte. Aber die Ursache dafür, daß so oft der eine sich gegen den anderen stellte, bis zur Zerreißprobe, ist doch vor allem in ihren gegensätzlichen Vorstellungen darüber zu suchen, wie ein Leben zu zweit aussehen sollte. Pagnol ist ein Mann aus dem Mittelmeerraum. Seine Wurzeln reichen in eine Kultur hinab, in der seit der Antike die Frau Eigentum des Mannes ist. Von dieser Einstellung hat er sich niemals ganz frei machen können. Für ihn ist der Gedanke einer völligen Gleichberechtigung zwischen zwei Menschen, die einen Haushalt bilden, bewußt oder unbewußt inakzeptabel. Aber Orane Demazis wehrt sich mit Händen und Füßen gegen diese Sicht der Dinge. Stets hat sie sich geweigert anzuerkennen, daß sie, in ihrem Leben genauso wie in ihrem Beruf, total von ihrem Freund abhängig sein sollte. Niemals hat sie sich bereit gefunden, eine Schauspielerin nur nach Pagnolschem Zuschnitt zu sein. Ebenso hat sie darunter gelitten, durch die Rolle der *»Fanny«* abgestempelt zu sein. Pagnol hat ihr das Monopol für diese beiden Stücke eingeräumt, d. h., sie hätte das ausschließliche Recht, in ihnen auf Tourneen in Frankreich, Belgien und der Schweiz aufzutreten, was ihr eine Menge Applaus und Gagen einbringen würde. Aber sie macht keinen Gebrauch davon, auch in Zukunft nicht.

Möglicherweise fühlte sich Pagnol zu Kitty oder Vonette gerade deshalb hingezogen, weil sie der genaue Gegentyp zu Orane waren. Sie akzeptierten ohne weiteres, daß er es war, der die Entscheidungen traf. Überdies ist es bestimmt nicht einfach, Tag für Tag mit diesem Pagnol zusammenzuleben, mit seinen Träumen, seiner Rastlosigkeit, seinen Schwärmereien und Fluchtmanövern, seiner Treulosigkeit, seinen Zusagen und Absagen, auch seiner wilden Arbeitswut und seinem Ehrgeiz, dem er stets alles zu opfern bereit ist. Bei seinen Beziehungen zu Frauen lebt er in der ständigen Angst, die Falle könnte zuschnappen. Einmal läßt er eine Figur, in die er viel von sich selbst gelegt hat, sagen: »Ich mußte erst 28 Jahre alt werden, bevor ich reich wurde ... Bis dahin beachteten die Frauen mich nicht ... Aber von dem Augenblick an, wo ich zu Vermögen kam, schworen mir viele Frauen, sie liebten mich leidenschaftlich, ja verrückt, oder sie beteten mich an ... Ich wäre glücklich gewesen, wenn mir das eine von ihnen vor zehn Jahren gesagt hätte ... Ich habe eine kennengelernt, die nach einer intimen Stunde einen Kaninchenfellmantel verlangte, ein Kleid für den Nachmittag und eins für den Abend. Nur weil ich sie fünf Minuten nackt gesehen hatte, sollte ich sie für ihr ganzes Leben einkleiden.«[*]

Vor allem hat er einen Fehler, der Frauen bei ihren Liebhabern am meisten mißfällt: eine übermäßige Zuneigung zu alten Freunden. Wie so oft haben auch bei Pagnol die Zeit, das Alter, der Erfolg und der Reichtum die übliche Wirkung: Er sieht seine alten Freunde immer seltener. Henri Jeanson widmet ihm in »Cinémonde« eine Chronik in den wärmsten Tönen, in der er ihre gemeinsamen Anfänge beschwört. Pagnol liest sie zufällig eines Abends, allein in seinem Büro, und ist ganz erschüttert.

Als Antwort schreibt er an Henri Jeanson: »Dein Artikel atmet reinste, bewährteste Freundschaft. Aber er hat mir nicht nur Vergnügen gemacht, sondern mich auch in Melancholie versetzt ... Genau diese zärtliche und zurückhaltende Ironie, die seinen Charme und seinen Wert ausmacht, empfinde ich für Dich, für Stève, für Marcel: Sie ist freilich etwas angefeuchtet von Tränen der Reue. Denn mir scheint, wir haben unsere Zeit verloren, indem wir uns nicht gesehen haben; wir haben uns mit unserer Berühmtheit ins Unrecht gesetzt; wir waren uns nicht genügend gute

---

[*] *»La Prière aux étoiles«.*

Freunde. Wir haben uns Häuser gebaut, haben uns Frauen genommen, die Gardinen kaufen, Kaffeemühlen, ja sogar Möbel. Sie haben uns Wohnungen eingerichtet, die keine bloßen Absteigen und Kneipen mehr waren. Mit anderen Worten: Wir sind ruiniert und haben nicht einmal mehr die Kraft, dagegen aufzubegehren. Und deshalb verstreichen die Jahre so schnell: Wir sind im Stehen eingeschlafen. Und merken nichts davon.«

Nach seiner Rückkehr aus Villard-de-Lans gibt Pagnol sein Manuskript den Mitarbeitern aus der Rue de Fortuny und aus Marseille zum Lesen. Einhellige Meinung nach der Lektüre: Für die Rolle des Bäckers kommt nur Raimu in Frage. Selbst Maupi, dem Pagnol Versprechungen gemacht hatte, kommt ihm zuvor, sucht Pagnol auf und sagt ihm: »Ich habe nicht das Zeug dazu, so etwas zu spielen. Ich freue mich und bin stolz darauf, daß du an mich gedacht hast. Aber das reicht mir schon zu meinem Glück. Ich entbinde dich von deinem Versprechen.«
Und er fügt hinzu:
»Übrigens, wenn du meine Ansicht hören willst: Es gibt nur einen Schauspieler, der deinen Bäcker spielen kann: Jules.«
Es sieht ganz so aus, als bleibe Pagnol nichts übrig, als diesen Weg einzuschlagen.
Seine Beziehungen zu Raimu sind gerade an einem Tiefstpunkt angelangt. Hält man sich die Konfrontationen zwischen den beiden Männern während ihrer parallel zueinander verlaufenden Berufswege vor Augen, dann ist höchste Vorsicht geboten. Man braucht ihre Bedeutung nicht zu dramatisieren, sollte sie aber auch nicht herunterspielen oder auf ein Nichts reduzieren. Das waren nicht bloße Theaterquerelen unter Männern mit südlichem Temperament und klangvoll aufbrausenden Stimmen, leicht erregbar, mit heftigen Ausfällen. Das war kein Redekampf zwischen lärmenden Kumpanen, jeder bestrebt, die Lacher auf seine Seite zu bringen, oder eine perverse Partie zwischen einem heimtückischen, trickreichen Intellektuellen und einem tyrannischen, sich naiv stellenden Superstar. Es war mehr. Die Gegensätze reichten viel tiefer. Jeder von beiden war der erste Mann in seinem Beruf, der größte und stärkste. Und wenn er mit dem anderen arbeitete, war er noch

größer und noch stärker. Wie aber sollte diese zusätzliche Größe mit dem anderen geteilt werden, und nach welchem Maßstab? Es gibt zahlreiche Beispiele von Zweiergespannen – im Bereich der klassischen Musik, in der Music-Hall, im Zirkus –, Leute, die sich verabscheuten, auf den Tod haßten, aber sich einfach nicht trennen konnten, weil sie nur mit dem gewohnten Partner ihre Höchstleistungen und Erfolge erzielten. Außerhalb der Bühne, des Aufnahmeraums oder der Rennpiste würdigen sie einander keines Wortes, bleiben aber dabei, miteinander aufzutreten. Das kann jahrelang gutgehen.

Die Rivalität zwischen Pagnol und Raimu nimmt freilich nicht derart gravierende Formen an. Nichtsdestoweniger ist sie genau so, wie eben beschrieben. Und die Erfolge, die einer gelegentlich ohne den anderen erringt, ändern daran nichts, ebensowenig die treuen Gefolgsleute, die nichts Eiligeres zu tun haben, als Pagnol zu hinterbringen, was Raimu über ihn gesagt oder nicht gesagt hat, bzw. Raimu zu berichten, welche Meinung Pagnol über ihn geäußert hat. Marcel hat Verstand und Jules Instinkt genug, um Herr der Lage zu bleiben, sie zu meistern und sich schließlich doch Seite an Seite zusammenzuschließen, jedesmal, wenn sich die Gelegenheit für ein Meisterwerk bietet. Die Erinnerung an ihre oft heftigen Zusammenstöße während der Verfilmung von »*César*« ist in beiden noch sehr lebendig. Dazu kommen andere Mißhelligkeiten. Der enthusiastische Beifall, der Fernandel in »*Regain*« gezollt wurde, hat Raimu alles andere als glücklich gemacht. Ganz im Gegenteil. Überdies verbreitet sich in Paris ein böses Gerücht: Pagnol sei »ausgebrannt«, er habe nichts mehr zu sagen, in Wahrheit habe gar nicht er »*Marius*« und »*Fanny*« geschrieben, sondern sein Bruder Paul. Und nach dessen Tod, man sehe es ja, produziere Pagnol nichts mehr. Raimu gefällt sich darin, diese Ungeheuerlichkeiten auf der Terrasse von Fouquet's in Paris oder in der Brasserie de Strasbourg in Marseille zu wiederholen. Den Mitarbeitern Pagnols, die sich Raimu mit unendlichen Vorsichtsmaßnahmen nähern, um zu erkunden, ob er die Rolle des Bäckers übernehmen würde, gibt er hochfahrend zur Antwort: »Sie glauben doch nicht etwa, daß Monsieur Raimu eine Rolle spielt, die für Monsieur Maupi geschrieben ist!«

Eines Tages überkommt Pagnol der Zorn. Er hat genug von Jules' »koketter Nummer« und fällt eine Entscheidung, die er für endgültig ausgibt:

»Poupon wird den Bäcker spielen!«

Seit »*Angèle*« hat Pagnol oft geäußert, für ihn sei Poupon Raimu mindestens ebenbürtig. Das nahm ihm dieser natürlich sehr übel. Pagnol schickt seinen Text zu Poupon nach Bandol, dazu einen Brief, in dem er ihm die Rolle des Bäckers anträgt. Poupon stürzt sich auf das Manuskript, verschlingt es mehr als daß er es liest und telegrafiert unverzüglich seine Einwilligung. Pagnol lädt Poupon zum Essen in Marseille ein. Poupon eilt herbei und weint vor Freude, als er Pagnol umarmt.

»Der Bäcker«, ruft er aus, »ist die große Chance meines Lebens!«

»Du wirst einfach prachtvoll sein«, erwidert Pagnol. »Wir drehen nach Ostern.« Der Abend ertrinkt in Champagner und Euphorie. Es ist der 23. Dezember.

»Allerdings gibt es eine Kleinigkeit, die mich stört«, sagt Pagnol zu Poupon etwas später. »Das sind deine Zähne.«

»Meine Zähne?«

»Genau. Solche Zähne hat kein Bäcker. Sie sind zu groß und zu gelb.«

Das Gespräch wird nicht fortgeführt. In den folgenden Tagen ist Poupon eifrig bemüht, sich das Lächeln eines echten Bäckers zuzulegen und damit Pagnol ohne jeden Vorbehalt zu überzeugen. Er sucht einen seiner Verwandten auf, einen Zahnarzt, läßt sich sein eigenes Gebiß herausnehmen und durch kleinere, weißere Schneide- und Eckzähne ersetzen: »Zähne eines Bäckers«.

Einige Tage danach erhält Marcel Pagnol in der Impasse des Peupliers den Besuch eines flapsigen, extrovertierten Amerikaners. Er kommt direkt aus Hollywood, wo er sich niedergelassen hat, nachdem zwei Stücke von ihm mit großem Erfolg am Broadway aufgeführt worden sind. Geboren ist er in Paris, hat dort im Jeanson-de-Sailly-Gymnasium und an der Roches-Schule gelernt. Leider spricht er ein unverzeihliches Französisch mit einem schrecklichen Chicago-Akzent. Er heißt Preston Sturges. Als großer Bewunderer Pagnols möchte er in Hollywood die gesamte Trilogie in einem einzigen Film verfilmen. Er hätte ihn zwar gerne »*Fanny*« betitelt, doch scheidet diese Möglichkeit aus, denn in der amerikanischen Umgangssprache bedeutet Fanny »Hintern« (»Arsch«, um genau zu sein). Also muß der Vorname der Heldin geändert werden. Falls Pagnol zustimmt, würde er sie Madelon nennen.

Preston Sturges hat an alles gedacht. Er selbst will die Bearbeitung vornehmen und die Dialoge für »*Madelon*« schreiben. Metro-Goldwyn-Mayer soll für die Produktion verantwortlich zeichnen. Wallace Beery ist einverstanden, die Rolle des César zu spielen.

»Und um auch dies noch anzusprechen«, fügt Sturges hinzu, »ich habe die Erlaubnis der Zensurbehörde, eine Ausnahmegenehmigung.«

»Wie bitte?« fragt Pagnol erstaunt.

»Ja, es ist so. In Amerika darf man im Kino kein illegitimes Kind zeigen. Die Trilogie behandelt ein verbotenes Thema. Allein aufgrund Ihres Ansehens habe ich die Erlaubnis zur Verfilmung bekommen!«

Pagnol fühlt sich sehr geehrt und geschmeichelt. Er hatte keinen Zweifel daran gehabt, daß er in den Vereinigten Staaten berühmt ist.

»Auch mit Metro-Goldwyn bin ich einig«, fährt Sturges fort. »Der Film wird niemals mit den Ihrigen: ›*Marius*‹, ›*Fanny*‹ oder ›*César*‹, konkurrieren können, denn eine spezielle Vertragsklausel sieht vor, daß er niemals in Europa vorgeführt werden darf.«

Für die Filmrechte bietet Sturges Pagnol ein kleines Vermögen. Die Verlockung ist groß. Pagnol ist gerade in einer Geldkrise. Er hat große Summen in den Bau seiner Studios gesteckt, ja sogar schon wieder mit einem neuen Bau an der Place Castellane angefangen. Die alten Garagen der Mattei-Taxiunternehmen standen leer und wurden zum Verkauf angeboten. Er kaufte sie, ließ sie abbrechen und will jetzt ein neues Lichtspielhaus dort errichten – sein zweites in diesem Viertel. Er nimmt den Vorschlag von Sturges an. Überglücklich fährt dieser nach Kalifornien zurück.

Zurück zu seinem nächsten Film: Wer soll die Frau des Bäckers spielen? Pagnol findet einfach keine Antwort. Er denkt ununterbrochen über dieses Problem nach. Zeitweise spielt er sogar mit dem Gedanken, den Film mit einer »unsichtbaren Bäckerin« zu drehen, wie bei der Arlesierin in Daudets Drama. In dieser Beziehung könnte dann jeder Zuschauer seine eigene Phantasie und Vorstellungskraft spielen lassen. Dann bringt man Joan Crawford ins Gespräch. Joan Crawford ist damals einer der größten Hollywood-Stars und auf jeden Fall die schönste Frau, die der amerikanische Film jemals aufzuweisen hatte. Vorsichtig nimmt Pagnol Kontakt mit ihren Agenten auf. »Miß Crawford spricht nicht französisch«, ist die Auskunft. Also reduziert Pagnol – ohne eine endgültige Entscheidung zu treffen, den Text der Frau des Bäckers auf ein Minimum. Im ganzen hat sie nicht mehr als 144 Worte zu sprechen.

Als Raimu erfährt, Pagnol wolle *»La Femme du boulanger«* mit Poupon verfilmen, ist er gar nicht begeistert, denn er selbst schätzt Poupons Begabung hoch ein. Raimu macht sich leicht Sorgen. Er weiß, daß die Situation eines Stars immer gefährdet ist. Viel hat er arbeiten und sich abmühen müssen, bis er seine jetzige Position erreicht hatte. Poupon ist ein Rivale, den er fürchtet. Daher läßt er verlauten, er könne nach Abwägen alles Für und Wider doch den Bäcker spielen, freilich nur unter bestimmten Bedingungen. Zum Beispiel müsse für die Bäckerin Ginette Leclerc engagiert werden. Für diese Schauspielerin hat er ein Faible. Zwei Jahre zuvor hat er mit ihr im Théâtre de Paris *»Noix de coco«* von Marcel Achard gespielt. Für ihn ist Ginette Leclerc eine der schönsten Frauen, denen er jemals begegnet ist. Und sie ist eine vorzügliche Schauspielerin. Sein Instinkt sagt ihm, sie wäre für die Rolle der Aurélie, der Bäckerin, die ideale Interpretin.

Ginette Leclerc ist damals im Film auf die Rolle der Nutte spezialisiert. Vielsagend ist die Liste ihrer Filme: *»Les Surprises du sleeping«*, *»Minuit«*, *»Place Pigalle«*, *»Les Gaîtés de la finance«*, *»La Dame de chez Maxim«*. Sie hat soeben die Jahre ihrer größten Schönheit erreicht: Die Dreißiger mildern manche zu ausgeprägten Züge ihres Gesichts, lassen die aufregenden Konturen ihres Körpers noch runder hervortreten und geben ihr ein überaus blühendes, verführerisches Aussehen.

Als Pagnol Raimus Worte überbracht werden, blitzen seine Augen auf. An Ginette Leclerc hatte er nicht gedacht. »Aber freilich, Jules hat ganz recht. Ginette ist eine blendende Idee.« Keine Rede ist mehr von Miß Crawford. Ginette Leclerc muß unverzüglich engagiert werden.

Sie liest das Manuskript, das ihr geschickt wird, kommt in die Rue Fortuny und akzeptiert ohne viele Umschweife das ihr gemachte Angebot. Mit allem ist sie einverstanden. Im Augenblick der Vertragsunterzeichnung fragt sie noch:

»Der Bäcker ist natürlich Raimu?«

»Aber nein«, erhält sie zur Antwort. »Keineswegs. Poupon ist der Bäcker.«

»Poupon? Ich dachte, Raimu! Aber wenn es nicht Raimu ist, bin ich an der Sache nicht interessiert.«

Von diesem Augenblick an ist Pagnol das Objekt einer regelrechten Treibjagd. Man gibt sich bei ihm die Klinke in die Hand: seine besten Freunde, Bekannten, Mitarbeiter, die Direktoren seiner Verleihfirmen, die zu Hilfe gerufenen Inhaber einiger großer Kinoketten.

»Es ist einfach albern«, so liegen sie ihm Stunden um Stunden in den Ohren, »einen Film mit Poupon zu drehen, wenn man die gleiche Rolle mit Raimu besetzen könnte. Besonders wenn es sich um ein solches Meisterwerk handelt, wie du es uns zu lesen gegeben hast. Die Zeiten sind hart. Die Filmwirtschaft steckt in einer schwierigen Phase. Du hast nicht das Recht, alle Chancen in den Wind zu schlagen. Es ist einfach kriminell ...«

Sogar mit Drohungen kommt man Pagnol:

»Du weißt genau, ein Film ohne Star läuft in unseren Tagen Gefahr, gar nicht in die Kinos zu kommen!« Und einige Fälle werden aufgezählt, wo Filme vergeblich auf einen Vorführraum gewartet haben. Am 26. März findet eine letzte Sitzung in seinem Büro statt. Sie zieht sich über die ganze Nacht hin. Bis zum Morgengrauen hält Pagnol dem Druck von allen Seiten stand. Aber am Morgen selbst gibt er auf, wie die Ziege des M. Seguin. Er schreibt an Poupon:

»Ich wollte Dich mit einem Schlag zum Star machen. Ich dachte, das wäre möglich. Ich dachte, ein Film von mir, in dem Du spielst, müßte ein kommerzieller Erfolg werden: Aber ich habe mich getäuscht. Die Verleiher und Kinobesitzer wollen keinen Film, in dem Du an erster Stelle stehst. Wenn der Film ein Erfolg werden würde, so nicht, weil Du den Bäcker gut gespielt hättest. Niemand würde den Film überhaupt in die Kinos bringen. Nicht nur die militärische Tüchtigkeit macht den General, sondern vor allem die Uniform. Und um die richtige Uniform zu kriegen, muß man erst lange Jahre abdienen ... Es bleibt uns nichts übrig, als zu kuschen. Ich verstehe Deinen Groll sehr gut und fühle mich mehr gedemütigt als Du selbst. Es war ein schöner Traum von uns, aber eben nur ein Traum. Du magst darüber betrübt sein, daß man Dich nicht als Star akzeptiert hat. Aber ich leide ebensolche Qualen wie Du, weil man mich ebenfalls nicht akzeptiert hat.«

Henri Poupon zieht sich, mit nagelneuen Zähnen, aus der Schußlinie zurück. Pagnol bietet ihm eine Nebenrolle minderen Ranges an, was er würdevollst ablehnt. Es sei erwähnt, daß überall in der Branche die Geschichte seines Gebisses bekannt ist und man sich weidlich darüber lustig macht. Noch lange zieht man in den Studios mitleidlos über den armen Poupon her. Raimu in vorderster Linie.

Dieser hat, jetzt völlig Herr der Lage, sofort Forderungen gestellt. Um seine Einwilligung zu erhalten, hatte Pagnol ihm das Engagement für einen weiteren Film anbieten müssen. Er soll die Hauptrolle im »*Roi de Bandol*« übernehmen, die Maurice Chevalier, des Wartens müde, abgelehnt hat. Pagnol hat immer noch keine Zeile geschrieben.

»*Le Schpountz*« läuft am 13. April 1938 im Olympia in Paris an. Das ist kein besonders günstiges Datum, vor allem nicht für einen komischen Film. Am 13. März sind die deutschen Truppen in Österreich einmarschiert. Am gleichen Abend hielt Hitler seinen Einzug in Wien, wo ihm die Bevölkerung zujubelte. Am 13. April stimmten 99% der Österreicher per Referendum für den Anschluß. Die überzeugtesten Optimisten müssen sich jetzt eingestehen, daß die einmal in Fahrt gekommene Dampfwalze hier bestimmt nicht haltmacht. Schon hat Hitler die Frage nach dem Schicksal der deutschen Minorität im sudetendeutschen Teil der Tschechoslowakei aufgeworfen. Mussolini seinerseits hat territoriale Ansprüche des faschistischen Italien auf Savoyen und Nizza angemeldet. Angesichts dieser Ereignisse durchlebt Frankreich eine schwere innenpolitische Krise. Die zweite Regierung Léon Blum ist vom Senat abgesetzt worden. Das Experiment einer Volksfront hat sein Ende gefunden.

Unter diesen Bedingungen also tritt »Le Schpountz« seinen Weg an. Gegenüber dieser neuen »Pagnoliade« schlägt die Kritik ihren üblichen Ton an. Pagnol ist darüber weder erstaunt noch besorgt. Was ihn mehr stört, ist, daß diesmal das Publikum kaum mitzieht. Die in dem Film gezeigten Situationen mögen zwar im Filmmilieu übliche Kost sein, sind aber unwahrscheinlich für jemanden, der nicht in der Welt des Films lebt. Ihre Monstrosität verwirrt die Zuschauer eher. Andererseits finden sie mit Vergnügen die ihnen vertrauten Gestalten in Charpins Krämerladen wieder und stehen vor seinem Geheimnis: »Wer hat den Korb mit Hörnchen unter den Schnabel der Petroleumkanne gestellt?«

Der große Augenblick in »Le Schpountz«, der dem Film seinen einzigartigen Platz im Gesamtwerk des Autors gibt, ist die Rede über das Lachen:

»Wenn man auf der Bühne oder der Leinwand Lacher erzeugt, ist das nichts Unwürdiges – im Gegenteil. Wer die Leute zum Lachen bringt, die von den Äckern heimkehren, mit großen und so rauhen Händen, daß sie die Finger nicht mehr schließen können; die mit eingefallener Brust den Büros entströmen, weil sie nicht mehr wissen, wie frische Luft riecht; die gesenkten Hauptes die Fabriken verlassen, die Nägel zerschrammt, in den Schnittwunden ihrer Finger schwarzes Öl; wer die Sterbenden zum Lachen bringt, all diejenigen, die ihre Mutter verloren haben oder dabei sind, sie zu verlieren – nein, sagt mir ja nichts gegen das Lachen. In der Natur existiert es nicht: Bäume lachen nicht, auch Tiere können nicht lachen; wann hat ein Berg jemals gelacht? Nur die Menschen lachen, sogar die ganz kleinen Kinder, die noch nicht sprechen können. Das Lachen ist eine rein menschliche Eigenschaft, eine Fähigkeit, die nur den Menschen zukommt und die Gott ihnen vielleicht verliehen hat, um sie darüber hinwegzutrösten, daß sie einen Verstand haben ...«

Diese Rede zu Ehren des Lachens hat Pagnol in den Text von Françoise, des Scriptgirls, eingearbeitet. Eine historische Szene. Es ist das letzte Mal, daß Orane Demazis, die Hauptdarstellerin, in einem Film von Marcel Pagnol spielt. Die Wege und das Schicksal von Autor und Interpretin kreuzten sich niemals mehr vor einer Kamera. Zwischen den Zeilen steht so das Wort »Ende« unter einer Liebesbeziehung und einer beruflichen Zusammenarbeit, aus der Fanny, Angèle und Arsule entsprungen sind, drei der großen Heldinnen des französischen Films. Wie in einem gutgebauten Drama hat Pagnol zum Abschied vor Orane ein persönliches Glaubensbekenntnis abgelegt.

Als Marcel Pagnol Ende April Vorbereitungen zu den Dreharbeiten für »*La Femme du boulanger*« trifft, stellt er bei seinen Mitarbeitern, Assistenten und Schauspielern eine ungewöhnliche Einsatzfreude fest, »eine Stimmung, wie ich sie niemals erlebt habe« (so schreibt er). Alle haben das Manuskript mehrere Male gelesen. Einige können es auswendig. Ahnen sie, daß sie im Begriff sind, ein Meisterwerk zu schaffen?
Vincent Scotto, der mit Raimu verkracht ist, schreibt: »In dieser Rolle wird sich ein Raimu entpuppen, den man so bisher nicht gekannt hat und der etwas Unsterbliches leisten wird.«
Die Studios in der Avenue Jean-Mermoz sind noch nicht ganz fertig, aber die Aufnahmeräume sind bereits benutzbar. Die Kulissen sind aufgebaut, die notwendigen Einrichtungsgegenstände an Ort und Stelle. Schließlich hat sich die Mannschaft in Le Castellet, einem kleinen Dorf im Var, einlogiert. Dort soll der Film gedreht werden, nicht in La Treille. »La Treille ist in meinen Filmen schon zu oft vorgekommen«, meint Pagnol. Aber in Wahrheit ist es so, daß er Le Castellet gewählt hat, um das Verhältnis zu Raimu zu verbessern, der auf diese Weise jeden Abend in seine Villa La Ker Mocotte in Bandol zurückkehren kann. Sie liegt ganz in der Nähe. Ein paar Zwischenfälle konnten noch in letzter Minute vermieden werden. Raimu hatte verlangt, Pagnol solle den Text von Ginette Leclerc verlängern, doch dieser hatte sich geweigert.
»Sie ist begabt genug«, gab er Jules zur Antwort, »um zuzuhören und zuzuschauen. Das kann nicht jeder.«
Dann war Raimu mit Robert Vattier nicht einverstanden. »Man wird sagen«, behauptete er, »M. Brun ist zum Pfaffen geworden!«
Pagnol blieb bei seinem Standpunkt. Auch mit Charles Moulin,

dem ehemaligen Meister im Schwimmen, für die Rolle des Schäfers vorgesehen, war Raimu nicht einverstanden. Dieser »Tarzan mit großer Einbildung und kleinem Hintern« erschien ihm unmöglich. Auch hier gab Pagnol nicht nach. Noch vor Beendigung der Dreharbeiten waren Raimu und Moulin ein Herz und eine Seele, unzertrennlich.

Schon bei den ersten Szenen, in denen Raimu auftritt, ist die ganze Mannschaft von seiner Kunst, seiner Art zu spielen, der Wirklichkeitstreue seiner Interpretation fasziniert. Was bisher niemand wußte: Der beste Freund Raimus in Bandol ist gerade sein Bäcker. Er heißt Monsieur Revest. Raimu hat ihn aufgesucht und beobachtet, stundenlang mit ihm gesprochen und gut aufgepaßt, daß der gute Mann keinen Verdacht schöpfte. Denn sonst wäre er nicht mehr unbefangen gewesen. Raimu hat sich gekämmt wie er, die Haare weich herabfallend. Er hat sich seinen etwas verstörten Gesichtsausdruck zugelegt, seine Mütze und seine Flanellweste ausgeliehen. Schließlich hat er sich seine Gestik und sein Verhalten abgeguckt. Sofort nach Beginn der Dreharbeiten übernimmt Raimu die Führung. Pagnol zieht sich wieder in den Tonwagen zurück.

Für die großen Szenen hat Pagnol doppelt so viele Kameras, Mikrofone und Tonwagen aufgestellt wie üblich. Aber wie man weiß, verabscheut Raimu Dreharbeiten im Freien. Alles stört ihn dabei: der Wind, ein Baum ... Nach einigen Versuchen entscheidet Pagnol sich schließlich, die Besäufnisszene im Studio zu drehen. Marius Broquier errichtet in den Aufnahmeräumen in der Rue Jean-Mermoz eine Nachbildung des Marktplatzes von Le Castellet, mit Akazien aus Beton.

Bevor das Team nach Marseille zurückkehrt, macht es einen Ausflug auf die nahegelegene Insel Giens. Dort werden die Szenen gedreht, die im Moor spielen, wohin die Bäckerin mit dem Schäfer des Marquis geflohen ist.

Um Raimu bei Laune zu halten, werden die schwierigsten Szenen abends gegen 21 Uhr aufgenommen. Denn wer wie Raimu 30 Jahre auf der Bühne gestanden hat, ist zu dieser Zeit in Höchstform. Mitte Juni sind die Dreharbeiten zu Ende. Raimu reist sofort nach Paris, wo er die Hauptrolle in dem neuen Film von André Hugon übernimmt: »*Le Héros de la Marne*«. Immer drohender erhebt der Krieg sein Haupt. Für die Produzenten von Filmschinken ist es Zeit, sie wie die Trikolore einzufärben.

In Kalifornien hat Preston Sturges sein Projekt gut über die Runden gebracht. Der Film ist fertig. Zwischen dem Beginn der Dreharbeiten und der Premiere hat er dreimal den Titel geändert. Aus »Madelon« wurde »Men on the Waterfront« (»Die Leute vom Hafen«), dann »Life on the Waterfront« (»Das Leben am Hafen«), und schließlich hieß der Film »*Port of Seven Seas*« (»Der Hafen zu den sieben Weltmeeren«).*

Die Franzosen in Hollywood finden ihn ausgezeichnet. Preston Sturges ist das fast Unmögliche gelungen, in seiner Bearbeitung dem Geist und dem Text der Originalvorlage treu zu bleiben. Manchmal hat er sogar bestimmte Marseiller Ausdrücke Wort für Wort übersetzt. Wallace Beery ist ein bemerkenswerter César. Aber bei der Vereinigung der drei Stoffe in einen ist aus Panisse die Hauptfigur geworden. Der englische Schauspieler Frank Morgan brilliert darin. Maureen O'Sullivan (die Jane des Tarzan) spielt die Madelon, ursprünglich Fanny. Die Inszenierung allerdings ist ungleich ausgefallen: Zwei Regisseure haben einander abgelöst. Der eine, der großartige Sam Wood, hat ganz herrliche Szenen geschaffen.

Die Aufnahme des Films durch die Presse ist hervorragend. Die Kritik ergeht sich in höchsten Tönen. Aber plötzlich zieht Metro-Goldwyn den Film ohne jede Erklärung zurück. Warum? Wahrscheinlich, weil sie trotz der Zustimmung der Bundeszensurbehörde befürchtet, die Führer der lokalen Puritanervereinigungen könnten in ihren Städten Protestdemonstrationen veranstalten.

Weder Pagnol, den Wallace Beery bei seiner Europareise in Paris begrüßt, noch Raimu haben jemals »*Port of Seven Seas*« gesehen.

Die Aufnahmen zu »*La Femme du boulanger*« waren durch keinen ernsthaften Zwischenfall gestört worden, und man macht sich

---

* Unter diesem Titel war »*Marius*« in vielen Ländern, u. a. den USA, über die Bühne gegangen. Orson Welles gab sein Debüt als 18jähriger Schauspieler in Dublin in der Rolle des Marius in dem Stück obigen Titels.

schon Hoffnungen, die Beziehungen zwischen Pagnol und Raimu würden einen beständigen Charakter annehmen. Aber dieser harmonische Zustand ist nur von kurzer Dauer. In den folgenden Wochen verlangt Raimu von Pagnol, ihm »Le Roi de Bandol« zu lesen zu geben, der ja Anfang 1939 gedreht werden soll. Natürlich hat Pagnol ihm nichts zu geben. Er hat immer noch nichts geschrieben.

»Das macht nichts«, sagt Raimu. »Machen wir's eben später.«

»Wie du willst«, meint Pagnol.

»Gut. Aber ich will dir etwas sagen. Ich habe einen wundervollen Stoff entdeckt, eine Goldgrube. Und eine Bombenrolle für mich darin. Vielleicht der Film meines Lebens. Aber ich weiß, daß du ihn nicht machen wirst. Du wirst ihn nicht machen!«

»Sag' mir wenigstens den Titel.«

»Hat keinen Zweck, du machst ihn ja doch nicht!«

Pagnol drängt weiter, ebenso Corbessas, René und Toé, die bei dem Gespräch zugegen sind.

»Es hat gar keinen Zweck, es euch zu sagen«, beharrt Raimu, »Marcel macht ihn ja doch nicht.«

Endlich überwindet sich Raimu:

»Es ist ›Monsieur Brotonneau‹.«

»Monsieur Brotonneau« ist ein Stück von Flers und Caillavet, das 1912 an der Porte-Saint-Martin Premiere hatte und 1923 an der Comédie Française wiederaufgenommen wurde. Auf den Ankündigungen erschien der Name Madeleine Renaud, dazu die Bemerkung: »Schauspielschülerin«. Es handelt sich um die Geschichte eines rechtschaffenen Mannes, des Prokuristen einer bedeutenden Bank, der nur für Familie und Beruf lebt. Als er erfährt, daß ihn seine Frau betrügt, setzt er sie vor die Tür. Er beginnt ein neues Leben mit seiner jungen Sekretärin, die er anbetet. Nachdem dann seine Gattin von ihrem Liebhaber verlassen worden ist, nimmt er sie aus Mitleid wieder auf, ohne zu bedenken, daß er damit eine skandalöse und untragbare Situation schafft. Da er aber weder auf seine Geliebte verzichten noch seine Frau auf die Straße setzen will, reicht er schließlich sein Entlassungsgesuch bei seinem Chef ein.

»›*Monsieur Brotonneau*‹ – eine sehr gute Idee«, sagt Pagnol zu Raimu. »Wenn dir die Rolle gefällt, kaufe ich die Rechte.«

»Das sagst du, um dich über mich lustig zu machen, wie? Ich wiederhole noch einmal: Es ist ein gutes Stück, aber ich weiß, daß du es nicht machst.«

Pagnol erwirbt die Rechte. Am nächsten Tag begegnet René Pagnol Raimu und teilt ihm mit:

»Marcel hat die Rechte an ›*Monsieur Brotonneau*‹ gekauft.«

»Das glaube ich dir nicht«, sagt Jules. »Wenn ich schon einmal einen Stoff gefunden habe, der mir gefällt, so wird Marcel bestimmt nichts daraus machen.«

»Aber er hat um den Vertrag gebeten.«

»Zeig' ihn mir!«

»Er ist ihm noch nicht zugeschickt worden.«

»Ich war sicher, daß du mir eine solche Antwort geben würdest. Ich weiß es doch. Marcel macht es nicht.«

Endlich trifft der Vertrag ein. Drei Tage danach kommt Raimu in der Rue Fortuny vorbei. Pagnol empfängt ihn hoch erfreut.

»Ich habe eine gute Neuigkeit für dich. Ich habe den Vertrag erhalten. Hier ist er. Ich habe die Rechte an ›*Monsieur Brotonneau*‹.«

Darauf Raimu, Miesmacher vom Dienst:

»Du hast die Rechte an ›*Monsieur Brotonneau*‹ gekauft? Ach wirklich! Und was willst du damit anfangen?«

Anläßlich der Welturaufführung von »*La Femme du boulanger*« vollzieht Pagnol in Marseille die feierliche Einweihung seines brandneuen Kinos an der Place Castellane. Er hat es Le César genannt. Die Studios in der Rue Jean-Mermoz sind inzwischen fertig. An den Pfosten der Eingangstür wurden Schilder angebracht mit der Aufschrift »Studios Marcel Pagnol«. In dem Anzeiger des Verbands wird allen Mitgliedern öffentlich mitgeteilt, welche Einrichtungen und Gebäude zu ihrer Verfügung stehen: »Drei Aufnahmeräume von 35 m Länge, 15 m Breite und 15 m Höhe, drei Debrie-Kameras, zwei Tonwagen Marke Philips, 80 Scheinwerfer, 100 Meter Entwicklungslabors und Kopierräume, drei Schneideräume, ein Auditorium, eine Kulissenwerkstatt, Verwaltungsbüros, eine Bar, ein Kantinenrestaurant.« Die Hunderte Hektar Hügelland in einem Dutzend Kilometer Entfernung, die Pagnol für

»*Angèle*« erworben hat und wo sich sämtliche Außenaufnahmen drehen lassen, sind darin noch nicht inbegriffen.

Von jetzt an ist Marcel Pagnol in der Lage, ein Drehbuch zu entwerfen, es zu bearbeiten, die Texte zu schreiben, den Film herzustellen, ihn selbst in eigenen Studios zu inszenieren, ihn mit Kameras und Tonanlagen, die ihm gehören, aufzunehmen, und zwar mit Kulissen, die in seinen Werkstätten angefertigt sind; ihn in eigenen Labors zu kopieren, in eigenen Räumen zu schneiden und schließlich am Tage der Fertigstellung die Eingabe in sein Verteilernetz sicherzustellen. Ja, er kann den Film sogar in Kinotheatern vorführen lassen, deren Besitzer er ist. Niemand war und niemand ist bisher bis zu einem solchen Grad Herr über alle bei einer Filmproduktion notwendigen Vorgänge gewesen. Es ist eine in der Weltgeschichte des Films bis dahin einmalige Situation.

Aber unglücklicherweise befinden wir uns im Jahre 1938. Ganz Frankreich ist davon überzeugt, daß unvermeidlich der Krieg ausbrechen werde, daß man sich den Forderungen Hitlers auf keinen Fall beugen dürfe und daß dieser in seinem Wahn keine Grenzen kenne. Schon sind Reservisten einberufen worden. Die nationale Angstwelle erreicht ihren Höhepunkt, als sich am 30. September der britische Premierminister Chamberlain und der französische Ministerpräsident Daladier nach München begeben, um mit dem Führer und dem Duce den Vertrag zu unterzeichnen, durch den sie die Tschechoslowakei opfern, in der Meinung, so den Weltfrieden retten zu können. Ein Historiker spricht von der »feigen Erleichterung«, die sich daraufhin im ganzen Lande bemerkbar macht. Die Franzosen sind plötzlich gierig nach Entspannung. Die Kinos profitieren von diesem Rausch.

In Paris kommt »*La Femme du boulanger*« im Cinéma Marivaux an den Boulevards heraus. Ein Triumph! Dieses Mal sind Kritik und breites Publikum einer Meinung: Marcel Pagnol hat die Vorlage eines Schwanks zu einem Mythos des täglichen Brotes ausgeweitet und damit seinen besten Film, wahrscheinlich ein Meisterwerk, geschaffen. Die Szene des betrunkenen Bäckers auf dem Dorfplatz und die Szene der Rückkehr von Pomponette, der Bäckerkatze, gehören von nun an zum klassischen Szenenrepertoire der siebten Kunst, während der Bäcker selbst ins Welt-Pantheon der großen dramatischen Gestalten eingeht.* Dieser Erfolg ist zu einem gewaltigen Anteil Raimu zu verdanken.

In den Tagen um Allerheiligen sitzt Marcel Pagnol in seinem Büro Rue Fortuny. Er arbeitet an einem mittellangen Film, den er nach »*L'Affaire Lagneau*« drehen will, einer seiner Erzählungen, die aus Erinnerungen an das Thiers-Gymnasium entstanden sind und seit dem Condorcet in einer Schublade schlummern. Es klopft. Herein tritt ein Freund in Begleitung eines sehr blonden, sehr schüchternen, sehr schnell errötenden jungen Mädchens. Der Freund hat das Mädchen in den Korridoren von Radio-Cité, einem der privaten Rundfunksender der damaligen Zeit, getroffen. Sie wartete dort auf den Weggang des Stars des Tages, Julien, aus dem Sänger-Duo Gilles und Julien. Julien ist außerdem Schauspieler und hat einen Schauspielkurs eingerichtet. Die junge Dame, die ihn bewunderte, wollte ihn fragen, wie sie sich anmelden sollte. Da der Freund wußte, daß man in der Rue Fortuny Schauspieler von 15 und 16 Jahren für die »*Affaire Lagneau*« suchte, schlug er der Darstellerin in spe vor, sie bei Pagnol einzuführen! Pagnol, Marcel Pagnol, wirklich Pagnol? Er wollte sie ihm vorstellen? Ganz von den Socken, sagte sie ohne zu überlegen ja. Und da war sie also. Marcel

---

* Der Kriegseintritt der Vereinigten Staaten am 11. Dezember 1941, wobei sie jede Verbindung zu dem besetzten Frankreich abschnitten, bedeutete für »*La Femme du boulanger*« eine bemerkenswerte amerikanische Karriere. Bis dahin waren die Filme Pagnols, ebenso wie die Renoirs, in den Vereinigten Staaten ausschließlich an den Universitäten, in Filmclubs und im »Paris« in New York, das nur französische Produktionen zeigte, gelaufen. Das »Paris« hatte seit eineinhalb Jahren exklusiv auf seinem Programm eine Pagnol-Show, bestehend aus »*La Femme du boulanger*« und »*Jofroi*«. Tag für Tag behielt das »Paris« seine Pagnol-Show bei, als es unmöglich geworden war, französische Filme in die USA zu bringen. Das blieb so bis zur Befreiung Frankreichs im August 1944: also fünf Jahre Exklusivität! Ganz New York sah sich den Film an. Die New Yorker Kritik sprach von den beiden Filmen als von Meisterwerken, von Raimus Genialität, von der ungeheuren Begabung Scottos, »dieses leider unbekannten Schauspielers«, und verlieh ihnen ihre »Awards«. Dort war es auch, wo Chaplin und Orson Welles »*La Femme du boulanger*« entdeckten und zutiefst davon beeindruckt waren. Das brachte Pagnol, Raimu und Scotto ein ungeheures internationales Ansehen. Aber von diesem Triumph in weiter Ferne erfuhren die drei Männer erst im September 1944 durch amerikanische Freunde. Marcel Pagnol hatte die Rechte an seinen beiden Filmen Josephson, einem amerikanischen Impresario, für die Pauschalsumme von 1.000 Dollar verkauft.

fühlt sich an diesem Abend ein wenig lustlos und findet die Besucherin ziemlich hübsch. Schade, daß sie so jung ist. Er hofiert sie ein wenig, lädt sie zum Essen ein, sie willigt ein. Erklärt ihm, sie wohne im Malakoff und sei dabei, die Schule abzuschließen. Erzählt ihm von dem Buch, das sie gerade liest und herrlich findet: »*Laurette ou le cachet rouge*« von Vigny. Sie schreibt selbst Gedichte. Eines trägt sie ihm vor:

»Was machst du dort,
Laurie,
dort in dem grünen Land mit dem Geruch nach süßem Klee,
dem Land, grün wie der Grund des klaren Baches?«

Sie sehen sich wieder, gehen zwei- oder dreimal miteinander aus. Dann fährt Pagnol nach Marseille zurück. Er sieht auf diese kurze Begegnung nur wie auf das angenehmste kleine Abenteuer zurück. Jedenfalls glaubt er das. Monatelang hört das junge Mädchen seine Stimme nicht wieder. Sie heißt Jacqueline Bouvier.

Es wäre übertrieben zu behaupten, Pagnol wäre mit Begeisterung bei seiner neuen Produktion mit Raimu, »*Monsieur Brotonneau*«. Er versteht gar nicht, was für einen Narren Jules an diesem altmodischen Stück gefressen hat. Die Aussicht auf eine Überarbeitung der Dialoge von Robert de Flers und Caillavet widerstrebt ihm zutiefst. Noch ist ihm seine Demütigung in frischer Erinnerung, als die Paramount entschied, die Dialoge des »*Topaze*« von Léopold Marchand neu schreiben zu lassen. Also beginnt er mit Rückzugsgefechten, und Raimu spürt das natürlich.

Für die Rolle der Louise, die in ihren Chef verliebte junge Sekretärin in »*Monsieur Brotonneau*«, bringt ein Mitarbeiter in der Rue Fortuny Josette Day ins Gespräch. Die Idee ist reizvoll für Pagnol. Auch Raimu ist ganz angetan davon. Also wird ein Heft mit dem Text an Josette geschickt. Sie interessiert sich für die Rolle, wird somit in die Rue Fortuny eingeladen, um die Vertragsmodalitäten zu besprechen.

Erst 24 Jahre alt, hat Josette Day schon eine lange Karriere hinter sich. Mit fünf Jahren trat sie zum ersten Mal in einem Film auf. Dann spielte sie 1919 in zwei Stummfilmen: »*Ames d'Orient*« und »*La Pocharde*«. An der Pariser Oper war sie daraufhin kleine Ballettratte. 1933 holte sie Julien Duvivier für den Film *»Allo, Berlin, ici Paris«*. Seitdem hat sie ununterbrochen gefilmt: *»Les Aventures du roi Pausole«*, *»Lucrèce Borgia«*, *»Le Champion du régiment«*, *»Le Coucher de la mariée«*, *»Une fille à papa«* usw. Wie man sieht, keineswegs eine Spezialistin für Problemfilme. Sie spielt die »kleinen Frauchen«, wofür sie zwei hohe Trümpfe besitzt: ein reizendes Gesichtchen und einen wohlgebauten Körper, von dem sie, wenn nötig, auch etwas sehen läßt. Es kommt sogar vor, daß sie, eine seltene Kühnheit im damaligen Film, eine nackte Brust zeigt. Jeder Gymnasiast weiß das. Aber man sollte sich durch diese Seite ihrer Persönlichkeit nicht täuschen lassen.

Sie ist wirklich begabt und hat Ambitionen auf vielen Gebieten. In Paris verkehrt sie in den illustren Kreisen, hat Zutritt zu den exklusivsten Häusern, nimmt an allen Schönheitswettbewerben teil, an allen Festlichkeiten, allen großen Ereignissen der Gesellschaft in Paris, Deauville oder Monte Carlo. Auch war sie die Geliebte einiger schwerreicher Industrieller. Sie kleidet sich mit erlesenem Geschmack und hat eine leidenschaftliche Affäre mit Paul Morand hinter sich, der sie mit Jean Cocteau, Pierre Benoît und Georges Simenon bekannt gemacht hat. Sie hat nur ein großes Ziel in ihrem Leben: zu werden, was sie doch immer noch nicht ist – ein Star!

Es ist schon Nacht, als Josette Day am 21. Januar 1939 in der Rue Fortuny Einzug hält. Ein atemberaubender Auftritt! Alle Anwesenden, die sich um Pagnol versammelt haben (es ist die Stunde des Aperitifs), bewahren eine nie verblassende Erinnerung daran. Josette kommt gerade von ihrem Friseur, mit perfektem Make-up und exquisitem Parfüm. Offensichtlich hat sie sich schon für das Abendessen zurechtgemacht, zu dem sie sich nach der Besprechung begeben will. Sie trägt ein hinreißendes Abendkleid und strahlt vor Schönheit. Mit betörendem Lächeln begrüßt sie die Anwesenden. Sodann bittet sie der Aufnahmeleiter, der für den Abschluß von Verträgen zuständig ist, in einen anschließenden Nebenraum. Er kommt ohne Umschweife auf den Kern der Dinge.

»Wieviel?« fragt er.

»40.000 Francs«, antwortet Josette Day.

Das ist eine exorbitante Summe, so kommt es ihrem Gesprächs-partner sofort vor.

»Les Films Pagnols« genießen in der Branche nicht den Ruf, be-sonders großzügig zu sein. Im Gegenteil, man pflegt den für eine Rolle in Aussicht genommenen Schauspieler gerne wissen zu las-sen, »die Ehre, in einer Produktion von Monsieur Pagnol spielen zu dürfen, sei durchaus ein kleines Opfer wert«. 40.000 Francs, das ist genau das Honorar, das Ginette Leclerc für *La Femme du boulanger* verlangt hatte. Sie hatte sich schließlich auf 25.000 her-unterhandeln lassen. Aber an der Filmbörse zählt Josette Day nicht soviel wie Ginette Leclerc. Der Aufnahmeleiter setzt ihr aus-einander, er finde ihre Forderungen übertrieben. Josette Day geht nicht davon ab. Also zieht er Pagnol wegen neuer Instruktionen ins Gespräch. Er ist darauf gefaßt, daß dieser, sobald er ihm die Ansprüche seiner Besucherin mitteilt, empört die Hände in die Höhe wirft, von hellem Wahnsinn spricht und ruft: Kommt gar nicht in Frage! Aber nichts dergleichen geschieht.

»Das geht in Ordnung«, sagt Pagnol. »Es bleibt uns nichts übrig, als ihr das Geld zu geben.«

Alle, die Zeugen dieser Szene sind, fühlen, daß sich hier etwas Ent-scheidendes abspielt.

Acht Tage vor Beginn der Dreharbeiten zu »*Monsieur Broton-neau*« gerät Raimu in eine Krise. Er bittet Paul Olivier, der in einer Person sein Agent, sein Freund und sein Sosias-Doppelgänger ist, ihn aufzusuchen. »Paß auf«, sagt er zu ihm, »ich habe einen Ent-schluß gefaßt. Ich werde in diesem Film nicht spielen, wenn Pa-gnol Regie führt. Man sieht ihn doch niemals, nie ist er da. Und letzten Endes wird dann der Aufnahmeleiter den Film drehen, und das ist für mich unmöglich. Ich brauche einen wirklichen Re-gisseur. Das wollte ich dir nur sagen. Du wirst es Marcel erzäh-len.« Paul Olivier unterzieht sich dieser heiklen Mission mit Er-folg.

»Sehr gut«, gibt ihm Pagnol zur Antwort, »einverstanden. Jules wünscht einen anderen Regisseur? Ich habe nichts dagegen. Bitte ihn nur einfach, er solle ihn sich selbst suchen. Und er soll sich hin-ter die Ohren schreiben: Im Studio ist alles so weit vorbereitet, daß wir nächsten Dienstag beginnen können!«

Einen qualifizierten und gerade nicht verpflichteten Regisseur zu finden, der sich so mir nichts, dir nichts darauf einläßt, einen großen Film zu betreuen, mit dem in acht Tagen angefangen werden soll, das ist eine Partie, die nicht von vornherein gewonnen ist. Aber durch einen unwahrscheinlichen Zufall begegnet Raimu noch am gleichen Abend in »Forquet's Bar«, die er sein »Büro« nennt, einem ungarischen Regisseur, den er gut kennt und der auch schon recht brauchbare Inszenierungen gemacht hat: Alexander Esway. Das Glück ist auf Raimus Seite. Es stellt sich heraus, daß Esway frei ist. Raimu heuert ihn auf der Stelle an. Paul Olivier informiert Pagnol von dieser Wahl.

Zwei Tage später erhält Raimu einen flammenden Protestbrief von Pagnol:

»Da wir zusammen ›La Femme du boulanger‹ oder ›César‹ gemacht haben, die doch gar nicht so schlecht sind, frage ich mich, wieso Du jetzt einen ›wirklichen‹ Regisseur verlangst. Damit sagst Du übrigens deutlich, daß ›Angèle‹, ›César‹ und der ›Bäcker‹ keine ›wirklichen‹ Filme sind. Es scheint so, daß Du Wert darauf legst, ›Monsieur Brotonneau‹ solle ein ›wirklicher‹ Film werden wie z. B. ›Les Nouveaux Riches‹ oder ›Le Fauteuil 47‹ oder ›La Chaste Suzanne‹*, aber ich fürchte trotz allem, daß Du in diesem Fall damit nicht weiterkommst ... Nur möchte ich hiermit klarstellen: Ich weigere mich absolut, mit wem auch immer zusammenzuarbeiten ... Wenn es Dir gelingt, wieder einen großen Film zu machen – gut, dann bin ich der erste, der sich darüber freut. Aber wenn Du einen weiteren Reinfall produzierst, so habe ich wenigstens den Trost, nichts damit zu tun zu haben.«

Zum vorgesehenen Termin beginnt Alexander Esway in Marseille in den Studios Marcel Pagnol mit den Aufnahmen zu »Monsieur Brotonneau«, mit Raimu als Hauptdarsteller. In welcher Stimmung, läßt sich unschwer vorstellen.

---

* Drei Titel von mittelmäßigen Filmen, in denen Raimu unlängst gespielt hatte und die kein Erfolg waren.

XII.

Die Jahre mit Josette

(1940—1944)

*Zügellose Leidenschaft. Drôle de guerre. Haushalt mit Josette in
Marseille. Vertrauliche Mitteilungen an Jules. Die beiden Giganten: »La Fille de puisatier«. Eine neue Trilogie. »La Prière aux étoiles«: begonnen und wieder abgebrochen. Hollywood in Allauch.
Verkauf der Studios. Unglücksfälle der Liebe.*

»Er (Pagnol) arbeitet nicht mehr. Er kümmert sich nicht um die
Dialoge, die ihm zu altmodisch und langweilig sind. Wir steuern
zusehends auf ein Desaster hin.«

Das sind Sätze aus einem Brief Raimus an seine in Paris zurückgebliebene Frau, aus Marseille, wo er »*Monsieur Brotonneau*« dreht.
In einem anderen Brief Raimus an Paul Olivier heißt es: »Er (Pagnol) hat immer andere Dinge im Kopf. Jeden Tag zieht er einen
neuen Anzug an. Er läßt sich tagtäglich die Haare schneiden und
die Nägel maniküren.«

Der Grund für dieses merkwürdige Verhalten? Marcel Pagnol ist
verliebt. Sie hatten sich nicht getäuscht, sie alle, die in der Rue Fortuny beobachteten, wie der Chef ohne Diskussion die Honorarforde-
rungen Josette Days annahm, und daraus schlossen, daß sich
große Dinge anbahnten. Am nächsten Abend reiste Josette Day
nach Cannes ab, und wie zufällig ließ sich Marcel Pagnol in dem
gleichen Blauen Zug und in dem Schlafwagen neben dem ihren nieder. Was ein bloßes Wochenendabenteuer hätte bleiben können,
schlug plötzlich in die große Leidenschaft um. Der Liebeswahn
war ausgebrochen, zwischen Pagnol auf der einen Seite, der sonst
jede Herzensregung aus Angst um seine Freiheit, sein Werk, seine
Karriere und seine Geschäfte unterdrückte, und Josette Day auf
der anderen, der mondänen Schauspielerin, deren viele aufeinan-

derfolgende Beziehungen mit einflußreichen Männern den Verdacht nahelegten, sie seien eher aus Berechnung entstanden. Sie lassen einander nicht mehr aus den Augen, halten Händchen, sind unzertrennlich. Es würde lächerlich wirken, wenn nicht die Echtheit ihrer Empfindungen so offensichtlich wäre, daß niemand daran denkt, über sie zu spotten.

Was aber die Freunde doch herumfrotzeln läßt, ist, was Raimu »die Metamorphosen des Meisters« nennt. Es wäre untertrieben, zu sagen, Pagnol habe seiner äußeren Aufmachung jemals die mindeste Aufmerksamkeit geschenkt. Stets hat er Bequemlichkeit der Eleganz vorgezogen. Er liebt Hemden mit offenem Kragen, Pullover, Jacken, Leinenschuhe, weite Wintermäntel ohne Schnitt und Farbe, dreimal zu groß für ihn und in der Taille durch einen Gürtel lose zusammengehalten. Auch die Abstimmung der Kleidungsstücke aufeinander war ihm nie sehr wichtig. Übrigens steht ihm diese Nachlässigkeit durchaus. Sie paßt zu seinem jugendlichen Verhalten und der Aura des ewigen Studenten, die ihn umgibt.

Josette aber hat entschieden, daß sich das ändern soll. Als Pygmalion im Damenkostüm à la Chanel hat sie sich vorgenommen, aus ihrem Marcel ein Muster an Eleganz zu machen: zu hoch gegriffen! Aber in ihr steckt ein kleiner Soldat, der niemals ein Ziel, sei es auch noch so hoch, aufgibt. Sie zitiert die modernsten Schneider, Hemdenspezialisten und Schuhfachleute in ihre Wohnung, sucht eigenhändig den Stoff für seine Anzüge, das Leinen für die Hemden, das Leder für die Schuhe aus. Nichts ist ihr gut genug, zu raffiniert, zu teuer. Und so verändert sich Marcel bis zur Unkenntlichkeit.

»Es sieht so aus«, lästert Maupi, um Raimu zum Lachen zu bringen, »als befehle sie ihm, jeden Tag die Unterhosen zu wechseln.«

In Marseille ist Pagnol mit Josette in das Haus in der Rue Jean-Mermoz eingezogen, die »Villa«. An das ursprüngliche Gebäude hat er ein großes Verandazimmer anbauen lassen, das ihm als Büro dient. Er schreibt:

»Die Einrichtung haben Elektriker aus dem Studio besorgt. Auf einem Foto würde das Ganze große Wirkung machen, denn die Steckdosen sind sehr schön und die Lichtschalter modern. Aber es sollte wohl auch einiges danebengehen: Wenn man das Licht im

Vorraum einschalten will, läutet das Telefon, und wenn man der Aufwartefrau klingelt, geht das Licht in den Toiletten an.«

Wenn Pagnol die Fenster öffnet, fällt sein Blick auf die Juge-Klinik auf der anderen Straßenseite. Dort operiert Yves Bourde, der inzwischen der beste Chirurg Marseilles geworden ist.

Praktisch niemals tritt Pagnol in dem Studio in Erscheinung, wo »Monsieur Brotonneau« gedreht wird. Er möchte Esway nicht stören und die Atmosphäre nicht trüben, die ohnehin leicht irritierbar ist. Raimu ist grantiger denn je.

»Es ist zum Wahnsinnigwerden«, schreibt er an seine Frau. »Das ganze Drum und Dran macht mich rasend, ich würde viel darum geben, wenn es zu Ende wäre – es war wieder so eine Dummheit von mir, daß ich so etwas unterschrieben habe ... Wir steuern direkt auf die Katastrophe zu.«

Die Herzlichkeit Josette Days, ihr ganzes Wesen, ihr Charme und ihr loyales Verhalten haben ihr die Herzen erobert. René, Toé, Corbessas und Charley Pons schwärmen für sie. Auch das Personal. Mittlerweile sind es mehr als 50 Menschen, die dort täglich zusammen arbeiten, in den Aufnahmeräumen, in den Labors oder den Werkstätten. Mehrere Produzenten haben sich die Studios schon für die kommenden Monate reserviert. Alibert soll dort eine Operette, »Le Roi des galéjeurs«, verfilmen, Fernandel in der Komödie »Berlingot et Cie« spielen. Weitere Vormerkungen sind angemeldet. Trotz der weiterhin angespannten internationalen politischen Situation – die Münchner Verträge haben die Kriegsgefahr nicht bannen können – sieht es so aus, als ob die Studios ein zukunftsträchtiges Unternehmen wären. Wieder einmal hat sich Pagnol als vorzüglicher Stratege erwiesen. In der Filmbranche schenkt man seinen Fähigkeiten als Geschäftsmann die gleiche Beachtung wie seiner schriftstellerischen Begabung. Er selbst fühlt sich in beiden Sparten wie zu Hause. Von Tag zu Tag macht es ihm mehr Spaß, im einen wie im anderen Bereich zu arbeiten.

Wenn er sich kurz vor sieben Uhr morgens in seinem Büro niedersetzt, so ist es der Dramatiker, der sich hier an die Arbeit macht – und der Verliebte! Bisher hatte er alle Rollen junger Frauen in seinem Werk mit Blick auf Orane Demazis geschrieben. Aber jetzt stellt er sich nur noch Josette Day in diesen Rollen vor. Er zieht »*Le Premier amour*« wieder aus der Schublade, wo das Stück seit 1933 ruht, um es im Laufe des Jahres mit ihr zu verfilmen. Er schreibt für sie ein Drehbuch nach der berühmten Erzählung »*La Belle et la bête*«, berühmter jedenfalls als ihre Autorin, Madame Leprince de Beaumont. Auch steht er in den Vorarbeiten für »*Le Petit ange*«, einen neuen Film nach einer Geschichte, die ihm Josette erzählt und die sie wahrscheinlich selbst erlebt hat: Ein junger Schriftsteller, begabt, ehrgeizig und berechnend, ist Liebhaber eines ausnehmend schönen, jungen Mädchens und bringt ihr die Künste einer Edelkurtisane bei, mit dem Ziel, sie am Tag der Vervollkommnung ihrer »Ausbildung« in rücksichslosem Zynismus für seine heimlichen Absichten und zur Befriedigung seines Ehrgeizes einzusetzen. Zu seinem Pech verliebt sich das junge Mädchen eben an diesem Tag unsterblich in einen anderen jungen Mann, unschuldig und ohne Eigennutz.

Jetzt wendet sie alles, was ihr Liebhaber ihr beigebracht hat, in der Praxis an, um den jungen Mann für sich zu gewinnen, während sie den ehemaligen Liebhaber sich selbst und seinen Intrigen überläßt. Offensichtlich handelt es sich um das Drehbuch zu einer Schlüsselerzählung, deren Schlüssel leicht zu finden ist, wenn man Josettes Liebesleben in der Vergangenheit kennt.

Aber eine Arbeit gibt es, der sich Pagnol mit wahrer Leidenschaft hingibt, in die er all seine Begabung und Kunstfertigkeit als Autor investiert. Mit ihr soll Josette einen Triumph erringen, hier soll sie zum Star avancieren. Es ist das schönste Liebesgeschenk, das er ihr darbringen kann. Eine Trilogie »*La Prière aux étoiles*«, deren drei Teile, wie bei der vorhergehenden Trilogie, drei Vornamen als Titel bekommen sollen: »Dominique«, »Pierre« und »Florence«. Die Handlung liefert der Liebesroman, den sie selbst gerade durchleben und der ihm die Idee eingegeben hat. Die Hauptfiguren sind Josette und Marcel. Pierre, der Held, hat ebenfalls einen Ziegenhirten als Bruder, der ihm die Sprache der Sterne beigebracht hat. Florence, die Heldin, ist eine ungewöhnlich hübsche, junge Frau. Sie wird großzügig ausgehalten von Dominique, einem jungen, schönen, schwerreichen Industriellen, der verrückt nach ihr ist und sie heiraten will. Aber sie lehnt ab, anständig wie sie ist: Sie liebt ihn nicht und läßt ihn nicht im unklaren darüber. Jeden Abend schickt Florence ein Gebet zu den Sternen und bittet sie, ihr den Mann auf ihren Lebensweg zu schicken, den sie lieben könnte.

Florence stammt aus bescheidensten Verhältnissen. Ihre verwitwete Mutter hat sich als Pförtnerin verdingen müssen, ihr Bruder ist Zeitungsverkäufer. Noch blutjung, hatte sie schon in einer Fabrik arbeiten müssen. Dort hatte sie einen Kreis reicher Herren kennengelernt, denen sie sehr gefiel. Sie hat bereits einige Verhältnisse hinter sich, als sie Dominique trifft. Sie würde gerne Filmschauspielerin werden, und es gelingt ihr, in ein paar Filmen aufzutreten. Dabei bleibt es nun, der Schauspielerberuf garantiert ihr Unabhängigkeit und Freiheit.

Dominique ist rasend eifersüchtig. Es gibt eine Auseinandersetzung, in deren Verlauf er Florence enthüllt, sie verdanke ihre Rollen nur ihm. Er hatte sie ihr zugeschanzt, indem er die entsprechenden Produktionen finanzierte. Diese Entdeckung erschüttert die junge Frau zutiefst. Sie fühlt sich verloren und unwiderruflich an ihn gefesselt. Niemals hatte sie Dominique geliebt – von diesem Augenblick an aber haßt sie ihn.

Pierre ist ein Komponist, er macht Unterhaltungsmusik. Von ihm stammen viele große Hits, die ihm ein Vermögen eingebracht haben. Trotzdem fühlt er sich nicht wohl in seiner Haut. Und zwar deshalb, weil er, am Krisenpunkt der Vierziger angelangt, sich eingestehen muß, er habe seine Berufung verraten. Er war eine der Hoffnungen der klassischen französischen Musik gewesen, hatte schon mit 28 zwei Opern, vier Symphonien und drei Sonaten komponiert. Aber dann ließ er sich treiben und verfolgte die ursprüngliche Bahn nicht weiter. All seine Werke schlachtete er nach Vorlagen für Chansons und Schlager aus. Er schämt sich über sich selbst. Daher entschließt er sich, aufzuhören, alles stehen- und liegenzulassen, sich aufs Land zurückzuziehen und unterzutauchen.

Pierre und Florence begegnen sich zufällig im Luna-Park. Beide sind am Tiefpunkt ihrer Depressionen angelangt. Sie besuchen gemeinsam eine Wahrsagerin. Diese verkündet ihnen, die Liebe habe sie zusammengeführt, die Liebe würde sie von nun an für immer zusammenfügen. Und Florence hat unmittelbar das Gefühl, die

Wahrsagerin spreche die Wahrheit: Sie habe den Mann gefunden, um den sie jeden Abend zu den Sternen gebetet hatte – Pierre. Pierre seinerseits gewinnt seinen Lebensmut zurück. Beide beschließen sie zu fliehen, um gemeinsam ein neues Leben zu beginnen. Sie verbergen sich und ihre Liebe in einem kleinen Hotel in Cassis, wo sie das vollkommene Glück erleben. Und so geht es weiter, bis Pierre Florence bittet, seine Frau zu werden. Bevor sie ihm ihre Entscheidung mitteilt, hat sie jedoch das Bedürfnis, ihm ihre bewegte Vergangenheit zu erzählen, was sie bisher nicht gewagt hatte. Für Pierre ist das ein schrecklicher Schock. Er leidet entsetzlich, verläßt sie, rettet sich in die Flucht. Schließlich kommt er nach Paris zurück. Er liebt Florence noch immer, doch sein Stolz erlaubt ihm nicht, sie wiederzusehen. Florence aber spürt ihn auf, sie versöhnen sich. In diesem Augenblick gibt Florence Pierre den süßesten Liebesbeweis: Sie teilt ihm mit, daß sie ein Kind von ihm erwartet.

In keinem anderen Werk Pagnols fanden sich bisher so schöne Worte über die Liebe.

»O ihr Sterne«, fleht Florence in ihrem Gebet, »schenkt mir den Mann, von dem eine Kränkung das schönste Geschenk wäre! Ob groß oder klein, jung oder alt, reich oder arm – sagt ihm, ich warte auf ihn. Ist er krank, will ich ihn pflegen; ist er schwach, will ich ihn nähren; ist er schmutzig, will ich ihn waschen. Ist er gelehrt, will ich seine Bücher lesen; ist er Seemann, will ich geduldig auf ihn warten; ist er König, will ich seine Königin sein – denn ich bin wie ein stiller Teich, über den nichts sich neigt, die klare Quelle, die sein Spiegelbild erwartet. Auch bitte ich euch nicht, er solle mich verehren ... denn der einzig wahre Reichtum ist nicht die Liebe, die man erweckt, sondern die Liebe, die man selbst im Herzen trägt.«

Hat Pagnol die Absicht, Josette Day zu heiraten? Viele seiner Freunde sind davon überzeugt. »Er wird sich verheiraten, glaube ich, mit Mlle. J. D.«, schreibt Raimu. »Schönes Paar. Gibt sicher schöne Kinder.« Die Zeitungen jedenfalls kündigen diese Heirat an, ohne Dementis. Sicher ist, daß Pagnol jetzt den Prozeß in Gang setzt, der am 26. Februar 1941 zur Scheidung von Simonne

Collin führt. Bis dahin war sie immer noch seine legitime Ehefrau gewesen. So hat er also endlich seine Freiheit gefunden – aber um welchen Preis? Als er Simonne geheiratet hatte, zwei Tage nach seinem 21. Geburtstag, hatten sie beide keinen roten Heller. Sie waren gesetzlich getraut worden. Die offizielle Auflösung ihrer Bindung verpflichtet Pagnol, seiner Ex-Frau die Hälfte seines gesamten Einkommens zu überlassen: eine horrende Summe!

»Meine Scheidung hat mich ruiniert«, schreibt er an einen Freund. Die Vermutung liegt nahe, daß nur sein Wunsch, eine Frau zu heiraten, nach der er verrückt war, als genügend starkes Motiv für ein so gewaltiges Opfer wirken konnte.

Pierre repräsentiert in *»La Prière aux étoiles«* Pagnol. Zusätzlich findet sich einer seiner Charakterzüge in der Gestalt des Dominique. Wie dieser ist Pagnol ungeheuer eifersüchtig. Wie dieser leidet er unter der Vergangenheit seiner Geliebten. Pagnol hat panische Angst vor der Möglichkeit, Josette werde sich aus Schwäche wieder in ihr altes ungeregeltes Leben verirren.

Josette gibt gerne viel Geld aus. Sie ist großen Aufwand gewöhnt. Er befriedigt diese Bedürfnisse und überschüttet sie mit Geld, ohne daß ihn das voll beruhigen könnte. Zwar geht er nicht so weit, sie einzusperren, doch haßt er es, wenn sie ohne ihn ausgeht. Für sie kommt es nicht in Frage, allein nach Paris zu fahren. Und jeder, der in den Studios Jean-Mermoz arbeitet, weiß, daß es schlechterdings verboten ist, auch mit den besten Gründen in der »Villa« einen Besuch zu machen, wenn Pagnol nicht da ist.

Aber wie dem auch sei, praktisch geht er gar nicht mehr aus. Den ganzen Tag sitzt er am Schreibtisch und schreibt. Er schließt sich selbst in seine Leidenschaft und seine Arbeitswut ein. Das ist auch für ihn das einzige Mittel, mit der Angst vor dem drohenden Krieg fertig zu werden, die auf ganz Frankreich lastet.

Jeden Monat schraubt sich die Spirale der Gefahr unabänderlich höher. Februar: Hitler vertreibt die Juden aus Deutschland; März: die Deutschen marschieren in Prag ein; April: das faschistische Italien überfällt Albanien; Mai: Berlin und Rom unterzeichnen den Stahlpakt; Juni: die englische Regierung ordnet die allgemeine Wehrpflicht an; Juli: Hitler wirft die Frage Danzig auf und massiert Truppen an der polnischen Grenze. Am 23. August wird in

Moskau der deutsch-sowjetische Nichtangriffspakt unterzeichnet.

Am 29. August stellt Deutschland Polen ein Ultimatum. Am 30. macht Polen mobil. Am 3. September erklären Frankreich und Großbritannien Deutschland den Krieg.

Die allgemeine Mobilmachung leert die Büros in der Rue Fortuny und die Studios in der Rue Jean-Mermoz. »Ich habe mehr als 40 Leute bei der Armee«, schreibt Pagnol. »Nur die ganz Alten sind geblieben.« Die ganz Alten: das sind er und Assouad. Auch Corbessas, der trotz des Einberufungsbefehls eine Ausnahmegenehmigung erhalten hat, um die Geschäfte der Firma ordnungsgemäß weiterzuführen. René Pagnol ist in Martigues, Toé in Nîmes, Fernandel in Marseille. Raimu hat sich mit Frau und Tochter in seine Villa in Bandol zurückgezogen, wo er sich in seinen Groll verbeißt. Jede filmische Aktivität ist zum Erliegen gekommen. Die Studios in Billancourt, Saint-Maurice, Joinville sind geschlossen. Dieser völlige Stopp macht sich um so gravierender bemerkbar, als merkwürdigerweise die immer ernster werdende Krise zwischen Deutschland und Frankreich bis zum Kriegsausbruch selbst den Filmbetrieb niemals beeinträchtigt hatte. Die französisch-deutschen Koproduktionen waren weitergelaufen, die französischen Regisseure und Produktionsleiter hatten in Berlin ihre Arbeiten in den Studios der UFA ungestört fortgesetzt. Ostern 1939 hatte Fernandel dort noch bei der Verfilmung von »*L'Héritier des Mondésir*« mitgewirkt.

Der Krieg und das lächerlich winzige Maß, auf das in dieser Situation die kleinen persönlichen Eitelkeiten zusammenschrumpfen, hatten schnell dazu geführt, daß Pagnol und Raimu, beide isoliert, der eine in Marseille inmitten verödeter Studios, der andere im verlassenen Bandol, schnell wieder zueinanderfanden. Oft besuchen sie sich gegenseitig. Allmählich hat Josette für Jules die Zuneigung einer Tochter zu ihrem Vater entwickelt. Während der Aufnahmen zu »*Monsieur Brotonneau*« hat er sich als liebenswürdiger, höflicher und zuvorkommender Partner erwiesen. Pagnol fehlen seine Freunde sehr, weshalb er oft das Bedürfnis nach einem Vertrauten hat; das gleiche gilt für Josette.

Und sehr bald drängen sie, die eine wie der andere, Raimu in diese Rolle.

In einem Brief vom 6. Februar 1940 schreibt Pagnol an Raimu:

»Während ich schreibe, sitzt Josette auf dem Boden, legt einen Arm um mein Bein und hält sich daran fest ... Dann lese ich ihr vor, was ich geschrieben habe. Sie tippt es in die Maschine, denn sie hat sich ihre Nägel ganz kurz schneiden lassen, um meine Manuskripte, die niemand anrühren darf, mit eigener Hand abschreiben zu können ... Bei all diesem fehlt es nicht an kleinen Späßen, gelegentlichem Zank und sonstigen Mätzchen. Gestern springt sie plötzlich auf und wirft sich in einen Sessel. Mit hohlen Wangen und halbgeschlossenen Augen stößt sie einen verhaltenen, langen, langen Seufzer aus:

›Was hast du?‹

›Ich bin verzweifelt.‹

Tatsächlich stehen Tränen in ihren Augen.

›Aber, Liebling, warum bist du verzweifelt? Habe ich dich, ohne es zu wollen, verletzt?‹

›Nein.‹

›Denkst du an etwas, was dir Kummer macht? Aber warum denn? Das Vergangene ist vergangen ... Es hat keinen Zweck, daran zu denken, schon das Gestern kehrt nie wieder. Sag' mir doch, was es ist, sprich dich aus ...‹

›Ich habe dir niemals etwas vorenthalten, mein Schatz, niemals, wirklich niemals.‹

Ich warte auf ihre Antwort, selbst schon verzweifelt. Sie hebt den Kopf und sagt:

›Ich bin verzweifelt, weil es mir so gutgeht.‹

Ich muß Dir ganz kindisch vorkommen, mein lieber Jules, daß ich meine Zeit mit derartigen Späßen hinbringe, und noch mehr, daß ich Dir darüber schreibe. Aber die Begegnung mit Josette ist das wichtigste Ereignis in meinem Leben. Sie glaubt in aller Unschuld, ich sei ein Genie. Wenn ich tatsächlich einmal eines sein sollte, so verdanke ich es ihr.«

Am nächsten Tag schreibt Josette an Raimu:

»Marcel sagt, ich sei es, die ihn zu einem Genie mache. Das ist dermaßen übertrieben, daß ich Angst habe, man werde mir vorwerfen, ich hätte ihn zu solchen Äußerungen veranlaßt. Wenn er für mich Rollen schreibt, so spiele ich sie vor allem, damit keine andere Frau sie bekommt. Denn dann müßte er mit ihr sprechen, für sie die Kostüme aussuchen – und schon der Gedanke daran macht mich krank. Mein einziges Verdienst ist, daß ich ihn liebe, und zwar auf eine Art, wie sie Männer gar nicht verstehen können. Ich bin stolz darauf, daß mich die Sterne erwählt haben, von ihm geliebt zu werden ... Sollte er mich eines Tages verlassen, würde ich es wie die blonde Isolde machen: Ich würde mich in unser Bett legen, würde den Kopf zur Wand drehen und ohne ein Wort sterben.«

Im Verlauf eines Essens mit Jules kommt Pagnol die Idee zu einem Film, in dem er die traditionellen Figuren seiner »kleinen Welt« zeigen könnte, wie sie in den Wirbeln der historischen Ereignisse mitgerissen werden: Warten auf den Krieg, Hoffen auf den Frieden, Enttäuschungen, Ausbruch des Konflikts, allgemeine Mobilmachung, Aufbruch der Männer ins Feld.

Schon hat die seltsame Zeit begonnen, die später als »drôle de guerre« bezeichnet wurde. An der Front wie in den Kasernen und Magazinen warten die Soldaten aller Armeen, Gewehr bei Fuß, Kartenspiele in der Hand, darauf, daß sich einer der Gegner zum Angriff entschließt. Die Tage verrinnen, ohne daß sich irgend etwas ereignet. Der tägliche Lagebericht des Generalstabs besteht aus vier Worten: »Nichts Besonderes zu verzeichnen«, was schließlich auf die drei Buchstaben N.B.v. verkürzt wird.

»In diesem Film«, meint Pagnol, »könnte man vielleicht Fernandel verwenden. Es müßte möglich sein, einen Sonderurlaub für ihn zu erwirken.« Fernandel kommt gelegentlich in die Studios. Nach seiner Einberufung ist er der Soldat zweiter Klasse Contandin geworden, der sich in einer requirierten und zur Kaserne umfunktionierten ehemaligen Music-Hall tödlich langweilt. Ein autoritärer Kapitän verdonnerte ihn einmal – Fernandel hin, Fernandel her – zum Wacheschieben vor dem Quartier. Als er in der Uniform des Ignace auf dem Trottoir erschien, gab es einen ungeheuren Auflauf. Einige Stunden lang war der Verkehr in dem Viertel blockiert. Seitdem beschäftigt man ihn im Innendienst. Er ist Ordonnanz beim Kommandanten.

»Das wäre wirklich die Wucht«, ruft Raimu aus. »Mitten im Krieg ein Film mit Raimu und Fernandel!«

»Und Josette Day«, fügt Pagnol hinzu.

»Natürlich!«

»Wärst du damit einverstanden?« fragt Pagnol.

»Ich unterzeichne auf der Stelle«, antwortet Raimu.

Bis dahin hatten Raimu und Fernandel gemeinsam nur in *Les Rois du sport* gedreht, Seite an Seite, wobei Fernandel nach allgemeiner Ansicht die bessere Rolle hatte. Raimu hatte Anspruch auf Revanche. Noch am gleichen Tag holt Pagnol ein ganz neues Heft aus seinem Vorrat und beginnt *La Fille du puisatier* (»Die Tochter des Brunnenmachers«) zu schreiben.

Die Tochter des Brunnenmachers – das ist Patricia. Sehr hübsch, die älteste der sechs Töchter des Pascal Amoretti, eines Brunnenmachers in der Nähe von Salon-de-Provence. Felipe, bei ihrem Vater angestellter Arbeiter, liebt sie, wagt aber nicht, es ihr zu gestehen. Weil nämlich Patricia sich wie ein vornehmes Fräulein benimmt. Sie hatte in Paris ihre Ausbildung erhalten und war nach dem Tod ihrer Mutter in die Provence zurückgekehrt, um ihrem Vater zu helfen und sich um ihre Schwestern zu kümmern. Das Stück spielt im April 1939.

Bei einem Flugtag in Salon, an dem sie mit Felipe die Vorführungen der Flieger der Luftflottenbasis bewundert, trifft sie Jacques Mazel, einen jungen Fliegeroffizier, Schulkamerad von Felipe. Er ist Sohn reicher Kaufleute der Stadt, stolz auf seinen sozialen Rang und seinen Reichtum. Auch sieht er gut aus, vor allem in seiner prächtigen Uniform. Patricia ist sofort verschossen in ihn. Den Nachmittag über amüsieren sie sich, tanzen und trinken. Sie gibt sich ihm hin, sie versprechen einander, sich wiederzusehen. Aber Jacques wird in dringender Mission nach Afrika geschickt und kommt nicht zu dem Rendezvous.

Die Ereignisse überstürzen sich: Mobilmachung im September, Kriegsausbruch. Patricia ist schwanger. Sie offenbart ihren Zustand ihrem Vater. Gemeinsam suchen sie die Familie Mazel auf. Man läßt sie abblitzen. Da verlangt der Brunnenmacher mit gebrochenem Herzen von seiner entehrten Tochter, sie solle das Haus verlassen. Sie begibt sich zu ihrer Tante Nathalie, Bäckerin in einer anderen Stadt. Dort bringt sie ihr Kind zur Welt und zieht es auf. Sie versucht sich ein neues Leben aufzubauen und verläßt Tante Nathalie wieder. Da kommt die Nachricht, Jacques Mazel sei in einem Luftkampf gefallen. Felipe kehrt verwundet von der Front heim und gibt zu erkennen, er wolle Patricia, die er immer noch sehr liebt, heiraten; er würde ihr Kind anerkennen. Der Brunnenmacher teilt ihr diesen Antrag mit, beschwört sie aber, abzulehnen. Für ihn wäre das gegen die Ehre. Trotzdem ist er einverstanden, daß seine Tochter jetzt mit ihrem Kind in seinem Haus lebt. Eines Tages werden sie von den ganz verzweifelten Mazels besucht, die ihren Enkel begrüßen wollen. Sie bitten den Brunnenmacher und seine Tochter, ihnen zu verzeihen. Schließlich kehrt, wie in »*Les Marchands de gloire*«, der totgeglaubte Held zurück. Ende gut, alles gut.

Fernandel hat die Genehmigung für einen längeren Urlaub ab Mitte Mai erhalten. Die Aufnahmen sollen am 20. dieses Monats beginnen. Am 10. Mai besetzt die deutsche Armee die Niederlande, Belgien und Luxemburg. Am ersten Drehtag fehlt niemand beim Appell in den Studios am Prado: Raimu, Maupi, Fernandel, Blavette, Charpin – alle sind sie da. Charpin soll die Rolle des Monsieur Mazel spielen, Betty Dausmond seine Frau, Milly Mathis die Tante Nathalie. Für die Rolle des Jacques Mazel, des schönen Fliegers, hat Pagnol einen sehr gutaussehenden jungen Star engagiert, einen der wenigen, wenn nicht den einzigen, der nicht Soldat ist. Er war schwer krank geworden und hatte einige Sanatoriumsaufenthalte hinter sich. Sein Name ist Georges Grey. Auch Willy, der Chefkameramann, ist da, ebenso Vincent Scotto, der auch diesmal die Musik zu dem Film komponiert hat. Josette Day, ganz blonde Locken, spielt die Herrin des Hauses.

Am gleichen Tag beginnt an der Front die blutige Schlacht um Dünkirchen. Einen Monat später ist ganz Frankreich überrollt. Pagnol bricht die Dreharbeiten ab. »Sobald es möglich ist, nehmen wir sie wieder auf«, teilt er den Schauspielern und Technikern mit. Zum zweiten Mal muß er die Studios schließen.

Innerhalb von drei Wochen hat sich die Bevölkerung Marseilles verzehnfacht. Zehntausende von Flüchtlingen überschwemmen die Stadt. Belgier, Luxemburger, Holländer, Pariser, Einwohner aus allen Provinzen des Landes werden auf zielloser Flucht vor dem deutschen Vormarsch wahllos hierher verschlagen und stranden hier. In der ganzen Stadt gibt es kein freies Zimmer mehr. Im Juni vor den Toren Marseilles zu nächtigen ist kein unlösbares Problem, wohl aber sich zu ernähren. Das Hinterland bietet wenig Raum und ist arm. Nach der Besetzung von Paris wird Marseille Frankreichs Hauptstadt. »Le Matin«, »Le Petit Parisien«, »Paris Soir«, die großen Pariser Zeitungen, haben hier Unterschlupf gefunden. Jetzt trifft man auf der Canebière all diejenigen, denen man vor einigen Tagen noch auf den Champs-Élysées und den Boulevards begegnen konnte. Pagnol empfängt in der Rue Jean-Mermoz Besuche von Jean Cocteau, Louis Jouvet und Christian Bérard. Sie haben bei der Gräfin Pastré in ihrem Schloß Montredon bei Marseille Zuflucht gefunden. Jean Ballard hat André Breton, Tristan Tzara, Max Ernst und Simone Veil in kleinen, verschwiegenen Hotels untergebracht, von wo sie beim ersten Alarm flüchten können. Mit der Demobilisierung Anfang Juli kommen die Freunde zurück: René Pagnol, Toé, Pons, Corbessas. Nach Gesprächen mit allen Schauspielern der Truppe kommen Marcel Pagnol und Charley Pons zu dem Ergebnis, man könnte die Dreharbeiten für »La Fille du puisatier« Mitte August wiederaufnehmen. Ein Termin, Dienstag, der 13., wird festgelegt. An diesem Tag sind alle Schauspieler an Ort und Stelle – mit Ausnahme von Betty Dausmond, die nach Paris zurückgekehrt ist. Sie wird von Line Noro ersetzt. Alles fängt wieder von vorne an.

Pagnol hat das Drehbuch mit neuen Szenen angereichert, indem er die Katastrophe und die Niederlage in den Film einarbeitet. So läßt er die Hauptpersonen, den Brunnenmacher, Patricia, Monsieur Mazel, die Nachbarn und den Pfarrer in einem bestimmten Augenblick sich um einen riesigen Radiolautsprecher versammeln. Sie hören, wie Pétain verkündet, er habe um Waffenstillstand nachgesucht. »Seit sechs Tagen ist Paris in der Hand des Feindes«, sagt ein Sprecher. »La Fille du puisatier« ist der einmalige Fall, wo sich eine Handlung genau in den Wochen abspielt, in denen sie auch verfilmt wird.

Seit der Wiedereröffnung erleben die Studios am Prado einen wahren Ansturm. Für Monate im voraus sind die Aufnahmeräume ausgebucht. Ohne Verzug und Pause folgen die Dreharbeiten einander auf dem Fuß. Jules Berry dreht dort »*Chambre 13*« (»Zimmer 13«), danach »*La Treizième dalle*« mit Pauline Carton; Fernandel »*Un Chapeau de paille d'Italie*« (»Der Florentinerhut«), Cecile Sorel »*L'An quarante*«, Charles Vanel »*La Nuit merveilleuse*«. Das Bar-Kantinenrestaurant wird niemals leer. Hier treffen sich die Schauspieler, die Statisten, die Techniker, alle, die in der Zone Süd geblieben sind und auf Engagements für eine Tournee warten. Auch Pagnols Mannschaft: Blavette, Poupon, Delmont, hat hier ihr Hauptquartier aufgeschlagen. Alle Künstler auf der Durchreise in Marseille machen hier ihre Aufwartung: Maurice Chevalier, Edith Piaf, Reda Caire, Charles Trenet, Marie Dubas. Von Zeit zu Zeit schwirrt ein Gerücht durch die Korridore: »Raimu ist in der Stadt.« Einige Augenblicke später taucht er dann auch auf. Auch Tino Rossi mit seiner Lebensgefährtin Mireille Balin ist zu sehen, der schönen Hauptdarstellerin in »*Pépé le Moko*« und »*Gueule d'amour*«. Sie haben sich bei den gemeinsamen Dreharbeiten für »*Naples au baiser du feu*« (»Die Nacht in Neapel«) kennengelernt und seither nicht mehr getrennt. Nicht lange, und die beiden Paare Pagnol/Josette und Tino/Mireille sind unzertrennlich.

»*La Fille du puisatier*« erlebt seine triumphale Uraufführung im Pathé-Palace in Lyon am 20. Dezember 1940. Niemals ist Pagnol diese Mischung aus Gefühl und Humor, in der er Meister ist, besser gelungen. Die Zuschauer sehen Situationen, die sie soeben selbst durchlebt haben. Am Ende des Films spenden sie, halb lachend, halb weinend, lange Minuten stehend Beifall. Die Kritik kann in einem Urteil zusammengefaßt werden: »Was ist dieser Film wert?« schreibt Nino Franck. »Ich weiß es nicht. Aber es ist ein Wunderwerk.«

Die gleiche enthusiastische Aufnahme findet der Film in Toulouse, Marseille, Montpellier und schließlich in Paris im April 1941, nachdem die Deutschen seine Aufführung in der nördlichen Zone genehmigt haben.

Am Jahresende 1940 und in den ersten Monaten 1941 erlebt alles, was sich Theater, Schauspiel oder Film nennt, in Frankreich eine nie dagewesene Blüte. Ein wahrer Heißhunger nach Zerstreuung hat die Franzosen ergriffen, die sich von ihrem Unglück, den schweren Zeiten und den düsteren Zukunftsaussichten ablenken lassen wollen. In Paris, in der Provinz, in der freien Zone ist, ob Theater, Konzertsaal, Kino, Music-Hall, stets »alles ausverkauft«. Und Marcel Pagnol ist in Hochform. Geschäft und Liebe blühen. Er steckt voller Projekte jeder Art, weiß nicht mehr, wo ihm der Kopf steht. Er baut sein Verleihnetz weiter aus, bringt die Trilogie »*Marius, Fanny, César*« mit einer riesigen Werbekampagne auf Plakaten von Dubout neu heraus und beginnt an der Canebière mit dem Bau eines dritten Kinos, Le Français. Pierre Benoît und Maurice Donnay kommen auf der Durchfahrt in Marseille bei ihm vorbei, um ihm zu berichten, man erwäge ernstlich, ihn in die Académie française aufzunehmen. Pagnol läßt die »Cahiers du film« wiederaufleben. Toé ist Chefredakteur, die erste Nummer erscheint am 1. Januar 1941 mit Josette Day auf dem Titelbild. Auf dem Umschlag der Nr. 2 ist Mireille Balin abgebildet.

Im Théâtre du Gymnase in Paris wird »*Jazz*« mit Harry Baur wieder aufgenommen. In den Variétés stellt André Lefaur »*Topaze*« wieder vor. Am Abend der Premiere verfaßt ein junger Journalist, der dem nach Lyon ausgelagerten »Figaro« die »Pariser Notizen« übersendet, über das Stück die erste Rezension seiner Laufbahn und zeichnet mit »Le Boulevardier«. Es ist Jean-Jacques Gauthier. Wieder nimmt Marcel Pagnol einen Anlauf, seine neue Trilogie »*La Prière aux étoiles*« zu drehen. Im August möchte er damit anfangen. Die Besetzung steht fest: Josette Day für die Florence, Milly Mathis für ihre Mutter und Carette für den Bruder, den Zeitungsverkäufer. Pierre Blanchar soll den verliebten Komponisten übernehmen, Jean Chevrier Dominique, den Sohn der Industriellenfamilie. Fernand Charpin spielt den Wirt des kleinen Hotels in Cassis, wo sich die Liebenden verbergen. Für die Wahrsagerin aus dem Luna-Park ist Marguerite Moreno engagiert.

Doch an diesem Jahresbeginn 1941 ist es ein Projekt von ganz anderen Ausmaßen, das den Großteil der Zeit und der Konzentration Pagnols in Anspruch nimmt. Er trägt sich mit dem Plan, in der freien Natur vor den Toren Marseilles, am liebsten in den Hügeln von Allauch, eine Kinostadt zu gründen, einen riesigen Komplex nach dem Muster der Studios der großen Hollywoodgesellschaften. Haben nicht auch diese auf offenem Gelände angefangen? Je mehr er darüber nachdenkt, desto mehr reizt ihn diese Idee. Es wäre die Gelegenheit für ihn, seinen Erfolg auf internationaler Ebene zu festigen. Er allein würde in seiner Person verkörpern, was seinerzeit Mary Pickford, Charlie Chaplin, Douglas Fairbanks und David Griffith zusammen auf die Beine gestellt hatten. Schon strömen vor seinem inneren Auge die bedeutendsten Filmleute Europas herbei, um bei ihm zu drehen. Mit fünf Jahren hatte er verkündet: »Eines Tages werde ich reich sein!« Welch grandiose Idee, wenn er diesen Schwur an derselben Stelle einlösen könnte, wo er ihn als armer Junge abgelegt hatte!

Josette Day, die immer von Hollywood träumt, ermutigt ihn mit aller Energie in dieser Absicht. Diesem Plan bringt Pagnol zum Teil seine Kunst und sein Werk zum Opfer. Die Tage sind zu kurz, als daß er gleichzeitig John Ford und Louis B. Mayer sein könnte. Da wird er darauf aufmerksam gemacht, daß die französische Bodenkreditbank ein riesiges Grundstück in der näheren Umgebung, in dessen Besitz sie sich gebracht hatte, zum Kauf anbietet: La Buzine. 40 in einem Stück zusammenhängende Hektar, rings von Mauern umgeben, in der Mitte ein Schloß. Es liegt zehn Kilometer nördlich der Nationalstraße Marseille-Aubagne, zwischen Saint-Menest und Les Camoins. Marcel kennt den Landstrich wie seine Westentasche. Wenn er in jungen Jahren mit seinen Eltern nach La Treille fuhr, stiegen sie dort aus der Straßenbahn von Aubagne. Pagnol kauft das Anwesen. Während er es inspiziert, trifft er auf die Stelle, wo er, noch als kleiner Junge, am Rand eines Entwässerungsgrabens Zeuge eines Ereignisses wurde, dessen grausame Spuren sich seinem Gedächtnis unauslöschlich eingegraben haben. Die Pagnols hatten dort, stöhnend unter der Last ihres Gepäcks, ohne Erlaubnis des Eigentümers den Park durchquert und waren von dem brutalen und dummen Wächter des Grundstücks zur Rede gestellt, peinlich befragt und mit den schlimmsten Strafen bedroht worden. Seine Mutter, die sensible Augustine, hatte sich niemals von dem Alptraum dieser Erniedrigung erholen können. Und jetzt gehörte dieser Besitz ihm! Schade, daß seine Mutter das nicht miterleben konnte. Es hätte ihm so viel Spaß gemacht, ihr diese Genugtuung zu bereiten!*

Einige Tage später macht sich die ganze Belegschaft der Rue Jean-Mermoz in großer Besetzung, Sekretärinnen, Techniker, Mechaniker, Elektriker, Kopierer, Arbeiter aus den Werkstätten, schlecht und recht in Holzvergasern zusammengepfercht, nach La Buzine auf den Weg, um das Grundstück symbolisch in Besitz zu nehmen, was sich schnell zu einer fröhlichen Landpartie entwickelt. Pagnol in flotter Sportmütze und Josette, die goldblonden Locken durch ein Seidentuch zusammengehalten, bilden die Spitze des Zuges. Mit den Augen des Eigentümers mustern sie das Besitztum und schreiten es ab: den Park, den Teich, die Wohnhäuser, die Meiereien, die Pferdeställe, den Schweinestall, die Obstgärten, den Baumbestand. Schließlich das Schloß selbst. Es wurde im Renaissancestil zur Zeit des Zweiten Kaiserreichs von einem reichen Unternehmer und Architekten aus Marseille für eine Million Francs erbaut: Monsieur Curtil hatte mit eigener Hand die Pläne entworfen und verfügte offensichtlich über mehr Geld und guten Willen als Talent. Das Gebäude wirkt bombastisch und klotzig. Danach war es in den Besitz eines Monsieur Cabofigue übergegangen, schließlich eines Monsieur de Buzin, von dem es seinen Namen bekam. Der letzte Eigentümer war ein Schokoladefabrikant. Nichts also lag in der Vergangenheit des Schlosses, was zu romantischen Träumen Anlaß geben konnte. Doch wird berichtet, Edmond Rostand habe sich manchmal dort aufgehalten und sei über den Teich gerudert. Schlag ein Uhr mittags vereinigt ein gewaltiges Picknick die Ausflügler im großen Salon des Schlosses. Charley Pons hat auf dem Schwarzmarkt aus einer Metzgerei echtes Schweinefleisch organisiert, und auch Butter (aber ja!), so daß in dem monumentalen Kamin Koteletts gebraten werden können – etwas sehr Seltenes in diesen kargen Zeiten. Am Nachmittag kehrt die ganze Gesellschaft aufgekratzt zur Rue Jean-Mermoz zurück, wobei sie lauthals im Chor Chansons von Tino Rossi singt.

---

* Vgl. »Le Château de ma mère« (»Eine Kindheit in der Provence«, 2. Teil).

Eines Tages findet Pagnol unter seiner Post einen blauen Brief. Das regt ihn kaum auf, denn unter Filmleuten ist diese Art Brief gang und gäbe. Aber als er ihn liest, ist er bestürzt: Giono eröffnet einen Prozeß gegen ihn.

Die Beziehungen zwischen den beiden Männern waren schon immer sehr emotional gewesen, herzlich bis leidenschaftlich, dann wieder aufs äußerste angespannt. Beide sind exzessive Mittelmeernaturen: Pagnol eher Grieche, Giono eher Italiener. Oft sprudeln ihre Worte schneller hervor, als sie denken können. Pagnols Überschwenglichkeit, sein Spaß an leichten Scherzen hatten eines Tages Giono zu der Äußerung veranlaßt: »Pagnol ist Tutu Pampan!« Der Ausdruck hat ihm gut gefallen, und er wiederholt ihn oft. Pagnol seinerseits sagt oft über Gionos Erzählstil, über seine Art, die Sätze mit Worten zu überladen: »Giono ist wie Perrier-Wasser, sprudelnd von natürlicher Kohlensäure.«

Diese Sticheleien sind natürlich nicht geeignet, ein gutes Klima zwischen den beiden zu schaffen. Im Grunde wurmt es Pagnol, daß die Kritik und die Intellektuellen die Filme, die er nach Giono gedreht hat, ernster nahmen als seine eigenen. Giono andererseits erträgt es nur schlecht, daß seine Werke erst durch die Umsetzung durch einen Filmemacher beim Publikum große Erfolge geworden sind. Er hat auch Theaterstücke geschrieben: »*La Calèche*«, das auf die Bühne zu bringen ihm noch nicht geglückt ist, und »*Le Bout de la route*«, das mit nur mittelmäßigem Echo in einem kleinen Theater am Rive gauche gespielt worden ist. Pagnols Bemühungen bei »*Regain*«, dem Geist seines Werkes treu zu bleiben, hatte Giono mit Genugtuung bemerkt; dagegen war er enttäuscht, als Pagnol im »*Boulanger*« eigene Wege einschlug und seine Erzählung in einer Weise behandelte, die er, Giono, wie einen Verrat empfand. Daran änderte auch nichts, daß der Film schließlich als Meisterwerk eingestuft wurde.

Dieses Mal jedenfalls scheint Giono bewußt auf den Bruch zuzusteuern. Der Tatbestand, auf den er seine Klage bei Gericht stützt, ist offensichtlich lächerlich. Pagnol gibt eine Reihe von Büchern heraus »*Les Films qu'on peut lire*« (Filme zum Lesen), in denen er die Texte seiner erfolgreichen Filme veröffentlicht. So hat er »*Angèle*« und »*Schpountz*« publiziert, aber auch »*Regain*«, also ein

Buch mit dem gleichen Titel wie der Roman Gionos. Dazu hatte er kein Recht. Die Angelegenheit hätte sich leicht regeln lassen, doch kennt Giono keine Hemmungen mehr, nachdem einmal der erste Schritt getan ist.

»Pagnol«, sagt er, »hat noch nie die Vertragsbedingungen eingehalten, unter denen er 1932 die Filmrechte an meinen Romanen erworben hatte. Es war damals vereinbart worden, daß die entsprechenden Filme im Vorspann den Vermerk aufweisen sollten: ›Drehbuch von Marcel Pagnol und Jean Giono.‹ Das ist aber niemals geschehen: Pagnol hat zwar jedesmal die Worte ›nach dem Werk von Jean Giono‹ eingefügt, doch ist mein Name nie in dem speziell für die Drehbuchautoren vorgesehenen Abschnitt erschienen.«

Demgegenüber macht Pagnol geltend:

»Giono hat sich niemals, sei es auch in noch so kleinem Umfang, an der Vorbereitung und Bearbeitung der nach seinem Werk gedrehten Filme beteiligt, wie das bei der Unterzeichnung unseres Vertrages vorgesehen war. Daher hatte ich gar keinen Grund, seinen Namen im Vorspann als Drehbuchautor zu bringen.«

Giono verlangt einen unverzüglichen Vorführungsstopp für die fraglichen Filme, bis die ihn benachteiligende Unterlassung behoben ist. Darüber hinaus verlangt er beträchtliche Summen als Schadenersatz. Das mit dem Fall betraute Zivilgericht in Marseille läßt am 14. Oktober seinen Spruch ergehen. Es gibt Pagnol im Punkt des Vorspanns recht. Giono erkennt es das übliche Autorenhonorar für die Buchverkäufe der Texte von *»Angèle«*, *»Regain«* und *»La Femme du boulanger«* zu. Das schlimmste Ergebnis der ganzen Geschichte ist, daß Pagnol niemals mehr einen Film nach Giono dreht.

Am 12. August 1941 beginnt Marcel Pagnol mit den Aufnahmen für *»La Prière aux étoiles«*.

Zunächst arbeiten sie drei Tage im Studio, dann im Hôtel du Cros in Cassis, wo sie die Außenaufnahmen drehen. Sofort merkt Pagnol, daß jetzt enorme praktische Probleme auf ihn zukommen. Zwar hatte er seit Beginn der Restriktionen schon die besten Gelegenheiten gehabt, sein Improvisationstalent unter Beweis zu stellen. Für die schalldichten Wände des Studios erfand er eine Mischung aus Gips und Sägemehl als Ersatz für den nicht mehr aufzutreibenden Asbest. Seine Entwickler reparierte er mit Gummi. Um das in der Entwicklerflüssigkeit verlorengegangene Bromsilber wiederzugewinnen, erfand er einen eigenen Apparat. Dieses Mal fehlt es an Filmstreifen, und was sich doch organisieren läßt, ist nur von mäßiger Qualität. Pagnol versucht daher für jede Einstellung mit einer Aufnahme auszukommen, was gar nicht leicht ist. Auch ist Hochsommer im Hafen von Cassis. Es wimmelt von Urlaubern. So ist es unmöglich, eine Szene zu drehen, ohne sofort von einer unkontrollierbaren Menge von Schaulustigen umgeben zu sein. Die Leute stören durch Lärm, machen laute Bemerkungen. So kommentieren sie den Auftritt der strahlenden Josette mit einem bewundernden »Ah«, das Pagnol zwar schmeichelt, ihn aber auch gewaltig stört. Manchmal klatschen sie schon vor dem Ende einer Szene Beifall, wenn das »Ende der Aufnahme« noch gar nicht erklungen ist.

Ursprünglich war vorgesehen, daß sich die ganze Truppe im Lauf des September nach Paris begeben sollte, um dort die Szenen im Luna-Park zu drehen. Doch 1941 bedeutet eine Reise von Marseille nach Paris, die Demarkationslinie zwischen der nicht besetzten und der besetzten Zone zu überwinden: keine Kleinigkeit! Für jeden Schauspieler, jeden Techniker müssen Genehmigungen eingeholt werden, womit mühselige und komplizierte Eingaben verbunden sind. Am vorgesehenen Datum sind die erforderlichen Dokumente noch nicht ausgestellt. Die Filmarbeiten geraten in Verzug. Um die Wartezeit zu überbrücken, wird in Marseille weitergedreht. Einige Tage später wird Pagnol beim Reißen eines Lichtbogens am Auge verletzt. Unverzüglich wird er in die Juge-Klinik, gegenüber den Studios, gebracht. Der Augenarzt verurteilt ihn zu zwei Wochen mit verbundenen Augen. Die Aufnahmen müssen unterbrochen werden. Aber das ist nur die erste Katastrophe für *»La Prière aux étoiles«.*

Als Anfang Dezember Pagnol wieder gesund ist und die Arbeit an seinem Film wieder aufnimmt, haben sich die materiellen Probleme noch verschärft. Elektrischer Strom ist rationiert. Den Kulissenwerkstätten fehlt es an allem, an Holz, Eisen, Stoff, Farbe, Werkzeugen, Nägeln. Im Januar muß Pagnol die Arbeit einer ganzen Woche noch einmal machen: eine Szenenfolge mit Jean Chevrier, die am Flugplatz Marignane gedreht worden war. Bei der Entwicklung hatte sich das verwendete Filmmaterial als so schlecht erwiesen, daß man den Streifen nicht projizieren konnte. Das Arbeitsklima in Marseille hat sich verschlechtert. Das Kantinenrestaurant der Studios Marcel Pagnol dient als Resonanzboden und Verstärker aller in der Stadt umlaufenden Gerüchte, gleichviel ob wahr oder falsch. Es gibt Berichte über Ärger mit der Filmzensur. Manche Filme wurden überhaupt verboten, manche derart verstümmelt, daß sie nicht mehr vorgeführt werden konnten. Tatsächlich erweist sich diese Institution als beschränkter und pedantischer denn je. Toé kann ein Lied davon singen. Jede Woche nimmt sie den Inhalt seiner »Cahiers du film« genauestens unter die Lupe.

Pagnol hat bei den Behörden wirklich keinen Stein im Brett. »La Fille du puisatier« hat ganz oben Mißfallen erregt. Die Vichy-Regierung hatte gehofft, darin eine Apologie ihrer Politik zu finden, eine Illustration von Pétains Thesen von der wohlverdienten Niederlage, der Auffassung, Frankreich sei vom Unglück an dem Tag heimgesucht worden, »an dem der Geist des Opferwillens dem Geist der Genußsucht gewichen war«. Nichts dergleichen geschah in dem Film. Von da an vermeidet der Präfekt Marseilles eine Begegnung mit Pagnol. Gerüchte kursieren. In den Studios gehen Berichte über die Absichten der deutschen Besetzer um, »den französischen Film zu kolonisieren«. Ein römischer General und hoher faschistischer Würdenträger hatte bei der Besetzung Marseilles verkündet: »Das Banner des Duce soll über den Studios Marcel Pagnol wehen.« Jeden Tag wird das wirkliche oder eingebildete Eintreffen des berüchtigten Dr. Greven im Hotel Noailles an der Canebière gemeldet. Das ist der für die deutschen Interessen beim französischen Film zuständige Mann, großer Boß bei der UFA und fanatischer Anhänger Goebbels'. Gelegentlich wird behauptet, man habe ihn schon in der Nähe der Studios gesehen. Dazu muß man wissen, daß sich die Gestapo gleich nebenan, in der Rue Rodocanachi, etabliert hat.

Pagnol hat bereits mehrere Briefe von Dr. Greven erhalten, auf die er die Antwort schuldig geblieben ist.

Im Augenblick der Abreise nach Paris, wo die Fortsetzung von *»La Prière«* gefilmt werden soll, kommt ihm diese Verlagerung der Arbeit doch nicht ganz risikolos vor. Er ist im Moment ohne Zweifel die bedeutendste und populärste Figur des französischen Films, und es steht zu befürchten, daß die Direktoren der UFA und der Tobis-Gesellschaft für das besetzte Frankreich, ja Greven selbst, seine Anwesenheit in der Hauptstadt ausnützen, um Verbindungen mit ihm aufzunehmen, ihn einzuladen und ihm Angebote zu machen, deren Annahme ebenso problematisch wäre wie ihre Ablehnung. Weder Fernandel noch Tino oder Raimu hatten sich bisher solchen generösen, aber kompromittierenden Anbiederungen entziehen können. Keinem der französischen Filmleute, sieht man einmal von denen ab, die ihre Tätigkeit aufgegeben hatten oder nach Hollywood ausgewandert waren, war das bisher geglückt. In Pariser Kollaborationsorganen war schon angedeutet worden, Pagnol befinde sich »in Wartestellung«. *»La Fille du puisatier«* hatte schon bei seiner Premiere in Paris die Deutschen enttäuscht. Sie hatten gedacht, die Zuschauer würden bei der Rede Pétains applaudieren. Statt dessen weinten sie. Yves Bourde, einer der Résistance-Führer in Marseille, befürchtet, daß sich Pagnol mit einer Reise nach Paris in die Höhle des Löwen begibt.

An diesem Punkt seiner Überlegungen angelangt, muß Pagnol plötzlich um Josettes Gesundheit besorgt sein. Die Diagnose ist eindeutig: Eine Niere muß entfernt werden. Josette hatte als Kind Probleme mit der Lunge gehabt. Vor allem zarte Naturen fielen damals häufig der Tuberkulose zum Opfer, und Josettes Organismus war durch eine solche erste Erkrankung geschwächt. Das Leiden, das jetzt ihr Nierensystem angreift, hat die gleiche Ursache. Yves Bourde operiert sie.

Pagnol ist am Ende seiner Kräfte und weigert sich, länger zu kämpfen. Er entschließt sich, seinen Film endgültig aufzugeben. Und so wurde *»La Prière aux étoiles«* niemals beendet. Der schon belichtete Filmstreifen wird vernichtet. Aber Pagnol bleibt bei dieser nervenaufreibenden Entscheidung nicht stehen. Da die Vertreter des deutschen Films immer aufdringlicher werden, taucht er unter. Josettes Eltern besitzen ein Haus in Peymenade bei Grasse, die Mühle von Les Pradons. Dorthin zieht er sich zurück.

Er knüpft Kontakte zur Gaumont-Gesellschaft, und es werden Vereinbarungen getroffen, die Pagnol als Betreiber seiner Studios entlasten.

Jean Le Duc, der Mann, der die Geschicke von Gaumont lenkt, ist eine Persönlichkeit von ungewöhnlichem Format. Er war einer der Gründer von Radio Luxemburg und des Poste-Parisien gewesen. 1926 hatte er als Fernsehpionier die ersten Versuche in Frankreich auf diesem Gebiet unternommen. Er war Präsident der Société des compteurs und hatte der Gaumont-Gesellschaft, der er 1939 beitrat, großen Einfluß und beträchtliches Ansehen verschaffen können. Pagnol und die Gesellschaft treffen eine Übereinkunft. Pagnol verkauft der Gaumont sämtliche Anlagen in der Rue Jean-Mermoz. Als Gegenleistung wird Pagnol künftig seine Filme unter Mitwirkung der Gaumont produzieren. Sie soll auch den Verleih übernehmen. Pagnol erhält den – rein symbolischen – Titel eines Aufnahmeleiters der Firma.

Obwohl Pagnol darauf verzichtet, in der Hauptstadt zu arbeiten, nimmt seine dortige Karriere einen zweiten Aufschwung. An den Boulevards hat der Chansonsänger Alibert, der unsterbliche Star von *Un de la Canebière* und des *Les Gangster du château d'If* (übrigens der Schwiegersohn von Vincent Scotto), von Max Maurey die Direktion des Théâtre des Variétés übernommen. Er hatte die Idee, *Marius* wiederaufzuführen und hatte Raimu überreden können, die Rolle des César zu übernehmen – was nicht ohne Schwierigkeiten abging. »Das Stück ist abgenudelt«, hatte Jules gesagt. »Jeder hat es im Kino gesehen. Es wird ein Flop.« Alibert hatte aber nicht nachgegeben, und schließlich erklärte sich Raimu bereit. Das ganze Ensemble der Uraufführung, außer Pierre Fresnay und Dullac, beteiligt sich an dem Abenteuer. Das Publikum nimmt das Schauspiel enthusiastisch und begeistert auf. Die Variétés spielen mit voll besetztem Haus.

»Ich hab' es ja gleich gesagt«, kommentiert Raimu abschließend.

Der Verkauf seiner Produktionsstätten und Studios in Marseille an Gaumont bringt Marcel Pagnol eine hübsche Summe ein. Die Zeitungen sprechen von 40 Millionen Francs. Daraufhin erwirbt Pagnol im Nordosten von Cagnes ein riesiges Grundstück: das

Anwesen L'Étoile. Er möchte dort einen großen Landwirtschaftsbetrieb zur Intensivkultur von Nelken ansiedeln. Auf diese Weise könnte er die Techniker der Studios, die aufgrund ihres Alters vom deutschen Arbeitsdienst bedroht sind, in den Gartenbau einschleusen: Landwirte sind davon befreit. Pagnol, der niemals halbe Sachen macht, stürzt sich mit Leidenschaft auf alle botanischen Werke, die sich mit Blumenzucht befassen. Nach einigen Wochen ist ihm nichts mehr fremd, was sich auf den Nelkenanbau bezieht. Aber sein Projekt macht keine Fortschritte. Trotzdem sollten ihm die dabei gewonnenen Kenntnisse viel später zugute kommen.*

So hat er sich jetzt also mit Josette Day in der neuen Residenz eingerichtet. Als landwirtschaftlicher Unternehmer ändert er seine Gewohnheiten in keiner Weise. Mit Tagesanbruch sitzt er im Büro. Wie sonst auch arbeitet er gleichzeitig an den unterschiedlichsten Werken. Er nimmt seine Übersetzung des »Hamlet« wieder auf, bringt Ordnung in seine Artikel über die Pariser »Cinématurgie«, die er als Buch veröffentlichen möchte, schreibt eine Abhandlung über die Mühlen, eine Studie über die Tuberkulose (unter dem noch unbekannten Gesichtspunkt, daß »der Kranke immer nur als Maschine betrachtet wird, statt daß man ihn auch als lebendiges Wesen sieht«), ein Pamphlet gegen die Kritik (»Ich werde den Herren Brisson, Kemp und Dubech die Wahrheit schon ins Gesicht schleudern«), einen Essay über das Lachen (worin er einige Hypothesen Henri Bergsons widerlegen will). Er schreibt »Le Petit ange« und »Le Premier amour« neu, um sie mit Josette eines Tages, wenn wieder Frieden ist, zu verfilmen. Dieser Friede zeichnet sich schon am Horizont ab: Seit ihrer Januarkapitulation vor Stalingrad müssen die deutschen Truppen an allen Fronten Niederlagen einstecken.

Der Besitz bietet Pagnol für seine verschiedenen Hobbys ein unbegrenztes Betätigungsfeld. Er macht alte Motoren wieder flott, die seit Jahren in der Werkstatt vor sich hin rosten, schlägt sich draußen im Wald selbst sein Brennholz, sammelt Kräuter, reguliert eine neue Maschine zur automatischen Verpackung der Nel-

---

* Vgl. »Jean de Florette« (»Jean Florette«).

ken. Mit der Wünschelrute in der Hand schreitet er das Land nach Wasseradern ab, gräbt Brunnen, entwirft Pläne für einen revolutionären Erdbohrer. Nur schade, daß sich Josette in dieser arkadischen Ruhe, in der er sich wohl fühlt, tödlich langweilt. Um so mehr, als im benachbarten Monte Carlo, Nizza und Cannes ein noch immer blühendes gesellschaftliches Leben herrscht. All die Schriftsteller, Schauspieler, Filmleute, Geschäftsleute, die entschlossen sind, vor der Befreiung nicht nach Paris zurückzukehren, und sich in ihren Sommerwohnsitzen in Grasse, Vence oder Tourette einquartiert haben, geben sich dort ein Stelldichein: Jacques Prévert, Paul Géraldy, Marc-Gilbert Sauvageon, René Lefèvre, Jean Effel, Georges Neveux und diejenigen Künstler, die nur auf einen Sprung nach La Victorine »heruntergekommen« sind, um sich einen Film anzusehen: Jules Berry, Arletty, Gaby Morlay, André Luguet, Carette. Auch befinden sich die brillanten, erst kürzlich entdeckten Vertreter der jungen Schauspielergeneration dort: Micheline Presles, Giselle Pascal, Louis Jourdan, Gérard Philipe. Um Josette eine Freude zu machen, verbringt Pagnol häufig ein paar Tage mit ihr in Monte Carlo. Bevor Pagnol ein Appartement am Boulevard d'Italie kauft, steigen sie im Hotel de Paris ab. Mit ihren Freunden Mireille Balin und Tino Rossi fehlen Marcel und Josette dann bei keinem Empfang.

Im Frühjahr 1943 ruft Jean Le Duc Pagnol zu Hilfe. Die Gaumont produziert einen Film, *»Arlette et l'amour«,* und es geht einfach nicht weiter. Die Dreharbeiten finden in Lourmarin statt. Pagnol kommt dieser Aufforderung um so lieber nach, als Josette die weibliche Hauptrolle in dem Film spielt. Er soll die Dreharbeiten »beaufsichtigen« und bei den Texten »mitarbeiten«. Das gibt ihm die Möglichkeit, die Rolle Josettes völlig umzuschreiben. Er sieht es gar nicht ungern, daß sie auf diese Weise für ein paar Wochen dem gesellschaftlichen Rummel an der »Côte« entzogen ist. Denn sie hatte dort viele Freunde aus der Zeit vor ihrer Bekanntschaft mit Pagnol wiedergetroffen, und Pagnol war klargeworden, daß es einige darunter gab, mit denen sie niemals völlig gebrochen hatte. Das hatte manche peinliche Eifersuchtsszene zur Folge.

Zurück in Monte Carlo, wird Marcel plötzlich mit der Realität konfrontiert. Er entdeckt einen klaren Beweis für Josettes Untreue, für sein Unglück. Sie betrügt ihn mit einem ihrer gemeinsamen Bekannten. Der Hahnrei, die Komödienfigur, die das französische Publikum so unwiderstehlich zum Lachen reizt und die er selbst zum größten Vergnügen seiner Zuschauer so oft in Szene gesetzt hat, hat plötzlich in seinen eigenen Augen all ihre Komik eingebüßt. Er weiß, daß es heldenhafte Exemplare unter den Hahnreis gibt, ungenierte, blinde und auch entsetzlich unglückliche. Zu den letzteren gehört er selbst. Er verkraftet diese neue Lage nur schlecht. Dieses doppelte Spiel seiner Gefährtin mit dem Engelsgesicht – es ist einfach nicht zu glauben und zu ertragen. Die Auseinandersetzungen werden immer heftiger. Daraufhin verschwindet Josette mehrere Male für einige Tage. Das macht Pagnol krank vor Angst und Verzweiflung. Eines Nachmittags hat er bei Jean Prouvost in Grasse eine Verabredung mit James de Coquet und dem Zeichner Don zu einer Partie Karten. Er erscheint nicht. Seine Freunde rufen an. Keine Reaktion. Auch an den Orten, wo er sich gewöhnlich aufhält, hat man ihn nicht gesehen. Unruhe kommt auf. Die Gestapo treibt in der Gegend ihr Unwesen, und jedes plötzliche Verschwinden läßt das Schlimmste befürchten. Man sucht ihn überall. Don läßt schließlich die Tür seiner Suite im Hôtel de Paris aufbrechen. Da liegt Pagnol auf dem Bett ausgestreckt. Seit einigen Tagen hat ihn Josette allein gelassen, und wahnsinnig vor Schmerz hat er sich nicht gewaschen, nicht rasiert, nicht angekleidet. Hat sich mit Milchkaffee ernährt, geht nicht ans Telefon, und um die Gegenwart Josettes zu fühlen, hat er sich ein Paar von ihren Strümpfen angezogen.

Seine Liebe zu ihr ist immer noch so stark, daß er ihr bei jeder Rückkehr wieder verzeiht, woraufhin sie ihr gemeinsames Leben wieder aufnehmen. Trotzdem bleibt der tiefe Riß in einer einst absoluten Liebe. Sie ist zum Tode verurteilt. Während sie darauf warten, trösten sie beide Tino, der nach einem zwielichtigen Abenteuer mit Mireille Balin gebrochen hat. Das ist das Ende einer Bindung, die nach Ansicht all ihrer Freunde auf Fels gebaut war.

Als einzigen Lichtstrahl in diesem Dunkel erlebt Pagnol eines Abends, was er als die größte Freude in seiner beruflichen Laufbahn bezeichnet hat. In Monte Carlo, wo eine Truppe aus Nizza den »*Topaze*« aufführt, entdeckt er einen Schauspieler, der die Rolle des in anrüchige Geschäfte verwickelten Aufpassers so spielt, wie er es sich immer erträumt hatte: im ersten Akt naiv (aber um Himmels willen niemals dumm), im dritten Akt plötzlich markanter und außergewöhnlich stark. Tausende von Malen ist das Stück aufgeführt worden, aber niemals wurde »*Topaze*« mit einer ähnlichen Meisterschaft interpretiert. Auf Anhieb war es dem jungen Mann gelungen, in dieser Rolle die größten Schauspieler der Hauptstadt: Louis Jouvet, André Lefaur, Victor Boucher usw., an die Wand zu spielen. Nach Beendigung der Vorstellung stürzt Pagnol hinter die Kulissen, um seine Bekanntschaft zu machen und ihn zu beglückwünschen. Er trifft einen jungen Mann aus Nizza an: Raymond Pellegrin. Noch wenige Monate zuvor war er Laufbursche bei La Poularde, einem der Moderestaurants von Nizza, gewesen. Topaze ist die zweite Rolle in seiner Laufbahn als Halbamateur. Pagnol verspricht ihm, nach dem Krieg in Paris eine Wiederaufnahme von »*Topaze*« nur seinetwegen zu organisieren.

Jetzt macht Pagnol einen Abstecher in die Hauptstadt. Sein Name steht immer noch auf den Plakaten am Théâtre des Variétés. Nach 300 Vorstellungen von »*Marius*« hat Alibert »*Fanny*« mit dem gleichen Ensemble und dem gleichen Erfolg wieder gespielt. Raimu durchlebt eine Periode der Euphorie. Er hat soeben »*Le Colonel Chabert*« nach dem Roman von Balzac gedreht, mit Marie Bell als Partnerin. Diese hatte die Idee des Jahrhunderts (sie ist eine sehr einflußreiche Anteilseignerin bei der Comédie Française): Raimu im »*Molière*« einzuführen. Geschmeichelt durch diese Aussicht, vertraut sich Raimu Pagnol an. Er erinnert ihn an den Vertrag, den sie beide 1935 in Marseille auf dem Papier mit dem Briefkopf der Brasserie de Verdun unterzeichnet hatten. Pagnol verpflichtete sich damals, ein Theaterstück namens »*César*« zu schreiben, Raimu, es zu spielen. Nach dem Erfolg in »*Marius*«, dann in »*Fanny*« wollte Raimu sich vom Boulevardtheater verabschieden und in »*César*« auftreten. Nur mußte Pagnol sich entschließen, das Stück zu schreiben, und er hatte versprochen, sich daran zu setzen.

Bei diesem Paris-Aufenthalt trifft Marcel einige Freunde wieder.

Marcel Achard, der ein Drehbuch nach dem anderen schreibt, Pierre Benoît, der Marcel gegenüber seine Absicht bekräftigt, ihn nach dem Friedensschluß zum Mitglied der Akademie zu machen. Er könnte sich ihn gut auf dem freigewordenen Sitz von Marcel Prévot vorstellen, der soeben gestorben ist. Im Laufe eines gemeinsamen Abendessens teilt ihm Jean Cocteau mit, er sei dabei, die Erzählung »La Belle et la bête« fürs Kino zu bearbeiten. Noch weiß er nicht, wer La Belle spielen könnte. »La Bête«, sagt Cocteau, »wird Jean Marais sein.« Pagnol gibt ihm zur Antwort, er habe den gleichen Plan.

»Meine Belle«, sagt er, »ist Josette Day.«

In der Euphorie dieses gemeinsamen Essens wird unter den beiden Schriftstellern eine seltsame Vereinbarung geboren: aus »La Belle et la bête« nicht einen, sondern zwei Filme zu machen. Und beide mit Josette Day und Jean Marais. Jean Cocteau will den seinen nach dem Buch von Marcel Pagnol drehen. Umgekehrt schreibt er sein Drehbuch, das dann von Pagnol verfilmt wird.

Marcel und Josette kommen gerade nach Cagnes zurück, als Jules Raimu in Begleitung von Marie Bell am Montag, dem 13. September 1943, seinen Vertrag mit Jean-Louis Vaudoyer, dem Direktionsassistenten der Comédie Française, unterschreibt. Sie lesen Cocteaus Bericht über diese historische Stunde in der Presse. Cocteau schreibt:

»Eskortiert von Fotografen schritt Monsieur Raimu im schwarzen Anzug und den Filzhut à la Gilles auf dem Kopf gemessen die Treppe empor, durch das Spalier der Steinbüsten hindurch. Es war 17 Uhr. Um 17.30 Uhr unterzeichnete er den Vertrag. Ich hatte also das Glück, ihn willkommen heißen zu dürfen und seine Antwort zu hören: keine Übertreibung, ich bin nicht Mounet Sully.«*

Kaum hat Raimu Vaudoyers Büro verlassen, als er zu Paul Olivier sagt:

»Wir schicken Marcel ein Telegramm.«

Sein Auftritt auf der Bühne der Comédie, und zwar im »Bürger als Edelmann«, ist für März 1944 geplant.

---

* Jean Sully-Mounet, berühmter Schauspieler an der Comédie Française zu Beginn des 20. Jahrhunderts (Anm. d. Ü.).

Es ist also noch Zeit, den César zu spielen.

Offensichtlich interessiert der Stoff Pagnol aber nicht. »Ich arbeite nur widerstrebend am ›César‹«, schreibt er an Raimu, »ich arbeite nur daran, weil ich es Dir versprochen habe. Wenn ich fertig bin, schicke ich Dir meine Arbeit. Sie scheint was zu werden, muß aber im Vorspiel noch geändert werden. Es ist nicht gerade geschickt, meine Rückkehr ans Theater mit einer nach einem Film zusammengepfuschten Bearbeitung einzuleiten. Wenn Du in der Comédie auftrittst, muß es doch ein Triumph für Dich werden!« Nach diesen Worten bittet er Raimu, ihm seine Meinung über das ihm zugeschickte Manuskript zu sagen.

»Wenn Du es gut findest«, schließt er, »so geht es am 15. Dezember über die Bretter, und Du spielst es 50mal, um es gleich danach wiederaufzunehmen.«

»Um es gleich danach wiederaufzunehmen.« Diese fünf Worte sind verräterisch. Sie zeigen, daß Pagnol glaubt, das Engagement Raimus am Haus Molières könne nicht von langer Dauer sein.

Mitte Januar 1944 kehren Marcel Pagnol und Josette Day nach Paris zurück. Wenn auch ihre Beziehung äußerlich noch hält, so hat sie innerlich doch sehr gelitten. Josette nimmt ihre alten Bekanntschaften und Gewohnheiten wieder auf. Ganz offen stellt sie ihre Untreue zur Schau. Pagnol kann nicht mehr. Am 18. Februar nützt er, erschöpft, innerlich zerrissen, eine Nacht, in der Josette nicht zurückgekehrt ist, aus, das Hotel, in dem sie abgestiegen sind, zu verlassen. Er flüchtet sich zu seinem alten Freund Georges Liron. In seiner Umgebung, in der jeder weiß, wie stark seine Bindung an Josette ist, will niemand daran glauben, daß der Bruch endgültig sein soll. Alle sind der Meinung, er werde ihr wie so oft verzeihen und gemeinsam mit ihr weiterleben. Sogar Josette selbst ist sich dessen sicher. Aber diesmal täuscht sie sich. Pagnol bleibt bei seinem Entschluß. Er läßt Josette einen Abschiedsbrief zukommen, von dem es später in Paris heißt: »Er wog 500 Gramm.« Liron, der immer noch an der Unwiderruflichkeit von Pagnols Entscheidung zweifelt, hinterläßt er an dem Tag, an dem er weiß, daß er sich entfernen wird, die Nachricht: »Wenn ich heute abend nicht zurückkomme, so bedeutet das nur eine kleine Verspätung.

Du kennst die Wahrheit und meinen unwandelbaren Entschluß.«
Josette gegenüber macht sein Kummer ihn bösartig: »Ein armes
krankes Wrack«, schreibt er.
»Aber man soll nicht versuchen, aus einem Wrack ein seetüchtiges
Schiff zu machen.«
Die Jahre mit Josette sind endgültig vorbei.

XIII.

Zeit der Würden

(1944−1946)

Jacqueline von Allerheiligen. Die Mühle der Madame Tartine.
Paris befreit und toll geworden. Der Herr Schriftsteller-Präsident.
Pellegrin auf hoher Umlaufbahn. »Naïs«. Ein Essen in der Sonne.
Raimu bei »Molière«: Langeweile. Wahl am Quai Conti. Abschied
von Jules. Vilbert erbt César. Die Rede und der Degen.

Als am 22. März 1944 Raimu seinen ersten großen Auftritt auf der
Bühne der Comédie Française im *»Bürger als Edelmann«* hat und
sich der Vorhang schon fast hebt, fragt er – die Nervosität ist inzwischen aufs höchste gestiegen – Pierre Bertin, seinen Regisseur,
ob Marcel Pagnol im Zuschauerraum sitze. Bertin bejaht die
Frage.
»Gewiß. Er ist mit einem hübschen Mädchen da.«
Das ist gelogen, aber mit der menschenfreundlichen Absicht,
Raimu zu beruhigen. Besser: halb gelogen. Marcel Pagnol befindet sich tatsächlich in Begleitung eines hübschen Mädchens, ist
aber nicht hier. Er hat sich mit Jacqueline Bouvier in seine Mühle
von Ignères im Sarthe-Gebiet zurückgezogen.
Das schüchterne, leicht errötende Mädchen, mit dem er ein paar
Novemberabende des Jahres 1938 spaßeshalber geflirtet hatte, hat
inzwischen seinen Weg gemacht. Sie hatte Pagnol erklärt, sie wolle
Schauspielerin werden. Das hat sie auch erreicht. Sie hatte Schauspielunterricht bei Raymond Rouleau genommen, war zunächst
im Kabarett der Avantgarde bei Agnès Capri, Rue Molière, mit
Gedichten und Texten von Alphonse Allais und Alfred Jarry aufgetreten, hatte Lyrik bei Carrère und im Alhambra rezitiert. Und
sie hat sich schon einen Namen beim Film gemacht, durch Hauptrollen in *»Maison des sept jeunes filles«* von Albert Valentin, nach

Simenon, und in »*Adieu, Léonard*« von Pierre Prévert. Ihre Partner dabei waren Charles Trenet und Pierre Brasseur. Auch hatte sie im Théâtre Monceau die weibliche Hauptrolle in »*Jupiter*« von Gabriel Boissy übernommen, einem der größten Bühnenschlager der Saison. Für ihre Darstellung erhielt sie den von der Autorenvereinigung verliehenen großen Preis des Theaters. Ihr Gesicht tauchte plötzlich vor dem inneren Auge Pagnols auf, als er in Stunden der Verzweiflung mit zerschlagenem Herzen nach einem Rettungsanker suchte. Unbewußt hatte er sie im Gedächtnis behalten. Er vergegenwärtigte sich ihre blauen Augen, ihr Lächeln. Es war grau und kalt gewesen an dem Abend, als er sie kennenlernte. Und mit einem Schlag war allein durch ihre Gegenwart alles hell, schön und warm geworden. Sie war jung und natürlich. Ihr Lachen klang hell und fröhlich. Die Sonne spielte in ihren Haaren. All diese Bilder kamen ihm wieder in Erinnerung. Er hatte sie »Jacqueline von Allerheiligen« genannt. In seinem seelischen Schiffbruch symbolisierte sie das frische Leben, die Reinheit. Warum hatte er sie überhaupt von sich gelassen? Hatte er sie vielleicht erschreckt? Ihretwegen entdeckte er seine lyrische Ader wieder und ließ sich von der Muse küssen. Sie gab ihm die Verse ein:

> *Jacqu'line von Allerheiligen,*
> *»Laurette«, ich machte dir den Hof.*
> *Unter dem dünnen Blusenstoff*
> *Trugst du zwei Brüstchen, viel zu klein.*
>
> *Noch zarte Brüstchen, klein fürwahr.*
> *Weiß kam die Luft aus deinem Mund,*
> *Und unter meinem Mützenrund*
> *Trug ich schon viel zu weißes Haar.*
>
> *Ich dachte wirr, verhielt mich dumm,*
> *War alt, vor Schüchternheit fast stumm.*
>
> *Wie wollt' es dir seitdem ergehn?*
> *Warfst du dein Herz an Männer hin,*
> *O meine wilde Jacqueline,*
> *Die weinend stets um Liebe flehn?*

Ich Narr, vom falschen Lachen krank,
Führt' an der Nas' das Publikum,
Gewann dadurch Reichtum und Ruhm,
Ein Schloß und Konten auf der Bank.

Ein prächt'ges Schloß, zinnenbewehrt,
Der Park erstreckt sich meilenweit.
Wärst du verloren, welches Leid!
Mein Lieb', ich hab' nur dich begehrt!

Als ich im schnellen Taxi saß,
Du träumtest mir zur Seite – keck
Tippt' ich an deinen Leberfleck
Und sagte: Warze nennt man das!

Trotz deiner Brüstchen, viel zu klein,
Liebte ich dich, und lieb' ich dich.
Jacqu'line von Allerheiligen!
Ist es zu spät? Vergißt du mich?

In den Tagen nach seiner Rückkehr nach Paris rief Pagnol auf gut
Glück unter der Telefonnummer an, die ihm Jacqueline Bouvier
vor fünf Jahren gegeben hatte. Tatsächlich hob sie selbst ab.
»Diesen Anruf«, sagte sie, »erwarte ich seit fünf Jahren.«
Einige Wochen nach ihrer Wiederbegegnung schlägt Marcel Pagnol seiner neuen Freundin vor, mit ihm ins Sarthe-Gebiet zu fahren. Um sie dazu zu überreden, zieht er alle Register seiner Verfüh-
rungskunst und seines Charmes. Selbst Baudelaire kommt ihm zu
Hilfe mit seinem »O Süße, gemeinsam zu reisen, gemeinsam zu
leben dort unten«. In Paris ist die Hölle los. Bomben, Alarm, At-
tentate, Erschießungen, Provokationen, Denunziationen, Verhaf-
tungen sind an der Tagesordnung. Das ist kein Leben mehr: Man
kann nicht mehr ausgehen, nicht mehr schlafen (wegen der
Alarme), nicht mehr essen. Die Lebensmittelmarken reichen gerade, um nicht Hungers zu sterben. Das Sarthe-Gebiet bietet Aussicht auf Ruhe, den Frieden der Felder, für Jacqueline mit ihrem
jugendlichen Appetit aber auch Aussicht auf Weißbrot, Butter,
Rillette, Milch, Sahne, Beefsteaks wie vor dem Krieg – alles Nah-
rungsmittel, die seit langem aus Paris verschwunden sind. Und vor

allem: Sie ist in Pagnol verliebt. »Er hätte mich nach China mitnehmen können, wenn er gewollt hätte«, sagt sie später.

Also ziert sie sich nicht lange und sagt zu. Und so wohnen sie jetzt zusammen in Ignères mit üppigem Frühstück und herrlichen Spaziergängen. Mit einem Wort: »Alles ist gut und schön, ja reichlich, es gibt Ruhe und (höchstwahrscheinlich) sinnlichen Genuß.« Diesmal erwählt sich Pagnol Jean Cocteau zu seinem Vertrauten. Er schreibt ihm:

»Als ich, noch mitten in der Katastrophe, nach Paris kam, traf ich dort ein höchst liebenswertes Geschöpf wieder, das ich 1938 kennengelernt hatte. Damals war es noch ein kleines Mädchen, mit dem ich nur gute Kameradschaft halten konnte. Als ich sie im Dezember 1938 verließ, war sie so krank, daß ihre Eltern sie für länger als ein Jahr aufs Land schickten. Ich wußte von diesem Leiden nichts und fand sie wieder. Sie hatte auf mich gewartet, gegen jede Hoffnung. Aber als sie mich sah, begriff sie sofort. Sie ließ alles stehen und liegen und lebt jetzt mit mir in meiner alten Mühle im Sarthe-Gebiet. Sie ist die Poesie und die Zärtlichkeit selbst. Ihr einziger Fehler ist ihre Jugend. Sie hat mich aus meinen Depressionen, meiner Gereiztheit und meiner Schwarzseherei gerettet.«

Überall ist die Rede davon, daß der Krieg sich dem Ende nähere. Warum nicht in diesem Schlaraffenland darauf warten? Pagnol stellt Jacqueline diese Frage. Sie antwortet unverzüglich mit Ja und einem hellen, freudigen Lachen.

Hocherfreut findet Pagnol seine Werkstatt wieder, wo er mit den Händen arbeiten kann. »Ich habe daran gearbeitet«, schreibt er, »das Mühlrad zu reparieren, das sechs Tonnen wiegt und dessen kleinste Schraubenmuttern groß wie Untertassen sind. Die dazu notwendigen Werkzeuge sind acht Kilo schwer und die Schraubenschlüssel mehr als einen Meter lang. Ich habe jetzt noch Muskelkater davon.«

Von Cagnes läßt er sich die Manuskripte bringen, an denen er gerade arbeitet. Er räumt sein Büro wieder ein und nimmt die alten Gewohnheiten und Zeitpläne auf. Jacquelines Gesellschaft wird ihm von Tag zu Tag lieber. In der Schule von Agnès Capri und Prévert hat sie einen seltenen Sinn für Humor entwickelt. Pagnol seinerseits ist in unwiderstehlicher Scherzlaune. Beide müssen sie über die gleichen Sachen lachen. Pagnol entdeckt an seiner Gefährtin viele schon vergessene Eigenschaften seiner eigenen Jugend. Jacqueline Bouvier stammt aus demselben Milieu wie er selbst. Auch sie kommt aus einer Familie des Midi, die in Les Tavernes, einem kleinen Dorf des Département Gard, wohnt, am Fuße der Cevennen. Wie die Pagnols sind alle Bouviers, oder fast alle, Lehrer oder Lehrerinnen. Ihr Vater ist die einzige Ausnahme. Er ist bei der Post, hat seine ganze Laufbahn in Malakoff vor den Toren von Paris verbracht, wo sie geboren und aufgewachsen ist. Sie hat die gleichen schönen Kinderferien erlebt wie Pagnol. Denn auch sie lief gerne durch die Garrigue des Mittelmeergebiets. Auch sie hat Ziegen gehütet. Wie er hat sie sich mit einem unbedingten, unverwüstlichen Willen zum Erfolg in den Lebenskampf gestürzt.

Marcel Pagnol bestimmt, sie solle die Hauptrolle in »*Petit ange*« spielen und die Rolle des jungen Mädchens in »*Premier amour*« übernehmen. Die Rollen sind ihr auf den Leib geschrieben.

Noch ein drittes Projekt hält er für sie in petto. Zu der Zeit, als er all die neuen Möglichkeiten ausschöpfen wollte, die der Tonfilm, neben der Filmoper und dem Märchenfilm, einem Dramatiker bot, hatte er eine Filmoperette drehen wollen. Vorlage sollten die Lieder des deutschen Dichters Wilhelm Müller sein, »*Die schöne Müllerin*«, die Franz Schubert vertont hatte. Er scheiterte mit diesem Versuch, 1936 mit Roger Bourdin, dem Tenor der Pariser Oper, dann mit Reda Caire, dem Schnulzensänger der dreißiger Jahre. Diesmal aber, so glaubt er, hat er den idealen Interpreten für die Rolle des Schubert gefunden: seinen Freund Tino Rossi. Jacqueline soll seine Partnerin sein. Mit Tino möchte er auch »*Si j'étais roi*« verfilmen. So lebt Pagnol glücklich dahin. Da liest er eines Morgens mit Verblüffung in der Zeitung, das Théâtre des Ambassadeurs habe mit den Proben zu einem neuen Stück von Jean Giono begonnen: »*La Femme du boulanger*« mit Pierre Larquey. »›*La Femme du boulanger*‹ ist ein Titel, der mir gehört«, ruft Pagnol aus, »es ist der Titel meines Films! Giono soll ruhig ein Stück aus seiner Geschichte machen, wenn er Lust dazu hat. Das ist sein gutes Recht. Aber dann soll er es auch wie sein Buch ›*Aurélie et le boulanger*‹ nennen. Andernfalls schadet er mir, vor allem ruft er beim Publikum mögliche Verwechslungen hervor, was ich nicht dulden kann!« Pagnol möchte in Ignères bleiben und übergibt die Angelegenheit seinen Anwälten. Sie teilen ihm mit, Giono sei im Recht, sie könnten nichts machen. Denn auch in der Nummer der N.R.F., in der Pagnol die Erzählung Gionos entdeckt hatte, war sie »*La Femme du boulanger*« betitelt gewesen. Das hatte er vergessen. Die Auseinandersetzung ist schnell zu Ende. Die Karriere des Stückes auch. Es ist ein Flop. Nach einem Monat wird es abgesetzt.

Der ruhige Frieden in der Mühle von Ignères wird bald brutal unterbrochen. Pagnol und Jacqueline hatten sich vor den Schrecken des Krieges dorthin geflüchtet. Jetzt, am 6. Juni, landen die Alliierten in der Normandie, und der Krieg holt sie ein. Am 8. Juni schreibt Pagnol an den in Paris verbliebenen Georges Liron: »Komm' zu uns. Du wirst hier gutes Essen finden, wirst aber tagtäglich die Bomben krachen hören, sogar am Sonntag. Drei davon schlugen 800 Meter stromaufwärts von der Mühle ein, drei andere 800 Meter stromabwärts. Aber es gibt gehacktes Schmalzfleisch, und das Brot ist auch nicht übel.« Weiter unten heißt es mit Bezug auf Jacqueline: »Ihre Jugend macht mir angst, während sie mich gleichzeitig entzückt.«

Die Freunde in der Rue Fortuny und die Gaumont-Gesellschaft bleiben mehrere Wochen ohne Nachricht von ihnen. Schließlich erhält Liron einen Brief mit dem Datum vom 10. August: »Seit mehr als einem Monat leben wir mit dem Donner der Kanonen. Die Flugzeuge haben 20 Flußwehre an der Sarthe in die Luft gehen lassen, und wir waren nicht sicher, was mit dem unseren geschehen würde. Überdies schossen sie mit Maschinengewehren und warfen Bomben auf die Konvois, die auf der 8 Meter von unserem Haus entlangführenden Straße fuhren. Nach einem Monat großsprecherischer Prahlereien und Schwindeleien tauchte eines Tages ein riesiger amerikanischer Neger bei uns auf und sagte: ›Die Deutschen sind weg.‹ Es stimmte. Mir fällt das erste Kapitel der ›Kartause von Parma‹ ein, wo Fabrizius, der an der Schlacht von Waterloo teilnimmt, erkennt, daß alles zu Ende ist, bevor er überhaupt bemerkt hat, daß es angefangen hat.«

Frankreich ist befreit, doch die Restriktionen dauern an. »Wenn es um sieben Uhr früh an eure Tür klopft«, sagt Henri Jeanson, indem er sich an die Pessimisten wendet, »ist es zwar nicht mehr die Gestapo; es ist aber auch noch nicht der Milchmann.« Er sollte erst nach mehreren Monaten wieder kommen, der Milchmann. Marcel und Jacqueline wären gerne und länger in ihrem Palais der Madame Tartine geblieben. Aber das ist nicht möglich.

Jacqueline muß nach Paris zurück. Die Proben für »*La Nuit de la Saint-Jean*« beginnen in der Comédie des Champs-Élysées. Es ist ein Stück des englischen Autors Sir Thomas Barret, in dem sie mit Henri Rollan und Françoise Christophe auftreten soll. Pagnol fährt mit ihr zurück. Er muß die ersten Aktivitäten der neuen »Société des films Marcel Pagnol« überwachen, die er nach dem Verkauf der Studios in Marseille gegründet hat. Wie alle Publikationsorgane der Besatzungszeit, so hatten auch die »Cahiers du film« ihr Erscheinen einstellen müssen. In der Rue Fortuny wird die Tätigkeit allmählich wieder aufgenommen. La Buzine, das die deutsche Kriegsmarine in ein Lazarett umgewandelt hatte, bleibt beschlagnahmt, diesmal vom französischen Militär. Es werden dort die Verwundeten aus Schwarzafrika gepflegt.

Marcel und Jacqueline ziehen in Paris in ein kleines Appartement in der Rue François I. Sie sind übereingekommen zu heiraten, und Pagnol läßt Zimmer in der Rue Fortuny für eine Wohnung herrichten. Da erhalten sie Nachricht vom plötzlichen Tod Charpins. Er ist Opfer der harten Zeit geworden, der sein schwaches Herz nicht mehr gewachsen war. Sein Tod glich dem des Panisse in »*César*«, auch er wurde »von dieser tückischen Krankheit dahingerafft, die die Menschen bei bester Gesundheit überfällt, deren Tod dann einen geradezu lächerlichen Gegensatz hervorruft«.

Paris erlebt seltsame Zeiten. Der Krieg geht weiter, und die eintreffenden Nachrichten sind nicht gerade günstig. Aufgrund der Säuberungsaktionen sind die Gefängnisse überfüllt. Pierre Benoît und Sacha Guitry sitzen im Gefängnis La Santé ein. Immer noch sind die Restriktionen in Kraft. Aber für die Pariser ist der Alpdruck vorbei, und das heißt: feiern. Unaufhörlich! Man hat den amerikanischen Film, die amerikanische Mode, die amerikanische Musik wieder entdeckt. Jeden Abend ist irgendwo ein rauschender Ball. Die Bistros, die Bars, die Nachtlokale schießen wie Pilze

aus dem Boden. Sie sind brechend voll. Marcel und Jacqueline nehmen an dem allgemeinen Auftrieb teil. Nach dem Theater treffen sie sich mit den Freunden, den Achards, Jeansons, Galtier-Boissières, mit Cocteau, Kessel. Tino hat eine Schauspielerin geheiratet, Lilia Vetti, eine Landsmännin, aufregend brünett. Pagnol ist stolz wie ein kleiner Junge, wenn sich, sobald er mit Jacqueline am Arm irgendwo eintritt, alle Köpfe nach ihr umdrehen. Aber auch unruhig. Sie ist so jung, so hübsch. In einem Kabarett an der Rue Thérèse, Le Bosphore, wo sie mit den Aliberts und den Scottos zu Abend essen, fragt ein junger amerikanischer Soldat Marcel Pagnol (in exzellentem Französisch), ob er »seine Tochter« zum Tanz bitten dürfe. Pagnol erlaubt es. Jacqueline tanzt mit dem Soldaten. Als der GI sie zu ihrem Tisch zurückbegleitet, erzählt ihm Alibert, diese junge Frau sei nicht die Tochter, sondern die Frau ihres Freundes, und dieser sei kein anderer als Marcel Pagnol.
»Marcel Pagnol«, gibt der GI zurück, »aber der ist doch längst tot!«
Und sogleich gibt er ein Zitat aus »*Marius*« zum besten: »Die Ehre ist wie ein Streichholz. Es funktioniert nur einmal.«
Der junge Mann hat auf einer Universität im mittleren Westen Französisch gelernt, indem er Pagnol las. Er kann einige Textpassagen auswendig und ist davon überzeugt, daß Pagnol, wie die meisten klassischen Autoren, längst tot sei.
»Für einen Augenblick kam ich mir wie Homer persönlich vor«, sagte Pagnol später. »Sie können sich nicht vorstellen, wie gebauchpinselt ich mich fühlte.« In den folgenden Monaten erhält Pagnol »Klassikerausgaben« seiner Stücke, zum Gebrauch der Collegeschüler oder Studenten in den Vereinigten Staaten, Chile, Korea und Japan herausgegeben.

Am 22. November 1944 wird Marcel Pagnol zum Präsidenten der Gesellschaft der Bühnenschriftsteller und Komponisten gewählt. Der Vorstand, bestehend aus Roger Ferdinand, Albert Willemetz, Romain Coolus, Maurice Yvain, Mouezy-Eon, Xauroff, Charles Vildrac, Stève Passeur und Raoul Praxy, hat einstimmig für ihn votiert. Diese Wahl zum Präsidenten verdankt Marcel Pagnol offensichtlich seiner großen Popularität. Doch hat dieses einstimmige

Votum seiner Berufskollegen noch einen anderen, gewichtigen Grund: Die Gesellschaft durchlebt im Moment wegen der Säuberung eine schwere Krise. Der Vorstand ist der Auffassung, allein Marcel Pagnol sei dank seines Ansehens, seiner Autorität, seines Gespürs für Politik, mit einem Wort, seines gesunden Menschenverstandes, in der Lage, die Probleme ehrenhaft und gerecht zu lösen.

In den Tagen nach der Befreiung haben sich überall – auch in der Société des auteurs – Säuberungskomitees gebildet. Das der Société hat sich zur Aufgabe gemacht, das Verhalten der Autoren oder Komponisten zu durchleuchten, die von ihren Kollegen beschuldigt werden, sich während der Besatzungszeit unehrenhaft gegen das Vaterland betragen, der nationalsozialistischen Ideologie nahestehende Gedanken verbreitet, mit den deutschen Behörden zusammengearbeitet, ihre persönlichen Beziehungen zu diesen Behörden zugunsten ihres künstlerischen Werkes oder gar zu skandalösem eigenem Vorteil ausgenutzt zu haben. Gegebenenfalls soll das Komitee die Schuldigen belangen. Nach ersten Untersuchungen legt die Kommission Akten gegen etwa 30 Mitglieder der Société an. Es ist vorgesehen, sie aus der Société auszuschließen oder ihnen für einen mehr oder weniger langen Zeitraum Arbeitsverbot zu erteilen. Das erzeugt innerhalb der Société eine Atmosphäre des Denunziantentums, des Mißtrauens, einer erstickenden, nervenzerreißenden Spannung.

Marcel Pagnol nimmt diese Angelegenheit sehr ernst. »Es handelt sich«, schreibt er, »um die Ehre vieler Persönlichkeiten, die die Last der Besetzung vier Jahre lang haben ertragen müssen.«

Im Verlauf der ersten Vorstandssitzung, bei der er den Vorsitz führt, macht er deutlich:

»Ich ziehe in Betracht, daß wir alle, Komponisten und Dramatiker, zur Elite der Nation gehören. Niemandem gereicht es zum Vorteil, wenn wir an die große Glocke hängen, daß sich einige von uns vielleicht nicht ehrenhaft verhalten haben. Es wäre viel klüger aufzuzeigen, wie im Gegenteil, was Zivilcourage betrifft, die große Mehrzahl ein vorbildliches Verhalten an den Tag gelegt hat. Ich schlage deshalb vor, der Arbeit des Säuberungskomitees ein Ende zu machen und ein Glückwunschkomitee zu gründen. Und

Marcel Pagnol und die Schauspieler von »Fanny«.
Sitzend: Raimu, Maupi und Charpin.
Stehend: Robert Vattier und Mouries. *(Coll. André Bernard)*

Josette Day, Raimu und
Fernandel in »La Fille du
Puisatier« (1940) während der
Dreharbeiten in Marseille in
den Studios der Rue Jean
Mermoz.

Josette Day und Pierre
Blanchar in »La Prière aux
Étoiles«, einem unvollendeten
Film.
(Coll. André Bernard)

Fernandel, Raimu, Alexandre
Essway und Marcel Pagnol in
einem Raum der Studios in
Marseille. Im Vordergrund
Josette Day.
(Coll. André Bernard)

Beim Petanque-Spiel im Hof
der Studios. Pagnol, Josette
Day und Toë.
(Coll. Jacqueline Pagnol)

Oben rechts: Jacqueline Pagnol in »Manon des Sources«.
Oben links: Jacqueline Pagnol in »La Maison des Sept jeunes Filles«, in dem Alter, als Marcel ihr vorschlug, ihr Leben mit ihm zu teilen. *(Coll. André Bernard)*

Links: Fernandel in »Naïs«.
(Films Marcel Pagnol)

Rechte Seite:
Oben: Filmfestival in Cannes. Jacqueline Pagnol zwischen Marcel Pagnol und Tino Rossi (1955). *(Coll. Jacqueline Pagnol)*
Unten links: Im Talar des Mitglieds der Akademie. *(Foto AGIP)*
Rechts: Die Pagnols zu Hause.
(Coll. André Bernard)

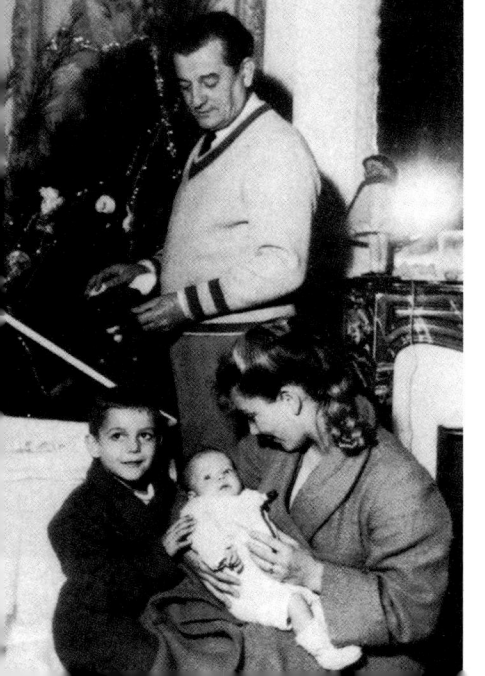

Mit Freund Marcel Achard
und Fürstin Gracia
von Monaco.
(Coll. Jacqueline Pagnol)

In Monaco nach der Geburt
von Estelle.
(Coll. Jacqueline Pagnol)

Mit Fernandel
am 30. Jahrestag der Uraufführung des »Topaze«.
(Coll. Jacqueline Pagnol)

Marcel und Jacqueline lassen
sich für eine amerikanische
Illustrierte fotografieren.
(Archiv des Autors)

Marcel Pagnol bei der Arbeit
an seinem Geschichtsessay
über das »Rätsel der Eisernen Maske«.
(Foto Lenoir/Télé 7 jours)

Im verwilderten Park des
Château de la Buzine, anläß-
lich der Aufnahmen für die
Fernsehsendung »Morceaux
choisis«.
(Foto Lenoir/Télé 7 jours)

ich fordere diejenigen unter uns, die glauben, ihr Verhalten während der letzten vier Jahre verdiene Anerkennung, auf, die entsprechenden Nachweise aktenkundig zu machen und uns zu übergeben.«

Niemand reicht einen derartigen Nachweis ein.

Indessen verweigert das Säuberungskomitee die Auflösung. Pagnol ergreift daraufhin eine neue Initiative. Er ordnet an – unter dem Vorwand, niemals dürfe eine Instanz die Fälle auch entscheiden, die sie untersuche –, daß nun der Fall jedes einzelnen Autors und Komponisten bis ins Detail überprüft werden müsse, der während der Besatzungszeit ein Werk aufführen ließ. Sogleich schnellt die Anzahl der Akten von 30 auf mehrere hundert hoch (es gibt eine Akte Claudel, eine Akte Sartre, eine Akte Anouilh, eine Akte Achard ... eine Akte Pagnol). Die Aufgabe, vor der das Säuberungskomitee steht, wächst ins Gigantische. Gleichwohl macht es sich an die Arbeit. Doch ist es ziemlich schnell entmutigt. Um unter das Problem endgültig einen Schlußstrich zu ziehen, läßt Pagnol jedem Mitglied der Société einen Fragebogen über seine Aktivität während der Besatzungszeit vorlegen, der von jedem selbst ausgefüllt werden soll. Die darin gestellten Fragen sind einigermaßen überraschend, zum Beispiel schon die ersten drei:

Frage 1: Haben Sie mit der Besatzungsmacht zusammengearbeitet? (Antworten Sie mit Ja oder Nein)

Frage 2: Haben Sie Personen denunziert? (Antworten Sie mit Ja oder Nein)

Frage 3: Wenn ja – sind Personen, die Sie denunziert haben, hingerichtet worden? (Antworten Sie mit Ja oder Nein)«

usw.

Nach der ersten Verblüffung erkennt jeder leicht, daß es sich hier um einen Scherz handelt. Ein Dutzend Autoren schickt die Blätter zurück. Andere geben Antworten, die ebenso »enorm« sind wie die Fragen. Pagnol verbrennt die Bogen in seinem Büroofen. So löst sich der Alpdruck der Säuberung in Rauch auf.

Am Mittwochvormittag führt Marcel Pagnol den Vorsitz im Vorstand in dem prachtvollen Luxussalon des Verbandsgebäudes in der Rue Ballu. Er läßt sich vor dem monumentalen Marmorkamin unter der von Allouard verfertigten Büste des Gründers der Société nieder, des unsterblichen Autors von »*Der Barbier von Sevilla*« und »*Figaros Hochzeit*«: Pierre Augustin Caron de Beaumarchais als Schutzpatron ist ihm höchst willkommen. Denn von allen großen klassischen Dramatikern schätzt er ihn am meisten. Seine Freunde ziehen ihn oft mit den Gemeinsamkeiten zwischen ihm und seinem illustren Vorgänger auf. Auch Beaumarchais war leidenschaftlicher Bastler und beschäftigte sich mit Uhrenbau und Mechanik. Wie Pagnol spielte er Gitarre. Er war ein guter Geschäftsmann. Einige weisen auch auf seinen liederlichen Charakter hin. »Ja, ja«, gibt Pagnol zurück und verteidigt sich, »aber man darf den Vergleich nicht zu weit treiben ... Es ist zwar nicht bewiesen, aber doch sehr wahrscheinlich, daß er seine beiden Frauen umgebracht hat. So weit bin ich noch nicht!«*

Pagnol zeigt sich in seiner Leidenschaft, die Rechte der Schriftsteller zu verteidigen, rasch als würdiger Fortsetzer des Werkes von Beaumarchais. Die Einrichtung der staatlichen Solidaritätsabgabe gibt ihm Gelegenheit dazu. Er setzt sich dafür ein, daß entgegen der französischen Tradition die Autorenrechte nicht mehr wie ein Kapital behandelt werden sollten. »Ein Werk«, so argumentiert Pagnol, »das seinem Urheber nur während ein oder zwei Jahren Honorare eingebracht hat, kann u. U. niemals mehr aufgeführt werden. Man kann es also nicht als Kapital bezeichnen, da er ja keine Einkünfte mehr daraus bezieht.«

Das Finanzministerium lehnt die Argumentation ab. »Auch gut«, sagt Pagnol, »wir sind einverstanden. Aber wenn die Autorenrechte ein Kapital sind, so müssen wir es auch jedes Jahr abschreiben können.« Er entwirft dazu ein Memorandum von mehreren hundert Seiten.

»Jedes Kapital muß abgeschrieben werden«, heißt es darin. »Die Industrieunternehmen, deren Existenz auf einer befristeten Konzession beruht, müssen ihr gesamtes Kapital innerhalb der Dauer

---

* Ein Verleger hatte einst die Idee, die Mitglieder der Académie française aufzufordern, jeder solle die Antrittsrede desjenigen – nicht gewählten – Schriftstellers schreiben, den er für den würdigsten hielt, seinen Platz unter den 40 anderen einzunehmen. Gaxotte erklärte sich für Saint-Simon, Jules Romains für Zola, Marcel Pagnol für Beaumarchais. Die Sammlung erschien unter dem Titel: »Der 41. Platz.«

der Konzession amortisiert haben. Die Autorenrechte haben ganz und gar den Charakter einer uns vom Staat überlassenen Konzession. Sie erlischt 50 Jahre nach unserem Tod.«

Er verfaßt ein Memorandum nach dem anderen.

Er erreicht die Gründung einer staatlichen Kommission für geistiges Eigentum. Auf der Grundlage seiner Arbeit entsteht das neue Gesetz über Urheberrecht, das zehn Jahre später, 1957, in Kraft tritt. Das bisherige stammte aus dem Jahr 1791.

Bei diesen juristischen und fiskalischen Fragen erhält Pagnol die Unterstützung eines jungen Verwaltungsfachmanns, den er ins Haus geholt hat: Jean Matthyssens. Der junge Mann ist 26 Jahre alt und Unterpräfekt. In seiner Dissertation geht es um das Thema Autorenrechte, außerdem hat er eine Diplomarbeit über die Autorenvereinigungen geschrieben. Pierre Bourdau, der Jugendminister, hat ihn Pagnol empfohlen. Pagnol seinerseits hat ihn in der Rue Ballu als Generaldelegierten der Behörden einsetzen lassen. Rasch entwickelt sich eine Freundschaft zwischen ihm und Pagnol, dann Roger Ferdinand, Armand Salacrou und André Roussin. Er ist der beste Syndikus, den die Autorenvereinigung je hatte. Überall hält man ihn für den Spezialisten Nr. 1, den besten Experten auf dem Gebiet des Urheberrechts. Er leitete die Angelegenheiten der Rue Ballu mehr als 40 Jahre lang.

Marcel Pagnol verbringt seinen Arbeitstag im Präsidialbüro in der Rue Ballu. Eines Tages überbringt ihm Eugène, der Bürobote, die Nachricht, ein junger Mann wolle ihn sprechen.

»Er hat den gleichen Akzent wie Sie«, berichtet er. Pagnol läßt den Besucher kommen. Es ist Raymond Pellegrin. Erst am Vormittag ist er von Nizza angereist und hatte sich sofort bei Pagnol eingefunden.

»Das hast du gut gemacht«, sagt Pagnol zu ihm. »Jetzt sollen die Pariser einmal sehen, wie man ›Topaze‹ spielen muß.«

Sofort hängt er sich ans Telefon und ruft die Theaterdirektoren an, einen nach dem anderen, um sie zur Wiederaufnahme seines Stückes zu bewegen. Stets handelt er sich die Antwort ein:

»›Topaze‹, mein lieber Freund? Eine vorzügliche Idee ... Aber der arme André Lefaur ist tot. Jouvet ist in Südamerika. Mit wem wollen Sie das Stück aufführen lassen?«

»Mit Raymond Pellegrin.«

»Entschuldigen Sie, ich habe nicht verstanden.«

»Raymond Pellegrin, ein hochbegabter, junger Schauspieler, den ich in Monte Carlo entdeckt habe. Ich bürge für ihn. Der begabteste Bursche, den ich jemals ...«

»Hören Sie, lieber Freund. Man wird sehen. Ich muß noch darüber nachdenken. Ich rufe dann zurück.«

Pagnol wartet nicht auf den Rückruf. Er telefoniert weiter. Am dritten Tag endlich findet er einen Direktor, einen, der wahrscheinlich in Schwierigkeiten steckt, der das Wagnis unternehmen will. Es ist André Certes, Direktor des Théâtre Pigalle, Rue de la Rochefoucauld, ein ganz neues, ultramodernes Haus mit Supertechnik. Nur hat sich leider noch kein Erfolg eingestellt. Einige Wochen danach – es ist der kälteste Kriegswinter – erlebt dort Raymond Pellegrin, in ganz Paris ein Unbekannter, einen Triumph. Als seine Partner spielen Liliane Bert, Louis Salou, Rognoni und Pasquali, der auch Regie führt und die Rolle des Tamise übernommen hat. »Raymond Pellegrin, gerade erst 20 Jahre alt, entpuppt sich als der große Schauspieler dieser Jahre«, schreibt Jean-Jacques Gauthier im »Figaro«.

Jo Martinetti, der als Aufnahmeleiter in Pagnols Marseiller Mannschaft arbeitet, erscheint eines Tages in der Rue Ballu in Begleitung eines Regisseurs, den Pagnol sofort wiedererkennt. Er heißt Raymond Leboursier und hat seinen ersten Film, »Les Petits riens«, 1941 in den Studios Rue Jean-Mermoz gedreht. Da er gleichzeitig Raimu und Fernandel als Darsteller einsetzte, war er mit ihnen oft zur »Villa« gegangen, um dort den Abendaperitif zu trinken. Leboursier möchte eine Novelle von Émile Zola, »Naïs Micoulin«, auf die Leinwand bringen, ein Stück, dessen Handlung an der Côte in der Umgebung von Marseille spielt. Zola hat es 1877 während eines Aufenthalts in L'Estaque geschrieben. Damals war das noch ein stiller Dorfwinkel an der Küste. Leboursier hat die Filmrechte an dem Stoff gekauft. Er möchte gerne, daß Jacqueline Bouvier die Rolle der Naïs spielt, und er fragt Pagnol, ob er das Filmdrehbuch schreiben würde.

Nun liest Pagnol Zolas Novelle, die er bisher nicht kannte, und ist hingerissen. Zunächst, weil darin tatsächlich eine wundervolle Rolle für Jacqueline steckt, die Heldin, ein junges Landmädchen, strahlend in der Schönheit und Unschuld ihrer 18 Jahre. »Ein wahrer Sonnenschmaus«, schreibt Zola. Dann aber auch, weil sich in ihrem Umkreis Figuren finden, sehr ähnlich den Gestalten von *»Angèle«* und *» La Fille du puisatier«*. Also schlägt Pagnol Leboursier, der einverstanden ist, vor, nicht nur das Drehbuch zu schreiben, sondern den Film auch zu produzieren und die Dreharbeiten zu überwachen. Er kommt zu der Entscheidung, in Cassis zu filmen, wo Blavette auf sie wartet. Dieser hat dort ein Restaurant eröffnet.

Anaïs Micoulin lebt allein mit ihrem verwitweten Vater, einem harten, intoleranten, bodenständigen Bauern. Er bearbeitet den Besitz am Ufer des Meeres, der einer neureichen Bürgersfamilie in Aix-en-Provence gehört. Naïs fährt jede Woche mit dem Zug dorthin, um ihnen das von ihrem Vater geerntete Obst und Gemüse sowie von ihm gefangene Fische zu bringen.

Die Rostaings haben einen Sohn im Alter von Naïs, Frédéric. Von Kindheit an ist er ihr Spielkamerad gewesen. Unter dem Vorwand eines Jurastudiums führt er in Aix ein ausschweifendes Leben. Die Micoulins haben nur einen Freund, den einzigen Mann, den der eifersüchtige Vater von seiner Naïs besuchen läßt: den buckligen Toine, der so häßlich ist, daß er keine Gefahr darstellt. Toine liebt Naïs mit einer wahnsinnigen, aber unschuldigen Liebe, und natürlich ohne jede Hoffnung auf Erfüllung.

Der junge, schöne, redegewandte Frédéric verbringt seine Ferien auf dem Besitz, und Naïs erliegt seinem Drängen. Der alte Micoulin muß entdecken, daß seine Tochter die Geliebte des Sohnes seiner Auftraggeber ist. In seiner Wut verliert er die Beherrschung. Kaltblütig plant er Frédérics Mord. Zweimal schlägt seine Unternehmung fehl, das dritte Mal fällt er seiner eigenen Heimtücke zum Opfer. Er wird von einem Felsblock erschlagen, den er selbst gelockert hatte, um damit Frédéric zu töten.

Es liegt auf der Hand, daß die Rostaings die Geschwister der Mazels aus *» La Fille du puisatier«* sind. Micoulin ist Clarius Barbaroux, Angèles Vater, Toine ist die gleiche Gestalt wie Saturnin, ein Bruder Quasimodos auch er. Charpin, der den Rostaing spielen könnte, ist nicht mehr da. Aber Poupon kann den Micoulin übernehmen, Fernandel den buckligen Toine. Was Frédéric betrifft, so gibt Pagnol Raymond Pellegrin, seinem jungen Schützling, eine erste Chance.

Als der Film im November 1945 in Paris im Gaumont-Palace an der Place Clichy Premiere hat, ist aus Jacqueline Bouvier Jacqueline Pagnol geworden. Der Vorstand der Autoren- und Komponistenvereinigung hatte das Ereignis gebührend gefeiert, und Albert Willemetz hatte einen Gelegenheitsvers zu diesem Anlaß gedichtet:

>>Als das Pennal erfuhr, beweibt sei nun der Prof,
Da riefen sie im Chor, der Pauker lebe hoch,
Und Paukers Ideal, die Dame Malakoff.<<

Die Pagnols ziehen in das ganz neue Appartement in der Rue Fortuny. Jacqueline erwartet ein Kind. Es kommt am 6. Februar 1946 zur Welt: ein Junge. Pagnol gibt ihm den Vornamen Mistrals: Frédéric.* Kaum daß Jacqueline das Wochenbett verlassen hat, nimmt sie schon wieder ihre Tätigkeit als Schauspielerin auf und geht zu den Proben im Théâtre Marigny. Madeleine Renaud und Jean-Louis Barrault haben sie für die Rolle der Ophelia im »Hamlet« engagiert, den sie in der Übersetzung von André Gide aufführen wollen (die gleiche Übersetzung, die Pitoëff etwa 20 Jahre zuvor nicht gut gefunden hatte). Pagnol empfindet diesen kleinen ehelichen Verrat als Stachel und macht sich von neuem an seine Übersetzung. Noch immer ist er damit nicht fertig, doch hat er das Projekt niemals aufgegeben. Es liegt in seinem Büro. Einige Male hat er es während des Urlaubs zwischen zwei Drehbüchern aufgegriffen, um auf andere Gedanken zu kommen. Das ist sein Teppich der Penelope – ein ungeheurer Teppich: 3800 Verse, das heißt doppelt soviel wie »Britannicus« oder »Berenice«.

Da er sich auf diese Weise gezwungen sah, den Prinz von Helsingör von Zeit zu Zeit immer wieder aufzusuchen, ist dieser eine vertraute Gestalt für ihn geworden.

---

* Frédéric Mistral, Schriftsteller aus Marseille mit neuprovenzalischer Diktion (Anm. d. Ü.).

»Hamlet«, so erzählt er gelegentlich seinen Freunden, »habe ich persönlich kennengelernt. Ich habe mit ihm am gleichen Treppenabsatz gewohnt.« Und dann erklärt er ihnen:

»Als ich noch am Condorcet unterrichtete, hatte ich als Nachbarn einen Ingenieur, der unter Anfällen von Wahnsinn litt. Und in den Zwischenzeiten, wenn er normal war, simulierte er den Wahnsinnigen, um alle Welt glauben zu machen, er simuliere auch bei den Anfällen. Das ist ganz das Verhalten Hamlets.«

Er schließt mit den Worten:

»Monatelang bin ich im Korridor diesem Menschen begegnet, ohne den geringsten Zweifel daran, daß es sich um Hamlet handle.«

Zu den Abendtreffen in der Rue Ballu erscheint ab und an auch Raimu in Begleitung von Paul Olivier. Pagnol hat nun doch »*César*« (das Theaterstück) fertiggestellt, und er möchte, daß Raimu bei der Uraufführung mitwirkt. Alibert hat den gleichen Wunsch. Auf eine solche Gelegenheit hat sein Théâtre des Variétés schon lange gewartet. Aber das ist nicht möglich. Die Bestimmungen des Théâtre Français, mit dem Raimu noch vertraglich verbunden ist, erlauben es nicht. Das Schlimmste ist, daß er bei Molière gar nicht mehr zum Zuge kommt. Nach »*Der Bürger als Edelmann*« und »*Der eingebildete Kranke*«, in denen er brilliert hatte, steht Raimu ohne jede Rolle da. Er hat den Vorschlag gemacht, moderne Stücke auf den Spielplan zu setzen: »*Le Roi*«, »*Les Affaires sont les affaires*«. Die Antwort lautete nicht nein. Aber die Stücke sind nicht aufgeführt worden. Die für die Nebenrollen vorgesehenen Schauspieler haben wieder abgesagt. Sie haben keine Lust, ihm »den Steigbügel zu halten«. Schließlich kommt es zu einer Situation, die den Gipfel der Absurdität darstellt: Der größte Schauspieler der Zeit, engagiert bei der Comédie Française, tritt alles in allem nur in einem Einakter auf, in einem Stückchen von Tristan Bernard »*L'Anglais tel qu'on parle*«. Und das nicht einmal jeden Tag. Denn das Prinzip der Abwechslung muß respektiert werden. Angesichts dieser Lage ist es Pagnol unmöglich, seinen Zorn zu zügeln. Seinen Zorn gegen das Théâtre Français, gegen dessen Bestimmungen, gegen Raimu, der diese Lage ohne Protest hinnimmt. Eines Tages kann sich Pagnol nicht mehr beherrschen und erklärt:

»Jules, ich habe einen Entschluß gefaßt. Schon seit langem trägt man mir die Stelle des Intendanten an der Comédie Française an. Noch diesen Morgen hat mich der Minister in dieser Angelegenheit wieder angerufen. Falls ich diesen Abend ja sage, habe ich morgen den Posten in der Tasche. Ich bin bereit, zuzusagen. 24 Stunden später werde ich wieder kündigen. Aber innerhalb dieser 24 Stunden werde ich dir einen ungeheuren Dienst erweisen: Ich werde dich vor die Tür setzen. Alles klar?«

»Und welchen Vorwand willst du dafür gebrauchen?«

»Egal welchen. Ich kann sagen, du seist zu schlecht. Ich kann zu dir sagen: Monsieur Raimu, Sie sind zu schlecht. Ich kann in diesem Hause keinen Schauspieler halten, der kein anderes Stück als einen schäbigen Einakter spielen kann.«

Raimu fragt sich wie die anderen an diesem Abend anwesenden Freunde, ob es Pagnol ernst meint oder nur scherzt. In Wahrheit verbirgt Pagnol, wie das bei ihm oft der Fall ist, unter der Ironie nur den eigentlichen Kern seiner Gedanken. Am nächsten Tag erhält Raimu auf Papier mit dem Briefkopf der Autorenvereinigung folgenden Brief:

»Mein lieber alter Jules. Es ist sicher, daß Du eines schönen Tages sterben wirst, aber Du willst offenbar lieber schon vorher krepieren. Du hast Dich im Français begraben lassen ... Deine Spitzenstellung hast Du längst verloren. Ich hoffe sehr, daß Du Dich im Schatten der Schauspieler des Français bei bester Gesundheit befindest und daß Dir Dein Pensionistendasein gefällt ... Guten Lebensabend in Pont-aux-Dames! Herzlich, Marcel Pagnol.«

Die Bestimmungen der Comédie Française untersagen Raimu zwar, am Boulevard zu spielen, doch darf er in Provinztourneen auftreten. Also schreibt Pagnol für ihn eine Bühnenbearbeitung der »Femme du boulanger« für eine Reihe von Vorstellungen außerhalb von Paris.

Wieder einmal hat Pagnol seine Freunde Raimu, Jeanson, Roger Ferdinand, Marcel Achard, diesmal mit einer gewissen Feierlichkeit, in die Rue Ballu geladen. Er liest ihnen sein Bewerbungsschreiben für die Académie française vor. Mit Ausnahme von Henri Jeanson, dem alten Anarchisten, der einfach nicht begreifen kann, warum sein Freund Marcel sich um jeden Preis »dieser Hure an den Hals werfen will, die am Quai Conti auf den Strich geht«, heißen alle seine Worte gut. Daraufhin steckt Pagnol den Brief in einen Umschlag und klingelt dem Büroboten:

»Eugène, werfen Sie diesen Brief ein.«

Er fügt hinzu:

»Sie brauchen sich nicht zu beeilen. Es ist nicht dringend. Er ist an einen ständigen Sekretär adressiert.«

Damals waren 16 Stühle der Académie française unbesetzt. Seit der Kriegserklärung war keine Wahl mehr erfolgt. Für die Wahl eines neuen Mitgliedes sieht das Reglement vor, daß wenigstens 20 »Unsterbliche« anwesend sein müssen. Und seit Eröffnung der Kampfhandlungen war es niemals möglich gewesen, diese Anzahl zusammenzubringen. Zwölf Akademiemitglieder sind verstorben. Vier (einer davon Pétain) wurden ausgeschlossen.

Als Pierre Benoît und Maurice Donnay nach Marseille gekommen waren, um Pagnol zu raten, für die Zeit des Friedens seine Bewerbung an die Académie française ins Auge zu fassen, hatten sie ihm eine »Marschallwahl« versprochen. So nennt man unter der Kuppel des Akademiegebäudes eine Abstimmung, deren günstiger Ausgang von vornherein feststeht. Einem Kandidaten für den »Marschalltitel von Frankreich« kann man den Affront einer Ablehnung nicht antun.

Durch seine Ernennung zum Präsidenten der Autorenvereinigung hat Pagnol einen weiteren Trumpf in der Hand. Trotzdem scheint es im letzten Moment Komplikationen zu geben. Ein Erfolg ist offenbar nicht mehr so sicher. Pagnols Kandidatur trifft auf drei Hindernisse.

Das erste, entschiedenste, ist Pierre Brisson, ehemaliger Kritiker des »Temps«, jetzt Chef des »Figaro«. Pierre Brisson ist selbst nicht Akademiemitglied. Aber zwei Mitarbeiter seiner Zeitung, François Mauriac und Jacques Lacretelle, sind es, und Brisson gilt in Paris als der Mann, der über die Aufnahme in die Akademie bestimmt. Und Brisson mag Pagnol nicht. Er ist immer noch verärgert, daß dieser sich anläßlich der »Fanny« über seine verwandtschaftlichen Beziehungen zu Francisque Sarcey lustig machte. Auch hat Brisson als leidenschaftlicher Theaternarr Pagnol niemals verziehen, daß er als erster Autor dem Theater zugunsten des Kinos den Laufpaß gab. In seinem Buch »*Le Théâtre des Années folles*«, das 1943 erschien, schließt Brisson den Pagnol gewidmeten Abschnitt mit folgenden Worten: »Überwältigt von dem Geschenk der göttlichen Gnade, dem Tonfilm, entschließt er sich nach einer pascalischen Nacht, zukünftig sein Talent, sein Bankkonto und seine moralische Kraft dem ›Ton‹ zu weihen, als Herold der neu anbrechenden Zeit. Jetzt ist er unter Bergen von Filmspulen abhanden geraten, und man weiß nicht genau, was eigentlich aus ihm geworden ist.«

Das zweite Hindernis für Pagnol: Pierre Benoît, sein großer »Wahlmacher«, durchlebt eine schwierige Zeit. Bei der Befreiung war er wegen seiner Sympathien für Pétain verhaftet worden und hatte einige Wochen im Gefängnis verbracht, was ihn ein gut Teil seines Einflusses bei der Akademie kostete. De Gaulle hat ein wachsames Auge auf deren Aktivitäten.

Und schließlich ist da das Problem Claudel. Dieser hatte sich schon vor dem Krieg für die Akademie beworben. Und wurde abgelehnt. Seiner Meinung nach war das der größte Fehler, den diese Institution seit ihrer Gründung durch Richelieu begangen hatte, und er ist der Auffassung, sie schulde ihm, sich selbst und Frankreich eine ins Auge springende Ehrenrettung. Noch ist er ganz von dem Nimbus umgeben, den der Erfolg seines »*Seidenen Schuhs*« ihm eingebracht hat. De Gaulle hat er eine historische Ode gewidmet, eine Ehrung, für die der General sich sehr empfänglich gezeigt hatte. Die Wahl Claudels ist beschlossene Sache. Das Dumme ist nur, daß er keine Bewerbung für einen bestimmten Sitz abgegeben hat, so daß seine Kandidatur täglich für einen anderen Sitz in Frage kommt, den er im Fall seiner Wahl akzeptieren würde. Das zwingt die Kandidaten, die ihm nicht im Wege stehen wollen, ihrerseits immer wieder auf andere Sitze zu spekulieren.

Pagnol beginnt mit seiner Besuchstour. Außer zweien oder dreien kennt er keines der Akademiemitglieder. »Es ist ein seltsames Gefühl«, berichtet er Marcel Achard, »wenn du an der Haustür eines Mitglieds der Akademie klingelst, der Mann herauskommt und dich fragt: Was wünschen Sie, mein Herr?« Aber im allgemeinen wird er gut aufgenommen. Émile Male z. B. erinnert sich, selbst

im »*Marius*« gespielt zu haben, wobei er sich köstlich amüsiert habe.
Als entscheidend stellt sich der Besuch bei Mauriac heraus. Mauriac erzählt: »Er besuchte uns, sprach aber von allem möglichen, nur nicht von sich selbst, der Akademie oder seiner Kandidatur. Doch war er dermaßen unterhaltsam und machte uns ein solches Vergnügen, daß wir alles taten, um ihn wiederzusehen.« Nachdem Mauriac einmal gewonnen ist, bringt er einige Mitglieder der Akademie aus dem Lager Brissons auf seine Seite.

Um nicht mit Henri Mondor konkurrieren zu müssen, der ebenfalls Kandidat ist, »großer Wissenschaftler, Schriftsteller von Rang, Franzose von echtem Schrot und Korn«, entschließt sich Pagnol im letzten Moment, sich um die Nachfolge von Maurice Donnay zu bewerben. Denn er möchte zwar gerne Mitglied der Akademie werden, aber »im Guten und ohne irgend jemandem Schmerz zuzufügen«. Doch bringt ihm das die Opposition der katholischen Richtung unter Führung von Henry Bordeaux ein, deren Kandidat für diesen Sitz Louis Artus ist, ein in kirchlich-frommen Kreisen wohlbekannter Romancier. Ja, Pagnol muß, um gewählt zu werden, noch zwei andere Bewerber um denselben Sitz aus dem Feld schlagen: Der eine ist Edmond Sée, Dramatiker wie er selbst, der andere Jacques Richepin, Sohn von Jean Richepin, auch er Schriftsteller und Dichter.

Am Tag vor der Wahl steht noch nicht fest, ob Pagnol wirklich Erfolg haben wird. Aber am nächsten Tag, dem 4. April, wird der Erfolg wahrscheinlich. Edmond Sée zieht seine Kandidatur zurück. Jacqueline Pagnol und Yves Mirande begeben sich morgens in die Kirche Notre-Dame-des-Victoires, um dort ein Gebet zu sprechen und eine Kerze anzuzünden.

Für den Nachmittag stehen sechs Wahlentscheidungen auf der Tagesordnung der Akademie. Die Sitzung beginnt sehr frühzeitig. 25 »Unsterbliche« nehmen daran teil. Im ersten Wahlgang wird Paul Claudel einstimmig auf den Sitz von Louis Gillet gewählt. Im zweiten bekommt Graf Charles de Chambrun einstimmig den Sitz von Maurice Paléologue zuerkannt. Der dritte bringt Jules Romains* auf den Sitz von Abel Bonnard, mit 16 Stimmen gegen

---

* Die Akademie hatte ihm seinerzeit Claude Farrère vorgezogen.

vier, die für den Dichter Léon-Paul Fargue abgegeben werden. Der vierte Wahlgang bringt die Entscheidung über den Nachfolger von Maurice Donnay und damit darüber, ob Pagnol zukünftig Mitglied der Akademie sein wird oder nicht. Ein erster Durchgang findet statt. Das Ergebnis wird verkündet: zehn Stimmen für Marcel Pagnol; acht Stimmen für Louis Artus; fünf Stimmen für Jacques Richepin. Die erforderliche Mehrheit beträgt 13 Stimmen. Es kommt zu einer Stichwahl. Im zweiten Durchgang erhält Pagnol 15 Stimmen, womit er gewählt ist. Marcel Pagnol ist Mitglied der Académie française! Die Neuigkeit löst einen wahren Schock in ganz Frankreich aus. Zum ersten Mal seit langem schlägt eine Wahl unter der Kuppel Wellen in der Gesamtbevölkerung. Die Meinungen sind geteilt.

»Das ist ein Schildbürgerstreich«, sagen die einen. »Im Gegenteil«, antworten die anderen, »damit hat die Académie française ihre Vitalität und ihren Erneuerungswillen unter Beweis gestellt.«

All die Freunde in der Rue Fortuny, der Rue Ballu und der Rue Jean-Mermoz brechen in Jubel aus. »Er hat sich den Kassiererhut erworben!« ruft Raimu.

Die Glückwunschtelegramme stapeln sich in Pagnols Büro. Und eines mit Beleidigungen – von Henri Jeanson. Die Vereinigung der Cineasten bringt ihre Freude darüber zum Ausdruck, unter der Kuppel offiziell repräsentiert zu sein. Sie kündigt dem neuen »Unsterblichen« die Übersendung eines Degens an, Abzeichen seines Ranges. Raimu erhält den Auftrag, ihn zu überreichen. Pagnol seinerseits genießt sein Glück. Quai Conti liegt genau auf dem Weg des Mannes, den er sich als junger Mann zum Vorbild erwählt hat: Edmond Rostand.

Seit dem Tod seiner Mutter in der Gymnasialzeit scheint es das Schicksal darauf angelegt zu haben, Pagnol bei jedem glücklichen Ereignis seiner Laufbahn Wasser in Form eines traurigen Vorkommnisses in den Wein zu gießen. Kurz nach den Triumphen von *Topaze* und *Marius* war sein Bruder Paul gestorben. Charpin war einen Tag nach der Befreiung aus Pagnols Leben verschwunden. Am Tage des Sieges starb sein langjähriger Freund Yves Bourde in Marseille. Er war im Zuge der Kämpfe um die Befreiung der Stadt auf seiten der Résistance verwundet worden, und sein Gesundheitszustand hatte sich in der Folge immer mehr verschlechtert.

Ein neues Unglück meldet sich jetzt, einige Monate nach Pagnols Einzug in die Unsterblichkeit. Freitag, den 20. September, ist Marcel Pagnol mit Roger Ferdinand bei Langer, einem damaligen Moderestaurant, zum Essen verabredet. Auf dem Weg dorthin schaut er im amerikanischen Krankenhaus in Neuilly vorbei, wo Raimu gegen Mittag operiert werden soll. Er möchte ihm alles Gute wünschen. Es handelt sich um einen ungefährlichen Eingriff. Pagnol gibt Jules beim Abschied die Nummer des Lokals, wo er Ferdinand treffen will.

»Nach der Operation«, sagt Raimu zu ihm, »rufe ich dich an.«
»Wenn es Ihnen erlaubt wird«, fügt die für ihn zuständige Krankenschwester hinzu.

Raimu bekommt einen Wutanfall.

»Was! Hier ist von nichts anderem als von Erlaubnis und Verboten die Rede! Wie auf dem Kasernenhof! Wie im Zuchthaus!«
Und zu Pagnol gewendet:

»Keine Sorge, ich rufe dich an!«

Pagnol und Ferdinand machen sich gerade ans Dessert, als der Geschäftsführer meldet, »man verlange Monsieur Pagnol am Telefon«.

»Die Operation von Monsieur Raimu war ernster als erwartet«, läßt sich eine Frauenstimme vernehmen, die vom Krankenhaus aus anruft. »Er ist nicht wieder zu Bewußtsein gekommen.«
»Sie wollen sagen: noch nicht wieder«, wirft Pagnol ein.
»Nein. Er wird niemals mehr zu Bewußtsein kommen.«

Die Nachricht vom Tode Raimus breitet sich in Paris und dann in ganz Frankreich wie ein Lauffeuer aus. Zu Beginn des Nachmittags befindet sich Pagnol mit Jean Gabin, Paul Olivier, Delmont und Tramel im Sterbezimmer. Dann kehrt er nach Hause zurück, setzt sich ins Arbeitszimmer und schreibt seinen »Abschied von Raimu«.

»Man kann keine Rede am Grab eines Vaters, eines Bruders oder eines Sohnes halten. Du warst für mich alle drei in einer Person. Deshalb werde ich nicht an Deinem Grab sprechen.

Übrigens war ich niemals ein großer Redner. Denn Raimu war es, der für mich sprach. Deine große kräftige Stimme schweigt nun im Tode, und mich macht mein Kummer stumm.

Unter den Augen Delmonts, der weinte, ohne es zu merken, hat Jean Gabin Dir die Hände über der Brust gefaltet, habe ich still den Knoten deiner Krawatte geknüpft, und alle Leute vom Bau kamen, Dir den letzten Gruß zu entbieten.

Lange Minuten standen wir über Deinen starren Körper gebeugt. Wir entdeckten die edle, wahre Maske Deines Gesichts, welche das Leben uns verborgen gehalten hatte.

Zum ersten Mal lachtest Du nicht, redetest Du nicht laut, hobst Du nicht die starken Schultern. Und doch nahmst Du niemals mehr Raum ein, und Deine Gegenwart, still wie toter Marmor, erdrückte uns gerade deshalb, weil alles Leben aus ihr gewichen war. Da erkannten wir erst, wer Du wirklich warst. Zeitungsleute, Filmleute, Schauspieler kamen, auch von jenseits der Grenzen. Uns wurde plötzlich bewußt, daß Du, den wir für uns als unseren Freund beanspruchten, in Deiner Genialität ganz Frankreich gehörtest, und wir sahen, daß Fremde, die Dir im Leben nie begegnet waren, weinten, als sie Dich tot sahen. Unter unseren Augen wuchsest Du ins Unermeßliche.

Und dann kamen Menschen, die all Dein herzliches Gelächter, Deine Wutausbrüche, Deine Leidenschaften, Deinen Ruhm und Dein Genie in einen großen schwarzen Kasten einsperrten.

Glücklicherweise bleiben uns Filme, die Deine irdische Wirkung bewahren, Dein eindrucksvolles Auftreten, den vollen Klang Deiner Stimme ... Zwar bist Du tot, aber Du bist uns nicht entrückt. Noch diesen Abend spielst Du in 30 Kinos, und die Leute werden lachen und weinen: Deine Kunst bleibt lebendig, Du übst weiterhin Deinen Beruf aus, und schon heute kann ich ermessen, welche Dankbarkeit wir der Laterna magica schulden, die die Werke verstorbener Genies wieder zum Leuchten bringt, tote Tänzerinnen zu neuem Tanz erweckt und uns das Lächeln längst verlorener Freunde wiedergibt, das sich in unserer Liebe zärtlich widerspiegelt.«

Raimu hatte eine gütliche Übereinkunft mit der Comédie Française erzielt. Er hätte vom Vertrag zurücktreten dürfen, wann

immer er es wollte. Es hätte genügt, einen Brief an den Intendanten Pierre Dux zu richten. Raimus Entschluß war gefaßt gewesen. Er sollte mit den Proben zu »*César*« in den Variétés beginnen, sobald er wieder auf den Beinen war. Der Brief war bereits fertig: »Es wird immer das größte Ruhmesblatt meiner Karriere bleiben, daß ich das auszeichnende Privileg erhielt, auf der Bühne des Théâtre Français spielen zu dürfen.«
Er hatte erst noch seine Genesung abwarten wollen, bevor er diesen Brief abschickte.
So ist es beim Theater! Das Spiel muß weitergehen. Anfang November zieht Alibert das Ensemble zusammen, das den »*César*« im Théâtre des Variétés aufführen soll. Orane Demazis, Milly Mathis, Maupi übernehmen ihre alten Rollen. Alibert selbst spielt den Marius; Madame Chabert die Honorine, Raymond Pellegrin Césariot. Bleibt übrig, einen César zu finden.
Zunächst schlägt Alibert mit Zustimmung Pagnols vor, die Rolle einem bewährten Schauspieler, Hauptdarsteller in vielen Filmen, anzuvertrauen: Felix Oudart. Für die Rolle des César indessen weist er ein schweres Handicap auf. Er ist aus Lille und verfügt nicht über den erforderlichen Akzent. Einige Tage vor der Premiere, als schon die Plakate an den Säulen Moriss hängen, macht Pagnol sich klar, daß er mit diesem flämischen César direkt in die Katastrophe steuert. Er stoppt das Ganze. Eine gütliche Lösung wird gefunden, Oudart wird die Rolle weggenommen. Schließlich wird Henri Vilbert engagiert, der aus Marseille stammt, den erforderlichen Akzent spricht und die Figur schon auf Tourneen mit »*Marius*« oder »*Fanny*« gespielt hat.
Bei der Aufführung von »*Marius*« 1929 im Théâtre de Paris hatte Henri Vilbert die Rolle des Polizeibeamten (mit sechs Sätzen) gespielt. 17 Jahre später ist er selbst César und kann auf einen weiten Weg zurückblicken.
Das Stück ist kein Erfolg. Aber die Kritik nörgelt auch nicht. Sie hüllt sich vielmehr in Schweigen. Das Publikum schmollt. Nach einigen Wochen wird das Stück vom Spielplan abgesetzt.

»Dabeisein oder nicht dabeisein?« Das ist zu Beginn des grauen Frühlings 1947 die Frage, die sich das ganze literarische Paris stellt, das Paris des Theaters, des Films, der Champs-Élysées und der Boulevards. Dabeisein oder nicht dabeisein. Wo? Bei der bevorstehenden großen Premiere der feierlichen Aufnahme Marcel Pagnols unter der Kuppel der Akademie. Man darf einfach nicht fehlen! Aber wie sich eine Einladung ergattern? Nicht alle haben dort Platz. Der vorgesehene Termin, der 27. März, fällt mitten in die Fastenzeit, weshalb Monsignore Grente, einer der Zeugen des Neugewählten, seine Aufgabe nicht wahrnehmen kann. An seine Stelle tritt, neben André Chaumeux, Pasteur Vallery-Radot. Jérôme Tharaud ist mit der Erwiderung auf Pagnols Rede betraut worden. Er hat dem ständigen Sekretär, Georges Lecomte, den Vorschlag gemacht, bei diesem Anlaß einen Dokumentarfilm über die Akademie zu drehen. Sein Höhepunkt soll die feierliche Sitzung sein, in der Pagnol neu aufgenommen wird und die lückenlos gefilmt werden soll. Mit Pagnols Namen im Vorspann könnte man den Film vielleicht sogar über die gewöhnlichen Verleihfirmen in die Kinos bringen.

Aber auf jeden Fall hätte Pagnol die Gelegenheit, ihn den Freunden vorzuführen, denen er keine Einladung verschaffen konnte. Es sind viele, weshalb er um 200 Plätze gebeten hatte. In außergewöhnlichem Entgegenkommen hatte man ihm 60 zugebilligt. Das normale Kontingent für ein neues Mitglied beträgt 20. »Du brauchst deine Aufnahme doch nur im Gaumont-Palace stattfinden zu lassen«, grollt Maupi, dem Pagnol erklären muß, er habe keine Karte mehr für ihn. »Du kannst sogar Eintrittsgeld verlangen und damit deinen Anzug bezahlen.«

Die Technikermannschaft der »Films Pagnol« hat schon eine Woche vorher von der Örtlichkeit Besitz ergriffen. Überall in den Gängen, Galerien, auf den Treppen, in den Nischen der Kuppel hat sie Scheinwerfer aufgestellt, Mikrofone, Kabel, Kameras plaziert. Pagnol selbst kam am Vortag des großen Ereignisses, um zu überprüfen, ob alles in Ordnung war, und um einen Probelauf zu machen.

Um drei Uhr nachmittags soll die Zeremonie beginnen. Seit drei Tagen strömt der Regen über Paris. Schon am Mittag ist auf dem Pont des Arts, auf dem Platz vor dem Gebäude, großes Gedränge. Journalisten, Reporter, Fotografen, Wochenschauwagen verursachen ein ungeheures Gewühl, in dem die Taxis mit den Gästen hängenbleiben.

Beim Öffnen der Türen ergießt sich ein Schwall ins Innere. Eine Stunde vor Beginn ist der Saal proppenvoll. In der ersten Reihe sitzen die Freunde: Marcel Achard, Stève Passeur, Yves Mirande, Roger Ferdinand. Sogar Henri Jeanson mit seiner Frau Claude Marcy ist erschienen. Sie rahmen Jacqueline Pagnol ein, blendend schön und blond in einen großen schwarzen, mit zwei Rosen geschmückten Überwurf eingehüllt, aus dem Pelzärmel zum Vorschein kommen.

Marcel Pagnol, der sich auf seinen Auftritt vorbereitet, sagt zu Pierre Benoît:

»Ich fühle mich wie vor der mündlichen Prüfung zum Abitur.« Sein grüner Umhang trägt die Marke Lanvin. Der Degen, den der französische Film ihm überreichen will, ist wegen Mangels an erstklassigem Material nicht ganz fertig geworden. Falize, Ziseleur und Goldschmied, der mit der Anfertigung betraut ist, hat aber einen anderen hergeliehen, der bei ihm zur Reparatur liegt. Er gehörte einst dem König von Spanien, Alfons XIII.

Präzise um 15 Uhr leuchten die Scheinwerfer auf, blenden die Zuschauer[*] und übergießen die Streben und Bogen der Kuppel mit einem hier noch nie gesehenen Licht. Es gibt den Menschen ein irreales Aussehen, sie wirken wie Schauspieler im Filmstudio. Die grünen Umhänge unterstreichen diesen Eindruck noch.

Frappierend, wie jugendlich Pagnol aussieht, als er in den Saal tritt. Auf jeden Fall ist er der Benjamin der Akademie. In dieser Umgebung von Akademiemitgliedern, die schon uralt sind und meistens Bärte, oft sogar Vollbärte wie Weihnachtsmänner tragen, wirkt Pagnol, schlank und aufrecht, mit lebhaften Augen und schwarzem Haar, nicht nur wie ein Schüler im mündlichen Abitur, sondern, um im Bild des Gymnasiums zu bleiben, wie ein junger

---

[*] Diese Neuerung ist keineswegs nach dem Geschmack aller Mitglieder der Akademie. »Wir mußten uns gefallen lassen«, schreibt Henry Bordeaux in seinen »*Erinnerungen*«, »daß wir zwei Stunden lang, während der Reden, von diesem unerträglichen Licht beschossen wurden. Die beiden Redner sangen das Lob der Filmleute, während diese sich zynisch und aufdringlich in den Vordergrund schoben.«

Preisträger eines Wettbewerbs der Gymnasien und Kollegs, der von den Ordinarien und dem Dekan der Fakultät empfangen wird. Pagnol selbst beginnt seine Ansprache mit dem Hinweis auf seine in dieser Umgebung und an diesem Ort »so ungewöhnliche Erscheinung«.

Und sogleich fügt er hinzu:

»Aber ich werde keinesfalls den Überraschten spielen. Keinesfalls werde ich fragen: Wie ist es möglich, daß ihr überhaupt an mich gedacht habt? Denn ich weiß nur zu gut, daß ich als erster an mich gedacht habe.«

Das beifällige Gemurmel, das sich bei diesem Geständnis erhebt, schwillt im Laufe der Rede mehr und mehr an. Bald sind Heiterkeitsausbrüche zu hören, die bestimmte Formulierungen, bestimmte Aussagen Pagnols begleiten.

»Eine Frau muß nicht alles verstanden haben, um alles zu wissen«, sagt er zum Beispiel. Oder: »Die falsche Bescheidenheit, die allen Menschen natürlich ist, ist wirksamer als die echte.«

Er gedenkt Jean Giraudoux' und Edmond Bourdets, die wahrscheinlich an seiner Stelle gewählt worden wären, wenn sie noch lebten.

Und er sagt: »Nur weil sie den Ruhm des französischen Theaters so weit verbreitet haben, sah sich die Akademie vor die Notwendigkeit gestellt, einen dramatischen Autor zu wählen. Auf diese Weise haben sie für mich gestimmt.«

Zufällig ist eine Komödie seines Vorgängers Maurice Donnay, auf den er seine Laudatio halten muß, verfilmt worden. Das gibt Pagnol die Gelegenheit, seine Theorien aus der »Pariser Cinematurgie« zu wiederholen und zu entwickeln. Er verrät daraufhin, daß Maurice Donnay höchstwahrscheinlich der Enkel von Béranger war, des großen Politsängers, entschiedenen Gegners der Restauration und Verfassers des berühmten Chansons *Parlez-nous de lui, grand-mère«*. Béranger war der engste Hausfreund der Großeltern von Maurice Donnay gewesen! Pagnol tischt dieses »Ehegeheimnis« nicht auf, um einen beiläufigen Blick aufs Boulevardtheater zu werfen. Im Gegenteil: Er möchte einem postumen Wunsch Maurice Donnays selbst entsprechen. Denn diesem galt der gute Ruf seiner Großmutter offenbar weniger als die eigene

Ehre, als Nachkomme des beliebten Dichters angesehen zu werden, den Stendhal und Mallarmé bewunderten.

Pagnol beschließt seine Ansprache mit dieser Mischung aus Ironie und Gefühl, die er so liebt. Er ruft in Erinnerung, daß Maurice Donnay seine Anfänge als Sänger auf der Bühne des hochberühmten Kabaretts du Chat noir des Rodolphe Salis gehabt hatte, im Geist des Nonkonformismus.

»(Im Chat noir) trugen die Getränkekellner den Talar der Akademie. So konnten die Bildungsbürger und die Sänger, deren Namen uns nicht überliefert sind, sich das große Vergnügen leisten, in die Hände zu klatschen, und schon sahen sie eine Karikatur der Mitglieder der Akademie herbeieilen.

Wahrscheinlich hat sich Maurice Donnay dieses Vergnügen, diesen jugendlichen Übermut weniger leicht verziehen als die Akademie selbst. Er konnte gar nicht mehr aufhören, bis in Ewigkeit, in seinem Akademietalar herumzulaufen.«

Jérôme Tharaud, der die Antwortansprache übernommen hat, spricht etwa eine Stunde lang, ohne etwas Wesentliches zu sagen. Doch glückt es ihm immerhin, seine Rede mit der der Akademie wenig angemessenen Marseiller Spezialität, dem »Pastis« (Anisgetränk), zu würzen.

Erst ein Jahr danach wird der Degen für das Mitglied der Akademie Marcel Pagnol fertig. Seine Freunde vom Film organisieren zur Überreichung einen exklusiven Empfang auf der Filmbühne der Studios Billancourt, wo »Fanny« gedreht worden ist. Die Anwesenden: Marcel Carné, Charles Dullin, André Luguet, Claude Autant-Lara, Jacques Dumesnil, lassen den Degen von Hand zu Hand wandern. Auf dem Knauf, in den ein Topas eingelassen ist, hat der Goldschmied die Masken der Komödie und der Tragödie, das Marseiller Stadtwappen und ein Malteserkreuz als Symbol für den Film eingraviert. (Ein mechanisches Teilchen dieser Form war es nämlich, das bei den ersten Vorführapparaten die Illusion der Bewegung erzeugte.)

Um sich bei den Subskribenten zu bedanken, verfaßt Pagnol eine kleine Ansprache:

»Ich getraue mich nicht zu behaupten, daß die Kamera im gleichen Augenblick wie ich selbst ihren Einzug in die Akademie gehalten hat, ebensowenig, daß die Druckerpresse Pierre Benoît und Jérôme Tharaud dorthin gefolgt ist. Aber ich glaube weiter daran, daß die dramatische Kunst die Seele des Films und daß die Filmkunst auch nur eine Kunst des Ausdrucks ist: jedoch von allen dramatischen Künsten die geschmeidigste, wirkungsvollste und effektvollste ... (Lange Zeit) hielten die Schriftsteller nicht viel von ihr, und es wäre niemandem in den Sinn gekommen, daß ein Filmer auch ein schöpferischer Künstler sein könnte ...«

Eine neue Gefahr bedroht seinen Ruf als Künstler: der Erfolg. Deshalb fährt er fort:

»Tatsächlich ist uns bekannt, daß oft die größten Lobeshymnen auf Werke gesungen werden, die kaum jemanden, nur eine Elite, interessieren, während man manchmal Wert darauf legt, einen Roman oder einen Film zu schmähen, nur weil sie mehrere Millionen Leser oder Zuschauer beeindruckt haben.«

Pagnol ist nicht in der Lage, selbst diese schöne Ansprache vorzutragen. Er ist grippekrank und völlig ohne Stimme. Louis Jouvet liest sie statt seiner vor.

XIV.

Monte Carlo

(1947—1951)

Die Freundschaft eines Prinzen. »Ein Sommernachtstraum«. *Bemerkungen über das Lachen. Tino/Schubert. Jacqueline als schöne Müllerin. Das Rouxcolor: Hoffnung und Fehlschlag.* »Kritik der Kritik«. *Bürger der Champs-Élysées. Huldigung von Rosselini. Fernandel,* »Topaze« *Nr. 3. Tod Josephs.*

Sein neuer Status als Mitglied der französischen Akademie entzückt Pagnol geradezu und erfüllt ihn mit kindlichem Stolz, was vergnüglich anzusehen ist. Die Aufnahme in die Gemeinschaft der Unsterblichen hat offensichtlich mehr Bedeutung, wenn der Sohn eines Volksschullehrers und Enkel eines Steinmetzgesellen geehrt wird, als wenn der Geehrte im Familienschrank schon einige grüne Roben aus der Zeit der Vorfahren eingemottet hängen hat und von Kindesbeinen an mit der wahrscheinlichen Aussicht konfrontiert ist, dereinst seinen Platz unter der Kuppel einzunehmen.

»Zur Akademie zu gehören verschafft vor allem das Privileg, bei den Essen in der Stadt zur Rechten der Gastgeberin zu sitzen«, hat einmal jemand gesagt. Aber dies stellt sich Pagnol nicht darunter vor. Er liebt die großen Auszeichnungen und Ehrungen, die Anerkennungen und öffentlichen Würdigungen. Niemals hat er den Unterricht seines Vaters in der »Bürgerlehre« vergessen: Frankreich ehrt seine verdientesten Söhne durch die Verleihung akademischen Lorbeers, landwirtschaftlicher Orden, des Ordens der Ehrenlegion. Und wenn es Schriftsteller sind, wählt Frankreich sie in die Akademie und benennt nach ihrem Tod Straßen, Boulevards, Plätze, Alleen und Schulen nach ihnen.

»Die Akademie«, erklärt Pagnol Fernandel einmal, »ist wie ein Pantheon, in das du noch lebend eingehst. Aus diesem Grund nennt man uns die Unsterblichen.«

Er ist ein musterhaftes Mitglied der Akademie, »eines, das am gewissenhaftesten den Sitzungen für das ›Wörterbuch‹ beiwohnt, am eifrigsten die Vorrechte der Institution wahrnimmt und ihre Rituale befolgt. Jedes Mal, bevor er sich zu einer Zeremonie begibt, fragt er Jacqueline, ob er hingehen solle – und er ist sicher, daß sie zustimmt.

»Es ist wohl besser, daß ich mich in die grüne Robe werfe?«

Er nimmt die Bürde auf sich, die Rede zur Verleihung der »Tugendpreise« zu verfassen. »Bin ich denn würdig, von der Tugend zu sprechen? Auf diese so außerordentlich diskrete Frage gebe ich eine außerordentlich indiskrete Antwort: Ja. Denken Sie daran, daß die Kunstkritiker, die Literatur- und Theaterkritiker und auch die Sportjournalisten ohne viele Skrupel und manchmal mit beachtlicher Kompetenz Kunstwerke und Leistungen beurteilen, zu denen sie selbst nicht fähig wären. Ich bin also durchaus qualifiziert, über die Tugend zu sprechen.« In Castres weiht er die Büste von Dacier ein, dem vergessenen Mitglied der Akademie und Übersetzer des Aristoteles. In Pézenas übernimmt er die Leitung des Molière-Festivals.

Gern ergreift er jede Gelegenheit, seinen Freunden zu sagen: »Die Akademie? Eine ganz angenehme Gesellschaft, charmante, bescheidene, gebildete Leute, die wissen, wovon sie sprechen – was heutzutage immer seltener wird. Es ist z. B. sehr reizvoll, mit dem Prinzen von Broglie über die Wellentheorie zu diskutieren.« Aber wenn er dann fortfährt: »Letzten Donnerstag hielt uns in der Sitzung für das Wörterbuch Admiral Lucaze, der im Chinakrieg die ›Mutine‹ kommandierte und mit eigenen Augen die Seeschlange gesehen hat, einen einstündigen Vortrag über die Bedeutung der Präposition ›an‹ in dem Ausdruck ›am Wind segeln‹« – dann gerät er in Feuer, und seine Zuhörer haben den Eindruck, daß wieder einmal sein chronischer Sinn für Ironie mit ihm durchgegangen ist. Der Grund dafür ist, daß er schon immer das Pompöse und Feierliche schlecht vertragen hat. Als er in der Rue Fortuny ein Paket Figatelli aus Korsika erhält und nicht weiß, wie sie zuzubereiten sind, erklärt ihm Tino Rossi, man müsse sie am Bratspieß drehen.

»Nur daß ich keinen Bratspieß besitze«, wirft Jacqueline ein.

»Doch, doch, wir haben einen Bratspieß«, entgegnet Pagnol, »zumindest etwas, das als Bratspieß dienen kann: den Degen der Akademie!«

Und schon ist die symbolische Waffe zu einem nützlichen Küchengerät degradiert.

Was aber noch wichtiger ist: Die Wahl in die Akademie markiert einen Einschnitt in Pagnols Laufbahn. Am Tag nach seiner Aufnahme faßt er den feierlichen Entschluß, sich künftig nur noch der Tätigkeit eines dramatischen Autors und Filmemachers zu widmen. »Jetzt ist es aus mit der Geschäftemacherei«, erklärt er. »Seit zehn Jahren verliere ich die Hälfte meiner Zeit durch Streitereien mit Bankiers, Notaren, Maklern, Industriellen, Architekten, Unternehmern, durch den Kauf von Grundstücken, Gebäuden, Lagern, durch den Abbruch von Gebäuden und den Bau neuer Häuser, Studios, Kinos, durch das Studium von Bauplänen, den Erwerb von Maschinen, Apparaten, Filmen, ihren Wiederverkauf und durch die Leitung dieses ganzen Komplexes. Das war falsch, ja verrückt, wenn ich bedenke, was ich in dieser Zeit alles hätte schreiben können.«

Wie um sich zu entschuldigen, setzt er hinzu: »Die Falle besteht darin, daß Geschäfte so etwas Amüsantes sind. Man ist dann nicht genügend auf der Hut.«

Er vergißt zu sagen, daß die Geschäfte nur dann so amüsant sind, wenn man für sie begabt und darin so außerordentlich erfolgreich ist wie er. Einen Großteil seines Vermögens verdankt er ja eben diesen Geschäften.

Und dieses Vermögen ist tatsächlich beträchtlich. Sein Schwur in der Kindheit, eines Tages reich zu werden, hat Folgen in einem Ausmaß gehabt, wie er sie sich selbst in der ausschweifendsten und optimistischsten Euphorie nicht hätte vorstellen können. Man hat in dieser Hinsicht gelegentlich auf Balzac verwiesen – auch er war Schriftsteller und Geschäftemacher. Aber es besteht ein großer Unterschied zwischen den beiden Schicksalen. Denn bei Balzac nehmen die Geschäfte zwar einen erheblichen Teil seiner Zeit in Anspruch, doch verliefen viele davon ungünstig. Manche sogar katastrophal – der Grund dafür war im allgemeinen, daß er sich, um die Verluste wieder wettzumachen, immer wieder in neue Unternehmungen stürzte, ein wenig wie das Eichhörnchen im Laufrad, bei man man nicht weiß, ob es das Rad dreht oder vom Rad gedreht wird.

Ein außergewöhnlicher Scharfblick? Beispielhafte Nerven? Unverschämtes Glück? Pagnol stand immer auf der Seite der Gewinner, in allen Bereichen. Jede seiner Unternehmungen schloß er mit schwarzen Zahlen ab, oft mit sehr hohen Zahlen. Er hat eine »König-Midas«-Periode durchlaufen, in der alles, was er berührte, zu Gold wurde. Aber er verlor niemals den Kopf wie König Midas. Als mehrfacher Millionär blieb er doch immer sich selbst treu. Niemand hätte die geringste Veränderung in seinem Verhalten bemerken können. Schnell war er der großen Salons überdrüssig geworden, die ihm in der Epoche des wachsenden Ruhms bereitwillig ihre Türen geöffnet hatten, und hatte niemals aufgehört, mit den Freunden, Schriftstellern, Filmleuten, Dramatikern, Journalisten, Schauspielern zu verkehren, die im allgemeinen aus dem gleichen Milieu stammten wie er selbst und mit denen er Nächte hindurch über die Themen diskutieren konnte, die ihn und sie interessierten. Und dabei warf die Tatsache seines Reichtums für niemanden auch nur das geringste Problem in seinen Beziehungen zu ihm auf. Pagnol also verkündet am Tag nach seiner Wahl: »Von jetzt an schreibe und drehe ich nur noch. Nichts anderes!«

Um einen Anfang damit zu machen, gibt er endgültig den Plan auf, eine Filmstadt auf dem Gelände von La Buzine zu errichten. Das Schloß hatte einiges über sich ergehen lassen müssen. Zuerst war es von den Militärbehörden evakuiert worden, dann hatte es die Verwaltung des Département Bouches-du-Rhône einer Verwendung als provisorisches Lager für 16 spanische Flüchtlingsfamilien zugeführt, die man anderswo nicht unterbringen konnte. Die Gebäude befinden sich in einem beklagenswerten Zustand.

Joseph Pagnol, sein Vater, hat sich nach seinem Auszug aus Marseille endgültig hier niedergelassen. Seine Tochter Germaine lebt bei ihm. Beide müssen untätig zusehen, wie dieser Verfall unerbittlich fortschreitet. Sie haben sich eine Wohnung im Wachhaus eingerichtet, die jedenfalls weit besser ihren Bedürfnissen entspricht. Gemäß den Bestimmungen des Vertrages mit Jean Le Duc ist Pagnol dem Titel nach Produktionsleiter der Gaumont-Gesellschaft, mit der zusammen er seine Filme produziert und die für ihn den Verleih organisiert. Die Aktivitäten in den Büros in der Rue Fortuny vermindern sich zusehends. Als erster scheidet Charles Corbessas aus. Er übernimmt die Leitung von Ciné-Sélection, einer Verleihfirma für katholische Filme. Toé betreibt an den Champs-Élysées eine Filiale Vedettes et ritournelles (Schlager und alte Hits), die Kurzfilme mit Gesangseinlagen herstellt – »Clips« (das Wort gibt es allerdings damals noch nicht). René Pagnol wird eine sehr aussichtsreiche Position auf Madagaskar angeboten. Er zieht mit seiner Familie nach Tananarive.

Marcel Pagnol hat seine »Absteige« in Monte Carlo beibehalten. In Wirklichkeit handelt es sich um ein riesiges Appartement am Boulevard d'Italie Nr. 2, in das das Sonnenlicht im Überfluß hineinflutet und wo sich das Auge durch die Südfenster in der Weite des vollkommen blauen Himmels und Meeres verliert. Manchmal zeigt sich am Horizont verschwommen eine Luftspiegelung. Pagnol schwört mit Nachdruck darauf, ohne wirklich daran zu glauben, es handle sich um Korsika.

Aus einem atavistischen Bedürfnis, aber auch in Erinnerung an ihre Ferien als Kind schwärmt Jacqueline für die Wärme, den Süden, das Meer. Aus diesem Grund halten sich Marcel und Jacqueline immer häufiger und immer länger im Fürstentum auf, bis sie sich eines Tages entschließen, das ganze Jahr dort zu bleiben. Kaum zwei Jahre nach dem Ende des Zweiten Weltkrieges erstrahlt Monaco wieder in altem Glanz und alter Pracht. Die Gala-abende, Feste, Premieren und Empfänge lösen einander in beschleunigtem Tempo ab. Das Hôtel de Paris, der Palast der Milliardäre, ist ständig belegt. Die Onassis' und Niarchos' haben die Gordon Bennets und Zaharofs abgelöst, aber all die reichen Familien der Côte, die Gould, Weisweiler, Aga Khan, haben ihr gewohntes Leben in den Traumvillen wieder aufgenommen, wo sie sich's, von berühmten Gästen umgeben, wohlsein lassen: von Winston Churchill, Greta Garbo, Jean Cocteau, Somerset Maugham, Graham Greene usw. In seinem Palast auf dem Felsen verbringt Fürst Louis II. im Schutz seiner prächtig herausgeputzten Garde die letzten Regierungsjahre. Er hat nur eine Tochter, Charlotte, die 1923, nach ihrer Heirat mit Pierre, dem Grafen von Polignac, die Zukunft der Dynastie sicherte, indem sie einem Jungen, Rainier, das Leben schenkte. 1944 wurde Rainier aufgrund eines Thronverzichts seiner Mutter zu seinen Gunsten Erbprinz.

Rainier ist mit seinen 25 Jahren ein fanatischer Bewunderer Pagnols. Er kennt ganze Passagen seiner Stücke auswendig. In der Offiziersmesse seines Regiments in Lattres Armee, in der er diente, erheiterte er seine Waffengefährten, indem er ihnen die Kartenszene aus »*Marius*« vortrug.

Er ist begeistert, Pagnol kennenzulernen, stolz darauf, ihn häufig besuchen zu dürfen. In seiner Familie, sowohl bei den Grimaldis wie bei den Polignacs, war es immer üblich gewesen, Schriftsteller und Künstler zu verehren. Sein Vater hatte mit Marcel Proust verkehrt und war mit Colette befreundet, die über eine Jahressuite im Hôtel de Paris verfügte. Rainier selbst erlebte eine romantische Liebesgeschichte mit dem schönsten weiblichen Star der neuen Generation: Giselle Pascal.

Die beiden Prinzen Pierre und Rainier sähen es gerne, wenn die Pagnols Bürger Monacos würden, und so verdoppeln sie ihre Anstrengungen in dieser Hinsicht. Sie überhäufen sie mit Aufmerksamkeiten. Jede Gelegenheit nehmen sie wahr, die beiden in ihrem Palast bei den exklusiven Mahlzeiten wie bei den festlichen Diners zu empfangen, wo Marcel und Jacqueline stets die Ehrenplätze innehaben. Zu jedem Ereignis, jedem Schauspiel werden sie eingeladen, ins Ballett, in die Oper. Dieses große gesellschaftliche Leben behagt Jacqueline sehr, die eine Schönheit ist. Rainier möchte der Anwesenheit der Pagnols in Monte Carlo um jeden Preis einen offiziellen Charakter geben, er wünscht, daß Marcel im Kulturleben des Fürstentums eine Rolle spielt. So wird ihm ein Büro im Gebäude von Radio Monte Carlo eingerichtet. Und bald ergibt sich auch die Gelegenheit, ihn von Staats wegen mit einer Aufgabe zu betrauen. Rainier ergreift die Gelegenheit beim Schopf. Monaco schickt sich an, im Frühjahr 1947 das 25jährige Regierungsjubiläum des Fürsten Louis II. zu feiern. Es sollen große Festlichkeiten veranstaltet werden, für die Prinz Pierre verantwortlich ist. Ein Komitee wird gebildet. Auf Bitten Pierres und Rainiers soll Pagnol dabei als Berater fungieren.

In der ersten Arbeitssitzung schlägt Pagnol vor, aus Anlaß des Jubiläums eine Sondervorstellung mit dem »*Sommernachtstraum*« zu geben. Im übrigen hatte Shakespeare dieses Stück ebenfalls für ein fürstliches Fest geschrieben: für die Hochzeit des Lord Derby am Ende des 16. Jahrhunderts.

Pagnol fügt hinzu:

»Damit diese Sondervorstellung etwas ganz Besonderes wird, sollte man das Stück in einer neuen Übersetzung spielen. Das wäre eine wirkliche Uraufführung. Wenn Sie einverstanden sind, bin ich selbst bereit, diese Übersetzung zu machen!«

Ein Angebot, welches begeisterte Zustimmung findet! Aber diese Übersetzung des »*Sommernachtstraums*«, der er sich mit beispiellosem Eifer hingibt, schenkt ihm keine große Befriedigung. Er bemerkt dazu: »Es ist kein gutes Stück«, und bereut ein wenig, es für die Jubiläumsfeier vorgeschlagen zu haben. »Übrigens«, setzt er hinzu, »gibt es wenige gute Stücke in Shakespeares Werk. Höchstens ›*Hamlet*‹, ›*Macbeth*‹ und vielleicht ›*König Lear*‹.«

Durch seine Arbeit am »*Sommernachtstraum*«, den er jetzt erstmals bis ins Detail kennenlernt, glaubt Pagnol die Antwort auf eine Frage gefunden zu haben, über die sich seit Jahrhunderten die Fachleute für englisches Theater und Literatur in den Haaren liegen: Hat es Shakespeare gegeben oder nicht? Hat er seine Stücke geschrieben oder nicht?

Er führt aus: »Der Autor der Shakespeareschen Stücke war ein Mann von hoher Bildung, in den unterschiedlichsten Bereichen zu Hause. Man denke nur daran, daß er schon von der Tatsache des Blutkreislaufs wußte. Im ›*Coriolan*‹ spricht er davon. Ausgiebig zitiert er Vergil und Homer. Trotzdem ist sein Werk voll von vulgären Späßen. Zum Beispiel gibt es im ›*Sommernachtstraum*‹ einen Weber, der sich ›Bottom‹ nennt – was ›Arsch‹ bedeutet (Pagnol gibt ihm in seiner Übersetzung den Namen ›Mesfesses‹ [Hintern]). Es fällt schwer, zu glauben, daß der gebildete Mensch, der dieses Stück schrieb, sich solche Geschmacklosigkeiten geleistet hätte.

Ich für meinen Teil«, schließt Pagnol, »bin der Meinung, daß der Autor (möglicherweise Bacon) dieser Stücke von hohem intellektuellem und kreativem Niveau sie einer Schauspieltruppe übergeben hat, in der sich der Schauspieler Shakespeare befand. Da die Stücke für das ungebildete Publikum, vor dem sie aufgeführt wurden, zu anspruchsvoll waren, spickten Shakespeare und seine Kollegen sie mit derartigen Flegeleien. Und diese ›Extempores‹ gerieten dann in die endgültige Fassung. Auf jeden Fall ist es undenkbar, daß ein sei es auch noch so genialer Possenreißer die philosophischen, naturwissenschaftlichen, historischen und literarischen Kenntnisse besaß, die das ganze ›Shakespearesche Theater‹ durchziehen.«

Pagnol stellt seine Übersetzung rechtzeitig vor dem für den Probenbeginn vorgesehenen Termin fertig. Max de Rieux, der schon oft an der Pariser Oper, der Opéra-Comique und der Oper von Monte Carlo Regie geführt hat, bekommt den Auftrag, dieses Stück zu inszenieren. Jacqueline Pagnol soll die Hermia spielen, die jugendliche Liebhaberin. Ihr Partner wird Roger Gaillard als Lysander sein. Pagnol fehlt bei keiner Probe. Das erste Mal seit »Fanny« wird wieder ein Text von ihm auf der Bühne gesprochen, und zwar gerade an dem Platz, wo »Jazz« uraufgeführt worden ist.

Monte Carlos Casino ist das berühmteste der Welt. Es hat seinen Eindruck auf Schriftsteller, Dichter und Filmer niemals verfehlt. Über die Reichtümer, die unter den Rokokodecken der Spielsäle entstanden und zerronnen sind, und über die damit verbundenen Schicksale existieren die romantischsten Geschichten. Eric von Stroheim hat das Gebäude in einem Studio Hollywoods nachbilden lassen, um dort Szenen für »Folies des femmes« (»Närrische Frauen«) zu drehen, diesen spritzigen Film, aufgrund dessen das amerikanische Kino ihn in Acht und Bann tat. Im Herzen der Gartenanlagen, die sich in Terrassen bis zu dem Einschnitt der Eisenbahn hinunterziehen, wo sich nach der Legende die ruinierten Spieler vor die heranbrausenden Züge werfen, wurde ein Theater aus natürlichem Grün, aus Purpur und Gold errichtet. Und dort geben Jacqueline Pagnol und ihre Mitspieler in einer Nacht der Nächte inmitten der prachtvollsten natürlichen Kulissen – schattigen tausendjährigen Bäumen, dem fernen Meer und der sternbesäten Himmelskuppel – eine einzigartige Vorstellung des »Sommernachtstraums« von Shakespeare, in Pagnols Übersetzung.

Neben dem Fürsten Louis II. und der Herrscherfamilie sind die staatlichen Vertreter des Fürstentums, das diplomatische Korps in vollständiger Besetzung, die Millionäre aus der Umgebung erschienen. Es ist ein wirklich erlauchtes Publikum. Es klatscht, wie es sich gehört, der aufwendigen, aber auch langweiligen Aufführung Beifall. Das Ensemble kann nichts dafür, aber Pagnol hat recht, das Stück ist eben nicht gut.

»Das Märchenstück auf der Bühne«, diese Schlußfolgerung zieht Pagnol, »ist durch das Kino und vor allem den Zeichentrickfilm überholt. Eine Elfe oder Sylphe, die sich nach ihren Pirouetten und erst recht nach gewagten Sprüngen nicht in den Himmel erhebt, sondern mit ihren Füßen wieder auf die Bretter der Bühne zurückkommt, ist keine richtige Elfe. Die heutigen Zuschauer nehmen sie nicht mehr ernst.«

Eines Abends betritt in der Rue Fortuny in Paris ein kleiner, beweglicher und gesprächiger Herr mit ausländischem Akzent Pagnols Büro. Er stellt sich vor: Nagel. Er ist Verleger ungarischer Herkunft und hat soeben im literarischen Paris sein aufsehenerregendes Debüt gegeben, indem er Jean-Paul Sartres Skandalstück *»Die ehrbare Dirne«* veröffentlichte. Pagnol ist er gleich sehr sympathisch. Nagel fragt ihn, ob er ihm nicht ein Manuskript anvertrauen wolle. Pagnol schlägt ihm seine *»Bemerkungen über das Lachen«* vor. Ein paar Monate danach erscheint das Werk.

»Aber bitte Vorsicht«, warnt Pagnol, »der Titel meines Buches sagt deutlich, worum es sich handelt: um Bemerkungen. Ich habe nicht die Absicht, die von den großen Philosophen, insbesondere Bergson, vorgetragenen Theorien über das Lachen zu widerlegen oder zu kommentieren. Ich wollte nur die Schlüsse zu Papier bringen, zu denen ich nach 15jähriger Erfahrung gekommen bin.«

Im Zuge dieser Arbeit entwickelt er zwei Grundgedanken: »Erstens: Keine Bewegung, keine Handlung kann an sich als komisch betrachtet werden. In der Natur gibt es nichts Komisches. Die Ursache der Komik liegt im Menschen selbst, der lacht. Zweitens: Es ist das Gefühl unserer Überlegenheit über den anderen, welches das Lachen hervorruft.«

Einige Monate später übergibt er Nagel auch seinen soeben fertig gewordenen *»Hamlet«*. In einem langen Vorwort rechtfertigt er seine Bearbeitung. Nach seiner Ansicht sind Originalwerke nicht unbedingt sakrosankt. Sie sind es oft jedenfalls viel weniger, als man denken sollte. Hat doch z. B. Sophokles, den er wegen seines *»König Ödipus«* so bewundert, diesen Stoff möglicherweise einem vergessenen früheren Autor entlehnt. Wer weiß!

Pagnol setzt hinzu – und das könnte als Plädoyer in eigener Sache aufgefaßt werden: »Man soll niemanden verachten, der Stücke bearbeitet. So ist das größte Genie unserer Literatur, La Fontaine, seinerseits der Bearbeiter der Fabeln Äsops gewesen!«

Das Leben in Monte Carlo, das alles in allem doch ein Leben in der Provinz ist, gefällt Pagnol offensichtlich. Er ist der berühmte Mittelpunkt der Stadt, kennt jeden, steht mit den Antiquitätenhändlern auf du und du, scherzt mit den Ministern, dem Bischof und dem Portier des Hôtel de Paris. Als Gesellschaft für den Abendaperitif hat er einen alten Pariser Freund aufgetrieben, Florent Fels, begabter Journalist, großer Kunstkritiker, ehemaliger Chefredakteur von »Voilà«, einer gemäßigt satirischen Zeitschrift, die Gallimard vor dem Krieg herausgab und an der auch Kessel und Saint-Exupéry mitgearbeitet haben. Florent Fels hat Verpflichtungen bei Radio Monte Carlo übernommen.

Pagnol betont, er langweile sich nicht in diesem freiwilligen Exil. Das sagt er so oft, daß es schon nicht mehr wahr klingt. Tatsächlich, das weiß er sehr gut, steckt er in einer Krise.

Er hat sich noch nicht vollständig von der Wunde erholt, die ihm der Verrat Josettes geschlagen hat. Er spürt immer noch die Folgen. Überdies hat er Raimu und Yves Bourde verloren. Mit Giono hat er sich überworfen. Und immer noch macht ihm die Jugend Jacquelines zu schaffen.

»Sie hat nur einen Fehler«, schreibt er wieder einmal an einen Freund. »Sie ist erst 20. Oder besser, ich habe nur einen Fehler: Ich bin doppelt so alt wie sie.« Entschieden macht es ihm Schwierigkeiten, die berüchtigte Klippe der Fünfziger zu umschiffen. Es ist ihm unmöglich, sich mit Jacqueline anders als in der Rolle Molières mit Armande Béjart zu sehen. Die Freude, die ihm seine Wahl in die Akademie gemacht hat, ist im Grunde weniger groß, als er behauptet. Er muß sich sagen, daß er sich durch seine Übersetzungen oder Kommentierungen Shakespeares, durch seine Arbeit an »*Bemerkungen über das Lachen*« oder »*Kritik der Kritiker*« letzten Endes nur über seine innere Leere hinwegtäuscht und seine Zeit totschlägt – daß er mit seiner Schaffenskraft auf dem Nullpunkt ist! Marcel Achard, der einzige Freund, mit dem er manchmal über seinen Seelenzustand spricht, versucht, ihn mit einem Ausspruch von Tristan Bernard aufzumuntern: »Es gibt eben Jahre, in denen man nicht in Form ist.«

Das Kino fehlt ihm. Er hat das dringende Bedürfnis, wieder hinter einer Kamera zu stehen. So stürzt er sich ohne weitere Überlegung und Vorbereitung auf einen Stoff, den er seit 20 Jahren mit sich herumträgt und vor dem er – bestimmt zehnmal – immer im letzten Moment zurückgeschreckt ist, obwohl immer mit sehr guten Gründen, an die er aber selbst nicht so recht glaubt: »*Die schöne Müllerin.*« Er ist der Meinung, diesmal einen unschlagbaren Trumpf in der Hand zu haben: Tino Rossi.

Pagnol lädt Tino zum Essen ein, und beim Nachtisch schlägt er ihm vor, unverzüglich mit einem Film zu beginnen.

»Du wirst als Schubert ausgezeichnet sein«, sagt er. »Übrigens siehst du ihm ähnlich.«

Von allen großen klassischen Komponisten kennt Tino Schubert am besten. Er hat sein »*Ave Maria*« eingespielt, die Platte ist zu Zehntausenden verkauft worden.

Pagnol ist kaum zu bremsen. Vor dem fasziniert zuhörenden Tino erfindet er die Geschichte der schönen Müllerin neu, reichert sie an. Schon ist ihm klar, wo er den Film drehen will. Jo Martinetti, sein Schwager, Mann einer Schwester Jacquelines, hat auf einer Fahrt durch das Hinterland Nizzas die Ruine einer alten Mühle in prachtvoller Umgebung entdeckt. Es ist bei Colle-sur-Loup. Der Besitz steht zum Verkauf. Und Pagnol kauft ihn. Er wird en famille drehen, mit Jacqueline. Sie soll die schöne Müllerin sein. Es gibt auch eine Rolle für Lili, Tinos Frau, und für Pierrette, seine Tochter.

»Wir wohnen alle in Cagnes, auf meinem Gut«, erklärt Pagnol. »Das wird herrlich!«

»Einverstanden«, sagt Tino, mit einer gewissen Zurückhaltung. »Aber für die Bearbeitung der Schubertschen Musik brauchst du einen großen Musiker der klassischen Schule.«

»Ich habe einen«, erwidert Pagnol. »Hast du von Tony Aubin gehört?«

»Sicher.«

»Stell' dir vor, er war mein Schüler am Condorcet. Sehr begabt. Er hätte die ›Agrégation‹ in Englisch mit Glanz bestanden, hat es aber vorgezogen, Musik zu studieren. Hat den großen Preis von Rom gewonnen. Vor einigen Tagen erst habe ich ihn wiedergetroffen. Sein größter Wunsch ist, mit mir zu arbeiten.«

Auch Tino träumt davon, mit Pagnol zu filmen, schon seit jeher. Aber er traut der Sache nicht. Er kennt Pagnol und seine Stimmungen zu gut und fürchtet, am Tag nach der Mahlzeit und seinem Abschied von Pagnol könnte dieser das ganze Gespräch schon wieder vergessen haben. Außerdem steht ihm eine Reise nach Südamerika und eine Serie von Galaabenden dort bevor.

In Rio erhält Tino einen Brief von Pagnol.

»Mein lieber Tino. Unser Projekt der ›Schönen Müllerin‹ geht klar. Jetzt fehlst nur noch du. Niemals war die Mühle so schön wie jetzt, und ich freue mich königlich auf die Arbeit dort. Ich habe einen wundervollen Bach entdeckt. Er stürzt von einem Felsen in Kaskaden herab, in denen unzählige Regenbogen stehen.«

Mitte Juni beginnt Pagnol mit den Dreharbeiten zu seinem Film. Von dem ziemlich mäßigen Werk Müllers, das Schuberts Musik zugrunde liegt, hat er nur den Titel beibehalten. Als Drehbuch hat er eine zum Teil erfundene Episode aus der Jugend des Komponisten verarbeitet. Dieser hatte dem von ihm bewunderten Goethe eine Komposition zum »Erlkönig« geschickt. Er hatte einen Antwortbrief des großen Weimarer Dichters erhalten, in dem dieser die Musik, die er gehört hatte, als »kindlich« bezeichnete. Schubert verließ Wien voller Enttäuschung, um in der Natur seine Schaffensfreude wiederzufinden. Er besteigt einen Berg und entdeckt eine Quelle, deren Lauf er folgt. Plötzlich befindet er sich vor einer Mühle, in welcher der Müller Wilhelm allein mit seiner Tochter Brigitte lebt. Wilhelm ist nicht verwitwet, sondern seine liederliche Frau hat ihn samt ihrem Baby im Stich gelassen. Brigitte ist nun zu einer hinreißenden ländlichen Schönheit von 18 Jahren herangewachsen. Schubert gefällt das Plätzchen so gut, er findet Meister Wilhelm so gastfreundlich und besonders Brigitte so anziehend, daß er sich entschließt, eine Weile dort zu bleiben. Wilhelm macht ihm den Vorschlag, als Geselle bei ihm zu arbeiten.

Brigitte/Jacqueline hat dermaßen schöne blaue Augen und Schubert/Tino singt die romantischen Lieder so innig, daß sich bald eine Romanze zwischen den beiden jungen Leuten entspinnt. Sie verlieben sich ineinander und erleben eine unbeschwerte leidenschaftliche Romanze.

Nur Wilhelm, der über seine Enttäuschung niemals hinweggekommen ist, die Unbeständigkeit junger Mädchen und die Gefahren kennt, die dem Glück allzu vertrauensseliger junger Burschen drohen, glaubt, daß diese Liebe zum Scheitern verurteilt ist.

Eines Tages kommt der junge Herr des Landes auf der Jagd an der Mühle vorbei, trifft auf Brigitte, verliebt sich in sie, lädt sie auf sein Schloß, überhäuft sie mit Kleidern und Schmuck. Alle ihre Freunde, ihr Vater und Schubert selbst wissen, daß es sich bei dem Junker nur um eine Laune handeln kann. Es nützt nichts. Brigitte schwört Schubert, sie liebe ihn allein und für immer, begibt sich aber doch ins Schloß und läßt ihren Geliebten verzweifelt zurück. »Alles, was ich fühle«, sagt er, indem er sich wieder auf Wanderschaft begibt, »wird mir zu Liedern, die sie eines Tages hören wird. Dann wird sie den Kopf senken, um ihre Tränen zu verbergen, und seufzend die Worte unterdrücken: Die er einst liebte, war ich!«

In aufgeräumter Stimmung beginnen die Dreharbeiten. Bei den Gesangsszenen läßt sich Pagnol von Max de Rieux helfen, der seit dem *»Sommernachtstraum«* sein Freund geworden ist. Tatsächlich kann man sich für eine Filmoperette keine geeigneteren Kulissen vorstellen als die Mühlenruine und die sie umgebenden Hügel. Aber das ganze Gelände ist mit von den Deutschen gelegten Minen gespickt. Sie müssen erst gefunden und entschärft werden. Danach mußte Robert Jiordani, der neue Bühnenbildner, der sich Pagnol in Marseille angeschlossen hatte, in einem Gewaltakt praktisch die ganze Mühle neu bauen, ohne im geringsten ihr Äußeres zu verändern. Er reparierte das Rad und leitete den Mühlbach um, um ihn aus einem günstigeren Winkel beleuchten zu können.

Auch der Maskenbildner hat sich gewissermaßen selbst übertroffen. Tino gleicht mit seinem breiten Gesicht, seinen langen Locken und seiner kleinen Stahlbrille Schubert aufs Haar, wie man ihn auf den Stichen seiner Zeit sieht. Obwohl Tino den Text ganz hinreißend singt, den Pagnol den Melodien Schuberts unterlegt hat und der zugegebenermaßen oft ziemlich unbeholfen ist (Pagnol würde durchaus zugeben, daß zum Texten eine besondere Begabung gehört, die ihm abgeht), entpuppt er sich leider als ganz erbärmlicher Schauspieler. Jacqueline steht Höllenqualen aus. Um so mehr, als in der Eile die Rolle Wilhelms, des Müllers, ihres »Vaters«, dem Darsteller Raoul Marco übertragen wurde, der die Rolle so spielt, als sei sie schon ein Jahrhundert alt und würde im Odéon aufgeführt. Manche seiner Sätze hätten, von Raimu ausgesprochen, erhaben gewirkt. Aber leider ist er nur Marco. Das ist um so schlimmer, als Pagnol im Text oft seinen Herzensregungen die Zügel hat schießen lassen. Es ist unmöglich, nicht seine Angst vor dem Verlust Jacquelines herauszuhören, wenn er über Koketterie schreibt (es sind die letzten Sätze des Films, und sie werden von Schubert mit Blick auf Brigitte gesprochen): »Ich hätte es von Anfang an wissen müssen. Als ich mit ihr über den Bach sprach, fragte ich sie: ›Ist er euer Freund?‹ Sie gab zur Antwort: ›Nein, er dient mir als Spiegel!‹ In diesem klaren Wasser, das Tag und Nacht den Himmel spiegelt, konnte sie nichts erblicken als nur ihr eigenes Gesicht!«

Der Film ist fast fertig, als Pagnol nach der Vorführung eines ersten Schnitts das Gefühl hat, er sei völlig mißglückt. Aber er weiß nicht, wie er sich aus einem so schlecht begonnenen Geschäft zurückziehen soll. Ein aus Paris eingetroffener Brief gibt ihm Anlaß und Möglichkeit dazu. Die Absender sind Lucien und André Roux. Beide sind Ingenieure, beide auf Optik spezialisiert, und sie behaupten, ein Verfahren für Farbfilme erfunden zu haben, das sie mit ihrem Namen bezeichnen: Rouxcolor. Sie möchten Pagnol gerne ihre Ergebnisse vorführen.

Pagnol fährt sofort nach Paris und sucht sie auf. Die Filme, die ihm gezeigt werden, sind von beachtlicher Qualität. Die Brüder Roux führen ihm einen Dokumentarfilm vor, *»Paris im Herbst«*, ganz vorzüglich. Niemals hat Pagnol so naturgetreue Farben gesehen.

Diese Brüder Roux gefallen ihm ganz entschieden. Erstens sind es zwei, zwei Brüder wie die Lumières. Zweitens haben sie ihre Erfindung in einem sehr bescheidenen Labor im 13. Arrondissement gemacht und ausgearbeitet. Und diese kleinen Davids wagen es, den Goliaths Technicolor und Agfacolor die Stirn zu bieten, die auf dem Weltmarkt von der mächtigen amerikanischen und deutschen chemischen Industrie lanciert und unterstützt werden. Es ist ein gewagtes Abenteuer, das hier auf Pagnol zukommt. Er entschließt sich, voll einzusteigen und die »Schöne Müllerin« noch einmal von vorne zu beginnen. Tino Rossi dazu zu überreden, macht ihm gar keine Schwierigkeiten. Zurück also zum Ausgangspunkt!

Im Unterschied zu Technicolor und Agfacolor, deren Verfahren auf der chemischen Beschichtung des Filmstreifens beruhen, nützt Rouxcolor physikalische und optische Gesetzmäßigkeiten aus. Das Prinzip ist einfach. Es besteht darin, daß man bei den Aufnahmen hinter das Objektiv, welches das virtuelle Bild erzeugt, ein zweites Objektiv schaltet, welches das gleiche Bild zwar in seiner Gesamtheit wiedergibt, aber vierfach, viermal nebeneinander auf dem Streifen und durch vier Filter aufgenommen, von denen jeder eine der Grundfarben herauswählt: Rot, Blau, Grün und Gelb.

Bei der Projektion sind vier Objektive am Apparat befestigt, die ebenfalls mit vier Filtern besetzt sind und konvergierende Bilder auf der Leinwand erzeugen: Die vier Farben überlagern sich und produzieren das farbige Bild.

Der eigentliche Vorteil von Rouxcolor sind seine geringen Kosten, unvergleichlich niedriger als die der Konkurrenz. Die Gebrüder Roux begeben sich für die Dauer der Aufnahmen zur »Schönen Müllerin« nach Colle-sur-Loup und kümmern sich persönlich um die Projektoren, die Objektive, die Beleuchtung. Innerhalb von vier Wochen hat Pagnol seinen ersten Farbfilm fertiggestellt. Die Welturaufführung erlebt die »Schöne Müllerin« am Mittwoch, dem 19. November 1952, im Kino Gaumont-Madeleine in Paris, wobei umfangreiche Werbeaktionen vorausgegangen waren. Die Leute hatten sich um Einladungen geschlagen. Es wird ein historisches Filmereignis erwartet, und niemand will es versäumen. Zahlreiche Mitglieder der Akademie sitzen im Zuschauerraum: François Mauriac, Jean Tharaud, Madame Maurice Garçon, Professor Henri Mondor. Man nimmt die Brüder Roux in Augenschein. Pagnol hat nicht gewagt zu kommen und ist mit Jacqueline in der Rue Fortuny geblieben. Er ist ungeheuer aufgeregt und hat seinen ältesten Sohn Jacques als Beobachter hindelegiert, der als Kameraassistent an den Dreharbeiten teilgenommen hatte. Der Film läuft bereits ungefähr zehn Minuten, als sich in einer Szene – die junge Müllerin badet im Bach – die Qualitäten von Rouxcolor voll entfalten können: erstaunlich leuchtende Farben, unendlicher Nuancenreichtum, vollkommene Töne. Donnernder Beifall brandet auf. Das Spiel scheint gewonnen. Aber nein! Die schöne Begeisterung hält nicht lange vor. Langsam verflüchtigt sich der Zauber. Die Geschichte zieht sich endlos in die Länge, das Interesse schwindet. Als das Wort »Ende« erscheint, klatschen einige Freunde höflich. Das ist alles. Nicht Austerlitz – Waterloo.

Am Tag darauf ist die Presse entfesselt: Kesseltreiben von allen Seiten. Die Angriffe gegen den Film, gegen Rouxcolor, gegen Tino Rossi sind schrecklich. Gegen Pagnol nehmen sie eine nie dagewesene Schärfe an. Wie wenn man ihn anläßlich dieses Mißerfolgs für alle früheren Triumphe, Erfolge, ja seinen Reichtum büßen lassen wollte!

Pagnol zeigt die Zähne. Mit eigener Feder schreibt er im »Provençal«: »Und ich behaupte, dieser Film markiert ein historisches Datum in der Geschichte des Kinos als erster in Frankreich von Franzosen nach einem französischen Verfahren gedrehter Farbfilm.«

Im Rückblick läßt sich hinzufügen: der erste und der letzte Film dieser Art. Rouxcolor bleibt ein Abenteuer ohne Zukunft. Aber keiner kann leugnen, daß die französische Filmindustrie hier eine große Chance verpaßt hat. Pagnol zu Ehren muß gesagt werden: Er hat versucht, sie ihr zu geben.

Nach Monaco zurückgekehrt, kann Pagnol nicht verbergen, wie getroffen er ist. Der Mißerfolg der »Schönen Müllerin« nimmt ihn grausam mit. Weniger indessen als die Bösartigkeit der Angriffe, deren Zielscheibe er ist. Doch ist er nur aus der Fassung gebracht, nicht geschlagen. Er beendet das kleine Buch, an dem er seit Jahren immer wieder arbeitet: »*Kritik der Kritiker*«. Es kommt bei Nagel heraus.

»Wir haben euch nicht gebeten«, schreibt er, an die Adresse der Theater- und Filmkritiker gerichtet, »uns bei der Neufassung unserer Stücke zu helfen, über unsere Mißerfolge Tränen zu vergießen oder über die Erfolge zu jubeln. Eure Verrisse schaden niemandem, aber ihr könntet allen nützlich sein. Das ist schade für uns, aber ebenso schade für euch.«

Bei dieser Gelegenheit fügt Pagnol seiner polemischen Fortsetzungsserie gegen Brisson ein weiteres Kapitel hinzu.

»Pierre Brisson«, schreibt er, »empfinden Sie nicht wenigstens ein winziges Bedauern, wenn ich Ihnen sage, daß Ihre große Begabung niemals jemandem gedient hat außer Ihnen selbst? Wenn Sie gewollt hätten, wäre das Theater der letzten Jahre in ganz anderen, besseren Bahnen verlaufen. Wir hätten einen Boileau, einen Sainte-Beuve, einen Sarcey gebraucht. Er war da, er existierte. Aber er hat nichts Brauchbares gesagt. Er wollte einfach nicht.«

Ein neues Abenteuer wartet auf Pagnol bei seiner Rückkehr nach Paris.

Jo Martinetti hat mit einem Freund, Emilio Eminente, eine Filmproduktion gegründet. Eminente besitzt Avenue George V. Nr. 35, ein prachtvolles Gebäude, in dem er sich eine ganze Etage reserviert hat. Er schlägt Pagnol vor, sie mit ihm zu teilen und sich nebeneinander ihre jeweiligen Geschäftsbüros einzurichten. Dort, an der Kreuzung der Avenue George V. mit den Champs-Élysées, würde sich Pagnol mitten im Zentrum des französischen Filmbetriebs befinden. Im Umkreis von 100 Metern sind all die großen Produktions- und Verleihfirmen angesiedelt, die Pariser Büros der amerikanischen Gesellschaften, die bedeutenden Impresarios, die Hotelpaläste wie das Claridge, das George V. und das Prince-de-Galles, wo die Filmmagnaten und Hollywoodstars abzusteigen pflegen; schließlich auch die großen Treffpunkte der Branche, Le Fouquet's und die Bar Alexandre. Oberhalb von dieser und gegenüber Le Fouquet's liegen die Räume, die Eminente Pagnol für seine Gesellschaft anbietet.

Pagnol nimmt an. Endgültig zieht er aus dem großen Gebäude in der Rue Fortuny aus – nicht ohne Beklommenheit –, wo er so viele Stunden freundschaftlichen Zusammenseins, des Ruhmes und des Glücks erlebt hat, wo ihn so viele Erinnerungen umgeben, wo so zahlreiche liebenswürdige Hirngespinste für alle Ewigkeit herumgeistern. Eine dichtbeschriebene Seite seines Lebens ist umgewendet worden.

Eminente und Martinetti haben Pagnol in der Avenue George V. das schönste Büro der Etage überlassen. Eigens für ihn hat Albert Dubout ein riesiges Gemälde entworfen, eine Symphonie in Grau: der Kai des Vieux-Port, über den die riesigen Segel der »Malaisie« ihre breiten Schatten werfen. In der Mitte, winzig, ganz allein auf der Welt, zwei Liebende in gegenseitiger Umarmung, Marius und Fanny. Eine große Fotografie von Raimu als César hängt am Eingang.

Eines Abends, er sitzt gerade am Schreibtisch, hört Pagnol, wie es an seine Tür klopft. Er ruft »Herein«. Ein junger Riese schiebt sich ins Zimmer, er spricht mit amerikanischem Akzent.

»Entschuldigen Sie bitte«, sagt der Unbekannte zu Pagnol und zeigt auf die Fotografie. »Ich möchte Monsieur Rraymiou sprechen.«

»Monsieur Raimu ist leider verstorben«, erwidert Pagnol.

»Er war der Größte von uns allen!«

Der Unbekannte wischt sich eine Träne aus dem Augenwinkel und stellt sich vor.

»Orson Welles.«

Erst an diesem Morgen ist er in Paris eingetroffen. Es ist das erste Mal, daß der Regisseur von »*Citizen Kane*«, der alle Kinofans auf die Beine gebracht hat, Frankreich besucht. Er hatte davon geträumt, den genialen Schauspieler anzutreffen, den er in »*La Femme du boulanger*« entdeckt hatte.

Die Anlage des Gebäudes Avenue George V. bietet Pagnol einen sehr interessanten Vorteil. Von seinem Büro aus führt eine versteckte Treppe nach unten und ermöglicht es ihm, direkt und unbemerkt den Speisesaal des Restaurants Alexandre im Untergeschoß zu betreten, so daß er nicht allen auf der Terrasse sitzenden Freunden die Hände zu drücken braucht. Dort nimmt er seine Mahlzeiten ein, dort bewirtet er seine Gäste. Der Raum ist ziemlich düster, mit niedriger Decke und schlechtem Licht. Aber Pagnols Temperament und die Heiterkeitsausbrüche seiner Gäste während der Unterhaltung reichen aus, eine fröhliche Atmosphäre zu erzeugen.

Pagnol gibt dort ein Essen für die Rossellinis, die auf der Durchreise in Paris sind. Man schreibt 1950, und seit kurzem ist Ingrid Bergman Frau Rossellini. Sie hat ihren Haarschnitt à la Jeanne d'Arc beibehalten. Anwesend sind auch Sergio Amidei, Drehbuchautor von »*Rom, offene Stadt*« und von »*Paisà*«, sowie Max de Rieux, seine Frau und weitere Freunde. Es ist die ruhmreiche Zeit des italienischen Films. Der Neorealismus hat seinen Siegeszug um die Welt angetreten. Rossellini, der Urheber dieses Stils, ist auf dem Höhepunkt seiner Laufbahn. Er kommt gerade vom Festival von Punta del Este in Brasilien, wo man ihm einen triumphalen Empfang bereitet hatte.

Es gibt eine Menge Berührungspunkte zwischen Pagnol und Rossellini. Es geht die gleiche Ausstrahlung von ihnen aus, sie haben die gleiche erzählerische Begabung, die gleiche Freude an der gelungenen Formulierung und an der Anekdote, deren Wirkung sie während des Erzählens aus dem Augenwinkel auf den Gesichtern der Zuhörer beobachten. Beide sind sie kleine Aufschneider.

Beim Nachtisch erhebt sich Rossellini plötzlich, als ob er eine offizielle Ansprache halten wollte. »Marcel«, richtet er das Wort an Pagnol, »es gibt etwas, was ich gerne sagen möchte. Überall heißt es, ich sei der Vater des Neorealismus. Das stimmt nicht. Du bist es. Wenn ich ›*Aurora*‹* nicht gesehen hätte, hätte ich niemals ›*Rom, offene Stadt*‹ gedreht.«

Pagnol zieht sich, so gut er kann, mit einem Scherz aus der Situation. Neuer Champagner wird bestellt.

Bald fühlt sich Pagnol in seinen Büroräumen Avenue George V. (er sagt George Vau) sehr wohl. Um Eminente seinen Dank für sein Entgegenkommen abzustatten und Martinetti bei seinem Start als Produzent zu helfen, übernimmt er bei ihnen die Rolle eines Beraters. Die beiden haben Bourvil unter Vertrag. Sie suchen einen Filmstoff für ihn.

---

* Unter dem Titel »*Aurora*« lief in Italien »*La Fille du puisatier*«.

»Warum nicht ›*Le Rosier de Mme. Husson*‹«, meint Pagnol. »Maupassant kam aus der Normandie, Bourvil kommt aus der Normandie, die Idee müßte ihm einleuchten.«

»Gut, einverstanden«, entgegnet Martinetti, »aber Fernandel hat schon in einem solchen Film gespielt. Es war ›*Le Rosier*‹, in dem er das erste Mal als Hauptdarsteller aufgetreten ist.«

»Paß auf«, sagt Pagnol darauf, »wenn du glaubst, du könntest Bourvil dadurch leichter gewinnen, dann schreibe ich euch eine Bearbeitung und den Dialog für einen ›*Rosier*‹!«

Die beiden Freunde machen einen Luftsprung vor Freude. Auch Bourvil zeigt sich ganz begeistert von dem Gedanken, in einem Pagnol spielen zu können. Für diesen bleibt nur noch, sich an die Arbeit zu machen, und er verliert auch keine Sekunde Zeit.

Am 11. April 1950 wird Rainier von Monaco offiziell zum Herrscher gekrönt. Bei dieser Gelegenheit finden prunkvolle Zeremonien statt. Pagnol in elegantem Cut und Zylinder ist Ehrengast. Die Objektive der Fotografen sind fast ebenso oft auf ihn gerichtet wie auf den neuen Fürsten. Aber der nimmt das nicht übel, im Gegenteil. Er läßt keine Gelegenheit aus, Pagnol seine Freundschaft und Bewunderung zu zeigen, erfüllt von Stolz auf die Anhänglichkeit, die sein Gast dem Fürstentum beweist.

Eines Tages macht Rainier Pagnol Mitteilung von einem Projekt, das ihm sehr am Herzen liegt. Um die Stellung seines Landes im Bereich der Literatur zu festigen, möchte er ein Institut mit Renommee gründen, eine fürstliche Akademie. Prinz Pierre nimmt an der Unterredung teil. Auf diese Weise entsteht der literarische Konvent von Monaco, dessen Mitgliedschaft sehr begehrt ist. Colette ist einverstanden, die Ehrenpräsidentschaft zu übernehmen. Prinz Pierre hat die Aufgabe übernommen, die ersten Mitglieder zu bestimmen. Aber jedermann sagt – und nicht ohne Grund –, Pagnol sei der eigentliche Macher bei dieser delikaten Angelegenheit. Zur Mitgliedschaft in dem Konvent werden auch Mitglieder der französischen Akademie eingeladen: Georges Duhamel, Jacques de Lacretelle, und Mitglieder der Akademie Goncourt: Roland Dorgelès, Philippe Hériat, Gérard Bauer. Pagnol erreicht überdies, daß sein Freund Paul Géraldy nominiert wird, der zu dieser Zeit meistgelesene französische Dichter, der keiner Akademie angehört. Marcel hat vergebens versucht, ihn in die Académie française wählen zu lassen. »Warum die Verfemung dieses Autors? Ganz einfach, weil seine Gedichtsammlung ›Du und ich‹ in Millionen Exemplaren verkauft oder verlegt worden ist, ein in der Geschichte der französischen Dichtung einmaliger Fall, den man aber einem Autor nicht leicht verzeiht.«

Einige Wochen danach begeben sich die ganze Familie Pagnol: Marcel, Jacqueline, ihre Schwester Georgette, deren Mann Jo Martinetti, der kleine Frédéric, die Großeltern Bouvier, und die beste Freundin Jacquelines, die Schauspielerin Yvette Etievant, in das kleine Städtchen Neubourg im Herzen der Normandie, eine Kreisstadt im Département Eure.

Dort inszeniert Jean Boyer mit Bourvil » Le Rosier de Mme. Husson«, in der Bearbeitung und Dialogführung von Marcel Pagnol. Auch Bourvil ist mit der ganzen Familie dorthin gekommen. Neubourg ist ein entzückendes Plätzchen, ein Schlaraffenland und eine Hochburg der Gastronomie. Der Humor und das heitere Naturell des Gascogners Jean Boyer sind in den Studios wohlbekannt. Auch Bourvil ist kein Kind von Traurigkeit, mit einem trockenen Humor. Sehr rasch entsteht um Pagnol die heitere Atmosphäre, die er so sehr liebt. Der kleine Kreis wird unzertrennlich. Nach dem Abendessen ziehen sich die Gespräche, angereichert mit Anekdoten, Erinnerungen, Scherzen, unterstützt von einem guten Calvados, bis spät in die Nacht hinein. Zwischen Pagnol und Bourvil zeichnet sich eine beginnende Freundschaft ab. Pagnol liebt den Erfolg und Leute, die Erfolg haben. Auf Bourvil trifft das zu, sein Stern ist in steiler Steigung begriffen, und er ist drauf und dran, einer der Kassenmagneten des Kinos zu werden. Trotzdem entwickelt sich ihre Beziehung nicht weiter. Bourvil ist zu sehr Normanne und wird seines Mißtrauens nicht Herr, das ihm unbewußt die Zungenfertigkeit dieses Pagnol aus Marseille einflößt. Vor allem ergibt sich für sie keine Gelegenheit mehr, weiter zusammenzuarbeiten. Das ist stets das Schicksal der Filmfreundschaften gewesen. Sie halten der Zeit kaum stand, falls sie nicht durch den Kitt gemeinsamer Arbeit immer wieder zusammengebunden werden. Trotzdem atmet der Film, der im Herbst in die Pariser Kinos gelangt und ein Erfolg wird, das Glück, das Pagnol und Bourvil in ihrer Begegnung empfunden haben.

Noch im besten Schwung dreht Pagnol, den Bourvil, Boyer und Maupassant inzwischen über seinen Mißerfolg der »Schönen Müllerin« hinweggetröstet haben, mit Fernandel einen dritten »Topaze«. Besser müßte man sagen, er improvisiert ihn.

Warum dieser neue »Topaze«? Erstens weil Fernandel, obwohl er unter infernalischem Zeitdruck steht (allein im Jahre 1950 spielt er in sechs Filmen), plötzlich einen freien Termin gefunden hat. Zufälligerweise? Wohl kaum. Es ist sicher, daß Bourvils Erfolg ihn beunruhigt. Er fühlt seine bisher unbestrittene Stellung als erster französischer Komiker bedroht. Dem Gespann Pagnol–Bourvil möchte er ohne Aufschub ein Gespann Pagnol–Fernandel entgegenstellen.

Pagnol seinerseits stürzt sich in das Abenteuer, weil nach einem seiner Lieblingssprüche »eine Produktionsgesellschaft dazu da ist, zu produzieren«. Und weil offensichtlich ein Gespann Pagnol/Fernandel, was finanziellen Erfolg betrifft, eine todsichere und unfehlbare Chance ist. Warum aber »Topaze«? Weil Pagnol keinen anderen Stoff in petto hat. Das alles sind Gründe, die bestimmt nicht geeignet sind, ein Meisterwerk hervorzubringen.

Der Film soll komplett in Saint-Maurice gedreht werden. Für einige Wochen mietet Pagnol ein anspruchsvolles kleines Gebäude in der Umgebung am Ufer der Marne.

Raimu hatte sich bei Außenaufnahmen im Freien sehr unwohl gefühlt. Pagnol dagegen verabscheut die Arbeit in Studios, »wohin man wie in ein Büro geht, wo jeder nach der Arbeit nach Hause geht, wo es unmöglich ist, daß sich zwischen Autor, Schauspieler und Techniker die Gemeinsamkeit und der Gemeinschaftsgeist herausbilden, die einem Film seine Farbe geben.« »Man spielt dort ständig ›Geschlossene Gesellschaft‹«, sagt er manchmal.

Von Anfang an hat Pagnol sich geweigert, sich acht Stunden hintereinander in einem Studio einsperren zu lassen. Daran würde er ersticken, das wäre ihm unerträglich.

Außerdem gibt es bald wieder Spannungen zwischen Fernandel und Pagnol: Als Regieassistent hat Pagnol François Gir engagiert, den Sohn der Schauspielerin Jeanne Fusier-Gir. Er war schon Assistent bei Sacha Guitry gewesen. Oft verschwindet Pagnol und läßt Gir an seiner Stelle ganze Szenen inszenieren ... das bringt Fernandel in furchtbare Wut!

Seine Welturaufführung erlebt der Film in Monte Carlo. Ein überraschender »Topaze« erscheint auf der Leinwand. Verblüffend ist die Eleganz der Kostüme. Der Aufpasser ähnelt dem Aufpasser Brummel. Pagnol hat sein Stück ähnlich verfilmt, wie er vor langer Zeit »Le Gendre de M. Poirier« verfilmt hat: als klassisches Stück, ohne irgendeinen Satz zu streichen, ohne irgend etwas hinzuzufügen, das »kinogemäß« wäre. Die Streitfrage um das »Konserventheater« ist längst vergessen. Trotzdem kann dieser »Topaze« als die beste der drei Versionen gelten. Weil Fernandel nämlich ein ganz und gar außergewöhnlicher Darsteller ist.

Wie schon erwähnt, schreibt Pagnol gerne an mehreren Werken gleichzeitig. Jetzt, Anfang 1951, sitzt er an einem Film, einem Theaterstück und einer Übersetzung.

Bei dem Film handelt es sich um »Manon des sources« (»Manon von den Quellen«), ein Bauernstück, bei dem die Leidenschaften heftig aufeinanderprallen. In seiner Kindheit hatte Pagnol die Geschichte in La Treille in den Abendstunden von einem Alten des Dorfes erzählen hören, hatte sie vergessen, doch kam sie ihm plötzlich wieder in den Sinn. Er möchte sie verfilmen wie vor dem Krieg »Jofroi« oder »Angèle«, ganz außerhalb der Studios, mit der gesamten alten Mannschaft: Fernandel, Delmont, Poupon, Blavette, Rellys, Vilbert und den übrigen ... Die Hauptrolle, ein junges Naturkind, eine Ziegenhirtin, übernimmt selbstverständlich Jacqueline. Er gibt ihr damit einen Ausgleich für die mißglückte »Schöne Müllerin«.

Das Theaterstück ist schon ziemlich weit gediehen. Thema ist der Verrat des Judas. Es hat weder Ähnlichkeit mit »Topaze« noch mit »Marius«, doch seltsamerweise und obwohl es nicht in Versen ist mit dem »Catulle«: so als wolle Pagnol das unglückliche Los dieses Jugendstücks wieder wachrufen, an das er so sehr geglaubt, für das er sich mit Leib und Seele eingesetzt hatte, das aber als einziges seiner Stücke in der Schublade geblieben ist.

Die Übersetzung betrifft die »*Bucolica*« von Vergil. In Pagnols Tageseinteilung hat diese Arbeit die Funktion der Ablenkung, wie seinerzeit »*Hamlet*«, dem Pagnol über einen so langen Zeitraum seine unfruchtbaren Stunden gewidmet hatte. Überdies hat sich Pagnol seit dem Gymnasium in Marseille und dem bewunderten Professor Poux seine leidenschaftliche Begeisterung für den Dichter aus Mantua bewahrt.

La Treille, Catulle, Monsieur Poux! Pagnol ist 55 Jahre alt. Das ist im allgemeinen das Alter, in dem die Erinnerungen an die Kindheit wieder wach werden.

Jacqueline teilt ihm mit, sie erwarte wieder ein Baby, voraussichtlich im Herbst. Diese gute Nachricht veranlaßt ihn, die Verfilmung von »*Manon des sources*« um ein Jahr zurückzustellen. Das Stück »*Judas*« profitiert von diesem Aufschub.

Um Pagnol noch mehr an Monaco zu binden, gibt ihm Rainier in diesen ersten Monaten des Jahres 1952 die Gelegenheit, ein herrliches Haus direkt im Herzen der Stadt zu erwerben. Es ist ein herrschaftliches Gebäude aus der Glanzzeit des Fürstentums, als Domizil für den Ruhestand von Baron Bleichröder erbaut, dem preußischen Bankier, der für sein Land mit der Eintreibung der Kriegskontributionen beauftragt war, welche Frankreich im Frankfurter Vertrag von 1871 auferlegt worden waren. Das Haus hatte den Namen La Lestra erhalten (was im monegassischen Dialekt »Die Grotte« bedeutet). Diese Grotte existiert übrigens wirklich, und zwar im Untergeschoß, in Stuck ausgeführt.

Zum ersten Mal in seinem Leben besitzt Pagnol eine Wohnung, die seiner Bedeutung und seiner Leistung angemessen ist. Dort besucht ihn einige Tage später Alexander Korda, den er seit »*Marius*« nicht mehr gesehen hat. Stets hat Pagnol von ihm gesagt: »Ihm verdanke ich alles. Er hat mir alles beigebracht.«

Korda macht im Hafen von Monte Carlo Zwischenstation, an Bord eines Paketbootes, das ihm als Jacht dient. Er hat hier nur aus dem Grund angelegt, um seinen alten Freund Marcel begrüßen und Jacqueline kennenlernen zu können. »*Marius*« war ein Glücksbringer gewesen. Die glänzende Karriere, die er seinem Autor und seinem Hauptdarsteller eröffnet hat, ist bekannt. Noch ungewöhnlicher ist die Karriere seines Regisseurs. Der »Tatar aus Olivoi« war nach Großbritannien gekommen, britischer Bürger geworden und hatte »*Das Privatleben Heinrichs VIII.*« insze-niert, ein Filmereignis, auf dessen Grundlage er ein wahres Kino-Imperium hatte errichten können. Ganz England betrachtet ihn als den Vater des modernen englischen Films. Er war es, der der siebten Kunstgattung die berühmtesten englischen Schriftsteller zuführte, der Herbert George Wells zum Schreiben des Dreh-buchs für »*Der Unsichtbare*« veranlaßte und Graham Greene zum Schreiben des Drehbuchs für den »*Dritten Mann*«. Er hatte die großen englischen Stars dieser Zeit gemacht: Robert Donat, Merle Oberon, Deborah Kerr und vor allem Charles Laughton. Auch hatte er in Hollywood das berühmte »*To Be or Not to Be*« von Ernst Lubitsch produziert. Er war Churchills Freund geworden, der ihm durch die Königin den Titel Sir verleihen ließ. Mit einem Wort, es ist ein ganzes Stück Filmgeschichte, das eines Abends bei den Pagnols in Gestalt eines 60jährigen Hünen Station macht.

Wie Pagnol ist Korda ein unermüdlicher Projektemacher. Am Ende des Abendessens haben sie den Plan gefaßt, ein Remake der »*Femme du boulanger*« mit Charlie Chaplin und die Trilogie in Farbe neu zu verfilmen. Und schon haben sie für jeden dieser Filme ein Dutzend verschiedene Kinos vorgesehen. Von diesen Ideen wird nur eine realisiert: ohne Korda, und schneller, als sie gedacht hätten.

Denn nach ein paar Tagen erhält Pagnol, der sich mit seiner Fami-lie in Saint-Martin-de-Vésubie im Oberland von Nizza aufhält, um den Text zu seiner »*Manon des sources*« zu schreiben, den Be-such David Merricks, eines amerikanischen Produzenten. Er ist die wichtigste Persönlichkeit am Broadway. Er hat all die berühm-ten Musikkomödien auf die Bühne gebracht, die Klassiker gewor-den sind: »*South Pacific*«, »*Cabaret*«, »*Guys and Dolls*« usw. Rund um die 42. Straße und den Times Square besitzt David Mer-rick den Ruf eines schrecklichen Tyrannen, was ihm den Spitzna-men »The Abominable Showman«* eingebracht hat.

---

* Es handelt sich um ein Wortspiel. »Abominable Snowman«, der »abscheuliche Schneemann«, ist eine charakteristische Figur der amerikanischen Folklore.

Jetzt möchte er die Trilogie am Broadway in eine Musikkomödie umsetzen, indem er die drei Stücke in einem einzigen vereint, wie es vor dem Krieg in dem Film von Preston Sturges geschehen war. Joshua Logan soll die Bearbeitung schreiben und Regie führen. Für die Rechte bietet David Merrick eine beträchtliche Summe und fährt nach Amerika zurück mit der Unterschrift Pagnols unter einem Vertragswerk, das so dick ist wie eine Sonntagsausgabe der »New York Times«.

Weniger angenehm sind die Neuigkeiten, die in der folgenden Woche aus Paris bei Pagnol eintreffen. Eines Morgens erhält er einen Anruf der Gaumont-Gesellschaft, Fernandel sei für die Dreharbeiten an »Manon« unabkömmlich. Pagnol ärgert das eher, als daß es ihn in Verlegenheit setzt. Er hatte gar nicht wirklich mit Fernandel gerechnet und vorsorglich mit Rellys gesprochen. Pagnol braucht nicht mehr zu tun, als den Text auf ihn zuzuschneiden.

Am Abend des nächsten Tages erreicht ihn, gerade als er sich zu Tisch begeben will, ein weiterer Anruf: Louis Jouvet war soeben an akutem Herzversagen gestorben. In seinem eigenen Theater hatte ihn die Krankheit gefällt, auf der Bühne, wo er für die Wiederaufnahme des Stückes »La Puissance et la gloire« (»Die Kraft und die Herrlichkeit«) von Graham Greene probte. Pagnol ist erschüttert und macht einen langen Spaziergang in der Dämmerung. Für Stunden bleibt er unsichtbar. Danach setzt er sich an den Schreibtisch und verfaßt einen »Abschied an meinen Freund Louis«: »Oft haben wir ihm seine ausschließliche Liebe zu Molière vorgeworfen. Ich sagte zu ihm: Wenn du dein ganzes Leben Molière widmen willst, warum übernimmst du dann nicht die Direktion der Comédie Française, die man dir so oft angeboten hat? Er gab zur Antwort: Weil ich in der Comédie gezwungen wäre, Molière so zu spielen, als ob er tot wäre.«*

Am 3. Oktober 1951 kehrt das Glück zurück. Jacqueline schenkt einer kleinen Tochter das Leben, der er den für die Provence typischsten Vornamen gibt: Estelle.

---

* Erschienen im »Nice-Matin«.

Am 15. November stirbt in La Buzine Joseph Pagnol, sein Vater. Der alte antiklerikale Lehrer hatte den Abend zuvor gegenüber seiner Tochter Germaine Gombert den Wunsch geäußert, er wolle, wenn ihm etwas zustoße, »von einem Priester beerdigt sein«.

Am Tag der Beerdigung begleiten einige der engsten Freunde Marcel Pagnol und seinen Sohn Jacques zunächst in die kleine Kirche von La Treille, dann in den Friedhof unter dem leise nieselnden Herbstregen. Es ist ein ehemaliger Volksschullehrer im Ruhestand, Monsieur Botel, anwesend, Freund Josephs während seiner Schulzeit in der Volksschule von Aix-en-Provence, Jo Martinetti und einige »Ehemalige« aus den Studios Jean-Mermoz: die »Marschälle des Imperiums«.

Auch Kitty Murphy ist da, auf der Durchfahrt nach Marseille. Sie möchte einige Tage bei ihrem Sohn Jacques verbringen, der als Kameramann beim Fernsehen arbeitet. Nach ihrem Bruch mit Marcel ist sie nach Paris übergesiedelt, hat aber ihre britische Staatsangehörigkeit beibehalten. Im August 1940 ging sie, aus Furcht, von den Deutschen interniert zu werden, mit ihrem Sohn in Saint-Jean-de-Luz an Bord eines der letzten Schiffe nach England. Nach Kriegsende kam sie mit Jacques zurück und lebte in Marseille. Als Jacques sich verheiratete, fuhr sie wieder nach London und blieb dort. Stets hatte sie sehr herzliche Beziehungen zur Familie Pagnol unterhalten, besonders zu Joseph, der Jacques ein mustergültiger Großvater war.

Nach der Beerdigung bleiben die Freunde, wie es in der Provence üblich ist, zum Essen. Überall in der Tischrunde werden Erinnerungen wach. Plötzlich fängt Marcel Pagnol an, von seinem Vater zu erzählen: »Einige Tage nach der Befreiung«, so beginnt er, »kam ich nach Marseille zu ihm auf Besuch. Mit dem Taxi fuhr ich nach La Buzine. Damals diente das beschlagnahmte Schloß noch als Lazarett für die verwundeten afrikanischen Soldaten. Schwarze lagen in allen Sälen, auf den Gängen. Unmöglich, meinen Vater zu finden, obwohl ich ihn überall suchte. Endlich spürte ich ihn in einem verschlossenen Zimmer auf. Er war gerade dabei, 14 Senegalesen einen Text zu diktieren.« Marcel fährt fort:

»Als er noch Lehrer war, besuchte ich ihn einmal. Er strahlte übers ganze Gesicht und erzählte mir ein wenig feierlich, im nächsten Schuljahr werde er zum Direktor einer wichtigen Schule ernannt werden. Das war eine Stellung, von der die Lehrer des Département Bouches-du-Rhône lebenslang träumten. Niemals hätte er selbst in Stunden des größten Optimismus daran zu denken gewagt, daß seine Karriere einen so glänzenden Schlußpunkt finden könnte. Er war über dieses Ereignis hoch erfreut, aber auch ein wenig stolz darauf. Ich fragte ihn: ›Ist es schon sicher?‹ Er gab zur Antwort: ›Es ist bereits entschieden.‹

Damals stand ich mit einem Mann auf freundschaftlichem Fuße, einem Gelehrten, den ich sehr schätzte und der gerne mit Schriftstellern und Dichtern umging. Es war Anatole de Monzie, Minister für das staatliche Unterrichtswesen. Ich sage also zu meinem Vater: ›Willst du, daß ich beim Minister darauf zu sprechen komme?‹ Er schaut mich an, als wenn ich ihn beleidigt hätte, und erwidert: ›Sprichst du von Klüngelei? Schlägst du mir Klüngelwirtschaft vor? Nein, Marcel, darauf lasse ich mich nicht ein. Diesen Direktorposten erhalte ich wegen meiner Leistungen. Ich lege großen Wert auf ihn, aber lieber würde ich ihn gar nicht haben als nur über Beziehungen. Ich würde mich einfach schämen. Misch' dich ja nicht ein, bitte. Ich trau' unseren Behörden schon zu, daß sie es richtig machen. Diese Beförderung möchte ich ohne Beziehungen bekommen. Schlag' dir das aus dem Kopf, du würdest mich nur böse machen.‹ Wir wechselten dann das Thema. Zurück in Paris«, erzählt Pagnol weiter, »war ich doch ein wenig besorgt. Wenn er durch einen unglücklichen Zufall den Posten vielleicht doch nicht erhielte, wäre das eine schreckliche Enttäuschung für ihn. Also entschloß ich mich, meinen Freund, den Minister, anzurufen. Er sagte mir, er wolle mit seinen Mitarbeitern sprechen und mich zurückrufen.

Tatsächlich ruft er zurück, um mir mitzuteilen, nach seinen Informationen sei mein Vater bei weitem der aussichtsreichste Bewerber um den fraglichen Direktorposten. Aber aufgrund einer energischen Intervention eines Senators des Département Bouches-du-Rhône sähe es ganz so aus, als ob ein anderer Lehrer ernannt werden würde. Und er setzt hinzu: ›Es war gut, daß Sie mich angerufen haben. Ich habe die Sache in Ordnung gebracht. Ihr Vater wird die Stelle erhalten.‹

Als ich mehrere Wochen später meinen Vater wiedersah, war alles entschieden. Er war verrückt vor Freude, gab mir mit selbstzufriedener Miene einen Klaps auf die Schulter und sagte: ›Siehst du, wie gut ich auf deine Beziehungen verzichten konnte!‹« Pagnol sagt abschließend:

»Es ist das erste Mal, daß ich diese Geschichte erzähle. Ich habe sie bis jetzt wie ein heiliges Geheimnis gehütet, damit er auf keinen Fall die Wahrheit erfährt.«

Keiner von denen, die da schweigend um den Tisch sitzen und zuhören, hat einen Zweifel: Pagnol hat soeben unbewußt einen neuen Helden geschaffen, der eines Tages ebenso berühmt sein wird wie Marius, Topaze oder der Bäcker. Im voraus und auswendig hat er gerade einige Seiten aus »*La Gloire de mon père*« (»Eine Kindheit in der Provence«, 1. Teil) zitiert.

Es ist Winter. In beißender Kälte besteigen Marcel, Jacqueline und Frédéric eines Tages in aller Frühe – es ist kurz vor Weihnachten – den grauen Packard, geräumig wie ein Wohnwagen. Sie fahren nach Saint-Paul-de-Vence, um an einer Hochzeit teilzunehmen. Seit langem ist Jacqueline mit der Braut befreundet. Sie hat sie 1942 in den Studios Harcourt kennengelernt, wo die professionellen Starbilder gemacht werden. Über Jahre hinweg ließen sich dort Autoren, Regisseure, Schauspieler und Schauspielerinnen »porträtieren«, sehr idealisierte Fotografien anfertigen, die dann im Foyer der Theater hingen oder auf den Programmen ihrer Stücke abgedruckt wurden. Jacqueline war zu Harcourt für ihre ersten Bilder als Schauspielerin gekommen und hatte Freundschaft mit der jungen Frau geschlossen, die die Termine vereinbarte. Sie war inzwischen ihrerseits Schauspielerin geworden, an der Spitze der Programme des französischen Films.

Pagnol hingegen kennt den Bräutigam aus der gleichen Zeit. Er war ein junger Mann aus Marseille, der als Sänger auftrat. Sein Debüt hatte er im Alcazar. Er war eines Tages in den Studios Rue Jean-Mermoz aufgetaucht, um dem Hausherrn zu zeigen, was er konnte, und sang ihm seine ersten Erfolge vor. Auch aus ihm war ein Star geworden. Die Hochzeit verspricht vergnüglich zu werden. Sie soll in der Auberge de la Colombe d'or stattfinden, dem großen Treffpunkt der Schriftsteller, Maler und Filmer im Hinterland von Nizza. Ohne weiteres kann man dort zufällig Jean Cocteau, Picasso, Aimé Maeght, Braque, Serge Reggiani beim Essen beobachten.

Jacques Prévert ist Trauzeuge des Bräutigams. Er hat ihm für einen Film ein Chanson verfaßt, das er sein ganzes Leben lang singen und das sein Markenzeichen werden sollte, ja seine persönliche Hymne!

Trauzeuge der Braut ist Paul Roux, Wirt des Restaurants. Auch alle Angehörigen von Prévert und Roux sind da. Das Paar, das heute heiratet, spielte dann im französischen und internationalen Film 40 Jahre lang Hauptrollen. An diesem Tag verbinden sie im Beisein der Väter von »*Marius*«, »*Les Feuilles mortes*« und »*Casque d'or*« (»Goldhelm«) ihre Schicksale. Yves Montand heiratet Simone Signoret.

XV.

Abschied von der Kamera

(1951–1955)

*Großes Finale mit dem ganzen Ensemble. »La Manon«. Rellys'
Apotheose. Beifall der Kritiker. Ein Hahnrei gewinnt. Scottos letztes Lied. Offenbarung einer Fanny. Nichts geht mehr mit Fernandel. Estelles Tod. La Lestra geschlossen. Giono bei Drouant.
»Hamlet« in Angers.*

»›Manon des sources‹ ist in erster Linie eine Geschichte des Was-
sers.« Mit diesen Worten pflegt Pagnol zu beginnen, wenn er über
sein neues Drehbuch berichtet.

»Man muß wissen«, erklärt er dann, »daß im rauhen Hinterland
der Provence die eigentliche Katastrophe, die die Bauern erdrückte und aus ihrem Leben einen wahren Leidensweg machte,
nicht der heiße Sommer, auch nicht die unbarmherzige Sonne
oder die Unfruchtbarkeit der Erde war, sondern die Dürre, die un-
erbittliche, immerwährende Dürre. Wasser bedeutete Reichtum.
Die Leute waren versessen darauf. Wenn ein Bauer auf dem Feld
eine bisher unbekannte Quelle entdeckte, war das gerade so, als ob
er auf eine Schatztruhe gestoßen wäre. Niemandem verriet er die
Stelle und bewahrte das Geheimnis bis in den Tod. Ja manche nahmen es mit ins Grab.«

»Manon« spielt im Milieu eines provenzalischen Ortes: Les Basti-
des-Blanches, »einsam auf dem Grat eines der letzten vorsprin-
genden Berge des Étoile-Massivs gelegen, zwei Meilen von Aubagne ... 500 Einwohner ... etwa 50 Häuser«; das bedeutet: La
Treille.

Manon ist ein Naturkind, das seine Ziegen in den Wäldern rund
ums Dorf hütet. Sie wohnt mit ihrer etwas verstörten Mutter zusammen. Die beiden Frauen führen buchstäblich eine Randexi-

stenz. Sie leben in einer Berghöhle und ernähren sich von Ziegenmilch und -käse sowie von wilden Früchten, die Manon pflückt, und Wild, dem sie Fallen stellt. Als Freundin haben sie nur eine alte Italienerin, ein bißchen eine Hexe (Schwester der Mamèche in *»Regain«*). Mit den Leuten aus dem Dorf haben sie gar keinen Kontakt, ja sie meiden sie. Manon hegt sogar einen tödlichen, verzehrenden Haß gegen sie. Der Grund dafür: 15 Jahre zuvor – sie war drei Jahre alt – haben sie ihren Vater Jean Cadoret, genannt Jean de Florette, der Bucklige, umgebracht. Alle sind sie schuldig, denn alle haben gemeinsam das Verbrechen begangen. Nicht wie im Wilden Westen aufgehängt haben sie ihn, auch nicht erschossen, sondern eine Art Lynchjustiz verübt. Der Bucklige – ein Städter, fremd im Dorf – hatte einen Bauernhof geerbt und wollte sein Leben mit den Erzeugnissen seiner eigenen Scholle fristen. Da ließen sie ihn sich totarbeiten, indem er Wasser für seine Pflanzungen heranschleppen mußte. Niemals wagte einer ihm zu sagen, daß direkt unter seinen Füßen eine Quelle sprudelte. Zwei Dörfler, Onkel und Neffe, hatten sie verstopft, um den Besitz zu einem Schleuderpreis an sich bringen zu können. Unter all diesen braven Leuten fand sich auch nicht einer, der den Mut gehabt hätte, dem Buckligen die gegen ihn verübte Gemeinheit zu entdecken.

Als Manon erwachsen wurde, erfuhr sie von diesem Kollektivverbrechen. Ugolin, der Neffe, der die Quelle verstopft hatte, hatte das Anwesen erworben, das Wasser freigelegt. Seine Felder werden gut bewässert und sind fruchtbar, seine Ernten sind außerordentlich gut. Eines Tages entdeckt Manon in der Tiefe einer Höhle, wohin sie ein der Falle entschlüpftes Kaninchen verfolgt hat, den Oberlauf der Quelle, die den Dorfbrunnen speist und den Obstgärten ihr Leben gibt. Jetzt rächt sie sich und verstopft sie, womit sie die Bauern von ihrem Wasser abschneidet. Sie läßt die Mörder ihres Vaters verdursten und liefert das Dorf dem Untergang aus.

Für die Aufnahmen zu *»Manon des sources«* schlägt Pagnol sein Hauptquartier in La Treille selbst auf. Er mietet dort das Matheron-Gebäude, ein großes Haus an der Straße nach Les Bellons. Dort richtet er sich mit der ganzen Familie ein: Jacqueline, Frédéric, Estelle, der Kinderfrau, den Martinettis und seinen Schwiegereltern, den Bouviers. Auch Rellys wohnt dort während der Dreharbeiten.

Vier ganze Monate lang zeigt sich ein erstaunliches Phänomen. Das Dorf, von dem das Kino Besitz ergriffen hat, lebt unter Pagnols Gesetz. Straßen und Plätze werden zu Kulissen für ein grandioses Naturstudio, die Einwohner zu Statisten. Die Gemeinde hat den Rathaussaal zur Verfügung gestellt, der Priester, Abbé Party, hat vom Monsignore für Pagnol die Erlaubnis eingeholt, in der Kirche zu filmen. In eigener Person stellt er die Prozession zusammen, die in dem Film vorkommt. Sämtliche Schauspieler der »Firma Pagnol« haben sich zum großen Finale des schönen Abenteuers eingestellt. Auch die »Gesellschafter« sind da: Henri Poupon, Charles Blavette, Edouard Delmont, Milly Mathis, Rellys, Robert Vattier, ferner die »Rentiers«, die aus dem einen oder anderen Film schon bekannt sind: Fernand Sardou, Henri Vilbert, René Sarvil, Arius, und schließlich die Neulinge, die ganze aufstrebende Riege der Schauspieler der Provence, ebenso begabt, ebensolche Naturtalente wie ihre Vorgänger: Marcel Daxely, Jean-Marie Bon, ein Hüne, Jean Panisse, Jean Toscane. Sie alle hatten ihr Debüt auf der Bühne anläßlich von Wohltätigkeitsaufführungen von »*Marius*« oder »*Fanny*« in Plan-de-Cuques oder Les Martigues.

Filmen mit Pagnol: das war ihr Herzenswunsch seit langem gewesen. Jetzt haben sie Gelegenheit zu sehen, wie der »Schweif des Kometen« vorbeizieht. Dieser Sommer des Jahres 1952 ist furchtbar. In den Hügeln um das Dorf liegt drückende Hitze. Niemals fällt das Thermometer unter 35 Grad. Es herrscht tatsächlich Wassermangel, so daß die Gemeindeverwaltung von La Treille Verbrauchssperren anordnen muß. Die Höhlen oder die Heideflächen, auf denen sich nach Pagnols Absicht einige Szenen abspielen sollen, sind oft weit abgelegen von jeder Straße, manchmal mehrere Kilometer. Ein Teil des Weges muß zu Fuß zurückgelegt werden. Dabei müssen die Techniker ihre Kameras auf dem Rücken tragen. Auch ist die Arbeit sehr anstrengend. Aber niemand beklagt sich. Vom ersten Tag an hat sich die schon legendäre Atmosphäre der Dreharbeiten mit Pagnol wieder eingestellt. Alles beginnt von neuem: die Belote-Wettspiele, die Herausforderungen zum Pétanque, die gemeinsamen Mahlzeiten (Blavette kocht mit seiner Frau), das stundenlange Sitzen um den Tisch nach dem Kaffee, wobei man Pagnol zuhört und sich in seiner Ausstrahlung wohl fühlt.

Gabriel d'Aubarède, der Journalist, kommt seinen alten Gefährten Pagnol besuchen und schreibt in »Les Nouvelles littéraires«: »Die alten Gefährten aus heroischen Zeiten, Mechaniker und Elektriker, können es gar nicht glauben, daß sie das Akademiemitglied in Leinenschuhen duzen dürfen, das ihnen bei den niedrigsten Arbeiten hilft, um die Zeit bis zum Pastis zu verkürzen.«

Pagnol kostet das wiedergefundene Glück genüßlich aus. Er ist 20 Jahre jünger geworden, begnügt sich aber nicht damit, wie vor dem Krieg zu leben. Er filmt auch wie vor dem Krieg. Jeden Tag hat er eine neue Idee für die Textstelle, die er am nächsten Tag ausführen will. In der Nacht schreibt er sie nieder und gibt sie am Morgen seinen Schauspielern. Meter um Meter verschwindet der Filmstreifen im Kasten, ohne daß man sich wegen der Länge der Szenen Sorgen macht. Nur Willy wagt manchmal darauf hinzuweisen.

»Warten wir den Schnitt ab«, meint Pagnol.

Rellys hat sich derart in die Rolle des Ugolin hineingelebt, daß jedermann vergißt, daß diese Rolle eigentlich für Fernandel geschrieben war. Bei seiner Liebeserklärung, die er oben auf dem Berg in alle Himmelsrichtungen hinausschreit, beweist er ein Wunder an Schauspielkunst, den Größten ebenbürtig. Es ist im Werk Pagnols eine der Szenen, in denen er das Höchste erreicht.

Der fertige Film dauert vier Stunden. Das macht den Verleihern und Kinobesitzern schwer zu schaffen. Also beginnt zwischen ihnen und Pagnol ein endloses Tauziehen, bis »Manon« auf eine Gesamtlänge von drei Stunden und zehn Minuten zurechtgestutzt ist. Aber Pagnol hebt sich die herausgeschnittenen Passagen auf. Sie sollen für spätere Aufführungen in zwei Teilen und, noch später, für eine Fortsetzungsserie im Fernsehen wieder ins Ganze eingebaut werden.

Im September kommt »Manon des sources« in Paris in die Kinos. Hocherfreut findet das Publikum seinen Pagnol wieder, wie es ihn liebt, den Pagnol der großen Filme der Vorkriegszeit: »Angèle«,

»*La Femme du boulanger*«. Diese Reaktion bereitet Pagnol um so größere Genugtuung, als er den Erfolg diesmal, ohne Raimu, ohne Fernandel, ohne Giono, wirklich nur sich selbst zu verdanken hat.

Die Presse hält sich allerdings zurück. Nur der erste Kritiker Frankreichs, André Bazin, schreibt:

»Mit ›*Manon des sources*‹ hat Pagnol endlich seiner Phantasie vollen Spielraum gelassen und der Provence ihr gültiges Epos geschenkt. Der mundartliche Akzent bedeutet bei Pagnol keinen hübschen Zusatz oder ein bloßes Lokalkolorit; er ist vielmehr wesentlicher Bestandteil des Textes und dadurch der handelnden Personen. Er ist eine Eigenschaft seiner Helden, wie andere die Eigenschaft einer schwarzen Haut besitzen. Ja, die Mundart ist der Kern ihrer Sprache, ihres realen Daseins. So ist das Kino Pagnols ganz das Gegenteil von theatralisch, er gibt mittels des gesprochenen Wortes seinen Filmen das realistische Gepräge. Bei Pagnol handelt es sich nicht um einen Dramatiker, der zum Film übergewechselt ist, sondern um einen der größten genuinen Autoren des Tonfilms. Er ist seit 1930 der einzige, der sich, vergleichbar den Griffiths oder Stroheims zur Zeit des Stummfilms, einen derart exzessiven Umgang mit der Sprache erlaubt hat.«

Von da an, also nach diesem letzten Film, sieht Pagnol mit einer gewissen Besorgnis seiner Rückkehr ans Theater entgegen, womit er seit den ersten Dialogen seines »*Judas*« in Gedanken spielt. Nach »*Fanny*« wäre dies das erste Mal, daß er ein Originalstück auf die Bühne brächte. Überall ist man der Ansicht, daß es das Ereignis der Saison wäre, und ganz Paris wartet mit Spannung darauf.

Der Erfolg von »*Manon des sources*« veranlaßt ihn zu einer Änderung seiner Pläne. Die drei euphorischen Drehmonate in La Treille zusammen mit Jacqueline und der Familie, inmitten alter wiedergefundener Freunde, sind ihm überaus positiv in Erinnerung geblieben. Und er hat größte Lust, wieder unter den gleichen Voraussetzungen zu arbeiten.

Den Mietvertrag für Haus Matheron hat er nicht aufgelöst. Denn er möchte einen weiteren großen Provence-Film wie »*Manon*« drehen, mit Freunden, ohne einen Star, der durch seine bloße Gegenwart Konkurrenzprobleme, Verzögerungen und Übergriffe verursachen würde, welche die Atmosphäre vergiften. Dazu aber braucht er ein Drehbuch, das ihm gestattet, jeden seiner Schauspieler ins rechte Licht zu setzen, also allen etwa gleichwertige Rollen zu bieten. Das heißt, er braucht einen Stoff mit vielen Figuren.

Die Leute von der Gaumont machen Pagnol darauf aufmerksam, daß Fernandel eine Lücke in seinem Zeitplan für 1953 gefunden hat, in der er sich frei machen könnte. Er würde liebend gerne einen »Pagnol machen«. Bereut er jetzt, nach dem Erfolg von *Manon des sources«,* daß er in diesem Film nicht mitgespielt hat? Oder versetzt ihn Rellys' Triumph in Unruhe? Jean Le Duc bleibt kategorisch: Ein Film mit den Namen Pagnol und Fernandel auf dem Programm wäre unschlagbar. Der Stoff? Pagnol soll freie Wahl haben. Er denkt zunächst an *»Dardamelle«* von Émile Mazeaud, eine Komödie aus dem stehenden Repertoire der Comédie Française. Seit den Erfolgen seiner ersten Filme 1934 trägt er sich mit dem Plan, sie auf die Leinwand zu bringen, und hat ihn nie völlig aufgegeben.

Das Stück hat als Thema und als Hauptfigur: den Gehörnten. Sein Held ist Monsieur Dardamelle, Architekt in Aix-en-Provence. Im Verlauf einer häuslichen Szene stellt ihm seine Frau Francine wütend die Frage: »Glaubst du, es ist lustig, die Frau eines Hahnreis zu sein?«

So erfährt er – und zwar von der Person, die es am besten wissen muß – von seinem Unglück. Aber er scheint davon nicht im mindesten betroffen zu sein. Im Gegenteil, er berichtet mit größter Unbefangenheit seinem Mitarbeiter diese Neuigkeit. Dann fragt ihn seine Frau, ob er sich scheiden lassen wolle. »Nein«, erwidert er. Bei diesem Stand der Dinge will sie wissen, was er denn vorhabe. »Aber nichts«, gibt er zur Antwort. »Zum Hahnrei hast du mich gemacht, Hahnrei werde ich auch bleiben!«

Dardamelle fährt fort, seiner ganzen Umgebung seine Situation als betrogener Ehemann auf die Nase zu binden: seinem Personal, seinen Freunden, seinen Nachbarn. Er geht sogar so weit, auf dem Balkon seiner Wohnung über der belebtesten Straße der Stadt ein Transparent anzubringen mit der Aufschrift: »Dardamelle, Architekt, Hahnrei erster Klasse«. Dieses Verhalten erscheint seiner Frau unzumutbar und kränkend. Eine Abordnung ihrer besten Freundinnen wird bei Dardamelle vorstellig und bittet ihn, ein Ende zu machen. »Es ist ein Verstoß gegen die guten Sitten«, erklären sie ihm. »Daß Sie Ihre Situation als gehörnter Ehemann so einfach hinnehmen und sogar Ihr Unglück hinausposaunen, bedeutet die größte Kränkung für Ihre Frau.«

Die ganze Umgebung von Dardamelle zögert nicht, sich diesem Standpunkt anzuschließen. Das hindert ihn nicht, noch weiter zu gehen: Anläßlich des im Lande berühmten Karnevals von Aix-en-Provence arrangiert Dardamelle für seinen persönlichen Gebrauch einen »Hahnrei-Wagen«, auf dem er in der ganzen Stadt mitten durch die Gaffer fährt. Das jedoch ist zu stark. Frau und Familie wollen ihn für unzurechnungsfähig erklären lassen. Francines Liebhaber, für das Ganze verantwortlich, versucht zu intervenieren. Bei der sich anschließenden Auseinandersetzung mit Dardamelle bleibt dieser aufgrund seiner stärkeren Persönlichkeit Sieger.

Da es sich um ein Lustspiel handelt, kehrt Francine am Schluß in die Arme ihres Gatten zurück, der in Wirklichkeit tief unglücklich war, was er ihr dann auch eingestehen kann. Für Pagnol ist »*Dardamelle*« ein Meisterwerk seiner Gattung. Er ist der Meinung, daß das Stück damals, 1922, bei seiner Premiere in Paris, nicht den verdienten Erfolg gehabt hatte, weil im selben Theater gerade erst ein Stück von Crommelynk mit einem ähnlichen Thema Triumphe gefeiert hatte: »*Le Cocu magnifique*«.

Trotzdem ist es einigermaßen überraschend, daß die Wahl Pagnols auf »*Dardamelle*« gefallen ist. Hat er ein so kurzes Gedächtnis? Oder hat er im Gegenteil vor, die letzten Spuren der Katastrophe und des Alptraums von 1943 aus dem Gedächtnis zu tilgen? Vielleicht. Sicher ist jedenfalls, daß ihn im Bereich der Komödiendichtung die Figur des Gehörnten schon immer interessiert hat.

Oft hatte man ihn sagen hören: »Wenn seit den Höhepunkten der klassischen Literatur, seit Plautus, Terenz, Euripides, der Gehörnte eine solche Präsenz auf den Bühnen hatte, so muß das seinen Grund haben!« Diesen Grund sieht Pagnol in der Tatsache, »daß sich automatisch eine dramatische Situation ergibt, sobald eine Gestalt aus dem Stück eine Tatsache oder einen Zustand, die ihn betreffen, nicht kennt, während die anderen – und das Publikum – auf dem laufenden sind. Daher bildet der Gehörnte an sich schon eine ›dramatische Situation‹.«

Natürlich ist dies bei Dardamelle nicht der Fall. Er weiß Bescheid. Aber gerade weil das Stück von Émile Mazeaud gegen die unabänderlichen Regeln des Genres verstößt, hatte es Pagnols Aufmerksamkeit erregt. Wenn der Hahnrei bei Crommelynk »großartig« ist, so deshalb, weil die Liebe und die Bewunderung für seine Frau ihn rasend machen. Dardamelle jedoch bleibt nüchtern. Auf den ersten Blick erkennt er die Realitäten, die Schwächen der Gegenpartei, pariert den Angriff und geht zum Gegenangriff über. Es ist der einzige Fall im internationalen Theater, wo der Hahnrei gewinnt. Zudem ist er ein unschuldiges und lächerlich gemachtes Opfer, das durch seine Intelligenz dennoch siegt – wie Topaze, wie Schpountz. Zwangsläufig gefällt er Pagnol außerordentlich.

»Dardamelle« soll in den ersten Wochen des Jahres 1953 in Marseille in den Studios Rue Jean-Mermoz verfilmt werden. Für die Außenaufnahmen ist Aix-en-Provence vorgesehen.

Zwei markante Ereignisse kennzeichnen im Leben Pagnols das Jahresende 1952. Das erste ist unendlich traurig: der Tod von Vincent Scotto am 15. November. Der kleine Vincent – er war nur 1,55 Meter groß und wog 50 Kilo – füllte in der Welt Pagnols doch einen bedeutenden Platz aus. Noch vor wenigen Tagen hatte er eine große Freude erlebt:

Charlie Chaplin war mit allen Ehren in Paris empfangen worden, man hatte ihn mit dem Kreuz der Ehrenlegion ausgezeichnet. Da hatte er mit einer Dankesrede begonnen. Aber er geriet schnell aus dem Konzept, und um sich aus der Klemme zu ziehen, begann er ein Chanson zu singen, das einzige, das er auf französisch konnte: »Ah! mad'moiselle Rose, j'ai un p'tit objet à vous offrir.« Er konnte es auswendig, hatte es als junger Mann oft gehört. Vincent Scotto war der Komponist.

»Niemand weiß, wer der Autor von ›Auprès de ma blonde‹ ist«, hatte Pagnol an Scotto geschrieben. »Möglicherweise wird Dein Name nicht fortdauern, Du hast Dich zu wenig darum gekümmert. Aber wenn Du diese Welt verläßt, hinterläßt Du 200 Lieder und Gefühle und Gedanken, die sogar jetzt noch ungeborene Menschen beglücken werden. Und wenn einer dann fragt: ›Wer hat das gemacht?‹, so werden die großen Musikwissenschaftler antworten: ›Das ist aus dem 19. oder 20. Jahrhundert.‹ Findest Du es lustig, daß Dein Name durch ein Jahrhundert mit einer Zahl davor ersetzt wird? Aber genauso spricht man ja auch von der Ilias oder vom Rolandslied.«

Das zweite Ereignis – diesmal erfreulicher Natur – spielt sich einige Tage vor dem Fest auf der Bühne des Theaters Sarah-Bernhardt ab. A.-M. Julien hat dort soeben die Direktion übernommen und spielt für eine begrenzte Zahl von Vorstellungen den »Marius«. Es ist das erste Mal, daß dieses Stück in Paris ohne Raimu aufgeführt wird. Henri Vilbert übernimmt dessen Rolle, nicht ohne Sorge, ob er dieser schweren Verpflichtung als Nachfolger auch gewachsen ist. Aber er ist ein Schauspieler, der seine Pflicht tut. An seiner Seite spielt Rellys den Panisse.

Für die Rollen des Marius und der Fanny werden zwei junge 20jährige engagiert. Beide stammen aus Marseille, sprechen perfekten Dialekt, worauf Pagnol Wert legt. Sie heißen Roger Crouzet und Pierrette Bruno.

Das Premierenpublikum benimmt sich ein wenig wie bei einer Corrida. Es möchte sehen, ob Vilbert sich gut schlägt, ob das Stück immer noch trägt, ob es sich auch ohne Raimu spielen läßt.

Gegen Ende des ersten Aktes vollzieht sich eine Art Wunder. Das Stück nimmt plötzlich einen anderen Charakter an. Nicht mehr César interessiert das Publikum, sondern Fanny. Pierrette Bruno ist diese Überraschung zu verdanken. Es ist ihr gelungen, eine so junge, hübsche, lebhafte, verliebte, fröhliche und gleichzeitig ernste Fanny auf die Bühne zu stellen, daß man für nichts anderes mehr Augen hat als für sie. Die Figur gewinnt durch ihr Spiel eine Ausdruckskraft, die sicher im Text angelegt ist, die aber noch keine Schauspielerin bisher mit solcher Intensität hatte aufbringen können. Man erinnert sich vielleicht, daß Marcel Pagnol mit 18 Jahren eine Periode »Musset« durchlief: Damals gab er seiner Zeitschrift den Titel »Fortunio«. 30 Jahre danach wirkt die Fanny von Pierrette Bruno, zart, leidenschaftlich, eigensinnig, wie eine neue Rosine.

Der Erfolg ist Pagnols Götze. Er ist hingerissen von dem Triumph der Pierrette Bruno. Der Enthusiasmus des Publikums nimmt auch bei den folgenden Vorstellungen nicht ab, ja das Stück bleibt länger auf dem Spielplan als vorgesehen.

Als die Dreharbeiten für »*Dardamelle*« beginnen, wird sofort klar, daß der Titel schlecht gewählt ist (wie so oft beim Film). Man entscheidet sich für einen neuen Titel: »*Carnaval*« (»Meine Frau betrügt mich«). Ernster ist, daß am Tag vor Drehbeginn Fernandel Pagnol als Regisseur plötzlich ablehnt, genau wie es seinerzeit Raimu bei »*Monsieur Brotonneau*« gemacht hatte. Auch Fernandel wünscht sich einen »echten« Regisseur. Übrigens hat er schon einen in der Hinterhand: Henri Verneuil. Fernandel schmeichelt sich, ihn entdeckt und »gemacht« zu haben. In weniger als zwei Jahren haben sie zusammen »*La Table aux crevés*«, »*Le Fruit défendu*« (»Verbotene Frucht«), »*Le Boulanger de Valorgue*« (»Der Bäcker von Valorgue«) und »*L'Ennemi public*« (»Der Staatsfeind«) gedreht. Pagnol willigt ein und tritt als Regisseur zurück. Als er »*Dardamelle*« erneut durchlas, war er ein wenig enttäuscht. Allem Anschein nach geht ihm diese Unüberlegtheit Fernandels nicht sehr nahe.

Die Dreharbeiten beginnen in Marseille. Pagnol begleitet Jacqueline. In den Studios ist ein Büro für ihn eingerichtet worden. Auf der Filmbühne herrscht gespannte Atmosphäre. Die Mannschaft hat sich schnell in zwei Parteien gespalten: die Pro-Pagnols und die Pro-Fernandels. Allgemein hält man einen Krach für unvermeidlich. Man wartet nur darauf. Und plötzlich ist er da. Eines Tages hat sich Pagnol nach dem Mittagessen länger als üblich bei Tisch aufgehalten, wo ihm Blavette, der Führer der Pro-Pagnols, sein Glas zweifellos zu schnell immer wieder nachgefüllt hatte; jetzt stößt er auf Fernandel, als er um eine Ecke des Ganges biegt, und wirft ihm ohne jeden Anlaß die Worte an den Kopf:

»Du bist, du warst niemals etwas anderes als ein Hanswurst, ein Grimassenschneider, ein Fatzke.«

Fernandel wird blaß. Er weiß nicht, was er antworten, wie er sich verhalten soll. Während er noch um Haltung ringt, ist Pagnol schon in seinem Büro verschwunden. Fernandel ist zutiefst gekränkt. Er zieht sich in seine Garderobe zurück, läßt Verneuil kommen und teilt ihm mit tonloser Stimme mit:

»So geht es nicht weiter. Ich höre auf mit diesem Film.«

Große Verwirrung im Studio. Ein Abbruch der Dreharbeiten mitten in der besten Arbeit würde für sie alle, Schauspieler, Statisten, Elektriker, Mechaniker, Techniker, einen Ausfall von mehreren Wochen bedeuten, den sie niemals wieder hereinholen könnten. Und für den Produzenten wäre es ein beträchtlicher Verlust. Alle stürzen sich auf Fernandel, versuchen, ihn zu beruhigen, zu trösten, aufzurichten, ihn zu überreden, seinen Entschluß rückgängig zu machen. Nach zweistündigen Auseinandersetzungen gibt er nach.

»Gut«, sagt er zu Verneuil, »in Ordnung. Bringen wir den Film möglichst schnell zu Ende. Und dann: Schwamm drüber.«

Fernandel kehrt in den Aufnahmeraum zurück. Die Scheinwerfer gehen wieder an. Jeder nimmt seinen Platz ein, wirft einen letzten Blick auf den Text. Die roten Lampen leuchten auf. Verneuil schickt sich an, »Anfangen« zu rufen. Der »Clapman« ist schon vorgetreten. Da erscheint Pagnols Sekretärin und hält einen Brief in der Hand.

»Für Monsieur Fernandel«, sagt sie.

Sofort legt sich tiefes Schweigen über die Filmbühne, wie bei einem historischen Ereignis. Alle tun so, als ob sie woanders hinschauten, lauern aber auf jede Bewegung Fernandels. Dieser rafft sich auf, es gelingt ihm jedoch nicht, gelassen zu erscheinen. Er nimmt den Umschlag, reißt ihn auf, faltet den Bogen auseinander, wirft einen Blick auf die Unterschrift. Eindeutig ein Brief von Pagnol. Er liest:

»Mein lieber Fernandel. Gerade war ich wütend, und wenn man wütend ist, weiß man oft nicht mehr, was man sagt ... Ich lege Wert darauf, daß kein Mißverständnis zwischen uns entsteht.«

Fernandel ist beruhigt. Es ist ein Entschuldigungsbrief. Er liest weiter:

»Als ich wieder ruhig war«, fährt Pagnol fort, »und nachdachte, kam ich zu dem Entschluß, Dir mit diesem Brief zu bestätigen: Du bist und Du warst nie etwas anderes als ein Hanswurst, ein Fatzke und ein Grimassenschneider.«

»*Carnaval*« hat im Frühjahr in Monte Carlo und im Herbst in Paris eine glanzlose Premiere, ohne Aufsehen und Überraschungen. Pagnol und Fernandel arbeiteten niemals wieder zusammen.

Inzwischen hat Pagnol für seinen großen Provence-Film, den er im Frühjahr 1954 mit dem Ensemble von »Manon« drehen will, den geeigneten Stoff gefunden: »Les Lettres de mon moulin« (»Briefe aus meiner Mühle«). Er beglückwünscht sich im voraus bei dem Gedanken an all die herrlichen Rollen, die er dank der beliebten Figuren Alphonse Daudets seinen Schauspielern anbieten kann. Rellys soll den Vater Gaucher spielen; Sardou den Pfarrer von Cucugnan; Delmont Meister Cornille; Daxely Garrigou, den Mesner in »Trois Messes basses«. Vilbert, Dom Balaguère, Pierrette Bruno und Roger Crouzet sind mit von der Partie. Sie erleben soeben einen neuen Erfolg mit »Fanny«, die Julien am Sarah-Bernhardt nach »Marius« mit der gleichen Mannschaft wiederaufgenommen hat. Pierrette Bruno wird später die Virette und Roger Crouzet Alphonse Daudet selbst in »La Diligence de Beaucaire« spielen. »Les Lettres de mon moulin« inspirieren Pagnol zu vielen weiteren Traumideen für künftige Filme. Mit Charles Trenet möchte er den »Souspréfet aux champs« drehen, mit Georges Brassens »Les Étoiles«. Außerdem sucht er einen Monsieur Seguin.
Die Freude Pagnols bei der Aussicht, bald in La Treille einen Film drehen zu können – was ihm über alles geht –, wird am Abend des 20. Februar 1954 brüsk zerstört. Sein Töchterchen, die kleine Estelle, wird plötzlich innerhalb von 24 Stunden von einer Acetonämie dahingerafft. Sie war erst zweieinhalb Jahre alt. La Lestra, sonst ein Haus des Glücks in einem Lande des Glücks, versinkt unmittelbar in Trauer und Schmerz. Unter der Gewalt dieses Schicksalsschlages gerät Marcel ins Wanken. Seinen Freunden, die herbeigeeilt sind, um sein Leid zu teilen, und Roger Ferdinand, dem Paten des Kindes, sagt er: »Wir haben das Unnützeste und doch Unentbehrlichste verloren: die Feder am Hut!«
In Monte Carlo zeigt der Tod ein anderes Gesicht als anderswo. Reihen über Reihen von Gräbern sind in dem barock anmutenden Friedhof der Stadt über- und nebeneinander angelegt, so daß das Ganze wie ein Riesenregal mit Fächern, wie die Gepäckaufbewahrung in einem Bahnhof, wirkt, wobei die Abteile und Ein-

gänge in Marmor gehauen sind. In einen dieser Begräbnisschränke wird am Morgen des 22. Februar bei prachtvoller Wintersonne der kleine Sarg mit den sterblichen Resten Estelles hineingeschoben.

Noch am selben Abend nehmen Marcel, Jacqueline und Frédéric am Bahnhof Monte Carlo den Blauen Zug nach Paris. Vor der Abfahrt haben sie, einen nach dem andern, sämtliche Fensterläden geschlossen, die Tür und die Gartenpforte verrammelt. Niemals sollten sie hierher zurückkommen.

Marcel pilgert einige Monate später, auf Besuch in Monte Carlo, noch einmal dorthin. Er schreibt an Jacqueline: »La Lestra ist immer noch so schön und so traurig. Ich bringe es nicht fertig, mich allein dort aufzuhalten. Der Garten ist herrlich, ein einziger Teppich von Margeriten. Aber über allem liegt der kleine Schatten. Es war die schönste Zeit unseres Lebens.«

Er ist im Hôtel de Paris abgestiegen, wie er das in Zukunft bei Reisen ins Fürstentum immer tun wird. So verhüllte ein Haus im Herzen von Monte Carlo 30 Jahre lang, bis zu seinem Abbruch, sein Gesicht, weil an einem Tag des Jahres 1954 ein kleines Mädchen dort gestorben war.

Nur kurz halten sich die Pagnols, von ihrem Unglück noch ganz betäubt, in Paris auf. Sie haben das Bedürfnis, unter sich zu sein. Daher ziehen sie sich bald für einige Wochen nach Megève zurück. Eines Morgens nützt Pagnol den Umstand, daß Genf so nahe liegt, aus, um Albert Cohen zu schreiben und ihm vorzuschlagen, einige Tage mit seiner Familie bei ihm zu verbringen. Es besteht wenig Hoffnung, daß diese Einladung angenommen wird. Denn vielleicht schon zehnmal hat sich Pagnol ohne Erfolg auf diese Weise an seinen ehemaligen Schulkameraden vom Gymnasium in Marseille gewandt. Von Cohen aus ist es nicht Gleichgültigkeit. Er empfindet für Pagnol aufrichtige und tiefe Sympathie. Aber er hat einen Horror vor jedem Ortswechsel.

Mag sein, daß er auch Angst vor einer Begegnung mit Pagnol hat, der ihm bei jeder Gelegenheit den gleichen Vorwurf macht: »*Man-geclous*« ist vor 16 Jahren erschienen. Seitdem hat Cohen nichts veröffentlicht. »Was fabrizierst Du eigentlich?« fragt Pagnol in jedem Brief von neuem. »Wer Dein Talent hat, sollte sich schämen, wenn er nichts schreibt!«

Dieses Mal kommt aber Cohen gegen jede Erwartung nach Megève.

»Er hält mit etwas hinterm Berg«, sagt Marcel zu Jacqueline. Womit er hinter dem Berg hält, das erfährt Pagnol gleich nach der Ankunft seines Freundes. Albert Cohen teilt ihm mit, demnächst, im April, werde sein neues Werk »Le Livre de ma mère« herauskommen. Er gibt ihm eine Kopie des Manuskripts. Pagnol liest es sogleich und kommt zu dem Schluß:

»Das ist ein Meisterwerk!«

Er fügt hinzu:

»Du mußt den Goncourt bekommen.«

Bei Erscheinen seines Buches ist Albert Cohen in der literarischen Welt ein völlig Unbekannter. Einige Freunde und wiederum deren Freunde haben »Solal« und »Mangeclous« gelesen und halten ihn für einen großen Schriftsteller. Aber es sind im ganzen kaum 100. Pagnol bringt eigenhändig einige Exemplare von Cohens neuem Buch zum Quai Conti und verteilt sie an die Mitglieder der Akademie. Dann schreibt er einen großen Artikel im »Combat«.

»Der große Erfolg und das große Wagnis Albert Cohens bestehen darin, daß er ein Meisterwerk über das gewöhnlichste aller gewöhnlichen Themen geschrieben hat. Um dieses gewagte Spiel zu gewinnen, bedurfte es einer ungewöhnlichen Einfachheit, Reinheit und Tiefe der Empfindungen, eines kindlich reinen Herzens und, mit einem Wort, der bewundernswerten und unbefangenen Kühnheit des Genies.«

Genie! Zum ersten Mal fällt dieses Wort im Zusammenhang mit Albert Cohen. Von jetzt an wurde es noch oft wiederholt.

Pagnol beginnt mit der Bearbeitung der »Lettres de mon moulin«, einem Unterfangen, das sich als schwieriger herausstellt, als er vermutet hatte. Von Megève zurück hatte er sich mit der Familie in den Bergen von Saint-Cloud in einem Wochenendhäuschen provisorisch eingerichtet, das ihm von seinem Freund Liron zur Verfügung gestellt worden war. Wie gewohnt macht er sich schon im Morgengrauen an die Arbeit. In dem Maß, wie er vorankommt, muß er entdecken, daß kein »Brief« eine Erzählung, ja nicht einmal einen Bericht darstellt. Es ist im Grunde nur ungegliederter Lesestoff. So muß er sich einen nach dem andern vornehmen, ihn dramatisieren, für jede Figur einen Handlungsraum schaffen, was jeden Stoff beträchtlich in die Länge zieht und ihn eventuell zu sehr strapaziert. Als er gerade fünf Briefe auf diese Weise bearbeitet hat, bemerkt er, daß sein Manuskript schon für einen mehr als vierstündigen Film ausreicht. Er entschließt sich, es dabei bewenden zu lassen. Der Film soll also bestehen aus »*La Diligence de Beaucaire*« als Prolog (dieser Teil soll in Auriol, in den Vororten von Marseille, gedreht werden), aus »*Trois Messes basses*« – dafür sind die Studios in der Rue Jean-Mermoz in Aussicht genommen –, aus »*Le Curé de Cucugnan*« und »*Le Secret de maître Cornille*« – beide Teile werden in La Treille gedreht werden, der erste in der Dorfkirche, der zweite in einer Mühle, die derjenigen von Fontvieille nachgebaut wird. Marius Broquier ist schon dabei, sie in der Umgebung zu errichten. Schließlich kommt noch »*L'Élixir du père Gaucher*«, wofür Pagnol noch einen Drehort sucht.

Da erfährt er, daß die Prämonstratenser-Mönche, die Daudet zu seinem »*L'Élixir du père Gaucher*« inspiriert hatten, immer noch in der Nähe von Tarascon im Kloster Saint-Michel-de-Frigolet leben; noch besser, sie stellen immer noch ihren berühmten Likör her. Warum also nicht bei ihnen, an Ort und Stelle, drehen?

Pagnol entschließt sich, die erforderliche Genehmigung beim Abt einzuholen. Er kann jedoch nicht wissen, wie man ihn aufnehmen wird. Werden die Frommen den Humor aufbringen können, der für die Geschichte des berüchtigten Mönches erforderlich ist, »dessen Glauben zwar tief, dessen Trunksucht aber gewiß ist«? Pagnol begibt sich mit zwei Freunden zu der Abtei und kalkuliert dabei ein, daß »sie wahrscheinlich hinausgeworfen werden und ein starker, fast bischöflicher Fluch auf sie niedergehen wird«. Seine Befürchtung ist unbegründet. Pater Calmels, der Ordensabt, empfängt ihn mit offenen Armen. Es ist ein umgänglicher, aufgeschlossener Mann. Auf seine Anregung hin ist Saint-Michel-de-Frigolet zum Meditationsort für die katholische Intelligenz geworden. Jean Guitton, Kollege Pagnols in der Akademie, ist dort vertrauter Gast. Pater Calmels räumt Pagnol alle Möglichkeiten ein, in der Abtei zu filmen. Er erweist sich »zunächst als Vater, dann als Freund, schließlich als Bruder«. Mitte Mai beginnt Pagnol mit den Dreharbeiten zu »*La Diligence de Beaucaire*«. Roger Crouzet spielt die Rolle des Alphonse Daudet, der sich gerade in Fontvieille einquartiert. Pagnol läßt ihn in einer Unterhaltung mit dem neuprovenzalischen Dichter Roumanille eine Antwort auf die immer neue Frage geben: Muß ein Dichter aus der Provence provenzalisch schreiben? Wird er nicht zum Verräter, wenn er französisch schreibt?

»Wenn ›*Mireio*‹ nicht in alle Sprachen der Erde übersetzt worden wäre«, sagt Daudet/Pagnol, »wie viele Menschen würden dieses Werk kennen? Wenn ›*Mireio*‹ als ›*Mireille*‹ in Stockholm, Madrid oder London gelesen wird, spricht sich immer die Provence darin aus. Wenn ich es könnte, würde ich ›*Mireille*‹ in die Eskimosprache übersetzen, würde diese große Dichtung mit lauter Stimme vortragen ... und würde ein ganzes Dorf von Robbenfischern zu Tränen rühren. Denn in der Polarnacht würden sie die Maulbeerbäume von La Crau, die Feigenbäume der Camargue aufblühen, die Schafe beim Almauftrieb und die Kapelle von Saintes-Maries sehen ... Worte sind nur Transportmittel: Wer reisen will, tut gut daran, dasjenige zu wählen, das am schnellsten und am weitesten fährt.«

»*Les Trois Messes basses*« geben Marcel Daxely, der den Garrigou spielt, Gelegenheit, seine wahrhaft große Begabung unter Beweis zu stellen. Er ist ein außergewöhnliches Naturtalent, Pagnol hält ihn für den neuen Fernandel. Sollte er sein Glück in Paris versuchen, würde er dort eine ungewöhnliche Karriere machen. Pagnol hat vor, ihm eine wichtige Rolle in seinem »*Judas*« anzuvertrauen. In »*Le Père Gaucher*« ist Rellys unwiderstehlich, in »*Maître Cornille*« übertrifft Delmont sich selbst. Diese Erfolge sind für niemanden überraschend.

Ein Traumfrühling liegt über der Provence, sonnig und mild. Alles läuft bestens. Die Aufnahmen für die »*Lettres*« gehen unter idealen Voraussetzungen vonstatten. Trotzdem herrscht fast immer gespannte Atmosphäre.

Pagnol hat Schwierigkeiten, den »Laden zu schmeißen«. Der Tod der kleinen Estelle hat ihn doch mehr mitgenommen, als er sich eingestehen will. Weder hat er diesen Schmerz bisher akzeptiert, noch ist er seiner Herr geworden. Auch fühlt er plötzlich die verräterischen Vorboten des Alters. Er nähert sich den Sechzigern. Einen Film zu drehen, bedeutet für den Regisseur eine physische Herausforderung, eine Art Marathon, das alle Kräfte, volle Gesundheit und die ganze Energie erfordert. Er spürt, daß ihm dies alles fehlt. Das macht ihn unruhig. Zweifel stellen sich ein. Hat er sich nicht auf einen aussichtslosen Kampf eingelassen, sich zuviel zugemutet? Ist er vielleicht auf Abwege geraten, indem er ein Werk von Daudet auswählte? Das ist ein Autor, der ihm keinen Erfolg bringt. Das schlechte Abschneiden von »*Tartarin de Tarascon*«, der einzigen Schlappe unter allen Filmen, die er mit Raimu gedreht hat, kommt ihm in den Sinn. Um »*Le Curé de Cucugnan*« zu drehen, geht Pagnol wieder nach La Treille. Er hat die Absicht, den Film mit Jean Daniel zu machen, dem neuen Star aus Marseille – ein ehemaliger Bäcker, der Schauspieler wurde. Außer ihm hat er nur eine sehr zusammengeschrumpfte Technikermannschaft bei sich. Es besteht der Plan, den Schauspieler die berühmte Rede vortragen zu lassen, die Pagnol ganz neu geschrieben hat, wobei die Kamera von Anfang bis Ende der Szene sein Gesicht filmen soll. Von seinem imaginären Auditorium soll man nur die Reaktionen hinter der Szene hören. Das alles ist nicht besonders aufregend. Pagnol langweilt sich. Es ist das erste Mal, daß ihm etwas Derartiges bei Dreharbeiten widerfährt, das erste Mal, daß es ihm in La Treille passiert. Im übrigen dreht er »*Le Curé de Cucugnan*« gar nicht: Er läßt ihn drehen. Er hat das dringende Bedürfnis, wütend alles hinzuschmeißen. Die Gelegenheit dazu bietet sich schnell. Die Labors in Marseille teilen ihm mit, der bislang belichtete Streifen entspreche bereits einem fünfstündigen Film, der Länge zweier normaler Filme zusammen. Und er hat erst vier »*Lettres*« verarbeitet! Da stoppt er alles, bringt nicht einmal »*Le Curé de Cucugnan*« zu Ende und fährt ohne Aufschub nach Paris zurück. Es ist ihm gar nicht richtig zu Bewußtsein gekommen, aber mit diesem Schritt hat er von der Kamera Abschied genommen.

In dieser Phase des Mißmuts gibt es dennoch einen Tag, an den Pagnol eine angenehme Erinnerung behält. Er drehte eine Szene für

»*L'Élixir du père Gaucher*«, noch am Anfang der Story, als die Mönche sehr arm sind, in den verfallenen Gebäuden des Klosters Ganagobie bei Manosque. Giono fand sich aus der Nachbarschaft ein, um einige Stunden mit ihm zu verbringen. Einige Monate zuvor hatten sie sich versöhnt. Pagnol hatte im literarischen Konvent von Monaco seinen ganzen Einfluß aufgeboten, damit der wichtige Preis, der jedes Jahr einem französischen Schriftsteller für sein Gesamtwerk verliehen wird, dem »Eremiten von Manosque« (»der ihn wahrhaft verdient«) zugesprochen würde. Den Statuten gemäß mußte Giono seine Berge verlassen und ins Fürstentum kommen, um die Auszeichnung entgegenzunehmen. Pagnol und Giono fielen einander in die Arme. Sie waren zerstritten gewesen. Das ist jetzt vorbei und vergessen. Es gab ein fröhliches Wiedersehen in Ganagobie. Gionos Gegenwart gab Pagnol seine ganze Heiterkeit und seinen Schwung zurück. Giono seinerseits strahlte vor Glück. Die beiden Freunde essen zusammen im Kreis der Familie, in einer Klosterzelle, die als Eßzimmer dient. Niemals, seitdem sie erbaut wurden, hatten diese kahlen Mauern solche Lachsalven gehört.

Pagnol und Giono tauschen Erinnerungen aus, erzählen sich Anekdoten, schmieden Pläne. Am Nachmittag ist laut Drehplan eine Szene mit Tänzen im Freien vorgesehen, die von als Arlesierinnen gekleideten Ballerinen der Oper von Marseille getanzt werden sollen.

Nach Beendigung der Dreharbeiten nimmt Pagnol Giono in einer Ecke des Klostergartens beiseite. Dicht nebeneinander sitzen sie auf einem Mäuerchen. Und dort richtet Pagnol ohne Umschweife die Frage an Giono, die ihm seit dem Morgen auf den Nägeln brennt: »Wann willst du deine Kandidatur für die Akademie anmelden?«

Die Antwort ist längst nicht so direkt wie die Frage. Zunächst läßt sie überhaupt auf sich warten. Giono zögert, weicht aus, beginnt dann mit unglaublicher Vorsicht zu sprechen. Pagnol schneidet ihm das Wort ab:

»Wenn du dich stellst, wirst du auch gewählt. Ich setze mich dafür ein.«

Es handelt sich hier um kein leeres Versprechen. Nach relativ problematischen Anfängen unter der Kuppel hat Pagnol sich dort maßgeblichen Einfluß erworben. Wieder einmal hat er sein Charisma ausgespielt und gewonnen. Er ist der Führer – mit Pierre Benoît, der wieder in Gnaden aufgenommen ist – einer Gruppe, in der sich die Brüder Tharaud, Jules Romains, Maurice Garçon, Maurice Genevoix befinden und deren Gewicht bei Wahlen den Ausschlag gibt. Pagnol gilt als großer Wahlmacher. Er hat sich das Versprechen gegeben, drei Männer, seine Freunde, in die Académie française wählen zu lassen: Giono, Cocteau und Marcel Achard. Seiner Ansicht nach würde die Mitgliedschaft Gionos, »des größten zeitgenössischen französischen Schriftstellers«, dieser Institution nur Ehre machen. Er ist sich nicht sicher, ob Giono seinem Versprechen so viel Glauben schenkt, wie es verdient. Aber er gibt nicht nach. Giono fällt in Schweigen, schüttelt den Kopf. Er macht geltend, er müsse dann viel öfter nach dem ungeliebten Paris kommen und zu oft seine Arbeit im Stich lassen.

Als sich Giono gegen Abend von ihm verabschiedet, um nach Aubagne zurückzukehren, hat Pagnol trotz allem das Gefühl, er habe die Partie gewonnen und Giono werde kandidieren, sobald sich die Gelegenheit biete.

In die Hauptstadt zurückgekehrt, ziehen die Pagnols von neuem um. Sie verlassen Saint-Cloud, um sich in einer großen Wohnung in der Rue Jean-Goujon, 50 Meter von der Place de L'Alma, nahe bei den Champs-Élysées, einzurichten. Die neue Bleibe bietet einen bedeutenden Vorteil: Im Erdgeschoß des Mietshauses befindet sich ein berühmtes Restaurant mit nordafrikanischen Spezialitäten. Wenn die Freunde sich beim Abendaperitif verspäten und Marcel ihnen vorschlägt, zum Essen zu bleiben, läßt Jacqueline couscous heraufkommen. Und sie schätzt sie, diese Gegenwart von Freunden! Nach der Aufregung, die das Filmen mit sich brachte, sinken Marcel und Jacqueline in die Melancholie zurück, die der Tod ihres Kindes über sie gelegt hatte. Um sich auf andere Gedanken zu bringen, nimmt Jacqueline den Vorschlag von André Barsacq, dem Inhaber des Théâtre de l'Atelier, an, bei ihm Anouilhs Stück »*Le Rendezvous de Senlis*« (»Rendezvous im Geisterhaus«) wiederaufzuführen. Von Serge Reggiani wird Marcel gebeten, ihm den »*Hamlet*« für das nächste Festival in Angers zu überlassen. Er will ihn im Schloß Roi-René spielen. Dominique Blanchar soll die Ophelia übernehmen. Marcel gibt sein Plazet und verspricht, bei den Proben und Vorstellungen zu erscheinen. Aber als es soweit ist, verläßt ihn der Mut. Er müßte allein, ohne Jacqueline, hingehen, die in Paris durch Anouilhs Stück festgehalten wird. Und das will er nicht. Aber er sollte es bereuen. Denn Kritiker und Publikum feiern begeistert diese außergewöhnlich guten Aufführungen. Die große regionale Tageszeitung »Le Courrier de l'Ouest« hatte die gute Idee, für dieses Ereignis aus London einen Kritiker des »Observer« kommen zu lassen: Lindsay Anderson. Er schreibt:

»Die Qualität dieses ›Hamlet‹ von Angers ist für mich ganz außerordentlich ... In den letzten Jahren war es bei den englischen Kritikern Mode, den dramaturgischen Aufbau der Tragödie zu tadeln. ›Hamlet‹ wurde als Meisterwerk, aber als schlecht gebautes Meisterwerk betrachtet. In der Übersetzung von Marcel Pagnol sind mir die harmonischen Proportionen dieses Stücks in einer Klarheit deutlich geworden, wie ich sie noch nie erlebt habe. Seine Sprache ist stets auf das Theater zugeschnitten, d. h., sie ist wesentlich dramatisch, was aber nicht bedeutet, daß sie den Rhythmus, der in dem Werk schwingt, vernachlässigt. Sie stellt im Gegenteil die bedeutenden erzählerischen Qualitäten im ›Hamlet‹ klar heraus.«

Am 5. November findet die Galapremiere der »Lettres de mon moulin« im Gaumont-Palast statt. Marcel trifft dort unter dem Eindruck einer schweren Enttäuschung ein. Die Akademie Goncourt hat ihren Preis nicht Albert Cohen zugesprochen, wie er gehofft hatte, sondern Simone de Beauvoir für ihren Roman »Les Mandarins«, die zugegebenermaßen eine ernst zu nehmende Mitbewerberin war. Jacqueline Pagnol begleitet ihren Mann. Das Premierenpublikum verhält sich gegenüber diesen »Lettres de mon moulin« einigermaßen reserviert. Pagnol hatte wieder einmal eine Schlacht gegen die Verleiher führen müssen, die ganze Abschnitte aus dem Film herausschneiden wollten. Es war ihm gerade noch geglückt, den Prolog »La Diligence de Beaucaire« vor der Schere zu retten. Die provisorische Lösung sieht dann so aus: Der fragliche »Brief« sollte in der für die Provinz vorgesehenen Fassung des

Films verbleiben. Der Titel des Films muß nun geändert werden. Er heißt jetzt: »*Trois lettres de mon moulin*«. Aber am Abend ist der Triumph von Rellys sichergestellt, er ist ein ganz ungewöhnlicher Vater Gaucher. In den Zeitungen gehen am nächsten Tag die Kritiker streng mit den »*Trois lettres*« ins Gericht, indem sie vor allem die träge Gangart und die übermäßige Länge bemängeln. Auf diesen Vorwurf antwortet Pierre Leprohon, ein Journalist, mit einer Formel, die auf das gesamte Filmschaffen Pagnols angewendet werden könnte: »Marcel Pagnol hat eben keine Eile«, schreibt Leprohon. »Er erzählt. Wenn Sie ihm nicht zuhören wollen, dann gehen Sie eben Ihrer Wege, aber passen Sie auf: Wenn Sie nur eine Sekunde zu lange zögern, wird er Sie geschnappt haben. Er ist nämlich ein Zauberer.«

Die Zeitungsausschnitte – entmutigend, was seinen Film betrifft – liegen noch im Büro Marcel Pagnols, als weitere Artikel aus New Yorker Zeitungen hereinflattern. Am 4. November hatte am Broadway das Musical Premiere, das nach der »Trilogie« verfaßt worden war. Ein großer Erfolg: Das Stück blieb über mehrere Spielzeiten auf dem Programm, bevor es in alle Hauptstädte der amerikanischen Staaten auf Tournee (»on the road«) ging.

Pagnol ist jetzt nur mit einem einzigen Gedanken beschäftigt: seiner Rückkehr ans Theater. Und nur ein Stück liegt auf seinem Schreibtisch: der »*Judas*«. Die fünf Akte sind fertig. Aber unaufhörlich feilt und glättet er daran. Die Rolle des Judas hat er für Raymond Pellegrin geschrieben, der zugesagt hatte, ohne das Stück gelesen zu haben. Im Moment ist Pellegrin einer der ersten Darsteller in Paris. Er hat einen Gipfel seiner Karriere erreicht. Sacha Guitry vertraut ihm die Rolle des Kaisers in seinem »*Napoléon*« an. Welche Möglichkeit der Revanche für einen armen kleinen Korsen!

Seit seinem Debüt in Paris beweist Raymond Pellegrin Pagnol eine unverbrüchliche Dankbarkeit und Anhänglichkeit. Pagnol seinerseits behandelt ihn wie einen Sohn – einen sehr ausgelassenen Sohn freilich, der beispielsweise fähig wäre, dem Hund der Portiersfrau eine Konservenbüchse an den Schwanz zu binden oder noch Schlimmeres zu tun. Aber er entschuldigt von vornherein jede Sünde. Er bewundert ihn – oder besser: Er ist stolz auf ihn, so wie César auf Marius stolz ist. Er mag ihn sehr gern. Pellegrin andererseits ist sehr darauf bedacht, Pagnol seine Sympathie und Achtung zu bezeigen. Alle Vertrauten Pagnols, vor allem die Schauspieler, duzen ihn und rufen ihn beim Vornamen. Pellegrin aber redet ihn mit »Sie« an und mit »Professor«, und das klingt in seinem Munde niemals wichtigtuerisch.

Gelegentlich schnauzt Pagnol ihn an:

»Du tust so, als ob ich Sacha Guitry wäre!«

Doch Pellegrin ändert nicht im geringsten sein Verhalten dem Mann gegenüber, der ihn entdeckt und »gemacht« hat.

Pagnol ist sich sehr genau über die enormen Risiken im klaren, die es bedeutet, ein Stück auf die Bühne zu bringen, das eine Art Versuch darstellt, Judas zu rehabilitieren. Er trifft unendliche Vorsichtsmaßnahmen: fragt Dutzende von Leuten um ihren Rat, wendet sich an Jean Guitton, der, wie er selbst Mitglied der Akademie, sein ganzes Werk dem Katholizismus gewidmet hat, sowie an seinen neuen Freund, den ehrwürdigen Pater Calmels in Saint-Michel-de-Frigolet. Oft lädt er beide zum Essen ein. Dann sprechen sie stundenlang zu dritt über den »Fall Judas«. Beide Gäste machen Pagnol Vorhaltungen und bringen Einwände vor. Natürlich ist keiner von ihnen bereit, sich der Deutung der Tatsachen durch Pagnol anzuschließen.

Calmels bemängelt an Pagnols Stück vor allem, daß er den Originaltext verändert hat. So sagt er z. B.: »Das von Johannes überlieferte Jesuswort lautet nicht, wie du in deinem Stück schreibst: ›Was du tun mußt, das tue bald‹, sondern: ›Was du tust, das tue bald.‹« Worauf Pagnol erwidert, in der Oxford-Bibel laute die englische Übersetzung dieses Wortes »What you shall do«. Und das Wort »shall« bedeute durchaus »müssen«.

Pagnol legt das Stück dem Pastor Bögner vor, dem Präsidenten der Vereinigung der Protestanten Frankreichs. Der hat die gleichen Vorbehalte. Er gibt es dem Oberrabbiner von Paris zu lesen, der es ohne Einschränkungen ablehnt. Er wirft Pagnol vor, sich zu eng an die Evangelien zu halten, die er als polemische Literatur betrachtet. Im allgemeinen machen die religiösen Autoritäten, gleich welcher Couleur, kein Hehl daraus, daß sein Werk »nach dem Schwefel der Hölle riecht«.

Um sicherzugehen, daß das Stück gut aufgebaut ist, entschließt sich Pagnol zu einem einzigartigen Experiment, einem wirklich großartigen Test. Seit den fernen Zeiten ihrer Jugend, ihrer gemeinsamen Hungerjahre hat er herzliche Beziehungen zu René Simon aufrechterhalten, der zwar niemals »*Topaze*« gespielt hatte, wie es ihm versprochen worden war, niemals der große Schauspieler wurde, der er seiner Begabung nach hätte werden müssen, aber die beste Schauspielschule von Paris gegründet hat und noch leitet. All die großen französischen Theater- und Filmstars, François Périer, Michèle Morgan, Maria Casarès, Pierre Mondy usw., hatten bei ihm gelernt. Pagnol macht ihm den Vorschlag, ihm den »*Judas*« zu überlassen. Er solle ihn mit einer Klasse aufführen. Das geschieht denn auch. So wohnen eines Abends Pagnol und Jacqueline bei René Simon der eigentlichen Premiere des »*Judas*« bei. Die Hauptrolle wird von einem glänzenden Schüler gespielt, Marcel Bozuffi. Aus diesem Abend zieht Pagnol eine ganze Menge Lehren. Am nächsten Tag setzt er sich hin und überholt das Stück noch einmal.

Den »*Judas*« aufzuführen ist keine Kleinigkeit. Seit Pagnol dem Theater, noch vor dem Krieg, den Rücken gekehrt hat, haben sich die wirtschaftlichen Bedingungen der Privattheater entscheidend geändert. Die Belastungen, Spesen, Abgaben haben sich vervielfacht. Die Direktoren bemühten sich, Stücke mit wenig Personen und wenn möglich nur einem einzigen Bühnenbild zu finden. Die Autoren stellten sich darauf ein und schreiben jetzt nur noch Stücke dieser Art. Aber in »*Judas*« hat Pagnol auf keine dieser Einschränkungen Rücksicht genommen. Das Stück verlangt 21 Schauspieler, ein Dutzend Statisten und vier Bühnenbilder. Die Inszenierung bedeutet ein erhebliches finanzielles Risiko: Sie ist zum Erfolg verdammt. Aber Pagnols Prestige ist so groß, seine Rückkehr ans Theater verspricht ein derartiges Aufsehen zu machen, daß mehrere Direktoren sich um die Ehre reißen, das Abenteuer wagen zu dürfen. Pagnol gibt schließlich Elvire Popesco den Vorzug, die, ohne auf ihre fabelhafte Karriere als Schauspielerin zu verzichten, die Geschicke des Théâtre de Paris lenkt.

In dem Augenblick, als durch den Tod Jérôme Tharauds ein Sessel unter der Kuppel frei wird und Pagnol sich anschickt, Giono zu schreiben, er solle seine Kandidatur für die Akademie anmelden, platzt der »France-Soir« mit einer Neuigkeit heraus: Giono tritt in die Akademie Goncourt ein. Der »Schlaukopf« Gérard Battu hat Pagnol um eine Nasenlänge geschlagen. Er hatte Giono eingeredet: »Die Académie française ist Ihnen niemals sicher – Sie riskieren eine schmähliche Niederlage ... Ich biete Ihnen den Sitz der Colette.« Giono stimmte zu, im Grunde gar nicht unzufrieden über die Möglichkeit, Pagnol eine Nase zu drehen und als letzter, also am besten, zu lachen. »Von der Académie française wollte ich nichts wissen, weil ich Uniformen hasse«, so erklärt er seinen Schritt.

Unverzüglich macht sich Pagnol daran, die Wahl der Nummer zwei auf seiner Personenliste vorzubereiten: Jean Cocteau. Ohne Probleme wird dieser am 3. März 1955 gewählt.

Am 25. April 1955 schreitet Pagnol als Präsident der Jury auf der »Croisette« zur feierlichen Eröffnung des achten Internationalen Filmfestivals in Cannes. Die siebte Kunst erlebt eine Blütezeit. Der amerikanische, der französische, der sowjetische, der englische und der italienische Film nehmen seit Kriegsende einen Aufschwung sondergleichen. Das berüchtigte »Star-System« verbreitet möglicherweise seinen letzten Glanz, aber er blendet immer noch. Die großen Superstars der dreißiger Jahre, Marlene Dietrich, Gary Cooper, Clark Gable, sind immer noch quicklebendig, und die Angehörigen der neuen Generation, Gregory Peck, Kirk Douglas, Audrey Hepburn, stehen ihnen an Schönheit, Talent, Charisma und Beliebtheit in nichts nach. Die Feste in Cannes sind immer luxuriös, aber dieses achte Festival geht unter der Ägide Marcel Pagnols als das prachtvollste und erfolgreichste in die Geschichte ein. Auf der Croisette trifft man die berühmtesten Stars, Ester Williams, Brigitte Bardot, Gina Lollobrigida, Jean-Pierre Aumont, Doris Day, Silvana Mangano, Sophia Loren. Vittorio de Sica stellt sein *Wunder von Mailand* und Jean Renoir sein *Moulin Rouge* vor.

Pierre Galante, Journalist beim »Paris-Match«, erhält die Erlaubnis, während des Festivals für eine Reportage den jungen amerikanischen Star Grace Kelly in den Schloßgärten von Monaco zu fotografieren. An diesem Tag begegnet ihr Fürst Rainier zum ersten Mal.

Eine Festlichkeit jagt die andere, ein Empfang verdrängt den anderen. Jean Cocteau, die Begum, Picasso stellen sich ein, um den mit höchster Spannung erwarteten Vorführungen beizuwohnen. In der Jury stehen Marcel Pagnol zur Seite: sein alter Gefährte Marcel Achard, die italienische Schauspielerin Isa Miranda, der Schweizer Regisseur Leopold Lindtberg, der Spanier Juan Antonio Bardem, der Sowjetrusse Sergej Jutkewitsch, der Engländer Leonard Mosley, der »Amerikaner von Paris« Anatole Litvak, der Maler Dignimont, der Komponist Georges Auric und der Journalist Jean Néry.

Niemals hatte Marcel Pagnol sonderlichen Spaß an Festivals oder Biennalen. »Was ich an ihnen ablehne«, sagt er oft, »ist, daß du in der Liste der Preisträger die Namen von Schauspielern findest, die sofort untertauchen, sobald sie ihre Auszeichnung erhalten haben. Dann hast du deinen Raimu, Gabin oder Fernandel gesehen!«

Es muß ein Unstern über dem Festival walten. Pagnol, der Präsident, erweist sich als nicht viel klüger als seine Vorgänger. Der große Preis von Cannes geht an »*Marty*« von dem Amerikaner Debertman mit den Neuentdeckungen Ernest Borgnine und Betsy Blair. Aber die Jury verpaßt das Filmereignis des Jahres: »*Jenseits von Eden*« von Elia Kazan, vor allem den Hauptdarsteller, James Dean. Er sollte einige Monate danach, am 30. September, tödlich mit dem Wagen verunglücken.

Schon einen Tag nach der Preisverleihung reisen Marcel und Jacqueline nach Paris zurück. Es ist keine Zeit zu verlieren, denn die Premiere des »*Judas*« ist für den Herbst angesetzt.

XVI.

Erneuter Ruhm

(1955 — 1959)

Rückkehr ans Theater. Pellegrin/Judas. Anstrengende Proben. Unerbittlichkeit des Schicksals. Die Sünde des Pater Lelong. Albert Willemetz. »Fabien«. Milly Mathis, Raimu im Unterrock? Nein! Doppelte Pleite. Square du bois de Boulogne. Die »Souvenirs d'enfance«. Erfolg! Triumph!

Ist Judas Ischariot der verabscheuungswürdige Verräter, der Verbrecher aller Verbrechen, als der er seit 20 Jahrhunderten von den Texten und der Tradition abgestempelt und auf ewig verurteilt wird?

»Wenn Jesus der Messias war«, sagt die Heilige Schrift, »so mußte er auch ausgeliefert werden.« Genauer führt sie dann aus, wie der Mann, der diese Tat beging, die römischen Soldaten zu den Jüngern hinführte, den Meister mit einem Kuß bezeichnete und als Lohn für seine Tat 30 Silberlinge empfing.

Judas war der außergewöhnlichste unter den Gefährten Jesu. Mußte er sich nicht für bestimmt, ja auserwählt halten, den Prozeß in Gang zu setzen, an dessen Ende allen Menschen der Erde offenbart wurde, daß Jesus tatsächlich der Messias ist? Ja, sich von Jesus selbst dafür vorbestimmt halten?

Das ist das Thema des »*Judas*«, des großen Werkes, an dem Pagnol seit langen Jahren arbeitet. Für ihn ist der Judas ein Objekt, mit dem er sich schon früh beschäftigt hat. In »*Pirouettes*«, dem Roman, den er mit 20 Jahren für »Fortunio« schrieb, antwortet eine Figur einem Freund, der sie als Judas bezeichnet:

»Judas! Das war doch der beste der Apostel!«

Pagnol hat nicht die Absicht, das macht er deutlich, das Problem der Vorherbestimmung des Judas zu klären, »ein für unseren schwachen Verstand unlösbares Problem«. Er schlägt eine andere Betrachtungsweise vor. Bei ihrer Anwendung hat er es an Vorsichtsmaßnahmen nicht fehlen lassen. So wie er sich um Rat an zahlreiche religiöse Autoritäten wandte, so konsultierte er auch Fachleute, Spezialisten für Kriminalfälle oder einen Untersuchungsrichter. »Die Affäre Judas«, so sagte man ihm in der Sprache des Quai des Orfèvres, »macht keinen rechten Sinn. Des Rätsels Lösung muß woanders liegen.«

In jedem Fall ist für diese Detektive der Gedanke, daß Judas seine Tat für 30 Silberlinge begangen haben soll, einfach absurd – nicht zu akzeptieren. Judas war derjenige Jünger, den Jesus mit der Sorge um das leibliche Wohl betraut hatte. Er war zuständig für die materiellen Bedürfnisse der Jüngergruppe und der Armen, die ihr folgten. Stets standen ihm aus der Gemeinschaftskasse zwanzigfach so hohe Summen zur Verfügung. »Wenn es wirklich ein geldgieriger Mensch gewesen wäre«, erklären die Fachleute, »so hätte er einfach eine Unterschlagung begangen und sich wie ein ungetreuer Buchhalter mit der Kasse aus dem Staub gemacht.«

Das Stück spielt in der Passionszeit Jesu Christi. Es bietet eine Theorie über das Verhalten des Judas und seine Motive vor dem Hintergrund der Ereignisse, die sich vom Passahfest bis zum Tag nach der Kreuzigung vollzogen.

Im ersten Akt erscheint Judas, den die römischen Soldaten suchen, damit er sie zu Jesus führe, auf dem Hof seines Vaters Simon. Dieser trifft soeben Vorbereitungen zum Passahfest. Judas überbringt den Seinen das Wort Jesu. Zu ihrer großen Verzweiflung erklärt er ihnen dann, er wolle zurück zu seinen Freunden. Er verschwindet, um einige Stunden später wieder aufzutauchen, völlig verwirrt durch die Worte, die er soeben beim Abendmahl aus dem Munde Jesu gehört hat. Hat Jesus ihm wirklich vorgeworfen, er wolle ihn verraten? Das wäre eine unerhörte Beschuldigung. Oder hat er ihm gar den Befehl dazu gegeben, damit sich die Prophezeiungen erfüllten? Judas ist bei dem Gedanken an das Verbrechen, das von ihm verlangt wird, von höchstem Schrecken erfüllt. Aber kann er sich der Forderung Jesu entziehen? Er sucht nach einer Ausflucht, umsonst.

Im zweiten Akt zeigt sich Judas im Palast des Pontius Pilatus. Er hat Jesus ausgeliefert und die 30 Silberlinge erhalten. Er offenbart Pilatus, Jesus sei der Messias, der Sohn Gottes. »Wenn du ihn zur Kreuzigung verurteilst, wirst du selbst hingerichtet werden«, sagt er zum Prokurator.

»Und zwar für alle Ewigkeit.«

Im dritten Akt verfolgt Judas von einem benachbarten Hügel aus den Zug zum Kalvarienberg hinauf und die Kreuzigung. Er erwartet ein übernatürliches Zeichen: daß sich der Himmel in zwei Hälften spalte und Gott selbst erscheine, um seinen Sohn zu retten. Nichts geschieht.

Judas befindet sich in der äußersten Krise des Zweifels und am Tiefpunkt des Unglücks. Er hat soeben seinen Freund ausgeliefert. In diesem Moment erscheint der Centurio, der Jesus verhaftet und unter dem Kreuz Wache gehalten hat. Er ist außer Atem und ruft laut die Wahrheit in die Welt hinaus. Ihm war offenbart worden: Jesus ist tatsächlich Gottes Sohn! Dieser Centurio war es auch, der mit seiner Lanze die Seite des Hingerichteten durchbohrte, um seine Qual und Agonie zu verkürzen.

Am Grab trifft Judas seine früheren Gefährten, die Apostel, die ihm mit Mißtrauen begegnen, und den Centurio, der weiter laut seinen Glauben bekundet. Judas geht hin, um sich zu töten. Er richtet eine letzte Bitte an Gott: »Mein Gedächtnis wird für alle Ewigkeit verflucht sein. Diese Bitternis nehme ich an. Du hast mich auserwählt, um in mir die Häßlichkeit der Menschen Fleisch werden zu lassen. Dein Wille geschehe!«

Im Théâtre de Paris haben die beiden Direktoren Elvire Popesco und Hubert de Malet um Raymond Pellegrin als Mittelpunkt eine glänzende Besetzung ausgewählt. Sie haben Jean Chevrier als Pontius Pilatus, Jean Hervé als Hoherpriester Kaiphas, Léonce Corne als Simon engagiert. Pagnol läßt in seinem Stück eine seltsame Figur auftreten, die unter zwei Gesichtern erscheint und das Schicksal symbolisiert. Es ist ein geheimnisvoller Wanderer, dem Judas bei seinem Vater begegnet, als er, innerlich zerrissen, nach den von Jesus zu ihm gesprochenen Worten nach Hause zurückkehrt: »Was du tust, das tue bald!«

Im folgenden Akt, im Palast des Pontius Pilatus, ist er ein griechischer Philosoph, Phocas, Angehöriger der Schule der Kyniker,

Vertrauter des Statthalters. Er treibt ihn dazu an, Jesus zu kreuzigen. Alle, die seinem Rat folgen, sind verflucht. Diese Rolle mit zwei Gesichtern wird Jean Servais anvertraut.

Nestor der Truppe ist Mihalesco. 25 Jahre zuvor hat er auf der gleichen Bühne »Marius« mit aus der Taufe gehoben, als er Piquoiseau spielte, den »Fada« vom Vieux-Port. Der Benjamin ist ein Debütant mit berühmtem Namen, der sich allerdings noch einen berühmten Vornamen machen muß, was ihm auch gelingen wird. Es ist Claude Brasseur. Er ist 19 Jahre alt und spielt den Ruben, den jüngeren Bruder des Judas.

Aber die Figur, in der vom ersten Auftritt an die große Tradition der populären Helden des Autors in Erscheinung tritt, ist der Centurio, ein draufgängerischer, großsprecherischer Unteroffizier, ein Bruder des Escartefigue, im Dienst der Besatzungstruppen stehend. Um dieser Rolle ihr volles Gewicht und ihre innere Wahrheit zu geben, hat Pagnol Marcel Daxely überredet, Marseille und das Alcazar zu verlassen, wo er seine Triumphe feiert, und nach Paris »hinauf« zu kommen, um das Stück aus der Taufe zu heben.

Die Proben beginnen an einem Festtag. Am 8. Oktober heiratet Raymond Pellegrin, der sich schon für den Judas einen Spitzbart wachsen läßt, in Bures-sur-Yvette Giselle Pascal. Pagnol und Elvire Popesco sind die Trauzeugen. Aber von den ersten Arbeitsstunden an entwickeln sich die Dinge schlecht. Nicht nur die Praxis der Aufführungen hat sich in jeder Hinsicht geändert, seit Pagnol zum letzten Mal Regie führte. Sogar die Umgangsformen und die Gewohnheiten sind anders geworden.

Zu Zeiten von »Topaze« und »Marius« gab es eine formlose Zusammenarbeit zwischen Autor, Direktor, Inspizient und Hauptdarsteller. Sie waren gemeinsam dafür verantwortlich, diese Passage des Stückes, jene Textstelle in Theater umzusetzen, worin eben die »Regie« bestand.

Jetzt ist es so, daß ein eigener Regisseur für diese Aufgabe engagiert wird. Er maßt sich gelegentlich allzuviel Macht und Einfluß an. Aber inzwischen haben sich die Schauspieler an seine Anwesenheit gewöhnt. Sie verlassen sich auf ihn. Er ist unentbehrlich geworden, was ihn tatsächlich manchmal sehr eingebildet macht. Allein bei dem Gedanken, den »Judas« einem Regisseur auszuliefern, sieht Pagnol schon rot. Ein Hochstapler, der sich zwischen ihn und sein Werk drängt, hätte ihm gerade noch gefehlt! Er legt Wert darauf, der alleinige Verfasser des Stückes zu sein und als solcher den Geist der Aufführung zu bestimmen. Aber zu seinem Unglück ist er, ohne daß er es sich eingestehen will, sofort überlastet, denn alles wächst ihm über den Kopf. 20 Schauspieler bei den Proben zu beaufsichtigen, 15 Statisten anzuleiten, die nach der Reihe die Wachen, die Priester, die Jünger, die Menge auf Golgatha darstellen, sie alle in Disziplin zu halten, das erfordert physische Kräfte und eine Ausdauer, über die Pagnol nicht mehr verfügt.

Die Besetzung, jetzt komplett, ist zwar glänzend, hat aber einen Nachteil: Sie ist zu heterogen. Es ist nicht gerade einfach, in Spiel und Sprache Tragöden vom Théâtre Français, Boulevardschauspieler und Komiker aus der Music-Hall auf einen Nenner zu bringen. Pagnol bittet Pellegrin, den Chef des Ensembles zu spielen und ihn bei seiner Aufgabe zu unterstützen. Pellegrin legt keinen Wert darauf. Wäre er der Aufgabe überhaupt gewachsen? Er hat ja niemals Regie geführt. Außerdem ist »Judas« die große Wende in seiner Bühnenkarriere – eine Wende mit großem Risiko. Er weiß, daß man seinen Auftritt mit Spannung erwartet – und das versetzt ihn in Todesängste.

Pagnol selbst fühlt sich nicht viel wohler in seiner Haut bei dem Bewußtsein, daß er sich mit diesem Stück, das sich so sehr von allem unterscheidet, was er bisher präsentiert hat, der Kritik und dem Publikum wird stellen müssen. Werden Leute, die ihn bei »Topaze« und »Marius« so mit Lorbeeren überschüttet haben, ihn hier überhaupt wiedererkennen? Auch rechnet er damit, daß die entscheidenden Instanzen bei Katholiken und Juden das Stück auf den Index setzen. Er setzt alles auf »Judas«, es kann das Ende seiner Karriere bedeuten, und beim Theater kann alles von einem einzigen Abend abhängen. Von einem einzigen Wurf. Er aber ist Pagnol. Er muß zwei Sechsen würfeln.

Um ihrer gemeinsamen Ängste Herr zu werden, flüchten sich Pagnol und Pellegrin in den Alkohol, eine Waffe, die immer grausam gegen diejenigen zurückschlägt, die sich ihrer bedienen.

Elvire Popesco, deren Unruhe sich bis zur Panik steigert und die eine große diplomatische Ader besitzt, überredet Pagnol, sich –

natürlich keinen Regisseur – wenigstens einen Regieassistenten zur Seite zu stellen. Dann appelliert sie an Pierre Valde, einen zurückhaltenden Mann und ausgezeichneten Bühnenpraktiker, der die Dinge in die Hand nimmt. Es ist allerhöchste Zeit.

Am Abend des 6. Oktober 1955 drängt sich alles, was im Reiche der Kunst, der Literatur, des Theaters Rang und Namen hat, in der mit Marmor und Spiegeln ausgekleideten, mit Purpur und Gold tapezierten und grell beleuchteten Halle des Théâtre de Paris. Alle möchten der Premiere von »Judas« beiwohnen. Die halbe Akademie hat sich eingefunden: Pierre Benoît, François Mauriac, André Maurois, Jean Guitton ... Jean Cocteau ist da, der drei Tage später feierlich unter der hohen Kuppel aufgenommen wird. Man sieht Minister: Edgar Faure, Jacques Duhamel, Félix Gaillard. Auch die engsten Freunde sind da, diejenigen aus alten Zeiten: Marcel (Achard), Stève (Passeur), Henri (Jeanson), Tino (Rossi), und die neueren: Gaston Bonheur, Pierre Lazareff. Das Stück geht ganz gut über die Bühne. Nach jedem Akt gibt es Beifall. Am Ende werden die Schauspieler zehnmal herausgerufen. Kein Triumph zwar – aber ein Erfolg, ein halber Erfolg. Die Kritik ist nicht enthusiastisch, aber auch nicht böse. Die Einnahmen sind zufriedenstellend. Das Schild »Ausverkauft« hängt bei der zweiten Samstagsvorstellung vor dem Theater. Aber für Pagnol bedeutet die Tatsache, daß ihm kein großer Triumph gelungen ist, daß seine große Rückkehr auf die Bühne mißglückt ist. Das erwartete große Ereignis ist nicht eingetreten. »Judas« ist nicht als sein Meisterwerk beurteilt worden, wie er es erhofft hatte. Das Publikum stürzt sich nicht auf die Vorverkaufsschalter. Niemals bilden sich, wie bei »Marius« oder »Fanny«, auf dem Bürgersteig der Rue Blanche Zuschauerschlangen, die nach Eintrittskarten anstehen. Der schöne Traum ist zerronnen. Die Wirkung ist verpufft.

Für Pagnol ist das eine Enttäuschung, von der er sich niemals mehr erholen sollte.

Das dicke Ende sollte erst noch kommen. Am Abend der zwölften Vorstellung fällt Raymond Pellegrin gegen Ende des zweiten Aktes am Bühnenausgang einem Arbeiter der Technik ohnmächtig in die Arme. Sofort wird der diensttuende Arzt herbeigerufen, der Schauspieler wird in seine Garderobe gebracht. Der Arzt bringt ihn wieder zu sich, untersucht ihn eingehend und erklärt dann, er müsse dringend in ein Krankenhaus gebracht werden. Der Inspizient bietet an, ihn in seinem Wagen dorthin zu fahren. »Nein«, widerspricht der Arzt. »Das wäre nicht richtig. Man muß einen Krankenwagen kommen lassen.« Er fügt hinzu, das Theater werde für die restlichen Vorstellungen auf den Schauspieler verzichten müssen. Der Zustand des Kranken erfordert seiner Ansicht nach für den Zeitraum von zwei Wochen unbedingte Ruhe.

Zufällig ist Roger Rudel, Ersatz für Pellegrin, mit Freunden im Zuschauerraum geblieben. Er wird sofort benachrichtigt und schlüpft eilends in Pellegrins Kostüm. Der Inspizient informiert das Publikum, und die Vorstellung wird, so gut es eben geht, mit Roger Rudel zu Ende gebracht.

Am nächsten Tag melden alle Zeitungen den Unfall. Einige Zuschauer lassen sich ihr Geld zurückzahlen. Es gibt einen brutalen Einbruch bei den Einnahmen. Trotzdem wird weitergespielt.

Der Zustand Pellegrins bessert sich nicht. Jeden Abend begeben sich Marcel Pagnol und Elvire Popesco in Rudels Garderobe, um ihm den Rücken zu stärken. Während der Aufführung nimmt das ganze Ensemble auf ihn Rücksicht und hilft ihm. Wenn nötig flüstern ihm die Kollegen einen Satz zu, der ihm nicht einfällt. Er selbst übt mit Pierre Valde den ganzen Tag lang die 400 Zeilen seiner Rolle und macht schnelle Fortschritte dabei. Die Einnahmen steigen. Das Stück zieht wieder an. Es sieht so aus, als ob man die Genesung und die Rückkehr Pellegrins zuversichtlich abwarten könnte.

Da wird plötzlich, am 14. Tag, gegen Ende der Vorstellung Rudel mitten auf der Bühne von schrecklichen Bauchschmerzen befallen. Schweiß bricht ihm aus, dann wieder Schüttelfrost, und er fiebert.

Trotzdem hält er sich aufrecht und hält bis zum Ende durch. Aber er tritt nicht mehr vor den Vorhang hinaus, sondern stürzt in die Garderobe, wo er sich übergibt, Opfer einer akuten Blinddarmentzündung. Er wird mit dem Notarztwagen ins Krankenhaus gefahren und sofort operiert.

Liegt ein Fluch über dem Stück? »Der liebe Gott will nicht, daß so etwas gespielt wird, und ist zornig«, soll das Söhnchen einer Statistin gesagt haben, ein Kind von zehn Jahren. »Er hat schon zwei

Judasse ins Krankenhaus gebracht. Den dritten wird er umbringen.« Ist dieser Ausspruch wahr oder unwahr? Jedenfalls geht seine Mutter überall damit hausieren. Er breitet sich hinter den Kulissen aus. Schauspieler sind ein abergläubisches Völkchen. Dennoch bräuchte es mehr, um Elvire Popesco mutlos zu machen. Als Ersatz für Pellegrin und Rudel engagiert sie einen dritten Schauspieler, Daniel Brémond. Er prägt sich die Unglücksrolle ein und zieht sich nicht schlecht aus der Affäre.

Um dem Stück Publizität zu verschaffen, diskutiert Pagnol im Rundfunk mit einem berühmten Prediger, dem Dominikaner Pater Lelong, der seit der Premiere sein Werk unnachgiebig attackiert hat. Im Laufe des Gesprächs werden die beiden einander sympathisch. Pater Lelong ist von Pagnols Charme bezaubert. Nach der Sendung teilt er ihm mit, in einem ziemlich unbekannten frommen Werk aus dem 13. Jahrhundert könne man einen Satz finden, der ein Argument zugunsten seiner These darstelle. Verfasserin sei Gertrud die Große, wahrscheinlich 1302 gestorben, die kanonisiert wurde und der zu ihren Lebzeiten Gott mehrere Male erschienen sei. Seine Worte habe sie in einem Werk, den »Offenbarungen«, überliefert. Dabei habe die heilige Gertrud auch einen beunruhigenden Satz hinterlassen: »Von Salomon und Judas«, so hatte Gott zu ihr gesprochen, »rede ich nicht, damit niemand meine Barmherzigkeit mißbrauche.«

Aber alle Bemühungen, »Judas« bekannter zu machen, fruchten nichts. Brémond und das Ensemble geben noch etwa 20 Aufführungen. Dann bleibt das Publikum aus. Das Stück wird endgültig abgesetzt.

Dieses erbärmliche Ende versetzt Pagnol einen Stich. Während er sonst immer als ehernen Grundsatz verteidigt hat: »Das Publikum hat immer recht« und »Gegen das Publikum gibt es keine Berufung«, lehnt er sich jetzt zum ersten Mal in seiner Laufbahn dagegen auf. Er opponiert gegen das Urteil des Publikums über »Judas«. Hartnäckig beharrt er auf der Meinung – und vertritt sie vor seinen Freunden –, es handle sich um ein außerordentliches Stück. Vielleicht sein bestes. Er ist stolz darauf, es geschrieben zu haben, und ist sicher, daß man es eines Tages wiederaufnehmen wird. Dann wird es ein Erfolg sein!

Am Tag nach der Rundfunksendung beginnt Pater Lelong, nach dem Buch der heiligen Gertrud zu fahnden, um Pagnol die auf Judas bezügliche Passage mitzuteilen. Bei sich zu Hause findet er das Werk nicht, gibt aber nicht auf und durchforscht alle theologischen Bibliotheken. Schließlich treibt er, dank Jean Guitton, zufällig und einige Monate später ein Exemplar auf. Eilig macht er sich darüber her, verschlingt es von vorne bis hinten, liest es nochmals: Der fragliche Satz steht nicht darin. Niemals hat Gott zur heiligen Gertrud über Judas gesprochen. Pater Lelong schickt sich enttäuscht an, Pagnol von dieser Entdeckung Mitteilung zu machen. In diesem Augenblick erhält er, mit einer Widmung des Autors versehen, eines der ersten bei Grasset erschienenen Exemplare des »*Judas*«. Natürlich zitiert Pagnol zur Unterstützung seiner These die Worte Gottes, die von der heiligen Gertrud überliefert sein sollten. Daraufhin macht sich Pater Lelong einer frommen Lüge schuldig, einer Unterlassungssünde: Er sagt nichts. Einige Tage nach Pagnols Tod erst bekannte er es öffentlich in einem Artikel im »Aurore«.

Eines Tages trifft Pagnol auf einem Empfang der Société des auteurs seinen Freund Albert Willemetz, Chef des Théâtre des Bouffes-Parisiens. In der Welt des zeitgenössischen Theaters ist Albert Willemetz eine Größe, Texter der berühmtesten Chansons: z. B. »*Mon homme, la Belote*«. Für die genialsten Komponisten: Henri Christiné, Maurice Yvain, André Messager, hat er die Libretti zu allen immer wieder gespielten erfolgreichen Operetten geschrieben: »*Phi-Phi*«, »*Trois valses*«, »*Dédé*«, »*Coups de roulis*«. Aber die Ehren, mit denen er überhäuft wurde, haben ihn nicht daran hindern können, ein heiterer, geistreicher Mensch zu bleiben, voller phantastischer Einfälle. Albert Willemetz ist auf der Suche nach einer Komödie für die nächste Spielzeit an seinem Theater. Ganz gewohnheitsmäßig fragt er Pagnol:
»Hast du nicht zufällig etwas in der Schublade?« Niemand weiß genau, was Pagnols Schubladen enthalten, was er in den frühen Morgenstunden im still schlafenden Haus aufs Papier gebracht hat. Notizen, Briefe, Erzählungen, Konzepte von Komödien, zu denen ihm eines Tages die Idee kam, die er begonnen, wieder abge-

brochen, mehrere Male wiederaufgenommen hat, manchmal mehrere Jahre später, bevor er sie von neuem liegenließ, um sich erneut damit zu befassen. Einige davon sind fertig (d. h., er hat sie bis zum letzten Vorhang durchgearbeitet). Sie sind fertig, aber noch nicht gelungen. Er muß noch daran feilen. Niemand weiß, wie viele es sind. Niemand kennt ihre Titel und ihre Themen. Eines dieser Stücke erhält einige Tage nach ihrem Gespräch der gute Albert Willemetz im Bouffes-Parisiens. Es ist das Stück, zu dem Pagnol in den längst vergangenen Tagen des Boulevard Murat durch die Eheprobleme der Célestine, der Köchin von Jacques Théry, angeregt wurde. Wie viele Male hat es Pagnol seitdem geschrieben und wieder umgeschrieben? Das bleibt sein Geheimnis. Auf den Umschlag hat Pagnol einen Satz geschrieben: »Lieber Albert, lies das und sag' mir, was du davon hältst.«

»Das« ist »Fabien«, die Geschichte einer totalen und blinden Liebe, die die Heldin Emilie, eine 30jährige Frau, »frisch wie ein Apfel, lebhaft, aufgeweckt, mit der Stimme eines jungen Mädchens«, aber 100 Kilo schwer, für ihren Mann Fabien empfindet, eine Leidenschaft, die es ihr ermöglicht, mit größter Naivität und größtem Vergnügen zu akzeptieren, daß sie in den Zustand einer Sklavin herabgewürdigt wird.

Fabien ist ein fauler, lügnerischer, zynisch berechnender Weichling, der nur zwei Ziele im Leben kennt: erstens nicht arbeiten zu müssen, zweitens alle Frauen herumzukriegen, die seinen Weg kreuzen. Emilie entschuldigt all seine Fehler und führt freudig die mühevollsten und erniedrigendsten Arbeiten aus. Die ganze Schändlichkeit ihres Gefährten wird von dem engelsgleichen Wesen Emilie als hoher Adel angesehen. In ihren Augen ist er ein Künstler!

Das Stück spielt zur Gänze im Luna-Park, ein Rahmen, dessen etwas perverse Atmosphäre Pagnol entschieden gefällt. In dieser surrealistischen Welt, mit der bärtigen Frau, dem Mann aus Gummi, dem Riesen aus den Karpaten und dem Liliputaner als Nachbarn, haben Fabien und Emilie eine Jahrmarktsbude für Fotografie. Eines Tages steigt die jüngere Schwester Emilies, Marinette, bei ihnen ab. Marinette hat ein Problem: Sie ist erst 18 und nur allzu hübsch. Wo immer sie auftaucht, zieht sie allein durch ihre Erscheinung die Begierde der Männer auf sich. Ihr Elternhaus hat sie verlassen, um sich den Anträgen eines lüsternen Onkels zu entziehen. Es ist klar, daß Fabien versucht, sie zu erobern. Und Emilie begünstigt – in aller Naivität – seine Manöver. Um sie zu verführen, läßt Fabien Marinette für »Kunstpostkarten« Modell stehen. Er erreicht sein Ziel, Marinette wird seine Geliebte. An dem Tag, an dem sie mitteilt, sie sei von dem Künstler Fabien schwanger, verwandelt sich die stille Emilie plötzlich in eine Pantherin. Mit den schlimmsten Beleidigungen traktiert sie die jüngere Schwester. Für sie ist Fabien ganz und gar unschuldig. Marinette ist die Intrigantin, die Verführerin. Sie hat Fabien in seiner Schwäche, seiner Gutmütigkeit mißbraucht. Emilie jagt sie fort. Und sie beginnt, nach einem anderen jungen hübschen Mädchen von 16 Jahren zu suchen, die für die Postkarten posieren soll.

Es ist eine Komödie voll schwarzen Humors. Der tiefe Menschenhaß, der sich oft bei Komödienschreibern findet, bricht sich bei Pagnol mit überraschender Gewalt Bahn. Warum hat er sich entschlossen, »Fabien« aus seiner Schublade hervorzuholen? Ohne Zweifel, weil er inzwischen gelernt hat und den Gedanken akzeptieren kann, daß das Talent Raimus oder Fernandels mehr zu den gemeinsamen Erfolgen beigetragen hat, als er es sich eingestehen wollte. Er weiß nun, daß ein Autor einen Darsteller braucht, der ihn inspiriert. Ohne Jacqueline hätte er »Manon des sources« nicht geschrieben. Und seit ihn seine beiden Großen, Jules und Fernandel, im Stich gelassen haben, hat er das Gefühl, jede Lust verloren zu haben, Stücke zu schreiben oder Filme zu machen.

Nun entdeckt er aber, daß sich vielleicht schon seit Jahren eine Schauspielerin von seltener Begabung in seiner Umgebung befindet, ein »weiblicher Raimu«: Milly Mathis. Sie ist es, mit der er einen neuen Start wagen will, deretwegen er »Fabien« ausgegraben und umgeschrieben hat. Auch Albert Willemetz ist voll Bewunderung für Milly Mathis. Diese wird von Pagnol angesprochen, liest das Manuskript, erscheint noch am gleichen Tag bei ihm, um das Rollenangebot anzunehmen, und pflanzt dem Autor zwei Küsse auf die Wangen.

Die Proben für »Fabien« beginnen Mitte August 1956. Dieses Mal hat Pagnol das Hinzuziehen eines Regisseurs akzeptiert, und Willemetz hat sich an einen jungen Mann gewandt, leidenschaftlich begeistert fürs Theater, einen Spezialisten für avantgardistische Stücke: Guy Réthoré. Félix Labisse zeichnet als Bühnenbildner verantwortlich. Um Milly Mathis als Mittelpunkt, die noch niemals eine so große Rolle übernommen hat, wird die Besetzung ausgewählt, mit Philippe Nicaud, einem der beliebtesten jungen Stars vom Boulevard, und dem jungen Starlet des Jahres in der Rolle der Marinette. Schon mehrere Male ist ihre Fotografie als Titelbild im »Paris Match« erschienen, ein Gesicht wie von gemeißelter Schönheit. Sie nennt sich Odile Rodin, zweifellos ein Pseudonym.

Am Tag vor der Premiere ist man voller Enthusiasmus. Alle, die in dieses Abenteuer verwickelt sind, machen sich auf einen Triumph gefaßt. Dieses Mal, mit »Fabien«, wird wirklich die große Rückkehr Marcel Pagnols auf die Bühne eingeleitet sein! Elvire Popesco, die mit »Judas« ziemliche Verluste gemacht hat, beschwert sich freundschaftlich bei Pagnol, er hätte ihr den »Fabien« für ihr Theater überlassen müssen. Madeleine Renaud, die das Stück gelesen hat, erklärt, sie bedaure es sehr, nicht die füllige Figur der Milly zu haben. Wie gerne hätte sie selbst die Rolle aus der Taufe gehoben! Zwischen Pagnol, Willemetz und Réthoré herrscht ununterbrochen bestes Einvernehmen.

Am 28. September wird »Fabien« zum ersten Mal dem Publikum präsentiert. Eine Katastrophe, die schwarze Katastrophe! Die Kritiker finden das Stück abscheulich, höchst bedauerlich, erschreckend. In diesem Strudel des Untergangs gelingt es ihrer Meinung nach nur einem, sich zu retten, einem unbekannten Schauspieler, der nur im vierten Akt auftritt und der wahnsinniges Gelächter auslöst: Jean Lefèbvre.

Pagnol ist diesmal wie vor den Kopf geschlagen. Die Zuschauer lachen von Anfang bis Ende der Vorstellung. Aber sie ziehen keine neuen nach! Das ist noch nie dagewesen!

Am Theater, das ist bekannt, sind Direktoren, Autoren, Schauspieler im allgemeinen so sehr vom Erfolg des Stückes überzeugt, das sie aufführen, daß sie einen Mißerfolg stets auf äußere Gründe schieben: die Steuervorauszahlung, den ersten Schnee usw. Auch hier bietet sich eine gute Entschuldigung an: Die Suezkrise ist ausgebrochen. Der Sechstagekrieg beginnt. Die sowjetischen Führer

Bulganin und Chruschtschow drohen Frankreich und Großbritannien mit einem atomaren Gegenschlag, falls sie nicht sofort ihre militärische Offensive im Vorderen Orient beenden. Es sind schon wieder Benzinmarken eingeführt worden. Pagnol hält nichts von solchen Argumenten. »Wenn den Leuten das Stück gefiele, würden sie auch zu Fuß kommen oder mit der Metro sogar aus Neuilly oder Belleville.«

Er setzt hinzu: »Immer bin ich der Ansicht gewesen, dasjenige Lustspiel, das am meisten zum Lachen bringt, müsse auch der größte Erfolg sein. ›Fabien‹ beweist, daß das ein Irrtum war. Das Publikum kommt mit der düsteren Atmosphäre des Stückes nicht zurecht und der Bitterkeit, die darin herrscht.«

Um diese Sätze zu belegen, macht er ein Experiment. Das Théâtre du Gymnase nimmt einige Wochen später »Topaze« mit Fernand Gravey und Henri Vilbert wieder auf. Mit Erfolg. Spaßeshalber hat Pagnol bei einer der letzten Vorstellungen von »Fabien« in den Kulissen ein Tonband aufgestellt. Ein Mikrofon ist in den Zuschauerraum gerichtet. Auf diese Weise hat er gleichzeitig das Stück und die Reaktionen der Zuschauer aufgenommen. 200 Pointen haben Lacher hervorgerufen. Elfmal gab es Szenenbeifall. Bei »Topaze« hingegen, das unter den gleichen Voraussetzungen aufgenommen wurde, gab es nur 71 Lacher und nur siebenmal Szenenapplaus. Doch »Fabien« ist ein Mißerfolg, die Wiederaufnahme von »Topaze« ein Erfolg.

Wieder einmal ziehen die Pagnols um. Pagnol hat ein prächtiges Haus am Square de l'Avenue-du-Bois erworben, gegenüber der Avenue Foch. Hier liegt, rings um einen kleinen Platz von provinziell anmutender Stille, im Schatten 100jähriger Kastanienbäume die feinste Wohnanlage von Paris, was Häuser mit Mietwohnungen betrifft. Die Pagnols haben als Nachbarn den Pianisten Arthur Rubinstein, den Baron Geoffroy de Waldner, den Präsidenten der IBM, der allerdings vor allem wegen der Siege seiner Pferde auf allen Rennplätzen Frankreichs und Englands berühmt ist, dann Fürst und Fürstin von Monaco und schließlich Madame Paul Derval, Chefin der Folies-Bergère. Claude Debussy hatte die letzten Jahre seines Lebens dort gewohnt.

Das zweistöckige Haus befindet sich am Ende eines kleinen Gartens. Wie immer bei den Pagnols, z. B. bei La Lestra, herrscht auch dort eine gewisse unbekümmerte und bequeme Großzügigkeit, die die Feierlichkeit und Steifheit des Ortes mildert. Jacqueline – und das ist einer ihrer großen Vorzüge – hütet sich wohl, ihre Ordnung dem »Wohnwagen aufzuprägen, in dem Pagnol sich wohl fühlt, und sei es auch hinter dem Gitter eines herrschaftlichen Hauses«. Große Empfangsräume mit hohen, von schweren Gardinen verhängten Fenstern nehmen den ganzen Umlauf des Erdgeschosses ein. Dort treffen sich von nun an die Freunde – Pagnol hat sich ein prachtvolles Büro im Stil Louis XV eingerichtet, wo er sich in Zukunft fotografieren oder filmen läßt und seine Besucher empfängt. Er arbeitet jedoch nie dort.

Im ersten Stock hat er sich ein Zimmerchen ganz ohne Luxus eingerichtet, ein Tisch, ein Sessel, zwei gewöhnliche Stühle und ringsherum in Reichweite auf Regalen (manchmal auf Ablagen) seine Akten und Manuskripte. In dieser mönchisch kargen Zelle sitzt er morgens in aller Herrgottsfrühe und schreibt.

Aber woran schreibt er? Das ist sein Geheimnis. Am Tag, nachdem er sich von dem Mißerfolg *Fabiens* wieder erholt hat, hat Pagnol ein ganz neues Schulheft vor sich aufgeschlagen. Es stammt aus seiner Reserve. Diese Art Hefte hat die große Colette, die ihr literarisches Werk genau gleich begann, wie folgt beschrieben: »(Diese Hefte) mit ihren linierten Seiten, graugestreift mit rotem Randstreifen und schwarzem Leinenrücken, vorne drauf ein rundes Schild mit dem zierlichen Titel ›Le Calligraphe‹ ...«*

Das Wort könnte nicht besser passen. Pagnol schreibt nicht, er treibt Kalligraphie. Jean Anouilh machte sich mit seinem beißenden Humor einmal wegen dieser gestochenen Schrift über ihn lustig, einer Schrift, »die auch noch deinen dümmsten Scherzen einen Anstrich der Vollendung gibt, was ich sehr bewundere«.

Eines Herbstabends enthüllt Pagnol das Geheimnis dieser Arbeit, der er sich widmet, seinen Freunden, die seiner Einladung zu einem Treffen Folge geleistet und sich bei ihm eingefunden haben. Stapel von Büchern, die soeben aus der Druckerei gekommen sind

---

* In »*Mes apprentissages*«.

und noch nach Druckerschwärze riechen, sind zwischen Pastis und Whisky auf dem niedrigen Salontisch ausgebreitet. Sobald jeweils ein Gast eintrifft, wird ihm ein Exemplar in die Hand gedrückt, versehen mit der einfachen Widmung: »Dieses ist für Gaston«, »Dieses ist für Bernard«, »Dieses ist für Jean«, »Dieses ist für Tino«.*

Es sind die ersten Exemplare von Band 1 seiner »*Souvenirs d'enfance*« (»Eine Kindheit in der Provence«). Der Titel: *La Gloire de mon père* (»Der Ruhm meines Vaters«). »Zum ersten Mal«, so beginnt das Vorwort, »schreibe ich Prosa ... Nicht mehr Raimu spricht, sondern ich selbst. Und wenn ich nicht aufrichtig bin – d. h. ohne jegliche Zurückhaltung –, so will ich meine Zeit verloren und mein Papier verschwendet haben ... Eine beunruhigende Vorstellung, die mich lange gelähmt hat.«

Sofort wird klar, daß die Wunden, die ihm die Mißerfolge beim Theater geschlagen haben, noch nicht wirklich verheilt sind.

Pagnol läßt die Figuren des Lesers und des Zuschauers auftreten. Was tut der Zuschauer, wenn er nicht zufrieden ist? Sehr einfach: »Er hüstelt, er schneuzt sich, murmelt vor sich hin, pfeift und geht schließlich raus. Der Autor wagt niemandem mehr ins Gesicht zu sehen.« Der Leser eines Buches hingegen »kommt vielleicht bis auf Seite 30 und zuckt verdrießlich die Schultern: ›Ich frage mich nur, warum man solchen Blödsinn druckt‹ – aber der Schriftsteller ist nicht dabei und erfährt nichts davon.« Verglichen mit der Schlappe des Dramatikers ist »der Mißerfolg des Prosaisten weniger grausam«. Pagnol erklärt sich noch genauer: »Das sind die nicht sehr rühmlichen, aber beruhigenden Überlegungen gewesen, die mich zur Publikation dieses Werkes veranlaßt haben.«

Es wäre falsch, dieses Geständnis leichtzunehmen, einen Ausdruck falscher Bescheidenheit darin zu sehen. Es handelt sich nicht um Humor. Richtig ist vielmehr, daß Pagnol, noch angeschlagen von den Enttäuschungen mit *»Judas«* und *»Fabien«*, im Augenblick der Veröffentlichung seines Buches Angst hatte, sich noch einmal einen Korb einzuhandeln.

---

* Gaston Bonheur, Bernard de Fallois, Jean Mathyssens, Tino Rossi.

Welch unendlich umständliche Maßnahmen er trifft, um das Buch an den Mann zu bringen!

Als man ihn fragt, was ihn dazu bewogen habe, diese »Erinnerungen« zu schreiben, gibt er zur Antwort, er habe Hélène Lazareff, der Leiterin der Illustrierten »Elle«, das Versprechen gegeben, ihr einen Beitrag für die Weihnachtsnummer zu schreiben. Als eines Morgens ein radfahrender Bote der Illustrierten ihn aufsuchte, um das Manuskript zu holen, hatte er noch keine Zeile geschrieben. Der Bote wollte nicht mit leeren Händen zurückkehren, er hatte Angst, vor die Tür gesetzt zu werden, war Familienvater. Also hatte Pagnol ihn gebeten, einen Moment auf dem Rasen vor dem Hause zu warten. Es war so schönes Wetter! Pagnol hatte seine Geschichte zu schreiben begonnen. Der Rest folgte nach. Während seine Freunde diese Erklärungen hören, müssen sie lächeln und denken an die berühmte Antwort der Alida Rouffe während der Proben zu »Marius«.

»Ich höre dir schon zu, Marcel«, hatte sie zu ihm gesagt, »mach' nur weiter. Ich weiß, daß du lügst, aber ich genieße es!«

Damit das Erscheinen seines Buches möglichst lautlos über die Bühne geht und um zu vermeiden, daß ein Pariser Ereignis mit allen Risiken dieser Art Abenteuer daraus wird, veröffentlicht Pagnol es bei Clément Pastorelly, einem Freund aus Monaco, der seit langem davon träumt, Verleger zu werden.

Aber diese Befürchtungen sind unbegründet. »La Gloire de mon père« schlägt in Paris wie eine Bombe ein. Vom Erscheinungstermin an wird das Werk als das Meisterwerk der Saison, des Jahres, der Epoche bezeichnet. Das Publikum von »Marius«, »César«, »Jofroi« und »Angèle« hat endlich seinen Pagnol wiedergefunden, den Pagnol, den es liebt, der sich in sein Herz hineingeschrieben hat, den fröhlichen und rührenden, zartfühlenden und lustigen Pagnol, der zu gleicher Zeit lachen und weinen macht.

Seit dem Erscheinen des Vorabdrucks in »Elle«, versehen mit Zeichnungen von Albert Dubout, ist kein Halten mehr. Die Buchhändler bestellen das Buch zu Hunderten. Die Drucker, voll ausgelastet, arbeiten Tag und Nacht, um der Nachfrage zu genügen. Innerhalb von drei Wochen ist das 30. Tausend erreicht, innerhalb eines Monats das 50. ... Es gibt Präzedenzfälle, Werke, die bei ihrem Erscheinen einen ähnlichen Ansturm der Leser ausgelöst haben. Wenn das Phänomen Pagnol trotzdem anders, einzigartig dasteht, so deshalb, weil der Erfolg kein Ende nimmt. Er hört einfach nicht mehr auf.

Pagnol hat sein Format wiedergefunden.

Er ist zu seiner dritten Karriere gestartet. Man kennt ihn als großen dramatischen Autor, als großen Filmemacher. Jetzt wird er auch als großer Prosaschriftsteller entdeckt.

In der ganzen Presselandschaft, in Paris und in der Provinz, von der äußersten Rechten bis zur äußersten Linken, von den billigsten Tagesblättern bis zu den anspruchsvollsten Wochenmagazinen und den elitärsten Illustrierten – es herrscht vollste Einmütigkeit. Keine Stimme erhebt sich, um doch irgendein Haar in der Suppe auszumachen. Die Literaturkritik nimmt »*La Gloire de mon père*« als großen Klassiker auf. »Er war ein großer Dramatiker«, äußert Anouilh einem Freund gegenüber. »Er ist ein noch größerer Prosaist!« Und Rebattet schreibt: »Im Buch Pagnols gibt es nichts als Sonnenschein.« Die einen sprechen von »unserem Dickens«, die anderen von »unserem Faulkner«.

»Wenn ich an Stevenson, Mark Twain oder Gorki denke«, schreibt Dominique Fernandez, »so ist mir klar, daß die französische Literatur völlig unfähig ist (bis zu Pagnol), z. B. das erregte und verwunderte Staunen darzustellen, mit dem ein junger Mann die Welt entdeckt. Jetzt ist diese Lücke ausgefüllt.«

Pagnol hatte mit einem derart fabelhaften Erfolg nicht gerechnet. »Ich bin ebenso stolz darauf wie überrascht«, gesteht er einem Freund, »ja einigermaßen verwirrt. Im Grunde weiß man nie, was man gemacht hat, und unsere Arbeit läßt sich mit dem automatischen Schreiben vergleichen, bei dem der Mensch ein wenig seines Bewußtseins beraubt ist.«

Jeder Leser wählt sich seinen neuen Helden: Joseph, den Volksschullehrer, die zarte Augustine, Mutter der Familie; der Onkel Jules, die Tante Rose, die kleine Lily, die Bellons, Bouzigue, der Kanalreiniger, bilden einen neuen, allen vertrauten Götterhimmel mit der gleichen Lebensnähe wie 30 Jahre früher Fanny, Marius, César, Panisse, Honorine, M. Brun und Escartefigue. Die Welt von Bastide-Neuve hat für die Leser ebenso keine Geheimnisse mehr wie die der Bar de la Marine. Sie kennen die kleinsten Bergpfade genauso wie die Kais vom Vieux-Port. Pagnol jubelt. Er ist beruhigt und hat sein Vertrauen zu sich selbst und in die Zukunft wiedergefunden.

Jean Prouvost begrüßt ihn anläßlich eines Essens und umarmt ihn aufs herzlichste.

»O Marcel«, ruft er aus, »Ihr Buch! Ein kleines Meisterwerk!«

Pagnol erwidert:

»Wieso klein?«

Noch begeistert von diesem neuen Start und um den Hunderten von Buchhändlern und Millionen Lesern, die wissen wollen, wie es weitergeht, eine Freude zu machen, veröffentlicht Pagnol fast ohne Pause – ebenfalls bei Pastorelly – Band 2 seiner *»Souvenirs d'enfance«: »Le Château de ma mère«* (»Das Schloß meiner Mutter«). Und der Triumph wird zur Ekstase. »Ihr Buch ist bewundernswert«, hatte einer der ersten Leser von *»La Gloire de mon père«,* ein Volksschullehrer, an Pagnol geschrieben. »Es läßt sich herrlich für Diktate verwenden.«

Nach dem Muster dieses bewegenden Briefes haben alle im Unterrichtswesen Tätigen einen Narren an den *»Souvenirs d'enfance«* gefressen. Endlich einmal sind sich die Lehrer der öffentlichen und der privaten Schulen in einem Punkt einig. Die Schulämter für Volksschulen begünstigen diesen Trend. Und die Herausgeber folgen. Von jetzt an erscheint in Frankreich kein einziges »Lesebuch«, keine einzige »Textauswahl« für Grundschulen, die fünften, sechsten, siebten Klassen und die Gymnasien und Kollegs, ohne daß einige Passagen aus *»La Gloire de mon père«* oder *»Le Château de ma mère«* darin abgedruckt wären. Noch zu Lebzeiten erhält Pagnol einen Platz im »Nationalheiligtum der literarischen Schulberühmtheiten«. Eine furchterregende Elite. Man findet darin nur drei Autoren: Jean de La Fontaine, Victor Hugo und Alphonse Daudet. Er ist der vierte. *»La Chasse aux bartavelles«* (»Die Steinhuhnjagd«) und *»Le Passage du canal«* (»Die Überfahrt über den Kanal«) gehören zu dem allgemeinen Schatz schöner Erzählungen der Volksliteratur, neben *»La Cigale et la fourmi«* (»Die Grille und die Ameise«), *»La Mort de Gavroche«* (»Der Tod des Gavroche«) und *»La Chèvre de M. Seguin«* (»Die

Ziege des M. Seguin«). Durch Buchstabieren dieser Geschichten lernen kleine Franzosen von zehn Jahren und darunter und alle folgenden Generationen lesen.

In einer beliebten literarischen Sendung des O.R.T.F., »Literatur für alle«, spricht Pagnol, eingeladen von Pierre Dumayet, über seine Bücher.

»Noch vor zehn Jahren«, erklärt er, »erinnerte ich mich nicht an meine Kindheit. Beachten Sie, daß noch nie ein Schriftsteller mit 30 oder 35 Jahren seine Kindheitserinnerungen geschrieben hat. Denn mit 35 hat man noch keine Kindheitserinnerungen. Es gibt einfach zuviel anderes zu tun. Man lebt so aktiv in der Gegenwart, daß man sich um die Vergangenheit kaum kümmert. In dem Maße, wie man älter wird, stellen sich die Kindheitserinnerungen ein, denn jetzt interessiert uns die Gegenwart im Grunde immer weniger. Es sieht so aus, als ob man von einem bestimmten Alter an das Gedächtnis verlöre. Ich glaube, das fängt ziemlich früh an. Ich glaube, man verliert das Gedächtnis in dem Moment, wo man nicht mehr in der Lage ist, Chinesisch zu lernen ... Tatsächlich verhält es sich so. Die Ausdrucksweise ›man verliert das Gedächtnis‹ besagt, man verliert die Fähigkeit, neue Erinnerungen zu bilden. Dann aber tauchen die alten Erinnerungen um so kräftiger auf. Ich müßte sehr nachdenken, um Ihnen den Namen des Restaurants zu nennen, in dem ich letzten Dienstag gegessen habe. Aber ich erinnere mich sehr gut an das Lokal in Marseille, in dem ich zu Mittag aß, als ich das Abitur bestanden hatte.«

Auf eine Frage Dumayets, den Unterschied zwischen den Gebieten des Dramatikers und des Prosaisten betreffend, gibt er zur Antwort:

»Ich behaupte nicht, daß die Kunst, Romane zu schreiben, einfach wäre. Im übrigen schreibe ich keine Romane. Ich könnte gar keine Romane schreiben. Aber bei der Prosaschriftstellerei kann man sich mehr leisten. Man kann zehn schlechte Seiten in einem guten Buch schreiben, das macht gar nichts. Aber eine schlechte Szene in einem guten Stück – das ist eine ernste Angelegenheit. Die Aufmerksamkeit im Zuschauerraum läßt nach, und es ist sehr schwierig, sie wiederzugewinnen.«

»Sie sagen: Ich könnte keine Romane schreiben. Sind aber diese

›Souvenirs d'enfance‹ nicht doch ein bißchen so etwas wie ein Roman?«

»Sie sind es sicher bis zu einem gewissen Grad, doch war ich mir dessen beim Schreiben nicht bewußt. Ich hatte nur das Gefühl, ich würde die Ereignisse so erzählen, wie sie sich begaben. Und doch haben sie sich natürlich nicht in dieser Weise abgespielt, denn Sie können den Bericht über zwei Jahre in zwei Stunden lesen. Ganz unbewußt muß man zusammendrängen, verdichten. Auf jeden Fall stimmen die Details bis aufs I-Tüpfelchen, während man das für die Gesamtheit vielleicht nicht sagen kann.«

Übrigens antworten die Franzosen, die 1960 über 15 Jahre alt waren, auf die Frage »Wer ist Pagnol?« stets: »Ein dramatischer Autor und Filmemacher«, und dann sprechen sie von *»Topaze«*, *»Marius«*, *»Fanny«*, *»La Femme du boulanger«*. Für die darauffolgenden Generationen indessen ist er der Verfasser der *»Kindheitserinnerungen«*.

Die beiden Bände werden unaufhörlich neu aufgelegt. Pastorelly druckt sie in Mengen von mehreren Tausend pro Woche. Sie erscheinen im »Club du meilleur livre«. Albert Dubout illustriert sie für eine Luxusausgabe. Sie werden im »Album pour les enfants« mit wundervollen Gouachen von Suzanne Ballivet veröffentlicht (mit bürgerlichem Namen heißt sie Madame Dubout und ist ihrerseits enorm begabt). Sie erscheinen in den »Livres de Poche«. Sie schlagen den Verkaufsrekord dieser Reihe, der bisher von Zola gehalten wurde. »Und das mit nur zwei Titeln«, erklärt Bernard de Fallois, der für die Reihe verantwortlich ist, »während Zola seine Zahlen mit zwölf Schmökern erreicht hat!«

Von den Wogen des Erfolgs hoch emporgetragen, veröffentlicht Pagnol seine Übersetzung der *»Bucolica«* des Vergil. Für die Pariser Intelligenz, die gegenüber Pagnol stets Vorbehalte hatte, ist das die Gelegenheit, sich dem großen Publikum anzuschließen und ihn freudig zu begrüßen. Jean Paulhan, der große Mann bei der N.R.F., beglückwünscht ihn zu dieser Übersetzung, die ihm »bei aller augenscheinlichen Gelehrsamkeit staunenswert frei zu sein« scheint. Er betont das Wort »staunenswert«. Die *»Bucolica«* sind für Pagnol auch die Gelegenheit, sich mit Pierre Brisson zu versöhnen. Diese Annäherung war von gemeinsamen Freunden vorbereitet worden und wurde unverzüglich durch die Veröffentlichung zweier Eklogen – der zweiten und der fünften – im »Figaro littéraire« besiegelt.

»Ich bin sehr glücklich über diese Veröffentlichung«, schreibt Pagnol in einem Brief. »Denn während ich noch Filme drehte, waren manche der Ansicht, ich hätte keinen Volksschulabschluß.«

In dem Augenblick, da Pagnol der Einladung Pierre Dumayets Folge leistete und der Sendung »Literatur für alle« beiwohnte, ist nicht sicher, ob er sich dessen bewußt war, daß die Taxifahrt vom Square de l'Avenue-du-Bois zu den Studios des O.R.T.F. in der Rue Cognacq-Jay ein ebenso wichtiges Datum markierte wie seine Reise vom Frühjahr 1930, die ihn nach London führte, wo er zum ersten Mal der Vorführung eines Tonfilms beiwohnte.

Eine neue Ära hat begonnen.

Im letzten Monat ihres Aufenthalts in der Rue Jean-Goujon hat ein neues Möbelstück seinen Einzug in die Wohnung der Pagnols gefeiert, eine Art rechtwinkliges Parallelepiped (wie Joseph, der Lehrer, gesagt haben würde), dessen eine Seite von einer Glasscheibe gebildet wird. Es hat sogleich, die personifizierte Unverfrorenheit, den augenfälligsten Platz der Wohnung usurpiert. In ihrem prächtigen Haus am Square hat es Jacqueline in der ersten Etage, im Eßzimmer, aufgestellt. »Seitdem«, sagt Pagnol, »nehmen wir unsere Mahlzeiten wie auf dem Abendmahl von Leonardo da Vinci ein, nämlich wir sitzen alle auf einer Seite des Tisches.«

Nein, er weiß es noch nicht, der vom Glück begünstigte Pagnol, welch ungeheure Chance das Fernsehen ihm und seinem Werk, auch für die Zukunft, bietet. Es ermöglicht in Abständen von jeweils fünf Jahren den nachrückenden Generationen, die sich vor der Scheibe ablösen, seine Werke als genialer Filmemacher, seine Filme »*Marius*«, »*Fanny*«, »*César*«, »*Angèle*«, »*Regain*« usw., kennenzulernen. Alle seine Meisterwerke wären ohne das Fernsehen zu einem kümmerlichen Dasein im Ghetto der Filmotheken verurteilt gewesen, reserviert nur für die elitären Kreise auserlesener Filmliebhaber. Dank dem Fernsehen können sie weiterhin alle

416

Menschen erfreuen und bewegen, für die sie entworfen, geschrieben und aufgeführt wurden, d. h. das große Publikum.

»Du bist tot, aber Du bist uns nicht entrückt«, hatte Pagnol in seinem »Abschied« zu Raimu gesagt. »Noch diesen Abend spielst Du in 30 Kinos, und die Leute werden lachen und weinen.« In kurzer Zeit zählen die Säle, Salons, Küchen, Wohnzimmer, Mansarden, Hausmeisterlogen, Dienstmädchenzimmer, Refektorien, Schlafsäle, Aufenthaltsräume, Bauernhäuser und Schlösser, Luxusappartements und Buden zu Hunderttausenden, wo an Fernsehabenden mit »*Marius*« oder »*Le Boulanger*« Raimu Pagnol spielt. Und die Menschen, die lachen und weinen, beziffern sich auf Millionen.

XVII.

Zeit der Ehrungen

(1969—1971)

Achard als Unsterblicher. Imperialismus des Fernsehens. Trilogie »Made in Marseille«. Saint-Loup. Das Gymnasium Marcel-Pagnol. Hommage des Neuen Kinos. Romancier. »L'Eau des collines«. Essay ohne Zukunft. Lehrling der Geschichte. Wer war die Eiserne Maske? Tod Fernandels.

»Ich möchte beginnen, indem ich Ihnen sage, daß die Freude, die ich empfinde, Sie unter dieser Kuppel begrüßen zu dürfen, nur noch von meinem Erstaunen übertroffen wird, Sie hier zu sehen ... Jedermann weiß, daß Molière der Akademie nicht angehörte. Was sie ihm niemals verzeihen konnte, war einfach, daß er sich als Komödienschreiber betätigte.

Ich bedaure es sehr, mein Herr, in diesem Sinne hier darauf hinweisen zu müssen, daß Sie ja selbst ein solcher Scharlatan von der Bühne sind ... Ich habe Sie schon mit mehlweißem Gesicht, spitzem Kinn, einwärts gedrehten Füßen gesehen ... habe gesehen, wie Sie Lachsalven auslösten – dadurch, daß Sie Fußtritte empfingen! Fußtritte – wo?«

Bei dieser rhetorischen Frage macht der Redner, geübt in der Kunst, die Stille als Steigerung der dramatischen Spannung einzusetzen, eine Pause. Als er die Zuhörer genügend auf die Folter gespannt zu haben meint, gibt er die Antwort auf seine Frage, zu gleicher Zeit erwartet und überraschend: »Im Théâtre de l'Atelier! Vor einer täglich wechselnden Zuschauermenge!«

Lachsalven unter den Zuhörern machen die folgenden Worte unverständlich und unterbrechen die Rede. Es ist wirklich nicht leicht, sie zum Lachen zu bringen, diese Leute, die hier das große Auditorium des Institut de France besetzt halten. Es ist das steifste, abgeklärteste Publikum, das man sich vorstellen kann: die Herzogin de La Rochefoucauld, der Herzog de Luynes, die Begum, Marschall Juin. »Achard hat immer mit zweifelhaften Leuten verkehrt«, pflegt Pagnol zu sagen.

Denn darum handelt es sich nun. An einem schönen Dezembernachmittag nimmt Marcel Pagnol, während eine prachtvolle Sonne Großfeuer auf den Fenstern des Gewölbes entzündet, Marcel Achard feierlich in den Schoß der Académie française auf, die ihn am 28. März gewählt hat.

Wäre einem der beiden ein halbes Jahrhundert zuvor diese Zeremonie in einem prophetischen Traum erschienen, so hätten sie geschworen, es müsse sich um einen Scherz handeln. Und sie achten um so mehr darauf, den Eindruck zu vermeiden, sich zu ernst zu nehmen, als diese Begegnung sich unter den ironischen Blicken zweier anderer Kameraden aus heroischen Zeiten abspielt, die immer vor jeder Ehrung geflohen waren: Stève Passeur und Henri Jeanson, der nichts von seiner lebhaften Munterkeit eingebüßt hat.

Cardin hat den Talar Marcel Achards gekürzt und ihm einen besonders kurzen Degen angefertigt.

»Ist das ein Schlüsselbund?« fragt Jeanson Achard im Verlauf des sich an die Zeremonie anschließenden Empfangs.

»Ich hau' dir eine in die Fresse«, droht ihm Achard scherzhaft.

»Ich schlage mich niemals mit einem Bewaffneten«, gibt Jeanson zurück.

Seltsame Konversation, auf jeden Fall wenig akademisch! Für Pagnol ist die Tatsache, Marcel Achard unter der Kuppel begrüßen zu können, eines der freudigen Ereignisse, die zu verwirklichen er sich bei seiner eigenen Aufnahme versprochen hatte, und er ist sehr glücklich, dieses sich selbst gegebene Versprechen einlösen zu können. »Das ist die fröhlichste Aufnahme gewesen, an der ich jemals teilgenommen habe«, lautet der Kommentar von François Mauriac.

In Zukunft ist Pagnol ein fanatischer Fernsehzuschauer. Schon 1956, als es noch in den Kinderschuhen steckte, gab er Jacques Chabannes, dem beim O.R.T.F. fürs Theater verantwortlichen Leiter, die Erlaubnis, einen »*Topaze*« mit Pierre Destailles (Topaze), Luce

Feyrer (Suzy), Henri Vilbert (Castel Bénac) und Pierre Larquey als ewigem Tamise – er hatte die Rolle 30 Jahre zuvor aus der Taufe gehoben – auszustrahlen. Das Ergebnis war ziemlich mittelmäßig. Ganz entschieden hat »Topaze« kein Glück mit dem Film.

Die Fernsehaufführungen der großen Tragödien Racines in der Inszenierung von Kerchbron – »Britannicus« 1938, »Bajazet« 1959 – waren für Pagnol echte Offenbarungen.

»Das Fernsehen«, bemerkt er, »gibt den Zuschauern endlich die Möglichkeit, die klassischen Tragödien unter idealen Bedingungen zu sehen. Und wie sie bis heute noch nie gesehen worden sind! Als man den ›Britannicus‹ spielte, hatte ich eine Köchin zu Hause, die ihn ausgezeichnet fand. Sie wußte überhaupt nicht, um was es sich handelte, sie glaubte womöglich, es sei von mir. Das kommt daher, daß die Tragödie die Gewalt der innersten Empfindungen zum Thema hat und daß man diese logischerweise eigentlich nur leise aussprechen kann, ja sogar flüstern muß, was aber die Darstellung auf der Bühne nicht erlaubt – außer der Zuhörer versteht nichts mehr. Der tragische Schauspieler muß deklamieren, und diese Art zu sprechen verträgt sich nicht mit dem Inhalt.

Vergessen Sie nicht«, fährt er fort, »daß man im Jahrhundert Ludwigs XIV. Racine in den Salons spielte und daß im Theater der Adel direkt auf der Bühne saß.

Den Hergang der klassischen Tragödie müßte man auf den Gesichtern der Schauspieler verfolgen können. Es ist eine Kunstgattung der ›Großaufnahmen‹. Vor ihrem Fernsehapparat konnte meine Köchin den ›Britannicus‹ so sehen, wie es vor ihrer Zeit nur den kleinen Edelleuten des Grand Siècle möglich war.«

Die Fernsehleute ihrerseits, Produzenten, Programmleiter, Regisseure, begreifen sehr rasch, daß nicht nur das Werk Pagnols, sondern er selbst eine Fundgrube herrlicher Programme darstellt. Sie fangen an, ihn zu interviewen, und seine witzige Ausdrucksweise, die persönliche Ausstrahlung, die seine Freunde so gut kennen, werden jetzt von allen Franzosen entdeckt. Er reißt sie einfach mit. Pierre Cardinal eröffnet das Feuer. Er widmet Pagnol eine »Großaufnahme«.[*]

---

[*] Ausgestrahlt am 26. März 1960.

Einige Monate darauf arbeitet Pagnol selbst fürs Fernsehen. François Gir, sein Regieassistent bei »*Topaze*« (Fernandel-Fassung), gewinnt ihn für die Mattscheibe. Gir ist Regisseur geworden. Er pflegt mit den Pagnols weiterhin die herzlichsten Beziehungen. Der O.R.T.F. hat ihm eine »*Kameliendame*« in Auftrag gegeben, nach dem Stück von Victorien Sardou. Er erzählt Pagnol davon, der ihm spontan den Vorschlag macht, die Bearbeitung zu schreiben.

»Ich behaupte nicht«, erklärt Pagnol, »es handle sich hier um große Literatur, und es ist ein weiter Weg von Dumas bis zu Racine oder Shakespeare ... Doch alles in allem muß man ein Theaterstück auf der Bühne beurteilen und nicht aus der Sicht eines Lesers, der Zeit hat, es noch einmal zu lesen und darüber nachzudenken ... Im Hinblick auf ihre Theaterqualität aber verdient die ›*Kameliendame*‹ den ersten Rang unter den Meisterwerken. Sie wird sich niemals im Prüfungsstoff für die ›Agrégation‹ in Philosophie befinden, doch wird sie immer auf den Spielplänen bleiben, wie das seit 80 Jahren der Fall war.«

In der »*Kameliendame*«-Inszenierung von François Gir, Bearbeitung von Marcel Pagnol, spielen Yori Bertin (Marguerite Gauthier), Gérard Barray (Armand Duval) und Christian Lude (Vater Duval) mit. Pagnol hat Christian Lude während der Dreharbeiten zu »*Le Rosier de Mme. Husson*« kennengelernt, und dieser hat es ihm angetan – er wurde nach seiner »Agrégation« in Philosophie Schauspieler. Inzwischen ist er einer seiner bevorzugten Gesprächspartner. Obwohl er das Provenzalische nicht beherrscht, hat ihm Pagnol eine Rolle in der »*Manon*« und in den »*Lettres*« anvertraut. »*Die Kameliendame*« wird am 31. März 1962 ausgestrahlt. Offensichtlich hat Pagnol seine Bearbeitung verpfuscht. Im Grunde war es eine Arbeit, die ihn nicht interessierte. »Es ist sehr schwierig«, so gesteht er ein, »sich für ein Stück oder einen Film zu erwärmen, von denen man niemals weiß, ob sie ein Publikum haben werden oder nicht, ob dieses sich dafür begeistert oder nicht, und die jedenfalls, da doch ein dramatisches Werk nur ›existiert‹, wenn man es spielt und solange man es spielt, nur ein einziges Mal existieren. Bestenfalls zweimal!«

1961 wird in Monte Carlo das erste Internationale Fernsehfestival ausgerichtet. Wem sollte wohl der Fürst die Präsidentschaft übertragen? Natürlich Pagnol, der auch akzeptiert und mit Jacqueline und den Achards ins Fürstentum zurückkehrt. Bis zu seinem Tode war er Präsident aller weiteren Festivals.

Es scheint ein geheimes Gesetz zu sein, daß sich Pagnol niemals zu lange aus Marseille entfernen darf. Im Frühjahr 1961 befindet er sich wieder am Vieux-Port. Joshua Logan verfilmt dort in Cinemascope und Farbe für Warner Brothers Pagnols »Fanny«, das Musical, das er selbst durch Bearbeitung der Trilogie geschaffen hat und das am Broadway und in den ganzen Vereinigten Staaten über Jahre hinweg gespielt worden ist. Für den Film hatte er sich entschieden, die Lieder und die großen Musikeinlagen wegzulassen. Bei der Ankündigung dieser Vorstellungen sind die Marseiller bestürzt, was sich bei den einen in Wut, bei den anderen in großem Gelächter äußert. Joshua Logan läßt Marius von einem Deutschen, Horst Buchholz, Escartefigue von einem Italiener, Salvatore Baccaloni, spielen, M. Brun von einem Engländer, Lionel Jeffries, Fanny, César und Panisse von Parisern, schlimmer noch, von waschechten Parisern: Leslie Caron, Charles Boyer und Maurice Chevalier. Nur eine Schauspielerin in der ganzen Besetzung stammt aus dem Süden: Georgette Anys. Sie übernimmt die Honorine. Und sie ist die einzige, die über den Akzent der Canebière verfügt.
Joshua Logan erläutert sein Vorgehen:
»Aus amerikanischer Sicht ist die Trilogie keine Geschichte aus Marseille, sondern eine europäische Geschichte. Ich habe zwar nur eine Schauspielerin aus Marseille, aber ich habe auch ausschließlich europäische Schauspieler. Sie sprechen alle Englisch mit dem Akzent des alten Europa.«
»Das hindert nicht«, warnt ihn Pagnol, »daß die Leute in Marseille jedem Kinobesitzer die Hölle heiß machen werden, wenn er die Dummheit begeht, den Film hier aufzuführen.«
»Warner Brothers werden eine solche Dummheit nicht begehen. Übrigens wird der Film in keinem französischsprachigen Land gezeigt werden, wo das Publikum von Ihren Filmen begeistert war. Doch bin ich der Ansicht, daß in Seoul oder Brisbane die Frage, ob

perfekter Marseiller Dialekt gesprochen wird, sehr an Bedeutung verlieren wird. Es sind die allgemeinen Qualitäten des Werkes, die zählen.«*

Die »allgemeinen Qualitäten« zählen auch bei »*Topaze*«. Peter Sellers dreht etwa zur gleichen Zeit in London für die Fox eine neue Fassung, in der er die Hauptrolle spielt. Der Film kam dann unter dem Titel »*M. Topaze*« heraus. In Frankreich wurde er niemals gezeigt. Es handelte sich um die, weltweit gesehen, achte Version des Werkes seit der Uraufführung.

Am 28. Februar des nächsten Jahres, seinem Geburtstag, »dem kleinen häuslichen Ereignis, bei dem es üblich ist, die sich einschleichende heimliche Bitterkeit durch Trostgeschenke zu besänftigen«, erhält Pagnol vom Bürgermeister Marseilles, Gaston Defferre, die Mitteilung, der Stadtrat habe beschlossen, seinen Namen dem riesigen neuen Gymnasium zu geben, das soeben in Saint-Loup fertig geworden ist. Zu Lebzeiten einer Persönlichkeit ist das eine überaus seltene Ehre.

Pagnol kennt Saint-Loup. Es war die erste Stelle seines Vaters nach der in Aubagne. Dort hatte seine Familie entdeckt, daß Marcel lesen konnte, ohne daß es ihm jemand beigebracht hätte. Bei einem Urlaub machte Marcel einen kleinen Ausflug in die Gegend. Saint-Loup ist nicht wiederzuerkennen. Jede Spur der früheren Wagnereien und Bäckereien ist verschwunden. Die Tante-Emma-Läden haben riesigen Supermärkten weichen müssen. Das Landstädtchen an der Straße nach Aubagne ist zu einem gigantischen Chaos aus Beton und Asphalt geworden. Das raumhungrige Marseille in seiner galoppierenden Großmannssucht hat es aufgesogen. Marcel entdeckt dort auch eine Kirche, die es zu seiner Zeit noch nicht gab.

»Mach' dir klar«, sagt er zu Jacqueline, »daß man wirklich alt ist, wenn man älter ist als eine Kirche.« Als er die Gebäude des Gymnasiums entdeckt – seines Gymnasiums –, läßt er entmutigt die Arme sinken. Das Institut ist für 3000 Schüler vorgesehen, mit 96

---

* Trotzdem wurde der Film später in Paris und einigen französischen Städten gezeigt, was mit Mißerfolgen endete.

Klassen und Pausenhöfen von der Größe eines Flugplatzes. An der Schule von Saint-Loup gab es, als er noch Schüler war, nur vier Lehrer.

In seiner Einweihungsrede bedankt sich Pagnol zunächst bei den Behörden dafür, daß sie auf der Fassade des schönsten Gymnasiums von Frankreich »meinen Vornamen, gefolgt vom Familiennamen meines Vaters, Volksschullehrer in Saint-Loup«, verewigt haben, und greift dann das Thema der historischen Unterrichtsstunde auf, das Joseph am 3. Januar 1900 vor seiner ersten Klasse des neuen Jahrhunderts behandelt hat (und an das sich so viele Freunde Pagnols seitdem wieder erinnerten): die Zukunft, die der Fortschritt der Wissenschaften für den Menschen von morgen bereithält.

»Heute bin ich davon überzeugt, daß der Atomkrieg nicht stattfinden wird«, sagt er. »Nicht, weil ich an einen großen moralischen Fortschritt der Menschheit glaube. Im Gegenteil: Es hat den Anschein, als ob der Egoismus der Menschen und Völker noch größer geworden ist. Aber ich glaube an die Wirksamkeit der ältesten Empfindung der Menschheit: der Angst ... Am ersten Tag eines neuen Krieges würde der Sieger erschlagen über den Leichnam des Besiegten fallen, und die Regierenden wissen das noch besser als wir. Es ist sicher bedauerlich, die Hoffnung auf eine Verbrüderung der Menschen auf ein so erbärmliches Gefühl gründen zu müssen, wie es die Angst ist. Aber wie sagte schon der große Pascal: Wenn es euch an Glauben fehlt, so verhaltet euch so, handelt so, als ob ihr gläubig wäret, und der Glaube wird sich einstellen. Es ist aber nicht ganz unmöglich, daß die Menschen, wenn sie durch die Angst gezwungen werden, sich brüderlich zu verhalten, eines Tages wirklich zu Brüdern werden. Auf diese Weise hätte dann die Wissenschaft durch die Macht, die sie in unsere Hände gelegt hat, den Krieg abgeschafft! Nein, nein, es wäre nicht richtig, die Wissenschaftler abzuschaffen. Ich glaube, dieser Rat paßt durchaus zur Einweihung eines so schönen Gymnasiums.«

Niemals zuvor hatte Marcel Pagnol in der Öffentlichkeit einen derart schwarzen Pessimismus erkennen lassen. Seine besten Freunde aber wissen, daß er im Grunde seines Wesens ein »Mann des falschen Lachens« und ein »Gaukler« ist. Das ist oft so bei Komödienschreibern. Aus Scham hat er das mit fast niemals versagender Anstrengung und einzigartiger Geschicklichkeit während seines ganzen Lebens zu verbergen gewußt. Bei Gelegenheit hat er seine Freunde durch einen Bruch in dieser äußerlichen Heiterkeit, eine neue Falte auf der Stirn überrascht. Sie haben es geheimgehalten. Warum läßt nun Pagnol in seiner Ansprache plötzlich einen Blick in seine innere Zerrissenheit zu?

»Mein Vater«, so gesteht er, »hat gegen Ende seines langen Lebens allmählich seinen Glauben an die Zukunft der Menschheit verloren.« Hat Pagnol jetzt das Gefühl, am Ende seines langen Lebens angekommen zu sein?

Den Kindern, die ihn umschwärmen, sagt er sogar: »Ich habe meinen Namen in riesigen Goldbuchstaben an der Front eures Schulgebäudes gesehen. Unter uns gesagt: Ich würde ihn lieber in kleinen Buchstaben und roter Tinte im Strafheft sehen.«

Einige Monate später gibt er beim Ausfüllen des berühmten Fragebogens Prousts auf die Frage: »Wer würden Sie gerne sein?« zur Antwort: »Egal wer, aber im Jahre 2000.«

In den Jahren der Ehrungen hatte ihn seine Aufnahme in die Akademie, die Ehrung durch sein Land und seine großen Kollegen, mit größtem Stolz erfüllt, aber daß seine Landsleute ein Gymnasium auf seinen Namen tauften, war das, was ihn innerlich am tiefsten bewegte; eine dritte Ehrung jedoch, schon einige Wochen vorher, verschaffte ihm noch intensivere Befriedigung.

Sie vollzieht sich ohne Zeremonien, ohne Protokolle und Scheinwerfer, ohne Reden und Fotografen eines Abends bei ihm zu Hause, hinter den schweren Wandbehängen im großen Salon am Square de l'Avenue-du-Bois.

Zwei junge Leute, Filmleute ihres Zeichens, haben sich verabredet, stellen sich gemeinsam bei ihm vor und sagen ihm mit größter Selbstverständlichkeit: »Wir betrachten Sie als einen der größten Filmemacher unserer Zeit und jedenfalls als unseren Lehrmeister.« In ihren Jacketts mit drei Knöpfen sind diese beiden Besucher nichts weniger als furchteinflößende Revolutionäre. Sie heißen Claude Chabrol und François Truffaut und sind die aktivsten Vertreter der Bewegung der berühmten »Neuen Welle« – die einige Jahre zuvor begonnen hat, sich wie eine Brandung in die französischen Studios und Kinos ergoß, den alten Filmbonzen das Ruder aus der Hand riß, alle alten Regeln umwarf und neue Werte einführte, indem sie die Geburt eines freien, lebendigen, kreativen Films verkündete.

Diese gewaltsam anbrandende »Kulturrevolution« hat jetzt ihren Höhepunkt erreicht. Das große Publikum hat sie voll akzeptiert. Es bereitet »*Jules et Jim*« von Truffaut und »*Landru*« von Chabrol Triumphe. Beide haben sich, ebenso wie alle ihre Kollegen, auf die Suche nach Vorbildern gemacht und sie in Person dreier Filmemacher gefunden; zwei von ihnen sind von der Branche (nicht vom Publikum) immer angeschwärzt und auf den Index gesetzt worden: Marcel Pagnol und Sacha Guitry. Der dritte ist Jean Renoir. Das also war es, was diese beiden jüngeren Zeitgenossen Pagnols ihm in seiner Wohnung sagen wollten!

Mit einer Besetzung ganz im Sinne der »Neuen Welle« wird in Paris eine dritte Wiederaufnahme von »*Marius*« im Théâtre des Variétés gestartet. Catherine Rouvel aus Marseille spielt die Fanny, Jean-Louis Trintignant aus Aix-en-Provence den Marius. Noch überraschender ist der Darsteller des César: René Dary aus Avignon. M. Brun wird von Jean Lefèbvre übernommen. Die einzige, die aus der altbewährten Mannschaft übrigbleibt, ist Milly Mathis. Sie übernimmt wieder die Rolle der Honorine, die sie schon im Schlaf kann. Aber ist nicht Catherine Rouvel zu sehr Vamp, als daß man ihr die Fanny glauben könnte? Ist nicht Jean-Louis Trintignant zu intellektuell, um einen guten Marius abzugeben? Ist nicht René Dary den bisher gewohnten Césars allzu unähnlich? Auf jeden Fall wird dieses Mal – zum ersten und einzigen Mal – »*Marius*« ein Mißerfolg.

Trotz all dieser feierlichen Ereignisse hat Pagnol nicht das geringste am Ablauf seines alltäglichen Lebens geändert. Schon in der Morgendämmerung sitzt er wie gewöhnlich vor einem unbeschriebenen Blatt Papier. Wie gewöhnlich arbeitet er an mehreren Werken gleichzeitig.

Zunächst besorgt er die Fertigstellung seiner »*Souvenirs d'enfance*«. Vor einigen Monaten, Ende 1960, hat er den dritten Band veröffentlicht. Er hat ihm den Titel »*Le Temps des secrets*« (»Zeit der Geheimnisse«) gegeben. Am Schluß von »*Château de ma mère*« hatte er ihn mit »*Le Temps des amours*« (»Zeit der Liebe«) angekündigt. Warum diese Änderung?

»Den ersten Titel hatte ich vorschnell gewählt«, erklärt er. »Aber ohne daß ich viel überlegt hätte, wurde mir doch bald klar, daß es vor allem Kinder waren, die seit ihrem Erscheinen meine beiden ersten Bücher lasen. Sie hatten ihnen zum Erfolg verholfen. Ich hatte bewegende Briefe von Schülern und Schülerinnen erhalten, von ganzen Klassen, mit Unterschriftensammlungen aller Schüler am Ende der Seite. Da dachte ich: Was ist das doch für eine unschuldige, unverdorbene kleine Leserschaft! Und es schien mir, ich würde sie, wenn ich ihnen erzählte, wie mein Held zum Leben der Erwachsenen erwachte und seine ersten sexuellen Regungen verspürte, vielleicht schockieren. Daher erlegte ich mir selbst eine Zensur auf und änderte Inhalt und Titel.«

Zweitens arbeitet Pagnol an seinen »*Marchands de gloire*«. Schon seit langem möchte er gegen den Mißerfolg dieses Stückes, seines ersten, Berufung einlegen. Er hat mit Paul Nivoix, seinem Koautor, über den Wunsch gesprochen, es neu zu schreiben, und von ihm die Zusage bekommen, gemeinsam mit ihm eine Neufassung des Werkes zu erstellen. Kurz darauf war Nivoix an einem Herzschlag gestorben. Um nun ungehindert einen Neuanfang mit dem Stück machen zu können, hat Pagnol den Erben Nivoix' die Rechte abgekauft. Auch Marie Bell hatte er von seinem Plan erzählt. Sie hatte sofort um eine Option auf die »*Marchands de gloire*« für ihr Théâtre du Gymnase gebeten. Auch Georges Wilson hatte sich für das Théâtre de l'Œuvre interessiert gezeigt. Pagnol schreibt die Rolle des Berlureau, des Spekulanten, neu, wobei er Michel Galabru als Interpret im Auge hat.[*]

Endlich entschließt sich Pagnol, sich auf einem neuen Gebiet: dem des Romans, zu versuchen. »Ich könnte keinen Roman schreiben«, hatte er Dumayet gegenüber anläßlich seines Auftritts in »Literatur für alle« erklärt.

---

[*] Die Pläne Marie Bells und Georges Wilsons wurden nicht verwirklicht. Aber 1984 wurden »*Les Marchands de gloire*« in der Neufassung von Marcel Pagnol und unter seiner alleinigen Autorschaft mit großem Anklang bei Kritik und Publikum in der Comédie de Paris aufgeführt, unter der Regie von Jean Rougerie.

Diesen Satz hatte Pagnol mit aller Ehrlichkeit ausgesprochen, ohne die mindeste Spur falscher Bescheidenheit. Tatsächlich hatte er niemals daran gedacht, sich auf einen Roman einzulassen. Es wäre ihm in keinem Augenblick in den Sinn gekommen, die »*Pirouettes*«, sein Jugendwerk, das unter den schon erwähnten Umständen geschrieben wurde, ernst zu nehmen. Wenn er auf diesem Weg nicht weitergegangen ist, so kennt er selbst am besten die Gründe dafür. Sie liegen darin, daß für ihn der Roman, noch vor dem Drama, das erhabene Genre ist, das in Frankreich von den größten Geistern: Chateaubriand, Hugo, Balzac, Flaubert, Stendhal, Zola, seine Weihe erhalten hat. Und das lähmt ihn. Vincent Scotto hatte ihm einst gesagt: »Wenn ich als Kind irgendwann einmal eine Melodie von Mozart gehört hätte, hätte ich niemals die ›*Tonkinoise*‹ komponiert.«

Warum also stürzt er sich jetzt doch in dieses Abenteuer? Weil ihn der märchenhafte Erfolg seiner »*Livres de souvenirs*« dazu ermutigt und weil doch – Dumayet hat recht – in seinen Erzählungen einiges Romanhafte enthalten ist. Die Kritiker haben in dieser Hinsicht auf Dickens, Gorki, Stevenson hingewiesen, einige der größten Romanciers der Weltliteratur. Also hat er vielleicht doch das Talent, das er für notwendig erachtet, um sich an einen Roman zu wagen. Außerdem gibt es seinen nie wankenden Busenfreund, seinen »Bruder« Albert Cohen, dessen »*Livre de ma mère*« zwar nicht den Prix Goncourt bekommen hat, aber überall als Meisterwerk gepriesen worden ist. Er weiß, daß Albert an einem neuen großen Roman arbeitet. Und wenn Albert es geschafft hat, warum nicht auch er? Es gibt also eine ganze Reihe von Gründen, die Pagnol zu diesem in seinen Augen gefährlichen Abenteuer verlocken.

Der Stoff ist ihm schon klar. Er liegt nicht nur in seinem Kopf oder seiner Schublade, sondern in seiner privaten Filmothek. Schon immer sind Filme nach Romanen gedreht worden. Er dreht den Vorgang um und schreibt einen Roman nach einem Film, seinem Film: »*Manon des sources*«. Darin dürfte der Beweis dafür liegen, daß es sich für ihn sehr wohl um ein stilistisches Experiment handelt, um einen Versuch, seine Fähigkeit, das Genre zu meistern, unter Beweis zu stellen. Eines der Probleme, das sich jedem Dramatiker beim Beginn eines neuen Werkes stellt, sind die Szenen der Exposition. Es ist schwierig, dabei Längen oder zu weit gehende Zugeständnisse zu vermeiden. In *Marius* hatte Pagnol in der berühmten »Kartenpartie« eine ganz zu ihm passende Technik angewandt. In die Unterhaltung über das Spiel, die Trümpfe oder über »Panisse, der mit Herz sticht«, hatte er Sätze eingestreut, die die Situation der Handlung und die Beziehungen zwischen den Personen charakterisierten. Für die Anfangsszenen von *Manon des sources* übernimmt er dieses Muster. Anläßlich eines Poils-Spiels auf der Caféterrasse erzählt ein alter Notar, der seinen Lebensabend in dem Dorf verbringt, Maître Belloiseau, »die Geschichte des Buckligen, Jean de Florette, des Vaters der Manon«, die sich vor 15 Jahren zugetragen hat und die die Anwesenheit des hübschen Naturkindes, der Ziegenhirtin, in dieser Gegend sowie ihr Verhalten gegenüber den Bauern der Gemeinde erklärt.

Von seinem Film ausgehend, entschließt sich Pagnol, nicht nur einen Roman zu schreiben, sondern gleich zwei. Er will ihnen den gemeinsamen Titel geben: *L'Eau des collines* (»Die Wasser der Hügel«). Die Handlung des Films, *Manon des sources*, ist Thema des zweiten Bandes, während er im ersten Band, *Jean de Florette*, den Bericht des Maître Belloiseau, das Drama des Buckligen, auf den Umfang eines Buches bringen will.

Dieser Bucklige ist im Film nur einige Minuten zu sehen, ein Phantom, das unter schweren Krügen voll Wasser gebückt geht. Das Wasser mußte diese traurige Gestalt von sehr weit holen, um zu versuchen, die Anlagen am Leben zu erhalten. Pagnol möchte jetzt die Geschichte dieses Buckligen erzählen, seine Ankunft in den Bergen mit Frau und Kind, seine fixe Idee (»in Gemeinschaft mit der Natur zu leben, Gemüse aus dem eigenen Garten zu essen, Öl von eigenen Olivenbäumen zu gewinnen, frische Eier aus eigener Hühnerzucht auszuschlürfen, sich nur am Wein vom eigenen Weinberg zu berauschen«), seine Hartnäckigkeit, seinen Leidensgang, sein Verderben, seinen Tod.

Am Ende des zweiten Bandes, *Manon des sources*, entdeckt César Soubeyran, Initiator des Plans, der unter Mithilfe des ganzen Dorfes den tragischen Untergang des Jean de Florette herbeiführt, daß dieser – ohne daß sie beide davon wußten – in Wirklichkeit sein eigener Sohn ist. So ist nach »*Fanny*«, »*Angèle*« und »*La Fille du puisatier*« Pagnol bis zu seinem letzten Werk dem Mythos der ledigen Mutter und dem Mysterium des Kindes treu geblieben, das »zur Welt gekommen ist, nicht weil man ihm das Leben geschenkt, sondern weil es sich selbst das Leben geholt hat«.

Die beiden Bände, die zusammen »*L'Eau des collines*« bilden, erscheinen gleichzeitig im Frühjahr 1960 bei Pastorelly. Die Kritik bezeichnet das Werk einhellig als bedeutenden Gesellschaftsroman. »Pagnol«, so heißt es, »hat sich schon mit seinem ersten Versuch auf das Niveau der großen Meister des Metiers hinaufgeschwungen. Er hat die französische Literatur um ein neues Meisterwerk bereichert.«

Alle Qualitäten des außerordentlichen Prosaschriftstellers, die ihm für seine »*Souvenirs d'enfance*« bescheinigt worden waren, werden in »*L'Eau des collines*« schlagend bestätigt.

Die Lobeshymnen rufen allerdings beim Publikum nicht die erwartete Reaktion hervor. Die Bücher sind erfolgreich. Mehr aber nicht. Die Verkaufszahlen bleiben für Pagnolsche Werke einigermaßen bescheiden. Warum diese Zurückhaltung? Man könnte sie mit einer gewissen Verwirrung bei den Lesern erklären. Der Film war schon vor zehn Jahren gedreht worden und ist im Gedächtnis der Leute noch lebendig, daher glauben viele, es handle sich um ein altes Werk. Die Buchhändler bieten eine andere Interpretation an. Der beispiellose, unvorstellbare Erfolg der »*Souvenirs*«, die immer noch, sechs Jahre nach dem Erscheinen des ersten Bandes 1957, wie ein Bestseller verkauft werden. Die Édition Livre de Poche hat Verkaufszahlen in geometrischer Progression aufzuweisen, was dazu geführt hat, daß Pagnol für das große Publikum in erster Linie und ausschließlich der Autor von »*La Gloire de mon père, Le Château de ma mère*« und »*Temps des secrets*« ist. Pagnol der Romancier, wie groß auch immer sein Erfolg auf diesem Gebiet sein mag, wird von Pagnol dem Autobiographen in den Schatten gestellt.*

---

* Zehn Jahre nach der Erstveröffentlichung publizierten die Éditions Julliard anläßlich der Premiere der beiden Filme »*Jean de Florette*« und »*Manon des sources*« in der Inszenierung von Jean-Claude Berry die beiden Bücher in einem Band, der zum Bestseller wurde.

Jedenfalls bleibt »*L'Eau des collines*« sein einziger Roman, sein erster und letzter, woran auch die hymnischen Rezensionen der Kritik nichts ändern können. Liegt das daran, daß es nur ein halber Erfolg war? Oder daß ihm schon das Bewußtsein genügt, er könne, wenn er wolle, Romancier werden? Oder daß ihn letzten Endes dieses Genre gar nicht interessiert? Vielleicht auch zählt für ihn wirklich nichts anderes als das Urteil des Publikums!

Einige Wochen später merken seine Freunde, daß er sich leidenschaftlich in eine neue Arbeit gestürzt hat, der er jeden Morgen widmet und die sein ganzes Denken gefangennimmt. Er hat den Entschluß gefaßt, eine definitive, vollständige Erklärung für das romantischste Geheimnis der französischen Geschichte zu liefern: für das Rätsel der »Eisernen Maske«. Dieser Gefangene, der 34 Jahre lang vom selben Wärter bewacht, mit größter Hochachtung behandelt wurde, ständig eine Maske vor dem Gesicht tragen mußte (eine Maske nicht aus Eisen, sondern aus Samt), damit ihn niemand erkennen konnte: wer war er?

»Ich pfeife drauf«, gibt Marcel Achard auf diese Frage zur Antwort und drückt mit dieser kurzen Formel die allgemeine Ansicht der Freunde aus. Allen tut es leid, mitansehen zu müssen, wie Pagnol in einem Augenblick, da alle Welt von ihm neue große Romane oder autobiographische Werke erwartet, seine Zeit mit einer so abgedroschenen Klamotte verliert, die Archivdirektoren von Frankreich und Navarra anschreibt, verstaubte Urkunden entziffert, ihre Berichte überprüft, mit einem Wort: den Maigret der Bibliotheken spielt. Es gäbe doch so viel Besseres zu tun! Gewiß, er hat einen berühmten Vorgänger. Auch Voltaire hat mehrere Jahre lang versucht, Licht in die Sache zu bringen. Aber in seinem Fall handelte es sich um ein Politikum in seinem Kampf gegen die Willkürherrschaft.

»Außerdem«, fügt Achard hinzu, »war Voltaire unfähig, ein spielbares Stück zu schreiben! Er mußte durch andere Leistungen auffallen versuchen!« Aber keine Stichelei, keine inständige freundschaftliche Bitte, kein mit mehr oder weniger großem Nachdruck oder Humor vorgebrachtes Argument kann Pagnol von seinem Vorhaben abbringen. »Wenn mein Name der Nachwelt überliefert wird«, erwidert er, »dann wegen dieser Arbeit.«

Das aber nimmt ihm niemand ab.

Ebenso weiß niemand, welcher Knoten in seinem Gehirn ihn dazu veranlaßt hat, sich dieser Arbeit zu widmen, die doch so weitab von seiner gewohnten Aktivität liegt. Eine Erinnerung an eine Lektüre in der Kindheit? An eine abendliche Erzählung, die sich für sein ganzes Leben in seinem Kopf eingenistet hat? Schon immer hegt Pagnol, Produkt der öffentlichen Schule, in seinem Herzen einen unbändigen Haß gegen Ludwig XIV. Er macht sich gleich zu Beginn die schon früher geäußerte These zu eigen, es handle sich um dessen Zwillingsbruder, den Ludwig XIV. das halbe Leben lang ins Gefängnis gesperrt hat, einen Zwillingsbruder, der als zweiter auf die Welt kam und daher, nach den Gesetzen der Biologie, der ältere ist. Daher müßte er Erbe der Krone sein, was jedenfalls ein grundsätzliches dynastisches Problem aufgeworfen hätte. Seine Verhaftung und lebenslange Gefangensetzung regelte diese Frage. Drei Faktoren sprechen zugunsten dieser Auffassung. Der erste ist die Maske. Wenn man sich so sehr bemühte, sein Gesicht zu verstecken, so deshalb, weil man ihn hätte erkennen können. Denn er glich zweifellos als Zwillingsbruder dem König wie ein Ei dem andern, und der König war die einzige Person im Königreich Frankreich, deren Gesicht jeder kannte! Es befand sich ja auf den Geldmünzen!

Der zweite Faktor ist die Hochachtung, mit der ihm während der Zeit der Gefangenschaft sein Wärter Saint-Mars begegnete. Er behandelte ihn wie einen Fürsten.

Schließlich besagte ein aus dem 13. Jahrhundert stammender Glaube, daß Zwillinge, die am selben Tag geboren sind, einander nicht überleben, daß also, wenn der eine starb, zur gleichen Zeit der andere das Zeitliche segnen mußte. Das würde erklären, weshalb Ludwig XIV. sich niemals entschloß, ihn während der Gefangenschaft kurzerhand zu beseitigen.

Mit einer Leidenschaft und Hingabe, die seine Freunde entschieden nicht verstehen können, verfolgt Pagnol seine Forschungen nach allen Richtungen. Als seinen Helfer hat er sich Norbert Calmels verpflichtet, den ehemaligen Abt von Saint-Michel-de-Frigolet, der sein Freund geworden ist. Von Papst Johannes XXIII. zur

Würde des Generaloberen der Prämonstratenser erhoben, hatte Norbert Calmels sein Kloster in Richtung Rom verlassen.

»Ich glaube«, schreibt ihm Pagnol, »ich komme der Wahrheit allmählich näher. Sie müßte übrigens im Vatikan bekannt sein, denn es handelt sich um ein politisches Geheimnis. Stell' Dir vor, ich weiß, wer das Geheimnis der ›Eisernen Maske‹ hütet: Es sind die Jesuiten. Möchtest Du nicht in Rom den ›schwarzen Papst‹ bitten, er möge es Dir enthüllen?«

In einem anderen Brief erklärt er genauer: »Ich bin mehr und mehr davon überzeugt, daß die Jesuiten die volle Wahrheit kennen ..., denn Pater Cotton, ein Jesuit, war der Beichtvater Ludwigs XIII., und sein Neffe, der berühmte Père Lachaise, der Beichtvater Ludwigs XIV. Ich glaube, die Kenntnis dieses Geheimnisses hat es ihnen ermöglicht, Ludwig XIV. zu zwingen, das Edikt von Nantes aufzuheben.«

Pagnol stellt Norbert Calmels noch andere Fragen, und zwar über die Liturgie.

»Bei der Geburt Ludwigs XIV.«, schreibt er, »waren etwa 40 hohe Persönlichkeiten des Hofes zugegen. Kaum auf der Welt, wurde das Kind innerhalb zehn Minuten notgetauft, daraufhin ließ Ludwig XIII. unverzüglich alle Anwesenden, außer der Hebamme, zur Schloßkapelle (von Saint-Germain) schaffen, um ohne Aufschub ein Tedeum zu zelebrieren. Das kommt mir nicht ganz geheuer vor. Ich glaube, das Tedeum ist normalerweise eine feierliche Zeremonie, die in einer Kathedrale oder Basilika vollzogen wird, nicht in einer Kapelle. Worin besteht die liturgische Ordnung eines Tedeums? ... Ich habe den Eindruck, daß die unglaubliche Eile, mit der dieses Tedeum anberaumt wurde, nur den Zweck hatte, das Zimmer der Königin zu leeren, da der König wußte, der andere Zwilling würde noch auf die Welt kommen, und weil diese Geburt um jeden Preis verheimlicht werden mußte.

Die Geburt eines Dauphins, seit 24 Jahren erwartet und erhofft, war ein wunderbares, festliches Ereignis. Ich hätte ein Tedeum in Notre-Dame verstanden, mit 50 Prälaten, 100 Sängern, dem ganzen Adel, der Armee, der Marine, dem Hof und dem Volk. Aber dieses Tedeum – klammheimlich – erscheint mir äußerst verdächtig. Was denkst Du darüber?«

Das Ereignis seiner Arbeiten publiziert Pagnol unter dem Titel *»Die Eiserne Maske«*. Das Werk ist gerade in den Buchhandlungen erschienen, als Pagnol neue Fakten entdeckt. Norbert Calmels schickt ihm unveröffentlichte Dokumente. Man kennt den fast krankhaften Perfektionismus Pagnols. Er nimmt sich sein Buch wieder vor und beginnt von neuem, daran zu arbeiten.

Das Fernsehen macht Pagnol den Vorschlag, eine neue Version von *»Merlusse«* zu drehen. Pagnol ist begeistert und stimmt zu. Georges Folgoas führt Regie in dem alten Gymnasium. Dort stattet ihm Pagnol einen Besuch ab. Georges Wilson hat wieder die Rolle des alten Paukers mit dem goldenen Herzen übernommen, die von Henri Poupon als erstem gespielt worden war.

Zum Filmfestival 1965 findet sich Pagnol wieder in Cannes ein. Ihm zur Seite steht der von ihm unzertrennliche Marcel Achard. Beide gehören sie der Jury an, der in der ganzen üppigen Pracht ihrer Schönheit Sophia Loren präsidiert. Die Jury besteht aus lauter Freunden: Maurice Genevoix, Armand Salacrou, André Maurois, Maurice Lehman, Peter Ustinov, Richard Lester und Jean Giono. Und dieser Areopag, bestehend aus Persönlichkeiten, die alle in ihrer Laufbahn höchste Erfolge in der Öffentlichkeit erzielt, Bestsellerstücke mit 500 Vorstellungen geschrieben, Filme gemacht haben, die zu Kassenschlagern wurden – krönte schließlich, als ob ein Fluch über dieser Art Veranstaltung läge, *»Alphie«*, ein mittelmäßiges amerikanisches Machwerk, mit dem Preis, während er den *»Falstaff«* von Orson Welles, *»La Guerre est finie«* (*»Der Krieg ist vorbei«*) von Alain Resnais und *»Doktor Schiwago«* von David Lean links liegenließ. Dieser Film füllte jahrelang die Kinos in allen Ländern der Erde (ausgenommen natürlich dort, wo seine Vorführung verboten war).

Der historische Besuch von Truffaut und Chabrol am Square de l'Avenue-du-Bois war nur der erste Ehrenerweis des jungen Films an den großen Alten, den er als Lehrmeister anerkannte. Andere folgten, von immer größerer Bewunderung und Herzlichkeit getragen. Für die neueren Kritiker kommt es gar nicht mehr in Frage, Pagnol seinen Platz in der ersten Reihe des Pantheons der siebten Kunst streitig zu machen. Einer von ihnen, André S. Labarthe, widmet ihm eine Sendung in seiner Fernsehserie *»Filmleute von heute«*, die am 5. Mai 1966 ausgestrahlt wird. Pagnol sieht sie sich in Monte Carlo an, wohin er sich, wieder mit Marcel Achard, begeben hat, um den Vorsitz in der Jury des Fernsehfestivals zu übernehmen. André S. Labarthe veröffentlicht in der Dezembernummer 1966 der »Cahiers du cinéma« eine lange Untersuchung über Pagnols Rolle bei den Anfängen des Tonfilms, über seinen Kreuzzug zur Durchsetzung der neuen Erfindung und über den prophetischen Charakter seiner damaligen Veröffentlichungen. Er schreibt:

»Der Fall Pagnol illustriert vorzüglich eines der großen Paradoxa, die diese turbulente Epoche markierten, welche den Übergang von der Bildersprache des Films zur Tonsprache darstellt. Das bedeutet, daß es häufig die technisch am wenigsten begabten Menschen sind, die den Sinn einer Revolution am besten begreifen, als ob die Unkenntnis der geltenden Regeln, weit entfernt davon, ihnen zu schaden, ihnen im Gegenteil die Freiheit, die Einfachheit, die Ehrlichkeit ermöglicht hätte, mit einem Wort: die lebendige Frische der Phantasie, die wir heute so sehr bewundern.«

In dem Augenblick, da der Film zum Tonfilm wurde, »betrachtete man die Sprache als bloß ergänzendes Element ..., das zu den gewohnten Elementen des Stummfilms nur hinzukam ... Der Tonfilm war lediglich ein mit Sprache angereicherter Stummfilm (die Sprache wurde oft sogar wie ein Eindringling angesehen).

Anstatt sie jedoch als Eindringling anzusehen (d. h. als Rivalen), führte Pagnol sie als Königin, als Mittelpunkt ein, um den sich die Bilder gruppierten. Aber es handelte sich nicht um eine beliebige Sprache. Nichts trifft hier weniger zu als der Ausdruck ›gefilmtes Theater‹. Die Sprache des Theaters ist abstrakt. Die Sprache des Films ist im Gegensatz dazu ein konkretes Ereignis, sie existiert. Die Handlung zieht sie nur in die Länge und verflacht sie bis zu einem gewissen Grad.

Die Kritik, die immer eine analytische Technik bleiben wird, spricht immer nur lobend von einem typischen Renoir, Guitry, Rossellini oder Pagnol ... Das Filmgenie Pagnols aber geht weit darüber hinaus (oder bleibt davor stehen, wie man's nimmt).«

Pagnol seinerseits stellt sein Werk als dramatischer Autor beim Aperitif zur Debatte, und das Echo, das es bei seinen Freunden gefunden hat, vor Journalisten, die ihn interviewen wollen. Claude Beylie berichtet über einige dieser Stellungnahmen.*

»Ein Film«, so erklärt er beispielsweise, »ist in erster Linie ein dramatisches Werk, das zum Herzen eines jeden spricht. Mit einfachen und daher universellen Worten, Bildern und Empfindungen. Aber Vorsicht, das Universelle erlebt man nur, wenn man beim Alltäglichen bleibt.«

In anderen Interviews sagt er:

»Wenn man die Geschichte eines homosexuellen Kontrabassisten erzählt, der sein Instrument mit seinem Hintern spielt, ist es nicht schwer, originell zu sein. Aber es besteht wenig Aussicht, im Publikum auf Leute zu treffen, die sich in dieser Person wiedererkennen. Schwer ist es jedoch, bei der Beschreibung einer Mutter, deren Kind gestorben ist, originell zu sein, oder der Geliebten, die ihrem Liebhaber sagt, sie wolle ihn verlassen, weil sie einen anderen liebe. Wer bei so etwas noch originell bleiben kann, ja, das ist wirklich ein Schriftsteller!«

Oft zieht er folgendes Resümee:

»Es gibt keine Kunst außerhalb der gewöhnlichen Stoffe, keine Dichtung jenseits von Sonnenuntergängen oder Serenaden. Was uns bleibt, ist, alles neu zu sehen!«

Pagnol ist begeistert von dem erneuten Ruhm, den das Fernsehen seinem Filmwerk zuführt. Mit welcher Freude erfährt er, daß er sich noch zu Lebzeiten selbst überlebt! Die »Pagnols« folgen den Raimu-Festivals, dann den Fortsetzungsserien mit Fernandel. Um nirgends etwas schuldig zu bleiben, stellt er mit eigener Hand seinen *Curé de Cucugnan* fertig, der unvollendet geblieben war und von dem er die Außenaufnahmen zur Zeit der *Lettres de mon moulin* vor der Kirche von Eoures bereits durchgeführt hatte. Die Predigt dreht er selbst mit Fernand Sardou in der Kirche Saint-Pierre de Montmartre. Im März 1968 ist der Höhepunkt der öffentlichen Begeisterung erreicht. *Manon des sources* wird vom Fernsehen ausgestrahlt, und zwar erstmalig in der Gesamtfassung, in Form einer Serie mit 18 Fortsetzungen. Es ist ein einziger Triumph!

---

* Claude Beylie: »Marcel Pagnol ou le cinéma en liberté« (Marcel Pagnol oder der freie Film). Éditions Atlas-l'Herminier.

Unter der Kuppel wartet ein großes Glück auf Pagnol, zumindest vergleichbar der Freude, als er seinerzeit Marcel Achard aufnehmen konnte. Als Albert Cohen »Le Livre de ma mère« veröffentlicht hatte, hatte Marcel ihm gesagt, er würde den Goncourt bekommen – und hatte zu diesem Zweck eine Pressekampagne organisiert. Doch war der Goncourt an Simone de Beauvoir gegangen. In diesem Herbst 1968 sprechen die 40 den großen Romanpreis der Académie française der »Belle du Seigneur« zu, dem neuen Werk Cohens, das bereits großen Anklang gefunden hat. Pagnol wartet nicht einmal ab, bis die Sitzung beendet ist. Er stürzt ins Sekretariat des Quai Conti und telefoniert nach Genf, um die gute Nachricht seinem Freund Albert mitzuteilen. Er ist nicht der einzige. Ein anderer Unsterblicher tut das gleiche: Marcel Brion. Tatsächlich waren alle drei – Pagnol, Brion und Cohen – zusammen im Thiers-Gymnasium in der Philosophieklasse gewesen.

In den ersten Februartagen des Jahres 1971 erhalten die Pagnols nachbarschaftlichen Besuch von Josette Fernandel in Begleitung Jean Gabins. Vor einigen Jahren hatte Fernandel seine in der ganzen Branche bekannte Wohnung in der Avenue Trudaine am Abhang des Montmartre aufgegeben, um sich ebenfalls in der Avenue Foch niederzulassen. »Es ist nicht Snobismus«, sagt er gelegentlich, wie um sich zu entschuldigen. »Aber hier fällt mein Cadillac wenigstens nicht auf.«

Er wohnt nur 300 Meter von dem Haus Pagnols entfernt, eine geographische Nähe, die freilich keinen Einfluß auf ihre noch immer gespannten Beziehungen hatte. Seit »Carnaval« haben Pagnol und Fernandel einander höchstens zweimal gesehen. Einmal, als Jacqueline alle ehemaligen Darsteller der Rolle des Topaze zu sich geladen hatte, um den 40. Jahrestag der Premiere des Stücks zu feiern. Und das andere Mal saßen sie im Colombes-Stadion Seite an Seite; sie waren Gäste von Gaston Defferre beim Finale der französischen Fußballmeisterschaft 1969: Olympique Marseille gegen Girondins Bordeaux.

Als jetzt Jacqueline das aufgeregte Gesicht Josettes erblickt, errät sie sofort den Grund ihres Besuchs. Fernandel ist am Ende. Die Freunde wissen es. Vor einigen Monaten hatte Fernandel aus den Dreharbeiten für den Film »Don Camillo et les contestataires«

(»Don Camillo und die Protestler«), die in vollem Gange waren,
ausscheiden müssen. Es war der fünfte Film, in dem er die Rolle
des Guareschi-Helden spielte, der 149. seiner Laufbahn. Seitdem
hat sich sein Zustand unaufhörlich verschlechtert. Seiner Familie
war es dank ihrer Wachsamkeit gelungen, ihm den Ernst – und den
Namen – seiner Krankheit zu verheimlichen. In Absprache mit
seinen Familienangehörigen hatte Pagnol ihn nicht aufgesucht,
um nicht sein Mißtrauen zu wecken. Aber jetzt ist Fernandel in
das letzte Stadium eingetreten. Er hat nur noch ein paar Tage zu
leben. Das also will Josette Pagnol mitteilen.

Pagnol läßt noch am selben Nachmittag Fernandel seinen Besuch
ansagen. Er hat sich einen Grund zur Rechtfertigung des Besuchs
ausgedacht. Er kommt, um mit ihm einen Plan zu besprechen.
Jean Gabin, der mit Fernandel partnerschaftlich eine Produktionsgesellschaft gegründet hat, ist ebenfalls anwesend.

»Es ist so«, beginnt Pagnol, »ich möchte ›Marius‹, ›Fanny‹ und
›César‹ noch einmal drehen. Heutzutage kann das Publikum mit
einem Schwarzweißfilm nichts mehr anfangen. So habe ich meinen Entschluß gefaßt und drehe die Filme neu in Farbe. Ich bin gekommen, um dich zu fragen, ob ich für die Rolle des César mit dir
rechnen kann. Du bist der einzige, der ein würdiger Nachfolger
für Jules wäre. Einen anderen würde er mir nicht verzeihen. Wenn
du die Rolle übernimmst, wird ihm das Freude machen. Du spielst
den César, und dein Sohn Franck den Marius ... Was hältst du
davon?«

»Ich habe eine Idee«, gibt der sterbenskranke Fernandel zur Antwort. »Wir sollten es so machen wie bei ›Tu m'as sauvé la vie‹ von
Sacha Guitry. Wir spielen jedes Stück 50mal in den Variétés. Und
wenn wir die Rollen gut beherrschen und jeder sich in seine Figur
richtig eingelebt hat, kurbeln wir es in einer Woche herunter.«
Pagnol stimmt zu.

»Selbstverständlich. Ich werde mit den Maureys* sprechen.
Es heißt, in einem Monat seist du wieder auf den Beinen. Wir

---

* Es handelt sich um die Gebrüder Maurey, die Söhne Max Maureys, der »Topaze«
  1927 uraufgeführt hatte. Sie hatten die Direktion des Théâtre des Variétés übernommen.

könnten also Anfang Juli mit den Dreharbeiten zu ›Marius‹ beginnen. Du nimmst natürlich kein anderes Engagement an. Franck auch nicht. Ich rechne mit euch beiden. Longo mai!«*

Fernandel hatte im Hinblick auf Pagnol die Formel geprägt: »Ein charmanter Lügner.« Jetzt belog er ihn nicht mehr. Einige Tage darauf stirbt Fernandel, am 26. Februar 1971, 16.15 Uhr.

---

* »Longo mai«: eine provenzalische Redewendung mit der Bedeutung: Gott schütze dich! Wörtliche Übersetzung: Ich wünsche dir ein langes Leben!

XVIII.

Dämmerung und Nacht

(1971 – 1974)

Leben ohne Fernandel, Jeanson, Stève. Herrliche große Ferien – die letzten! Verurteilt. Beichte bei Pater Calmels. »Man kann nicht immer Erfolg haben.« Abschied von Paris, Marseille, von der Provence. La Treille. Heimkehr für immer. Lektion des Aristides.

»Die Katastrophen«, sagt Guillaume Hanoteaux, Liebhaber des schwarzen Humors, »sind die Feste der Armen.«
Die Sentenz mag zynisch klingen, aber was sich bei der Beerdigung Fernandels ereignete, bestätigt ihre Wahrheit. Die feierliche Zeremonie soll in Saint-Honoré-d'Eylau, seiner Gemeinde, um 14.30 Uhr stattfinden. Eine unübersehbare Menge hat schon mittags die Avenue Raymond-Poincaré vom Trocadéro bis zur Place Victor Hugo mit Beschlag belegt, durchbricht alle Absperrungen, drängt den Ordnungsdienst zur Seite und ist so dicht und undurchlässig auf den Bürgersteigen und auf der Straße, daß sie den Verkehr völlig lahmlegt. Auf jedem Balkon gibt es Gruppen von Zuschauern, manche sind auf die Bäume geklettert. Der Leichenwagen muß tausend Hindernisse überwinden, bevor er auf den Vorplatz der Kirche gelangt.
Marcel und Jacqueline Pagnol, die über eine Umleitung eingetroffen sind, sitzen in der zweiten Reihe der Trauergäste, hinter der Familie und Jean Gabin. Ihnen zur Seite befinden sich Paul Olivier und Toé. Der Priester vollzieht sein Amt, das Gesicht zur Zuhörerschaft gewendet. »Wie ein Barmann«, lauteten die Worte Don Camillos aus dem letzten Film Fernandels, den dieser wegen seiner Krankheit nicht bis zum Ende mitmachen konnte. Don Camillo war gegen diese moderne Praxis in den Kirchen.
Eine elegante Unbekannte mit abgezehrtem Gesicht läßt sich

neben Paul Olivier nieder. Sie scheint von der Krankheit gezeichnet, abgemagert, gebeugt, die Augen ins Leere gerichtet. Toé umarmt die soeben Angekommene. Paul Olivier drückt ihr die Hand.
»Wer ist dieses Gespenst?« fragt Marcel Olivier.
»Was«, gibt dieser zurück, »du erkennst sie nicht wieder?«
Es ist Josette Day.
Von diesem Tage an lebt Pagnol im ständigen Gedanken an den Tod. Wohin er seinen Blick auch richtet – überall sieht er Tote. Seine Gefährten vom Theater und vom Film sind von ihm gegangen: Raimu, Charpin, Maupi, Delmont, Poupon, Alida Rouffe, Blavette, Milly Mathis. Er hat seine Freunde verloren: Jean Cocteau, Pierre Benoît, Pierre Blanchar, Roger Ferdinand. Am 13. Oktober 1966 starb Stève Passeur auf dem Trottoir der Rue Blanche, als er gerade die Premiere eines Stückes von Pinter verlassen hatte. Am 6. November 1970 hauchte Henri Jeanson im Krankenhaus Honfleur sein Leben aus.
All diese Verluste haben ein für allemal einen Schleier der Trauer über das heitere Gesicht Pagnols gelegt. »Ich benutze kein Adreßbuch mehr«, sagt er. »Ich habe es versteckt, um es mir aus den Augen zu bringen. Jedesmal, wenn ich es öffnete, mußte ich wieder Namen ausstreichen. Es war kein Adreßbuch mehr, es war ein Friedhof.«
Auch äußert er: »Mein ganzes Leben lang fühlte ich mich jünger, als meinem Alter entsprach. Aber plötzlich hat es mich eingeholt und ist jetzt im Begriff, mich zu überholen.«
Immer häufiger kann man ihn, wenn man ihn besucht, dabei überraschen, wie er verloren in diesen düsteren Gedanken ganz woanders weilt. Doch hat er nicht aufgehört, jeden Morgen zu arbeiten. Zwar hat er es seit langem aufgegeben, das Perpetuum mobile zu erfinden, aber er hat sein leidenschaftliches Interesse für die Mathematik wiederentdeckt. Er studiert die Primzahlen, die Arbeiten Fermats, eines okzitanischen Mathematikers des 17. Jahrhunderts, von dem die angesehensten Wissenschaftler der Meinung sind, er habe als erster die Idee zur Differentialrechnung gehabt. Noch vor der Veröffentlichung der »Géometrie« von Descartes war er in der Lage, Kurven durch Gleichungen auszudrücken. Laut Laplace teilt er sich mit Pascal in die Ehre, die Wahrschein-

lichkeitsrechnung erfunden zu haben. Pascal hatte ihm den Titel des »größten Mannes der Erde« zuerkannt.

Fermat hatte nur einen Fehler. Er veröffentlichte selten seine Arbeiten und versäumte es sogar manchmal, seine Beweise aufzuschreiben. Einer von ihnen, der verlorengegangen ist, bezieht sich auf das sogenannte Fermatsche Theorem: »Die Summe zweier ganzzahliger Kubikzahlen ist niemals gleich einer ganzzahligen Kubikzahl.« Es ist seit Fermats Tod eine der Nüsse, an denen die besten Mathematiker vergeblich knacken. Eines Abends erklärt Pagnol, er sei überzeugt, die Lösung gefunden zu haben.

Er sammelt neue Argumente zur Stützung seiner Theorie über die »Eiserne Maske«, die seiner Ansicht nach der ältere Bruder Ludwigs XIV. ist. Er plant, eine erweiterte Fassung seiner Untersuchung dieses berühmten Rätsels zu schreiben. Produzenten machen ihm märchenhafte Angebote für die Filmrechte an seinen *Souvenirs d'enfance*«. Er lehnt ab. Häufig kündigt er an, er wolle sie selbst verfilmen. Glaubt er wirklich daran? Nichts ist weniger sicher. Gleichwohl ertappt er sich manchmal dabei, die Grundzüge einer möglichen Besetzung aufs Papier zu werfen. Doch in der einsamen Stille des Tagesanbruchs verfaßt er auch seine gesamten testamentarischen Verfügungen. Ein Brief ist an die Ärzte adressiert, von denen er im Fall einer unheilbaren Krankheit behandelt werden möchte, im Fall von »Krebs« (er schreibt das Wort tatsächlich nieder). Darin lehnt er im voraus alle Methoden ab, die nur einer verbissenen therapeutischen Praxis entstammen und lange, unnütze Leiden verursachen.

»Wenn mein Tod eine außergewöhnliche Ungerechtigkeit wäre, würde ich dagegen aufbegehren und wäre verzweifelt. Aber viele Menschen, die ich gern hatte, sind gestorben, und alle, die ich gern habe, werden einmal sterben ... Es hat nicht die geringste Bedeutung, ob man einen Monat länger lebt, besonders wenn dieser winzige Zeitabschnitt denjenigen, die ich liebe, jede Minute neuen Kummer verursacht und ihnen für den Rest ihres Lebens wie ein Stachel im Gedächtnis bleibt.«

Auf einer Reise in den Süden hat er eine Konzession für den kleinen Friedhof von La Treille erworben, in dem schon sein Bruder Paul, sein Vater Joseph und dessen zweite Frau, Madeleine, begraben liegen. Das Grab Marcels wird sich auf dem exponiertesten Platz des Friedhofs erheben, direkt gegenüber dem Eingangsportal. Er verfaßt die Inschrift auf lateinisch, die er auf dem Grabstein eingemeißelt haben möchte: »Uxorem, amicos, fontes delexit« (Er liebte seine Frau, seine Freunde und die Quellen). Er bestimmt, daß am Tage seines Todes der Sarg seiner Mutter und der in Monaco gebliebene Sarg seiner Tochter, der kleinen Estelle, zu beiden Seiten seines Sarges plaziert werden sollen.

Einige Tage vor dem Weihnachtsfest 1971 erscheint Raymond Pellegrin, der immer noch sein Lieblingsschüler ist, am Square de l'Avenue-du-Bois und macht seinem »lieben Meister« den Vorschlag, er wolle für das Fernsehen eine Reihe von sechs einstündigen Filmen drehen, die nur ihm selbst und seinem Werk gewidmet sein sollen. Pellegrin möchte sie zusammen mit Télécip produzieren, einer der bedeutendsten Fernsehproduktionsgesellschaften in Paris. Nie hat Marcel bei Raymond Pellegrin nein sagen können. Also sagt er auch diesmal ja. Der Obertitel für diese sechs Stunden Fernsehen liegt schon fest: *»Morceaux choisis«* (Ausgewählte Stücke).

»Du hast wirklich Glück«, sagt Jacqueline Pagnol zu Pellegrin. »Seit einigen Monaten sagt er zu allem nur nein.«

Tatsächlich erträgt Pagnol die Bürden des Alters immer schlechter. Zwar hat er seine ganze Haarmähne behalten, die immer nur graumeliert war und niemals schneeweiß wurde, doch haben sich die Falten tiefer ins Gesicht eingegraben. Sein Hals ist eingefallen und faltig geworden, und der Zahnarzt, der ihm sein Gebiß verpaßt hat, hat keinen Grund, stolz auf sein Werk zu sein. Es irritiert ihn beim Sprechen, er zischelt. Nur die Augen haben ihren Glanz behalten, ihren »Torero-Ausdruck«, ihre Lebendigkeit. Sein Schlaf ist schlecht. Offenbar hat die Krankheit, die ihn schließlich hinweggerafft, in den Tiefen seines Organismus mit ihrem Zerstörungswerk schon begonnen. Robert Avierinos, der Sohn seines Freundes Fernand (Pagnol ist sein Patenonkel), der sich als Arzt in Marseille niedergelassen hat, hatte den Wunsch geäußert, eine Generaluntersuchung seines Gesundheitszustandes durchzuführen, und ihn zu diesem Zweck in eine Klinik eingewiesen.

Kaum hatte Avierinos ihm den Rücken gekehrt, als Pagnol sein

Zimmer verließ und verschwand. Die baldige Aussicht auf den 80. Geburtstag macht ihm angst und bange. »Seit 26 Jahren bin ich Mitglied der Akademie«, sagt er gelegentlich. »Und ich mußte mitansehen, wie praktisch alle Sitze den Besitzer wechselten. Was für ein Schicksal!«

Er wird ungeduldig, mißtrauisch, reizbar. Tino Rossi hat seit langem folgende Entdeckung gemacht: Wenn man ihn unangemeldet besucht, wie das unter Freunden oft der Fall ist, und wenn man mit dem Satz »Wie geht es, Doktor?« begrüßt wird, bedeutet dies, daß es ihm schlecht geht, daß er sich gestört fühlt und lieber allein wäre, daß es also nicht angebracht ist, sich weiter dort aufzuhalten. Und dieses »Wie geht es, Doktor?« läßt Pagnol immer häufiger vernehmen.

Niemand ist mehr prädestiniert als Arno-Charles Brun , der älteste der Freunde, der getreue Beobachter aller Phasen der Laufbahn Pagnols, die sechs Sendungen der »*Morceaux choisis*« aufeinander abzustimmen. Er hebt sie so voneinander ab, daß jede einen besonderen Aspekt des Werkes und der Karriere Pagnols widerspiegelt. Jede besteht zu zwei Dritteln aus Auszügen aus seinen Filmen, zwischen die dann Interviews mit Pagnol selbst, Persönlichkeiten des Theaters, Mitgliedern der Akademie eingestreut sind, aber auch mit Leuten, die ihn gekannt und besucht, die mit ihm in bestimmten Perioden bei bestimmten Gelegenheiten gearbeitet haben. Auf diese Weise taucht darin z. B. neben Jean-Jacques Gauthier, René Clair, Marcel Achard und Tino Rossi auch Ambrogiani auf, ein berühmter Maler, der zu der Zeit, als Pagnol seine Studios in der Rue Jean-Mermoz aufbaute, Briefträger des P.T.T. in diesem Viertel war. Pagnol hat die Einführung zu seiner ersten Ausstellung geschrieben. Er gibt darin seiner Überraschung Ausdruck, die er an dem Tag empfand, als er entdeckte, daß er den berühmten Ambrogiani, den er als Maler so sehr schätzte, seit langem kannte. »Denn das ist«, so schreibt er, »das Vorrecht der Briefträger. Sie kennen jeden beim Namen, aber niemand kennt den ihren.«

Man sieht darin auch den guten Marius Broquier, »Mius«, den Maurermeister von La Treille, Erbauer des Ruinendorfes Aubignane, der seiner Rolle gemäß den alten Anzug hervorgeholt hat.

Er legt ihn nicht wieder ab. Auf Bitten Pagnols wird Georges Folgoas mit der Herstellung der Sendungen beauftragt. Pierre Tchernia ist für die Interviews und die Darstellung der Gesamtheit der sechs Sendungen verantwortlich.

»Mit einem Wort«, sagt Pagnol zu Pellegrin, sobald er ihm seine Zustimmung gegeben hat: »Es ist mein Nekrolog, den du da schreiben willst.«

Diese paar Wochen, in denen Georges Folgoas am Square de l'Avenue-du-Bois, in La Treille, Aubagne, La Buzine, Saint-Tropez und Cagnes diese »*Morceaux choisis*« dreht, bilden für Pagnol die glücklichsten Abschnitte dieses »Lebensabends«, seine letzten großen Ferien.

Erstens empfindet er noch einmal das intensive Glück, das ihn stets inmitten einer Gruppe von Filmleuten überkommen hat. Er erlebt es außerdem gerade an den Orten, wo sich in seinem Gedächtnis die zauberhaften Erinnerungen an seine Kindheit und an seine ersten Erfolge überlagern. Während er im »Vallon de Marcellin« dreht, besucht ihn ein Monsieur Lanriben, dessen frühreife und steile Filmkarriere alle Rekorde an Schnelligkeit und Kürze gebrochen hatte. In »*Angèle*« war er das Baby gewesen.

Jetzt führt er ein Restaurant zwischen Les Camoins und La Treille. In La Buzine, das dem Regen und dem Sturm preisgegeben ist, mit beschädigten Balkons, begegnet Pagnol auf einer von hohem Gras überwucherten Straße Jean Castan, dem jungen Mann aus Marseille, der so sehr einem Bruder Fernandels glich, daß man ihm schließlich diese Rolle gab. Pagnol macht einen Abstecher bis nach La Bastide-Neuve. Einen Augenblick verschnauft er auf der Terrasse vor dem alten Feigenbaum, auf dem er als Kind herumkletterte. Die Stadtverwaltung von Aubagne gibt ihm zu Ehren einen Empfang, und Pagnol feiert ein Wiedersehen mit Lucien Grimaud, einem ehemaligen Mitschüler am Progymnasium von Marseille, der inzwischen stellvertretender Bürgermeister der Stadt geworden ist. Man schlägt vor, er solle sein Geburtshaus besuchen. Das lehnt er jedoch ab.

»Was sollte ich damit?« fragt er. »Mich selbst einweihen?«

Die »*Morceaux choisis*« werden auf dem ersten Kanal vom 3. November bis 8. Dezember 1973 an sechs aufeinanderfolgenden

Samstagen ausgestrahlt. Einige Monate zuvor hat Pagnol sein letztes Werk: »*Le Secret du Masque de fer*« (»Die Eiserne Maske«) veröffentlicht. Zwei Wochen später, am Vorabend des Weihnachtsfestes, willigt Pagnol auf das hartnäckige Betreiben Jacquelines, die mit größter Besorgnis mitansehen mußte, wie er in weniger als einem Jahr mindestens zwölf Kilo abnahm, ein, sich in das Amerikanische Krankenhaus in Neuilly zu begeben – und diesmal auch dort zu bleiben –, um sich gründlich untersuchen zu lassen. Es ist bekannt, was das Ergebnis dieser Untersuchung war und mit welch tragischem Befund er sich konfrontiert sah. Pagnol ist zum Tode verurteilt.

Die behandelnden Ärzte geben ihm noch eine Frist von wenigen Monaten. Weiß er es oder weiß er es nicht? Das ist die Frage, mit der sich seine Angehörigen und Freunde beschäftigen. Es sieht so aus, als ob er es nicht wüßte, aber spielt er nicht vielleicht einen, der nichts weiß, obwohl er völlig auf dem laufenden ist? Genauso wie Hamlet, nach Pagnols Interpretation, verrückt ist und es auch weiß, aber während der Momente der geistigen Klarheit auch den Wahnsinnigen spielt, um glauben zu machen, auch in den wirklichen Krisen sei der Wahnsinn nicht echt? Vielleicht schauspielert Pagnol jemanden, der nichts weiß, obwohl er völlig auf dem laufenden ist, damit die Menschen seiner Umgebung oder seine Besucher vor ihm ihr gewohntes Verhalten aufrechterhalten, Scherze machen, Pläne schmieden, die Optimisten spielen können? Immer war er nur zu gerne von fröhlichen Menschen umgeben gewesen.

Eines Tages sagt er:

»Im Amerikanischen Krankenhaus unterhielten sich diese Schlappschwänze von Ärzten, wenn sie über meine Krankheit sprachen, auf lateinisch. Vor meinen Ohren! Sie hätten sich vorsehen sollen, wissen müssen, daß ich die ›Bucolica‹ übersetzt habe. Und indem sie sich des Lateinischen bedienten, machten sie mich doppelt wach, statt meine Aufmerksamkeit einzuschläfern.«

Am 31. April erfährt er vom Tod Pompidous, und obwohl er 14 Tage später selbst sterben sollte, bittet er: »Jacqueline möchte mir bitte den Talar der Akademie umändern, der mir jetzt viel zu weit ist. Ich werde zur Beerdigung des Präsidenten gehen.«

Er ist jetzt in seinem Zimmer in einem kleinen vernickelten Krankenbett untergebracht mit Handhebeln, Röhren, Schwenkarmen, Gläsern, Schläuchen, Zahnrädern. »Man würde sagen«, erinnert sich Achard, »das sei das Gerät, mit dessen Hilfe er zur Zeit des Boulevard Murat versuchte, das Perpetuum mobile zu erfinden.« Es ist ein nüchternes Bett, nicht um darin zu lieben oder zu schlafen, sondern um darin zu leiden. Und zu sterben.

An der Oberseite des Kamins, ihm gegenüber, hat Jacqueline auf seine Bitte die Familienfotos angebracht, eine Ahnengalerie in Schwarzbraun, im Postkartenformat auf dicken Karton aufgezogen. Auf die Bilder, die durch die Kolloidallösung glänzen, hat er in Schönschrift und mit chinesischer Tinte die Namen der abgebildeten Personen geschrieben. André Pagnol, der Großvater, Steinmetzgeselle auf Wanderschaft durch Frankreich, mit langen Haaren und gekräuseltem Bart. Guillaume Lansot, Vater seiner Mutter, mit Spitzen-Brustkrause. Augustine, die Mutter. Paul, der Bruder, der Ziegenhirte. Joseph, der Vater, den Schnurrbart mit dem Brenneisen frisiert, in London bei einer linguistischen Tagung aufgenommen. Und dann andere Schwarzweißfotos jüngeren Datums, 6×9-Kodak-Format, Porträts seiner Kinder und Enkel.

René Pagnol, sein Bruder, verbringt den ganzen Tag am Square. Die Freunde besuchen ihn regelmäßig, um ihn für Augenblicke zu zerstreuen. Tino Rossi, Gaston Bonheur, Raymond Pellegrin, Bernard de Fallois, Georges Folgoas, Jean Matthyssens. Wenn sie beim Abschied zu ihm sagen:

»Ich gehe jetzt, Marcel. Ich will dich nicht ermüden«, gibt er zur Antwort:

»Ein Freund hat mich noch nie ermüdet.«

In den schönen Zeiten der Nachmittagstreffen klatschte er, wenn die Unterhaltung stockte und ein Engel durchs Zimmer ging, fröhlich in die Hände und rief: »Wir Kinder sind doch die Stärksten! Niemand kann etwas gegen uns ausrichten!« Jetzt kommt es manchmal vor, daß er diesen tausendmal gehörten Satz verändert und sagt:

»Was ist aus uns Freunden geworden! Wir sind nicht mehr die Stärksten!« Eines Tages macht er Raymond Pellegrin eine vertrauliche Mitteilung.

»Schau', mein kleiner Raymond, alle Freunde, die mich besuchen, versuchen mich zu täuschen, indem sie die Optimisten spielen. Einige sind leidlich gute Schauspieler, andere ganz erbärmliche. Ich bin ihnen nicht böse. Es kommt von Herzen. Was aber lehrreicher ist, ist das Verhalten des kleinen Dackels Finette, den mir Jacqueline letztes Jahr geschenkt hat. Tiere lügen nicht. Sie fühlen die Nähe des Todes und fliehen vor ihm. Und wenn man sie mir ins Zimmer bringt und auf mein Bett oder auf den Boden setzt, ergreift Finette die erstbeste Gelegenheit, sich aus dem Staub zu machen.«

Pater Calmels, den seine neuen Funktionen an Rom binden und den Jacqueline und René über den Gesundheitszustand Marcels auf dem laufenden halten, besucht ihn auf einer Reise nach Paris.

»Ach, Norbert, du bist es«, scherzt Pagnol, tief in die Kissen vergraben, sobald er hereintritt. »Du willst mir die letzte Ölung erteilen.«

Calmels verwahrt sich lächelnd dagegen. Pagnol erzählt ihm von seinem Aufenthalt im Krankenhaus und den Injektionen, denen er sich unterziehen mußte.

»Ich bin durchlöchert wie eine Brause.«

Als Calmels aufbrechen will, hält ihn Pagnol, plötzlich ernst geworden, zurück.

»Norbert, ich habe nicht mehr viel Zeit. Ich bin am Ende. Das Stück, das ich jetzt zu spielen habe, ist der Tod. Norbert, hilf mir, den letzten Akt vorzubereiten.«

Dann, nach einem kürzeren Gespräch:

»Norbert, nimm mir die Beichte ab.«

Als Calmels wieder gegangen ist, ruft Marcel René und informiert ihn:

»Jetzt geht es mir besser, Norbert hat mir alles vergeben.« Am 18. April 1974, Donnerstag um zwei Uhr morgens, sagt Marcel Pagnol zu seiner Frau:

»Jacqueline, man kann nicht immer und überall Erfolg haben.«

Dann stirbt er. Er hatte das 80. Lebensjahr erreicht. Es kam für ihn nicht in Frage, sich wie sein Vorgänger unter der Kuppel im grünen Talar der Unsterblichen beerdigen zu lassen. Auf den Champs-Élysées von La Treille hätte man gesagt, er habe sich »verkleidet«. Die Freunde, die am nächsten Tag kommen, um sich vor ihm zu verneigen, treffen ihn an, gehüllt in ein Gewand von dicker blauer Wolle, das ihm bis zum Hals reicht: das Kostüm des Marius. Er hat das Großsegel zur letzten Fahrt gesetzt, sein schönes dunkles Gesicht hat für immer sein Geheimnis mit sich hinweggenommen. Am folgenden Tag trauert ganz Frankreich.

»Marcel Pagnol«, schreibt Jean Dutourd, »war so bekannt, sein Name so geläufig, so sehr gehörte seine Persönlichkeit zum Land der Franzosen, ja seine Legende war schon so tief in unserem Gemüt verwurzelt, daß wir ganz vergaßen, daß er einer der größten Schriftsteller des 20. Jahrhunderts war, einer von denen, die am sichersten ihre Zeit überleben werden ... Pagnol ist unser Dikkens. Er hat seinen Humor, seine Heiterkeit, seine Melancholie, sein Erbarmen und auch seinen epischen Atem. Wenn man eines seiner Bücher aufschlägt, hat man das Gefühl, einer dieser herrlich unschuldigen und starken Seelen zu begegnen, die das Leben zeigen, wie es ist.

Das erstaunlichste ist, daß er mit Werken höchsten literarischen Ranges Triumphe erzielt hat, wie sie sonst nur unbegabte Leute zu haben pflegen ... Das Publikum hat sich nicht getäuscht. Pagnol ist jetzt in dem ihm vertrauten Pantheon, in dem es nur große Menschen gibt.«

Paris verabschiedet sich von ihm in Saint-Honoré-d'Eylau. Jacqueline schreitet an der Spitze des Trauerzuges. Die vier Kinder Pagnols sind da. Der Älteste, Jacques, Sohn von Kitty Murphy, ist von Marseille angereist, wo er beim Fernsehen arbeitet. Francine, die Tochter Vonettes, ist seit ihrer Heirat Madame Stirlin und arbeitet in Paris bei einem bedeutenden Modeschöpfer.

Frédéric ist Ingenieur für Elektronik.

Auch Orane Demazis ist hier, an der Seite von Jean-Pierre Burgart, ihrem Sohn, der auch Pagnols Sohn ist. Jean-Pierre hat glänzende Examina gemacht und war an der École normale supérieure aufgenommen worden. Er arbeitete als Journalist beim »Paris-Match«, bevor er sich dem Fernsehen und der Massenkommunikation zuwandte.

Auch Josette Day ist anwesend.

Alain Poher, interimistischer Präsident der Republik während der

Zeit zwischen Pompidous Tod und den Neuwahlen, hat einen Stellvertreter geschickt.

Eingefunden haben sich ferner Kulturminister Alain Peyrefitte, Gaston Defferre, die Freunde Marcel und Juliette Achard, Tino und Lili Rossi, Raymond Pellegrin und Giselle Pascal, Toé, Robert Vattier, Jean Matthyssens, Bernard de Fallois. Man sieht die faltig gewordenen Gesichter seiner früheren Darsteller: Robert Vattier, Ginette Leclerc, Charles Moulin, Jean Chevrier. Zahlreich sind die Mitglieder der Akademie erschienen: Thierry Maulnier, René Clair, Maurice Genevoix, Henri Troyat, Paul Morand, Pierre Emmanuel. Ebenso sind zu sehen Félicien Marceau, Alain Decaux, Henri Sauguet, Tony Aubin, Arthur Rubinstein, Serge Lifar, Jean Nohain, Paul Guth, Pierre Tchernia, André und Josy Bernard, Georges Folgoas, Franck und Josette Fernandel ...

Die Messe wird gemeinsam zelebriert von Pater Calmels, dem Kanonikus Perrot von Saint-Honoré-d'Eylau und Abbé Lefort, dem Priester von La Croix-Saint-Leuffroy, dem kleinen Dorf im Département Eure, wo Marcel und Jacqueline eine Mühle für ihre Wochenenden gekauft hatten.

Die Provence nimmt Abschied von ihm in La Treille, im kühlen Licht eines Frühlingsnachmittags.

Auch dorthin sind die Freunde gekommen: Raymond Pellegrin, René Clair, Pater Norbert Calmels, der getreue Robert Avierinos, Gaston Bonheur, Gaston Defferre mit Frau, Edmonde Charles-Roux. Und rings um sie Tausende von Provenzalen, angereist aus Marseille oder herabgestiegen von den Bergen; sie drängen sich vor der Kirche des Dorfes, die sich vor dieser Menschenmenge klein wie ein Spielzeug ausnimmt.

Auch Marius Broquier ist da, ganz in Weiß, der Trauerkleidung der Maurer. Inmitten dieser Leute in Schwarz wirkt er wie ein Negativ, wie ein Botschafter des Films. Mius hat wilde Blumen in der Garrigue gepflückt, um sie dann am Grab seines Freundes niederzulegen. Sie sind winzig, und man braucht Tausende für einen Strauß. Der von Marius ist riesengroß.

Die Messe wird auf dem Kirchenvorplatz abgehalten. Mgr. Calmels, Mgr. Etchegarray, Erzbischof von Marseille, und Gaston Defferre halten die Ansprachen. Lucien Grimaud, sein alter Kumpel vom Progymnasium in Marseille, sagt ihm im Namen der Stadt Aubagne Lebewohl.

René Clair vertritt die Académie française.

»Mein lieber Marcel«, so spricht er ihn an, »wie hättest du in unseren Lehrjahren gelacht, wenn jemand gesagt hätte, einer von uns würde im Namen der Akademie zum Gedächtnis des andern auftreten! Du hättest gelacht, weil du niemals zu denen gehörtest, die sich ernst nehmen. Kostbare Weisheit, durch die du dir die Frische der Empfindung und die Jugend bewahrt hast, die dich erst mit dem Tode verlassen haben.

Jetzt bist du heimgekehrt, Marcel, zurück von einer langen Reise. Du bist zu Hause, hier, bei den Deinen ... Du bist zu Hause, auf dieser Erde, die du noch vor kurzem besungen hast, in ihren Teppichen von Thymian, ihren Terebinthen mit Vögeln in den Zweigen und ihrem süßen Lavendelduft auf der Garrigue. Auf dieser Erde, deren Sohn du warst und deren Ruhm du heute bist.« Die Menge, die jetzt dem Sarg folgt, ufert über den abschüssigen Weg zum Friedhof aus wie ein angeschwollener, von den hohen Mauern der Ufergrundstücke nur schlecht gebändigter Fluß.

»Jetzt bist du heimgekehrt, du bist zu Hause, hier, bei den Deinen«, hatte René Clair gesagt. Von dieser Rückkehr für immer war schon einmal die Rede gewesen. Es war eine der Erinnerungen an La Treille, die Pagnol gerne erzählte. Er befand sich Anfang der 30 und hatte soeben seine ersten großen Erfolge hinter sich, zu der Zeit, als er gerade ein reicher junger Mann geworden war. Held der Geschichte war Aristide, die originellste Figur seiner geliebten Hügel. Aristide (er hieß tatsächlich wie der Bistrobesitzer in Saint-Tropez, der »Papagal«-Jäger) arbeitete nichts. »Man hätte auf seinen Grabstein«, so versicherte Pagnol, »die Worte setzen können: Keinen einzigen Tag im Leben hat er gearbeitet.«

Jedes Dorf in der Provence hat seinen Aristide, den Gemeindevagabunden, der als solcher auch anerkannt ist, Wilddieb, Fischer mit den bloßen Händen, der zwar so eben noch einen kleinen Auftrag annimmt, aber niemals eine Arbeit, und hier eine Tomate aus einem Garten, dort eine Traube vom Spalier mitgehen läßt. Jeder drückt die Augen zu, wenn so ein Mundraub geschieht. Denn es herrscht allgemein die Ansicht, daß nicht stiehlt, wer nur nimmt, was er braucht. Um Diebstahl handelt es sich erst, wenn jemand das Gut eines anderen an sich nimmt, um es zu verkaufen. Auch muß festgestellt werden, daß diese Art ländlicher Diogenes praktisch von nichts lebt. Der Bäcker schenkt ihm seine altbackenen Kanten, der Krämer den unverkäuflichen Roquefort. Er schaut nur zu, wie andere arbeiten. Er ist Zeuge dafür, wie die Zeit verfließt.

Pagnol hatte sich ein Superauto angeschafft, eine hypermoderne Maschine, deren Verdeck, so erinnerte er sich, auf bloßen Knopfdruck am Armaturenbrett sich anhob, faltete und ganz von selbst über dem Kofferraum zusammenlegte. »Danach«, so sagte er, »mußtest du natürlich annehmen, daß deine Batterie vollständig leer war.«

Er hatte dieses Wunder einer Prüfung auf Herz und Nieren unterziehen wollen und war die Strecke Paris—La Treille in einem Trip heruntergefahren. Sehr früh morgens war er aufgebrochen, den ganzen Tag gefahren. Hatte dreimal nur angehalten, um vollzutanken. Er war im Dorf angekommen, als die Kirchturmuhr zwei Uhr morgens schlug. Es war August, eine herrliche Sommernacht, warm, ein sternübersäter Himmel.

Das ganze Dorf schlief. Kein Laut ringsum. Plötzlich hörte Marcel durch die stille, schwarze Nacht eine Stimme, die fragte:

»He du da, wer bist du?«

Marcel erkannte die Stimme. Es war Aristide. Man fährt in La Treille auf einer gemauerten Straße ein, die von Platanen begleitet wird und eine Schlucht überquert. In ihrer ganzen Länge wird diese Straße von einer Brüstung alter Steine gesäumt. Auf diesem Mäuerchen schlief Aristide, 100 Meter über dem Abgrund, den Schlaf der Gerechten, und die plötzliche Ankunft Marcels in seinem Triumphwagen hatte ihn aufgeweckt. Marcel gab zur Antwort:

»He! Aristide, ich bin's, Marcel!«

Der Name seines Freundes genügte, Aristide vollends wach zu machen.

»Ach, Marcel!« sagte er erfreut. »Marcel! Nicht möglich!«

Aristide stand auf, setzte sich auf das, was ihm als Lager diente, und sagte:

»Was für eine Überraschung!«

Er rieb sich die Augen. Jetzt waren seine Lebensgeister zurückgekehrt.

»Wie geht's, Marcel?«

»Prima.«

Da entdeckte Aristide im Licht der Straßenlaterne den hellglänzenden Wagen, in dem Pagnol soeben angekommen war. Nie hatte er einen ähnlich eindrucksvollen gesehen!

»Gehört das dir?« fragte Aristide und deutete auf das Gefährt.

»Richtig.«

»Hast du es gekauft oder geliehen?«

»Gekauft.«

Nachdem Aristide das Juwel von allen Seiten betrachtet, mit den Fingern geschnippt, den Kopf geschüttelt, die Mundwinkel tief herabgezogen hatte – alles aus Bewunderung, Staunen und auch ein wenig ungläubig, daß so etwas wirklich existierte, was er doch direkt vor Augen hatte –, stellte er Pagnol die Frage, die ihm auf den Nägeln brannte:

»Im Dorf heißt es, Marcel, du seist Millionär geworden. Stimmt das?«

Marcel gab mit größter Schlichtheit zurück:

»Es stimmt.«

Und aus Angst, daß Aristide denken könnte, er wolle angeben und Eindruck schinden, fügte er sogleich hinzu:

»Aber Vorsicht! Ich bin nicht Multimillionär, sondern nur Millionär. So stimmt es!«

Aristide hatte Schwierigkeiten, diese Tatsache zu begreifen.

»Millionär, wirklich?«

»Millionär, wirklich.«

Dann hatte Aristide versucht, sein Mißtrauen zu überwinden, auf das Pagnol aus seiner Hartnäckigkeit, sich die Antworten wiederholen zu lassen, schließen konnte, und aus seinem Bedürfnis, sich zu bestätigen, daß wirklich das Unvorstellbare sich ereignet hatte und er, sein Freund Marcel, der kleine Junge, den er mit zerrissenen Kleidern in den Hügeln der Umgebung hatte herumlaufen sehen, diese mythische Figur der Epoche, ein Millionär, geworden war!

Da war er plötzlich fröhlich und herzlich geworden: »Also wirklich, Marcel, glaub' mir, das freut mich!«

»Du bist ein lieber Kerl!«

Aristide hatte noch einmal wiederholt, um diese Neuigkeit wirklich ganz zu begreifen:

»Millionär!«

Er hatte Schwierigkeiten, die Tatsache zu verdauen, ganz klar. Dann sagte er:

»Dann kommst du also jetzt ins Dorf zurück. Du baust dir ein schönes Haus hier. Und dann krümmst du keinen Finger mehr.«

»Aber nein, Aristide, ich fahre übermorgen zurück.«

»Was, du fährst zurück?«

»Ja, übermorgen, nach Paris.«

»Und was machst du in Paris?«

»Ich arbeite. Ich schreibe ein neues Stück. Ich kümmere mich um meine Geschäfte.«

Diese Antwort zu verdauen machte Aristide offensichtlich noch größere Schwierigkeiten als die Nachricht, Pagnol sei Millionär geworden.

Er mußte sie sich wiederholen lassen, um sicher zu sein, richtig gehört zu haben.

»Du bist Millionär und fährst zurück, um zu arbeiten?«

»Richtig. Übermorgen.«

»Dann stimmt es nicht. Du bist kein Millionär!«

»Ich muß gestehen«, gab Marcel zu, wenn er diese Anekdote erzählte, »daß ich, ohne genau zu wissen warum, wegen der Selbstverständlichkeit und Sicherheit dieser Schlußfolgerung verlegen war. Aber ich wollte in seinen Augen auch nicht als Lügner dastehen. Deshalb sagte ich noch einmal: ›Ich versichere dir, ich bin Millionär!‹«

»Hör' mal zu, Marcel«, sagte darauf Aristide in dem Ton von Erwachsenen, die Kindern einen Irrtum nachweisen wollen – aber auch um seinerseits das Motiv für das anomale Verhalten seines alten Freundes zu verstehen: »Du kannst bis zum Lebensende Koteletts essen. Du kannst ausgehen, wenn schönes Wetter ist, zu Hause bleiben, wenn es regnet, kannst dir Holz für deinen Ofen kaufen, Patronen für die Jagd und Haken zum Angeln. Jeden Tag

kannst du Champignons sammeln, wilden Salat und Spargel. Jeden Mittag und um sieben Uhr kannst du dir deinen Pastis genehmigen und kannst sogar von Zeit zu Zeit Freunde einladen. Das ganze Leben lang! Und du fährst zurück, um zu arbeiten?«
Aristide fuhr fort:
»Aber du kannst nicht zwei Hosen auf einmal anziehen, nicht wahr? Oder zwei Paar Schuhe! Du kannst keine acht Beefsteaks bei jeder Mahlzeit essen!«
»Mir verschlug es die Sprache«, gestand Pagnol.
»Aus Diogenes war plötzlich die Sphinx geworden.«
Schließlich war Aristide zu der endgültigen Formulierung gelangt:
»Und, Marcel, du hast keine zwei Arschlöcher!«

Dieses Mal war Marcel Pagnol, mit einem halben Jahrhundert Verspätung, dem Rat des Aristide gefolgt. Er war für immer heimgekehrt. Aristide war seit einigen Jahren tot, ebenfalls begraben auf dem kleinen Friedhof von La Treille, wo sich Pagnol ihm jetzt anschloß. Und man könnte sich die beiden Freunde als Shakespearesche Figuren vorstellen, die Provenzalisch sprechen, wie sie ihre Unterhaltung nach einem Zwischenakt von 50 Jahren wieder aufnehmen, um endlich zu entscheiden, wer von beiden in der Sommernacht in La Treille recht gehabt hatte.

Vollständige Filmographie von Marcel Pagnol

MARIUS (1931). Prod.: **Paramount u. Marcel Pagnol.** Regie: **Alexander Korda.** Mitarbeit: **Marcel Pagnol.** Drehb. u. Dial.: **Marcel Pagnol.** Mus.: **Francis Gromon.**
Mit: **Raimu** (César), **Pierre Fresnay** (Marius), **Alida Rouffe** (Honorine), **Orane Demazis** (Fanny), **Charpin** (Panisse), **Paul Dullac** (Escartefigue), **Robert Vattier** (M. Brun), **Mihalesco** (Piquoiseau, ein Bettler), **Lucien Callamand** (Le Goëlec).

TOPAZE (1932). Prod.: **Paramount.** Regie: **Louis Gasnier.** Drehb. u. Dial.: **Léopold Marchand,** nach dem Stück von **Marcel Pagnol.**
Mit: **Louis Jouvet** (Topaze), **Marcel Vallée** (M. Muche), **Simone Héliard** (Ernestine Muche), **Pierre Larquey** (Tamise), **Pauley** (Castel Bénac), **Edwige Feuillère** (Suzy Courtois), **Maurice Rémy** (Roger de Tréville), **Jeanne Loury** (Comtesse Pitart-Vergniolles), **Henri Vilbert** (ein Polizeiagent).

FANNY (1932). Prod.: **Films Marcel Pagnol u.** Etablissements **Braunberger-Richebé.** Regie: **Marc Allégret.** Drehb. u. Dial.: **Marcel Pagnol.** Mus.: **Vincent Scotto.**
Mit: **Raimu** (César), **Pierre Fresnay** (Marius), **Charpin** (Panisse), **Alida Rouffe** (Honorine), **Orane Demazis** (Fanny), **Robert Vattier** (M. Brun), **Mouriès** (Escartefigue), **Milly Mathis** (Tante Claudine), **Maupi** (Chauffeur), **Delmont** (Doktor Venelle), **Odette Roger, Pierre Prévert.**

JOFROI (1933). Prod.: **Les Auteurs Associés.** Regie, Drehb. u. Dial.: **Marcel Pagnol.** Mus.: **Vincent Scotto.**
Mit: **Vincent Scotto** (Jofroi), **Annie Toinon** (seine Frau Barbe), **Henri Poupon** (Fonse Durbec), **Odette Roger** (seine Frau Marie), **André Robert** (der Lehrer), **José Tyrand** (der Pfarrer), **Blavette** (Antoine), **Henri Darbrey** (der Notar).

ANGÈLE (1934). Prod.: **Films Marcel Pagnol.** Regie: **Marcel Pagnol.** Drehb. u. Dial.: **Marcel Pagnol.** Mus.: **Vincent Scotto.**
Mit: **Henri Poupon** (Clarius Barbaroux), **Annie Toinon** (seine Frau Philomène), **Orane Demazis** (Angèle), **Fernandel** (Saturnin), **Delmont** (Amédée), **Jean Servais** (Albin), **Andrex** (Louis), **Blavette** (Tonin, der Scherenschleifer), **Blanche Poupon** (Florence), **Fernand Flament** (der Tätowierte), **Rellys, Darcelys.**

MERLUSSE (1935). Prod.: **Films Marcel Pagnol.** Regie: **Marcel Pagnol.** Drehb. u. Dial.: **Marcel Pagnol.** Mus.: **Vincent Scotto.**
Mit: **Henri Poupon** (Merlusse), **André Pollack** (der Direktor), **Thommeray** (der Studienaufseher), **André Robert** (der Präfekt), **Rellys** (der Pedell), **Annie Toinon** (Nathalie), **Jean Castan** (Galubert).

CIGALON (1935). Prod.: **Films Marcel Pagnol.** Regie: **Marcel Pagnol.** Drehb.
u. Dial.: **Marcel Pagnol.** Mus.: **Vincent Scotto.**
Mit (1. Fassung): **Henri Poupon** (Cigalon), **Blavette** (der Kunde), **Annie
Toinon** (Sidonie), **Mme Chabert** (Mme Toffi), **Jean Castan** (Virgile), **Léon
Brouzet** (Ludovic), **Fernand Bruno** (Chalumeau), **André Pollack** (der Arbei-
ter), **Charles Pons** (ein Gast).
Mit (2. Fassung): **Arnaudy** (Cigalon), **Henri Poupon** (der Kunde), **Alida
Rouffe** (Sidonie), **Blavette** (ein Gendarm).

TOPAZE 2. Fassung (1936). Prod.: **Films Marcel Pagnol.** Regie: **Marcel Pagnol.**
Drehb. u. Dial.: **Marcel Pagnol.** Mus.: **Vincent Scotto.**
Mit: **Arnaudy** (Topaze), **André Pollack** (M. Muche), **Sylvia Bataille** (Erne-
stine), **Pierre Asso** (Tamise), **Jean Arbuleau** (Roger de Berville), **Léon Bélières**
(Castel Bénac), **Henri Poupon** (der ehrwürdige Alte), **Alida Rouffe** (die Baro-
nin Pitart-Vergniolles), **Délia Cohl** (Suzy Courtois), **Jean Castan** (ein Schüler),
Paul Demange, Léon Brouzet.

CÉSAR (1936). Prod.: **Films Marcel Pagnol.** Regie: **Marcel Pagnol.** Drehb. u.
Dial.: **Marcel Pagnol.** Mus.: **Vincent Scotto.**
Mit: **Raimu** (César), **Pierre Fresnay** (Marius), **Charpin** (Panisse), **Orane De-
mazis** (Fanny), **André Fouché** (Césariot), **Alida Rouffe** (Honorine), **Milly
Mathis** (Tante Claudine), **Robert Vattier** (M. Brun), **Dullac** (Escartefigue),
Maupi (der Chauffeur), **Delmont** (Félicien, der Doktor), **Doumel** (Fernand,
der Garagenmeister), **Thommeray** (Elzéar, der Pfarrer), **Jean Castan** (der
Schüler), **Robert Bassac** (Pierre Dromard), **Rellys** (ein Angestellter), **Charblay** (Henri, der Wirt des Bistros de Toulon), **Odette Roger** (Zimmermädchen).

REGAIN (1937). Prod.: **Films Marcel Pagnol.** Regie: **Marcel Pagnol** Drehb. u.
Dial.: **Marcel Pagnol.** Mus.: **Arthur Honegger.**
Mit: **Gabriel Gabrio** (Panturle), **Orane Demazis** (Arsule), **Marguerite Mo-
reno** (la Mamèche), **Fernandel** (Gédémus), **Robert Le Vigan** (der Arbeiter),
Henri Poupon (der Liebhaber), **Odette Roger** (seine Frau Alphonsine), **Milly
Mathis** (Belline), **Delmont** (Vater Gaubert), **Blavette** (sein Sohn Jasmin), **Dul-
lac** (M. Astruc), **Louisard** (der Flurwächter), **Charblay** (der Metzger), **Mme
Chabert** (la Martine), **Jean Castan** (Jérémie), **Robert Bassac** (der Steuereinneh-
mer).

LE SCHPOUNTZ (1937–1938). Prod.: **Films Marcel Pagnol.** Regie: **Marcel
Pagnol.** Drehb. u. Dial.: **Marcel Pagnol.** Mus.: **Casimir Oberfeld.**
Mit: **Fernandel** (Irénée Fabre), **Charpin** (Onkel Baptistin), **Odette Roger**
(Tante Clarisse), **Jean Castan** (ihr Sohn Casimir), **Orane Demazis** (Françoise),
Maupi (der Barmann), **Léon Bélières** (Meyerboom, der Produzent), **Robert
Vattier** (Astruc, der Inspizient), **Enrico Glori** (der Regisseur), **Henri Poupon**
(Galubert), **Louisard** (Charlet), **Robert Bassac** (Dromart), **Blavette** (Marte-
lette), **José Tyrand** (»der Papst«), **Charblay** (der Portier), **Alida Rouffe** (Mme
Fénuze), **Pierre Brasseur** (Cousine), **Robert Darène** (ein Assistent), **André
Roussin** (Roussin), **Louis Ducreux.**

LA FEMME DU BOULANGER (1938). Prod.: **Films Marcel Pagnol.** Regie: **Marcel Pagnol.** Drehb. u. Dial.: **Marcel Pagnol.** Mus.: **Vincent Scotto.**
Mit: **Raimu** (Amable, der Bäcker), **Ginette Leclerc** (seine Frau Aurélie), **Charles Moulin** (Dominique, der Schäfer), **Charpin** (der Marquis Castan de Venelles), **Robert Vattier** (der Pfarrer), **Alida Rouffe** (seine Haushälterin Céleste), **Robert Bassac** (der Lehrer), **Delmont** (Maillefer »Patience«), **Blavette** (Antonin), **Odette Roger** (seine Frau Miette), **Dullac** (Casimir), **Julien Maffre** (Pétugue), **Maupi** (Barnabé), **Jean Castan** (Esprit, ein Schäfer), **Maximilienne** (Mlle Angèle), **Charblay** (Arsène, der Metzger).

LA FILLE DU PUISATIER (1940). Prod.: **Films Marcel Pagnol.** Regie: **Marcel Pagnol.** Drehb. u. Dial.: **Marcel Pagnol.** Mus.: **Vincent Scotto.**
Mit: **Raimu** (Pascal Amoretti, der Brunnenbauer), **Josette Day** (Patricia), **Charpin** (M. Mazel), **Line Noro** (seine Frau Marie), **Georges Grey** (sein Sohn Jacques), **Fernandel** (Félipe Rambert), **Milly Mathis** (Nathalie), **Claire Oddera**, genannt Clairette (Amanda), **Tramel** (Maxime Exbrayard, der Kellner), **Maupi** (der Vertreter), **Blavette** (der Maler), **Lucien Callamand** (der Luftwaffenoberst).

LA PRIÈRE AUX ÉTOILES (1941) (unvollendet und nicht aufgeführt.)
Prod.: **Films Marcel Pagnol.** Regie: **Marcel Pagnol.** Drehb. u. Dial.: **Marcel Pagnol.** Mus.: **Raoul Moretti.**
Mit: **Pierre Blanchar** (Pierre Florent), **Josette Day** (Florence), **Julien Carette** (sein Bruder Frédéric), **Pauline Carton** (ihre Mutter Fernande), **Jean Chevrier** (Dominique de Ravel), **André Alerme** (Albert Chazel), **Charpin** (Evariste, Wirt des Hôtel des Calanques), **Milly Mathis** (Zimmermädchen), **Mouriès** (Aurèle Bidou), **Jean Castan** (Pétugue), **Line Noro** (Mlle Reverdy), **Marguerite Moreno** (die Aufseherin), **Jean Toulout, Jane Marken, Marcel André.**

NAÏS (1945). Prod.: **Société Nouvelle des Films Marcel Pagnol.** Regie: **Raymond Leboursier.** Supervision: **Marcel Pagnol.** Drehb. u. Dial.: **Marcel Pagnol.** Mus.: **Vincent Scotto** und **Henri Tomasi.**
Mit: **Fernandel** (Toine), **Henri Poupon** (Vater Micoulin), **Jacqueline Bouvier** (seine Tochter Naïs), **Arius** (maître Rostaing), **Germaine Kerjean** (seine Frau), **Raymond Pellegrin** (ihr Sohn Frédéric), **Blavette** (Bernier, der Ingenieur).

LA BELLE MEUNIÈRE (1948). Prod.: **Marcel Pagnol.** Regie: **Marcel Pagnol,** in Zusammenarbeit mit **Max de Rieux.** Drehb. u. Dial.: **Marcel Pagnol.** Mus.: **Tony Aubin,** nach **Franz Schubert.**
Mit: **Tino Rossi** (Franz Schubert), **Jacqueline Bouvier-Pagnol** (Brigitte), **Raoul Marco** (ihr Vater, Guillaume der Müller), **Lilia Vetti** (die Mätresse), **Raphaël Patorni** (Graf Christian), **Thérèse Dorny** (seine Tante), **Emma Lyonnel** (Baronin von Olmütz-Witterburg), **Suzanne Després** (die Waschfrau), **Pierrette Rossi** (die Kammerfrau), **Pierre Labry** (der Kutscher), **Jean Deschamps, Nicolas Amato.**

TOPAZE 3. Fassung (1950). Prod.: **Films Marcel Pagnol.** Regie: **Marcel Pagnol.** Drehb. u. Dial.: **Marcel Pagnol.** Mus.: **Raymond Legrand.**

Mit: **Fernandel** (Topaze), **Marcel Vallée** (M. Muche), **Jacqueline Pagnol** (seine Tochter Ernestine), **Pierre Larquey** (Tamise), **Jacques Morel** (Castel Bénac), **Hélène Perdrière** (Suzy Courtois), **Jacques Castelot** (Roger de Bersac), **Milly Mathis** (Comtesse Pitart-Vergniolles), **Robert Moor** (der ehrwürdige Alte), **Yvette Etiévant** (Sekretärin), **Rivers Cadet** (Polizist).

MANON DES SOURCES (1952). Prod.: **Films Marcel Pagnol**. Regie: **Marcel Pagnol**. Drehb. u. Dial.: **Marcel Pagnol**. Mus.: **Raymond Legrand**.
Mit: **Jacqueline Pagnol** (Manon), **Raymond Pellegrin** (der Lehrer), **Annie Roudier** (Mutter), **Rellys** (Ugolin), **Robert Vattier** (M. Belloiseau), **Henri Vilbert** (der Pfarrer), **René Sarvil** (der Arbeiter), **Bréols** (ein Gendarm), **Fernand Sardou** (Philoxène, der Bürgermeister), **Arius** (Claudius, der Metzger), **André Bervil** (Anatole, der Bäcker), **Blavette** (Pamphile, der Tischler), **Milly Mathis** (seine Frau Amélie), **Henri Poupon** (Kaufmann), **Delmont** (Anglade), **Daxely** (Josias) und **Del Bosco** (Jonas) (Zwillingsbrüder), **Julien Maffre** (Pétugue, der Schmied), **Jean-Marie Bon** (Cabridan, ein Bauer), **Jenny Helia** (seine Frau Aricie), **Jean Panisse** (Eliacin, ein Bauer), **Jean Toscane** (Polyte, ein Bauer), **Marguerite Chabert** (Nathalie, seine Mutter). **Edmond Ardisson** (Ange, der Brunnenmacher), **Luce Dassas** (seine Mutter), **Valois** (Direktor des Bauxites), **Marcelle Géniat** (Baptistine), **Marthe Marty** (Sidonie), **Andrée Turcy** (die Metzgersfrau).

LES LETTRES DE MON MOULIN (1953–1954). Prod.: **Compagnie Méditerranéenne de Films – Eminente Films**. Regie: **Marcel Pagnol**. Drehb. u. Dial.: **Marcel Pagnol**. Mus.: **Henri Tomasi**.
Mit: **(La Diligence de Beaucaire):** Roger Crouzet (Alphonse Daudet), **Henri Crémieux** (Mᵉ Honorat Grapazzi, der Notar), **Bervil** (der Bäcker), **Jean Daniel** (der Wirt des Cafés), **Serge Davin** (Joseph Roumanille), **Delmont** (Meister Cornille).
(Les Trois Messes Basses): Henri Vilbert (dom Balaguère), **Daxely** (Toinet Garrigou), **René Sarvil** (Clovis, der Koch), **Yvonne Gamy** (die Alte), **Antoine Fabre** (maître Arnoton, der Amtmann), **Viviane Mery** (die Marquise).
(L'Élixier du Révérend père Gaucher): Rellys (Vater Gaucher), **Robert Vattier** (der Abt), **Christian Lude** (Bruder Sylvestre), **Fernand Sardou** (M. Charnigue, der Apotheker), **Jean-Marie Bon** (Vater Joachim), **J. Riozet** (Bruder Hyacinthe), **J. Farina** (Vater Honoré), **Jean Toscane** (Vater Virgile), **Guy Alland** (Bruder Ulysse), **L. Mello** (Nicolas, der Schäfer).
(Le Secret de Maître Cornille): Delmont (maître Cornille), **Roger Crouzet** (Alphonse Daudet), **Pierrette Bruno** (Vivette), **Serge Davin** (Joseph Roumanille), **Andrée Turcy** (Marinette), **Jean Daniel** (der Wirt des Cafés), **Bréols** (der Bürgermeister), **Arius** (M. Decanis, der Mehlfabrikant), **Penel** (der Stadttrommler), **Michel Galabru** (Baptistin, genannt »Tintin«), **Luce Dassas** (Sylvie).

Theaterstücke von Marcel Pagnol

LES MARCHANDS DE GLOIRE (1925), in Zusammenarbeit mit Paul Nivoix. Théâtre de la Madeleine in Paris.
Mit: **Constant Rémy** (Bachelet), **André Berley** (Berlureau), **Pierre Renoir** (Henri Bachelet), **Mlle Maxa** (Germaine Bachelet), **Suzy Prim** (Yvonne Bachelet).
Eine zweite Fassung des Stückes mit Marcel Pagnol als alleinigem Autor wurde 1984 in der Comédie, Paris, aufgeführt.

UN DIRECT AU CŒUR (1926), in Zusammenarbeit mit Paul Nivoix. Théâtre de l'Alhambra de Lille.
Mit: **Antoine Arnaudy** (Cassebois), **Pierre Bertin** (Kid Marc).

JAZZ (1926). Premiere im Grand Théâtre de Monte-Carlo mit sofortiger Wiederaufnahme in Paris im Théâtre des Arts.
Mit: **Harry Baur** (Blaise), **Pierre Blanchar** (der junge Mann), **Marc Valbel** (Stefanovitch), **Orane Demazis** (Cécile). Das Stück wurde als Buch unter seinem ursprünglichen Titel *Phaéton* veröffentlicht.

TOPAZE (1928). Théâtre des Variétés.
Mit: **André Lefaur** (Topaze), **Marcel Vallée** (Muche), **Pierre Larquey** (Tamise), **Pauley** (Castel-Bénac), **Jeanne Provost** (Suzy Courtois), **Liliane Garcin** (Ernestine Muche).

MARIUS (1929). Théâtre de Paris.
Mit: **Raimu** (César), **Pierre Fresnay** (Marius), **Fernand Charpin** (Panisse), **Dullac** (Escartefigue), **Pierre Asso** (M. Brun), **Maupi** (Chauffeur), **Henry Vilbert** (Agent), **Orane Demazis** (Fanny), **Alida Rouffe** (Honorine).

FANNY (1931). Théâtre de Paris.
Mit: **Harry Baur** (César), **Fernand Charpin** (Panisse), **Berval** (Marius), **Dullac** (Escartefigue), **Robert Vattier** (M. Brun), **Maupi** (Chauffeur), **Orane Demazis** (Fanny), **Marguerite Chabert** (Honorine), **Milly Mathis** (Claudine).

CÉSAR (1946). Théâtre des Variétés.
Mit: **Alibert** (Marius), **Henri Vilbert** (César), **Raymond Pellegrin** (Césariot), **Arius** (Panisse), **Maupi** (Chauffeur), **Orane Demazis** (Fanny), **Marguerite Chabert** (Honorine), **Milly Mathis** (Claudine).

JUDAS (1955). Théâtre de Paris.
Mit: **Raymond Pellegrin** (Judas), **Jean Servais** (Phocas), **Jean Chevrier** (Ponce Pilate), **Marcel Daxely** (Centurio), **Jean Hervé** (Caïphe), **Micheline Méritz** (Rebecca), **Suzanne Rissler** (die Mutter), **France Delahalle** (Claudia).

FABIEN (1956). Théâtre des Bouffes-Parisiens.
 Mit: **Milly Mathis** (Milly), **Philippe Nicaud** (Fabien), **Odile Rodin** (Marinette), **Jean Lefebvre** (Doktor).

ANGÈLE. Bühnenbearbeitung nach dem Film (1978). Théâtre La Bruyère.

LA FEMME DU BOULANGER. Bühnenbearbeitung nach dem Film (1986).
 Théâtre Mogador.
 Mit: **Michel Galabru** (der Bäcker), **Valérie Mairesse** (Aurélie).

Fernsehfilme von Marcel Pagnol

TOPAZE (1956). Regie: Jean Kerchbron.
Mit: **Pierre Destailles** (Topaze), **Henri Vilbert** (Castel Benac), **Pierre Larquey** (Tamise).

LA DAME AUX CAMÉLIAS (1962), nach Alexandre Dumas jun. Drehbuch, Bearbeitung und Dialoge von Marcel Pagnol. Regie: François Gir.
Mit: **Yori Bertin** (Marguerite Gautier), **Gérard Barray** (Armand Duval), **Christian Lude** (M. Duval).

MERLUSSE (1965). Neue Fassung. Regie: Georges Folgoas.
Mit: **Georges Wilson** (Merlusse).

LE CURÉ DE CUCUGNAN (1967). Drehbuch, Bearbeitung, Dialoge und Regie: Marcel Pagnol.
Mit: **Fernand Sardou** (der Pfarrer).

CIGALON (1975). Neue Fassung. Regie: Georges Folgoas.
Mit: **Michel Galabru** (Cigalon), **Andéa Ferréol** (Mme Toffi), **Roger Carel** (der Gast).

Ausländische Filme nach Werken
von Marcel Pagnol

ZUM GOLDENEN ANKER (1931). Deutsche Fassung des *Marius*. Regie: **Alexander Korda.**

LANGTAN TILL HAVET (1931). Schwedische Fassung des *Marius*. Regie: **John W. Brunius.**

FANNY (1933). Italienische Fassung von *Fanny*. Regie: **Mario Almirante.**

TOPAZE (1933). Amerikanische Fassung. Regie: **Harry d'Abbodie d'Arrast.** Mit: **John Barrymore** (Topaze), **Myrna Loy** (Coco).

YACOUT EFFENDI (1933). Ägyptische Fassung von *Topaze*. Regie: **Nagib El-Rihani.**

DER SCHWARZE WALFISCH (1934). Deutsche Fassung von *Fanny*. Mit: **Emil Jannings** (César).

PORT OF SEVEN SEAS (1938). Amerikanische Fassung der *Trilogie*. Drehbuch: **Preston Sturges.** Regie: **Karl Freund** und **Sam Wood.** Mit: **Wallace Beery** (César), **Frank Morgan** (Panisse), **Maureen O'Sullivan** (Fanny).

HUAXIN (1939). Chinesische Fassung von *Topaze*. Regie: **Li Pingqian.**

FANNY (1961). Amerikanische Fassung der *Trilogie*. Regie: **Joshua Logan.** Mit: **Charles Boyer** (César), **Maurice Chevalier** (Panisse), **Horst Buchholz** (Marius), **Leslie Caron** (Fanny).

MR. TOPAZE (1961). Amerikanische Fassung von *Topaze*. Regie: **Peter Sellers.** Mit: **Peter Sellers** (Topaze), **Nadia Grey** (Suzy).

Literarische Werke von Marcel Pagnol

Pirouettes, Roman (Fasquelle).
Notes sur le rire, Essay (Nagel).
Critique des critiques, Essay (Nagel).
Souvenirs d'enfance: la Gloire de mon père (Pastorelly).
                le Château de ma mère (Pastorelly).
                le Temps des secrets (Pastorelly).
                le Temps des amours (Julliard).
L'Eau des collines: I. Jean de Florette (Pastorelly).
               II. Manon des sources (Pastorelly).
Le Masque de fer, Essay (Pastorelly).
Le Secret du Masque de fer, Essay (Pastorelly).
L'Infâme Truc, Novelle (Julliard).
La Petite Fille aux yeux sombres, Roman (Julliard).
Pagnol inédit (Carrère-Lafon).

Übersetzungen

Shakespeare: *Hamlet* (Nagel).
Vergil: *Bucolica* (Grasset).
Shakespeare: *Ein Sommernachtstraum* (l'Honnête homme).

Marcel Pagnol hat sein Gesamtwerk in Buchform herausgegeben. Hier sind nur die Verlage der Erstveröffentlichungen angegeben. Die meisten Bücher sind in der Folge auch in anderen Verlagen erschienen.

Bibliographie

André-Paul ANTOINE: *Antoine, père et fils* (Julliard).

Pierre ASSOULINE: *Gaston Gallimard* (Balland).

Yvan AUDOUARD: *Audouard raconte Pagnol* (Stock).

Jean BAZAL, Marcel BAUDELAIRE et Adrien ECHE: *Marseille sur scène* (Les 4 Seigneurs, Grenoble).

BARDÈCHE et BRASILLACH: *Histoire du cinéma* (Martel).

Georges BERNI: *Merveilleux Pagnol* (Pastorelly).

Maurice BERTRAND et Alain JARIGE: *les Collines de Pagnol* (Ed. Sciences et Culture).

Maurice BESSY: *les Passagers du souvenir* (Albin Michel).

Claude BEYLIE: *Marcel Pagnol: Cinéma d'aujourd'hui* (Seghers).

Claude BEYLIE: *Marcel Pagnol ou le cinéma en liberté* (Ed. Atlas-Lherminier).

Jean BLOT: *Albert Cohen* (Balland).

Pierre BRISSON: *le Théâtre des Années folles* (Ed. du Milieu du monde).

Paulette BRUN: *Raimu, mon père* (Hachette littérature).

Paulette BRUN: *Raimu* (Album) (Ed. Alain Lefeuvre).

Hervé LE BOTERF: *la Vie parisienne sous l'Occupation* (Ed. France-Empire).

Ginette LECLERC: *Ma vie privée* (La Table ronde).

Jacques LORCEY: *Marcel Achard, par les témoins de sa vie* (France-Empire).

Paul OLIVIER: *Raimu ou l'épopée de César* (France-Empire).

Christian PLUME: *Fernandel* (Solar).

Jean PRASTEAU: *la Merveilleuse Histoire du Casino de Paris* (Denoël).

André REMACLE: *Marseille à cœur ouvert* (Ed. Duculot).

Jean RENOIR: *Ma vie et mes films* (Flammarion).

Roger RICHEBE: *Au-delà de l'écran* (Pastorelly).

Carlo RIM: *Mémoires d'une vieille vague* (N.R.F.).

Carlo RIM: *Fernandel* (Calmann-Lévy).

Carlo RIM: *Le Grenier d'Arlequin* (Denoël).

Jacques ROBERT: *Dictionnaire des Parisiens* (Solar).

Jules ROMAINS: *Amitiés et rencontres* (Flammarion).

Tino ROSSI: *Tino* (Stock).

Robert CALMELS: *Entretiens avec Marcel Pagnol* (Pastorelly).

Suzanne CHANTAL: *le Ciné-monde* (Grasset).

Georges CHARENSOL et Roger REGENT: *50 ans de cinéma avec René Clair* (La Table ronde).

Jean-Paul CLEBERT: *la Provence de Pagnol* (Edisud).

Louis COMBALUZIER: *le Jardin de Pagnol* (Œuvres françaises).

Albert COHEN: *Carnets 1978* (Gallimard).

Vincent DIZON: *l'Humour de la Provence* (Tacussel).

FRESNAY et POSSOT: *Pierre Fresnay* (La Table ronde).

Jean GALTIER-BOISSIÈRE: *Mon journal depuis la Libération* (La Jeune Parque).

Jean GALTIER-BOISSIÈRE: *Mon journal pendant la drôle de paix* (La Jeune Parque).

466

Jean GALTIER-BOISSIÈRE: *Mémoires d'un Parisien* (La Jeune Parque).

Françoise GIROUD: *Nouveaux portraits* (N.R.F.).

Lucien GRIMAUD: *Histoires d'Aubagne*.

Henri JEANSON: *Soixante-dix ans d'adolescence* (Stock).

Michaël KORDA: *Des vies de rêve* (Ed. Laffont).

Jean-Jacques GELOT-BLANC: *Fernandel* (Album) (Ed. Alain Lefèvre).

Marcel LAPIERRE: *Anthologie du Cinéma* (La Nouvelle Edition).

Jacques SICLIER: *la France de Pétain et son cinéma* (Henri Veyrier).

Jean TOURETTE: *Marseille au temps du transbordeur.*

Denise TUAL: *le Temps retrouvé* (Fayard).

Robert VATTIER: *les Souvenirs de M. Brun* (Robert Laffont).

Danksagung

Vor allem danke ich Jacqueline Pagnol. Ihre Aufmerksamkeit und Freundschaft, das Interesse, das sie an diesem Buch gezeigt hat, sobald sie von meiner Absicht, es zu schreiben, erfuhr, ihre unablässige Unterstützung meiner Arbeit waren für mich die wertvollste Hilfe und Ermutigung.

Ich danke Brigitte Richon. Ich kenne niemanden, der wie sie fähig wäre, im Labyrinth der Bibliotheken verschollene und seltene – aber wichtige – Dokumente aufzuspüren. Ich danke ihr für die Effizienz und die Leidenschaft, mit denen sie ihrer Arbeit obliegt, aber auch für ihre niemals nachlassende Freundlichkeit.

Ich danke André Bernard, meinem Freund und einem treuen Freund Pagnols, der mich ermutigt und unterstützt hat.

Ich danke für ihre so uneigennützige Hilfe René Pagnol, Jacques Pagnol, Jean-Pierre Burgart, Francine Stirlin-Pagnol, Frédéric Pagnol, Georgette Martinetti.

Ich danke Toé, Jean Matthyssens, Gabriel d'Aubarède, Raymond Pellegrin, Henri Vilbert, Jean Castanier, all den Freunden, Kollegen und Mitarbeitern Marcel Pagnols, die so freundlich waren, mir ihre Erinnerungen an seine große Zeit zur Verfügung zu stellen.

Ich danke Jean-Baptiste Luppi, dem hervorragenden Pagnol-Spezialisten.

Ich danke für ihre Hilfe Maurice Bessy, meinem Kollegen und Freund, Marceau Devillers und Claude Beylie, deren Arbeiten, Recherchen und Dokumentationen mir von unschätzbarem Nutzen waren.

Ich danke meinen Freunden und Kollegen François Baron, Jean Bonnadier, Robert Cessier, José Sourilhan, Jean-Claude Vérots für ihre Hilfe, die sie mir stets bereitwillig gaben.

Register

471